Rechtsgrundsätze

der

neuesten Entscheidungen

des

Königlichen Ober-Tribunals.

Geordnet

nach dem Systeme der Gesetzbücher

und herausgegeben

von

Theodor Striethorst,

Kammergerichts-Rath.

Erster Band. — Zweite Ausgabe.

Berlin.

Verlag von C. Grobe.

1855.

Eduard Haenel's Buchdruckerei in Berlin.

Vorwort.

In dem Vorworte zur ersten Ausgabe des ersten Bandes der „Rechtsgrundsätze“ habe ich mich über den Zweck, welcher mich bei der Herausgabe dieses Werkes geleitet hat, dahin ausgesprochen:

„Die den neuesten Entscheidungen des Königlichen Ober-Tribunals entnommenen „Rechtsgrundsätze“ sollen zur leichteren Auffindung des Rechts, sowie zur Vermittelung der Gegensätze in den Rechtsanschauungen, und somit zur Förderung der Einheit der Rechtssprüche beitragen.“

Denselben Zweck habe ich auch bei Veranstaltung dieser zweiten Ausgabe verfolgt. Dieselbe enthält die Rechtsgrundsätze derjenigen Entscheidungen, welche in den zwölf ersten Bänden des von mir redigirten „Archivs für Rechtsfälle aus der Praxis der Rechtsanwälte des Königlichen Ober-Tribunals“ mitgetheilt sind. Insofern ist daher diese zweite Ausgabe des ersten Bandes zugleich ein vollständiges Repertorium zu jenen zwölf Bänden des Archivs für Rechtsfälle.

*

In dem zweiten Bande dieses Werkes werden die Rechtsgrundsätze derjenigen Ober-Tribunals-Entscheidungen Aufnahme finden, welche außerhalb des Archivs für Rechtsfälle veröffentlicht worden sind.

Auch die innere Anordnung der ersten Ausgabe ist bei dieser zweiten Ausgabe beibehalten. Jeder Rechtsgrundsatz ist nur einmal, an der betreffenden Stelle des Systems, mitgetheilt, jedoch sind dabei zugleich die zur mehreren Begründung desselben dienenden sonstigen Gesetzstellen angezogen, während bei den letzteren auf jene verwiesen ist. Die hinter den einzelnen Rechtsgrundsätzen befindlichen Ziffern verweisen auf den betreffenden Band des Archivs für Rechtsfälle und auf die Seiten desselben; die in dem Register beigefügten Ziffern beziehen sich auf die Nummern der Rechtsgrundsätze und die Seiten dieses Bandes.

Berlin, im Juni 1855.

Der Herausgeber.

Inhalts-Anzeige.

Berichtigungen.

Seite 1 Zeile 3 von oben statt 1197 lies: 1177.
„ 18 „ 12 von unten statt 393 lies: 593.
„ 33 „ 11 von oben statt Interesses lies: Interesse.
„ 60 „ 13 von oben statt pächters lies: verpächters.
„ 60 „ 13 von unten statt ihm lies: Erbverpächter.
„ 77 „ 16 von unten statt 1301 lies: 1302.
„ 156 „ 5 von unten statt gegen lies: zur Klage gegen.
„ 180 „ 3 von unten statt 547 lies: 548.
„ 219 „ 14 von unten statt § 1. lies: Lex 1. § 1.
„ 270 „ 13 von oben statt Mai lies: März.
„ 283 „ 2 von unten statt Indossanten lies: Interessenten.
„ 307 „ 16 von unten statt motivirten lies: unmotivirten.
„ 340 „ 3. u. 4 von oben statt Eintragungs lies: Einleitungs
„ 346 „ 4 von oben statt Zulässigkeit lies: Zuständigkeit.
„ 387 „ 11 von unten statt 1784 lies: 1384.
„ 411 „ 7 von oben statt 1345 lies: 1344.
„ 440 „ 14 von oben statt des lies: als.
„ 444 „ 6 von oben statt Eigenthümer lies: Miteigenthümer.
„ 518 „ 17 von oben statt des lies: der Ersitzung des.
„ 548 „ 22 von unten statt (2. 6.) lies: (2—6.) und statt (3.) lies: (3. 46.)

Allgemeines Landrecht.

Publikations-Patent vom 5. Februar 1794.

---

§ 2. Siehe Rechtsgrundsatz 1197. (Publikations-Patent vom 15. November 1816 § 2.)

§ 3. Gültigkeit Römischer und Sächsischer, von dem Allgemeinen Landrechte abweichender Rechtsgrundsätze als Provinzialrecht.

Rechtsgr. 1. — IV. Senat. 10. November 1853. (XI. 43.)

In den Provinzen, in welchen das Provinzialrecht in ein in sich abgeschlossenes System aufgenommen ist und ein besonderes Gesetzbuch bildet, sind auch diejenigen Grundsätze, welche lediglich aus dem Römischen oder Sächsischen Rechte entnommen sind, als Provinzialgesetze zu betrachten und kommen daher, insofern sie von dem Allgemeinen Landrechte abweichen, vor diesem zur Anwendung.

Siehe auch Rechtsgrundsätze 779. 929. (A. L. R. II. **11.** § 261.; A. G. O. I. **10.** § 55.)

§ 7. Gewohnheitsrechte und Observanzen*:

A. Gegenstand der Observanz. — Vergl. A. L. R. Einl. §§ 3. 4.

Rechtsgr. 2. — II. Senat. 11. Mai 1852. (VII. 9.)

Die Observanz, als eine Art des Gewohnheitsrechts, bildet nur Rechtsnormen für gegebene Rechtsverhältnisse; zur Erwerbung bestimmter Gerechtsame zwischen einzelnen Privatpersonen durch Besitz ist nur die Verjährung geeignet.

B. Personen zur Bildung einer Observanz. — Vergl. A. L. R. Einleitung §§ 3. 4.

Rechtsgr. 3. — III. Senat. 13. Februar 1854. (XII. 128.)

Zwischen einzelnen bestimmten Personen, die sich als Berechtigte und Verpflichtete gegenüberstehen, kann eine Obser-

* Vergl. das Nachwort Seite 16. ff. Bd. 7. und die Ausführung Seite 37. ff. Bd. 8. des Archivs für Rechtsfälle.

vanz als eine Art des Gewohnheitsrechts sich nicht bilden, vielmehr bedarf es zur Begründung der Rechte und Pflichten derselben gegen einander eines geeigneten besonderen Rechtstitels.

C. Beweis eines Gewohnheitsrechts und einer Observanz. — Vergl. A. L. R. Einl. §§ 3. 4.; II. 11. § 710.

Rechtsgr. 4. — Plenum. 6. Dezember 1852. (VII. 334.)

Bindende Gewohnheiten und Observanzen können nur aus einer größeren Zahl gleichmäßiger, in der Meinung der Rechtsnothwendigkeit vorgenommener Handlungen erkannt werden.

D. Gesetzliche Präklusion einer Observanz. — Vergl. A. L. R. Einleitung § 3.

Rechtsgr. 5. — II. Senat. 16. November 1852. (VIII. 40.)

Die Präklusion einer Observanz nach § 7. des Publikationspatents vom 5. Februar 1794 und § 3. der Einleitung des Allgemeinen Landrechts ist nicht erfolgt, wenn ein Provinzial-Gesetzbuch nicht abgefaßt worden ist.

Siehe auch Rechtsgrundsätze 610. 615. 649. 665. 674. 678. 679. 695. 817. 1123. (A. L. R. II. 1. §§ 232. 329. 770; 2. §§ 125. 303. 327. 652; 15. §§ 54. 101; Magdeburger Polizei-Ordnung v. 3. Januar 1688 Kap. 5. § 1.

§ 8. Anwendung neuer die landesherrlichen Regalien beschränkender Gesetze auf die Rechte der Privatpersonen aus früheren Verleihungen. — Vergl. A. L. R. Einl. § 14.; II. 14. § 29.

Rechtsgr. 6. — II. Senat. 3. Februar 1852. (VI. 11.)

Die an Privatpersonen verliehenen landesherrlichen Regalien sind den Beschränkungen derselben zu Gunsten der übrigen Unterthanen durch neuere Gesetze nicht unterworfen.

Siehe auch Rechtsgrundsätze 11. 816. (A. L. R. Einl. § 17.; II. 15. § 94.)

§ 9. Siehe Rechtsgr. 1154. (Bergisches Dekret v. 12. Novbr. 1809 Art. 3.)

§ 17. Anwendung der Gesetze in Betreff der Verjährung:

A. In Betreff des Anfangs der Verjährung vor dem 1. Juni 1794. — Vergl. A. L. R. Einl. § 14.

Rechtsgr. 7. — II. Senat. 1. Juli 1851. (III. 234.)

Die Bestimmung des § 17. des Publikations-Patents vom 5. Februar 1794, nach welcher in Ansehung derjenigen Verjährungen, deren bisherige gesetzmäßige Frist mit dem 1. Juni 1794 noch nicht abgelaufen war, die Vorschriften des Allgemeinen Landrechts in allen Stücken befolgt werden sollen, ist nicht dahin zu verstehen, daß auch die Frage: ob vor dem 1. Juni 1794 eine Verjährung wirklich begonnen habe, — lediglich nach den vor dem 1. Juni 1794 in Kraft gewesenen Gesetzen entschieden werden müßte.

B. In Betreff des Ablaufs der Verjährungsfrist. Einfluß der Veränderung des Wohnsitzes des Schuldners auf den Ablauf der Frist zur Verjährung einer persönlichen Schuld. — Vergl. A. L. R. Einl. § 23.; I. 9. § 568.; Gesetz vom 31. März 1838 §§ 1. ff.

Rechtsgr. 8. — IV. Senat. 14. Februar 1854. (XII. 135.)

Ein Inländer, welcher nach Kontrahirung einer Schuldverbindlichkeit seinen Wohnsitz in das Ausland verlegt, sodann wieder in dem Inlande genommen hat, und nunmehr hier wegen jener Schuldverbindlichkeit gerichtlich in Anspruch genommen wird, kann sich auf die kürzere inländische Verjährung dann nicht berufen, wenn die kurze Verjährungsfrist blos während seines Domizilirens in dem Auslande, welches eine längere Verjährungsfrist erfordert, abgelaufen ist.

Einleitung.

§§ 1. 22. 23. 25. 34. Anwendung der Gesetze über die Rechte eines unehelichen Kindes gegen seinen Vater.

Rechtsgr. 9. — I. Senat. 3. Dezember 1851. (IV. 143.)

Die Rechte des unehelichen Kindes gegen seinen Vater werden durch die Gesetze des Geburtsortes des Kindes bestimmt, wenngleich der Vater für seine Person diesen Gesetzen nicht unterworfen ist.

§§ 3. 4. Siehe Rechtsgr. 2-5. 817. 1123. 1375. (A. L. R. Publikationspatent vom 5. Februar 1794 § 7.; II. 15. § 101.; Magdeburger Polizei-Ordnung vom 3. Januar 1688 Kap. 5. § 1.; Gesetz No. 2933. vom 28. Januar 1848.

§ **14**. Anwendung der Gesetze bei einem Streite über Elternschaft und Kindschaft. — Vergl. A. L. R. Einl. §§ **23**. ff.; II. **2**. §§ **1**. ff.

Rechtsgr. 10. — I. Senat. 2. Novbr. u. 12. Dezbr. 1853. (X. 262.; XI. 106.)

Hinsichtlich des Streites über Elternschaft und Kindschaft entscheiden die zur Zeit der Geburt des Kindes geltend gewesenen Gesetze.

Siehe auch Rechtsgrundsätze 6. 7. 312. 857. 1378. (A. L. R. Publ. Patent vom 5. Februar 1794 §§ 8. 17.; I. **11**. § 787.; Allgem. Deutsche Wechsel-Ordn. Art. 19.; Verordnung v. 11. Juli 1849 § 8.)

§ **15**. Siehe Rechtsgrundf. 1174. (Deklaration v. 29. Mai 1816 Art. 96.)

§ **17**. Anwendung der Gesetze wegen Aufhebung gesetzlicher Förmlichkeiten. — Vergl. A. L. R. Publ. Patente v. 5. Februar 1794 §§ 8. 10-12. und vom 9. September 1814 § 5.; I. **3**. §§ 42-44.; **4**. §§ 94. 95.; **5**. § 109.; Gesetz No. 2598. vom 11. Juli 1845 § 1.

Rechtsgr. 11. — I. Senat. 8. Februar 1849. (I. 21.)

Die Bestimmung des § 17. der Einleitung zum Allg. Landrecht, — nach welcher Handlungen, die wegen Mangels der gesetzlich vorgeschriebenen Form ungültig sind, durch spätere, die Form aufhebende Gesetze geheilt werden, — findet auf Verträge keine Anwendung; bei diesen gilt die Bestimmung des Allg. Landrechts I. 3. § 43.

Siehe auch Rechtsgrundsatz 1345. (Gesetz vom 3. Januar 1845 § 2.)

§§ **18**. **20**. Siehe Rechtsgr. 1378. (Verordnung vom 11. Juli 1849 § 8.)

§ **22**. Siehe Rechtsgrundsatz 9. (§ 1. dieser Einleitung.)

§§ **23**. ff. Siehe Rechtsgrundsätze 8-10. (A. L. R. Publ.-Patent vom 5. Februar 1794 § 17; Einleitung §§ 1. 14.)

§ **34**. Siehe Rechtsgrundsatz 9. (§ 1. dieser Einleitung.)

§ **46**. Siehe Rechtsgrundsätze 29. 690. 694. (A. L. R. I. **1**. § 10.; II. **2**. §§ 628. 654.)

§ **60**. Siehe Rechtsgrundf. 1375. (Gesetz No. 2933 vom 28. Januar 1848.)

§§ **61**. ff. Siehe Rechtsgrundsätze 683. 1211. 1212. 1373. (A. L. R. II. **2**. § 392.; Verordn. No. 1436 wegen des Judenwesens vom 1. Juni 1833 § 1.; Zusammenstellung zu dem Patente v. 30. März 1847 §§ 2. 4.)

§ **70**. Siehe Rechtsgrundsatz 1296. (Verordnung v. 16. Juni 1838 § 5.)

§§ **74**. **75**. Verhältnisse des Staats gegen seine Bürger; Kollision einzelner Rechte und Vortheile der Mitglieder des Staats mit den Rechten und Pflichten desselben zur Beförderung des gemeinen Wohls:

A. Entschädigungspflicht des Staats im Allgemeinen. — Vergl. A. L. R. I. 6. §§ 36-38.; 8. §§ 26-28.

Rechtsgr. 12. — II. Senat. 20. Dezember 1853. (XI. 164.)

Aus der Vorschrift des § 75. der Einleitung zu dem Allg. Landrecht ist der Staat zu dem Ersatze des Schadens, welcher dem Einzelnen durch eine zu dem Gemeinwohle bestimmte Anlage verursacht worden, nicht in allen durch besondere Gesetze nicht ausgeschlossenen Fällen, namentlich dann nicht verpflichtet, wenn die Befugniß zu dieser Anlage schon aus den Bestimmungen der §§ 36–38. I. 6. und der §§ 26–28. I. 8. des Allgem. Landrechts hergeleitet werden kann.

B. Entschädigungspflicht des Staats in Betreff des den Einzelnen durch eine zu dem Gemeinwohle bestimmte Einrichtung verursachten Schadens. — Vergl. A. L. R. I. 6. §§ 36-38.; 8. §§ 26-28.

Rechtsgr. 13. — III. Senat. 2. Juli 1852; II. Senat. 10. März 1853. (VI. 222.; VIII. 338.)

Die Entschädigungspflicht des Staates nach § 75. der Einleitung des Allgem. Landrechts tritt nicht ein, wenn derselbe in seinem besonderen oder gemeinen Staatseigenthum, etwa auf einer Land- oder Heerstraße, mit Beobachtung der gesetzlichen Schranken eine ebenfalls das Wohl des gemeinen Wesens bezweckende Einrichtung getroffen, durch dieselbe aber Privatpersonen Schaden verursacht hat.

Dieser Grundsatz findet auch auf die Eisenbahn-Anlagen von Privat-Gesellschaften Anwendung.

C. Entschädigung der Privatpersonen in Betreff der von denselben zu dem Wohle einer Gemeinde aufgeopferten besonderen Rechte und Vortheile. — Vergl. A. L. R. I. 8. § 31.; Gesetz vom 11. Mai 1842 § 4.

Rechtsgr. 14. — III. Senat. 21. März 1851. (I. 320.)

Der Staat ist demjenigen, welcher seine besondern Rechte und Vortheile dem Wohle einer Gemeinde aufzuopfern genöthigt wird, Entschädigung zu gewähren nicht verpflichtet.

D. Entschädigung der durch angeordneten Deichdurchstich beschädigten Grundbesitzer. — Vergl. A. L. R. I. 6. § 36.; 8. §§ 102. ff.

Rechtsgr. 15. — III. Senat. 2. Juli 1852. (VI. 220.)

Wenn die Deichbehörde in Folge ihrer gesetzlichen Befugniß zur Abwendung größeren Schadens einen Deichdurchstich hat bewirken lassen, so ist der Deichverband verpflichtet, die durch den Deichdurchstich beschädigten Grundbesitzer zu entschädigen.

E. Entschädigungspflicht einer Stadtgemeinde in Betreff des bei einer im öffentlichen Interesse bewirkten Höher- oder Tieferlegung der Straße den angrenzenden Eigenthümern zugefügten Schadens. — Vergl. A. L. R. I. 8. §§ 185. 186.

Rechtsgr. 16. — II. Senat. 20. Dezember 1853. (XI. 164.)

Die Gemeinden sind zur Erstattung des durch eine auf den Grund polizeilich erkannter Nothwendigkeit im öffentlichen Interesse auf dem Gemeinde-Eigenthum bewirkte Anlage einer Privatperson verursachten Schadens nicht verpflichtet.

Hat aber eine Stadtgemeinde eine ihr eigenthümlich gehörige Straße der Stadt im öffentlichen Interesse höher oder tiefer gelegt, und dabei die dem Eigenthümer — z. B. in dem § 185. I. 8. des Allgem. Landrechts — gezogenen Schranken überschritten, so kann sie zum Ersatze des dadurch dem angrenzenden Eigenthümer zugefügten Schadens angehalten werden.

F. Entschädigungspflicht der Eisenbahn-Gesellschaften in Betreff der Schmälerung einer Wegegerechtigkeit und der Entziehung des Gebrauches eines Kommunikations- und Gemeinde-Weges bei Anlegung der Eisenbahn. — Vergl. A. L. R. I. 11. §§ 8-11.; Verordnung vom 3. November 1838 §§ 11-14.; Verordnung v. 11. Mai 1842 § 1.

Rechtsgr. 17. — III. Senat. 7. März 1851. (I. 295.)

Der Besitzer einer durch die Anlegung einer Eisenbahn geschmälerten Wegegerechtigkeit hat von der Eisenbahngesellschaft nach den bei Expropriationen geltenden Grundsätzen

Entschädigung zu fordern; wegen des entzogenen Gebrauchs eines Kommunikations- oder Gemeindeweges ist eine Entschädigungsforderung einzelner Gemeindeglieder an die Eisenbahngesellschaft nicht begründet, auch der Rechtsweg gegen die Anordnungen der Regierung hinsichtlich der von der Eisenbahngesellschaft vorzunehmenden Anlage von Wegen u. s. w. nicht gestattet.

G. Entschädigungspflicht der Eisenbahngesellschaften in Betreff des durch die Kohlen und Asche der Lokomotive verursachten Schadens. — Vergl. A. L. R. I. 6. § 36.; 8. §§ 26-28.

Rechtsgr. 18. — III. Senat. 8. Oktober 1852. (VII. 263.)

Auf den durch die Lokomotive einer Eisenbahn angerichteten Schaden findet der Plenarbeschluß vom 7. Juni 1852 wegen der Entschädigungs-Verbindlichkeit des Eigenthümers einer gewerblichen Anlage (Rechtsgrundsatz 22. § 89. dieser Einleitung) keine Anwendung.

Siehe auch Rechtsgr. 1296. (Verordnung vom 16. Juni 1838 § 5.)

§ 87. Erlaubte und unerlaubte Handlungen:

A. Begriff einer unerlaubten Handlung. — Vergl. A. L. R. I. 3. § 32.; 4. § 6.; 6. §§ 16. 25.

Rechtsgr. 19. — IV. Senat. 7. Juni 1853. (IX. 251.)

Eine Handlung ist nur dann unerlaubt, wenn das Gesetz sie besonders verbietet, nicht aber, wenn sie blos gegen eine kontraktliche Verpflichtung verstößt.*

B. Erlaubte Handlung in Betreff der Einwilligung in die Ehescheidung gegen Zusicherung von Vermögensvortheilen. — Vergl. A. L. R. I. 4. §§ 6. ff.; 5. § 68.; II. 1. §§ 716. 825.

Rechtsgr. 20. — I. Senat. 19. Juni 1850. (II. 1.)

Verabredungen, nach welchen bei kinderlosen, unglücklichen Ehen dem einen Ehegatten für seine Einwilligung in die Ehescheidung von dem andern Ehegatten gewisse Vermögens-

* Das Allgemeine Landrecht versteht meines Erachtens unter einer unerlaubten Handlung in der Regel jede rechtswidrige Handlung, weshalb der oben angegebene Begriff zu weit gefaßt sein dürfte.

Vortheile eingeräumt werden, sind als eine nach natürliche oder positiven Gesetzen verbotene Handlung nicht zu betrachte

C. Erlaubte Handlung in Betreff der Abschließung eines vermuthli zur Verkürzung der Gläubiger dienenden Veräußerungs-Vertrage Vergl. A. L. R. I. 6. §§ 8. 10. 11. 29. 30.; Gesetz v. 26. Apr. 1835 § 2.

Rechtsgr. 21. — IV. Senat. 9. Dezember 1852. (IV. 104.)

Die Abschließung eines Veräußerungs-Vertrages, welche gesetzlicher Vermuthung zufolge als zur Verkürzung der Gläu- biger des Veräußernden errichtet angesehen wird, ist an si keine unerlaubte Handlung, für deren Folgen die Theilnehme dem Berechtigten solidarisch haften.

§§ 89. 92. 94. Ausübung der Rechte:

A. Entschädigungs-Verbindlichkeit des Eigenthümers einer gewerbliche Anlage. — Vergl. A. L. R. I. 3. §§ 11. 17.; 6. §§ 8-16. 36-38; 8. §§ 26-28. 102. 129. 130.; 9. §§ 285. 287.; Dig. 8. 5. Lex. §§ 5. 6.; Cod. 3. 34. Lex. 10.

Rechtsgr. 22. — Plenum. 7. Juni 1852. (V. 282.)

Der Eigenthümer einer gewerblichen Anlage ist zur Ent- schädigung des durch deren Betrieb beschädigten, benachbarte Grundbesitzers verpflichtet, wenngleich die Anstalt der ertheilte polizeilichen Erlaubniß gemäß angelegt ist und betrieben wir, und wenn auch dem Eigenthümer ein subjektives Verschulde nicht nachgewiesen werden kann.*

B. Entschädigungspflicht einer Eisenbahngesellschaft in Betreff des i Folge von Erderschütterungen durch die Bahnzüge entstandenen Sch-

* Der Plenarbeschluß lautet wörtlich: „Der Eigenthümer einer Fabrikation- Anstalt ist vermöge seines Eigenthumsrechts nicht unbedingt befugt, die durch de Betrieb einer solchen Anstalt entwickelten Dämpfe auf benachbarte Grundstücke z verbreiten und kann den Ersatz eines hierdurch veranlaßten Schadens nicht scho durch die Behauptung abwenden, daß er sich nur eines aus dem Eigenthum folge- den Rechts bedient habe. Eben so wenig schützt der Umstand, daß die Fabrikation- Anstalt mit polizeilicher Erlaubniß angelegt und betrieben worden ist, für sich allei schon gegen die Vertretung eines entstandenen Schadens. — Der Inhaber eine Fabrikations-Anstalt kann nach Umständen für den Schaden verantwortlich gemacht werden, welchen der durch den Gebrauch der Anlage entstehende und sich über ande Grundstücke verbreitende Dampf oder Rauch verursacht, ohne daß es zur Begrü- dung der Vertretungs-Verbindlichkeit des Nachweises einer besonderen Verschuldung bei der Anlage und bei der Fabrikations-Anstalt bedarf. Vergl. Justiz-Ministeri- Blatt für 1852, Seite 259. ff.

dens. — Vergl. A. L. R. I. 3. §§ 8. 11.; II. 14. § 21.; 15. § 4.; Gesetz vom 3. November 1838 § 25.

Rechtsgr. 23. — II. Senat. 10. März 1853. (VIII. 337.)

Die Eisenbahngesellschaften sind nicht verpflichtet, einen lediglich in Folge von Erderschütterungen durch die Bahnzüge entstandenen nicht vorherzusehen gewesenen Schaden zu ersetzen.

C. Verfolgung der Ansprüche einer aufgelösten Korporation. — Vergl. Kreisordnung vom 17. März 1828 § 18.

Rechtsgr. 24. — II. Senat. 5 Oktober 1852. (VII. 102.)

Die Auflösung einer Korporation steht der Verfolgung unbefriedigter Ansprüche nicht entgegen. Behufs Erörterung solcher Ansprüche ist eine Vertretung der Körperschaft zu bilden.

Siehe auch Rechtsgrundſ. 266. (A. L. R. I. 11. § 382.)

§ 91. Ausübung eines geringeren statt eines größeren Rechts. — Vergl. A. L. R. I. 5. § 270.

Rechtsgr. 25. — III. Senat. 7. Januar 1852. (IV. 233.)

Wenn durch einen Miethvertrag der Vermiether berechtigt ist, im Falle nicht pünktlicher Miethzinszahlung den Vertrag sofort aufzulösen, so darf er denselben auch zum nächsten Quartal kündigen.

Siehe auch Rechtsgrundsätze 151. 922. 936. (A. L. R. I. 7. § 81.; A. G. O. I. 9. § 16.; 10. § 310.)

§§ 92. 94. Siehe Rechtsgrundsätze 22-24. (A. L. R. Einleit. § 89.)

§§ 95. ff. Siehe Rechtsgrundſ. 1335. (Gesetz v. 28. Febr. 1843. § 13.)

§ 99. Siehe Rechtsgrundsätze 540. 668. (A. L. R. I. 21. § 22.; II. 2. § 168.)

§ 100. Siehe Rechtsgrundſ. 1164. (Bergisches Dekret vom 13. September 1811. Art. 12.)

§ 101. Siehe Rechtsgrundsätze 412. 999-1001. 1283 (A. L. R. I. 14. § 413.; A. G. O. I. 29. § 81.; Gesetz vom 11. Juni 1837 § 1.)

§§ 102. 103. Siehe Rechtsgrundsätze 351. 352. (A. L. R. I. 12. § 466.)

§§ 105. 106. Verlust der Rechte durch Begebung derselben. — Vergl. A. L. R. I. 5. § 291.; 16. § 381.

Rechtsgr. **26.** — II. Senat. 27. Januar 1852. (IV. 308.)

Der dem Krugverlagsrechte unterworfene Krüger, welcher seinen Bedarf an Getränken anderswo, als von der berechtigten Fabrikationsstätte ankauft, kann den Anspruch des Berechtigten auf Erlegung der Konventionalstrafe nicht durch den Einwand beseitigen, daß derselbe ihn zur Entnahme jenes Bedarfs nicht aufgefordert und gegen den anderweitigen Ankauf keinen Widerspruch erhoben habe.

Siehe auch Rechtsgrundſ. 182. (A. L. R. I. 8. § 191.)

§ **108.** Verlust des Rechts auf den Erbpachts-Kanon von einer aufgehobenen Jagdgerechtigkeit. — Vergl. A. L. R I. **8.** §§ 1. 9.; **18.** § 763.; **19.** § 31.; **21.** §§ 187. 201. 211.; Gesetz vom 31. Oktober 1848 §§ 1-3. 6.; Gesetz vom 2. März 1850 § 5.

Rechtsgr. **27.** — II. Senat. 13. Februar 1851. (I. 299.)

Der Erbverpächter eines Jagdrechts auf fremdem Grund und Boden kann seit Aufhebung dieses Rechts durch das Gesetz vom 31. Oktober 1848 auf den Erbpachtskanon nicht ferner Anspruch machen, wenngleich der Erbpächter als Eigenthümer des Grund und Bodens durch jenes Gesetz das Jagdrecht erlangt hat.

Theil I.

Titel 1. Von Personen und deren Rechten überhaupt.

§§ **1.** ff. Juristische Personen; Publikum. — Vergl. A. L. R. I. **1.** § 1.; **17.** §§ 6. 169.; II. **6**. §§ 1. 11. 22. 25.

Rechtsgr. **28.** — III. Senat. 12. Januar 1852. (IV. 241.)

Das Publikum, als solches, hat keine juristische Persönlichkeit und kann deshalb nicht Subjekt von Rechten und Verbindlichkeiten sein.

§§ **10—12.** Rechte der Ungeborenen. — Vergl. A. L. R. Einl. § **46.**; **II. 2.** §§ 628. 629. 639.

Rechtsgr. **29.** — I. Senat. 18. Juni 1852. (VI. 182.)

a) Die Bestimmung des § 11. I. 1. des Allgem. Landrechts in Betreff der Pflichten gegen die noch im Mutterleibe befindlichen Kinder bezieht sich lediglich auf den Hauptverpflichteten.

b) Der § 11. I. 1. des Allgem. Landrechts hat lediglich solche Pflichten, welche während des Befindens des Kindes im Mutterleibe zu erfüllen sind, nicht aber die erst nach der Geburt eines lebensfähigen Kindes zur Sprache kommenden Pflichten (z. B. die Alimentationspflicht) zum Gegenstande.

Siehe auch Rechtsgrundſ. 690. (A. L. R. II. 2. § 628.)

Titel 2. Von Sachen und deren Rechten überhaupt.

§ 4. Siehe Rechtsgrundſ. 543. (A. L. R. I. 21. § 30.)

§§ 6. ff. Kolonatsgefälle als unbewegliche Sache.

Rechtsgr. 30. — II. Senat. 22. Juni 1852. (VI. 195.)

Die gutsherrlichen Rechte wegen der Kolonatsgefälle gehörten bis zur Verwandlung des erblichen Nutzungsrechts der bäuerlichen Besitzer in Eigenthum zu dem unbeweglichen Vermögen des Gutsherrn.

§ 7. Siehe Rechtsgrundsätze 30. 72. (A. L. R. I. 2. § 6.; 5. § 146.)

§ 8. Siehe Rechtsgrundsatz 541. (A. L. R. I. 21. § 22.)

§ 32. Siehe Rechtsgrundſ. 746. (A. L. R. II. 8. § 675.)

§§ 36. 37. Siehe Rechtsgrundſ. 809. (A. L. R. II. 14. § 31.)

§§ 42. ff. Siehe Rechtsgrundsätze 31. 241. 1057. 1400. (A. L. R. I. 2. § 43.; 11. § 78.; A. G. O. I. 52. § 59.; Westpreußisches Landschafts-Reglement vom 25. Juni 1851 § 116.)

§§ 43. 44. Begründung der Pertinenz-Eigenschaft einer Gutsparzelle. — Vergl. § 42. dieses Titels.

Rechtsgr. 31. — III. Senat. 20. Januar 1854. (XI. 353.)

Zur Begründung der Pertinenz-Eigenschaft einer Gutsparzelle ist der Nachweis erforderlich, daß diese Parzelle früherhin selbstständig besessen und durch menschliche Bestimmung als Nebensache mit dem Gute verbunden worden ist.

Siehe auch Rechtsgrundsätze 526. 527. 1400. (A. L. R. I. 20. § 443.; Westpreußisches Landschafts-Reglement vom 25. Juni 1851 § 116.)

§§ 47. 105. Bauholzgerechtigkeit einer Wassermühle in Betreff deren Pertinenzien.

Rechtsgr. 32. — II. Senat. 4. Mai 1852. (VI. 137.)

Die Bauholzgerechtigkeit einer Wassermühle erstreckt sich auch auf die Abschlagsschleuse des zur Mühle gehörigen Mühlenteiches.

§ 105. Siehe Rechtsgrundsätze 32. 530. (A. L. R. I. 2. § 47.; 20. § 443.)

§ 107. Ausübung des Rechts auf die einem Gute zustehende Streulings-Gerechtigkeit nach stattgehabter Parzellirung des Gutes. — Vergl. Deklaration vom 29. Mai 1816. Art. 96.

Rechtsgr. 33. — II. Senat. 13. Januar 1852. (IV. 257.)

Bei Parzellirungen eines Guts fällt eine demselben zustehende Gerechtigkeit auf Streuling weder der Hofstelle noch den übrigen Parzellen von Rechtswegen zu; sie kann vielmehr nur von sämmtlichen Betheiligten insgesammt, und nur in dem früheren Umfange ausgeübt werden.

§§ 112. 117. Gemeiner Werth einer auf Bestellung gelieferten Arbeit. — Vergl. A. L. R. I. 11. § 920.

Rechtsgr. 34. — IV. Senat. 19. Januar 1854. (XII. 63.)

Hinsichtlich der Angemessenheit einer auf Bestellung gelieferten Arbeit entscheiden die Preise der Zeit und des Ortes der Bestellung.

§ 124. Siehe Rechtsgrunds. 498. (A. L. R. I. 19. § 4.)

§ 125. Siehe Rechtsgrunds. 490. (A. L. R. I. 18. § 714.)

§ 126. Dingliche Rechte bei der Bergwerks-Konsolidation. — Vergl. Ministerial-Instruktion vom 21. September 1833 § 30.; Gesetz No. 3391. vom 12. Mai 1851 § 7.

Rechtsgr. 35. — IV. Senat. 18. Februar 1853. (VIII. 310.)

Auch vor Erlassung des Gesetzes vom 12. Mai 1851 über die Verhältnisse der Miteigenthümer eines Bergwerks gingen bei Konsolidation von Bergwerken die Rechte der Hypothekengläubiger und anderer Realberechtigten auf den entsprechenden Antheil an dem vereinigten Bergwerke über.

Siehe auch Rechtsgrunds. 907. (A. G. O. I. 2. § 111.)

§ 127. Siehe Rechtsgrundsätze 719. 907. (A. L. R. II. 7. § 137.; A. G. O. I. 2. § 111.)

§§ **135. 136.** Begründung eines dinglichen Rechts durch bloßes Anerkenntniß Seitens des Verpflichteten. — Vergl. A. L. R. I. **20.** §§ 6-11.

Rechtsgr. **36.** — I. Senat. 13. Juni 1851. (II. 161.)

Das bloße Anerkenntniß der Zehntpflichtigkeit eines Grundstücks Seitens dessen Besitzers genügt für sich allein noch nicht, um die Dinglichkeit dieser Zehntpflichtigkeit auch für den Besitznachfolger zu begründen.

Siehe auch Rechtsgrundsätze 496. 719. 720. 1060. (A. L. R. I. **19.** § 3.; II. **7.** § 137.; Allg. Hyp.=Ordn. I. § 48.)

§ **137.** Grundsätze vom objektiv=dinglichen Rechte:

A. Erwerbung eines objektiv=dinglichen Rechts durch Vertrag. — Vergl. A. L. R. I. **22.** § 13. und Anhang § 58. zu den §§ 18-24.

Rechtsgr. **37.** — III. Senat. 7. Dezember 1853. (XI. 333.)

Die durch einen gültigen Vertrag bestellte und hiernächst ausgeübte Hütungsgerechtigkeit ist dinglicher Natur und kann deshalb gegen jeden Besitzer des belasteten Grundstücks ferner ausgeübt werden, auch wenn die Eintragung dieser Gerechtigkeit in das Hypothekenbuch des verpflichteten Grundstücks nicht erfolgt ist.

B. Erwerbung des Rechts auf Erhebung eines jährlichen Grundzinses durch Verjährung. — Vergl. A. L. R. I. **7.** § 181.; II. **7.** § 137.; Allg. Hyp. Ordn. I. § 49.

Rechtsgr. **38.** — II. Senat. 25. September 1851. (III. 99.)

Die erwerbende Verjährung des Rechts auf Zahlung eines jährlichen Grundzinses begründet keine Dinglichkeit dieses Rechts.

C. Konventionalstrafen wegen Verletzung des Krugverlagsrechts. — Vergl. A. L. R. I. **15.** § 5.; **19.** §§ 7. 10.

Rechtsgr. **39.** — II. Senat. 28. November 1852. (VII. 167.)

Der Krugverlagsberechtigte kann sich wegen der durch Kontraventionen des Krugpächters verwirkten Konventionalstrafen nur an den Eigenthümer des verpflichteten Kruggrundstücks halten.

D. **Rückstände von Reallasten und Hypothekenzinsen.** — Vergl. A. L. R. I. **4.** § 19.; **20.** §§ 482. 492-495. 504. 505.; A. G. O. I. **50.** §§ 150. 357. 477b. 492. 512. No. 2b.; **51.** §§ 12. 39—46.; Allg. Hyp.-Ordn. I. § 48.; Subhast.-Verordnung vom 4. März 1834 § 18.

Rechtsgr. **40.** — II. Senat. 10. April 1851. (II. 61.)

a) Rückstände von Reallasten, es mögen diese auf besonderen Rechtstiteln beruhen und in das Hypothekenbuch eingetragen sein, oder verfassungsmäßig einer Eintragung nicht bedürfen, so wie Zinsenrückstände von eingetragenen Kapitalien haben, insoweit sie nicht verjährt sind, die Natur eines objektiv-dinglichen Rechts, und können daher gegen jeden dritten Besitzer des verhafteten Grundstücks eingeklagt werden.*

b) Außer dem Falle der Unzulänglichkeit der Kaufgelder dieses Grundstücks, und außer dem Falle des Konkurses findet eine Beschränkung der Verfolgbarkeit jenes dinglichen Rechts auf einen zweijährigen Rückstand nicht statt.**

Siehe auch Rechtsgrundsätze 468. 719. (A. L. R. I. **16.** Anh. § 52. zu § 484.; II. 7. § 137.)

Titel 3. Von Handlungen und den daraus entstehenden Rechten.

§§ **8. 11. 17.** Siehe Rechtsgrundsätze 22. 23. (A. L. R. Einl. § 89.)

§§ **32—35.** Entstehung bürgerlicher Rechte und Pflichten aus Unterlassungen. — Vergl. Städte-Ordnung vom 19. November 1808 §§ 23. 26.

Rechtsgr. **41.** — II. Senat. 15. Mai 1851. (I. 396.)

Nach der Städte-Ordnung vom 19. November 1808 besteht für denjenigen, welcher an sich zur Gewinnung des Bürgerrechts verpflichtet war, dieselbe aber unterlassen hat, keine Verpflichtung zur Bezahlung von Kommunal-Abgaben.

Siehe auch Rechtsgrundsätze 19. 373. (A. L. R. Einleit. § 87.; I. **13.** § 22.)

* Siehe die Abhandlung von Strohn S. 347. ff. Bd. 12. des Archivs für Rechtsfälle.

** Vergl. über die frühere abweichende Ansicht des Ober-Tribunals den Rechtsfall im Archiv für Rechtsfälle Bd. II. S. 76. ff.

§ 36. S. Rechtsgrundsatz 1315. (Kab.-Order v. 21. Juli 1841 No. 3.)
§§ 40. 41. Siehe Rechtsgrundsatz 190. (A. L. R. I. 9. § 398.)
§ 42. Siehe Rechtsgrundsätze 11. 290. 830. (A. L. R. Einl. § 17.; I. 11. § 603.; II. 18. § 499.
§ 43. Siehe Rechtsgrundsätze 11. 290. 830. 1345. (A. L. R. Einl. § 17.; I. 11. § 602.; II. 18. § 499.; Gesetz vom 3. Januar 1845 § 2.)
§ 45. Siehe Rechtsgrundsätze 872. 1316. (Allgem. Deutsche Wechsel-Ordn. Art. 78.; Geschäfts-Reglement vom 3. August 1841 § 6.)

Titel 4. Von Willenserklärungen.

§§ 6. ff. Siehe Rechtsgrundsätze 19. 20. 55. (A. L. R. Einleitung § 87.; I. 5. § 39.)
§§ 15. ff. Siehe Rechtsgrundsätze 503. 504. (A. L. R. I. 20. §§ 15. 16.)
§ 19. Siehe Rechtsgrundsätze 40. 497. 503. 523. (A. L. R. I. 2. § 137.; 19. § 4.; 20. §§ 15. 423.)
§§ 35. 49. 50. Einwand der Drohung gegen die Rechtsgültigkeit einer Willenserklärung.

Rechtsgr. 42. — IV. Senat. 16. November 1852. (VII. 141.)

Der Einwand, durch die Drohung der Anzeige eines Verbrechens zur Abgabe einer Willenserklärung bestimmt worden zu sein, gilt als Einrede des Zwanges und muß daher bei Verlust des Rechts der Eideszuschiebung und der Verstattung zum Erfüllungseide innerhalb acht Tagen gerichtlich angemeldet werden.

§ 42. Siehe Rechtsgr. 886. (Allg. Deutsche Wechsel-Ordnung Art. 82.)
§ 47. Ungültigkeit erzwungener Willenserklärungen.

Rechtsgr. 43. — III. Senat. 28. Februar 1853. (VIII. 328.)

Der zu einer Willenserklärung durch Drohung Gezwungene kann, wenn er von dem stattgehabten Zwange rechtzeitig Anzeige gemacht hat, die Ungültigkeit dieser Willenserklärung sowohl im Wege der Klage oder Widerklage, als auch im Wege der Einrede ausführen.

§§ 49. 50. Siehe Rechtsgr. 42. (§ 35. dieses Titels.)

§§ 52. ff. Siehe Rechtsgrundsätze 67. 238. 303. 304. (A. L. R. I. 5. § 127.; 11. §§ 70. 732.)

§ 55. Beweis der Simulation. — Vergl. A. G. O. I. 13. §§ 24. ff.

Rechtsgr. 44. — IV. Senat. 7. November 1851. (V. 19.)

Die Ergänzung des Beweises der Simulation durch einen nothwendigen, und insbesondere durch einen Erfüllungseid ist zulässig.

§ 57. S. Rechtsgr. 1210. (Prozeß-Verordn. Nr. 1426 v. 1. Juni 1833 § 44.)

§§ 58. 59. Siehe Rechtsgrundsätze 276. 322. 580. (A. L. R. I. 11. §§ 394. 932.; 22. § 43.; II. 1. § 694.)

§ 60. Siehe Rechtsgrundsätze 182. 276. 671. (A. L. R. I. 8. § 191.; 11. 394.; II. 2. § 230.)

§§ 65. ff. Auslegung der Willenserklärungen:

A. Untadelhaftes Mehl. — Vergl. A. L. R. I. 5. § 275.

Rechtsfr. 45. — II. Senat. 7. Januar 1851. (I. 164.)

Was ist unter der Bezeichnung einer vertragsmäßigen Mühlenabgabe als „untadelhaftes Mehl" zu verstehen?

B. Bürgschaftsurkunde mit dem Zusatz bei der Unterschrift: „als Zeuge." — Vergl. A. L. R. I. 5. §§ 1. 252.

Rechtsgr. 46. — IV. Senat. 8. Juni 1852. (IV. 301.)

Die zu einem bestimmten und ausgedrückten Zwecke geschehene Vollziehung einer Urkunde kann nicht auf andere in derselben enthaltene Momente bezogen werden, wenngleich die der Unterschrift beigefügte Einschränkung mit dem Inhalte der Urkunde selbst im Widerspruch steht.

Daher hat eine von dem Bürgen mit dem Zusatze „als Zeuge" unterschriebene Bürgschaftsurkunde keine Gültigkeit.

Siehe Rechtsgrundsätze 492. 552. 595. 995. (A. L. R. I. 18. § 716.; 21. § 292.; 22. § 213.; A. G. O. I. 27. § 55.)

§ 72. Verhältniß früherer und späterer Willenserklärungen zu einander. — Vergl. A. L. R. I. 5. §§ 254. 262.

Rechtsfr. 47. — IV. Senat. 15. Juli 1851. (IV. 6.)

Hat die in einem älteren Vertrage enthaltene Bestimmung, daß demselben ein unter denselben Parteien zu schließender Vertrag nicht entgegenstehen soll, rechtliche Wirkung?

§ 75. Irrthum in dem Wesentlichen des Geschäfts oder in dem Hauptgegenstande der Willenserklärung:

A. Thatsächlicher, kein Rechtsirrthum.

Rechtsgr. 48. — I. Senat. 5. Januar 1853. (VIII. 153.)

Unter dem nach § 75. I. 4. des Allgem. Landrechts die Willenserklärung entkräftenden Irrthum ist ein thatsächlicher, kein Rechtsirrthum zu verstehen.

B. Hauptgegenstand der Willenserklärung, z. B. Allodial=Eigenschaft des veräußerten Grundstücks.

Rechtsgr. 49. — III. Senat. 9. Mai 1853. (IX. 154.)

Der Irrthum der Parteien bei Abschluß eines Kaufvertrages, daß das dem Lehnsverhältnisse unterworfene Grundstück im freien Eigenthume des Verkäufers stehe, betrifft nicht einen bloßen Fehler in den Eigenschaften der Sache, sondern den Hauptgegenstand der Willenserklärung.

Siehe auch Rechtsgrundsätze 114. 461. (A. L. R. I. 5. § 358.; 16. § 417.)

§§ 81. 82. Irrthum in den gewöhnlich vorausgesetzten Eigenschaften der Sache. — Vergl. A. L. R. I. 5. § 330.

Rechtsgr. 50. — III. Senat. 9. Mai 1853. (IX. 153.)

Die Bestimmung des § 82. I. 4. des Allgem. Landrechts, — nach welchem ein Irrthum in den gewöhnlich vorausgesetzten Eigenschaften die Willenserklärung nicht entkräftet, wenn der Irrende durch eignes grobes oder mäßiges Versehen seinen Irrthum veranlaßt hat, — bezieht sich nicht blos auf den Fall, wenn der Empfänger, sondern auch auf den Fall, wenn der Geber der Irrende ist.

Siehe auch Rechtsgr. 108. (A. L. R. I. 5. § 329.)

§ 83. Siehe Rechtsgr. 713. (A. L. R. II. 6. § 53.)

§ 84. Siehe Rechtsgrundsätze 113. 114. 884. 885. (A. L. R. I. 5. §§ 349. 358.; Allg. Deutsche Wechsel=Ordn. Art. 82.)

§ 85. Siehe Rechtsgrundsätze 113, 885. (A. L. R. I. 5. § 349.; Allg. Deutsche Wechsel=Ordn. Art. 82.)

§ **87.** Siehe Rechtsgrundsatz **114.** (A. L. R. I. **5.** § 358.)

§ **94.** Siehe Rechtsgrundsätze **11. 274. 943.** (A. L. R. Einl. § 17.; I. **11.** § 393.; A. G. O. I. **18.** § 24.)

§ **95.** Siehe Rechtsgrundsatz **11.** (A. L. R. Einl. § 17.)

§ **100.** Bedingte Willenserklärungen. — Vergl. A. L. R. I. **9.** § 500.; Statut vom 17. Mai 1844 § 18.

Rechtsgr. **51.** — IV. Senat. 13. Mai 1851. (II. 130.)

Die Vertragsbestimmung, daß ein nicht innerhalb Jahresfrist nach dem Brande festgestellter oder vor den Schiedsrichter gebrachter Entschädigungs-Anspruch erloschen sein solle, ist als eine Bedingung für den Eintritt der Verpflichtung des Versicherers, nicht als Anordnung einer Verjährung, anzusehen.

§ **101.** Siehe Rechtsgrundsätze **351. 352.** (A. L. R. I. **12.** § 466.)

§ **147.** Siehe Rechtsgrundsatz 713. (A. L. R. II. **6.** § 53.)

§§ **148. 150.** Siehe Rechtsgrundsatz 885. (Allg. Deutsche Wechsel-Ordn. Art. 82.)

§ **151.** Siehe Rechtsgrundsatz 713. (A. L. R. II. **6.** § 53.)

§§ **161. 162.** Siehe Rechtsgrundsätze 351. 352. 624. (A. L. R. I. **12.** § 466.; II. **1.** § 492.)

§ **163.** Bestimmung einer ungewissen Zeit bei Willenserklärungen; Gelangen zu besseren Vermögensumständen. — Vergl. A. G. O. I. **48.** § 37.; **50.** § 393.

Rechtsgr. **52.** — IV. Senat. 19. Juli 1853. (IX. 355.)

Das Versprechen des Schuldners, Zahlung zu leisten, sobald er zu besseren Vermögens-Umständen gelangt sein würde, bildet eine der aufschiebenden Bedingung gleich zu achtende ungewisse Zeitbestimmung.

Siehe auch Rechtsgrundsätze **352. 624.** 677. (A. L. R. I. **12.** § 466.; II. **1.** § 492.; **2.** § 327.)

§ **167.** Bestimmung einer gewissen Zeit bei Willenserklärungen. — Vergl. A. L. R. I. **11.** § 33.

Rechtsgr. **53.** — IV. Senat. 16. Dezember 1851. (IV. 180.)

Das dem Käufer vorbehaltene Recht zur Auswahl unter

mehreren bestimmten Sachen geht durch bloße Nichtausübung innerhalb der festgesetzten Frist noch nicht verloren.

§ 168. Siehe Rechtsgrundsatz 677. (A. L. R. II. 2. § 327.)

Titel 5. Von Verträgen.

§ 1. Theilweise Ungültigkeit eines Vertrages.

Rechtsgr. 54. — I. Senat. 28. Juni 1852. (V. 328.)

Die in einem Erbrezesse wegen eines wesentlichen Mangels geschehene nichtige Veräußerung eines Nachlaßgrundstücks hat die Nichtigkeit der übrigen damit im Zusammenhang stehenden Verabredungen und resp. die Nichtigkeit des ganzen Erbrezesses zur Folge.

Siehe auch Rechtsgrundsätze 46. 265. 544. 713. 1158. (A. L. R. I. 4. § 65.; 11. § 376.; 21. § 50.; II. 6. § 53.; Gesinde-Ordnung vom 8. November 1810.)

§ 22. Siehe Rechtsgrundf. 839. (Allg. Deutsche Wechsel-Ordn. Art. 1.)

§§ 37. 38. Siehe Rechtsgrundsatz 297. (A. L. R. I. 11. § 684.)

§ 39. Verträge gegen gesetzliche Verordnungen zum gemeinen Besten. — Vergl. A. L. R. I. 4. § 6.; Dig. 2. 14. Lex 38.

Rechtsgr. 55. — III. Senat. 27. Oktober 1852. (VII. 292.)

Gesetzliche Verordnungen zum gemeinen Besten können durch Privatverträge weder aufgehoben noch abgeändert werden.

§ 40. Siehe Rechtsgrundsatz 617. (A. L. R. II. 1. § 378.)

§ 42. Rückforderung des Kaufgeldes wegen Ungültigkeit des Kaufvertrages. — Vergl. A. L. R. I. 11. § 139.

Rechtsgr. 56. — III. Senat. 7. Januar 1852. (V. 25.)

Wenn ein Käufer zur Berichtigung der Kaufgelder seinem Verkäufer eine Forderung an Zahlungsstatt überwiesen hat, und der Kaufvertrag demnächst für ungültig erklärt wird, so kann der Käufer nur die Rückgewähr der Forderung, nicht aber die Baarzahlung ihres Betrages verlangen.

§§ 45. 47. Siehe Rechtsgrundsatz 557. (A. L. R. I. 21. § 309.)

§ **51**. Erkenntniß auf Unmögliches. — Vergl. Dig. **49**. 8. Lex 3. princ.; Exekutions-Verordn. vom 4. März 1834 § 9.

Rechtsgr. **57**. — IV. Senat. 3. Februar 1852. (VI. 16.)

Ein Erkenntniß auf Unmögliches ist unwirksam.

§ **58**. Siehe Rechtsgrundsatz 1324. (Armenpflege-Gesetz No. 2318. vom 31. Dezember 1842 § 1.)

§ **68**. Siehe Rechtsgrundsätze 20. 1315. 1324. (A. L. R. Einl. § 87.; Kabinetsorder vom 21. Juli 1841 No. 3.; Armenpflege-Gesetz No. 2318. vom 31. Dezember 1842 § 1.)

§§ **74-76**. Verträge über den Vortheil eines Dritten:

A. Klagerecht eines Kindes gegen den Uebernehmer des väterlichen Gutes auf Zahlung der Abfindungssumme.

Rechtsgr. **58**. — III. Senat. 19. Dezember 1851. (IV. 202.)

Der Uebernehmer des väterlichen Guts, welcher sich bei der Uebernahme zur Entrichtung gewisser, seinen Geschwistern von dem Vater ausgesetzten Abfindungen verpflichtet hat, kann den die Abfindung fordernden Geschwistern nicht entgegensetzen, daß sie dem Vertrage nicht beigetreten seien.

B. Klagerecht eines Kindes gegen den Uebernehmer des väterlichen Gutes auf Uebereignung eines ihm als Abfindung ausgesetzten Theils desselben.

Rechtsgr. **59**. — III. Senat. 28. Februar 1853. (X. 9.)

Der Grundsatz, daß der Uebernehmer des väterlichen Gutes, welcher sich in dem desfallsigen Vertrage dem übertragenden Vater gegenüber zur Entrichtung der seinen Geschwistern von dem Vater ausgesetzten Abfindungen verpflichtet hat, den diese Abfindung fordernden Geschwistern nicht den Einwand entgegensetzen kann, daß sie dem Vertrage nicht beigetreten seien, findet auch in dem Falle Anwendung, wenn der Vater diese Abfindungen nicht blos in Gelde oder andern Leistungen ausgesetzt, sondern den Gutsübernehmer verpflichtet hat, seinen Geschwistern einen Theil des überlassenen Grundstücks zu übereignen.

C. Rechte des von dem Uebernehmer des elterlichen gütergemeinschaftlichen Vermögens abzufindenden Kindes gegen den übertragenden Vater. — Vergl. §§ 391. 392. dieses Titels.

Rechtsgr. 60. — I. Senat. 13. Dezember 1852. (VIII. 112.)

Der Vater, welcher nach dem Tode seiner Ehefrau durch Vertrag das gesammte gütergemeinschaftliche Vermögen an eines seiner Kinder übertragen und in diesem Vertrage zugleich die Abfindungssummen der übrigen Kinder festgesetzt hat, ist nicht berechtigt, hiernächst diese Abfindungssummen auf einen geringeren Betrag herabzusetzen.

D. Beitritt des Dritten zu dem zu seinem Vortheil von anderen Parteien geschlossenen Vertrage.

Rechtsgr. 61. — IV. Senat. 2. November 1852. (VII. 132.)

Durch einen von allen Interessenten unterschriebenen Auszug aus dem den Vortheil eines Dritten betreffenden Vertrage wird bewiesen, daß der Dritte diesem Vertrage mit Bewilligung der Hauptkontrahenten beigetreten ist.

E. Legitimation des Verkäufers zur Einforderung der Zinsen eines auf dem verkauften Gute eingetragenen und von dem Käufer in Anrechnung auf den Kaufpreis übernommenen Kapitals.

Rechtsfr. 62. — III. Senat. 12. Januar 1852. (IV. 251.)

Ist der Verkäufer eines Grundstücks, welcher die Verzinsung eines auf demselben eingetragenen und von dem Käufer in Anrechnung auf den Kaufpreis übernommenen Kapitals bedungen hat, zur Einforderung der Zinsen berechtigt?

Siehe auch Rechtsgrundsätze 544. 562. (A. L. R. I. 21. §§ 50. 358.)

§ 79. Siehe Rechtsgrundsatz 119. (§ 377. dieses Titels.)

§ 81. Siehe Rechtsgrundsätze 274. 276. (A. L. R. I. 11. §§ 393. 394.)

§ 84. Siehe Rechtsgrundsatz 240. (A. L. R. I. 11. § 76.)

§§ 109. 111. 131. Wirkung der Eintragung mündlich abgeschlossener Handelsgeschäfte in die Handelsbücher nach Preußischen und Französischen Gesetzen. — Vergl. A. L. R. II. 8. §§ 566-568. 597.; A. G. O. I. 10. §§ 115. 168.; Cod. Nap. Art. 1341. 1353.; Cod. de Comm. Art. 8-13. 109.

Rechtsgr. 63. — IV. Senat. 11. Februar 1851. (I. 222.)

Der unter der Herrschaft der Französischen Gesetzgebung wohnende Kaufmann, dessen Handelsbücher nicht dem Art. 11. des Code de commerce gemäß foliirt, paraphirt und visirt sind, kann den Mangel der schriftlichen Form eines unter der Herrschaft der Preußischen Gesetzgebung geschlossenen mündlichen Handelsgeschäfts nicht durch dessen Eintragung in seine Handelsbücher ersetzen.

Siehe auch Rechtsgrundsätze 11. 290. (A. L. R. Einl. § 17.; I. 11. § 602.)

§ 116. Vollziehung schriftlicher Verträge.

Rechtsgr. 64. — III. Senat. 4. Juli 1850. (III. 193.)

Zur Gültigkeit eines zweiseitigen schriftlichen Vertrages reicht es hin, wenn von zwei angefertigten Exemplaren jeder Kontrahent nur das dem Mitkontrahenten übergebene Exemplar unterschrieben hat.

§§ 122. 271. Errichtung eines förmlichen Vertrages auf den Grund einer Privat-Punktation:

A. Bei nicht gehörig geleisteter Erfüllung der Punktation von dem andern Theile. — Vergl. Allg. Hyp. Ordn. II. § 62.

Rechtsgr. 65. — III. Senat. 9. September 1850. (I. 75.)

Die von dem einen Theile noch nicht gehörig geleistete Erfüllung berechtigt den andern Theil nicht, den Abschluß eines förmlichen Kontrakts auf Grund einer Privat-Punktation über ein Grundstück zu verweigern.

B. Unmöglichkeit der Erfüllung der Punktation für den andern Theil.

Rechtsgr. 66. — III. Senat. 12. Juli 1852. (VI. 259.)

Die für den einen Theil vorhandene Unmöglichkeit der Erfüllung des durch die Punktation abgeschlossenen Geschäfts berechtigt den andern Theil, den Abschluß eines förmlichen Vertrages auf den Grund der Privatpunktation zu verweigern.

§ 125. Siehe Rechtsgrundsätze 67. 303. 304. (A. L. R. I. 5. § 127.; 11. § 732.)

§§ **127-129.** Vorverhandlungen und mündliche Nebenabreden bei schriftlichen Verträgen:

A. Andere Verabredungen über das Wesen des Vertrages; Simulation. — Vergl. A. L. R. I. **4.** § 52.; **5.** § 125.; **11.** §§ 70. ff. 732. ff.; **16.** § 11.; A. G. O. I. **10.** § 126.

Rechtsgr. 67. — III. Senat, 17. Juni 1852; — IV. Senat, 14. Septbr. 1852. (IX. 284.; VI. 311.)

Abgeschlossene mündliche Verabredungen, die in das Wesen des schriftlich errichteten Vertrages selbst eingreifen und zur Begründung des Einwandes der Simulation oder des Einwandes, daß etwas Anderes niedergeschrieben als verabredet worden, angeführt werden, sind nicht als bloße Vorverhandlungen oder mündliche Nebenabreden anzusehen; sie vernichten ganz oder theilweise den Inhalt der schriftlichen Urkunde und ihres Beweises. — Ist daher nach dem schriftlichen Kaufvertrage der Kaufpreis baar zu zahlen, in Wirklichkeit aber dessen Berichtigung auf andere Art vereinbart, so ist der Vertrag ungültig.

B. Verabredungen über nicht wesentliche Bestandtheile des Vertrages.

Rechtsgr. 68. — III. Senat. 17. Juni 1852. (IX. 284.)

Die §§ 127–129. I. 5. des Allgem. Landrechts beziehen sich lediglich auf Bestimmungen über nicht wesentliche Bestandtheile des Vertrages, hinsichtlich deren in Ermangelung einer ausdrücklichen Einigung der Kontrahenten der schriftliche Vertrag aus den Vorschriften der Gesetze zu ergänzen ist.

Siehe auch Rechtsgrundsätze 255. 304. 411. 557. 884. (A. L. R. I. **11.** §§ 303. 732.; **14.** § 399.; **21.** § 309.; Allgem. Deutsche Wechsel-Ordn. Art. 82.)

§§ **131. 133. 136.** Form eines Stundungsvertrages.

Rechtsgr. 69. — IV. Senat. 6. November 1851. (IV. 77.)

Der Gläubiger, welcher seinem Schuldner gegen eine angenommene Gegenleistung Zahlungsfristen bewilligt hat, kann, ungeachtet des Mangels der gesetzlich nothwendigen Form, nur gegen Rückgabe des Erhaltenen von dem Abkommen zurücktreten.

Siehe auch Rechtsgrundsatz 147. (A. L. R. I. 7. § 70.)

§ 133. Siehe Rechtsgrundsätze 69. 190. (A. L. R. I. 5. § 131.; 9. 398.)

§ 134. Siehe Rechtsgrundsätze 182. 190. 432. 433. (A. L. R. I. 8. § 191.; 9. § 398.; 16. § 113.)

§ 135. Stillschweigende Bestellung einer Hude- und Wegegerechtigkeit.

Rechtsgr. 70. — Plenum. 6. Januar 1851. (I. 159.)

Wenn zwischen benachbarten Grundstücken desselben Eigenthümers Benutzungen nach Art der Servituten stattgehabt haben, und das ausübende Grundstück mit der Klausel „wie es besessen und benutzt worden“ verkauft wird; so sind jene Benutzungsarten als Grundgerechtigkeiten für neu bestellt zu erachten, insofern die Lage der Sache den Schluß auf eine solche Absicht der Kontrahenten unzweideutig rechtfertigt.

Siehe auch Rechtsgrundsätze 572. 573. (A. L. R. I. 22. § 13.)

§ 136. Siehe Rechtsgrundsatz 69. (§ 131. dieses Titels.)

§ 142. Schließung schriftlicher Verträge durch Briefwechsel.

Rechtsgr. 71. — IV. Senat. 21. April 1853. (IX. 119.)

Der Briefwechsel abwesender Parteien vertritt die Stelle des schriftlichen Vertrages nicht, wenn nicht in den Briefen selbst die Bedingungen des Vertrages vollständig enthalten sind, sondern rücksichtlich dieser Bedingungen lediglich auf die mündlichen Unterhandlungen Bezug genommen ist.

§ 146. Unnöthigkeit schriftlicher Verträge:

A. Mündlicher Vergleich wegen Ansprüche über mehr als 50 Rthlr. — Vergl. A. L. R. I. 2. § 7.

Rechtsgr. 72. — IV. Senat. 8. März 1851. (II. 45.)

Ein mündlicher Vergleich, nach welchem die Parteien ihren gegenseitigen Forderungen wenngleich zum Betrage von mehr als 50 Rthlrn. entsagen, ist, als ein über bewegliche Sachen sich verhaltender und gleich erfüllter Vertrag, auch ohne hinzukommende schriftliche Abfassung gültig.

B. Wechsel an Zahlungsstatt auf Grund eines mündlichen Vertrages. — Vergl. A. L. R. I. 5. § 149.

Rechtsgr. 73. — IV. Senat. 18. September 1851. (III. 86.)

Die nach vorgängiger Verabredung erfolgte Hingabe und Annahme eines Wechsels an Zahlungsstatt ist rechtsgültig, wenngleich jene Verabredung nur mündlich getroffen ist.

§ 149. Siehe Rechtsgrundsatz 73. (§ 146. dieses Titels.)

§§ 155. ff. Rücktritt von einem theilweise erfüllten mündlichen Vertrage

Rechtsgr. 74. — Plenum. 19. Mai 1851. (II. 302.)

a) Von einem nach den Gesetzen schriftlich zu errichtenden, aber nur mündlich abgeschlossenen und noch nicht von beiden Theilen erfüllten Vertrage kann auch derjenige Kontrahent, welcher denselben bereits theilweise oder vollständig erfüllt hat, zurücktreten, und kann der Zurücktretende das Gegebene zurückfordern.

b) Zur Begründung der Klage auf Rückgabe der gegebenen Sache ist nicht erforderlich, daß der Kläger in der Klage zur Vergütung alles Dessen sich bereit erkläre, gegen dessen Erstattung der Beklagte zur Herausgabe verpflichtet ist.

S. auch Rechtsgrundsätze 279. 375. (A. L. R. I. 11. § 402.; 13. § 61.)

§§ 159. 160. Rücktritt von einem zum Theil erfüllten, wegen Mangels der Form unverbindlichen Vertrage.

Rechtsgr. 75. — IV. Senat. 5. Januar 1854. (XI. 178.)

Der Empfänger der auf den Grund eines wegen mangelnder Form für ihn unverbindlichen Vertrages ihm übergebenen Sache, welcher nur einen Theil der vereinbarten Naturalgegenleistungen gewährt, hiernächst aber statt des rückständigen Theils derselben eine bestimmte Geldsumme zu zahlen übernommen hat, ist, wenn er den Vertrag nicht erfüllen will, nur verpflichtet, entweder die Sache in dem früheren Zustande zurückzugeben, oder den auszumittelnden Werth zur Zeit deren Uebergabe nach Abzug des Werthes der bereits gewährten Gegenleistungen zu vergüten.

§§ **163. 164.** Folgen des Rücktritts des Verkäufers von einem mündlich geschlossenen Kaufvertrag über ein Grundstück:

A. Bei von dem Käufer noch nicht vollständig geleisteter Erfüllung. — Vergl. A. L. R. I. **7.** §§ **11. 222.**; **11.** § **109.**

Rechtsgr. **76.** — III. Senat. 9. Juli 1852. (VI. 249.)

Wenn von einem über ein Grundstück nur mündlich abgeschlossenen Kaufvertrage der Verkäufer zurücktritt, so treffen den Käufer, welcher denselben zu erfüllen bereit ist, die Pflichten eines unredlichen Besitzers nicht schon vom Tage des ihm von dem Verkäufer erklärten Rücktritts.

Behält hiernach der Käufer die Früchte und Nutzungen, so muß er den rückständig verbliebenen Theil des Kaufgeldes vom Tage der Uebergabe des Grundstücks an landüblich verzinsen.

B. Bei von beiden Seiten geleisteter Erfüllung.

Rechtsgr. **77.** — III. Senat. 13. März 1854. (XII. 240.)

Der Verkäufer, welcher von einem über ein Grundstück blos mündlich abgeschlossenen, beiderseits durch Uebergabe und Zahlung des Kaufpreises erfüllten Kaufkontrakte zurücktritt, ist verpflichtet, das Kaufgeld vom Tage des Empfanges an landüblich zu verzinsen, obwohl der Käufer die Früchte und Nutzungen des Grundstücks behält.

§ **165.** Mündliche Verträge über Handlungen:

A. Begriff eines Vertrages über Handlungen.

Rechtsgr. **78.** — IV. Senat. 8. März 1851. (II. 45.)

Die durch Vergleich übernommene schriftliche Quittirung über die erfolgte Aufhebung einer Schuld ist nicht als eine selbstständige, für sich den Gegenstand eines Rechtsgeschäfts bildende Leistung, und mithin nicht als eine Handlung in dem Sinne anzusehen, wie sich das Gesetz dieses Ausdrucks bei der Klassifikation der Verträge bedient.

B. Klage des Spediteurs aus einem seinerseits erfüllten mündlichen Speditionsvertrage. — Vergl. A. L. R. I. **13.** §§ **65-84. 147.**

Rechtsgr. 79. — IV. Senat. 4. September 1851. (III. 248.)

Der Spediteur, welcher einen nur mündlich geschlossenen Speditions-Vertrag erfüllt hat, kann seine Ansprüche an den Befrachter mit der Klage aus dem Mandate oder mit der Klage aus einem Vertrage über Handlungen verfolgen.

C. Klage auf Gewährung der bedungenen Vergütung für geleistete Handlungen aus einem blos mündlichen Vertrage. — Vergl. Gesetz vom 3. Januar 1845 §§ 2. 3.

Rechtsgr. 80. — III. Senat. 8. Dezember 1851. (III. 362.)

a) Die Leistung der durch mündlichen Vertrag bedungenen Handlungen Seitens des einen Theils hat die Verpflichtung des andern Theils zur Gewährung der dafür bedungenen Vergütung in dem Falle nicht zur Folge, wenn die Gesetze aus höheren staatlichen Rücksichten die autonomische Befugniß der Parteien beschränkt und die verbindliche Kraft des eingegangenen Rechtsgeschäfts von der Beobachtung einer als nothwendig vorgeschriebenen Form abhängig gemacht haben.

b) Daher kann derjenige, welcher während der Gültigkeit des Gesetzes vom 3. Januar 1845 über die Zertheilung von Grundstücken dem andern Theile ein Trennstück unter der mündlichen Vereinbarung, daß derselbe eine bestimmte Person heirathe, abgetreten hat, diesen Vertrag auch nach Vollziehung jener Heirath wegen Mangels der gesetzlichen Form anfechten.

D. Mündlicher Dienstvertrag eines Wirthschaftsbeamten.

Rechtsgr. 81. — IV. Senat. 8. Januar 1852. (IV. 241.)

Die mündliche Erklärung des Gutsbesitzers, einen von dem Vorbesitzer angestellten Wirthschaftsbeamten auf den Grund dessen früheren, schriftlichen Dienstvertrags beibehalten zu wollen, hat die Verpflichtung des Erklärenden zur Folge, die von dem Wirthschaftsbeamten hiernächst geleisteten Dienste nach Maaßgabe jenes schriftlichen Vertrages zu vergüten.

§ 168. Entschädigungs-Anspruch wegen fehlender vorbedungener Eigenschaften bei einem der schriftlichen Abfassung unterliegenden, nur mündlich geschlossenen, aber von beiden Theilen erfüllten Vertrage.

Rechtsgr. 82. — IV. Senat. 16. Juni 1853. (X. 75.)

Der aus einem der schriftlichen Abfassung unterliegenden, aber nur mündlich geschlossenen, von beiden Theilen erfüllten Vertrage von dem einen Kontrahenten wegen nicht gehöriger Erfüllung des andern Kontrahenten erhobene Anspruch auf Entschädigung wird durch die Vorschrift des § 168. I. 5. des Allgem. Landrechts nicht ausgeschlossen.

§ 172. Verträge der Analphabeten. — Vergl. A. L. R. I. 5. Anh. § 5. zu § 178.; A. G. O. I. 10. Anh. §§ 68. 72. zu § 19.

A. Lesens- und Schreibens-Unkunde.

Rechtsgr. 83. — IV. Senat. 14. Juni 1853. (IX. 261.)

Auf Personen, die zwar von fremder Hand Geschriebenes vorgeblich nicht lesen, jedoch Etwas mehr als ihren Namen schreiben können, findet die Vorschrift des § 172. I. 5. des Allgem. Landrechts wegen der Ungültigkeit außergerichtlicher Verträge der Analphabeten keine Anwendung.

B. Wirkung der Unterschrift.

Rechtsgr. 84. — IV. Senat. 10. Dezember 1850. (XII. 5.)

Ein mit der Unterschrift versehener Vertrag oder Revers ist nur dann für den Unterschreibenden unverbindlich, wenn derselbe weder mehr als seinen Namen schreiben, noch Geschriebenes lesen kann.

Siehe auch Rechtsgrundsatz 879. (Allg. Deutsche Wechsel-Ordnung Art. 4. No. 5. Art. 82.)

Anhang § 5. (zu § 178.) Siehe Rechtsgrundsätze 83. 84. (A. L. R. I. 5. § 172.)

§§ 185. ff. Verstärkung der Verträge durch Anerkenntniß:

A. Bedingung der Wirksamkeit des Anerkenntnisses einer Verbindlichkeit.

Rechtsgr. 85. — II. Senat. 13. Januar 1853. (VIII. 196.)

Das Anerkenntniß einer Verbindlichkeit ist außer dem Falle eines Prozesses zur Feststellung von Rechten nur dann geeignet, wenn es zugleich den Rechtsgrund der Verbindlichkeit bezeichnet.

B. Schriftliches Anerkenntniß einer mündlichen Erbschafts-Entsagung.

Rechtsgr. 86. — I. Senat. 31. Januar 1853. (VIII. 274.)

Eine blos mündliche Erbschafts-Entsagung erlangt auch durch nachheriges schriftliches Anerkenntniß keine Gültigkeit.

C. Verpflichtung des Successors durch den Autor. — Vergl. A. L. R. I. 10. §§ 3. 23.; 11. §§ 71. 74.; A. G. O. I. 10. § 138.; 24. § 7.; Gesetz vom 26. April 1835 §§ 8. 9.

Rechtsgr. 87. — III. Senat. 8. Oktober 1852. (VII. 268.)

Der Successor muß das gegen sich gelten lassen, was der Autor in Betreff der veräußerten Sache nach geschehener Veräußerung anerkannt hat.*

Daher ist die Erklärung des Autors, der einen und denselben Gegenstand an verschiedene Personen veräußert hat, und demnächst den dem Datum nach älteren, in gültiger Form abgeschlossenen Kaufvertrag eines dieser Käufer rekognoszirt, auch anerkennt, diesem das Eigenthum der Sache vor jenem anderen Verkauf übertragen zu haben, nicht ohne rechtliche Wirkung für den zweiten Käufer.

Siehe auch Rechtsgrundsatz 1389. (Gesetz vom 2. März 1850 § 40.)

§ 230. Rücktritt von einem rücksichtlich der Erfüllungszeit bedingten Vertrage. — Vergl. § 232. dieses Titels.

Rechtsgr. 88. — IV. Senat. 26. April 1853. (IX. 147.)

Der Verkäufer einer beweglichen, zu einer bestimmten Zeit und gegen baare Zahlung des Kaufpreises vom Käufer abzunehmenden Sache ist, wenn letzterer diese Zeit, ohne sich zur Abnahme der Sache zu melden und den Kaufpreis anzubieten, verstreichen läßt, berechtigt, die Uebergabe zu verweigern und vom Vertrage zurückzutreten. — Dieser Grundsatz findet bei allen Kaufverträgen dieser Art, sie mögen sich über Gegenstände bis nur 50 Rthlr. oder über Gegenstände von höherem Werthe verhalten, Anwendung.

* Der obige Grundsatz dürfte nicht anzuerkennen sein.

§ 231. Siehe Rechtsgrundsätze 126. 995. (A. L. R. I. 5. § 415.; A. G. O. I. 27. § 55.

§ 232. Klage auf Entrichtung der Wandelpön. — Vergl. A. L. R. I. 5. §§ 271. 310. 312.; 16. § 22.

Rechtsgr. 89. — III. Senat. 11. und 21. Juni 1852. (VI. 175.)

Auch die für den Fall des Rücktritts vom Vertrage vereinbarte Wandelpön kann der bei dem Vertrage stehen bleibende Kontrahent nur dann einklagen, wenn er seinerseits zur Erfüllung des Vertrages zur gehörigen Zeit bereit und im Stande gewesen ist.

Siehe auch Rechtsgrundsatz 88. (§ 230. dieses Titels.)

§ 233. Unbestimmte Erfüllungszeit eines Vertrages.

Rechtsfr. 90. — IV. Senat. 11. Dezember 1851. (IV. 174.)

Findet die Vorschrift des § 233. auch auf belohnende Schenkungen Anwendung?

§ 235. Andeutung einer nahen Erfüllungszeit.

Rechtsgr. 91. — IV. Senat. 11. Dezember 1851. (IV. 174.)

Die Vorschrift des § 235., nach welcher die Erfüllung eines Vertrages, in welchem durch unbestimmte Ausdrücke eine nahe Zeit der Erfüllung angedeutet worden, zu jeder Zeit gefordert werden kann, ist auch auf blos wohlthätige Verträge anwendbar.

§ 236. Erfüllungszeit nach Möglichkeit.

Rechtsfr. 92. — IV. Senat. 9. September 1851. (III. 270.)

Liegt dem klagenden Gläubiger, dessen Schuldner sich verpflichtet hat, Zahlung zu leisten, sobald er zu bessern Vermögensverhältnissen gekommen sein würde, der Beweis dieser verbesserten Vermögensverhältnisse auf?

Siehe auch Rechtsgrundsatz 96. (§ 271. dieses Titels.)

§ 247. Siehe Rechtsgrundsatz 291. (A. L. R. I. 11. § 602.)

§§ 252. ff. Siehe Rechtsgrundsätze 46. 552. (A. L. R. I. 4. § 65.; 21. § 292.)

§ 254. Siehe Rechtsfrage 47. (A. L. R. I. 4. § 72.)

§ 262. Auslegung eines Darlehnsvertrages bei doppelt ausgestellten Schuldscheinen.

Rechtsgr. 93. — IV. Senat. 13. Juli 1852. (VI. 231.)

Wenn über dieselbe Darlehnsschuld von dem Schuldner zwei verschiedene Schuldurkunden ausgestellt, zu verschiedenen Zeiten dem Gläubiger behändigt und ohne Erinnerung von demselben angenommen sind, so gilt die jüngere Urkunde so weit, als aus ihr die Abänderung der älteren Urkunde mit Sicherheit zu entnehmen ist.

Siehe auch Rechtsfrage 47. (A. L. R. I. 4. § 72.)

§ 267. Siehe Rechtsgrundsatz 126. (§ 415. dieses Titels.)

§ 270. Siehe Rechtsgrundsätze 25 265. 556. (A. L. R. Einleitung § 91.; I. 11. § 376.; 21. § 298.

§ 271. Klage auf Erfüllung eines Vertrages:

A. Ueberhaupt und insbesondere hinsichtlich eines bestellten Werkes.— Vergl. A. L. R. I. 11. §§. 949-951.

Rechtsgr. 94. — IV. Senat. 6. Mai 1852. (VI. 140)

Die Vorschrift des § 271. I. 5. des Allgem. Landrechts findet in ihrem ganzen Umfange nur auf Verträge Anwendung, deren Erfüllung noch geschehen soll. Wo aber der Vertrag seinem Hauptinhalte nach von der einen Seite erfüllt ist, und nur einzelne Mängel der Erfüllung in Frage stehen, da können die Ausstellungen in dieser Hinsicht den andern Theil nicht zu einer gänzlichen Verweigerung der seinerseits noch rückständigen Erfüllung, sondern nur zur Zurückhaltung eines verhältnißmäßigen Theils derselben berechtigen.

Dieser Grundsatz gilt auch bei Verträgen über ein bestelltes Werk.

B. Hinsichtlich fortlaufender Verbindlichkeiten z. B. bei Milchpachtverträgen und Nebenleistungen. — Vergl. §§ 393. 394. 396. 399. dieses Titels.

Rechtsgr. 95. — III. Senat. 13. Februar 1854. (XII. 125.)

Die Vorschrift des § 271. I. 5. des Allgem. Landrechts

findet in ihrem ganzen Umfange nur auf Verträge Anwendung, deren Erfüllung noch geschehen soll. Ist aber der Vertrag seinem Hauptinhalte nach erfüllt, und es werden nur wechselseitige und fällige, von einander unabhängige Nebenleistungen oder fortlaufende Verbindlichkeiten gefordert, so berechtigt die gedachte Vorschrift bei gleichartigen Leistungen nur zur Kompensation, bei ungleichartigen zu dem Antrage auf Erfüllung derselben Zug um Zug, folglich nicht zu einer gänzlichen Verweigerung, sondern nur zur Zurückhaltung eines verhältnißmäßigen Theils der eingeklagten Leistung.

Dieser Rechtsgrundsatz findet auch auf Milchpachtverträge Anwendung.

C. Bei nicht gewährtem Hauptgegenstande des Vertrages. — Vergl. A. L. R. I. 5. § 236.; II. §§ 124-127. 135.

Rechtsgr. 96. — II. Senat. 9. September 1851. (III. 65.)

Wenn mehrere Gegenstände für einen ungetheilten Preis verkauft sind, und der Hauptgegenstand nicht gewährt wird, so findet gegen den Käufer auch wegen der übrigen verkauften Gegenstände die Klage auf Erfüllung nicht statt.

D. Hinsichtlich eines bedingten schriftlichen Vertrages.

Rechtsgr. 97. — IV. Senat. 26. April 1853. (IX. 147.)

Zur Begründung der Klage des Käufers einer beweglichen, zu einer bestimmten Zeit und gegen baare Zahlung abzunehmenden Sache auf Erfüllung des Vertrages ist die mit Bweismitteln unterstützte Behauptung erforderlich, daß er zur bestimmten Zeit unter Anbietung des Kaufgeldes zur Abnahme der Sache sich gemeldet habe.

E. Einrede des nicht erfüllten und des nicht vollständig erfüllten Vertrages. — Vergl. A. L. R. I. 5. §§ 325. ff.; II. § 222.

Rechtsgr. 98. — IV. Senat. 2. Novbr 1849; 22. Mai 1851. (I. 6.; III. 30.)

Die auf Erfüllung des Vertrags in Anspruch genommene Partei, welche die von dem Kläger in der Hauptsache geschehene Erfüllung des Vertrags angenommen hat, kann den wider sie erhobenen Anspruch unter Berufung auf § 271. I. 5. des Allgem. Landrechts durch die Behauptung, daß der übergebenen Sache die vorbedungenen Eigenschaften fehlten, nicht ablehnen; sie muß vielmehr den aus diesem Mangel der vorbedungenen Eigenschaften abgeleiteten Entschädigungs-Anspruch besonders begründen und nachweisen.

Siehe auch Rechtsgrundsätze 45. 65. 89. 102. 111. 116. 122. 240. 397. (A. L. R. I. 4. § 65.; 5. §§ 122. 232. 292. 343. 360. 408.; 11. § 76.; 14. § 157.

§ 275. Siehe Rechtsgrundsatz 45. (A. L. R. I. 4. § 65.)

§ 285. Vergütung des Interesses bei Verträgen:

A. Nachforderung rückständiger Altentheils-Prästationen. — Vergl. A. L. R. I. 5. § 394.; 16. § 11.

Rechtsgr. 99. — II. Senat. 20. November 1851. (III. 325.)

Die ex mora rückständigen Prästationen eines Altentheils brauchen nicht in Natur, sie können auch in ihrem Geldwerthe nachgefordert werden.

B. Zögerungszinsen und Konventionalstrafe. — Vergl. A. L. R. I. 5. §§ 286. ff. 292. 293.; 16. §§ 64. ff.

Rechtsgr. 100. — IV. Senat. 27. Januar 1852. (IV. 303.)

Zögerungszinsen können neben einer Konventionalstrafe nicht gefordert werden.

S. auch Rechtsgrundsätze 116. 118. (§§ 360. u. 369. dieses Titels.)

§§ 286. ff. Siehe Rechtsgrundsatz 100. (§ 285. dieses Titels.)

§ 287. Aufstellung und Begründung eines Perzipienden-Anspruchs. — Vergl. A. L. R. I. 7. §§ 229. 230.

Rechtsgr. 101. — III. Senat. 10. Mai 1852. (V. 251.)

Die Perzipienden sind nicht ein bloßer Mehrbetrag der Perzepten. — Zur Aufstellung und Begründung des Perzipienden-Anspruchs ist daher die Angabe und der Nachweis des Ertrages der Perzepten nicht erforderlich, vielmehr genügt dazu eine von Sachverständigen ermittelte Ertragstaxe.

§ 291. Siehe Rechtsgrundsatz 26. (A. L. R. Einl. § 105.)

§ **292**. Anspruch des Miethers auf die für den Kündigungsfall stipulirte Konventionalstrafe. — Vergl. §§ 271. 310. dieses Titels.

Rechtsgr. **102**. — III. Senat. 29. November 1852. (VII. 171.)

Der Vermiether ist nicht verpflichtet, eine für den Fall des Verkaufes und der Aufhebung des Miethsvertrages versprochene Entschädigung zu bezahlen, wenn der Miether durch Nichterfüllung seiner kontraktlichen Verpflichtungen zur Kündigung selbst Veranlassung gegeben hat.

Siehe auch Rechtsgrundsätze 100. 316. (A. L. R. I. **5**. § 285.; **11**. § 811.)

§ **293**. Siehe Rechtsgrundsätze 100. 316. (A. L. R. I. **5**. § 285.; **11**. § 811.)

§ **299**. Siehe Rechtsgrundsatz 316. (A. L. R. I. **11**. § 811.)

§ **310**. Konventionalstrafen bei Verträgen gegen die Gewerbefreiheit. — Vergl. Edikt vom 2. November 1810; Kabinetsorder vom 19. April 1813; Allg. Gewerbe-Ordn. vom 17. Januar 1845 § 1.

Rechtsgr. **103**. — IV. Senat. 17. Januar 1854. (XI. 238.)

Konventionalstrafen, welche nach Publikation des Edikts vom 2. November 1810 für den Fall der Uebertretung einer verbotenen Beschränkung der Gewerbefreiheit vereinbart sind, können nicht gefordert werden.

Siehe auch Rechtsgrundsätze 89. 102. (§§ 232. 292. dieses Titels.)

§ **312**. Siehe Rechtsgrundsatz 89. (§ 332. dieses Titels.)

§§ **319**. ff. Siehe Rechtsgrundsatz 323. (A. L. R. I. **11**. § 932.)

§ **322**. Siehe Rechtsgrundsatz 244. (A. L. R. I. **11**. § 124.)

§ **324**. Siehe Rechtsgrundsatz 569. (A. L. R. I. **21**. § 418.)

§§ **325**. ff. Gewährleistung wegen fehlender vorbedungener Eigenschaften. — Vergl. A. L. R. I. **11**. § 189.; Exekutions-Verordnung vom 4. März 1834 § 9.

Rechtsgr. **104**. — Plenum. 2. Februar 1852. (IV. 328.)

Ist der Verkäufer eines Grundstücks zu der von ihm im Kontrakte übernommenen Befreiung des verkauften Grundstücks von den darauf eingetragenen Hypotheken verurtheilt, so kann der Käufer nicht genöthigt werden, statt der Bewirkung der Befreiung oder der Liquidirung des Interesse, sich mit der Aufhebung des Vertrages oder dem Ersatze des Minderwerthes, beziehungsweise des vollen Werthes des verkauften Gegenstandes zu begnügen.

Siehe auch Rechtsgrundsätze 98. 110. 111. 256. 551. (A. L. R. I. 5. §§ 271. 330. 343.; 11. § 333.; 21. § 273.)

§ 326. Gewährleistung wegen fehlender vorbedungener Eigenschaften. — Vergl. § 330. dieses Titels.

Rechtsgr. 105. — IV. Senat. 16. Juni 1853. (X. 75.)

Die Vorschrift des § 330. I. 5. des Allgem. Landrechts, — nach welchem der Empfänger, der eine Sache, ohne den in die Augen fallenden Fehler ausdrücklich zu rügen, übernommen hat, weder vom Vertrage zurücktreten, noch Vergütung fordern kann, — findet keine Anwendung, wenn eine vorbedungene Eigenschaft fehlt.

Der Rücktritt ist jedoch nicht gestattet, wenn der Lauf der Natur den gerügten Mangel ergänzt hat.

Siehe auch Rechtsgrundsätze 110. 111. (§§ 330. 343. dieses Titels.)

§ 327. Zurückgabe der Sache beim Rücktritt von dem Vertrage wegen fehlender vorbedungener Eigenschaften:

A. Hinsichtlich einer nach Quantität gekauften und empfangenen fungiblen Sache.

Rechtsgr. 106. — IV. Senat. 28. Februar 1854. (XII. 192.)

Bei einer nach Quantität, z. B. nach Pfunden, verkauften fungiblen Sache macht die Verfügung des Käufers über eine geringe Quantität derselben die bei der Gewährleistung dem Empfänger nach § 327. I. 5. des Allgem. Landrechts obliegende Rückgabe der Sache in dem Stande, wie er sie erhalten hat, nicht unmöglich, insofern der Empfänger erbötig ist, die verbrauchte Quantität zu ersetzen.

B. Einfluß des veränderten Zustandes der Sache auf das Recht des Empfängers zum Rücktritt vom Vertrage. — Vergl. § 328. dieses Titels.

Rechtsgr. 107. — IV. Senat. 26. September 1849. (I. 46.)

Die Bestimmung des § 327. I. 5. des Allg. Landrechts

kommt dann nicht in Anwendung, wenn die Sache aus einer schon vor der Uebergabe vorhanden gewesenen Ursache verändert ist.

Siehe auch Rechtsgrundsätze 110. 111. (§§ 330. 343. dieses Titels.)

§ **328**. S. Rechtsgrundsätze 107. 110. 111. (§§ 327. 330. 343. dieses Titels.)

§ **329**. Rücktritt von einem Pferdehandel wegen Krankheit des Pferdes. — Vergl. A. L. R. I. 4. §§ 81. 82.; 11. §§ 196. 199. 203.

Rechtsgr. 108. — IV. Senat. 26. Oktober 1852. (VIII. 14.)

Jede schon zur Zeit des Abschlusses des Vertrages über den Verkauf eines Pferdes vorhanden gewesene aber erst später entdeckte Krankheit desselben, welche sich als ein Mangel an den ausdrücklich oder stillschweigend vorausgesetzten gewöhnlichen Eigenschaften des Pferdes betrachten läßt, berechtigt den Käufer zum Rücktritt vom Vertrage, auch wenn das Pferd in der Folge von dieser Krankheit befreit worden ist.

§ **330**. Gewährleistung wegen fehlender gewöhnlich vorausgesetzter Eigenschaften:

A. In die Augen fallender Fehler.

Rechtsgr. 109. — IV. Senat. 16. September 1851. (IV. 15.)

Der § 330., nach welchem der Empfänger, der eine Sache, ohne den in die Augen fallenden Fehler zu rügen, übernommen hat, weder von dem Vertrage zurücktreten, noch Vergütung fordern kann, ist nicht anwendbar, wenn die übersandte Waare verpackt, und der Fehler nicht schon an der Verpackung äußerlich erkennbar war.

B. Vorbedungene, jedoch schon ein gewöhnliches Merkmal der Sache ausmachende Eigenschaft. — Vergl. §§ 325-328. dieses Titels.

Rechtsgr. 110. — IV. Senat. 4. Januar 1849; 19. Juli 1850. (IV. 16.; 18.)

Die Bestimmung des § 330. I. 5. des Allg. Landrechts kann zwar nicht angewendet werden, wenn eine vorbedungene Eigenschaft fehlt; um eine vorbedungene Eigenschaft handelt es sich aber nur dann, wenn ein besonderes, der Sache nicht schon der Regel nach zukommendes Merkmal ausbedungen ist.

Siehe auch Rechtsgrundsätze 50. 105. (A. L. R. I. 4. § 81.; 5. § 326.)

§§ **343-345.** Verjährung des Rechts auf Gewährleistung:

A. Verjährung der Klage auf Gewährung der fehlenden Eigenschaft oder Vergütung des Minderwerthes, nicht der Einrede nicht gehöriger Erfüllung des Vertrages. — Vergl. §§ **271. 325-328.** dieses Titels.

Rechtsgr. **111.** — IV. Senat. 15. November 1853. (XI. 48.)

Der Verjährung des Rechts auf Gewährleistung nach den §§ 343. und 345. I. 5. des Allgem. Landrechts ist nur die Klage des Uebernehmers auf Gewährung der fehlenden Eigenschaft beziehungsweise auf Vergütung des Minderwerthes der Sache unterworfen, nicht aber dessen Einrede der nicht gehörigen Erfüllung des Vertrages Seitens des Gebers.

B. Verpflichtung zur Gewährleistung und zur Befreiung eines Grundstücks von den Reallasten und Verbindlichkeiten.

Rechtsgr. **112.** — III. Senat. 9. Oktober 1852. (VII. 298.)

Der § 344. I. 5. des Allgem. Landrechts ist auf die kontraktliche Verpflichtung zur Befreiung eines Grundstücks von darauf lastenden Reallasten und Verbindlichkeiten nicht anwendbar.

Siehe auch Rechtsgrundsatz **212.** (A. L. R. I. **9.** § 551.)

§ **349.** Aufhebung eines Vertrages wegen Betrugs. — Vergl. A. L. R. I. **4.** §§ 84. 85.; **5.** § 350.; Dig. **44.** 4. Lex 2. pr.; 45. 1. Lex 36.

Rechtsgr. **113.** — III. Senat. 28. Februar 1853. (VIII. 326.)

Auch im Wege der Einrede oder Replik kann der Betrogene erklären, von dem Vertrage, zu dessen Errichtung er verleitet worden, wieder abgehen zu wollen.

Siehe auch Rechtsgrundsatz 884. (Allg. Deutsche Wechsel-Ordnung Art. 82.)

§ **350.** Siehe Rechtsgrundsatz **113.** (§ **349.** dieses Titels.)

§ **358.** Wissentliche Benutzung des Irrthums eines Mitkontrahenten. — Vergl. A. L. R. I. **4.** §§ **75.** ff. **84. 87.**; II. **20.** § **1256.**

Rechtsgr. **114.** — III. Senat. 16. April 1851. (II. 93.)

Die wissentliche Benutzung des Irrthums eines Mitkontrahenten hat dieselben civilrechtlichen Folgen, wie die wissentliche Veranlassung dieses Irrthums.

§§ 360. ff. Unmöglichkeit der Erfüllung eines Vertrages:
A. Hinderniß in der Person des Verpflichteten.

Rechtsgr. 115. — I. Senat. 9. Mai 1851. (II. 122.)

Der § 360. I. 5. des Allgem. Landrechts ist nicht dahin auszulegen, als wenn der Berechtigte für die Erfüllung des Vertrages auch eine andere Person an die Stelle des Verpflichteten wählen könnte.

B. Begründung der Klage des Verkäufers auf das Interesse aus einem nicht erfüllten Zeitkaufsvertrage über verbrauchbare marktgängige Waaren. — Vergl. §§ 271. 285. ff. dieses Titels.

Rechtsgr. 116. — IV. Senat. 6. Dezember 1853. (X. 348.)

Bei Zeitkaufsverträgen über verbrauchbare marktgängige Waaren ist auch der Verkäufer bei einem Verzuge des Käufers in Abnahme der Waaren und Zahlung des Kaufpreises berechtigt, von dem Vertrage zurückzutreten und die Zahlung der Differenz zwischen dem vereinbarten und dem marktgängigen Preise am Lieferungstage zu verlangen.

Zur Begründung der desfallsigen Klage des Verkäufers bedarf es der mit Beweismitteln zu unterstützenden Behauptung nicht, daß er in dem Besitze der bedungenen Waaren, resp. den Vertrag seinerseits zu erfüllen im Stande gewesen und jene Waaren zu keinem höheren, als dem Marktpreise, anderweitig verkauft habe; es genügt vielmehr der Nachweis des Verzugs des Käufers und der Richtigkeit der geforderten Differenz.

C. Erstattung des Kaufpreises und Zahlung der Konventionalstrafe Seitens des Verkäufers einer fremden Sache. — Vergl. A. L. R. I. 16. § 199.

Rechtsgr. 117. — III. Senat. 8. April 1853. (X. 34.)

Wenn der Käufer einer dem Verkäufer nicht gehörenden Sache befugterweise von dem Vertrage zurücktritt, so kann er die Erstattung des gezahlten Kaufpreises und die Erlegung der für diesen Fall vereinbarten Konventionalstrafe nur gegen Herausgabe der Sache mit den gezogenen Nutzungen beanspruchen.

§ 369. Altentheils-Prästationen außerhalb der Stelle. — Vergl. § 285. dieses Titels.

Rechtsgr. 118. — II. Senat. 6. April 1852. (VI. 163.)

Ein kontraktwidriges Verhalten des zur Gewährung eines Altentheils Verpflichteten macht die Annahme der Erfüllung des Altentheils-Vertrages in der bedungenen Weise unmöglich und berechtigt die Auszügler, eine andere Erfüllungsart zu wählen und die Verabreichung des Auszugs über die Schwelle zu verlangen.

§ 377. Erfüllung eines Vertrages bei wegfallender Gegenleistung. — Vergl. § 79. dieses Titels.

Rechtsgr. 119. — IV. Senat. 8. Januar 1852. (IV. 241.)

Die einem Wirthschaftsbeamten in dem Dienst-Vertrage zugesicherten Emolumente, insbesondere die Tantiemen von Holzverkaufsgeldern, sind demselben auch dann zu gewähren, wenn die von ihm nach der Dienst-Instruktion deshalb zu leistenden Dienste nicht nöthig geworden sind.

§§ 388. 390. Aufhebung eines schriftlichen Vertrages durch mündliche Uebereinkunft.

Rechtsgr. 120. — IV. Senat. 26. Mai 1853. (IX. 203.)

Ein älterer schriftlicher Vertrag kann durch einen jüngeren mündlichen Vertrag aufgehoben werden, wenn der letztere von beiden Seiten in Erfüllung gegangen ist.

§§ 391. 392. Siehe Rechtsgrundsatz 60. (§ 74. dieses Titels.)
§ 393. Siehe Rechtsgrundsatz 95. (§ 271. dieses Titels.)
§ 394. S. Rechtsgrundsätze 95. 99. (§§ 271. u. 285. dieses Titels.)
§§ 396. 399. Siehe Rechtsgrundsatz 95. (§ 271. dieses Titels.)
§ 408. Einseitiger Rücktritt von einem Vertrage über Handlungen:

A. Begriff eines Vertrags über Handlungen.

Rechtsgr. 121. — III. Senat. 22. Dezember 1851. (VI. 4.)

Ein Vertrag, durch welchen bei einer Gutsüberlassung der Uebernehmer außer anderen Verbindlichkeiten auch die Verpflichtung übernimmt, den Ueberlasser stets anständig zu behandeln und mit kindlicher Liebe zu verpflegen, ist als ein Vertrag über Handlungen anzusehen, auf welchen die Vorschrift des § 408. I. 5. des Allgem. Landrechts Anwendung findet.

B. Verträge über Leistungen und Handlungen; Hütungsgerechtigkeit und Recht auf Pferchnutzung. — Vergl. § 271. dieses Titels.

Rechtsgr. 122. — II. Senat. 17. Januar 1854. (XI. 347.)

a. Verträge, deren Gegenstand auf Seite des einen Kontrahenten in der Hauptsache aus Leistungen und in Nebenpunkten aus Handlungen besteht, sind keine Verträge über Handlungen im Sinne des § 408. I. 5. des Allg. Landrechts.

b. Daher ist ein Vergleich, nach welchem der einen Dorfgemeinde Hütungsrechte, und der andern die Pferchnutzung zugestanden, und zugleich bestimmt ist, daß die letztere Gemeinde allein die Annahme und Entlassung des Hirten so wie die Regulirung des Hütelohns zu besorgen habe, kein Vertrag über Handlungen im gesetzlichen Sinne.

c. Unterläßt der zur Pferchnutzung Berechtigte die ihm vertragsmäßig obliegende Abholung der Heerde, so kann der Eigenthümer dieser Heerde dieselbe durch einen andern Hirten austreiben und hüten lassen, ohne für die dem ersteren hierdurch entzogene Pferchnutzung aufkommen zu brauchen.

C. Form des Rücktritts von einem Vertrage über Handlungen. — Vergl. § 410. dieses Titels.

Rechtsgr. 123. — I. Senat. 26. September 1851. (II. 372.)

Der bei Verträgen über Handlungen demjenigen Theile, welcher die nicht geschehene Leistung der Handlung Seitens des andern Theils behauptet, gestattete Rücktritt von dem Vertrage erfordert eine ausdrückliche Willenserklärung.

D. Dienstentlassung eines Försters. — Vergl. A. L. R. I. 5. § 410.; 11. § 894.

Rechtsgr. 124. — IV. Senat. 17. Juni 1851. (IV. 1.)

Ein auf Lebenszeit angestellter Förster kann von der Gutsherrschaft, vorbehaltlich ihrer Pflicht zur Entschädigung, einseitig seines Dienstes entlassen und zur Räumung der Dienstwohnung gezwungen werden.

E. Rückforderung eines für bedungene Handlungen im Voraus gezahlten Salairs bei später erfolgtem Zurücktritte von dem Vertrage. — Vergl. A. L. R. I. 5. § 409.; 11. § 889.

Rechtsgr. 125. — IV. Senat. 26. und 31. Mai 1853. (IX. 221.)

Der einseitige Rücktritt von einem schriftlichen Vertrage über Handlungen berechtigt nicht zur Rückforderung der auf die zu leistenden Handlungen im Voraus geleisteten Zahlung.

Siehe auch Rechtsgrundsätze 363–371. (A. L. R. I. 13. § 5.)

§§ 409. Siehe Rechtsgrundsatz 125. (§ 408. dieses Titels.)

§ 410. Siehe Rechtsgrundsätze 123. 124. (§ 408. dieses Titels.)

§ 415. Rechte der Miterben aus einem Vorbehalte in dem Erbrezesse auf den Mehrbetrag des Kaufpreises eines Nachlaßgrundstückes. — Vergl. A. L. R. I. 5. §§ 231. 267.; II. 1. Anh. § 79. zu § 648.

Rechstgr. 126. — I. Senat. 26. November 1852. (VII. 163.)

Das bei Erbsonderungen gegen den Uebernehmer eines Nachlaßgrundstückes den Miterben vorbehaltene Recht auf den den Annahmepreis übersteigenden Mehrbetrag eines künftigen Verkaufspreises greift auch dann Platz, wenn erst behufs Auseinandersetzung der Erben des Gutsannehmers der Verkauf bewirkt, und ein höheres Kaufgeld gelöset ist.

§§ 424. ff. Siehe Rechtsgrundsätze 385. 743. 754. 876. (A. L. R. I. 13. § 211.; II. 8. §§ 625. 1122.; Allg. Deutsche Wechsel-Ordnung Art. 81.)

§ 435. Siehe Rechtsgrundsatz 754. (A. L. R. II. 8. § 1122.)

§§ 437. 438. Siehe Rechtsgrundsatz 1018. (A. G. O. I. 32. § 3.)

§§ 444. ff. Korreal-Verbindlichkeit der Besitzer verschiedener Grundstücke für dieselbe Hypothekenforderung.

Rechtsgr. 127. — III. Senat. 27. September 1850. (VI. 342.)

Der Besitzer eines mit Grundstücken anderer Besitzer für dieselbe Hypothekenforderung solidarisch verhafteten Grundstücks ist nach Befriedigung des gemeinschaftlichen Hypothekengläubigers berechtigt, von jedem der Besitzer der übrigen Grundstücke einen verhältnißmäßigen Antheil der gezahlten Summe nach Abzug seines eigenen Antheils erstattet zu verlangen, — seinen eigenen Antheil muß er auch in dem Falle in Abzug bringen, wenn ihm der gemeinschaftliche Hypothekengläubiger seine Rechte aus der Schuldurkunde cedirt hat.

§§ **450.** ff. Korreal-Verträge:

A. Berechtigung eines einzelnen Miteigenthümers zur Klage wegen Beeinträchtigung des Eigenthums durch einen Dritten. — Vergl. A. L. R. I. **8.** §§ **124. 126.**; **17.** §§ **1. 4. 10.**

Rechtsgr. 128. — II. Senat. 22. November 1853. (XI. 58.)

Jeder einzelne Miteigenthümer eines Gebäudes ist für sich allein zur Klage gegen denjenigen berechtigt, welcher gegen die Vorschriften der §§ 124. und 126. I. 8. des Allg. Landrechts dem Gebäude mit Anlagen zu nahe gekommen ist.

B. Ausübung des gemeinschaftlichen Rechtes aus gemeinschaftlich geschlossenen Verträgen durch einen einzelnen Theilnehmer — Vergl. A. G. O. I. **5.** § **4.**

Rechtsgr. 129. — III. Senat. 16. Juni 1852. (VI. 181.)

Bei gemeinschaftlich geschlossenen Verträgen kann das gemeinschaftliche Recht in der Regel auch nur gemeinschaftlich von allen Theilnehmern im Wege der Klage verfolgt werden.

Der einzelne Theilnehmer ist daher, so lange diese Gemeinschaft besteht, und insofern der Vertrag selbst nicht etwa eine entgegengesetzte Bestimmung darüber enthält, zur Verfolgung des gemeinschaftlichen Rechtes für sich nicht berechtigt.

C. Korreal-Rechte mehrerer Bevollmächtigten auf Erstattung ihrer Auslagen. — Vergl. A. L. R. I. **13.** §§ **65.** ff. **211.**

Rechtsgr. 130. — IV. Senat. 22. Januar 1852. (V. 29.)

Die Bestimmung des § 450. I. 5. des Allgem. Landrechts ist auf die Klage eines einzelnen von mehreren Bevollmächtigten wegen seines Aufwandes gegen die Machtgeber nicht zu beziehen.

Siehe auch Rechtsgrundsätze 384. 385. 480. 484. (A. L. R. I. 13. § 210.; 17. §§ 151. 219.)

Titel 6. Von den Pflichten und Rechten, die aus unerlaubten Handlungen entstehen.

§ 1. Siehe Rechtsgrundsatz 132. (§ 5. dieses Titels.)

§§ 5. 6. Entgangener Gewinn:

A. Hinsichtlich einer marktgängigen Sache.

Rechtsgr. 131. — IV. Senat. 17. September 1850. (III. 13.)

Den entgangenen Gewinn bildet bei einer marktgängigen Sache diejenige Differenz, welche zwischen dem Preise, der bei der kontraktlichen Erfüllung des Frachtvertrages an dem Ablieferungsorte zu erzielen gewesen sein würde, und demjenigen Preise besteht, welcher in Folge der Nichterfüllung später erlangt worden ist.

B. Entschädigung des Holzungsberechtigten. — Vergl. § 1. dieses Titels.

Rechtsgr. 132. — II. Senat. 6. Juli 1852. (VII. 224.)

Der Entschädigungs-Anspruch des Holzungsberechtigten gegen den Waldeigenthümer, der die Ausübung des Holzungsrechts gehindert hat, ist nicht durch den Nachweis des wirklichen Verbrauches bedingt, es genügt vielmehr der Nachweis des Bedarfs und der Möglichkeit der Befriedigung desselben aus dem verpflichteten Walde.

§§ 8. ff. Siehe Rechtsgrundsätze 21. 22. (A. L. R. Einl. §§ 87. 89.)

§§ 10. ff. Siehe Rechtsgrundsätze 21. 22. 1227. (A. L. R. Einleit. §§ 87. 89.; Verordnung vom 14. Dezember 1833 § 16.)

§§ 16. 25. Siehe Rechtsgrundsatz 19. (A. L. R. Einl. § 87.)

§§ 29. 30. Siehe Rechtsgrundsatz 21. (A. L. R. Einl. § 87.)

§§ 36. ff. Verbindlichkeit des Interventionsklägers zum Schadensersatz. — Vergl. A. L. R. I. 6. §§ 137. 138.; A. G. O. I. 29. §§ 31. 37. 80.

Rechtsgr. 133. — IV. Senat. 27. Januar 1853. (VIII. 251.)

Der Interventionskläger ist bei einem ungünstigen Ausfalle des Interventionsprozesses zum Ersatze des dem Gegner durch die entbehrte vollständige Disposition über die streitige Sache während der Dauer des Rechtsstreites entstandenen Schadens nicht unbedingt, sondern nur nach Maaßgabe eines bösen Vorsatzes oder schuldbaren Versehens verhaftet.

Siehe auch Rechtsgrundsätze 12. 13. 15. 18. 22. (A. L. R. Einl. §§ 74. 89.)

§ 54. Dauer der Klage auf Schadenersatz:

A. Hinsichtlich eines vertragsmäßigen und zugleich gesetzlichen Rechts auf Schadenersatz. — Vergl. Feuer-Societäts-Reglement vom 29. April 1838 § 53.

Rechtsgr. 134. — IV. Senat. 27. November 1851. (III. 328.)

Die Vorschrift des § 54. wegen der dreijährigen Verjährung des Rechts auf Ersatz eines außerhalb des Falles eines Vertrages erlittenen Schadens findet auf das vertragsmäßige Recht eines schon nach gesetzlicher Bestimmung zu vergütenden Schadens keine Anwendung.

B. Verjährung der Klage auf Schadenersatz außerhalb des Falles eines Vertrages. — Vergl. Deklaration vom 31. März 1838.

Rechtsgr. 135. — Plenum. 6. September 1852. (VI. 276.)

a) Die dreijährige Verjährung nach § 54. I. 6. des Allg. Landrechts findet auf die Klage wegen eines Anspruchs auf Erfüllung oder auf Vergütung des Werthes der verweigerten Erfüllung der Verbindlichkeit aus einem bestehenden, wenngleich nicht auf einen Vertrag sich gründenden Rechtsverhältnisse keine Anwendung.

b) Das Eintreten der Verjährung bei einem außerhalb des Falles eines Vertrages erlittenen Schaden innerhalb dreier Jahre, nachdem das Dasein und der Urheber desselben zur Wissenschaft des Beschädigten gelangt sind, wird dadurch allein nicht ausgeschlossen, daß über die Rechtmäßigkeit der beschädigenden Handlung unter den Parteien in einem Prozesse gestritten wird.

c) Die dreijährige Verjährung des Anspruchs auf Ersatz eines außerhalb des Falles eines Vertrages erlittenen Schadens trifft auch in den Fällen das ganze Recht, in welchen der aus einer Handlung entstehende, dem Beschädigten bekannt gewordene Schaden so beschaffen ist, daß er, obwohl im wechselnden Umfange, sich auch in der Zukunft erneuert.

d) Die kurze Verjährungsfrist des § 54. I. 6. des Allg. Landrechts findet auf Konditionen und Vindikationen keine Anwendung.

§§ 79. 80. Art und Weise des Schadenersatzes:

A. Entschädigung des Grundeigenthümers Seitens der Bergbautreibenden wegen Entziehung oder bewirkter Verminderung des Wassers in Quellen und Wasserbehältern.

Rechtsgr. 136. — III. Senat. 7. Oktober 1853. (X. 191.)

Zur Begründung des Anspruchs eines Grundeigenthümers gegen den Bergbautreibenden auf Wiederverschaffung des früheren Wasserstandes und auf Schadenersatz wegen Entziehung und resp. bewirkter Verminderung des Wassers in Quellen und Wasserbehältern ist der Nachweis, daß das noch vorhandene Wasser zu dem davon zu machenden bestimmten Gebrauche nicht ausreiche, so wie die Bezeichnung der Art des entstandenen Schadens erforderlich.

Der Bergbautreibende kann von dem Beeinträchtigten nicht unbedingt auf Wiederverschaffung des entzogenen Wassers, sondern nur alternativ — entweder auf Wiederverschaffung des Wassers oder auf Entschädigung — in Anspruch genommen werden.

B. Subjektive Dinglichkeit des judikatmäßigen Rechts auf Schadenersatz wegen Beschädigung des Grundeigenthums. — Vergl. Allg. L. R. II. 15. § 246.

Rechtsgr. 137. — III. Senat. 18. Juni 1852. (V. 320.)

Das judikatmäßige Recht des Besitzers eines Grundstücks,

zu verlangen, daß der Nachbar die vorgenommenen Beschädigungen dieses Grundstücks beseitige und dafür Entschädigung leiste, geht ohne ausdrückliche Cession als ein subjektiv-dingliches auf den späteren Erwerber des beschädigten Grundstücks über.

§§ 137. 138. Schadenersatz wegen Arrestanlegung auf Sachen eines Dritten. — Vergl. A. G. O. I. 29. §§ 1. 80.

Rechtsgr. 138. — IV. Senat. 8. Juli 1852. (V. 366.)

Der Arrestleger, welcher auf eine im Besitze seines Schuldners befindliche fremde Sache einen Arrest ausgebracht hat, ist dem Eigenthümer der letzteren zum Ersatze des aus der Arrestirung erwachsenen Schadens verpflichtet, auch wenn er die Sache für seinem Schuldner gehörig zu halten hinreichende Veranlassung hatte, und der Arrest diesem gegenüber für justifizirt erklärt ist.

Siehe auch Rechtsgrundſ. 133. (A. L. R. I. 6. § 36.)

Titel. 7. Von Gewahrsam und Besitz.

§§ 1. 3. Besitz einer Sache.

Rechtsgr. 139. — III. Senat. 22. Dezember 1851. (IV. 225.)

Der Nachbar, welcher die Luftsäule über der zwischen seinem und dem gegenüber liegenden Gebäude befindlichen Gasse aus eignem Rechte benutzt, ist Mitbesitzer der Gasse.

Siehe auch Rechtsgrundsätze 143. 144. (§ 58. dieses Titels.)

§§ 4. 5. Siehe Rechtsgrundsatz 581. (A. L. R. I. 22. § 52.)

§ 6. Siehe Rechtsgrundsatz 541. (A. L. R. I. 21. § 22.)

§ 7. Siehe Rechtsgrundsätze 227. 554. 1164. (Allgemeines Landrecht I. 10. § 7.; 21. § 298.; Bergisches Dekret vom 13. September 1811 Art. 12.)

§ 8. Siehe Rechtsgrundsätze 227. 1164. (A. L. R. I. 10. § 7.; Bergiches Dekret vom 13. September 1811 Art. 12.)

§ 10. Siehe Rechtsgrundsatz 418. (A. L. R. I. 15. § 34.)

§ 11. Siehe Rechtsgrundsätze 76. 415. 1164. (A. L. R. I. 5. § 163.; 15. § 15.; Bergisches Dekret vom 13. September 1811 Art. 12)

§ 14. Siehe Rechtsgrundsätze 219. 220. 415. 440. (A. L. R. I. 9. §§ 617. 628.; 15. § 15.; 16. § 189.)

§ 15. Siehe Rechtsgrundsätze 422. 1164. (A. L. R. I. 15. § 47.; Bergisches Dekret vom 13. September 1811 Art. 12.)

§§ 16. 17. Siehe Rechtsgrundsatz 163. (A. L. R. I. 7. § 222.)]

§ 18. Siehe Rechtsgrundsatz 1089. (Dig. 6. 1. Lex 24.)

§ 19. Siehe Rechtsgrundsatz 1015. (A. G. O. I. 31. § 14.)

§ 22. Siehe Rechtsgrundsatz 422. (A. L. R. I. 15. § 47.

§§ 43. ff. Siehe Rechtsgrundsätze 149. 1095. (§ 81. dieses Titels; Dig. 41. 2. Lex 1. §§ 20. 22.)

§ 45. Besitzerwerb durch Stellvertreter.

Rechtsgr. 140. — III. Senat. 5. Dezember 1851. (III. 353.)

Bei dem Erwerb des Besitzes durch die Handlung eines Stellvertreters kommt diese Handlung in ihrer Totalität, sowohl für als gegen den Prinzipal, in Betracht.

§ 51. Siehe Rechtsgrundsatz 217. (A. L. R. I. 9. § 579.)

§§ 52. ff. 66. Wirklicher Besitz. — Vergl. A. L. R. I. 15. §§ 1. ff.

Rechtsgr. 141. — II. Senat. 16. Oktober 1851. (III. 298.)

Unter den Worten des § 54. I. 7. des Allg. Landrechts „im wirklichen Besitz" ist ein vollständiger Besitz zu verstehen. — Es ist daher außer der Uebergabe der Hauptsache eine besondere Uebergabe verpachteter Pertinenzien durch Anweisung nicht erforderlich.

Siehe auch Rechtsgrundsatz 218. (A. L. R. I. 9. § 601.)

§ 54. Siehe Rechtsgrundsätze 141. 228. (A. L. R. I. 7. § 52.; 10. § 7.)

§§ 58. 59. Besitzerwerb durch Uebergabe:

A. Wirkung des Anerkenntnisses der erfolgten körperlichen Uebergabe der verkauften Sache überhaupt. — Vergl. §§ 70. und 71. dieses Titels.

Rechtsgr. 142. — IV. Senat. 13. Juli 1852. (VI. 261.)

Zum Beweise der erfolgten Uebergabe verkaufter Gegenstände ist das in dem Vertrage abgegebene Anerkenntniß der Kontrahenten, daß die Uebergabe geschehen sei, nicht genügend.

B. Wirkung des Anerkenntnisses der erfolgten körperlichen Uebergabe der von dem Ehemanne der Ehefrau verkauften Sache. — Vergl. § 1. dieses Titels.

Rechtsgr. **143** — III. Senat. 4. und 11. März 1853. (IX. 39.)

Zum Nachweise der Uebertragung des Besitzes der von dem Ehemann an die Ehefrau verkauften Sache genügt das in der Urkunde enthaltene bloße Bekenntniß, daß die Uebergabe bereits erfolgt sei, und Käuferin sich in dem Besitze der erkauften Sache befinde, nicht.

C. Wirkung des Anerkenntnisses der erfolgten körperlichen Uebergabe der verpfändeten Sache. — Vergl. I. **7.** §§ 1-3.; **20.** §§ 104. 105.

Rechtsgr. **144.** — III. Senat. 24. März 1854. (XII. 281.)

Zum Beweise der erfolgten Uebergabe der verpfändeten Sache ist das in dem Vertrage abgegebene Anerkenntniß der Kontrahenten, daß die körperliche Uebergabe geschehen sei, dann nicht genügend, wenn die festgestellten faktischen Umstände mit jener Erklärung nicht zu vereinigen sind.

D. Verbindlichkeit aus einer fingirten Uebergabe.

• Rechtsgr. **145.** — III. Senat. 14. November 1851. (III. 176.)

Das in einem Vertrage enthaltene Bekenntniß der geschehenen, wirklich aber nicht geschehenen Uebergabe der Sache ist nicht für ein Versprechen der sofortigen Uebergabe anzusehen.

Siehe auch Rechtsgrundsätze **148. 377. 414.** 1031. (A. L. R. I. **7.** § 70.; **13.** § 61.; **15.** § 1.; A. G. O. I. **50.** § 305.)

§§ **63.** ff. Siehe Rechtsgrundsatz 733. (A. L. R. II. **8.** § 550.)

§§ **66-68.** Besitzerwerb durch Anweisung.

Rechtsgr. **146.** — III. Senat. 13. Dezember 1853. (XI. 119.)

Die Erklärung des Käufers und Verkäufers in dem Kaufvertrage: „daß die verkauften und als Eigenthum überwiesenen Gegenstände sofort als wahres Eigenthum an den Käufer übergehen" enthält keine Uebergabe durch Anweisung.

Siehe auch Rechtsgrundsatz **141.** (§ 52. dieses Titels.)

§ **69.** Siehe Rechtsgrundsatz **472.** (A. L. R. I. **17.** § 10.)

§§ **70-73.** Besitzerwerb durch bloße Willenserklärung:

A. Form dieser Willenserklärung. — Vergl. A. L. R. I. **5.** § 131.

Rechtsgr. 147. — III. Senat. 3. März 1854. (XII. 201.)

Die in Gemäßheit des § 71. I. 7. des Allgem. Landrechts behufs Bewirkung der Uebergabe abgegebenen Erklärungen bedürfen bei Gegenständen über 50 Rthlr. zu ihrer Rechtsgültigkeit der schriftlichen Form.

B. Constitutum possessorium. — Vergl. A. L. R. I. 7. § 59.; 21. § 258.)

Rechtsgr. 148. — III. Senat. 3. März 1854. (XII. 201.)

Die Vertragsbestimmung: „daß die verkaufte Sache dem Verkäufer auf unbestimmte Zeit im miethweisen Besitze belassen worden,“ genügt zur Bewirkung der Uebergabe, wenngleich ein Miethsvertrag unter den Parteien nicht zu Stande gekommen ist.

Siehe auch Rechtsgrundsätze 142. 1163. (A. L. R. I. 7. § 58.; Bergisches Dekret vom 13. September 1811 Art. 5.)

§ 77. Siehe Rechtsgrundsätze 149. 496. (A. L. R. I. 7. § 81.; 19. § 3.)

§ 78. Siehe Rechtsgrunds. 149. (A. L. R. I. 7. § 81.)

§§ 81-82. Besitzerwerb eines negativen Rechts:

A. Gegenstand dieses Rechts. — Vergl. §§ 43. 77. 78. dieses Titels.)

Rechtsgr. 149. — III. Senat. 9. Februar 1852. (VI. 40.)

Der Besitz eines negativen Rechts kann nur auf fremde Sachen und nicht von demjenigen erworben werden, der die Sache, welche Gegenstand des negativen Rechts sein soll, als sein Eigenthum zu besitzen glaubt.

B. Besitzergreifung eines negativen Rechts. — Vergl. § 107. dieses Titels.

Rechtsgr. 150. — III. Senat. 9. Februar 1852. (VI. 37.)

Zur Besitzergreifung eines negativen Rechts ist nur die freie und öffentliche Vornahme der Besitzhandlung erforderlich, ohne daß es eines besonderen Beweises bedarf, daß der Handelnde in der Meinung eines ihm zustehenden fortdauernden Rechts gewesen sei.

C. Ersitzung einer Grundgerechtigkeit durch den vermeintlichen Eigenthümer des dienenden Grundstücks. — Vergl. A. L. R. Einl. § 91.

Rechtsgr. 151. — II. Senat. 10. Juli 1851. (III. 38.)

Auch derjenige kann eine Grundgerechtigkeit durch Verjährung erwerben, welcher das Grundstück, gegen welches dieselbe ausgeübt worden ist, in der Meinung besessen hat, dessen Eigenthümer zu sein.

D. Meinung der Zuständigkeit des ausgeübten Rechts Seitens des Handelnden, als Mitgliedes des Publikums. — Vergl. A.-G. O. I. **31**. § 14.

Rechtsgr. 152. — III. Senat. 12. Januar 1852. (IV. 244.)

Zum Erwerb des Besitzes eines negativen Rechts genügt die Meinung des Handelnden, daß er als Mitglied des Publikums dazu berechtigt sei, nicht; vielmehr ist dazu die Meinung erforderlich, daß ihm selbst das Recht als ein fortdauerndes zustehe.

E. Ersitzung einer Servitut an Gemeindenutzungen durch ein Mitglied der Gemeinde.

Rechtsgr. 153. — II. Senat. 15. Februar 1853. (IX. 7.)

Zur Ersitzung einer Servitut Seitens eines Mitgliedes der Dorfgemeinde an den Nutzungen, welche allen Gemeinde-Mitgliedern als solchen zustehen, ist der vollständige Beweis erforderlich, daß dasselbe die Berechtigung nicht aus dem Rechte der Gemeinde-Mitgliedschaft, sondern aus einem besondern Rechte in Besitz genommen und besessen habe.

F. Jüngster Besitz bei wiederholten Besitzstörungen. — Vergl. A. G. O. I. **31**. §§ 1. 3. 16.

Rechtsgr. 154. — III. Senat. 16. April 1851. (I. 354.)

Die während der Vorbereitung zu der hiernächst rechtzeitig angestellten Possessorienklage vorfallenden ferneren Besitzstörungen sind durch die vorhergegangene Untersagung Seitens des im Besitz Gestörten für mitbetroffen zu erachten und daher auf die Erhaltung des Klagerechts des letzteren ohne rechtliche Wirkung.

Siehe auch Rechtsgrundsätze 28. 217. 1007. (A. L. R. I. **1**. § 1.; **9**. § 579.; A. G. O. I. **31**. § 1.)

§ **86**. Siehe Rechtsgrundsatz 155. (§ **92**. dieses Titels.)
§ **87**. Siehe Rechtsgrundsatz 1007. (A. G. O. I. **31**. § 1.)
§§ **92**. **93**. Erwerb des Besitzes eines Untersagungsrechts gegen eine Kirchengemeinde. — Vergl. § **86**. dieses Titels.

Rechtsgr. 155. — III. Senat. 21. Dezember 1853. (XI. 176.)

Zur Erwerbung des Besitzes des Rechts zur ausschließlichen Benutzung einer Kirchenstelle ist erforderlich, daß keines der Mitglieder der Kirchengemeinde widersprochen, oder daß alle Mitglieder dem Verbote Folge geleistet haben.

§§ **96**-**98**. Siehe Rechtsgrundsatz 1015. (A. G. O. I. **31**. § 14.)
§§ **99**. **104**. Siehe Rechtsgrundsatz 204. (A. L. R. I. **9**. § 521.)
§ **106**. Siehe Rechtsgrundsatz 549. (A. L. R. I. **21**. § 233.)
§ **107**. Siehe Rechtsgrundsatz 150. (§ **81**. dieses Titels.)
§ **122**. Siehe Rechtsgrundsätze 218. 1015. (A. L. R. I. **9**. § 601.; A. G. O. I. **31**. § 14.)
§ **126**. Vermuthung für die Fortdauer des Besitzes affirmativer Rechte. — Vergl. A. L. R. I. **9**. §§ 599. 600. 649.

Rechtsgr. 156. — II. Senat. 13. März 1851. (III. 205.)

Die Bestimmung des § 126. I. 7. des Allg. Landrechts, nach welcher der Besitz eines affirmativen Rechts bis zu dem Augenblicke für fortdauernd zu erachten ist, in welchem der Verpflichtete die fernere Erfüllung verweigert, und der Berechtigte sich dabei beruhigt, — ist bei der Ersitzung nicht anwendbar.

Siehe auch Rechtsgrundsatz 197. (A. L. R. I. **9**. § 502.)

§ **129**. Siehe Rechtsgrundsatz 561. (A. L. R. I. **21**. § 350.)
§ **144**. Siehe Rechtsgrundsatz 550. (A. L. R. I. **21**. § 233.)
§§ **146**. ff. Besitz erblich verliehener Kirchenstellen.

Rechtsgr. 157. — III. Senat. 9. Juli 1851. (IV. 5.)

Der wider Willen des Besitzers einer Kirchenbank vom Kirchenvorstande in Folge allgemeiner Anordnung bewirkte Anstrich derselben enthält keine Besitzstörung.

Siehe auch Rechtsgrundsätze 158. 1008. 1013-1015. (A. L. R. I. 7. § 150.; II. **11**. § 681.; A. G. O. I. **31**. §§ 1. 14.)

§ **148**. Siehe Rechtsgrundsätze 157. 418. (A. L. R. I. 7. § 146.5.; 1. § 34.)

§ **150**. Begriff einer Besitzstörung. — Vergl. §§ **146**. ff. dieses Titels.

Rechtsgr. **158**. — III. Senat. 22. Februar 1854. (XII. 164.)

Der Begriff der Besitzstörung setzt ein thatsächliches, irgendwie aktiv sich äußerndes Einschreiten, eine auf den äußern Zustand thätig einwirkende und ihn verändernde Handlung voraus.

Daher enthält eine bloße mündliche oder schriftliche Drohung, eine Besitzstörung vornehmen zu wollen, noch keine wirkliche Besitzstörung.

Siehe auch Rechtsgrundsätze 1008-1010. 1012. 1014. 1016. (A. G. O. I. **31**. §§ 1. 14.)

§ **151**. Siehe Rechtsgrundsätze 1010. 1012. 1013. (A. G. O. I. **31**. § 1.)

§ **154**. Siehe Rechtsgrundsätze 1004. 1006. (A. G. O. I. **31**. § 1.)

§ **161**. Siehe Rechtsgrundsätze 418. 419. (A. L. R. I. **15**. § 34.)

§§ **162**. ff. Siehe Rechtsgrundsatz 161. 162. (A. L. R. **I**. **7**. § 189.)

§§ **175**. **176**. Siehe Rechtsgrundsätze 161. 162. 413. 414. (A. L. R. I. 7. § 189.; **15**. §§ 1. 34.)

§§ **179**. ff. Vermuthung für die Rechtmäßigkeit und Redlichkeit des Besitzes.

Rechtsgr. **159**. — III. Senat. 16. Juli 1851. (II. 329.)

Auch der unvollständige Besitzer hat die Vermuthung der Rechtmäßigkeit und Redlichkeit seines Besitzes für sich.

Siehe auch Rechtsgrundsätze 413. 419. 420. 862. 869. 1089. 1197. (A. L. R. I. **15**. §§ 1. 34. 37.; Allg. Deutsche Wechselordnung Art. 36. 51.; Dig. 6. 1. Lex 24.; Gesetz No. 939. v. 21. April 1825 § 15.)

§ **180**. Siehe Rechtsgrundsätze 159. 419. 420. 1197. (A. L. R. I. 7. § 179.; **15**. §§ 34. 37.; Gesetz No. 939. vom 21. April 1825 § 15.)

§§ **181**. **183**. Vermuthung für die Freiheit des Eigenthums. — Vergl. A. L. R. I. **8**. § 23.; **19**. §§ 14. 15.; Edikt vom 9. Oktober 1807 §§ 11. 12.

Rechtsgr. **160**. — II. Senat. 4. März 1851. (II. 295.)

Auch bei einem gutsherrlichen Verbande überwiegt die Vermuthung für die Freiheit des Eigenthums die Vermuthung für die Rechtmäßigkeit des Besitzes des Rechts zu Beschränkungen und Belastungen des Grundstücks, insoweit nicht feststeht, daß derartige Beschränkungen und Belastungen für diesen Distrikt und alle in demselben belegenen Grundstücke, oder doch für diese Klasse derselben, nach gesetzlicher Vorschrift (Urbarien, Zinsregister, Ortsverfassung rc.) zum Vortheil der Gutsherrschaften bestehen.

Siehe auch Rechtsgrundsätze 38. 1004. (A. L. R. II. 7. § 137.; A. G. O. I. 31. § 1.)

§ 184. Siehe Rechtsgrundsätze 413. 418. 419. 420. (A. L. R. I. 15. §§ 1. 34. 37.)

§ 189. Fruchterwerb des redlichen Besitzers:

A. Dem wahren Eigenthümer gegenüber. — Vergl. §§ 162. ff. 176. dieses Titels.

Rechtsgr. 161. — I. Senat. 10. Oktober 1853. (X. 197.)

Die Vorschrift des § 189. I. 7. des Allgem. Landrechts, betreffend die Beschränkung des Fruchterwerbes des redlichen Besitzers auf den Fall der Perzeption und des Genusses der Früchte, bezieht sich lediglich auf das Rechtsverhältniß des redlichen Besitzers zu dem wahren Eigenthümer und kann deshalb auf das Verhältniß des ersteren zu dem unberechtigten Dritten nicht angewendet werden.

B. Dem Nichteigenthümer gegenüber. — Vergleiche A. L. R. I. 7. §§ 162. ff. 176.; 9. § 221.

Rechtsgr. 162. — I. Senat. 10. Oktober 1853. (X. 198.)

Der redliche Besitzer, insbesondere auch eines Nutzungsrechts, ist dem Nichteigenthümer und völlig unberechtigten Nutzungs-Prätendenten gegenüber als Besitzer im Sinne des § 221. I. 9. des Allgemeinen Landrechts, und daher schon bei dem Entstehen der Früchte als deren Eigenthümer anzusehen und als solcher gegen den dritten Beschädiger der noch ungetrennten Früchte zur Klage auf Schadenersatz legitimirt.*

§ 204. ff. Siehe Rechtsgrundsatz 1164. (Bergisches Dekret vom 13. September 1811 Art. 12.)

* In einem früheren Urtheile vom 9. Oktober 1849 hatte das Ober-Tribunal eine andere Ansicht geltend gemacht. — Vergl. Archiv für Rechtsfälle Bd. 10. S. 210 ff.

§ **222.** **Unredlichkeit des Besitzes durch Insinuation der Klage:**
A. Ueberhaupt. — Vergl. §§ **16. 17.** dieses Titels; A. G. O. I. 7. § **48.** lit. c. d.

Rechtsgr. **163.** — I. Senat. 22. Februar 1854. (XII. 157.)

Die Vorschrift des § 222. I. 7. des Allg. Landrechts, — nach welcher, wenn kein früherer Zeitraum der Unredlichkeit des Besitzes ausgemittelt werden kann, der Tag der dem Besitzer durch die Gerichte geschehenen Behändigung der Klage dafür angenommen werden soll, — betrifft nicht lediglich den Fall der Vindikation einer einzelnen Sache; sie enthält vielmehr die ganz allgemeine Regel der Begründung der Unredlichkeit des Besitzes durch die Insinuation der Klage.

B. Bei der Klage auf Anerkennung des Erbrechts gegen den Erbschaftsbesitzer. — Vergl. A. L. R. I. **9.** § 497.; **12.** § 243.

Rechtsgr. **164.** — I. Senat. 22. Februar 1854. (XII. 157.)

Auch durch die Insinuation der Klage auf Anerkennung des Erbrechts des Klägers wird die Unredlichkeit des Erbschaftsbesitzes des Verklagten begründet.

Siehe auch Rechtsgrundsätze 76. 415. (A. L. R. I. **5.** § **163.**; **15.** § 15.)

§§ **229. 230.** Siehe Rechtsgrundsatz **101.** (A. L. R. I. **5.** § 287.)
§ **231.** Siehe Rechtsgrundsatz 430. (A. L. R. I. **16.** § 66.)
§§ **233.** ff. **Verpflichtung des unredlichen Besitzers zur Rechnungslegung.**

Rechtsgr. **165.** — III. Senat. 14. Februar 1853. (VIII. 307.)

Der unredliche Besitzer ist verpflichtet, dem Eigenthümer über die gezogenen Nutzungen Rechnung zu legen.

Siehe Rechtsgrundsatz **440.** (A. L. R. I. **16.** § 189.)

§§ **238. 239.** Siehe Rechtsgrundsatz **1164.** (Bergisches Dekret vom 13. September 1811 Art. 12.)

Titel 8. Vom Eigenthum.

§ **1.** Siehe Rechtsgrundsätze 27. 259. 554. (A. L. R. Einleit. § 108.; **11.** § 342.; **21.** § 298.)

§§ **5. 6. 8.** Siehe Rechtsgrundſ. **1147.** (Apotheker-Ordn. vom **11.** Oktober **1801** § **2.**)

§ **9.** Siehe Rechtsgrundſätze **27. 259. 554. 1004.** (A. L. R. Einl. § **108.**; I. **11.** § 342.; **21.** § 298; A. G. O. I. **31.** § **1.**)

§§ **10. 11.** S. Rechtsgrundſätze **259. 546.** (A. L. R. I. **11.** § **342.**; **21.** § 187.)

§ **14.** Siehe Rechtsgrundſatz 217. (A. L. R. I. **9.** § 579.)

§ **23.** Siehe Rechtsgrundſatz 160. (A. L. R. I. **7.** § 181.)

§§ **26-28.** Siehe Rechtsgrundſätze 12. 13. 18. 22. (A. L. R. Einl. §§ 74. 89.)

§ **31.** Siehe Rechtsgrundſätze **14. 1296.** (A. L. R. Einl. § **74.**; Verordnung vom 16. Juni 1838 § 5.)

§§ **36-40.** Verpflichtung zur Wiederherſtellung eines durch Brand zerſtörten Gebäudes.

Rechtsgr. **166.** — III. Senat. 14. März 1853. (VIII. 358.)

Die obrigkeitliche Aufforderung zur Wiederherſtellung eines durch Brand zerſtörten Gebäudes mit Beſtimmung einer angemeſſenen Friſt muß an ſämmtliche Miteigenthümer des Grundſtücks erfolgen, und iſt der Antrag der Polizei-Behörde auf Einleitung der nothwendigen Subhaſtation vor Ablauf dieſer Friſt unzuläſſig. — Die erſt nachfolgende Aufforderung kann die fehlende Grundlage der bereits eingeleiteten Subhaſtation nicht erſetzen.

§§ **99. 102.** Begriff eines Privatfluſſes. — Vergl. A. L. R. II. **15.** § **246.**; Geſetz vom **28.** Februar **1843** § **1.**

Rechtsgr. **167.** — III. Senat. 19. Dezember 1851. (IV. 211.)

Ein Privatfluß iſt durch ein beſtimmtes, abgegrenztes Bett bedingt.

S. auch Rechtsgrundſatz **1335.** (Geſetz vom **28.** Februar **1843** § **13.**)

§ **102.** Siehe Rechtsgrundſätze **15. 22. 167.** (A. L. R. Einleitung §§ **74. 89.**; I. **8.** § **99.**)

§ **120.** Siehe Rechtsgrundſatz **224.** (A. L. R. I. **9.** § **663.**)

§ **124.** Siehe Rechtsgrundſatz 128. (A. L. R. I. **5.** § 450.)

§§ **125. 126. 191.** Einſchränkung des Eigenthums zum Beſten des Nachbars bei Schweineſtällen, Kloaken, Dünger- und Lohgruben, und anderen den Gebäuden ſchädlichen Anlagen:

A. Erſitzung der Freiheit von dieſen geſetzlichen Einſchränkungen. — Vergl. A. L. R. I. **9.** § **664.**

Rechtsgr. 168. — II. Senat. 22. November 1853. (XI. 58.)

Die Freiheit von Einschränkungen des Eigenthums nach den §§ 125. und 126. I. 8. des Allgem. Landrechts kann auch durch Verjährung erworben werden.

B. Eigenthum an dem zwischen den Gebäuden und der Düngergrube belegenen Streifen Landes.

Rechtsgr. 169. — II. Senat. 22. November 1853. (XI. 58.)

In Betreff des Eigenthums des zwischen der Düngergrube des einen und dem Gebäude des andern Nachbars belegenen Streifen Landes besteht eine gesetzliche Vermuthung zum Besten des Eigenthümers des Gebäudes nicht.

§ 126. Siehe Rechtsgrundsatz 128. (A. L. R. I. 5. § 450.)
§§ 129. 130. Siehe Rechtsgrundsatz 22. (A. L. R. Einleitung § 89.)
§§ 137. 138. 142. ff. 148. Einschränkungen des Eigenthums zum Besten des Nachbars in Betreff des Lichts und der Aussicht:

A. Begriff der „Oeffnungen" und Fenster.

Rechtsgr. 170. — II. Senat. 21. Juni 1853. (X. 309.)

Zu den behufs Verschaffung von Licht in der unmittelbar an des Nachbars Hof oder Garten stoßenden Wand oder Mauer zu machenden „Oeffnungen", so wie zu Fenstern überhaupt, werden die Fensterfutter und Zargen nicht gerechnet.

B. Begriff des „Nachbars."

Rechtsgr. 171. — II. Senat. 30. März 1854. (XII. 312.)

Unter dem „Nachbar" in den §§ 137. 138. 148. I. 8. des Allgem. Landrechts ist der Eigenthümer des benachbarten Grundstücks zu verstehen, auch wenn derselbe eine Korporation bildet.

Siehe auch Rechtsgrundsatz 178. (A. L. R. I. 8. § 142.)

§§ 139. 140. Einschränkung des Eigenthums zum Besten des Nachbars in Betreff des Zwischenraumes zwischen dem neu errichteten Gebäude und dem vorhandenen älteren Gebäude, sowie dem unbebauten Platze desselben:

A. Begriff eines Neubaues an der Grenze.

Rechtsgr. 172. — II. Senat. 26. Februar 1852. (V. 55.)

Die in den §§ 139. und 140. I. 8. des Allgem. Landrechts enthaltenen Beschränkungen der Regel des § 141. daselbst: „daß Jeder auf seinem Grund und Boden so nahe an der Grenze und so hoch bauen kann, als er es für gut findet," — beziehen sich auf das Recht des Zwischenraumes nachbarlicher Gebäude (jus interstitii) und setzen voraus, daß neue Gebäude, d. h. Gebäude an einem Orte errichtet werden sollen, wo bisher noch keine gestanden haben; sie finden keine Anwendung auf den Fall, wenn ein bereits vorhandenes Gebäude erhöhet werden soll.

B. Nichtanwendbarkeit dieser Beschränkungen auf Lichtverschaffung durch Oeffnungen und Fenster.

Rechtsgr. 173. — II. Senat. 16. und 25. März 1852. (V. 98.)

Die Beschränkungen der §§ 139. 140. I. 8. des Allgem. Landrechts beziehen sich nicht auf das Recht beider Nachbaren, Licht durch Oeffnungen und Fenster in die Gebäude zu bringen.

C. Zwischenraum zwischen neu errichteten Gebäuden der Nachbarn.

Rechtsgr. 174. — II. Senat. 25. Oktober 1853. (X. 249.)

Auch wenn Jemand hart an der Grenze eines unbebauten Platzes ein Gebäude ohne Widerspruch des Nachbars errichtet hat, so muß dennoch der Nachbar, wenn derselbe seinerseits neu anbauen will, volle drei Werkschuhe von dem bereits vorhandenen Gebäude zurückbleiben.

D. Abmessung des Zwischenraumes von drei Werkschuhen.

Rechtsgr. 175. — II. Senat. 16. und 25. März 1852. (V. 99.)

a) Die von der Dachausladung des vorhandenen älteren Gebäudes bei vorausgesetzter lothrechter Stellung derselben herabgezogene senkrechte Linie bildet die Grenze, von welcher überall das Gebäude drei Werkschuhe entfernt bleiben muß.

b) Nicht blos die Grundmauer des neuen Gebäudes, sondern dasselbe in seiner ganzen Höhenausdehnung mit Einschluß der Dachausladung ist in der vorgeschriebenen Entfernung von dem schon vorhandenen Gebäude resp. dem unbebauten Platze des Nachbars anzulegen.

E. Untergang des Rechts wegen des Zwischenraums durch stillschweigende Einwilligung. — Vergl. A. L. R. I. 8. § 191.; 22. § 43.

Rechtsgr. 176. — II. Senat. 16. und 25. März 1852. (V, 98.)

Der Rechtsgrundsatz des § 43. I. 22. des Allgem. Landrechts, betreffend das Erlöschen der Grundgerechtigkeiten durch stillschweigende Einwilligung, findet auch in dem Falle Anwendung, wenn bei Errichtung des neuen Gebäudes an der Grenze die in dem § 140. I. 8. a. a. O. vorgeschriebene Baugrenze überschritten ist.

§§ 142. 143. Recht auf Licht und Aussicht bei nachbarlichen Gebäuden:
A. Beschränkung dieses Rechts auf einen neuen Bau.

Rechtsgr. 177. — II. Senat. 26. Februar 1852; 16. u. 25. März 1852. (V. 56; 98.)

Die in den §§ 142. und 143. I. 8. des Allgem. Landrechts enthaltenen Beschränkungen der Regel des § 141. daselbst beziehen sich auf das Recht auf Licht und Aussicht (prospectus coeli) und auf einen neuen Bau.

B. Recht des Nachbars zum Höherbauen. — Vergl. A. L. R. I. 8. § 145.

Rechtsgr. 178. — II. Senat. 26. Februar 1852. (V. 56.)

Bei bereits vorhandenen, unmittelbar aneinanderstoßenden Gebäuden ist der Eigenthümer des größeren mit einem Fenster versehenen Gebäudes nur dann berechtigt, dem Höherbauen des Nachbars, durch welches jenes, wenngleich schon länger als 10 und 30 Jahre vorhandene Fenster vermauert wird, zu widersprechen, wenn er ein Untersagungsrecht hierzu besonders erworben hat.

Siehe auch Rechtsgrundsätze 170. 171. (§ 137. dieses Titels.)

§ 145. Siehe Rechtsgrundsatz 178. (§ 142. dieses Titels.)
§ 148. Siehe Rechtsgrundsätze 170. 171. (§ 137. dieses Titels.)
§§ 152. 153. 168. Verpflichtung zur Unterhaltung neuer Grenzscheidungen:

A. Außerhalb der freien Feldflur.

Rechtsgr. 179. — II. Senat. 1. Juli 1851. (II. 215.)

Wer eine neue Grenzscheidung außerhalb der freien Feldflur in einer Gegend, wo bisher keine vorhanden gewesen ist, angelegt hat, ist verpflichtet, dieselbe auf seine Kosten zu erhalten.

B. Im freien Felde.

Rechtsgr. 180. — II. Senat. 7. Mai 1850 u. 16. September 1851. (III. 77.)

Die §§ 152 und 153. I. 8. des Allg. Landrechts setzen voraus, daß der im freien Felde angelegte Zaun von dem Eigenthümer des Grundstücks zur Begrenzung desselben angelegt worden, und beziehen sich also nicht auf einen Zaun, welcher das Grundstück des Nachbars gar nicht berührt.

§ 174. Siehe Rechtsgrundsatz 970. (A. G. O. I. 16. § 12.)
§§ 185. 186. Siehe Rechtsgrundsatz 16. (A. L. R. Einl. § 75.)
§ 187. Einschränkung des Eigenthums zum Besten des Nachbars bei Erhöhungen und Erniedrigungen des Grund und Bodens.

Rechtsgr. 181. — III. Senat. 28. Oktober 1850. (I. 91.)

Die Vorschrift des § 187. I. 8. des Allg. Landrechts, — nach welchem bei Erniedrigung des Grund und Bodens ein drei Fuß breiter Wall gegen die benachbarte Verzäunung stehen bleiben muß, — ist auf ein von Menschenhänden angelegtes Werk, wodurch der Nachbar sein Grundstück befriedigt, zu beziehen.

§ 191. Aufhebung der gesetzlichen Einschränkungen des Eigenthums zum Besten des Nachbars durch Vertrag. — Vergl. A. L. R. Einleitung §§ 105. 106.; I. 4. § 60.; 5. § 134.

Rechtsgr. 182. — II. Senat. 3. November 1853. (X. 276.)

Ein Vertrag, der dem Nachbar das Recht einräumt, von

dem angrenzenden Grundstück bis zu einer bestimmten Zeit Erde fortzunehmen und allenfalls auf sein Grundstück zu schaffen, giebt jenem Nachbar nicht das Recht, auf seinem Grundstück Anlagen zu errichten, die den §§ 185. ff. I. 8. des Allgem. Landrechts widersprechen.

Die Annahme des Gegentheils beruht nicht auf Auslegung des Vertrages, sondern verstößt gegen Rechtsgrundsätze.

Siehe Rechtsgrundsätze 168. 176. 579. (A. L. R. I. **8.** §§ 125. 139.; **22.** §§ 43. 191.)

Titel 9. Von der Erwerbung des Eigenthums überhaupt.

§§ **1-4.** Rückerwerbung der Erbpachts-Gerechtigkeit Seitens des Erbpächters wegen zweijährigen Kanons-Rückstandes. — Vergl. A. L. R. I. **11.** § **262.**; Gesetz vom 9. Oktober 1848; Ablöse-Gesetz vom 2. März 1850 § 2. No. 2. §§ 5. 99.

Rechtsgr. **183.** — IV. Senat. 12. Januar 1854. (XI. 222.)

a) Der Verlust des Eigenthums des Erbpächters an der Erbpachtsgerechtigkeit wegen zweijährigen Rückstandes des Erbpachtkanons hat nicht von selbst und von Rechtswegen eintreten können, vielmehr hat es dazu einer besonderen Uebergabe an ihn bedurft.

b) Das Recht des Erbverpächters auf Wiedereinziehung des Grundstücks wegen eines vor der Verkündigung des Gesetzes vom 9. Oktober 1848 eingetretenen zweijährigen Kanons-Rückstandes ist durch das Gesetz vom 2. März 1850 § 99. nicht aufgehoben.

Siehe auch Rechtsgrundsätze 377. 572. 1031. (A. L. R. I. **13.** § 61.; **22.** § 13.; A. G. O. I. **50.** § 305.)

Zweiter Abschnitt. Von der Besitznehmung verlassener und verlorner Sachen.

§ **16.** Dereliktion einer Sache.

Rechtsgr. **184.** — II. Senat. 11. Januar 1853. (VIII. 181.)

Um eine Sache als derelinquirt ansehen zu können, muß

dieselbe von Jemand in Besitz genommen sein, und dieser sich des Besitzes entschlagen haben.

Vierter Abschnitt. Vom Thierfange.

§§ **127.** ff. Rechtliche Natur des Jagdrechts. — Vergl. A. L. R. II. **16.** § 39.

Rechtsgr. **185.** — Plenum. 1. Dezember 1851. (III. 346.)

Das Jagd-Recht gehört nicht dem Gemeinen, sondern dem Partikular-Rechte an.

§§ **141-148.** Siehe Rechtsgrundsatz 1155. (Großherzoglich Hessische Verordnung vom 6. August 1810.)

§§ **180. 181.** Stromfischerei-Gerechtigkeit bei Ueberschwemmungen.

Rechtsgr. **186.** — II. Senat. 3. Februar 1852. (VI. 12.)

Die Fischerei-Gerechtigkeit in einem Strome berechtigt nicht zur Befischung der am Ufer belegenen, bei Austreten des Stromes überschwemmten Ländereien.

Das Provinzialrecht der Kurmark Brandenburg enthält keine von dem vorstehenden Grundsatze abweichende Bestimmungen.

Sechster Abschnitt. Von Erwerbung der An- und Zuwüchse.

§ **221.** Siehe Rechtsgrundsatz **162.** (A. L. R. I. **7.** § 189.)

§§ **225-274.** Siehe Rechtsgr. 1334. (Gesetz vom 28. Februar 1843 § 1.)

§§ **285-287.** Siehe Rechtsgrunds. **22.** (A. L. R. Einl. § 89.)

§§ **327-332.** Neubau auf fremdem und Neubau auf gemeinschaftlichem Grund und Boden. — Vergl. A. L. R. I. **17.** § 10.

Rechtsgr. **187.** — III. Senat. 9. Januar 1854. (XI. 216.)

Bei einem Neubau auf fremdem oder gemeinschaftlichem Grunde und Boden gilt die Vorschrift des § 332. I. 9. des Allgem. Landrechts. Hat also der Eigenthümer oder der Miteigenthümer des Grundes und Bodens von dem Bau, auf welche Weise es auch sei, Wissenschaft erlangt und nicht sogleich der Fortsetzung des Baues auf eine solche Art widersprochen, daß der Bauende davon Kenntniß erhalten hat, so kann er nicht die Einziehung des Gebäudes, sondern blos Entschädigung für den Grund und Boden verlangen.

§ **333**. Siehe Rechtsgrundsatz **1164**. (Bergisches Gesetz vom 13. September 1811 Art. 12.)

§§ **340-342**. Neubau an der Grenze.

Rechtsgr. **188**. — III. Senat. 9. Januar 1854. (XI. 216.)

Bei einem Neubau an der Grenze wird, wenn der Bauende die Anzeige an den Nachbar unterlassen hat, und die Grenze überschritten ist, die Klage auf Zurückrückung des Gebäudes nicht durch den Einwand beseitigt, daß der Nachbar um den Bau gewußt und demselben nicht sofort widersprochen habe.

Achter Abschnitt. Von Erwerbung der Erbschaften.

§ **350**. Siehe Rechtsgrundſ. **196**. **476**. **909**. **1139**. (A. L. R. I. **9**. § 434.; **17**. § 151.; A. G. O. I. **2**. § 121.; Westpreußische Regierungs-Instruktion vom 21. September 1773 § 13.)

§§ **358**. **359**. Siehe Rechtsgrundsatz **196**. (§ **334**. dieses Titels.)

§ **360**. Siehe Rechtsgrundsätze 657. 1072. (A. L. R. II. **1**. § 1037.; Lübisches Recht II. **2**. Art. 11.)

§ **367**. Siehe Rechtsgrundsätze 189. 349. 630. (A. L. R. I. **9**. § 384.; **12**. § 466.; II. **1**. § 645.)

§ **368**. Siehe Rechtsgrundsätze 189. 349. 508. (A. L. R. I. **9**. § 384.; **12**. § 466.; **20**. § 76.; II. **1**. § 645.)

§§ **369**. **370**. Siehe Rechtsgrundsätze 351. 352. (A. L. R. I. **12**. § 467.)

§ **384**. Ueberlegungsfrist der Notherben. — Vergl. A. L. R. I. **9**. §§ 367. 368.; **12**. § 242.

Rechtsgr. **189**. — Plenum. 6. Januar 1851. (I. 155.)

Auch für den in dem Testamente eingesetzten Notherben beginnt die Frist zur Erklärung über den Antritt der Erbschaft erst mit dem Zeitpunkte der gehörigen Publikation des Testaments.

§ **392**. Siehe Rechtsgrundsätze **191**. **192**. (§ **398**. dieses Titels.)

§§ **398**. ff. Form der Erbschafts-Entsagung:

A. Ungültigkeit mündlicher Erbschafts-Entsagung. — Vergl. A. L. R. I. **3**. §§ 40. 41.; **5**. §§ 133. 134.

Rechtsgr. **190**. — I. Senat. 31. Januar 1853. (VIII. 274.)

Der § 400. I. 9. des Allgem. Landrechts bezieht sich lediglich auf den § 399., nicht auch auf den § 398. daselbst, und hat daher eine blos mündliche Erbschafts-Entsagung keine rechtliche Wirkung.

B. Ausdrücklich erklärte Entsagung. — Vergl. A. L. R. I. 9. § 392.; 16. § 381.

Rechtsgr. 191. — I. Senat. 23. Januar 1854. (XI. 263.)

Zur Gültigkeit der schriftlichen Erbschafts-Entsagung ist eine ausdrücklich erklärte Entsagung erforderlich.

C. Stillschweigende Entsagung bei bestandener Paderborner ehelicher Gütergemeinschaft. — Vergl. A. L. R. I. 9. § 392.; 16. § 381.

Rechtsgr. 192. — IV. Senat. 26. Januar 1854. (XI. 281.)

Wenn nach dem Tode des zuletzt versterbenden Ehegatten, welcher mit dem zuerst verstorbenen in der Paderborner Gütergemeinschaft gelebt hat, die Kinder dem Nachlaß des zuletzt verstorbenen Ehegatten innerhalb der gesetzlichen Ueberlegungsfrist entsagen, so ist diese Entsagung auch auf die Erbschaft des zuerstverstorbenen zu beziehen.*

D. Beglaubigung der schriftlichen Entsagung.

Rechtsgr. 193. — I. Senat. 23. Januar 1854. (XI. 263.)

Die Vorschrift des § 400. I. 9. des Allgem. Landrechts, nach welcher der bloße Mangel der gesetzlich erforderlichen Beglaubigung der schriftlichen Erbschafts-Entsagung deren Wirksamkeit nicht hindert, — gilt nicht blos zum Vortheile, sondern auch zum Nachtheile des Entsagenden.

Siehe auch Rechtsgrundsatz 194. (§ 413. dieses Titels.)

§§ 413-415. Antretung einer Erbschaft ohne Vorbehalt. — Vergl. §§ 398-400. dieses Titels.

Rechtsgr. 194. — IV. Senat. 27. April 1852. (V. 201.)

Die Gültigkeit einer Erklärung, eine Erbschaft ohne Vorbehalt annehmen zu wollen, ist durch die in den §§ 398. und 399. I. 9. des Allgem. Landrechts vorgeschriebene Form

* Insofern der obige Rechtsgrundsatz eine stillschweigende Erbschaftsentsagung für rechtsgültig erklärt, scheint er mit der Bestimmung des § 392. I. 9. des Allgem. Landrechts nicht übereinzustimmen.

bedingt. — Die Bestimmung des § 400. daselbst ist auf die Erbschafts-Antretung ohne Vorbehalt nicht anwendbar.

§ **423.** Siehe Rechtsgrundsatz 196. (§ **434.** dieses Titels.)

§§ **430-432.** Verlust der Rechtswohlthat des Inventars Seitens minderjähriger Hauskinder. — Vergl. A. L. R. II. **2.** §§ 159. 168.; **18.** §§ 981. 984.

Rechtsgr. 195. — I. Senat. 28. April 1852. (V. 204.)

Minderjährige Hauskinder werden durch die von ihrem Vater geschehene Verabsäumung der Fristen zur Einreichung des Inventars über einen ihnen zum nicht freien Vermögen angefallenen Nachlaß der Rechtswohlthat des Inventars verlustig.

§§ **434. 438.** Inventarium der Wittwe über den Nachlaß ihres Ehemannes. — Vergl. A. L. R. I. 9. §§ 350. 358. 359. 423.; II. **1.** §§ 543. 544.; **2.** § 503.; A. G. O. I. **22.** § 29.; **46.** § 7.; II. **5.** § 47.

Rechtsgr. 196. — I. Senat. 4. November 1853. (X. 281.)

Die im Testamente ihres Ehemannes zur Universalerbin eingesetzte Wittwe hat dem miberufenen Pflichttheilserben nur ein Inventarium des dem Erblasser eigenthümlich zugehörig gewesenen Vermögens vorzulegen, und ist nicht verpflichtet, auch solche ihr selbst eigenthümlich gehörende Vermögensstücke in dasselbe aufzunehmen, welche der Erblasser vermöge seines maritalischen Nießbrauchsrechts in seinem Besitze gehabt hat.

§§ **476.** ff. **482. 487.** Siehe Rechtsgrundsatz 836. (A. L. R. II. 18. § 1003.)

§ **497.** Siehe Rechtsgrundsatz 164. (A. L. R. I. 7. § 222.)

Neunter Abschnitt. Von der Verjährung.

§ **500.** Siehe Rechtsgrundsatz 51. (A. L. R. I. **4.** § 100.)

§ **501.** Siehe Rechtsgrundsatz 438. (A. L. R. I. **16.** § 178.)

§§ **502. 509.** Verjährung einer Dammpflicht. — Vergl. A. L. R. I. 7. § 126.; **9.** § 546. 655.; Preuß. Landrecht von 1721 Buch 4. Tit. 4. Art. 2. § 1.; Patent vom 19. April 1844.

Rechtsgr. 197. — III. Senat. 31. Januar 1853. (VIII. 266.)

Dammpflichten sind nicht öffentliche, sondern gemeine Lasten, und die Freiheit von denselben wird durch deren Nichtleistung allein verjährt, ohne Rücksicht, ob eine Aufforderung oder Verweigerung Statt gehabt hat.

Siehe auch Rechtsgrundsätze 208. 438. (A. L. R. I. 9. § 545.; 16. § 178.)

§ 504. Erlöschung des Eigenthums einer Sache durch Verjährung. — Vergl. A. L. R. I. 17. § 76.

Rechtsgr. 198. — I. Senat. 7. Januar 1852. (IV. 50.)

Auch das Eigenthum einer Sache geht durch bloßen Nichtgebrauch verloren, wenn der Eigenthümer während rechtsverjährter Zeit in dem Besitze sich nicht befunden hat.

Siehe auch Rechtsgrundsätze 224. 583. (A. L. R. I. 9. § 663.; 22. § 59.)

§ 505. Siehe Rechtsgrundsätze 208. 583. (A. L. R. I. 9. § 545.; 22. § 59.)

§§ 506. 507. Siehe Rechtsgrundsatz 583. (A. L. R. I. 22. § 59.)

§§ 508–510. Verjährung persönlicher Rechte.

Rechtsgr. 199. — IV. Senat. 6. November 1851. (IV. 80.)

Darlehnszinsen verjähren nicht, so lange dem Schuldner von dem Gläubiger — wenn auch nur mündlich — Nachsicht bewilligt ist.

Siehe auch Rechtsgrundsätze 197. 438. 1169. (A. L. R. I. 9. § 502.; 16. § 178.; Kabinetsorder vom 5. Mai 1815.)

§§ 510. 512. Anfang der Verjährung durch Nichtgebrauch. — Vergl. §§ 516. 528. 543. 545. 653. 655. dieses Titels; Preuß. Landrecht von 1721 Buch 4. Tit. 4. Art. 2. § 1.

Rechtsgr. 200. — III. Senat. 31. Januar 1853. (VIII. 266.)

Die Verjährung durch Nichtgebrauch beginnt erst von dem Zeitpunkte, wo die Erfüllung der Verbindlichkeit gegen den Willen des Berechtigten und gegen die Natur des bestehenden Rechtsverhältnisses unterbleibt, ist also ausgeschlossen, wenn ein kontraktlicher oder sonstiger Befreiungsgrund vorwaltet.

§§ **512. 514.** Hinderniß des Anfangs der Verjährung wegen Unkenntniß des zuständigen Rechts.

Rechtsgr. **201.** — I. Senat. 17. Dezember 1851. (III. 370.)

Der § 512. I. 9. des Allgem. Landrechts, nach welchem keine Art der Verjährung gegen den anfangen kann, welcher von seinem Rechte nicht hat unterrichtet sein können, ist nicht dahin zu verstehen, daß es dem Berechtigten durchaus unmöglich gewesen sein muß, von seinem Rechte Kenntniß zu erhalten; es genügt vielmehr, wenn dasselbe ihm unbekannt geblieben ist.

Siehe auch Rechtsgrundsätze 203. 204. 212. 685. (A. L. R. I. 9. §§ 519. 521. 551.; II. 2. § 440.)

§ **516.** Hinderniß des Anfangs der Klageverjährung wegen Unbekanntschaft mit dem Wohnorte des Schuldners.

Rechtsgr. **202.** — IV. Senat. 9. Juni 1853. (X. 74.)

Unbekanntschaft mit dem Wohnorte seines Schuldners ist für den Gläubiger ein Hinderniß der Klageanstellung im Sinne des § 516. I. 9. des Allg. Landrechts. Der Gläubiger hat daher nicht nöthig, zur Sicherung seiner Rechte eine Ediktalladung im letzten Wohnorte seines Schuldners auszubringen.

Siehe auch Rechtsgrundsätze 200. 203. (§§ 510. 519. dieses Titels.)

§ **519.** Hinderniß des Anfangs der Verjährung wegen Abwesenheit im Staatsdienste. — Vergl. §§ 512. 516. 590. dieses Titels.

Rechtsgr. **203.** — I. Senat. 30. Januar 1854. (XI. 285.)

Der § 519. I. 9. des Allg. Landrechts, — nach welchem gegen den Eigenthümer eines Grundstücks, so lange er zum Dienst des Staats auch nur in einer andern Königlichen Provinz sich aufhält, keine dies Grundstück betreffende Verjährung anfangen kann, — bezieht sich sowohl auf die Verjährung durch Nichtgebrauch als auch auf die Verjährung durch Besitz.

§ **521.** Hinderniß des Anfangs der Verjährung gegen den Eigenthümer:

A. einer verpachteten Sache. — Vergl. A. L. R. I. 7. §§ 99. 104.; 9. § 514.

Rechtsgr. 204. — III. Senat. 16. Juni 1852. (VII. 220.)

Die Wissenschaft des Eigenthümers von der die Verjährung begründenden Handlung schließt die Anwendbarkeit des § 521. I. 9. des Allgem. Landrechts aus.

B. verpachteter einzelner Gutsparzellen.

Rechtsgr. 205. — II. Senat. 16. Januar 1851. (I. 192.)

Die Anwendung des § 521. I. 9. des Allgem. Landrechts, nach welchem zum Nachtheile eines Gutseigenthümers keine Verjährung gegen dessen Pächter, wohl aber gegen den Verwalter angefangen werden kann, — wird nicht unbedingt dadurch ausgeschlossen, daß nicht das Gut selbst, sondern einzelne Pertinenzien oder Gerechtsame desselben verpachtet sind; es kommt vielmehr auf die besondern Verhältnisse jedes einzelnen Falles an.

C. eines gleichzeitig verpachteten und verwalteten Guts.

Rechtsgr. 206. — II. Senat. 4. März 1851. (II. 29.)

Die gesetzliche Unzulässigkeit des Anfangs der Verjährung gegen ein verpachtetes Gut wird durch die gleichzeitige Verwaltung desselben nicht ausgeschlossen.

§ 528. Siehe Rechtsgrundsätze 200. 1169. (A. L. R. I. 9. § 510.; Kabinetsorder vom 5. Mai 1815.)

§ 529. Siehe Rechtsgrundsatz 1169. (Kabinetsorder v. 5. Mai 1815.)

§ 535. Siehe Rechtsgrundsatz 645. (A. L. R. II. 1. § 720.)

§ 536. 537. Wiedereinsetzung bevormundet gewesener Personen in den vorigen Stand gegen eine abgelaufene Verjährung.

Rechtsgr. 207. — I. Senat. 28. April 1852. (V. 204.)

Die Wiedereinsetzung in den vorigen Stand gegen eine abgelaufene Verjährung steht nur den Personen, welche unter Vormundschaft gestanden haben, innerhalb vier Jahren nach aufgehobener Vormundschaft, nicht aber denen zu, welche unter väterlicher Gewalt befindlich gewesen sind.

Siehe auch Rechtsgrundsatz 1287. (Gesetz vom 31. März 1838 §§ 1. 2.)

§ 543. Siehe Rechtsgrundsatz 200. (§ 510. dieses Titels.)

§ 545. Anfang der Verjährung durch Nichtgebrauch. — Vergleiche §§ 502. 505. dieses Titels.

Rechtsgr. 208. — I. Senat. 26. Oktober 1853. (X. 252.)

Das mit dem Rechte der Oberaufsicht über die Verwaltung eines Stiftungsvermögens nach der Stiftungsurkunde verbundene Recht, die Verwaltung dem bisherigen Verwalter abzunehmen und einem Andern zu übertragen, geht durch bloßen Nichtgebrauch nicht verloren.

Siehe auch Rechtsgrundsätze 200. 212. 1169. (§§ 510. 551. dieses Titels; Kabinetsorder vom 5. Mai 1815.)

§ 546. Siehe Rechtsgrundsätze 197. 1169. (§ 502. dieses Titels; Kabinetsorder vom 5. Mai 1815.)

§ 550. Siehe Rechtsgrundsatz 873. (Allg. Deutsche Wechsel-Ordnung Art. 78.)

§§ 551. ff. Unterbrechung der Verjährung durch Nichtgebrauch mittelst Anmeldung der Klage:

A. Erforderniſſe dieser Klageanmeldung. — Vergl. A. G. O. I. 4. §§ 2. 14. 16.

Rechtsgr. 209. — I. Senat. 30. Januar 1854. (XI. 285.)

Nicht jede, sondern nur eine mit den gesetzlichen Erfordernissen nach Vorschrift des § 2. I. 4. der Allg. Gerichts-Ordnung versehene Klageanmeldung unterbricht die Verjährung.

B. Wirkung der Anmeldung der Klage aus einem unrichtigen Fundamente. — Vergl. §§ 555-558. dieses Titels; A. G. O. I. 5. § 23.; 10. § 5a.)

Rechtsgr. 210. — I. Senat. 30. Januar 1854. (XI. 285.)

Durch die Anstellung der Klage aus einem unrichtigen Fundamente wird die Verjährung des dem Kläger aus einem andern, thatsächlich von jenem verschiedenen Fundamente zustehenden Rechts nicht unterbrochen.

C. Wirkung der Anmeldung der Klage gegen den vermeintlichen statt des richtigen Schuldners. — Vergl. § 576. dieses Titels.

Rechtsgr. 211. — I. Senat. 17. Dezember 1851. (III. 371.)

Gegen den, dem Gläubiger unbekannten wirklichen Schuldner wird die Verjährung durch Anmeldung der Klage gegen den vermeintlichen Schuldner unterbrochen.

D. Unterbrechung der Verjährung der Regreßklage des Litisdenunzianten durch Anbringung der Litisdenunziation. — Vergl. A. L. R. I. 5. §§ 343-345.; 9. §§ 512. 545.; A. G. O. I. 17. §§ 2. 8. 23.; Code Napoléon Art. 2244.; Code de procedure Art. 175. ff.; Dig. 21. 2. Lex 44. § 2.

Rechtsgr. 212. — Plenum. 6. Juni 1853. (IX. 247.)

Durch die Anbringung der Litisdenunziation wird die Verjährung der Regreßklage des Litisdenunzianten gegen den Litisdenunziaten unterbrochen.

Siehe auch Rechtsgr. 874. (Allg. Deutsche Wechsel-Ordnung Art. 80.)

§§ 555-558. Siehe Rechtsgrundsatz 209. (§ 551. dieses Titels.)
§ 559. Siehe Rechtsgr. 871. (Allg. Deutsche Wechsel-Ordnung Art. 78.)
§ 560. Anfang der neuen Verjährung gegen ein rechtskräftiges Urtheil. — Vergl. Warschauer Gesetz vom 10. Oktober 1809.

Rechtsgr. 213. — II. Senat. 4. März 1851. (I. 281.)

Auch im Großherzogthum Posen kommt hinsichtlich der vor Einführung des Allgem. Landrechts begonnenen erlöschenden Verjährung gegen ein rechtskräftiges Erkenntniß die Vorschrift des § 560. zur Anwendung.

§ 564. Siehe Rechtsgrundsatz 438. (A. L. R. I. 16. § 178.)
§ 568. Wirkung der erlöschenden Verjährung einer persönlichen Schuld.

Rechtsgr. 214. — IV. Senat. 14. Februar 1854. (XII. 135.)

Die erlöschende Verjährung einer persönlichen Schuld ist nach den im Gerichtsstande des Wohnorts des Schuldners geltenden Gesetzen zu beurtheilen.

Siehe auch Rechtsgrundsätze 8. 438. (A. L. R. Publikations-Patent vom 5. Februar 1794 § 17.; I. 14. §§ 154. 158.; 16. § 178.)

§ 569. Siehe Rechtsgrundsatz 438. (A. L. R. I. 16. § 178.)
§ 570. Siehe Rechtsgrundsatz 545. (A. L. R. I. 21. § 92.)
§ 575. Siehe Rechtsgr. 1287. (Gesetz No. 1885. v. 31. März 1838 § 1.)

§ **576**. Siehe Rechtsgrundsatz **211**. (§ **551**. dieses Titels.)

§ **579**. Verjährung durch Besitz; Titel zu dieser Verjährung:

A. Erwerbung durch den bestimmten Titel. — Vergl. § 620. dieses Titels.

Rechtsgr. **215**. — II. Senat. 25. Mai 1852. (V. 275.)

Die zehnjährige Ersitzung ist dadurch bedingt, daß der Ersitzende durch den Titel, auf welchen er sich beruft, den Besitz der Sache erworben hat.

B. Materiell und formell gültiger Titel. — Vergl. A. L. R. II. **1**. § 648.; **18**. § 587.

Rechtsgr. **216**. — I. Senat. 28. Juni 1852. (V. 327.)

a) Zur gewöhnlichen Verjährung durch Besitz ist ein nicht blos seinem materiellen Inhalte, sondern auch seiner Form nach gültiger Erwerbstitel erforderlich.

b) Daher kann der überlebende Ehegatte, welchem ein zur Gütergemeinschaft gehöriges Nachlaßgrundstück von dem Vormunde der minderjährigen Erben ohne Aufnahme einer Taxe überlassen worden, das Eigenthum dieses Grundstücks durch Verjährung nicht schon in zehn, sondern erst in dreißig Jahren erwerben.

C. Besitzergreifung und Ersitzung des Miteigenthums. — Vergl. A. L. R. I. **7**. §§ **51**. **81**. **82**.; **8**. § **14**.; **9**. § 666.

Rechtsgr. **217**. — II. Senat. 3. u. 15. November 1853. (X. 293.)

Das Miteigenthum kann nicht in Besitz genommen und deshalb auch nicht ersessen werden.

Siehe auch Rechtsgrundsätze 218. 574. 1163. 1184. (A. L. R. I. **9**. § 601.; **22**. § 15.; Bergisches Dekret vom 13. September 1811 Art. 5.; Gemeinheits-Theilungs-Ordnung vom 7. Juni 1821 § 51.)

§ **586**. Siehe Rechtsgrundsatz 420. (A. L. R. I. **15**. § 37.)

§ **589**. Siehe Rechtsgrundsatz 472. (A. L. R. I. **17**. § 10.)

§ **590**. Siehe Rechtsgrundsatz 203. (§ 519. dieses Titels.)

§ **596**. Siehe Rechtsgrundsatz 222. (§ 649. dieses Titels.)

§§ **599**. **600**. Siehe Rechtsgrundsatz 156. (A. L. R. I. **7**. § 126.)

§§ **601**. **611**. **627**. Unterbrechung der erwerbenden Verjährung. — Vergl. A. L. R. I. **7**. §§ 52. 53. 122.; **9**. §§ 579. ff. 611. 627.

Rechtsgr. 218. — III. Senat. 2. Februar 1852. (IV. 323.)

Die hinsichtlich einzelner Bestandtheile eines Gutes von dem Gutseigenthümer geschehene freie und willkürliche Ausübung seiner Eigenthumsrechte unterbricht den auf das ganze Gut sich erstreckenden Verjährungs-Besitz des Dritten auch rücksichtlich derjenigen Bestandtheile des Guts, auf welche jene Ausübung der Rechte des Eigenthümers sich nicht bezogen hat.

Siehe auch Rechtsgrundsatz 581. (A. L. R. I. 22. § 52.)

§ 605. Siehe Rechtsgrundsatz 581. (A. L. R. I. 22. § 52.)
§ 611. Siehe Rechtsgrundsatz 218. (§ 601. dieses Titels.)
§ 612. Siehe Rechtsgrundsatz 1006. (A. G. O. I. 31. § 1.)
§§ 617-619. Einfluß eines Rechtsirrthums auf die Ersitzung. — Vergleiche A. L. R. I. 7. § 14.; Dig. 41. 5. Lex 3.

Rechtsgr. 219. — I. Senat. 29. März 1852. (V. 133.)

Die zehnjährige titulirte Verjährung wird dadurch nicht ausgeschlossen, daß der Besitzer den Besitztitel seines Vorbesitzers aus einem Rechtsirrthume für gültig erachtet.

§ 620. Siehe Rechtsgrundsatz 215. (§ 579. dieses Titels.)
§ 625. Siehe Rechtsgrundsätze 574. 723. (A. L. R. I. 22. § 15.; II. 7. § 173.)
§ 627. Siehe Rechtsgrundsatz 218. (§ 601. dieses Titels.)
§ 628. Verjährung des unrechtfertigen Besitzers. — Vergl. A. L. R. I. 7. § 14.

Rechtsgr. 220. — II. Senat. 23. September 1851. (II. 361.)

Der unrechtfertige Besitzer kann nicht ersitzen.

S. auch Rechtsgrundsatz 1184. (Gemeinheitstheilungs-Ordnung vom 7. Juni 1821 § 51.)

§ 629. Siehe Rechtsgr. 1184. (Gemeinheits-Theilungs-Ordnung § 51.)
§§ 636-638. Ersitzung gegen den Nachfolger des Fiskus.

Rechtsgr. 221. — III. Senat. 30. April 1852. (V. 222.)

Auch gegen den Nachfolger des Fiskus genügt zur Ersitzung ein dreißigjähriger Besitz, wenn nur nicht bereits gegen den Fiskus dieser Zeitraum verstrichen ist.

§ **649**. Vierzigjährige Verjährung eines nur in gewissen Jahren oder bei gewissen Gelegenheiten auszuübenden Rechts, z. B. des Rechts auf Wegebesserung. — Vergl. § **596**. dieses Titels.

Rechtsgr. **222**. — III. Senat. 12. November 1852; 18. Januar 1854. (VIII. 30.; XI. 246.)

Rechte, deren alljährliche oder gewöhnliche Ausübung nicht von der bloßen Willkür des Berechtigten abhängt, deren Ausübung vielmehr unabhängig von derselben nur bei gewissen durch andere Umstände herbeigeführten Gelegenheiten möglich ist, z. B. das Recht, die Unterhaltung eines Weges zu fordern, kann auch dann nur durch die vierzigjährige Ersitzung erworben werden, wenn erweislich jene Ausübung während dreißig Jahren alljährlich erfolgt ist.

Siehe auch Rechtsgrundsatz 156. (A. L. R. I. 7. § 126.)

§ **653**. Siehe Rechtsgrundsatz 200. (A. L. R. § 510. dieses Titels.)
§ **655**. Siehe Rechtsgrundsätze 197. 200. (§§ 502. 510. dieses Titels.)
§§ **660**. **661**. Ausschließung der fünfzigjährigen erwerbenden Verjährung bei Kommunal-Abgaben. — Vergl. Städte-Ordn. vom 19. November 1808 § 58.

Rechtsgr. **223**. — II. Senat. 29. April 1851. (II. 110.)

Die titellose fünfzigjährige Erhebung der Kommunal-Abgaben von einem urkundlich von denselben befreiten Grundstücke begründet keine Verjährung.

Siehe auch Rechtsgrundsatz 224. (§ 663. dieses Titels.)

§ **663**. Ausschließung der fünfzigjährigen erwerbenden Verjährung bei gemeinschaftlichem Eigenthume. — Vergl. A. L. R. I. **8**. § 120.; **9**. §§ 504. 660.; **17**. § 10.

Rechtsgr. **224**. — I. Senat. 23. September 1851. (III. 94.)

Das Recht zur ausschließlichen Benutzung eines gemeinschaftlichen Zwischenraums zwischen benachbarten Gebäuden kann durch keine Verjährung erworben werden.

§ **664**. Siehe Rechtsgrundsatz 168. (A. L. R. I. **8**. § 125.)
§ **665**. Siehe Rechtsgrundsatz 583. (A. L. R. I. **22**. § 59.)
§ **666**. Wirkung der Ersitzung einer Fahrwegsgerechtigkeit. — Vergl. A. L. R. I. **22**. §§ 8. 28. ff.

Rechtsfr. 225. — II. Senat. 10. März 1853. (IX. 35.)

Ist eine durch Ersitzung erworbene, nach Bedürfniß des herrschenden Guts ausgeübte Fahrwegsgerechtigkeit auf den Umfang des Besitzes und auf Bedürfniß dieses Guts während der Verjährungsperiode zu beschränken?*

Siehe auch Rechtsgrundsätze 217. 578. 583. (A. L. R. I. 9. § 579.; 22. §§ 28. 59.)

Titel 10. Von der mittelbaren Erwerbung des Eigenthums.

§ 1. Siehe Rechtsgrundsätze 227. 228. 414. 418. (A. L. R. I. 10. § 7.; 15. §§ 1. 34.)

§ 2. Siehe Rechtsgrundsatz 227. (§ 7. dieses Titels.)

§ 3. Siehe Rechtsgrundsätze 227. 418. (A. L. R. I. 10. § 7.; 15. § 34.)

§§ 7-9. Verhandlungen mit dem in dem Hypothekenbuche eingetragenen Besitzer eines Grundstücks auf den guten Glauben des Hypothekenbuches:

A. Ankauf von dem als Besitzer eingetragenen Nichtbesitzer.

— Aeltere Ansicht. — Vergl. § 1. dieses Titels.

Rechtsgr. 226. — III. Senat. 15. Juni 1851. (III. 220.)

Die Anwendbarkeit der §§ 7. und 8. I. 10. des Allgem. Landrechts ist nicht dadurch bedingt, daß derjenige, auf dessen Namen das Grundstück im Hypothekenbuche eingetragen ist, sich im Besitze desselben befindet.

— Jüngere Ansicht. — Vergl. A. L. R. I. 7. §§ 7. 8.; 10. §§ 1-3.; Allgem. Hypotheken-Ordnung II. § 90.

Rechtsgr. 227. — Plenum. 6. März 1854. (XII. 360.)

Ist der Besitztitel eines Grundstücks auf Jemand eingetragen, der nicht wahrer Eigenthümer ist, und hat von ihm ein Anderer, sei es auch redlicher Weise, das Grundstück ganz oder theilweise angekauft, aber noch nicht übergeben erhalten, befindet sich dasselbe vielmehr im Besitze (§§ 7. u. 8. I. 7. des Allgemeinen Landrechts) des wahren, nicht eingetragenen Eigenthümers, so kann der Käufer gegen den letz-

* Die obige Frage dürfte aus den in der ersten Anmerkung S. 35. Bd. 9. des Archivs für Rechtsfälle enthaltenen Gründen zu bejahen sein.

teren ein Recht auf die Sache, selbst wenn die Eintragung auf ihn geschehen ist, nicht geltend machen.

B. Wirkung der Besitztitelberichtigung bei nicht erfolgter Uebergabe des Grundstücks. — Vergl. A. L. R. I. 7. § 54.; 10. § 1.; Allg. Hypothekenordnung II. § 90.; Patent vom 22. Mai 1815.

Rechtsgr. 228. — II. Senat. 20. Januar 1853. (VIII. 226.)

Die Vorschrift des § 1. I. 10. des Allg. Landrechts, — nach welcher die mittelbare Erwerbung des Eigenthums außer dem Titel auch die wirkliche Uebergabe erfordert, — ist durch die §§ 7. ff. daselbst nicht modifizirt.

C. Eigenthumsklage des eingetragenen Besitzers gegen den wirklichen Besitzer. — Vergl. Allgem. Hypothekenordnung II. § 92.

Rechtsgr. 229. — III. Senat. 17. März 1854. (XII. 257.)

Der Umstand, daß der Besitztitel auf den Namen des Vindikanten berichtigt ist, befreit denselben — dem Besitzer des zurückgeforderten Grundstücks und dem Erwerbstitel desselben gegenüber — nicht von dem Beweise, daß er wahrer Eigenthümer dieses Grundstücks, und daß ihm dasselbe wider seinen Willen entzogen sei oder vorenthalten werde, beziehungsweise, daß ihm ein besser gearteter Besitz, als dem Verklagten, beigewohnt habe.

D. Einseitige Verfügung des in der allgemeinen Gütergemeinschaft lebenden Ehegatten über die auf seinen alleinigen Namen eingetragenen Grundstücke.

Rechtsgr. 230. — I. Senat. 20. Januar 1854. (XII. 74.)

Wenn ein Ehegatte in einer Provinz, in welcher allgemeine eheliche Gütergemeinschaft stattfindet, sein Miteigenthumsrecht an dem gemeinschaftlich besessenen Grundstücke im Hypothekenbuche nicht hat vermerken lassen, so ist derselbe nicht berechtigt, die Befugniß eines Dritten, welcher sich mit dem als alleiniger Besitzer aus dem Hypothekenbuche konstirenden anderen Ehegatten, ohne von dessen Verheirathung Kenntniß zu haben, in Verhandlungen über das Grundstück eingelassen hat, anzufechten; vielmehr finden auch gegen einen solchen Ehegatten die Vorschriften der §§ 7–9. I. 9. des Allg. Landrechts Anwendung.

E. Bestellung einer Hypothek von dem noch eingetragenen Vorbesitzer. — Vergl. Allg. Hypotheken-Ordnung II. § 92.

Rechtsgr. 231. — III. Senat. 28. Januar 1853. (VIII. 255.)

Der wirkliche, in dem Hypothekenbuche aber nicht eingetragene Eigenthümer eines Grundstücks muß das Hypothekenrecht eines Gläubigers seines noch eingetragenen Vorbesitzers auch dann anerkennen, wenn der letztere zur Zeit der Hypothekenbestellung nicht mehr Eigenthümer des Grundstücks, auch zur Zeit der nachgesuchten Eintragung der Hypothek das Eigenthum des neuen Erwerbers dem Hypothekenrichter auf vorschriftsmäßige Weise (durch Einreichung einer beglaubigten Abschrift des Veräußerungs-Vertrages von Seiten des instrumentirenden Notars) bekannt geworden, eine Protestation zur Sicherheit des Eigenthumsrechts des neuen Erwerbers aber nicht eingetragen war, und der Gläubiger sich in gutem Glauben befunden hat.

Siehe auch Rechtsgrundsätze 233. 289. 414. 512. 513. 515-517. (A. L. R. I. 10. § 10.; 11. § 602.; 15. § 1.; 20. § 410.)

§ 10. Guter Glaube des mit dem eingetragenen Nichteigenthümer verhandelnden dritten Erwerbers:

A. Berücksichtigung des Inhalts des Hypothekenbuchs.

Rechtsgr. 232. — III. Senat. 20. Juni 1851. (III. 229.)

Der Inhalt des Hypothekenbuchs, nicht der Grundakten, entscheidet die Frage, ob der Erwerber eines Grundstücks im guten Glauben sich befunden habe.

B. Berücksichtigung des Zeitpunktes der Konstituirung des Erwerbstitels. — Vergl. §§ 7. 8. 24. 25. dieses Titels.

Rechtsgr. 233. — IV. Senat. 13. Juli 1852. (V. 373.)

Beider Erwerbung des Eigenthums eines Grundstücks von

dem eingetragenen Besitzer genügt der gute Glaube des Erwerbenden in dem Zeitpunkte der Konstituirung des Erwerbstitels.

Siehe auch Rechtsgrundsätze 377. 512. 513. 515. 516. 1031. (A. L. R. I. 13. § 61.; 20. § 410.; A. G. O. I. 50. § 305.)

§ 11. Siehe Rechtsgrundsatz 523. (A. L. R. I. 20. § 423.)

§ 23. Siehe Rechtsgrundsatz 87. (A. L. R. I. 5. § 185.)

§§ 24. 25. Mangelnder guter Glaube als Hinderniß der Erwerbung des Eigenthums.

Rechtsgr. 234. — IV. Senat. 13. Juli 1852. (V. 373.)

Die Bestimmung des § 24. I. 10. des Allgem. Landrechts findet keine Anwendung, wenn der veräußernde eingetragene Besitzer zwar nicht der alleinige, aber doch Miteigenthümer des Grundstücks ist.

Siehe auch Rechtsgrundsatz 233. (§ 10. dieses Titels.)

Titel 11. Von den Titeln zur Erwerbung des Eigenthums, welche sich in Verträgen unter Lebendigen gründen.

Erster Abschnitt. Von Kaufs- und Verkaufsgeschäften.

§ 1. Siehe Rechtsgrundsatz 256. (§ 333. dieses Titels.)

§§ 8-11. Expropriations-Verfahren. — Vergl. Gesetz vom 3. November 1838 § 11.

Rechtsgr. 235. — III. Senat. 24. Januar 1851. (II. 24.)

Gegen die in Gemäßheit des Allg. Landrechts I. 11. § 8. aufgenommene gerichtliche Taxe zu expropriirender Sachen ist auch der expropriirende Fiskus Erinnerungen Behufs Ermäßigung des Kaufpreises zu machen berechtigt.

Siehe auch Rechtsgrundsatz 17. (A. L. R. Einl. § 74.)

§ 12. Perfektion des Kaufgeschäfts bei nothwendigen Subhastationen. — Vergl. § 342. dieses Titels; A. G. O. I. 52. §§ 38. 58. 61.

Rechtsgr. 236. — III. Senat. 28. November 1851. (III. 341.)

Bei der nothwendigen Subhastation wird das Kaufgeschäft durch Abgabe des Meistgebots und Einwilligung der Interessenten in den Zuschlag perfekt.

Siehe auch Rechtsgrundsätze 256. 1031. (A. L. R. I. 11. § 333.; A. G. O. I. 50. § 305.)

§§ **20-24. 348.** No. 6. Wirkung des Meistgebots eines unbefugten Käufers bei der nothwendigen Subhastation. — Vergl. A. G. O. I. **52**. §§ 38. **41**. 50. 51.; Subhastations-Verordnung vom **4**. März 1834 §§ 12. 13.

Rechtsgr. **237**. — III. Senat. 3. Oktober 1853. (X. 161.)

a) Bei der nothwendigen Subhastation gilt den Bietern gegenüber das höhere Gebot des unbefugten Käufers, — z. B. des Kurators der erbschaftlichen Liquidationsprozeßmasse, zu welcher das subhastirte Grundstück gehört, — als Meistgebot.

b) Der nächste Bieter kann daher, wenn die Subhastations-Interessenten die Genehmigung jenes Meistgebots versagen, den Zuschlag nicht verlangen, noch auch braucht er sich denselben gefallen zu lassen, vielmehr ist in diesem Falle ein neuer Bietungstermin anzuberaumen.*

§ **27**. Siehe Rechtsgrundsatz 1031. (A. G. O. I. **50**. § 305.)

§ **33**. Siehe Rechtsgrundsätze 53. 1301. (A. L. R. I. **4**. § 167.; Deklaration vom 6. April 1839 Art. 3. No. 1.)

§§ **70-71**. Simulation eines Kaufvertrages:

A. Begründung des Einwandes dieser Simulation. — Vergl. A. L. R. I. **4**. § 52.

Rechtsgr. **238**. — III. Senat. 27. Mai 1853. (IX. 207.)

Zur Begründung des Einwandes der Simulation eines Kaufvertrages gehört nicht nothwendig die Behauptung, daß zwischen den Parteien ausdrücklich verabredet worden sei: es solle auf den Käufer kein Eigenthum übergehen.

B. Rückforderung des in Gemäßheit eines Scheinkaufs gezahlten Kaufpreises. — Vergl. A. L. R. I. **13**. §§ 262. ff.; **16**. § 200.

Rechtsgr. **239**. — IV. Senat. 15. März 1853. (X. 14.)

Zur Begründung der Klage auf Erstattung einer in Ge-

* Die Richtigkeit der obigen Sätze ist zu bezweifeln. Vergl. die Anmerkung Seite 162. Band 10. des Archivs für Rechtsfälle.

mäßheit eines Scheinkaufs geleisteten Zahlung genügt der Nachweis der Simulation des geschlossenen Rechtsgeschäfts nicht, vielmehr ist der Nachweis erforderlich, daß der Empfänger sich mit dem Schaden des Gebers bereichert habe, oder daß auch der in dem unter dem Scheinkauf verborgenen, wirklich beabsichtigten Rechtsgeschäft enthaltene Rechtsgrund weggefallen sei.

Siehe auch Rechtsgrundsätze 67. 87. (A. L. R. I. 5. §§ 127. 185.)

§§ **73. 74.** Siehe Rechtsgrundsatz 67. 87. (A. L. R. I. 5. §§ 127. 185.)
§ **76.** Klage auf Erfüllung eines Kaufvertrages. — Vergl. A. L. R. I. 5. §§ 84. 271.; 11. §§ 192. 197. 198.

Rechtsgr. 240. — III. Senat. 22. November 1852. (VIII. 55.)

Die Annahme der gekauften Sache durch den Käufer muß unbedingt und ohne Vorbehalt geschehen, wenn aus ihr ein Anerkenntniß der gehörigen Erfüllung durch den Verkäufer entnommen werden soll.

§§ **78.** ff. Verbindlichkeit des Verkäufers in Ansehung der Pertinenzstücke der verkauften Sache; Verwechselung der Pertinenzstücke zweier gleichzeitig subhastirten Grundstücke in den Taxverhandlungen. — Vergl. A. L. R. I. 2. § 42.; A. G. O. I. 52. § 12.

Rechtsgr. 241. — III. Senat. 28. Oktober 1853. (X. 330.)

Wenn bei der gleichzeitigen nothwendigen Subhastation zweier Grundstücke deren Pertinenzien in den Taxverhandlungen ohne Widerspruch der Subhastations-Interessenten verwechselt worden sind, so hat es dabei sein Bewenden.

Siehe auch Rechtsgrundsatz 255. (§ 303. dieses Titels.)

§ **95.** Siehe Rechtsgrundsatz 243. (§ 117. dieses Titels.)
§ **106.** Siehe Rechtsgrundsatz 259. (§ 342. dieses Titels.)
§ **109.** Siehe Rechtsgrundf. 76. 442. (A. L. R. I. 5. § 163.; 16. § 207.)
§ **110.** Unzulässigkeit der Nutzung auch des durch Kompensation berichtigten Kaufgeldes neben der Nutzung der Sache. — Vergl. A. L. R. I. 16. § 301.

Rechtsgr. 242. — IV. Senat. 8. November 1853. (XI. 37.)

Der Verkäufer muß das vor der Uebergabe der verkauften Sache empfangene Kaufgeld bis zur Uebergabe auch in dem Falle landüblich verzinsen, wenn das Kaufgeld durch Kompensation mit einer unverzinslichen Gegenforderung des Käufers berichtigt ist.

§§ **117-120.** Uebergang des Eigenthums bei einem Kauf in Pausch und Bogen. — Vergl. § 95. dieses Titels.

Rechtsgr. **243.** — IV. Senat. 8. September 1853. (X. 117.)

Zum Uebergang des Eigenthums auch der in Pausch und Bogen freiwillig verkauften Sache ist die Uebergabe erforderlich.

Siehe auch Rechtsgrundsatz 259. (§ 342. dieses Titels.)

§§ **124-127.** Verbindlichkeit des Käufers eines Grundstücks bei nicht zu erwirkender Besitztitelberichtigung. — Vergl. A. L. R. I. 5. § 322.; Gesetz vom 31. Oktober 1848 § 1.

Rechtsgr. **244.** — III. Senat. 14. Juli 1851. (II. 262.)

Der Käufer einer Jagdgerechtigkeit wird, falls deren Uebergabe erfolgt ist, von der Verbindlichkeit zur Entrichtung des Kaufpreises dadurch nicht befreit, daß dem Verkäufer die Erfüllung der von ihm übernommenen Verpflichtung, die Berichtigung des Besitztitels für den Käufer zu erwirken, in Folge des Gesetzes vom 31. Oktober 1848 unmöglich geworden ist.*

Siehe auch Rechtsgrundsatz 96. (A. L. R. I. 5. § 271.)

§§ **135. 136. 154. 163.** Gewährleistung des Verkäufers wegen vorher veräußerter aber nicht abgeschriebener Guts-Parzellen.

Rechtsgr. **245.** — III. Senat. 14. März 1853. (IX. 51.)

Der Verkäufer ist zur Gewährleistung verpflichtet, wenn einzelne in dem Hypothekenbuche weder besonders vermerkte noch abgeschriebene Parzellen des Guts vor dem Verkaufe desselben an dritte Personen veräußert und übergeben worden

* Vergl. über die abweichende frühere Ansicht des Ober-Tribunals das Archiv für Rechtsfälle Bd. 2. Seite 264 ff.

sind, und der Käufer des Guts hiervon keine Kenntniß erlangt hatte.

Siehe auch Rechtsgrundsatz 96. (A. L. R. I. 5. § 271.)

§ **139**. Siehe Rechtsgrundsatz 56. (A. L. R. I. 5. § 42.)

§§ **141**. **142**. Siehe Rechtsgrundsatz 617. (A. L. R. II. 1. § 378.)

§§ **154**. **163**. Siehe Rechtsgrundsatz 245. (§ 135. dieses Titels.)

§§ **175**. ff. Siehe Rechtsgrundsatz 246. (§ 180. dieses Titels.)

§§ **180**. ff. Verbindlichkeit des Verkäufers eines Grundstücks zur Gewährleistung für später ausgeschriebene Kriegssteuern. — Vergl. §§ 175. ff. dieses Titels.

Rechtsgr. **246**. — Plenum. 15. März 1852. (V. 84.)

Zur Verpflichtung des Verkäufers nach § 180. I. 11. des Allgem. Landrechts ist erforderlich, daß vor dem darin genannten Zeitpunkte eine Verhaftung des Grundbesitzers, als solchen, für die Beiträge zu den fraglichen Lasten feststand.

§ **183**. Gewährleistung des Verkäufers wegen der auf dem Grundstücke haftenden Privatdienstbarkeiten, Lasten und Abgaben:

A. Natur des Altentheils (Ausgedinge, Auszug, Leibzucht). — Vergl. §§ **184**. **342**. **602**. dieses Titels; Allgem. Hypotheken-Ordnung I. §§ **49**. **50**.

Rechtsgr. **247**. — III. Senat. 30. September u. 14. Oktober 1853. (XII. 25; X. 229.)

Der Altentheil (Ausgedinge, Auszug, Leibzucht) gehört zu den Lasten und Abgaben des § 183. I. 11. des Allgem. Landrechts, nicht zu den Privatschulden und Verbindlichkeiten des § 184. daselbst.

B. Uebergang der Reallasten, insbesondere des eingetragenen Altentheils, auf den Käufer bei der nothwendigen Subhastation. — Vergl. A. L. R. I. **11**. §§ **342**. 602. 604.; **18**. §§ 813. 814.; **20**. § 1.; Allgem. Hypotheken-Ordnung **I**. §§ 48-50.

Rechtsgr. **248**. — II. Senat. 22. September 1853. (X. 323.)

Auch bei nothwendigen Subhastationen bleiben in Ermangelung anderer Bestimmungen des Zuschlagsurtheils nicht blos die gemeinen, keiner Eintragung bedürfenden, sondern auch die auf speziellen Rechtstiteln beruhenden und eingetragenen besondern Lasten, — z. B. Altentheile, und zwar mit Einschluß der Geldleistungen, — auf dem Grundstücke haften, und gehen daher auf den Käufer über, ohne daß derselbe die Realberechtigten auf die Kaufgelder verweisen oder aus diesen Entschädigung verlangen kann. — Es ändert hierin Nichts, wenngleich die Lasten in der Subhastationstaxe nicht veranschlagt worden sind.

§ **184**. Siehe Rechtsgrundsätze **247**. **468**. (A. L. R. **I. 11.** § 183.; **16.** Anhang § **52.** zu § **484.**)

§§ **187**. **222**. Verbindlichkeit des Verkäufers zur Gewährleistung.

Rechtsgr. **249**. — III. Senat. 22. Dezember 1851. (IV. 220.)

Der Verkäufer, welcher mehrere Parzellen seines mit einer Reallast behafteten Guts in derselben Verhandlung an verschiedene Personen verkauft hat, wird durch die in dieser Verhandlung von einem der Käufer allein geschehene Uebernahme der Reallast von der Verbindlichkeit zur Gewährleistung gegen die Käufer der übrigen Parzellen nicht befreit.

§ **189**. Siehe Rechtsgrundsatz **104**. (A. L. R. I. **5.** § 325.)
§ **192**. Siehe Rechtsgrundsatz **240**. (A. L. R. I. **11.** § 76.)
§ **196**. Siehe Rechtsgrundsatz **108**. (A. L. R. I. **5.** § 329.)
§§ **197**. **198**. Siehe Rechtsgrundsatz **240**. (A. L. R. I. **11.** § 76.)
§§ **199**. **203**. Siehe Rechtsgrundsatz **108**. (A. L. R. I. **5.** § 329.)
§ **221**. Uebernahme einer Hypothekenschuld in Abrechnung auf das Kaufgeld durch mehrere Käufer.

Rechtsgr. **250**. — III. Senat. 27. September 1850. (VI. 342.)

Hat jeder Besitzer der dem gemeinschaftlichen Hypothekengläubiger solidarisch verhafteten mehreren Grundstücke die Hypothekenschuld in Abrechnung auf das Kaufgeld übernommen, so ist der Besitzer des einen Grundstücks, welcher den gemeinschaftlichen Hypothekengläubiger befriedigt und sich zugleich die Rechte des Verkäufers gegen die Käufer der übrigen Grundstücke cediren läßt, berechtigt, jeden Käufer der übrigen Grundstücke auf Zahlung des ganzen Betrages der getilgten Hypothekenschuld in Anspruch zu nehmen.

§ **222**. Verbindlichkeit des Käufers zur Zahlung des Kaufpreises oder Zurückbehaltung und zugleich gerichtlicher Niederlegung eines verhältnißmäßigen Theils desselben bei sich zeigenden Gewährsmängeln. — Vergl. A. L. R. **I**. **11**. § 372.; **16**. §§ 228. 229.

Rechtsgr. **251**. — IV. Senat. 8. September 1853. (X. 117.)

Der Käufer eines Grundstücks, auf welchem von ihm nicht in Abrechnung auf das Kaufgeld übernommene und nach des Verkäufers Versicherung bereits bezahlte Hypothekenschulden haften, ist nicht berechtigt, von dem am Zahlungstage zu erlegenden Kaufgelde einen verhältnißmäßigen Theil einfach zurückzubehalten; er muß vielmehr den ganzen Kaufpreis zahlen oder den zurückzubehaltenden verhältnißmäßigen Theil gerichtlich niederlegen.*

Siehe auch Rechtsgrundsätze 98. 249. (A. L. R. I. **5**. § 271.; **11**. § 187.)

§ **224**. Siehe Rechtsgrundsatz 253. (§ 230. dieses Titels.)

§ **228**. Siehe Rechtsgrundsatz 427. (A. L. R. **I**. **16**. § 22.)

§ **230**. Rücktritt des Verkäufers von einem Kaufvertrage wegen nicht erfolgender Zahlung des Kaufpreises:

A. Bei bedungener baarer Zahlung zur Zeit der Uebergabe.

Rechtsgr. **252**. — III. Senat. 11. und 21. Juni 1852. (VI. 174.)

Die in dem § 230. I. 11. des Allgem. Landrechts gebrauchten Worte „Ebenso" beziehen sich nicht auf den Gegenstand des Kaufvertrages und dessen Werth, sondern überhaupt auf die Befugniß zum Rücktritt von dem Kaufvertrage. — Der Verkäufer eines Grundstücks ist daher berechtigt, die Uebergabe zu verweigern und von dem Vertrage zurückzutreten, wenn der Käufer die Zahlung des Kaufgeldes, welche er bei der Uebergabe baar zu leisten versprochen hat, an diesem Tage nicht leistet.

B. Bei Sachen, die ein für allemal zu leisten sind, und bei vertretbaren, in einzelnen Quantitäten, z. B. bei Milchlieferungs-Verträ-

* Früher war das Ober-Tribunal anderer Ansicht, — vergl. die zweite Anmerkung S. 117. Bd. 10. des Archivs für Rechtsfälle. Die obige Ansicht ist seitdem auch durch den Plenarbeschluß vom 3. Juli 1854 bestätigt worden. Vergl. Justiz-Ministerial-Blatt S. 342.

gen, nach und nach zu gewährenden Sachen. — Vergl. § **224.** dieses Titels.

Rechtsgr. **253.** — IV. Senat. 28. Februar 1854. (XII. 187.)

a) Die Vorschrift des § 230. I. 11. des Allgem. Landrechts, — nach welcher der Verkäufer, wenn der Käufer die Zahlung des Kaufgeldes, welche er bei der Uebergabe baar zu leisten versprochen hat, nicht leistet, die Uebergabe verweigern und den Kontrakt aufheben kann, — bezieht sich zwar zunächst nur auf solche Kaufverträge, bei welchen die Hingabe einer Sache, als des ganzen Gegenstandes des Kaufes, ein für allemal zu leisten ist;

b) bei Kaufverträgen über vertretbare, in einzelnen Quantitäten nach und nach gegen jedesmalige baare Zahlung für jede einzelne Lieferung zu gewährende Sachen, z. B. bei Milchlieferungs-Verträgen, äußert jedoch die Nichterfüllung Seitens des Käufers rücksichtlich einer einzelnen Lieferung ihre Wirkung auch in Betreff der künftig fällig werdenden Lieferung dahin, daß der Verkäufer die Uebergabe dieser künftigen Lieferungen zu verweigern und vom Vertrage zurückzutreten befugt ist.

Ob bei solchen Verträgen die Nichtzahlung einzelner Lieferungen an den jedesmaligen Lieferungstagen eine Nichterfüllung des Vertrages Seitens des Käufers im Sinne des § 230. a. a. O. enthält, ist nach den jedesmaligen Umständen zu beurtheilen.

§ **262.** Siehe Rechtsgrundsatz 183. (A. L. R. I. **9.** § 1.)
§§ **291. 292.** Siehe Rechtsgrundsatz **442.** (A. L. R. **I. 16.** § 207.)
§§ **296. 312. 317.** Begriff des Wiederkaufsrechts.

Rechtsgr. **254.** — IV. Senat. 22. März 1853. (IX. 80.)

Es widerstreitet nicht dem Wesen und Charakter des Wiederkaufsrechts, wenn der verkaufende Vater das Wiederkaufsrecht seinem Sohne vorbehält.

Siehe auch Rechtsgrundsatz 1055. (A. G. O. **I. 52.** § 59.)

§§ **303.** ff. Anspruch des Wiederverkäufers auf Verbesserungskosten neben dem Wiederkaufspreise. — Vergl. A. L. R. I. 5. § 127.; 11. §§ 78. ff.; A. G. O. I. 16. § 1.

Rechtsgr. 255. — IV. Senat. 22. März 1853. (IX. 80.)

Der Wiederverkäufer kann nach Abschluß des Wiederverkaufsvertrages außer dem Wiederkaufspreise eine nicht ausdrücklich ausbedungene Vergütung für seine etwaigen Verbesserungskosten nicht beanspruchen, und gilt dies auch in dem Falle, wenn der Wiederverkauf in Folge rechtskräftigen Urtheils geschehen ist.

§§ **312. 317.** Siehe Rechtsgrundsatz 254. (§ 296. dieses Titels.)
§§ **321-326.** Siehe Rechtsgrundsatz 272. (§ 390. dieses Titels.)
§ **333.** Kauf „nach Probe" und Kauf „auf Probe." — Vergl. A. L. R. I. 5. §§ 1. 12. 325.

Rechtsgr. 256. — IV. Senat. 28. Februar 1854. (XII. 192.)

Der Kauf „nach Probe" setzt ein völlig perfektes und im Uebrigen nach den allgemeinen Grundsätzen von Kauf und Gewährleistung in Beziehung auf vorbedungene Eigenschaften zu beurtheilendes Kaufgeschäft voraus, wogegen der Kauf „auf Probe" seine volle Wirksamkeit erst durch die vom Käufer erklärte Zufriedenheit mit der behandelten Sache erlangt.

§§ **340.** ff. Gerichtliche Verkäufe:
A. Kaufbedingungen.

Rechtsgr. 257. — III. Senat. 11. Juli 1853. (X. 92.)

Die in das Zuschlagsurtheil aufgenommenen Bedingungen müssen der wirklich stattgefundenen Einigung der Interessenten entsprechen.

B. Rechte des Meistbietenden auf den Zuschlag bei nothwendiger Subhastation. — Vergl. § 342. dieses Titels; A. G. O. I. 52. §§ 12. 38. 42. 58.; Subhastations-Verordnung vom 4. März 1834 § 12.

Rechtsgr. 258. — II. Senat. 25. April 1853. (IX. 135.)

Durch das in der nothwendigen Subhastation im Bietungstermine abgegebene Meistgebot erhält der Meistbietende, wenn bis zum Schlusse dieses Termins die Gläubiger ihr Widerspruchsrecht nicht ausgeübt haben, ein wohlerworbenes Recht auf den Zuschlag, welches ihm durch spätere Erklärungen und Widersprüche, insbesondere auch durch spätere Zurücknahme des Subhastationsantrages Seitens des Extrahenten der Subhastation, nicht genommen werden kann.

Siehe auch Rechtsgrundsatz 1058. (A. G. O. I. 52. § 59.)

§ 342. Gerichtliche nothwendige Verkäufe:

A. Uebergang des Rechts auf Pacht- und Miethzinse aus Verträgen des Vorbesitzers. — Vergl. A. L. R. I. 8. §§ 1. 9-12.; 11. §§ 106. 117.; 21. § 358.

Rechtsgr. 259. — III. Senat. 4. Juli 1850. (III. 193.)

Der Käufer eines nothwendig subhastirten, verpachteten oder vermietheten Grundstücks ist gesetzlich schon auf Grund des Zuschlags-Urtheils berechtigt, die während der Zeit seines Besitzes aus Verträgen seines Vorbesitzers fällig gewordenen Pacht- oder Miethzinse für sich zu erheben und resp. einzuklagen.

B. Uebergang der Lasten. — Vergl. Allg. Hyp.-Ordn. I. §§ 48. 49.

Rechtsgr. 260. — III. Senat. 24. Februar 1851. (I. 263.)

Auch bei gerichtlichen nothwendigen Verkäufen gehen durch den Zuschlag sowohl die gemeinen, keiner Eintragung bedürfenden, als auch die auf speziellen Rechtstiteln beruhenden und eingetragenen besondern Lasten auf den Käufer über, wenn nicht das Gegentheil ausbedungen ist.

C. Uebernahme einer Altentheilslast. — Vergl. Allgem. Hypotheken-Ordnung I. § 49.

Rechtsgr 261. — III. Senat. 11. Februar 1853. (VIII. 305.)

Ist darüber, ob das auf einem Grundstücke haftende Altentheil von dem Käufer zu übernehmen sei oder nicht, in den Kaufbedingungen und in dem Zuschlagsbescheide

Nichts festgestellt, so erfolgt die desfallsige Entscheidung in besonderem Verfahren.

S. auch Rechtsgrundsätze 236. 247. 248. 258. 1058. 1245. (§§ 12. 183. 340. dieses Titels; A. G. O. I. 52. § 59.; Subhastations-Verordnung vom 4. März 1834 § 10.)

§ 347. Siehe Rechtsgrundsatz 1235. (Subhastations-Verordnung vom 4. März 1834 § 4.)

§ 348. No. 1. Siehe Rechtsgrundsatz 1236. (Subhastations-Verordnung vom 4. März 1834 § 5.)

§ 348. No. 2. Siehe Rechtsgrundsätze 1235. 1236. 1241. (Subhastations-Verordnung vom 4. März 1834 §§ 4. 6. 9.)

§ 348. No. 6. Siehe Rechtsgrundsatz 237. (§ 20. dieses Titels.)

Zweiter Abschnitt. Vom Tauschvertrage.

§§ 363. 981. Unterschied zwischen Tausch- und Lieferungsverträgen.

Rechtsgr. 262. — IV. Senat. 22. Mai 1851. (III. 30.)

Bei Lieferungs-Verträgen ist die Handlung des Verschaffens der Sache, bei Tauschverträgen hingegen ist der zu bewirkende Umtausch der eigentliche Gegenstand der Verabredung.

§ 372. Siehe Rechtsgrundsatz 251. (§ 222. dieses Titels.)

Dritter Abschnitt. Von Abtretung der Rechte.

§§ 376. ff. Begriff und Grundsätze der Cession:

A. Begriff der Cession.

Rechtsgr. 263. — IV. Senat. 5. Juli 1851. (II. 228.)

Die Cession, als solche, ist kein Vertrag, sondern eine Handlung, durch welche die aus dem vorhergegangenen pactum de cedendo entsprungene Verbindlichkeit erfüllt wird.

B. Erfordernisse einer Cession.

Rechtsgr. 264. — III. Senat. 11. und 21. Juni 1852. (VI. 174.)

Zur Rechtsbeständigkeit einer Cession ist weder erforderlich, daß aus der Cessionsurkunde das Bekenntniß der empfangenen Valuta, oder das Vorhergehen eines Titels erhelle, noch auch bedarf es dazu eines vorgängigen in an sich rechtsbeständiger Form abgeschlossenen Vertrages. Das Cessionsgeschäft kann vielmehr auch durch die Annahme des in

Erfüllung einer mündlichen Verabredung ausgestellten Cessions-Instrumentes geschlossen werden.

C. Verbindlichkeit des Cedenten der Rechte aus dem Meistgebot bei einer nothwendigen Subhastation. — Vergl. Allg. Landrecht I. 5. §§ 1. 270.

Rechtsgr. 265. — III. Senat. 6. Juli 1853. (X. 88.)

Hat der Meistbietende bei einer nothwendigen Subhastation seine Rechte aus dem Meistgebote an einen Dritten cedirt, und ist dem ersteren das Grundstück adjudizirt, weil die Cessions-Urkunde erst nach Abfassung des Bescheides dem Gerichte überreicht worden, so ist der Adjudikatar verpflichtet, mit seinem Cessionar einen Kaufkontrakt nach Inhalt der Cession abzuschließen und ihm das Grundstück zu übergeben.

Siehe auch Rechtsgrundsätze 266. 273-275. 278. 279. 328. 819. (A. L. R. I. 11. §§ 382. 390. 393. 402.; 16. § 118.)

§ 382. Gegenstand der Cession:

A. Cession der Vindikationsklage. — Vergl. A. L. R. Einl. § 89.; I. 11. §§ 376. ff.; 15. § 1.

Rechtsgr. 266. — III. Senat. 8. Dezember 1852. (VIII. 80.)

Die Vindikationsklage ist cessibel.

B. Cessionsfähigkeit des Anspruchs des Mandatars gegen den Mandanten auf Befreiung von den gegen Dritte übernommenen Verbindlichkeiten.

Rechtsgr. 267. — IV. Senat. 8. Juni 1852. (V. 297.)

Der Anspruch des Mandatars an seinen Mandanten auf Befreiung von der bei Ausführung des Auftrags gegen den Dritten übernommenen Verbindlichkeit ist cessionsfähig.

C. Cession obligatorischer Rechte.

Rechtsgr. 268. — III. Senat. 11. und 21. Juni 1852. (VI. 174.)

Auch die Rechte des Käufers aus dem Kaufvertrage können von demselben ohne Zuziehung und Genehmigung des Verkäufers mit der Wirkung cedirt werden, daß der Cessionar gegen Leistung der entsprechenden Verbindlichkeit des Käufers die Erfüllung des Vertrages von dem Verkäufer verlangen kann.

D. Cession der Rechte aus einer gerichtlichen Ueberweisung im Wege der Exekution. — Vergl. A. L. R. I. 16. § 252.; Gesetz vom 4. Juli 1822 § 1.

Rechtsgr. 269. — IV. Senat. 14. Juni 1853. (IX. 351.)

Das Recht des Assignatars aus einer im Wege der Exekution geschehenen gerichtlichen Ueberweisung einer ausstehenden Forderung des Schuldners ist cessibel.

E. Cession der Rechte aus zweiseitigen Verträgen.

Rechtsgr. 270. — III. Senat. 4. Oktober 1849. (III. 188.)

Auch Rechte aus zweiseitigen Verträgen können von dem einen Kontrahenten ohne Zuziehung und Genehmigung des anderen an einen Dritten mit der Wirkung cedirt werden, daß derselbe gegen Leistung der entsprechenden Verbindlichkeiten des Cedenten die Erfüllung des Vertrages von Seiten des andern Kontrahenten zu verlangen befugt ist.

Siehe auch Rechtsgrundsatz 819. (A. L. R. II. 16. § 118.)

§§ 384. 408. Wirkung der Cession rechtshängiger Sachen. — Vergl. A. G. O. I. 14. § 63.

Rechtsgr. 271. — IV. Senat. 12. Juli 1851. (III. 44.)

Wenn in erster Instanz einer Partei der ihr von dem Gegentheile de veritate deferirte und von ihr acceptirte Eid durch Erkenntniß auferlegt ist, und dieselbe hiernächst in zweiter Instanz die eingeklagte Forderung an einen Dritten cedirt, so kann nicht ohne Weiteres der Cessionar zu einem Eide de ignorantia verstattet werden, vielmehr ist vorher darüber: von wem und in welcher Weise der Eid zu leisten ist, unter den Parteien zu verhandeln.

§ 390. Cessions-Valuta; wucherliches Cessions-Geschäft. — Vergl. A. L. R. I. 11. §§ 321-325. 381. 392.; II. 20. § 1273.

Rechtsgr. 272. — IV. Senat. 10. März 1853. (VIII. 345.)

Die Bestimmungen der §§ 322–325. I. 11. des Allgem. Landrechts über die unter einem Kaufe und vorbehaltenen

Wiederkaufe verborgenen wucherlichen Darlehnsgeschäfte finden auch auf Cessionen und vorbedungene Rückcessionen von Forderungen Anwendung.

§ 392. Siehe Rechtsgrundsatz 272. (§ 390. dieses Titels.)

§ 393. Form der Cession. — Vergl. § 376. dieses Titels.

A. Anerkenntniß der Rechte des Cessionars.

Rechtsgr. 273. — II. Senat. 9. Dezember 1851. (IV. 158.)

Die zum Wesen der Cession erforderliche Erklärung des Cedenten, daß er sich seines Rechtes entschlagen und dasselbe dem Cessionar überlassen wolle, wird durch das bloße Anerkenntniß des Cedenten, daß dem Cessionar dies Recht zustehe, nicht entbehrlich.

B. Cession von Eisenbahn-Quittungs-Bogen. — Vergl. A. L. R. I. 4. § 94.; 5. § 81.; 11. §§ 376. ff. 402.

Rechtsgr. 274. — IV. Senat. 12. November 1850. (II. 9.)

Die Cession des Eigenthums an Eisenbahn-Quittungsbogen kann auch durch Blanko-Unterschrift und demnächstige Aushändigung des Quittungsbogens an den Cessionar geschehen.

C. Mündlich vereinbarte Cessions-Valuta bei einer schriftlichen Cession.

Rechtsgr. 275. — IV. Senat. 4. Januar 1853. (VIII. 149.)

Die schriftliche Form des Cessionsaktes in Verbindung mit der Aushändigung der Cessionsurkunde an den Cessionar und deren Annahme durch den letzteren ergänzt die fehlende schriftliche Form des pacti de cedendo.

Siehe auch Rechtsgrundsätze 328. 500. 554. 1189. (A. L. R. I. 11. § 1065.; 20. § 10.; 21. § 298.; Gesetz vom 4. Juli 1822. § 6.)

§ 394. Form der Cession verbriefter Schuldforderungen. — Vergl. A. L. R. I. 4. §§ 58-60.; 5. § 81.

Rechtsgr. 276. — IV. Senat. 5. Juli 1851. (II. 228.)

Die nach § 394. I. 11. des Allgem. Landrechts bei der Cession von Schuldforderungen, worüber briefliche Urkunden vorhanden sind, erforderliche schriftliche Form bezieht sich nur auf den Akt der Uebereignung des Cedenten, nicht auf den Akt deren Annahme Seitens des Cessionars; die letztere kann auch durch stillschweigende Willenserklärungen geschehen.

Siehe auch Rechtsgrundsatz 328. (A. L. R. I. 11. § 1065.)

§ 399. Siehe Rechtsgrundsatz 1234. (Exekutions-Verordnung v. 4. März 1834 § 22.)

§ 402. Wirkungen der Cession:

A. Verbindlichkeit des Cessionars. — Vergl. Gesetze vom 3. November 1838 § 2. und vom 9. November 1843 § 1k.; Magdeburg-Wittenberger Statut vom 31. Januar 1847 §§ 13. 14.

Rechtsgr. 277. — IV. Senat. 12. November 1850. (II. 9.)

Der Cessionar von Eisenbahn-Quittungsbogen ist verpflichtet, dem Cedenten die nach geschehener Cession ausgeschriebenen und von demselben an die Gesellschaftskasse geleisteten Einzahlungen zu erstatten.

B. Cession der Rechte des Meistbietenden bei nothwendigen Subhastationen auf den Zuschlag an einen Dritten. — Vergl. A. L. R. I. 11. §§ 376. ff.; A. G. O. I. 52. § 62.; Subhastations-Verordnung vom 4. März 1834 §§ 14. 20.

Rechtsgr. 278. — III. Senat. 28. November 1851. (III. 341.)

Hat bei einer nothwendigen Subhastation der Meistbietende vor Abfassung des Zuschlags-Urtheils seine Rechte aus dem Meistgebote cedirt, und ist in Folge dessen das Grundstück, wenn auch unmittelbar, dem Cessionar adjudizirt, so haftet gleichwohl der Meistbietende für einen bei der Resubhastation wegen nicht belegter Kaufgelder sich ergebenden Ausfall.

C. Verbindlichkeit des Cedenten einer eingetragenen Darlehnsforderung. — Vergl. A. L. R. I. 5. § 155.; 11. §§ 376. 407. 408. 654. ff.

Rechtsgr. 279. — III. Senat. 21. November 1851. (IV. 94.)

Der Cedent einer eingetragenen Darlehnsforderung wird durch die bloße Cession von seiner Verbindlichkeit nicht befreit, dem Schuldner die nicht gezahlte Darlehns-Valuta zu zahlen oder die Hypothek löschen zu lassen.

Siehe auch Rechtsgrundsätze 274. 758. 1028. (A. L. R. I. 11. § 393.; II. 8. § 1266.; A. G. O. I. 50. § 55.)

§ 407. Siehe Rechtsgrundsätze 279. 1234. (§ 402. dieses Titels; Exekutions-Verordnung vom 4. März 1834 § 22.)

§ 408. Verbindlichkeit des Schuldners einer cedirten eingetragenen Brautschatzforderung.

Rechtsgr. 280. — III. Senat. 18. Juni 1851. (II. 183.)

Der dritte Besitzer des für eine Brautschatzforderung verpfändeten Grundstücks muß sich die Kündigung dieser Forderung durch deren Cessionar gefallen lassen, wenngleich die gesetzlich vorgesehenen Fälle ihrer Rückforderung nicht vorhanden sind.

Siehe auch Rechtsgrundsätze 271. 279. (§§ 384. 402. dieses Titels.)

§ 412. Anerkennung des Cessionars als neuen Gläubigers Seitens des Schuldners:

A. Wirkung dieser Anerkennung. — Vergl. A. L. R. I. 16. § 259.

Rechtsgr. 281. — III. Senat. 2. September 1851. (III. 278.)

Der Darlehns-Schuldner, welcher den Cessionar als seinen neuen Gläubiger ohne Vorbehalt rechtsgültig anerkannt hat, haftet demselben aus diesem Anerkenntnisse, auch wenn er dem ursprünglichen Gläubiger zu Nichts verpflichtet war. Er kann mithin die ihm gegen den letzteren zugestandene Einrede der nicht erhaltenen Valuta dem anerkannten Cessionar nicht entgegensetzen.

B. Verlust der dem Schuldner gegen die cedirte Forderung zuständigen Einreden durch Anerkennung des Cessionars.

Rechtsgr. 282. — IV. Senat. 6. Oktober 1853. (X. 185.)

Die bloße Anerkennung des Cessionars als solchen Seitens des Schuldners hat den Verlust der dem letzteren gegen den Cedenten zustehenden Einreden nach § 412. I. 11. des Allg. Landrechts nicht zur Folge.

§ 419. Siehe Rechtsgrundsatz 443. (A. L. R. I. 16. § 215.)
§§ 420. ff. Siehe Rechtsgrundsätze 1190. 1191. (Gesetz v. 4. Juli 1822 § 6.)
§§ 424. 425. Gewährleistung bei einer betrüglichen Cession.

Rechtsgr. 283. — IV. Senat. 22. April 1852. (VI. 116.)

Auch bei einer betrüglichen Cession kann der Cessionar nicht das volle Interesse nach den allgemeinen Vorschriften vom Schadenersatz beanspruchen, sondern nur Erstattung der gezahlten Valuta nebst gesetzlichen Zinsen oder derjenigen Vortheile verlangen, die er mit der Valuta anderweitig hätte erzielen können.

§§ 427. ff. Verbindlichkeit des Cedenten zur Gewährleistung in Ansehung der Sicherheit einer cedirten Hypothekenforderung:
A. Zeitpunkt des Eintritts der Gewährleistung.

Rechtsgr. 284. — IV. Senat. 14. Januar 1851. (I. 183.)

Die Gewährleistung für die Sicherheit einer cedirten Hypotheken-Forderung tritt ein, sobald die Hypothek sich als unzureichend zeigt, und kann der Cessionar daher nicht genöthigt werden, vorher den persönlich verpflichteten Schuldner in Anspruch zu nehmen.

B. Gewährleistung für die ausgefallenen Zinsen. — Vergl. § 440. dieses Titels.

Rechtsgr. 285. — IV. Senat. 14. Januar 1851. (I. 183.)

Die Verbindlichkeit zur Gewährleistung für den Ausfall an der cedirten Hypotheken-Forderung erstreckt sich auch auf die Zinsen, und finden daher auf dieselben die bei Bürgschaften gegebenen Vorschriften (Allgem. Landrecht I. 14. §§ 258. 259.) keine Anwendung.

C. Verlust des Rechts auf Gewährleistung. — Vergl. § 434. dieses Titels.

Rechtsgr. 286. — IV. Senat. 14. Januar 1851. (I. 182.)

Ob es für eine die Gewährleistung ausschließende Verzögerung zu erachten ist, wenn der Cessionar die Subhastation des für die cedirte Forderung verpfändeten Grundstücks erst mehrere Wochen nach Ablauf der in dem Zahlungsbefehl dem Schuldner gestellten vierwöchentlichen Frist nachsucht, muß nach den jedesmaligen Umständen entschieden werden.

D. Verhaftung des Grundstücks-Eigenthümers aus der Cession einer gezahlten Hypothekenforderung. — Vergl. A. L. R. I. **16.** Anh. § 52. zu § 484.; **20.** § 54.; Deklarationen v. 3. April 1824 und 21. März 1835.

Rechtsgr. **287.** — IV. Senat. 10. Mai 1853. (IX. 158.)

Der Eigenthümer eines Grundstücks, welcher eine auf demselben eingetragene Forderung bezahlt und an einen Dritten weiter überträgt, ist dem Cessionar für die cedirte Forderung nicht persönlich verpflichtet.

Siehe auch Rechtsgrundsatz 1191. (Gesetz vom 4. Juli 1822 § 6.)

§ **434.** Siehe Rechtsgrundsatz 286. (§ 427. dieses Titels.)

§ **440.** Siehe Rechtsgrundsätze 285. 1190. (§ 427. dieses Titels; Gesetz vom 4. Juli 1822 § 6.)

Vierter Abschnitt. Vom Erbschaftskaufe.

§§ **447. 454-458. 466.** Begriff des Erbschaftskaufs.

Rechtsgr. **288.** — I. Senat. 8. Februar 1849. (I. 21.)

Der Begriff des Erbschaftskaufs wird durch Verabredungen wegen Abänderung der gesetzlichen Vertretungspflicht des Käufers nicht aufgehoben.

Sechster Abschnitt. Von gewagten Geschäften und ungewissen Erwartungen.

§§ **602.** ff. Vom Altentheile (Ausgedinge, Auszug, Leibzucht):

A. Natur der periodischen Leistungen. — Vergl. A. L. R. **I. 10.** §§ 7. ff.; **18.** § 815.; **19.** §§ 4. 5.; **20.** §§ 1. 410. ff. 412.; II. **7.** §§ 137. ff.; A. G. O. I. **50.** §§ 358. 430.; Allg. Hypothek.-Ordnung I. §§ 47. 49.

Rechtsgr. **289.** — II. Senat. 16. Februar 1854. (XII. 342.)

Die zu einem Auszuge gehörigen periodischen Leistungen haben die Natur einer Reallast. Die Reallast wird durch den bloßen Vertrag begründet. Die Eintragung derselben in das Hypothekenbuch verwandelt nur deren relative Dinglichkeit in eine absolute.*

* Ueber die Frage wegen der Verhaftung des Singular-Successors für die Rückstände der Reallast aus der Besitzzeit des Vorbesitzers und der Nichtverhaftung des früheren Besitzers für die Rückstände aus seiner Besitzzeit, siehe die Abhandlung von Strohn S. 347. ff. Bd. 12. des Archivs für Rechtsfälle.

B. Gerichtliche Regulirung eines Altentheils. — Vergl. A. L. R. I. 3. § 43.; 5. § 109.

Rechtsgr. 290. — I. Senat. 19. Oktober 1853. (X. 235.)

Zum Nachweise der gerichtlichen Regulirung eines Altentheilsvertrages genügt es, wenn aus der gerichtlichen Verhandlung die vor Gericht erfolgte Genehmigung des Inhalts und die Unterschrift des desfallsigen Privatvertrages, so wie die Vereinbarung etwaiger Zusätze hervorgeht.

C. Entschädigung für nicht gewährte Altentheils-Prästationen. — Vergl. A. L. R. I. 5. § 247.; 16. § 27.

Rechtsgr. 291. — II. Senat. 20. September 1853. (XII. 327.)

a) Die dem Auszügler zustehenden Natural-Leistungen sind aus dem Gute selbst durch Einräumung einzelner Gebrauchs- und Nutzungsrechte zu gewähren.

Daher besteht die dem Auszügler in dem Altentheilsvertrage ohne nähere Bestimmung zugesicherte „freie Wohnung" lediglich in dem unentgeltlichen und lebenslänglichen Obdach auf der belasteten bäuerlichen Stelle von der den örtlichen Verhältnissen und der Stellung eines bejahrten Mitgliedes der Hausgenossenschaft entsprechenden Beschaffenheit.

b) Der Ueberlebende der Auszügler ist nicht berechtigt, bei seiner Wiederverheirathung den zweiten Ehegatten bei sich in die Auszugswohnung aufzunehmen.

c) Diejenigen Altentheilsprästationen, welche nicht ohne die Verbindlichkeit des Verpflichteten zu verändern oder zu erschweren, von dem auswärts lebenden Auszügler bezogen werden können, z. B. das Recht auf freie Feuerung, freie Weide und freies Futter für einzelne Viehstücke, sowie freie Benutzung eines Gartenantheils, sind auf dem belasteten Gute selbst zu erheben und zu genießen.

D. Gewährung des Altentheils an den Ueberlebenden der berechtigten Eheleute. — Vergl. §§ 615. 616. dieses Titels.

Rechtsgr. 292. — II. Senat. 24. Juni 1852. (VII. 36.)

Von theilbaren Prästationen eines Altentheils hat der Ueberlebende der berechtigten Eheleute im Mangel anderer Vertragsbestimmungen nur die Hälfte zu fordern.

Siehe auch Rechtsgrundsätze 247. 248. (§ 183. dieses Titels.)

§§ 606. 608. 626. ff. 630. Erfordernisse eines Leibrenten-Vertrages.

Rechtsgr. 293. — IV. Senat. 26. Mai 1853. (IX. 192.)

Der Leibrentenvertrag erfordert eine feste Bestimmung der Rente nach Gelde.

§§ 615. 616. Siehe Rechtsgrundsatz 292. (§ 602. dieses Titels.)
§§ 626. ff. 630. Siehe Rechtsgrundsatz 293. (§ 606. dieses Titels.)
Anhang § 19. zu § 646. Erbschaftsklage gegen den durch einen Vitalitien-vertrag zum Besitze der Erbschaft gelangten Singular-Successor.

Rechtsgr. 294. — I. Senat. 11. April 1853. (IX. 96.)

a) Derjenige, welcher durch einen Vitalitien- oder Alimenten-Vertrag einen ganzen Vermögens-Inbegriff übernommen hat, ist nicht blos verpflichtet, die vorhandenen Schulden im gewöhnlichen Sinne dieses Wortes zu zahlen, sondern er muß auch wegen der Ansprüche dritter Personen in Betreff einer zugleich mit jenem Vermögens-Inbegriff übernommenen Erbschaft gerecht werden.

b) Derselbe ist den Gläubigern des Uebertragenden, auch wenn sie dem Vertrage nicht beigetreten sind, unmittelbar verhaftet.

Siebenter Abschnitt. Vom Darlehnsvertrage.

§ 653. Siehe Rechtsgrundsätze 303. 313. (§§ 732. 793. dieses Titels.)
§§ 654. ff. Verträge über künftige Darlehne:
A. Form des Vertrages. — Vergl. §§ 727-730. dieses Titels.

Rechtsgr. 295. — IV. Senat. 21. April 1853. (IX. 119.)

Aus einem nicht in rechtsgültiger Form geschlossenen Vertrag über ein zu gebendes Darlehn wird der Darlehnsgeber auch dann, wenn er die Schuldverschreibung angenommen und die darin verschriebene Valuta zum Theil gezahlt hat, zur Nachzahlung des Restes dieser Valuta nicht verpflichtet.

B. Erfüllung des Vertrages.

Rechtsfr. 296. — IV. Senat. 21. April 1853. (IX. 123.)

Ist der zur Gebung eines Darlehns Verpflichtete wegen der durch den Tod des Darlehnssuchers eingetretenen veränderten Umstände vom Vertrage zurückzutreten berechtigt?*

Siehe auch Rechtsgrundsatz 279. (§ 402. dieses Titels.)

§ 684. Unkonsentirte Darlehns-Verträge der Subaltern-Offiziere:

A. Deren Gültigkeit durch späteres Anerkenntniß und durch Eingehung eines Vergleiches. — Vergl. A. L. R. I. 5. §§ 37. 38.; 11. §§ 713. 723.; Deklaration vom 27. Juli 1825.

Rechtsgr. 297. — I. Senat. 29. März 1854. (XII. 303.)

Der nach § 684. I. 11. des Allgem. Landrechts dem Fiskus zustehende Anspruch auf das einem Subaltern-Offizier ohne Konsens des Regiments-Chefs oder Kommandeurs gegebene Darlehn wird durch ein nach dem Ausscheiden des Schuldners aus dem Militair-Dienste von diesem in Gemäßheit der Vorschrift des § 37. I. 5. des Allgem. Landrechts bewirktes Anerkenntniß des Darlehnsvertrages, oder anderweitig mit dem Gläubiger getroffenes gültiges Abkommen behoben.

B. Beweiskraft des Zeugnisses des Darleihers bei Konfiskation des einem Subaltern-Offizier gegebenen Darlehns.

Rechtsgr. 298. — IV. Senat. 3. März 1853. (VIII. 328.)

Wenn ein Subaltern-Offizier ein Darlehn aufgenommen hat, und Fiskus an Stelle des ursprünglichen Gläubigers dasselbe gegen den Schuldner einklagt, so gilt das Zeugniß des ursprünglichen Gläubigers über die Hingabe des Darlehns als ein vollwichtiges.

§§ 704-706. Wechsel-Verbindlichkeiten der bei der Königlichen Kapelle angestellten Personen. — Vergl. Allgem. Deutsche Wechsel-Ordnung Art. 1. und 2.; Gesetz über deren Einführung in Preußen vom 15. Februar 1850 § 5.; A. G. O. I. 24. zu § 142. Anhang § 174.

* Diese Frage ist meines Erachtens zu bejahen.

Rechtsgr. **299**. — IV. Senat. 6. Februar 1851. (I. 214.)

Die Bestimmungen der §§ 704–706. I. 11. des Allgemeinen Landrechts über die Beschränkung der Klage auf Rückzahlung von Darlehnen gegen Personen, die bei der Königlichen Kapelle angestellt sind, findet auf Wechsel-Verbindlichkeiten derselben keine Anwendung.

§§ **713**. **723**. Siehe Rechtsgrundsatz 297. (§ 684. dieses Titels.)

§ **727**. Siehe Rechtsgrundsätze 295. 677. (A. L. R. I. **11**. § 654.; II. **2**. § 327.)

§ **728**. Siehe Rechtsgrundsatz 295. (§ 654. dieses Titels.)

§ **729**. Form des Darlehnsvertrages bei Abänderung der gesetzlichen Nebenverpflichtungen des Schuldners:

A. Abänderung der gesetzlichen Kündigungsfrist. — Vergl. § 761. dieses Titels.

Rechtsgr. **300**. — IV. Senat. 22. April 1852. (VI. 114.)

Wenn ein Darlehn zu Gunsten des Schuldners auf andere als die gesetzlichen Bestimmungen geschlossen worden ist, so ist die Gültigkeit der desfallsigen Verabredung von der schriftlichen Form abhängig.

B. Abänderung der gesetzlichen Zahlungs-Modalitäten durch den Schuldschein.

Rechtsgr. **301**. — IV. Senat. 13. Juli 1852. (VI. 231.)

Zur rechtsgültigen Feststellung der von den gesetzlichen Zahlungsmodalitäten abweichenden Nebenverpflichtungen des Darlehnsschuldners bedarf es der schriftlichen Genehmigung seiner desfallsigen Erklärungen in dem Schuldscheine Seitens des Darlehnsgläubigers nicht; es kann vielmehr diese Genehmigung auch stillschweigend, insbesondere durch Annahme des Schuldscheins ohne Vorbehalt, erfolgen.

C. Unwirksamkeit der Abänderung der gesetzlichen Nebenverpflichtungen des Darlehnsschuldners in dem Schuldschein für den Gläubiger.

Rechtsgr. **302**. — IV. Senat. 9. Juni 1853. (IX. 257.)

Durch Annahme des über ein empfangenes Darlehn von dem Schuldner ausgestellten Schuldscheins wird der

Gläubiger an eine in denselben aufgenommene selbstständige Verfügung über den Darlehnsvertrag hinaus und für die Zeit, wo das Darlehn aufhört, Darlehn zu sein, nicht gebunden.

Siehe auch Rechtsgrundsätze 295. 296. (§ 654. dieses Titels.)

§ **730**. Siehe Rechtsgrundsätze 295. 296. 411. (A. L. R. I. **11**. § 654.; **14**. § 399.)

§ **731**. Siehe Rechtsgrundsatz 411. (A. L. R. I. **14**. § 399.)

§§ **732-734**. Vermuthung aus Schuldscheinen für die Berichtigung der Darlehns-Valuta:

A. Quittung einer Ehefrau über die an ihren Ehemann gezahlte Darlehns-Valuta. — Vergl. A. L. R. I. **4**. § 52.; **5**. § 125.; **11**. § 653.; **13**. § 105.; II. **1**. § 232.; A. G. O. I. **10**. § 126.

Rechtsgr. **303**. — IV. Senat. 2. Dezember 1852. (VIII. 71.)

Die Ehefrau haftet für die von ihr quittirte, jedoch nur an ihren Ehemann gezahlte Darlehnsvaluta nicht.

B. Simulation bei einer Schuldverschreibung. — Vergl. A. L. R. I. **4**. § 52.; **5**. §§ 125. 128.; A. G. O. **10**. § 126.

Rechtsgr. **304**. — IV. Senat. 14. September 1852. (VI. 312.)

Der Grundsatz, — daß mündliche und abgeschlossene, in das Wesen des schriftlich errichteten Vertrages selbst eingreifende Verabredungen, die zur Begründung des Einwandes der Simulation, oder des Einwandes, daß etwas Anderes niedergeschrieben als verabredet worden, angeführt werden, nicht als bloße Vorverhandlungen oder mündliche Nebenabreden anzusehen sind, und daher den Inhalt der Urkunde und ihren Beweis ganz oder theilweise vernichten, — findet auch bei einseitigen Verträgen und insbesondere auch bei Schuldverschreibungen Anwendung.

Siehe auch Rechtsgrundsätze 67. 68. 522. (A. L. R. I. **5**. § 127.; **20**. § 423.)

§ **738**. Vermuthung für die geschehene Berichtigung der Darlehns-Valuta:

A. Aus nicht eingetragenen Schuld- und Hypotheken-Instrumenten. — Vergl. § 739. dieses Titels; A. G. O. II. **8**. § 13.; Allg. Hypotheken-Ordnung II. § 175.; Deposital-Ordnung II. § 339.

Rechtsgr. 305. — IV. Senat. 20. Februar 1851. (I. 243.)

Die Vorschrift des § 738. I. 11. des Allgem. Landrechts findet nur auf solche Schuld-Instrumente Anwendung, welche nicht nur zur Eintragung in das Hypothekenbuch bestimmt, sondern auch wirklich darin eingetragen sind.

Rechtsgr. 306. — Plenum. 5. Dezember 1853. (X. 342.)

Zur Eintragung in das Hypothekenbuch bestimmte, aber noch nicht eingetragene Schuldinstrumente begründen keine Vermuthung für die Richtigkeit des darin enthaltenen Bekenntnisses der empfangenen Valuta.

B. Aus erst viele Jahre nach ihrer Ausstellung eingetragenen Schuld- und Hypotheken-Instrumenten. — Vergl. § 739. dieses Titels; A. G. O. II. 3. § 13.; Allg. Hyp.-Ordn. II. § 175.; Allg. Deposital-Ordnung II. § 339.

Rechtsgr. 307. — IV. Senat. 3. Juni 1850. (II. 156.)

Die Vorschrift des § 738. I. 11. des Allgem. Landrechts findet auch dann Anwendung, wenn ein zur Eintragung in das Hypothekenbuch bestimmtes Schuld-Instrument erst mehrere Jahre nach seiner Ausstellung wirklich eingetragen worden ist.

C. Bedingungen der Wirksamkeit der Eintragung der Protestation. — Vergl. Allgem. Hypotheken-Ordnung II. §§ 177. 178.

Rechtsgr. 308. — III. Senat. 22. September 1851. (III. 277.)

Zur Wirksamkeit der Protestation wegen nicht erhaltener Darlehns-Valuta ist erforderlich, daß die Protestation binnen 38 Tagen nach erfolgter Eintragung des Darlehns nicht blos zur Eintragung angemeldet, sondern auch wirklich eingetragen worden ist.

Siehe auch Rechtsgrundsatz 522. (A. L. R. I. 20. § 423.)

§ 739. Fernere Zuständigkeit der Einrede der nicht erhaltenen Darlehns-Valuta gegen den unredlichen Cessionar. — Vergl. A. L. R. I. 20. §§ 422-426. und Anhang § 53. zu § 511.; Allg. Hypotheken-Ordnung II. §§ 177. 178.

Rechtsgr. 309. — III. Senat. 22. September 1851. (III. 277.)

Nur der Cessionar in gutem Glauben ist in Ermangelung

der rechtzeitig geschehenen Eintragung der Protestation wegen nicht erhaltener Darlehns-Valuta gegen diese Einrede geschützt.

Siehe auch Rechtsgrundsätze 305-307. 522. (A. L. R. I. 11. § 738.; 20. § 423.)

§ 753. Verjährung der Beweiskraft einer hypothekarischen Schuldverschreibung. — Vergl. A. L. R. I. 20. §§ 12. 404. 415. 422.; Allgem. Hypotheken-Ordnung II. § 299.; Hypotheken-Patent vom 22. Mai 1815. §§ 9. 10.

Rechtsgr. 310. — IV. Senat. 14. September 1852. (VIII. 1.)

a) Die Vorschrift wegen der zehnjährigen Verjährung der Beweiskraft der Schuldscheine findet auf Hypotheken-Instrumente keine Anwendung.

b) Dieser Grundsatz findet auch auf die unter der Herrschaft des Gemeinen Rechts ausgestellten Obligationen, in welchen eine General-Hypothek bestellt ist, Anwendung.

§ 757. Siehe Rechtsgrundsatz 677. (A. L. R. II. 2. § 327.)

§ 761. Siehe Rechtsgrundsatz 300. (§ 729. dieses Titels.)

§ 764. Kündigung einer Forderung. — Vergl. A. L. R. I. 16. §§ 20. 21.

Rechtsgr. 311. — I. Senat. 24. September 1852. (VI. 332.)

Die Erklärung, kompensiren zu wollen, ist für keine Kündigung der Forderung zu erachten.

§ 773. Siehe Rechtsgrundsatz 427. (A. L. R. I. 16. § 22.)

§ 787. Einfluß der Veränderung des Münzfußes bei Darlehnen. — Vergl. A. L. R. Einleitung § 14.; Paderborner Verordnung vom 10. Oktober 1765.; Publikations-Patent vom 9. September 1814. §§ 1-5.

Rechtsgr. 312. — I. Senat. 27. November 1851. (IV. 115.)

Bei der Verzinsung und Rückzahlung eines Darlehns bestimmt das Verhältniß des Münzfußes zur Zeit der Hingabe des Geldes zum Münzfuße zur Zeit der Verzinsung und Rückgabe desselben die Verpflichtung des Schuldners. Ein Wechsel des Münzsystems innerhalb dieser beiden Zeitpunkte kommt nicht in Betracht.

§ 793. Darlehne in Kours habenden Papieren auf jeden Inhaber. — Vergl. § 653. dieses Titels; Gesetz vom 15. Februar 1809. §§ 1. 5.; Verordnung vom 14. Juni 1810.; Deklaration vom 4. April 1811.

Rechtsgr. 313. — III. Senat. 28. Juni 1852. (VI. 204.)

a) Es ist kein wucherliches Geschäft, wenn ein Darlehn in Papieren auf jeden Inhaber zu ihrem Nennwerthe gegeben, und die Zurückzahlung in Papieren von eben der Art zu ihrem Nennwerthe bedungen ist.

b) Wird statt der Papiere baares Geld zurückgezahlt, so ist der Kourswerth an dem zur Zurückzahlung des Darlehns bestimmten Tage zu entrichten.

§ 803. Vermuthung für ein Darlehn durch Vorbedingung von Zinsen.

Rechtsgr. 314. — IV. Senat. 8. März 1851. (I. 305.)

Hat der Geber einer Geldsumme sich deren Verzinsung durch den Empfänger ausbedungen, so entspringt hieraus die Vermuthung für ein Darlehn.

§§ 810. ff. Pfandnutzung bei Darlehnen. — Vergl. A. L. R. I. 20. §§ 139. ff.

Rechtsgr. 315. — IV. Senat. 10. November 1853. (XI. 39.)

Der Darlehnsschuldner, welcher dem Gläubiger an Stelle der Zinsen ein fruchttragendes Grundstück zur Benutzung eingeräumt hat, kann dem ersteren wegen des etwaigen Mehrbetrages der Nutzungen nicht die Einrede der Zahlung auf das Kapital entgegensetzen, vielmehr bleibt ihm nur überlassen, seinen desfallsigen Anspruch, gleichwie bei zuviel gezahlten Zinsen, im Wege der Kompensation oder Rekonvention geltend zu machen.

§§ 811. 825. Natur und Verjährung des sogenannten Strafprozents bei Darlehnen. — Vergl. A. L. R. I. 5. §§ 292. 299.; Gesetz vom 31. März 1838 § 2. No. 5.

Rechtsgr. 316. — IV. Senat. 13. März 1851. (I. 313.)

Wenn bei Darlehnen für den Fall der nicht pünktlichen Entrichtung der vorbedungenen vier Prozent Zinsen ein fünftes als Strafprozent stipulirt worden, so fällt auch dies fünfte Prozent unter die gesetzlichen Vorschriften über vorbedungene Zinsen und unterliegt daher der kurzen Verjährung nach § 2. No. 5. des Gesetzes vom 31. März 1838.

§ **821**. Siehe Rechtsgrundsatz **430**. (A. L. R. I. **16**. § **66**.)

§ **825**. Siehe Rechtsgrundsatz 316. (§ 811. dieses Titels.)

§§ **827**. **831**. **832**. **849**. Betrag der Zögerungszinsen bei der Verjährung vorbedungener Zinsen. — Vergl. A. L. R. I. **16**. §§ **64**. **65**.; Gesetz vom 31. März 1838 § **2**. No. **5**.

Rechtsgr. **317**. — IV. Senat. 18. November 1851; 29. November 1853. (IV. 90.; XI. 76.)

Bei eingetretenem Verzug des Schuldners in Zurückzahlung des verzinslichen Darlehns verlieren die ferneren Zinsen ihre Eigenschaft als vorbedungene nicht und unterliegen daher der vierjährigen Verjährung, wogegen die durch den Verzug etwa begründeten Mehrzinsen der Verjährung nicht unterliegen. Es ändert hierin Nichts, wenngleich in der Schuldverschreibung die Verzinsung nicht ausdrücklich bis zur Zurückzahlung des Kapitals versprochen ist.

Anhang § **26**. zu § **827**. Verpflichtung des Fiskus, Zinsen zu zahlen.

Rechtsgr. **318**. — Plenum. 5. Juli 1852. (V. 358.)

Nach § 26. des Anhanges zum § 827. I. 11. des Allg. Landrechts war Fiskus nicht verpflichtet, gesetzliche Zinsen zu zahlen.

Siehe auch Rechtsgrundsatz **441**. (A. L. R. I. **16**. § 207.)

§§ **866**. **867**. Siehe Rechtsgrundsätze 502. 748. 994. (A. L. R. I. **20**. § 12.; II. **8**. § 826.; A. G. O. I. **27**. § 52.)

Achter Abschnitt. Von Verträgen wodurch Sachen gegen Handlungen, oder Handlungen gegen Handlungen versprochen werden.

§§ **878**. **920**. Konventional-Strafen bei Verträgen mit Künstlern.

Rechtsgr. **319**. — IV. Senat. 31. Dezember 1850. (I. 150.)

Verträge, durch welche Schauspieler sich verpflichten, Gastrollen zu geben, unterliegen den Grundsätzen bei Verträgen über Handlungen. — Der Mitkontrahent hat daher die für den Fall des einseitigen Rücktritts stipulirte Konventionalstrafe nicht verwirkt, wenn er bei Nichterfüllung des Vertrages Seitens des Schauspielers von dem Vertrage zurücktritt.

§ 889. Siehe Rechtsgrundsatz 125. (A. L. R. I. 5. § 408.)

§ 894. Schäferverding-Vertrag. — Vergl. A. L. R. I. 14. §§ 109. ff.; 133. ff.; II. 5. § 177.

Rechtsgr. 320. — IV. Senat. 11. März 1852. (IV. 377.)

Der Schäferverding-Vertrag enthält seiner allgemeinen Natur nach einen Vertrag über gemiethete Dienste. — Der Schäfer, insbesondere der Lohn- und Deputat-Schäfer, ist daher nicht als Verwalter der Schäferei anzusehen und mithin zur Rechnungslegung nicht verpflichtet.

Siehe auch Rechtsgrundsatz 124. (A. L. R. I. 5. § 408.)

§§ 920. ff. 925. ff. Verträge über gedungene Arbeiten und über ein angedungenes Werk.

Rechtsgr. 321. — IV. Senat. 19. Januar 1854. (XII. 63.)

Die Leistungen der gewöhnlichen Handwerker, auch wenn dieselben das zu verarbeitende Material liefern, sind nur als Arbeiten, nicht als ein Werk schaffende Thätigkeit im Sinne der §§ 925. ff. I. 11. des Allg. Landrechts zu beurtheilen. — Dieser Grundsatz findet auch hinsichtlich der bei Schneidern auf Lieferung bestellten Kleider Anwendung.

Siehe auch Rechtsgrundsätze 34. 319. (A. L. R. I. 2. § 112.; 11. § 878.)

§ 932. Uebernahme eines bestellten Werks:

A. Beweis der geschehenen Uebernahme. — Vergl. A. L. R. I. 4. §§ 58. 59.

Rechtsgr. 322. — IV. Senat. 15. November 1853. (XII. 334.)

Die zur Uebernahme eines bestellten Werks im Sinne der §§ 932. ff. I. 11. des Allgem. Landrechts außer der körperlichen Besitzergreifung erforderliche Absicht, dasselbe als sein eigen zu besitzen, kann auch durch den fortgesetzten Gebrauch des Werks an den Tag gelegt werden.

B. Rechte des Uebernehmers wegen der Fehler des Werkes. -- Vergl. A. L. R. I. 5. §§ 319. ff.

Rechtsgr. 323. — IV. Senat. 15. November 1853. (XII. 334.)

Durch die ausdrücklich oder stillschweigend erklärte Absicht des Uebernehmers, das Werk behalten zu wollen, wird die Absicht, etwaige Fehler desselben im Wege der Klage oder Einrede zu rügen, nicht ausgeschlossen.

Hat daher der Uebernehmer des bestellten Werkes dasselbe nicht ausdrücklich gebilligt, so treten hinsichtlich der etwaigen Fehler desselben die Vorschriften der §§ 319. ff. I. 5. des Allgem. Landrechts ein.

§§ 939. 940. Siehe Rechtsgrundsatz 427. (A. L. R. I. 16. § 22.)
§ 947. Ablieferung des angedungenen Werkes.

Rechtsgr. 324. — IV. Senat. 22. Februar 1853. (IX. 16.)

Wenn in dem Vertrage wegen Verdingung eines Werkes bestimmt ist, daß der Werkmeister verpflichtet sein solle, den nach dem Gutachten der Sachverständigen vorgefundenen Mängeln des Werks auf eigene Kosten abzuhelfen, so ist der Besteller dieses Werkes nicht berechtigt, entweder von dem Vertrage zurückzutreten, oder für die fehlerhafte Beschaffenheit des Werkes Schadloshaltung vom Werkmeister zu verlangen, ihm steht vielmehr nur die Klage auf Erfüllung des Vertrages zu.

§§ 949-951. Siehe Rechtsgrundsatz 94. (A. L. R. I. 5. § 271.)
§ 981. Begriff eines Lieferungs-Vertrages. — Vergl. A. L. R. I. 13. §§ 5. 6.; II. 8. §§ 698. 699.

Rechtsgr. 325. — IV. Senat. 10. Februar 1853. (VIII. 300.)

Ein Limitum des Preises ist kein „gewisser Preis“ im Sinne des § 981. I. 11. des Allgem. Landrechts.

Siehe auch Rechtsgrundsätze 262. 363-371. (A. L. R. I. 11. § 363.; 13. §§ 5. ff.)

§ 987. Siehe Rechtsgrundsätze 363-371. (A. L. R. I. 13. §§ 5. ff.)

Neunter Abschnitt. Von Schenkungen.

§§ **1037. 1038.** Uebergabe der geschenkten Sache.

Rechtsgr. **326.** — **III.** Senat. 28. November 1853. **(XI. 71.)**

Der Geschenkgeber, welcher das geschenkte Geld dem Vormunde des Geschenknehmers zur Aufbewahrung übergeben hat, ist nicht berechtigt, hiernächst über die — wenngleich verzinsliche und hypothekarische — Ausleihung des Geldes zu verfügen.

§ **1041.** Siehe Rechtsgrundsätze 672. 837. (A. L. R. II. **2.** § **234.**; **19.** § 10.)

§ **1042.** Vermuthete Schenkungen.

Rechtsgr. **327.** — **I.** Senat. 24. September 1852. **(VI. 332.)**

Die Vermuthung der Schenkung findet auf bezahlte Schulden keine Anwendung.

Siehe auch Rechtsgrundsätze 672. 677. (A. L. R. II. **2.** §§ 234. 327.)

§ **1043.** Siehe Rechtsgrundsatz 837. (A. L. R. II. **19.** § 10.)

§ **1063.** Siehe Rechtsgrundsatz 328. (§ 1065. dieses Titels.)

§ **1065.** Form eines Schenkungsvertrages über eine verbriefte Forderung. — Vergl. §§ **393. 394. 1063.** dieses Titels.

Rechtsgr. **328.** — **IV.** Senat. **26.** Mai **1853. (IX. 192.)**

Die schriftliche Cession und die Uebergabe der Schuldurkunde über eine geschenkte Forderung ersetzt den Mangel der gerichtlichen Errichtung des Schenkungsvertrages.

§ **1090.** Kompetentes Gericht zur Anbringung des Widerrufes einer außergerichtlichen Schenkung.

Rechtsgr. **329.** — **IV.** Senat. **26.** Mai **1853. (IX. 192.)**

Der Widerruf einer außergerichtlich geschlossenen und durch die Uebergabe vollzogenen Schenkung nach § 1090. I. 11. des Allgem. Landrechts braucht nicht in dem persönlichen Gerichtsstande des Beschenkten zu geschehen.

§ **1129.** Siehe Rechtsgrundsatz 457. (A. L. R. I. **16.** § 393.)

§ **1133.** Siehe Rechtsgrundsatz 603. (A. L. R. II. **1.** § 207.)

§§ **1145-1147.** Siehe Rechtsgrundsatz 353. (A. L. R. I. **12.** § 526.)

§ 1166. Form des gerichtlichen Widerrufs einer Schenkung.

Rechtsgr. 330. — IV. Senat. 26. Mai 1853. (IX. 102.)

Zur Gültigkeit des gerichtlichen Widerrufs einer Schenkung bedarf es keiner besonderen Form, es genügt vielmehr, wenn der Widerruf gegen die Gerichtsbehörde — z. B. durch Anbringung der Klage — abgegeben wird.

Titel 12. Von den Titeln zur Erwerbung des Eigenthums, welche aus Verordnungen von Todeswegen entstehen.

Erster Abschnitt. Von Testamenten und Kodizillen.

§ 4. Erbeseinsetzung:

A. Wesen derselben. — Vergl. §§ 5. 254-266. dieses Titels.

Rechtsgr. 331. — I. Senat. 24. November 1851. (IV. 110.)

Zur Erbeseinsetzung genügt jede Fassung einer letztwilligen Verordnung, aus welcher die Absicht des Erblassers erhellt, über den Inbegriff seines Nachlasses verfügen zu wollen.

B. Bezeichnung der Erbtheile als Legate. — Vergl. §§ 5. 47. 48. 254-266. dieses Titels; Cod. 3. 36. Lex 26.; 6. 23. Lex 21. § 3.; Nov. 107. cap. 1.

Rechtsgr. 332. — I. Senat. 24. November 1852. (VII. 159.)

Die Bezeichnung „Erbe" ist zur Erbeseinsetzung nicht erforderlich, vielmehr ist jede Erklärung des Testators, woraus erhellet, daß er den Inbegriff seines Nachlasses ein oder mehreren Personen zuwenden wolle, einer Erbeseinsetzung gleich zu achten, selbst wenn er die Antheile dieser Personen als Legate bezeichnet hat.

C. Wirkung der testamentarischen Zuwendung des Pflichttheils für den Fall, daß der Berechtigte denselben beanspruchen werde. — Vergl. A. L. R. II. 2. §§ 398. 440. 516.

Rechtsgr. 333. — I. Senat. 9. November 1853. (XI. 318.)

Die Erklärung des Testators, daß der Pflichttheilsberechtigte, „wenn er den Pflichttheil beanspruchen werde," den=

selben nicht in Natur, sondern nur nach gerichtlicher Taxe von dem eingesetzten Erben zu fordern berechtigt sein solle, enthält keine Präterition, und kann die Klage des Berechtigten auf diesen Pflichttheil durch die Einrede der Verjährung der Klage auf Anfechtung des Testaments nicht beseitigt werden.

§ 5. Siehe Rechtsgrundsätze 331. 332. (§ 4. dieses Titels.)
§§ 35. 430. Unfähigkeit zum Vermächtniß eines legatum debiti.

Rechtsgr. 334. — I. Senat. 30. Mai 1851. (II. 153.)

Personen, welche des mit einander getriebenen Ehebruchs gerichtlich überführt sind, können einander auch kein legatum debiti hinterlassen.

§§ 47. 48. Siehe Rechtsgrundsatz 332. (§ 4. dieses Titels.)
§§ 53. ff. Siehe Rechtsgrundsätze 349. 704. (A. L. R. I. 12. § 466.; II. 4. § 62.)
§§ 67-71. 139. Gesuch um Bestellung einer Gerichts-Deputation zur An- oder Aufnahme des Testaments.

Rechtsgr. 335. — I. Senat. 12. November 1852. (VI. 376.)

Es bedarf keines besondern Antrags zur Anordnung einer Gerichts-Deputation zur An- oder Aufnahme des Testaments, wenn der Testator sich auf dem Gerichte selbst zur Aufnahme seines letzten Willens bei der beständigen Deputation meldet.

§§ 88. 89. 139. Bestellung beständiger Gerichts-Deputationen zur An- und Aufnahme der Testamente:

A. Zulässigkeit beständiger Deputationen überhaupt. — Vergl. A. G. O. II. 2. § 3.

Rechtsgr. 336. — I. Senat. 12. November 1852. (VI. 376.)

Einzelne bestimmte Gerichtspersonen können für einen gewissen Zeitraum zur An- und Aufnahme sämmtlicher Testamente ein für allemal gültig bestellt werden.

B. Ernennung des Protokollführers. — Vergl. A. L. R. I. 13. § 43.; II. 17. § 78.; Kabinets-Order vom 24. März 1839.

Rechtsgr. 337. — I. Senat. 12. November 1852. (VI. 376.)

Die Zuziehung eines andern, als des ernannten Protokollführers zur Auf- und Annahme des Testaments hat dessen Ungültigkeit nicht zur Folge.

§ **104**. Anfechtung des gerichtlichen Protokolls über die Aufnahme des Testaments. — Vergl. A. G. O. I. **10**. § **126**.; II. **2**. § **44**.; **4**. §§ **1**. **3**.

Rechtsgr. **338**. — I. Senat. 25. Juni 1852. (VI. 201.)

Ist das gerichtliche Protokoll über die Aufnahme eines Testaments von beiden Gerichtspersonen unterschrieben, so ist der Gegenbeweis unzulässig, daß bei Aufnahme desselben nur eine Gerichtsperson zugegen gewesen, und das Protokoll von der zweiten erst nachträglich unterschrieben worden sei.

§ **105**. Versiegelung und Ueberschrift des Kouverts eines Testaments.

Rechtsgr. **339**. — I. Senat. 25. Juni 1852. (VI. 201.)

Wenn auf dem Kouvert des Testaments nicht bemerkt ist, daß dasselbe in Gegenwart des Testators überschrieben und versiegelt worden, auch bei den Testaments-Akten eine Registratur über den Versiegelungsakt fehlt, so macht dies allein das Testament nicht ungültig.

§ **108**. Siehe Rechtsgrundsatz 340. (§ **114**. dieses Titels.)

§ **114**. Verfahren bei Aufnahme des Testaments eines Blinden. — Vergl. § **108**. und Anhang § **33**. zu § **139**. dieses Titels.

Rechtsgr. **340**. — I. Senat. 24. Februar 1854. (XI. 375.)

a) Die bei Aufnahme des Testaments eines Blinden, statt durch den deputirten Richter selbst, lediglich durch den Beistand des Testators geschehene Vorlesung des von dem letzteren offen überreichten schriftlichen Aufsatzes seines letzten Willens hat die Nichtigkeit des Testaments nicht zur Folge.

b) Nicht der bei der Aufnahme des Testaments eines Blinden von demselben offen überreichte schriftliche Aufsatz seines letzten Willens, sondern die nach geschehener Vorlesung dieses Aufsatzes in dem Protokoll verzeichnete Erklärung des Testators über denselben, ist von den Unterschriftszeugen zu unterschreiben.

§§ **126. 129.** Siehe Rechtsgrundsatz **341.** (Anhang § **32.** zu § **129.** dieses Titels.)

Anhang § **32.** zu **129.** Form des Testaments eines der Deutschen Sprache nicht mächtigen Testators. — Vergl. §§ **126. 129.** dieses Titels.

Rechtsgr. **341.** — I. Senat. 8. April 1853. (IX. 90.)

Der Umstand, daß die nach § 32. des Anhangs zum Allgem. Landrecht als genügend bezeichnete Versicherung der Gerichtspersonen: „daß sie der (fremden) Sprache des Testators mächtig seien," nicht in dem Testamente selbst abgegeben ist, hat dessen Ungültigkeit nicht zur Folge, vielmehr ist auch eine nachträgliche Versicherung für zulässig und genügend zu erachten.

§§ **136. 137.** Ungültigkeit eines Legats wegen Mitwirkung des Legatars bei Aufnahme des Testaments. — Vergl. A. G. O. III. **7.** § 38.; Dig. **28.** 10. Lex 15. pr. und § 1.; **34.** 8. Lex 1. Lex 5.

Rechtsgr. **342.** — I. Senat. 10. Dezember 1851. (IV. 163.)

Die Nothwendigkeit der bei Errichtung eines mündlichen Testaments in Betreff eines dem Richter oder einer der übrigen bei der Handlung mitwirkenden Personen vermachten Legats nach den §§ 136. und 137. I. 12. des Allgem. Landrechts zu beobachtenden besonderen Form ist nicht auf die zur Herstellung des formell gültigen Protokolls erforderlichen Personen (Richter, Protokollführer, Schöppen) beschränkt; sie kann vielmehr nach Erheblichkeit der jedesmaligen Mitwirkung auch in Betreff anderer, bei der gerichtlichen Verhandlung selbst zum Zwecke des Zustandekommens des letzten Willens thatsächlich mitwirkender Personen eintreten.

§ **139.** Siehe Rechtsgrundsätze 335-337. (§§ 67. 88. dieses Titels.)

Anhang § **33.** zu § **139.** Siehe Rechtsgrundsatz 340. (§ 114. dieses Titels).

§ **208.** Siehe Rechtsgrundsatz 1035. (A. G. O. I. **50.** § 417.)

§ **242.** Siehe Rechtsgrundsatz 189. (A. L. R. I. **9.** § 384.)

§ **243.** Siehe Rechtsgrundsatz 164. (A. L. R. I. **7.** § 222.)

§§ **254.** ff. Siehe Rechtsgrundsätze 331. 332. 1140. (§ 4. dieses Titels; Westpreuß. Regierungs-Instruktion vom 21. September 1773 § 13.)

§ 259. Siehe Rechtsgrundsätze 331. 332. 349. (§§ 4. 466. dieses Titels.)

§ 263. Rechtsverhältnisse des Erben in eine bestimmte Sache oder Summe:

A. Eigenschaften desselben als bloßer Legatar.

Rechtsgr. 343. — IV. Senat. 17. Dezember 1852. (VIII. 130.)

Derjenige, dem nur eine bestimmte Sache oder Summe im Testamente zu seinem Erbtheile ausdrücklich angewiesen worden, ist nicht blos im Verhältniß gegen die übrigen Erben, sondern auch im Verhältniß zu den Nachlaßgläubigern als bloßer Legatar zu betrachten.

B. Rechte des Pflichttheilsberechtigten rücksichtlich der, einem Erben oder Legatar vermachten Sache. — Vergl. A. L. R. I. 12. § 288.; II. 1. §§ 497. 498.; 2. §§ 432-436.; 18. Anhang § 164. zu § 574.

Rechtsgr. 344. — I. Senat. 23. Januar 1852. (IV. 281.)

Der Notherbe, welcher in seinem Pflichttheile ohne gesetzlichen Grund enterbt, belastet oder verkürzt ist, kann die Verfügungen des Erblassers nur in so weit anfechten, als er auf die Verabfolgung oder Ergänzung seines Pflichttheils, oder auf die Aufhebung der darauf gelegten Last oder Einschränkung anzutragen befugt ist. — Er ist daher nicht berechtigt, den Verkauf einer Sache, insbesondere die nothwendige Subhastation eines Grundstücks, über welches der Erblasser zu Gunsten eines Erben oder Legatars verfügt hat, zu verlangen; er muß sich vielmehr begnügen, daß behufs Berechnung des Betrags seines Pflichttheils der gerichtliche Taxwerth zum Grunde gelegt wird.

C. Rechte des Kurmärkischen überlebenden Ehegatten rücksichtlich der statutarischen Erbportion. — Vergl. Neumärkisches Provinzialrecht II. 119.; Krossener Willkür von 1469; Const. Joachimica von 1527 § 2.

Rechtsgr. 345. — I. Senat. 23. Januar 1852. (IV. 281.)

Das Kurmärkische Provinzialrecht enthält hinsichtlich der Rechte des überlebenden Ehegatten, welcher von seinem statutarischen Erbrechte Gebrauch macht, keine von dem Rechts-Grundsatze 344. abweichende Bestimmungen.

Siehe auch Rechtsgrundsätze 331. 332. 1140. (§ 4. dieses Titels; Westpreußische Regierungs-Instruktion vom 21. September 1773 § 13.)

§§ **288. 294. 298.** Streit der Kollegatare wegen Theilnahme an dem Legat. — Vergl. A. L. R. I. **15.** § 3.; **17.** §. 75.

Rechtsgr. **346.** — I. Senat. 9. Februar 1852. (V. 43.)

Ist ein Mehreren gemeinschaftlich ausgesetztes Legat einigen der Kollegatare gezahlt worden, so sind die übrigen Kollegatare berechtigt, sich wegen ihrer Antheile an dem Legate an jene Kollegatare zu halten, und können damit nicht an den Testamentserben verwiesen werden.

Siehe auch Rechtsgrundsätze 344. 705. (A. L. R. I. **12.** § 263.; II. **4.** § 62.)

§ **295.** Siehe Rechtsgrundsatz 347. (§ 298. dieses Titels.)

§§ **298-300.** Vertheilung des Nachlasses durch den Erben:

A. Wirkung der rechtskräftigen Entscheidung des Streites zwischen dem Erben und einem Nachlaßgläubiger, sowie zwischen ersterem und einem anderen Erbprätendenten, auf die Rechte der Legatare. — Vergl. § 295. dieses Titels.

Rechtsgr. **347.** — I. Senat. 13. Januar 1854. (XII. 61.)

Die bei dem Prozesse nicht zugezogenen Legatare müssen zwar die zwischen dem Testamentserben und den Nachlaßgläubigern, nicht aber die zwischen dem ersteren und einem anderen Erbprätendenten ergangenen Entscheidungen gegen sich gelten lassen.

B. Wirkung eines von einzelnen Legataren gegen einen Erbschaftsgläubiger erstrittenen Judikats. — Vergl. A. G. O. I. 14. § **14.** a. b.; **50.** § 179.

Rechtsgr. **348.** — IV. Senat. 12. April 1853. (IX. 99.)

Legatare, welche in ihrem erweislichen Interesse an einem die Nachlaßmasse betreffenden Prozesse Theil nehmen, vertreten weder einzeln, noch alle zusammen die Nachlaßmasse, sondern nur ihre eigenen Legate. Daher kommt das von einem einzelnen Legatar gegen einen Nachlaßgläubiger erstrittene günstige Urtheil den übrigen Legataren nicht zu Gute.

Siehe auch Rechtsgrundsatz 346. (§ 288. dieses Titels.)

§§ **328. 329.** Siehe Rechtsgrundsatz 427. (A. L. R. I. **16.** § **22.**)
§ **333.** Siehe Rechtsgrundsatz 1048. (A. G. O. I. **51.** § 74.)
§ **334.** Siehe Rechtsgrundsätze 1048. 1140. (A. G. O. I. **51.** §. 74.; Westpreuß. Regierungs-Instruktion vom 21. September 1773 § 13.)
§§ **345-350. 352.** Siehe Rechtsgrundsatz 1048. (A. G. O. I. **51.** § 74.)
§ **384.** Siehe Rechtsgrundsatz 359. (§ 611. dieses Titels.)
§ **430.** Siehe Rechtsgrundsatz 334. (§ 35. dieses Titels.)
§§ **466. 467.** Fideikommissarische Substitutionen:

A. Eigenthum des Fiduziar-Erben und dessen Rechtsverhältniß zu dem substituirten Erben. — Vergl. A. L. R. I. **9.** §§ 367. 368.; **12.** §§ 53. 259. 472. 480.

Rechtsgr. **349.** — I. Senat. 30. Mai 1853. (IX. 211.)

Der Fiduziarerbe ist voller Eigenthümer der Erbschaft; die §§ 466. und 467. I. 12. des Allgem. Landrechts bestimmen nur das Rechtsverhältniß zwischen ihm und den ihm substituirten Erben in Beziehung auf den Nießbrauch, die Verwaltung des Nachlasses und die Verpflichtung zur Herausgabe desselben.

B. Vertretung des Nachlasses durch den Fiduziar-Erben. — Vergl. A. L. R. I. **21.** § 82.; Dig. **36.** 1. Lex 63. §§ 1. 2.

Rechtsgr. **350.** — IV. Senat. 12. April 1853. (IX. 99.)

Die Eigenschaft des Fiduziars als wirklicher Erbe wird durch sein Verhältniß zu dem Fideikommißerben im Verhältniß zu dritten Personen nicht aufgehoben. Er ist daher unbeschadet der Rechte des Fideikommißerben zur Führung von Prozessen, die den Nachlaß betreffen, berechtigt.

C. Transmission des Successionsrechts des substituirten Erben und des bedingt eingesetzten Fideikommissars. — Vergl. A. L. R. Einleitung §§ 102. 103.; I. **4.** §§ 101. 161. 162.; **9.** §§ 369. 370.; **12.** §§ 485. 522.

Rechtsgr. 351. — I. Senat. 1. Oktober 1851; 27. Februar 1854. (IV. 35.; XII. 177.)

a) Bei der fideikommissarischen Substitution tritt der Erbe des Substituten an dessen Stelle, auch wenn der Substitut den Substitutionsfall nicht erlebt hat.

b) Auch der unter einer Bedingung eingesetzte Fideikommissar, welcher den Testator überlebt, transmittirt sein Successionsrecht auf seine Erben, wenngleich er vor dem Substitutionsfall verstirbt.

D. Transmission des Erbrechts des bedingt eingesetzten Legatars. — Vergl. A. L. R. Einl. §§ 102. 103.; I. 4. §§ 101. 161-163.; 9. §§ 369. 370.; 12. §§ 485. 522.

Rechtsgr. 352. — I. Senat. 25. Januar 1854. (XI. 268.)

Der unter einer, nicht an seine Person gebundenen Bedingung eingesetzte Legatar transmittirt, wenn er den Erblasser überlebt, sein Recht auf seine Erben, wenngleich er vor Eintritt der Bedingung verstirbt, — ohne Unterschied, ob die gestellte Bedingung eine Potestativ- oder Kasualbedingung ist.

§§ 472. 480. Siehe Rechtsgrundsatz 349. (§ 466. dieses Titels.)

§ 485. Siehe Rechtsgrundsätze 351. 352. 624. (A. L. R. I. 12. § 466.; II. 1. § 492.)

§ 522. Siehe Rechtsgrundsätze 351. 352. (§ 466. dieses Titels.)

§§ 526. 527. 531. Begriff des Ausdrucks „Kinder" bei Testamenten. — Vergl. A. L. R. I. 11. §§ 1145-1147.

Rechtsgr. 353. — I. Senat. 17. März 1852. (V. 107.)

a) Die Bestimmung des § 526. I. 12. des Allg. Landrechts über den Begriff des in letztwilligen Verordnungen enthaltenen Ausdrucks „Kinder" ist nur auf die beiden Fälle zu beziehen, wenn in dem Testamente von des Erblassers eigenen Kindern, oder von den Kindern des Erben oder Legatars die Rede ist.

b) Unter den „eigenen Kindern" des Erblassers sind dessen Stiefkinder nicht zu verstehen.

c) Die Vorschrift des § 531. I. 12. des Allgem. Landrechts, — nach welcher auch die Kinder des vor dem Testator verstorbenen Legatars, soweit sie dessen Erben geworden sind, an seine Stelle treten, wenn aus der Disposition erhellt oder sonst nachgewiesen werden kann, daß der Testator zugleich die Kinder des Legatars habe bedenken wollen, — findet auf die Kinder des vor dem Testator verstorbenen Erben keine analoge Anwendung.

§ 534. Testamentarisches Verbot der Veräußerung der vermachten Sache.

Rechtsgr. 354. — III. Senat. 29. November 1852. (VIII. 64.)

Der § 534. I. 12. des Allgem. Landrechts setzt ein unbedingtes Verbot der Veräußerung voraus.

§ 535. Wirksamkeit des testamentarischen Verbots der Veräußerung:
A. Veräußerungs-Verbot auf bestimmte Jahre. — Vergl. A. L. R. I. 20. §§ 5. 16.

Rechtsgr. 355. — III. Senat. 29. November 1852. (VIII. 64.)

Das dem Erben von dem Testator auferlegte Verbot der Veräußerung während einer bestimmten Reihe von Jahren beschränkt die Befugniß des Erben zur Verpfändung während dieser Zeit nur insoweit, daß das eingeräumte Pfandrecht erst nach Ablauf dieser Zeit in Wirksamkeit tritt.

B. Verbot des Angriffs der Sache oder deren Revenüen von Seiten der Gläubiger des Erben.

Rechtsgr. 356. — III. Senat. 29. November 1852. (VIII. 64.)

Die Bestimmung des Testators, daß kein Gläubiger des Erben sich aus einem demselben vermachten Grundstücke oder dessen Revenüen bezahlt machen, daß vielmehr aus dem Grundstücke die lebenslängliche Kompetenz des Erben bestritten werden solle, enthält keine Beschränkung der Dispositions-Befugnisse des letzteren, sondern eine Vergünstigung desselben und verliert daher ihre Wirksamkeit, sobald der Erbe von dieser Vergünstigung keinen Gebrauch macht und das Grundstück veräußert.

§§ 557. 560. Rechte und Pflichten eines Testaments-Exekutors.

Rechtsgr. 357. — III. Senat. 21. Januar 1852. (VIII. 242.)

Ein Testaments-Exekutor vertritt als Bevollmächtigter den Erblasser und nicht die Erben; er ist deshalb lediglich an des ersteren, nicht an der letzteren Willen gebunden, und innerhalb der Grenzen der ihm von dem Erblasser ertheilten Vollmacht eben so befugt als verpflichtet, den Nachlaß aktiv und passiv zu vertreten.

§ 564. Widerrufliche Bestimmungen eines wechselseitigen Testaments unter Eheleuten Seitens des überlebenden Ehegatten. — Vergl. A. L. R. II. 1. § 492. 493.

Rechtsgr. 358. — I. Senat. 9. Juli 1851. (V. 1.)

Haben die Eheleute in ihrem wechselseitigen Testamente verordnet, daß gewisse beiderseitige Verwandte den Nachlaß des längstlebenden erben sollen, so ist der überlebende Ehegatte, wenngleich er die Erbschaft des verstorbenen angetreten hat, dennoch die zu Gunsten seiner eigenen Verwandten über seinen künftigen Nachlaß mit Ausschluß der Erbschaft des verstorbenen Ehegatten getroffenen Verfügungen zu widerrufen berechtigt.

§§ 611. 612. Stillschweigendes Anerkenntniß einer ungültigen testamentarischen Verfügung durch den Legatar. — Vergl. A. L. R. I. 12. § 384.; 15. §§ 8-10.; II. 2. § 439.

Rechtsgr. 359. — I. Senat. 19. Januar 1853. (VIII. 221.)

Durch die ohne Vorbehalt geschehene Annahme eines Vermächtnisses erlangen die von dem Erblasser über das Eigenthum des Legatars getroffenen Verfügungen Gültigkeit.

§ 614. Erfordernisse eines wechselseitigen Testaments unter Eheleuten. — Vergl. A. L. R. II. 1. § 483.

Rechtsgr. 360. — I. Senat. 9. Juli 1851; 9. Juni 1852. (V. 1. 9.)

Wenn Eheleute in einer gemeinschaftlichen letztwilligen Verordnung wechselseitig testiren zu wollen erklärt haben, so ist das Testament auch dann für ein wechselseitiges zu erachten, wenn die Erbeseinsetzung für jeden von jedem Ehegatten besonders ausgesprochen ist.

Zweiter Abschnitt. Von Erbverträgen.

§ 624. Siehe Rechtsgrundsatz 1193. (Gesetz No. 938. vom 21. April 1825. § 37.)

Titel. 13. Von Erwerbung des Eigenthums der Sachen und Rechte durch einen Dritten.

Erster Abschnitt. Von Vollmachtsaufträgen.

§§ 5. ff. Begriff eines Vollmachts-Auftrages:

A. Natur des Vertrages mit Geschäfts-Agenten und Kommissionären wegen Vermittelung eines Kaufvertrages oder wegen Nachweisung eines Käufers oder Verkäufers. — Vergl. § 22. dieses Titels.

Rechtsgr. 361. — IV. Senat. 16. März 1852. (V. 91.)

Ein Vertrag, durch welchen Geschäfts-Agenten und Kommissionäre die Vermittelung oder Zustandebringung eines Kaufvertrages oder die Vorbereitung desselben, insbesondere die Nachweisung eines Käufers oder Verkäufers gegen Vergütung übernehmen, ist nach den Regeln von Vollmachts-Aufträgen zu beurtheilen.

B. Wirkung der Nichtertheilung der in einem Vollmachtsvertrage vorbehaltenen Instruktion. — Vergl. § 49. dieses Titels.

Rechtsgr. 362. — III. Senat. 5. September 1851. (III. 253.)

Ein gültig geschlossener Vollmachtsvertrag, in welchem auf eine Instruktion Bezug genommen worden, bleibt bei Kräften, wenngleich die Instruktion nicht ertheilt wird.

C. Natur der kaufmännischen Kommission. — Vergl. A. L. R. I. 5. § 408.; 11. §§ 981. ff. 987.; 13. §§ 61-65. 154.

1. Ueberhaupt.

— Aeltere Ansicht.*

Rechtsgr. 363. — IV. Senat. 2. November 1849. (I. 5.)

Das kaufmännische Kommissions-Handelsgeschäft begründet

* Die ältere Ansicht des Ober-Tribunals stimmt mit der Ansicht der Handelswelt überein. Vergl. Archiv für Rechtsfälle Bd. 1. S. 1-3.

kein eigentliches Mandatsverhältniß; es ist vielmehr ein auf kaufmännischer Usanze beruhendes Proper-Geschäft, nach welchem der Kommissionär seine Verbindlichkeit gegen den Kommittenten nicht bloß dadurch, daß er die kommittirten Waaren von Fremden kauft oder an Fremde verkauft, sondern auch dadurch erfüllen kann, daß er selbst Verkäufer oder selbst Käufer dieser Waaren wird, vorausgesetzt, daß er dabei nicht das etwaige limitum oder den marktgängigen Preis zum Nachtheile des Kommittenten überschreitet.

— Neuere Ansicht.

Rechtsgr. **364.** — IV. Senat. 17. Mai 1850. (I. 10.)

Das kaufmännische Kommissions-Handelsgeschäft begründet lediglich ein Mandatsverhältniß.

2. Abschließung des Geschäfts in dem eigenen Namen des Kommissionärs. — Vergl. §§ **142. 143.** dieses Titels.

Rechtsgr. **365.** — IV. Senat. 25. März 1852. (V. 125.)

Das kaufmännische Kommissionsgeschäft verliert dadurch, daß der Kommissionär das Geschäft mit dem Dritten nicht in dem Namen des Kommittenten, sondern in seinem eigenen Namen abschließt, nicht den Charakter der Ausführung des Auftrags.

3. Kaufmännische Einkaufs-Kommission.
— Ankauf der Waaren im eigenen Namen des Kommissionärs.

Rechtsgr. **366.** — IV. Senat. 20. März 1851. (I. 18.)

a) Das kaufmännische Einkaufs-Kommissions-Handelsgeschäft ist nach den Grundsätzen des Vollmachts-, nicht des Kaufvertrags zu beurtheilen.

b) Daher erwirbt der Kommissionär die im eignen Namen angekauften und übergeben erhaltenen Waaren für den Kommittenten, und ist nicht berechtigt, bei ausbleibender Deckung wegen seiner Auslagen über die Waaren anderweit zu verfügen, und dem Kommittenten nachher andere Waaren von derselben Güte zu übergeben.

— Wiederverkauf der Waaren Seitens des Kommissionärs wegen ausgebliebener Deckung; Differenzsumme.

Rechtsgr. 367. — IV. Senat. 17. Mai 1850. (I. 10.)

Der Kommissionär, welcher die in Gemäßheit der Kommission angekauften Waaren wegen ausgebliebener Deckung anderweitig wieder veräußert hat, ist nicht berechtigt, Zahlung der Differenz zwischen dem Einkaufs- und Wiederverkaufs-Preise zu verlangen; vielmehr ist sein desfallsiger Anspruch durch den Nachweis der geschehenen Ausrichtung des Auftrags und resp. durch die Bescheinigung wirklicher für den Kommittenten bestrittener Ausgaben bedingt.

4. Kaufmännische Einkaufs-Kommission mit Uebernahme des del credere.

— Aeltere Ansicht.

Rechtsgr. 368. — IV. Senat. 6. Oktober 1848. (I. 3.)

Der Kommissionär, welcher eine Waare zu einem bestimmten Preise anzukaufen, und zugleich gegen Provision del credere zu stehen übernommen hat, ist als Lieferant anzusehen. — Er kann daher, auch nach der von ihm dem Kommittenten gemachten Anzeige über den bewirkten Abschluß des Geschäfts, bei nicht erfolgender Deckung von dem Vertrage zurücktreten, ohne daß der Kommittent auf Erfüllung zu klagen berechtigt ist.

— Neuere Ansicht.

Rechtsgr. 369. — IV. Senat. 10. Dezember 1850. (I. 14.)

Die Uebernahme des del credere durch den Kommissionär ändert an der Natur der kaufmännischen Kommission Nichts; sie ist auch in diesem Falle als Vollmachts- und nicht als Lieferungs-Vertrag zu beurtheilen.

Der Kommissionär kann daher außer der vereinbarten und üblichen Provision nur die Vergütung der bei Ausführung des Auftrags wirklich bestrittenen Auslagen beanspruchen.

5. Kaufmännische Verkaufs- und Einkaufs-Kommission mit Uebernahme des del credere.

Rechtsgr. 370. — IV. Senat. 14. Juni 1850. (I. 12.)

a) Auch das kaufmännische Kommissions-Handelsgeschäft, bei welchem der Kommissionär von seinem Kommittenten den Verkauf von Waaren, und hiernächst behufs Befriedigung des Käufers auch den Ankauf dieser Waaren, beides zu den ihm verstatteten Preisen, mit der Verbindlichkeit des del credere übernommen hat, ist nach den Regeln des Vollmachts-Vertrages und nicht als sogenanntes Differenz- oder Zeitkaufsgeschäft zu beurtheilen.

b) Der Kommissionär ist daher nicht berechtigt, ohne Weiteres die Vergütung der Differenz zwischen jenen Preisen zu fordern, noch auch darf er den erhaltenen Auftrag dazu gebrauchen, sich ohne Einwilligung des Machtgebers eigene Vortheile zu verschaffen; er ist vielmehr dem Kommittenten über die Ausführung der beiden Aufträge vollständige Rechnung zu legen verpflichtet, und kann von demselben außer der Provision nur die für ihn wirklich bestrittenen Ausgaben erstattet verlangen.

6. Berliner Handels-Usanze bei kaufmännischen Kommissionsgeschäften.

Rechtsgr. 371. — IV. Senat. 30. September 1851. (III. 119.)

Die Berliner kaufmännische Usanze bei Spiritus-Einkaufs-Kommissionsgeschäften, nach welcher, wenn der eine Theil nicht erfüllt, der andere berechtigt ist, den Spiritus durch einen vereideten Mäkler an- resp. verkaufen zu lassen, und von dem nicht erfüllenden Theile die Preisdifferenz nebst Provision, Zinsen und Ersatz der Kosten zu verlangen, hat nur dann rechtliche Gültigkeit, wenn die Parteien sich derselben durch Vertrag rechtsverbindlich unterwerfen.

D. Vollmachts-Auftrag oder Kaufbedingung. — Vergl. §§ 49. 65. 159. dieses Titels.

Rechtsgr. 372. — III. Senat. 23. Februar 1852. (V. 45.)

Wenn ein in der Regulirung seiner Realverhältnisse begriffenes Gut unter der Bestimmung verkauft wird, daß der Verkäufer die Regulirung auf seine Kosten zum Abschlusse zu bringen, und der Käufer das Resultat der solchergestalt durchgeführten Regulirung ohne Widerspruch anzunehmen verpflichtet sein soll, so liegt hierin keine Vollmacht für den Verkäufer zur Durchführung des Regulirungsgeschäfts für den Käufer, sondern ein Verkauf des Grundstücks in dessen durch die Regulirung festzustellendem Zustande.

Siehe auch Rechtsgrundsätze 325. 373. 378. 408. 1083-1085. (A. L. R. I. 11. § 981.; 13. §§ 22. 61.; 14. § 342.; Code de commerce Art. 91.)

§ 22. Anspruch eines Geschäfts-Agenten oder Kommissionärs auf Mäklerlohn an den Käufer und den Verkäufer. — Vergl. A. L. R. I. 3. § 32.; 13. § 5.; II. 8. §§ 1337. 1338.

Rechtsgr. 373. — IV. Senat. 16. März 1852. (V. 91.)

a) Geschäfts-Agenten und Kommissionäre können nur insoweit zugleich dem Käufer und Verkäufer bedient sein, als ihre eigene Mitwirkung da aufhört, wo die Kollision des beiderseitigen Interesses eintritt.

b) Sie können daher, wenn der Auftrag des Verkäufers (oder des Käufers) nur dahin gegangen ist, einen Käufer (oder Verkäufer) nachzuweisen, nach Ausführung dieses Auftrages sich der wirklichen Vermittelung des Geschäfts im Auftrage des andern Theils unterziehen. — Haben sie dagegen den Auftrag zu kaufen (oder zu verkaufen) erhalten, so können sie nicht auch den Auftrag zu verkaufen (oder zu kaufen) übernehmen.

c) Ein Anspruch auf den versprochenen Mäklerlohn für die Ausführung eines nach Vorstehendem nicht annehmbaren Auftrages findet nicht statt.

Siehe auch Rechtsgrundsatz 371. (§ 5. dieses Titels.)

§ 43. Siehe Rechtsgrundsatz 337. (A. L. R. I. 12. § 88.)

§ 49. Siehe Rechtsgrundsätze 362. 372. (§ 5. dieses Titels.)

§ 53. Bestellung der Bietungs-Kaution für den Machtgeber im Subhastationsprozesse.

Rechtsgr. 374. — III. Senat. 27. Oktober 1852. (VII. 129.)

Der zum Mitbieten und zur Kautionsbestellung autorisirte Bevollmächtigte eines Realgläubigers kann ohne spezielle Ermächtigung mit den Hypothekenforderungen seines Machtgebers Kaution bestellen.

§§ 61-64. Verpflichtung des Bevollmächtigten zur Rechenschaft nach vollendetem Geschäfte:

A. Herausgabe der von dem Bevollmächtigten in Folge eines mündlichen Auftrags durch das in seinem eigenen Namen mit dem Dritten abgeschlossene Geschäft erworbenen Sache. — Vergl. A. L. R. I. 5. §§ 155. ff.

Rechtsgr. 375. — III. Senat. 5. September 1851. (III. 253.)

Der Bevollmächtigte kann sich unter der Vorschützung, daß nur ein mündlicher Auftrag ertheilt worden, der Gegenstand des Auftrags aber einen schriftlichen Vertrag erfordert, so wie, daß er für sich gehandelt habe, seiner Verpflichtung nicht entziehen, die in Folge des Auftrags erworbene Sache dem Machtgeber herauszugeben.

B. Herausgabe einer für den Machtgeber erhobenen Geldsumme vor bewirkter Rechnungslegung.

Rechtsgr. 376. — IV. Senat. 16. September 1851. (III. 83.)

Der Machtgeber kann unter Umständen den Bevollmächtigten sofort auf Zahlung einer erhobenen Geldsumme belangen, ohne vorher Rechnungslegung über die Ausführung des aufgetragenen Geschäfts zu fordern.

C. Uebertragung des Eigenthums der von dem Bevollmächtigten in seinem eigenen Namen angekauften und empfangenen Sache. — Vergl. A. L. R. I. 7. § 58.; 9. § 3.; 10. § 10.; 13. §§ 154. 156.

Rechtsgr. 377. — IV. Senat. 21. Dezember 1852. (VIII. 139.)

Der Machtgeber, dessen Bevollmächtigter auf den Grund des erhaltenen Auftrags eine Sache von einem Dritten in seinem eigenen Namen erkauft hat, erwirbt durch die in

Folge eines solchen Vertrages an den Bevollmächtigten geschehene Uebergabe der Sache nicht sofort das Eigenthum derselben; er erlangt vielmehr nur das persönliche Recht, von dem Bevollmächtigten die Uebertragung des Eigenthums zu fordern.

D. Zurückgabe der nicht abgesetzten Lotterieloose Seitens des Kommissionärs eines Lotterie-Einnehmers. — Vergl. § 5. dieses Titels.

Rechtsgr. 378. — IV. Senat. 1. Mai 1851. (II. 116.)

Ohne eine ausdrücklich dies bestimmende Festsetzung des Vertrags ist der Kommissionär des Lotterie-Einnehmers nicht verpflichtet, dem Einnehmer die nicht abgesetzten Loose vor der Ziehung zurückzugeben.

Siehe auch Rechtsgrundsätze 363-371. 392. 490. 1031. 1083-1085 (A. L. R. I. **13**. §§ 5. ff.; **14**. § 135.; **18**. § 714.; A. G. O. I. **50**. § 307.; Code de commerce Art. 91.)

§§ **65**. ff. Verbindlichkeit des Machtgebers gegen den Bevollmächtigten wegen dessen Schadloshaltung:

A. Behufs Liquidation der Kosten des bevollmächtigten Rechtsanwalts. Vergl. § 83. dieses Titels.

Rechtsgr. 379. — IV. Senat. 27. November 1851. (IV. 128.)

Der zur Prozeßführung bevollmächtigte Rechts-Anwalt kann zwar nicht die Herausgabe, wohl aber die Einsicht seiner Manual-Akten zum Zwecke der Kosten-Liquidation von seinem Machtgeber verlangen.

B. Bei dem Wiederverkauf der eingekauften Waaren wegen nicht erhaltener Deckung. — Vergl. §§ 70. 82. dieses Titels.

Rechtsgr. 380. — IV. Senat. 10. Februar 1853. (VIII. 300.)

Der Anspruch des Bevollmächtigten aus der ausgeführten Einkaufskommission gegen den Machtgeber ist dadurch allein, daß er die gekaufte, vom Machtgeber aber nicht angenommene Waare unter dem Einkaufspreise wieder verkauft hat, noch nicht ausgeschlossen; es kommt vielmehr darauf an, ob der Machtgeber durch den Wiederverkauf einen Nachtheil erlitten hat und dieserhalb dem Bevollmächtigten einen Entschädigungs-Anspruch entgegensetzen kann.

Siehe auch Rechtsgrundsätze 79. 130. 363-372. 381. 383. 385. 408. 1083-1085. (A. L. R. I. 5. §§ 165. 450.; 13. §§ 5. 82. 204. 211.; 14. § 342.; Code de commerce Art. 91.)

§ 70. Siehe Rechtsgrundsatz 380. (§ 65. dieses Titels.)

§§ 82. 154. Verbindlichkeit des Machtgebers zur Befreiung des Bevollmächtigten von den gegen Dritte übernommenen Verbindlichkeiten.

Rechtsgr. 381. — IV. Senat. 8. Juni 1852. (V. 297.)

Der Machtgeber ist auch dann verbunden, den Bevollmächtigten von den gegen Dritte bei Ausführung des Auftrags übernommenen Verbindlichkeiten zu befreien, wenn derselbe das Geschäft nicht im Namen des Machtgebers, sondern in seinem eigenen Namen abgeschlossen hat.

Siehe auch Rechtsgrundsatz 380. (§ 65. dieses Titels.)

§§ 83. 84. Siehe auch Rechtsgrundsätze 379. 1037. (§ 65. dieses Titels; A. G. O. I. 50. § 456.)

§ 98. Siehe Rechtsgrundsatz 730. (A. L. R. II. 8. § 501.)

§ 102. Siehe Rechtsgrundsatz 730. (A. L. R. II. 8. § 501.)

§ 105. Siehe Rechtsgrundsatz 303. (A. L. R. I. 11. § 732.)

§ 120. Vermuthete Vollmacht. — Vergl. Kabinets-Order vom 17. Oktober 1833 No. 4.

Rechtsgr. 382. — III. Senat. 5. Februar 1851. (I. 212.)

Einzelne Mitglieder einer Dorfgemeinde sind auf den Grund einer vermutheten Vollmacht für die Gemeinde in Prozessen aufzutreten befugt, und findet daher auf sie die Bestimmung der Kabinets-Ordre vom 17. Oktober 1833 unter No. 4. keine Anwendung.

§ 122. Siehe Rechtsgrundf. 1371. (Verordnung vom 21. Juli 1846 § 21.)

§ 130. Siehe Rechtsgrundsatz 733. (A. L. R. II. 8. § 550.)

§ 136. Siehe Rechtsgrundsatz 427. (A. L. R. I. 16. § 22.)

§§ 142. 143. Siehe Rechtsgrundsatz 365. (§ 5. dieses Titels.)

§ 147. Siehe Rechtsgrundsatz 79. (A. L. R. I. 5. § 165.)

§ **153**. Siehe Rechtsgrundsätze 490. 732. (A. L. R. I. **18**. § 714.; II. **8**. § 541.)

§ **154**. Siehe Rechtsgrundsätze 363-371. 377. 381. 1031. 1083-1085. (§§ 5. 61. 82. dieses Titels; A. G. O. I. **50**. § 307.; Code de commerce Art. 91.)

§ **156**. Siehe Rechtsgrundsätze 377. 1031. (§ 61. dieses Titels; A. G. O. I. **50**. § 307.)

§ **159**. Siehe Rechtsgrundsatz 372. (§ 5. dieses Titels.)

§ **204**. Anspruch eines von mehreren Bevollmächtigten gegen den Mitbevollmächtigten auf Vergütung seines Aufwandes. — Vergl. §§ 65. ff. 211. dieses Titels.

Rechtsgr. **383**. — IV. Senat. 22. Januar 1852. (V. 28.)

Haben mehrere Bevollmächtigte sich zur Besorgung eines und des nämlichen Geschäfts mehreren Machtgebern verpflichtet, so kann jeder Bevollmächtigte, welcher allein gehandelt hat, wegen seines Aufwandes von den Mitbevollmächtigten auf ihre Antheile Vergütung fordern.

Siehe auch Rechtsgrundſ. 385. (§ 211. dieses Titels.)

§ **210**. Rechte jedes einzelnen von mehreren Mitberechtigten zur Klage auf Rechnungslegung gegen den Verpflichteten. — Vergl. A. L. R. I. **5**. §§ 450. ff.; **17**. § 151; A. G. O. I. **14**. § 66.; **46**. § 7.

Rechtsgr. **384**. — Plenum. 1. Dezember 1851. (IV. 138.)

Wenn Mehrere gemeinschaftlich berechtigt sind, Rechnungslegung von einem Dritten zu fordern, so ist auch jeder Einzelne für sich allein berechtigt, Rechnungslegung an die Gesammtheit der Berechtigten von dem Verpflichteten zu verlangen.

Siehe auch Rechtsgrundsätze 480. 484. (A. L. R. I. **17**. §§ 151. 219.)

§ **211**. Anspruch eines von mehreren Bevollmächtigten auf Vergütung seiner Gebühren und Auslagen gegen die mehreren Machtgeber. — Vergl. A. L. R. I. **5**. §§ 424. 450.; **13**. §§ 65. ff. 204.; **17**. §§ 45. 53.; Dig. **17**. 1. Lex 59. § 3.

Rechtsgr. **385**. — IV. Senat. 22. Januar 1852. (V. 28.)

a) Haben mehrere Machtgeber zur Besorgung eines und des nämlichen Geschäfts mehrere Bevollmächtigte ernannt, so kann jeder Bevollmächtigte, welcher allein gehandelt hat, auch ohne Zuziehung der Mitbevollmächtigten seine Machtgeber auf Vergütung seiner Gebühren und Auslagen in Anspruch nehmen.

b) Es kann jeder der mehreren Bevollmächtigten nicht blos alle, sondern auch nur einige oder nur einen der mehreren Machtgeber wegen seiner Gebühren und Auslagen für die Gesammtheit solidarisch in Anspruch nehmen und in diesem Prozesse die Richtigkeit seiner Forderungen durchführen.

Es ändert hieran Nichts, wenngleich die Machtgeber eine Gemeinschaft bilden, und der Bevollmächtigte Mitglied dieser Gemeinschaft ist.

Siehe auch Rechtsgrundsätze 130. 383. (A. L. R. I. 5. § 450.; § 204. dieses Titels.)

Zweiter Abschnitt. Von Uebernehmung fremder Geschäfte ohne vorhergegangenen Auftrag.

§ 230. Rechte des Geschäftsführers gegen den bereicherten Dritten.

Rechtsgr. 386. — IV. Senat. 2. September 1851. (II. 342.)

Wer für einen Andern an dessen Gläubiger ohne Auftrag Zahlung leistet, kann das Gezahlte von dem befriedigten Gläubiger zurückfordern, wenn dieser hiernächst von seinem früheren Schuldner nochmals Zahlung erhält.

Siehe auch Rechtsgrundsatz 570. (A. L. R. I. 21. § 420.)

§ 231. Siehe Rechtsgrundsätze 1326-1328. (Gesetz No. 2318. v. 31. Dezember 1842 § 33.)

§ 259. Siehe Rechtsgrundsatz 473. (A. L. R. I. 17. § 53.)

Dritter Abschnitt. Von nützlichen Verwendungen.

§§ 262. ff. Begründung des Anspruchs aus der nützlichen Verwendung: A. Ueberhaupt. — Vergl. §§ 265. 268. 272. dieses Titels.

Rechtsgr. 387. — IV. Senat. 22. September 1853. (X. 142.)

Der Anspruch aus der nützlichen Verwendung findet nur in dem Falle des geschehenen unmittelbaren Uebergangs des Verwendeten aus dem Vermögen des Einen in das Vermögen des Andern statt.

Rechtsgr. 388. — IV. Senat. 29. Septbr. u. 4. Oktbr. 1853. (XI. 315.)

Zur Begründung der Klage aus der nützlichen Verwendung gehört der Nachweis, daß der Empfänger der Sache dieselbe für sich angenommen und seinem Vermögen zugewendet hat.

Rechtsgr. 389. — IV. Senat. 20. Mai 1851. (II. 144.)

Die Klage aus der nützlichen Verwendung erfordert zu ihrer Begründung weder den Nachweis, daß der Kläger einen Schaden erlitten habe, noch auch den Nachweis, daß derselbe für solche Handlungen, als die von ihm vergütet verlangten, bezahlt zu werden pflege.

B. Gegen eine Handelsgesellschaft. — Vergl. A. L. R. I. 17. §§ 236. 277.; II. 6. §§ 16-18.; 8. § 649.

Rechtsgr. 390. — IV. Senat. 22. September 1853. (X. 142.)

a) Auch bei Verwendungen in das Vermögen einer Handels-Gesellschaft findet ein Anspruch aus der nützlichen Verwendung nur in dem Falle des geschehenen unmittelbaren Uebergangs des Verwendeten in das Vermögen der Handels-Gesellschaft statt.

b) Der Anspruch aus der nützlichen Verwendung in das zunächst zum Konkurs gezogene Vermögen des Gemeinschuldners kann auch gegen die Konkursmasse einer inländischen kaufmännischen Handlung desselben geltend gemacht werden, wenngleich die Verwendung zunächst lediglich in dessen im Auslande etablirte Handlung stattgehabt hat.

Siehe auch Rechtsgrundsätze 239. 1165. (A. L. R. I. 11. § 70.; Instruktion vom 9. Juli 1812 § 9.)

§ 265. Siehe Rechtsgrundsatz 387. (§ 262. dieses Titels.)

§ 268. Siehe Rechtsgrundsätze 387. 1165. 1326-1328. (§ 262. dieses Titels; Instruktion vom 9. Juli 1812 § 9.; Gesetz No. 2318. vom 31. Dezember 1842 § 33.)

§ 269. Siehe Rechtsgrundsätze 1326-1328. (Gesetz No. 2318. v. 31. Dezember 1842 § 33.)

§ 270. Siehe Rechtsgrundsatz 1165. (Instruktion vom 9. Juli 1812 § 9.)

§ 272. Siehe Rechtsgrundsatz 387. (§ 262. dieses Titels.)

Titel 14. Von der Erhaltung des Eigenthums und der Rechte.

Erster Abschnitt. Vom Verwahrungs-Vertrage.

§ **50**. Siehe Rechtsgrundsatz 427. (A. L. R. I. **16**. § 22.)
§ **66**. Siehe Rechtsgrundsatz 480. (A. L. R. I. **17**. § 151.)
§ **105**. Siehe Rechtsgrundsatz 490. (A. L. R. I. **18**. § 714.)

Zweiter Abschnitt. Von Verwaltung fremder Sachen und Güter.

§§ **109**. ff. Siehe Rechtsgrundsätze 320. 490. (A. L. R. I. **11**. § 894.; **18**. § 714.)

§ **110**. Siehe Rechtsgrundsätze 320. 1243. (A. L. R. I. **11**. § 894.; Subhastations-Verordnung vom 4. März 1834 § 9.)

§§ **116**. **136**. Beweiskraft der Wirthschaftsbücher eines Wirthschafts-Inspektors gegen den Dienstherrn.

Rechtsgr. **391**. — IV. Senat. 16. September 1851. (III. 272.)

Inwiefern muß der Dienstherr die an seinen Wirthschafts-Inspektor geschehenen und von demselben in die Wirthschaftsbücher eingetragenen Zahlungen wider sich gelten lassen?

§§ **133**. ff. Siehe Rechtsgrundsatz 320. (A. L. R. I. **11**. § 894.)

§§ **135**. **154**. ff. Verbindlichkeit des Verwalters zur Aushändigung der gelegten Rechnung. — Vergl. A. L. R. I. **13**. § 61.; **17**. § 219.; A. G. O. I. **45**. § 5.

Rechtsgr. **392**. — IV. Senat. 14. April 1853. (X. 41.)

Der Verwalter ist in der Regel verpflichtet, die gelegte Rechnung dem Rechnungsnehmer auszuhändigen. Bei einem kaufmännischen Sozietäts-Geschäfte genügt in der Regel die Vorlegung der Rechnung mit Belägen im Geschäftslokale.

§ **136**. Siehe Rechtsgrundsatz 391. (§ **116**. dieses Titels.)

§§ **150**. ff. Wirkung der erfolgten Rechnungslegung:

A. Ausschließung der Einrede der Verjährung gegen die Rechnungs-Monita. — Vergl. A. L. R. I. **14**. §§ 154. ff. **158**. **159**.

Rechtsgr. **393**. — IV. Senat. 23. Oktober 1851. (IV. 61.)

Der Rechnungsleger, welcher in seiner Schlußrechnung

auf einen längeren als fünfjährigen Zeitraum zurückgeht, kann sich gegen die wider dieselbe von dem Rechnungsnehmer gezogenen Monita auf die §§ 150. ff. 154. ff. 158. und 159. I. 14. des Allgem. Landrechts nicht berufen.

B. Verjährung der Monita gegen quittirte Rechnungen.

Rechtsgr. **394.** — IV. Senat. 23. Oktober 1851. (IV. 61.)

Die Vorschrift des § 150. I. 14. des Allg. Landrechts, nach welcher eine gelegte und quittirte Rechnung nach Verlauf von zehn Jahren nicht mehr angefochten werden kann, steht lediglich dem Rechnungsnehmer, nicht auch dem Verwalter, welcher die Rechnung gelegt hat, entgegen.

C. Wirkung abgelegter und quittirter Rechnungen. — Vergl. A. L. R. I. **16.** § **429.**

Rechtsgr. **395.** — IV. Senat. 23. Oktober 1851. (IV. 61.)

Eine abgelegte und quittirte Rechnung hat nur dann die Wirkungen eines Vergleichs, wenn die Berechnung streitig gewesen ist.

§§ **154.** ff. Verjährung der Monita bei verzögerter Rechnungs-Abnahme.

Rechtsgr. **396.** — IV. Senat. 23. Oktober 1851. (IV. 61.)

Wenn über eine Verwaltung monatliche Extrakte eingereicht, und dazu am Jahresschlusse die Beläge übergeben worden sind, so findet auch auf sie bei verzögerter Rechnungsabnahme die fünfjährige Verjährungsfrist Anwendung.

Siehe auch Rechtsgrundsätze **392. 393. 397. 398.** (A. L. R. I. **12.** §§ **135. 150. 157.**)

§§ **157-158. 164.** Natur des gesetzlich vermutheten Erlasses der Verbindlichkeit zur Rechnungslegung. — Vergl. **154.** ff. dieses Titels.

A. Aeltere Ansicht: Verjährungs-Theorie. — Vergl. A. L. R. I. **5.** § **271.**

Rechtsgr. **397.** — IV. Senat. 26. Oktober 1852. (VII. 287.)

Die fünfjährige Frist, nach deren Ablauf die von dem Geschäftsführer nicht geforderte Rechnungslegung für erlassen zu erachten ist, enthält eine wirkliche Verjährungsfrist.

Daher kann der Geschäftsherr auch nach Ablauf der fünfjährigen Frist dem auf Rückzahlung der Kaution klagenden Geschäftsführer die Einrede der noch zu bewirkenden Rechnungslegung entgegensetzen.

B. Jüngere Ansicht: Keine Verjährungs-Theorie.

Rechtsgr. 398. — IV. Senat. 3. Februar 1853. (VIII. 293.)

Die allgemeinen Vorschriften wegen der Verjährung durch Nichtgebrauch finden auf den Fall der gesetzlichen Vermuthung des Erlasses der Verbindlichkeit zur Legung der in fünf Jahren nicht abgeforderten Verwaltungs-Rechnung keine Anwendung.*

Daher kann der Prinzipal, welcher von seinem Verwalter fünf Jahre hindurch die Verwaltungs-Rechnung einzufordern unterlassen hat, gegen die nach Ablauf dieses Zeitraums ihm von demselben übergebene Rechnung nur solche Ausstellungen machen, welche auf einen Betrug hinauslaufen.

Siehe auch Rechtsgrundsatz 393. (§ 150. dieses Titels.)

§ 174. Klage der Minderjährigen auf Wiedereinsetzung in den vorigen Stand gegen ein rechtskräftig gewordenes Kontumazial-Erkenntniß. — Vgl. A. G. O. I. 14. § 69.; 16. § 16.; Deklarat. v. 6. April 1839 Art. 13.

Rechtsgr. 399. — Plenum. 19. Mai 1851. (III. 26.)

Die Klage der Minderjährigen auf Wiedereinsetzung in den vorigen Stand gegen ein wegen versäumter Nachsuchung der nach den §§ 69. ff. I. 14. der Allg. Gerichts-Ordnung zulässigen Restitution rechtskräftig gewordenes Kontumazial-Erkenntniß ist durch Art. 13. der Deklaration vom 6. April 1839 nicht aufgehoben.

Dritter Abschnitt. Von Kautionen und Bürgschaften.

§ 178. Rechtliche Natur einer Kaution und Dauer der Verbindlichkeit zu deren Bestellung.

Rechtsgr. 400. — IV. Senat. 14. September 1852. (VI. 317.)

Eine Kaution kann nur zur Sicherung künftiger Ver-

* Vergl. dagegen die zweite Anmerkung im Archiv für Rechtsfälle Bd. 8. S. 293.

bindlichkeiten oder Abwendung künftiger Beeinträchtigungen bestellt werden; daher kann nach thatsächlich aufgelöstem Pachtverhältnisse der Verpächter die Einzahlung der zu seiner Sicherheit für die Erfüllung der Verbindlichkeiten des Pächters versprochenen Kaution nicht mehr verlangen.

§§ **200. 240.** ff. Bürgschaft und Gewährleistung Seitens einer Ehefrau bei Cession der ihr gegen ihren Ehemann zustehenden Hypothekenforderung.

Rechtsgr. **401.** — IV. Senat. 17. November 1853. (**XI.** 52.)

Die Gewährleistung einer Ehefrau und deren weitere Hypothekenbestellung für die Richtigkeit und Sicherheit einer ihr gegen ihren Ehemann zustehenden, von ihr einem Dritten cedirten Hypothekenforderung enthält keine Bürgschaft.

Siehe auch Rechtsgrundsatz 507. (A. L. R. I. **20.** § 72.)

§§ **221.** ff. Siehe Rechtsgrundsätze **401.** 402. 405. 840. **841.** (§§ 200. 228. 239. dieses Titels; Allg. Deutsche Wechsel-Ordnung Art. **1.**)

§ **226.** Siehe Rechtsgrundsätze 402. 840. 841. (§ 228. dieses Titels; Allg. Deutsche Wechsel-Ordnung Art. **1.**)

§§ **228. 229.** Pfandbestellung für einen Dritten Seitens einer Frauensperson. — Vergl. A. L. R. I. **14.** §§ 221. 226.; **20.** §§ 1. 65. 66. 72.; Dig. **16.** 1. Lex 8. pr.; Cod. **4.** 29. Lex 5. Lex 7.

Rechtsgr. **402.** — III. Senat. 13. März 1854. (XII. 243.)

Wenn eine Frauensperson für die Verpflichtung eines Andern, für welche sie nicht verhaftet ist, ein Pfand bestellt, so ist zur Gültigkeit einer solchen Pfandbestellung die gesetzliche Verwarnung erforderlich.

§§ **232. 233.** Vermuthung für die Bürgschaft der Frauenspersonen, bei der Verpflichtung derselben und einer Mannsperson als Selbst- oder Mitschuldner in einem und demselben Instrumente:

A. Widerlegung dieser Vermuthung.

Rechtsgr. **403.** — IV. Senat. 17. November 1853. (XI. 322.)

Die in dem § 232. I. 14. des Allgem. Landrechts zu Gunsten der Frauenspersonen aufgestellte Vermuthung für eine bloße Bürgschaft kann durch Gegenbeweis widerlegt werden, und findet dieselbe namentlich alsdann nicht statt, wenn die Frauensperson schon vor der Ausstellung des Schuldscheins erweislich selbstständig verhaftet war.

B. Anwendbarkeit dieser Vermuthung auf zweiseitige Verträge; Verhaftung der Ehefrau aus dem von ihr und ihrem Ehemanne gemeinschaftlich mit einem Dritten geschlossenen Pachtvertrage. — Vergl. A. L. R. I. 21. §§ 372. 374.; II. 1. §§ 343. 344.

Rechtsgr. 404. — III. Senat. 9. Dezember 1853. (XI. 337.)

Die Vorschrift des § 232. I. 14. des Allg. Landrechts, — nach welcher, wenn eine Manns- und eine Frauensperson sich in einer und derselben Urkunde als Selbst- oder Mitschuldner verpflichtet haben, die Vermuthung eintritt, daß die Frauensperson nur Bürgin sei, — findet auch auf Pachtverträge und die daraus hervorgegangenen Verpflichtungen Anwendung. Haben daher Eheleute gemeinschaftlich gepachtet, und die Ehefrau ist nicht vorschriftsmäßig verwarnt worden, so ist sie auch als Bürgin nicht verhaftet.

Siehe auch Rechtsgrundsätze 840. 841. (Allgem. Deutsche Wechsel-Ordnung Art. 1.)

§ 234. Siehe Rechtsgrundsätze 840. 841. (Allg. Deutsche Wechsel-Ordnung Art. 1.)

§ 239. Bürgschaft einer Handelsfrau. — Vergl. A. L. R. I. 14. §§ 221. ff.; II. 8. §§ 488-490.

Rechtsgr. 405. — IV. Senat. 13. Dezember 1853. (XI. 115.)

a) Eine handeltreibende Frau kann in Betreff der von ihr übernommenen Bürgschaft sich auf die Vorrechte und Vergünstigungen in Betreff der Bürgschaften der Weiber nach den §§ 221. ff. I. 14. des Allgem. Landrechts nicht berufen, insofern die Bürgschaft als Handelsfrau eingegangen ist.

b) Im zweifelhaften Falle wird vermuthet, daß die handeltreibende Frau als solche die Bürgschaft übernommen habe, wenngleich sie weder mit dem Hauptschuldner noch mit dem Gläubiger in Geschäftsverbindung steht.

§§ **240**. ff. Siehe Rechtsgrundsatz **401**. (§ **200**. dieses Titels.)
§§ **258**. **259**. Siehe Rechtsgrundsatz **285**. (A. L. R. I. **11**. § 427.)
§ **283**. Siehe Rechtsgrundsatz **406**. (§ **316**. dieses Titels.)
§ **297**. Siehe Rechtsgrundsätze **406**. 410. 755. (A. L. R. I. **14**. §§ 316. 399.; II. **8**. § 1236.)
§ **307**. Siehe Rechtsgrundsatz **406**. (§ **316**. dieses Titels.)
§§ **316**. **317**. **356**. Befreiung des selbstschuldnerischen Bürgen von seiner Verbindlichkeit. — Vergl. §§ 283. 297. 307. dieses Titels; A. G. O. I. **32**. § **1**. No. **2**.; § **34**.

Rechtsgr. **406**. — IV. Senat. 9. September 1852. (VI. 291.)

Der Bürge, welcher als Selbstschuldner haftet, ist nicht berechtigt, von dem Gläubiger die Ausklagung des Hauptschuldners oder Entlassung von der Bürgschaft zu fordern.

§ **320**. Bürgschaft für Leistungen zu einer bestimmten Zeit.

Rechtsgr. **407**. — IV. Senat. 16. April 1853. (VIII. 373.)

Der § 320. I. 14. des Allgem. Landrechts ist nicht blos auf Bürgschaften für Darlehne, sondern allgemein auf solche Bürgschaften zu beziehen, welche für Leistungen übernommen werden, die an einem bestimmten Tage fällig sind.

§§ **338**. ff. Siehe Rechtsgrundsätze **408**. **409**. (§§ **342**. **349**. dieses Titels.)
§§ **342**. ff. Klage des Bürgen gegen den Hauptschuldner aus der geleisteten Zahlung. — Vergl. A. L. R. I. **13**. §§ 5. 65.; **14**. §§ 338. ff.

Rechtsgr. **408**. — IV. Senat. 11. Oktober 1853. (X. 207.)

Der Hauptschuldner, gegen welchen die Forderung des Gläubigers durch Urtheil rechtskräftig festgestellt ist, muß das hiernächst auch gegen den Bürgen ergehende Judikat gegen sich gelten lassen und daher demselben die in Folge dieses Judikats geleistete Zahlung erstatten, wenngleich er selbst den Gläubiger inzwischen ganz oder zum Theil befriedigt hat und zu dem Prozesse gegen den Bürgen von letzterem nicht zugezogen worden ist.

§ **349**. Einreden des Hauptschuldners gegen die Regreßklage des Bürgen aus der geleisteten Zahlung. Verjährung dieser Klage. — Vergl. §§ 338. 351. ff. dieses Titels.

Rechtsgr. **409**. — IV. Senat. 7. März 1854. (XII. 208.)

Der Hauptschuldner kann der Regreßklage des Bürgen, welcher ohne des ersteren Zuziehung dem Gläubiger Zahlung geleistet hat, die Einrede der Verjährung der Hauptschuld nur insoweit entgegensetzen, als dieselbe zur Zeit deren Zahlung durch den Bürgen bereits vollendet war. — Die Verjährung dieser Regreßklage läuft erst von dem Tage der von dem Bürgen geleisteten Zahlung.

§§ **351**. ff. Siehe Rechtsgrundsatz 409. (§ 349. dieses Titels.)
§ **356**. Siehe Rechtsgrundsatz 406. (§ 316. dieses Titels.)
§§ **399**. ff. Uebernahme einer fremden Schuld statt des ersten Schuldners:
A. Durch selbstschuldnerische Bürgschaft. Vergl. § 297. dieses Titels.

Rechtsgr. **410**. — IV. Senat. 9. Dezember 1852. (VIII. 97.)

Die bloße Uebernahme einer fremden Schuld ist nach den Regeln der selbstschuldnerischen Bürgschaft, nicht der Expromission, zu beurtheilen.

B. Durch von dem Eigenthümer des Grundstücks übernommene Zurückzahlung des Kaufpreises der Mobilien seines Pächters. — Vergl. A. L. R. I. **5**. §§ **127**. ff.; **11**. §§ 730. 731.

Rechtsgr. **411**. — IV. Senat. 12. Juli 1853. (X. 97.)

Die von dem Eigenthümer eines verpachteten Grundstücks gegen den Käufer der von dem Pächter eingebrachten und noch auf dem Grundstücke befindlichen Mobilien übernommene Zurückzahlung des Kaufpreises derselben enthält keine Uebernahme einer fremden Schuld, insofern der Eigenthümer zugleich ein Retentionsrecht an jenen Mobilien in Anspruch nimmt.

Siehe auch Rechtsgrundsatz 1053. (A. G. O. I. **52**. § 59.)

Vierter Abschnitt. Von Pfändungen.

§§ **413**. ff. **427**. **440**. Pfändung einer dem Gepfändeten nicht gehörigen Sache. — Vergl. A. L. R. Einl. § **101**.; I. **20**. § **15**.; A. G. O. I. **24**. §§ 75. 77.; sowie Lex Salica Tit. 10.; Lex Burgundiorum Tit. **23**.; Lex Visigothorum Lib. 8. Tit. 3. c. **13-17**.; Schwabenspiegel c. 68. 70. und Inst. I. **24.** § 3. Dig. **8. 2.** Lex 39. §. 1.; Nov. **52.** praef. und cap. 1.

Rechtsgr. **412.** — IV. Senat. 21. Dezember 1852. (VIII. 144.)

Wenn die bei einer Pfändung in Besitz genommene Sache nicht dem Gepfändeten, sondern einem unbetheiligten Dritten gehört, so ist der Pfänder verpflichtet, dieselbe ihrem Eigenthümer auf Verlangen zurückzugeben.

§§ **452. 454.** Siehe Rechtsgrundsatz 1288. (Gesetz Nr. 1885. vom 31. März 1838 § 1.)

Titel 15. Von Verfolgung des Eigenthums.

§ **1.** Legitimation des Vindikanten:

A. Beweis des Eigenthums. — Vergl. A. L. R. I. **7.** §§ 175. 179. 184.; **15.** § 3.; A. G. O. I. **13.** § 28.

Rechtsgr. **413.** — III. Senat. 1. Oktober 1852. (VIII. 8.)

Der Vindikant hat nur den Erwerb des Eigenthums, nicht dessen Fortdauer zu erweisen.

B. Vindikations-Klage des eingetragenen Besitzers. — Vergl. A. L. R. I. **7.** §§ 58. 175. 176.; **10.** §§ 1. 7-9.

Rechtsgr. **414.** — III. Senat. 12. Mai 1852. (V. 259.)

Die Eigenthumsklage des eingetragenen Besitzers auf Herausgabe des Grundstücks gegen denjenigen, welcher dasselbe auf den Grund eines mit dem eingetragenen gewesenen Vorbesitzer, wenn auch nur mündlich geschlossenen Kaufvertrages übergeben erhalten hat, erfordert zu ihrer Begründung den Nachweis des erlangten Besitzes.

Siehe auch Rechtsgrundsätze 141. 266. 488. (A. L. R. I. **7.** § 52.; **11.** § 382.; **17.** § 372.)

§ **3.** Siehe Rechtsgrundsätze 346. 413. (A. L. R. I. **12.** § 288.; **15.** § 1.)

§ **5.** Siehe Rechtsgrundsatz 39. (A. L. R. I. **2.** § 137.)

§ **7.** Siehe Rechtsgrundsatz 610. (A. L. R. II. **1.** § 232.)

§§ **8-10.** Siehe Rechtsgrundsatz 359. (A. L. R. I. **12.** § 611.)

§ **15**. Einfluß der Ungültigkeit des Kaufvertrages auf die Redlichkeit des Besitzes des Käufers. — Vergl. A. L. R. I. 7. §§ 11. 14. 222.

Rechtsgr. 415. — IV. Senat. 9. Dezember 1852. (VIII. 104.)

Die Unredlichkeit des Besitzes des Käufers wird durch die Ungültigkeit des Kaufvertrages allein noch nicht begründet.

§§ **17**. **18**. Siehe Rechtsgrundsatz 422. (§ 47. dieses Titels.)

§§ **24**. ff. Siehe Rechtsgrundsätze 422. 424. 999-1001. (§ 47. dieses Titels; A. G. O. I. **29**. § 81.)

§ **26**. Vindikation gegen den redlichen Besitzer:

A. Vindikation einer unbeweglichen Sache.

Rechtsgr. 416. — II. Senat. 30. November 1852. (VII. 189.)

Der § 26. I. 15. des Allgem. Landrechts, — nach welchem der Besitzer im guten Glauben dem Vindikanten die Sache nur gegen Erstattung desjenigen, was er dafür gegeben, herauszugeben verpflichtet ist, — findet auch auf unbewegliche Sachen Anwendung.

B. Gegenanspruch des redlichen Besitzers.

Rechtsgr. 417. — II. Senat. 30. November 1852. (VII. 189.)

Der auf § 26. I. 15. des Allg. Landrechts gegründete Gegenanspruch des redlichen Besitzers der herauszugebenden Sache kann nicht blos im Wege der Rekonvention, sondern auch im Wege der Einrede geltend gemacht werden.

Siehe auch Rechtsgrundsätze 424. 999-1001. 1114. (§ 47. dieses Titels; A. G. O. I. **29**. §§ 81.; Visitations- und Konsistorial-Ordnung von 1573.)

§ **33**. Siehe Rechtsgrundsätze 420. 1197. (§ 37. dieses Titels; Gesetz No. 939. vom 21. April 1825 § 15.)

§ **34**. Angabe und Nachweisung des Besitztitels bei der Eigenthumsklage:

A. Bloßer früherer Besitz des Vindikanten. — Vergl. A. L. R. I. 7. §§ 148. 161. 184.; **10**. §§ 1. 3.

Rechtsgr. 418. — III. Senat. 1. Oktober 1852. (VIII. 8.)

Der bloße frühere Besitz begründet die Klage auf Wiedereinräumung des Besitzes nur dann, wenn zugleich das bessere

Recht des Klägers, zu besitzen, oder die Fehlerhaftigkeit des Besitzes des Verklagten nachgewiesen wird.

B. Langjähriger Besitz des Vindikanten. — Vergl. A. L. R. I. 7. §§ 10. 161. 179. 180. 184.

Rechtsgr. 419. — III. Senat. 5. Dezember 1851. (IV. 150.)

Derjenige, welcher den fehlerfreien Besitz einer Sache erlangt hat, ist nicht verpflichtet, dem auf Herausgabe dieser Sache klagenden Vorbesitzer seinen Besitztitel anzugeben, wenn der Vorbesitzer nicht einen rechtsgültigen Titel seines obgleich langjährigen Besitzes nachgewiesen hat.

Siehe auch Rechtsgrundsatz 420. (§ 37. dieses Titels.)

§ 37. Benennung des Vormannes Seitens des beklagten Besitzers eines gestohlenen Staatsschuldscheins, dem rechtmäßigen früheren Besitzer gegenüber. — Vergl A. L. R. I. 7. §§ 179. 180. 184.; 9. § 586.; 15. §§ 33. 34.

Rechtsgr. 420. — III. Senat. 9. Januar 1854. (XI. 207.)

Der § 37. I. 15. des Allgem. Landrechts, — nach welchem der Besitzer einer Sache demjenigen gegenüber, dessen rechtmäßigem Besitz erweislich die Sache wider seinen Willen entkommen ist, seinen Vormann angeben muß, — erfordert zwar keinen bestimmten Nachweis der Person dieses Vormannes; jedoch ist die Beantwortung der Frage, ob die Angabe des Vormannes genügend geschehen ist, nach Lage jeden Falles dem freien Ermessen des Spruchrichters überlassen.

§§ 45. 46. Siehe Rechtsgrundsätze 424. 838. (A. L. R. I. 15. § 47.; II. 20. § 1237.)

§ 47. Vindikation von auf jeden Inhaber lautenden Papieren und Urkunden:

A. Vindikations-Klage des Eigenthümers von Eisenbahn-Aktien.

Rechtsgr. 421. — IV. Senat. 3. Juli 1851. (II. 219.)

Zur Begründung der Vindikationsklage des Eigenthümers von Eisenbahn-Aktien und anderen auf jeden Inhaber lautenden Papieren ist eine genaue Bezeichnung der einzelnen Aktien resp. Papiere erforderlich.

B. Vindikations-Klage des Eigenthümers eines gestohlenen Staatsschuldscheins; Redlichkeit des beklagten Käufers desselben bei dem Ankaufe durch einen unredlichen Stellvertreter. — **Vergl. A. L. R. I. 7. §§ 15. 22.; 15. §§ 17. 18. 24. 25.**

Rechtsgr. **422.** — III. Senat. 9. Januar 1854. (XI. 206.)

a) Die Unredlichkeit des Handlungsdieners oder andern Stellvertreters bei Ankauf eines gestohlenen Staatsschuldscheins von einem verdächtigen Verkäufer ist dem Prinzipal nicht nachtheilig.

b) Die Frage, ob die durch den Prinzipal geschehene Genehmigung des durch seinen Stellvertreter geschehenen Ankaufs eines gestohlenen Staatsschuldscheins von einem verdächtigen Verkäufer die Pflichten eines unredlichen Besitzers begründe, ist thatsächlicher Natur.

C. Vindikation eines gestohlenen Pfandbriefes.

1. Wirkung der Bekanntmachung der Entwendung.

Rechtsgr. **423.** — III. Senat. 3. Dezember 1852. (VIII. 75.)

Die bloße öffentliche Bekanntmachung der Entwendung eines Pfandbriefes genügt für sich allein noch nicht, die Unredlichkeit des Besitzers desselben zu begründen. Vielmehr bedarf es dazu des Nachweises der Wissenschaft von der Entwendung zur Zeit der Erwerbung.

2. Wirkung eines falschen Wiederinkourssetzungs-Attestes auf die Verpflichtung des Käufers des entwendeten Pfandbriefes. — Vergl. §§ **24-27. 45. 46.** dieses Titels; Gesetz vom **4.** Mai 1843 §§ **1. 2.**

Rechtsgr. **424.** — III. Senat. 14. Januar 1853. (VIII. 208.)

Der Eigenthümer eines außer Kours gesetzten, ihm sodann entwendeten und auf den Grund eines anscheinend echten, in der That aber falschen gerichtlichen Attestes wieder in Kours gebrachten Pfandbriefes kann denselben, jedoch nur gegen Erstattung des Gezahlten, vindiziren.

3. Fahrlässiger Ankauf des gestohlenen Pfandbriefes. — Vergl. Deklaration vom 23. Mai 1785 Nr. 8.

Rechtsgr. **425**. — III. Senat. 3. Dezember 1852. (VIII. 75.)

Die Frage, ob in der Erwerbung eines gestohlenen Pfandbriefes ohne die dazu gehörigen Zinskoupons der in dem § 15. I. 7. des Allg. Landrechts bezeichnete, die Verpflichtung zur unentgeltlichen Herausgabe des Pfandbriefes an den Eigenthümer erzeugende, Mangel an Aufmerksamkeit liegt? ist thatsächlicher Natur.

Siehe auch Rechtsgrundsatz 838. (A. L. R. II. **20**. § 1237.)

§ **54**. Verlust der Eigenthumsklage durch Präklusion. — Vergl. A. G. O. I. **51**. § **102**.; Allg. Hypotheken-Ordnung II. §§ 95. 98.

Rechtsgr. **426**. — III. Senat. 20. Februar 1851. (IV. 352.)

Durch das auf ergangenes öffentliches Aufgebot eines Grundstücks rechtskräftig erfolgte Präklusions-Erkenntniß geht das Eigenthum des Präkludirten, und zwar, wenn das Grundstück schon ein Folium im Hypothekenbuche hat, sofort mit Abfassung des Erkenntnisses verloren. — Es ändert hierin Nichts, wenn auch das Grundstück im vollständigen Besitze eines Andern, als des Provokanten, sich befindet.

Siehe auch Rechtsgrundsatz 1050. (A. G. O. I. **51**. § 99.)

Titel 16. Von den Arten, wie Rechte und Verbindlichkeiten aufhören.

§§ **2**. **3**. Siehe Rechtsgrundsatz 511. (A. L. R. I. **20**. § 257.)

§ **7**. Siehe Rechtsgrundsätze 438. 1078. (§ 178. dieses Titels; Code Napoléon Art. 1234.)

§ **8**. Siehe Rechtsgrundsatz 465. (Anh. § 52. zu § 484. dieses Titels.)

§ **10**. Siehe Rechtsgrundsatz 554. (A. L. R. I. **21**. § 298.)

Erster Abschnitt. Von Erfüllung der Verbindlichkeiten überhaupt.

§ **11**. Siehe Rechtsgrundsätze 67. 99. (A. L. R. I. **5**. §§ 127. 285.)

§§ **15.** ff. Siehe Rechtgrundsatz **891.** (Allg. Deutsche Wechsel-Ordnung Art. **91.**)

§§ **20. 21.** Siehe Rechtsgrundsatz **311.** (A. L. R. I. **11.** § **764.**)

§§ **22-25.** Rechtliche Folgen des Verzugs des Berechtigten in Betreff Annahme der Erfüllung Seitens des Verpflichteten. — Vergl. Allg. L. R. I. **11.** §§ 228. 773. 939. 940.; **14.** § 50.; **16.** §§ 228. **229.**; **21.** § 298.; II. **8.** § 890.; und I. **12.** §§ 328. 329.; **13.** § 136.; II. **8.** § 891.

Rechtsgr. 427. — III. Senat. 4. März 1853. (IX. 326.)

a) Den Verpflichteten, welcher am Zahlungstage zu erfüllen bereit ist, treffen in dem Falle eines Verzuges des Berechtigten wegen Annahme der Erfüllung auch bei nicht geschehener gerichtlicher Deposition die nachtheiligen Folgen des Verzuges nicht. Es macht hierbei keinen Unterschied, ob der Verzug eine einseitige Leistung oder gegenseitige Leistungen betrifft, und ob dieselben aus einseitigen oder zweiseitigen Verträgen herrühren.

b) Der Pächter wird daher blos deshalb, weil er am Zahlungstage den Pachtzins bei eintretendem Verzuge des Verpächters in Betreff dessen Empfangnahme nicht gerichtlich deponirt hat, des Pachtrechts nicht verlustig.

Siehe auch Rechtsgrundsätze **89. 554. 556.** (A. L. R. I. **5.** § **232.**; **21.** § 298.)

§ **26.** Siehe Rechtsgrundsatz **428.** (§ **34.** dieses Titels.)

§ **27.** Siehe Rechtsgrundsatz **291.** (A. L. R. I. **11.** § **602.**)

Zweiter Abschnitt. Von der Zahlung.

§ **28.** Siehe Rechtsgrundsätze **429. 463.** (§§ **46. 452.** dieses Titels.)

§ **34.** Wirkung der in Folge richterlicher Verfügung zum Depositum geleisteten Zahlung. — Vergl. A. L. R. I. **16.** § **26.**

Rechtsgr. 428. — III. Senat. 5. März 1851. (I. 292.)

Eine in Folge Arrestschlags von dem Schuldner zum Depositum geleistete Zahlung befreit denselben von den Folgen des Verzugs gegen seinen Gläubiger.

Es wird daher der Miether wegen der durch den Geschäftsgang bei dem gerichtlichen Depositum veranlaßten Verzögerung der Zahlung mit Arrest belegter Miethzinse seines Miethrechts nicht verlustig.

§ **39**. Siehe Rechtsgrundsatz **185**. (A. L. R. I. **9**. § 127.)

§ **46**. Eintritt in die Rechte des bezahlten Gläubigers. — Vergl. § 28. dieses Titels.

Rechtsgr. **429**. — IV. Senat. 21. März 1854. (XII. 268.)

Der Eintritt in die Rechte des befriedigten Gläubigers ohne ausdrückliche Cession findet nur unter den Voraussetzungen statt:

a. daß die Forderung des Gläubigers auf Zahlung einer Geldsumme oder auf Gewährung von lettres au porteur gerichtet war, und

b. daß der Gläubiger durch Baarzahlung resp. Hingabe von lettres au porteur befriedigt worden ist.

§§ **64**. **65**. Siehe Rechtsgrundsätze **100**. 317. (A. L. R. I. **5**. § 285.; **11**. § 827.)

§§ **66**. **71**. Verzinsung einer Entschädigungsforderung aus einer unerlaubten Handlung. — Vergl. A. L. R. I. **7**. § 231.; **11**. § 821.

Rechtsgr. **430**. — III. Senat. 13. September 1852. (VII. 244.)

Der § 66. I. 16. des Allgem. Landrechts versteht unter dem ergangenen Urtheile, von welchem an die nach Gelde festgesetzte Summe von dem aus einer unerlaubten Handlung zur Entschädigung Verpflichteten verzinset werden soll, das e r s t e die Entschädigungssumme feststellende Urtheil.

§§ **86**. **87**. Siehe Rechtsgrundsätze 431. 436. (§§ 105. 163. dieses Titels.)

§ **90**. Siehe Rechtsgrundsatz 434. (§ 113. dieses Titels.)

§ **97**. Siehe Rechtsgrundsatz 863. (Allg. Deutsche Wechsel-Ordnung Art. 36.)

§ **104**. Siehe Rechtsgrundsätze 431. 463. (§§ 105. 452. dieses Titels.)

§§ **105**. **108**. Gegenbeweis gegen Quittungen. — Vergl. §§ 86. 87. 104. dieses Titels.

Rechtsgr. **431**. — III. Senat. 21. Dezember 1853 und 22. März 1854. (XII. 272.)

Der Gegenbeweis des Ausstellers der Quittung, daß keine

Zahlung geschehen, benimmt der Quittung alle Beweiskraft. — Daher hat der Schuldner, welcher behauptet, daß der Quittung eine andere Aufhebungsart der bestandenen Verbindlichkeit, z. B. Erlaß oder Schenkung, zum Grunde liege, den Beweis zu führen.

§§ 113. 114. Quittung als Entsagung und Erlaß:

A. Gültiger Erlaß in Form einer Quittung. — Vergl. A. L. R. I. 5. § 134.; 16. § 381.

Rechtsgr. 432. — III. Senat. 21. Dezember 1853 und 22. März 1854. (XII. 272.)

Die erweislich auf den Grund des Erlasses der Schuld ausgestellte Quittung vertritt die zur Gültigkeit des Erlasses erforderliche schriftliche Form.

Die Vorschrift der §§ 113. und 114. I. 16. des Allg. Landrechts, — nach welcher, wenn aus der Quittung erhellet, daß die bescheinigte Aufhebung der Verbindlichkeit nicht durch Zahlung erfolgt ist, und die verordnete Ausmittelung des der Quittung zum Grunde liegenden anderweitigen Rechtsgeschäfts nicht stattfindet, die Quittung als Entsagung beurtheilt werden soll, — setzt als wesentliche Bedingung dieser Vermuthung für die Entsagung die Widerlegung der Zahlung aus dem eigenen Inhalte der Quittung voraus.

B. Ungültiger Erlaß durch die Quittung. — Vergl. A. L. R. I. 5. § 134.; I. 16. § 381.

Rechtsgr. 433. — I. Senat. 9. Juli 1852. (VII. 44.)

Wenn in einer Quittung baare Zahlung zwar bekannt, diese aber nicht erfolgt, sondern bei der Ausstellung von dem Quittungsleister mündlich erklärt ist, daß er dem Schuldner die Schuld erlasse und in dieser Absicht die Quittung ausstelle, so kann die Quittung als ein formell gültiger Erlaß der Schuld nicht angesehen werden.

C. Entsagung in Form einer Quittung. — Vergl. § 90. dieses Titels.

Rechtsgr. 434. — I. Senat. 1. Dezember 1852. (VII. 203.)

Eine Quittung, aus welcher erhellet, daß die darin bescheinigte Aufhebung der Verbindlichkeit nicht durch Zahlung erfolgt ist, gilt, wenn keine von beiden Parteien zur Aufklärung des der Ausstellung der Quittung zum Grunde liegenden eigentlichen Sachverhältnisses Etwas beigebracht hat, als Entsagung.

Auch eine Quittung, in welcher der Gläubiger sich im Allgemeinen theils durch Baarzahlung, theils durch andere Leistungen des Schuldners für befriedigt erklärt, ohne die Beträge der geleisteten baaren Theilzahlungen anzugeben, gilt, bei nicht erfolgender Ausmittelung der Geschäfte, aus welchen die Quittung entstanden ist, als Entsagung.

§ **158**. Zögerungszinsen von rückständigem Erbpachtskanon.

Rechtsgr. **435**. – IV. Senat. 8. Juli 1852. (VI. 239.)

Die auf den rückständigen Erbpachts-Kanon geleisteten Zahlungen sind zunächst auf die Zögerungszinsen zu verrechnen.

§ **163**. Quittungs-Vorbehalt. — Vergl. § **86**. dieses Titels.

Rechtsgr. **436**. – III. Senat. 14. März 1853. (IX. 56.)

Der Schuldner braucht sich eine Quittung, in welcher sich der Gläubiger seine Rechte allgemein vorbehält, nicht gefallen zu lassen. Er darf in diesem Falle die Zahlung verweigern und gerichtlich deponiren.

§ **166**. Siehe Rechtsgrundsatz 437. (§ 178. dieses Titels.)
§ **178**. Rückforderung einer aus Irrthum geleisteten Zahlung:
A. Beweislast in Betreff des Irrthums. — Vergl. §§ **166**. **181**. dieses Titels; A. G. O. I. **13**. §§ 27. 28.

Rechtsgr. **437**. – II. Senat. 26. September 1850. (IX. 321.)

Bei der Rückforderungs-Klage liegt zwar der Beweis des mangelnden Rechts des Verklagten dem Kläger ob, eines weiteren Beweises des Irrthums bedarf es jedoch im Falle jenes gelieferten Beweises nicht.*

* Früher war das Ober-Tribunal anderer Meinung. — Vergl. Rechtsfälle neueren Verfahrens Bd. 3. S. 13.

B. Rückforderung der Zahlung einer verjährten Schuld. — Vergl. A. L. R. I. **9**. §§. 501. 502. 508. 564. 568. 569.; **16**. §§ 7. 184. 377.; **19**. § 29.; Gesetz No. 1885. vom 31. März 1838 §§ 1. ff.

Rechtsgr. **438**. — I. Senat. 8. Juni 1853. (IX. 255.)

Das auf den Grund einer verjährten Schuld Gezahlte kann nicht kondizirt werden.*

C. Rückforderungs-Recht gegen einen aus der erbschaftlichen Liquidationsmasse befriedigten Gläubiger.

Rechtsgr. **439**. — IV. Senat. 7. September 1852. (VII. 72.)

a) Ein Gläubiger, welcher aus der unzulänglichen, nicht von dem Erben verwalteten erbschaftlichen Liquidationsmasse mehr erhalten hat, als ihm nach den vorgeschriebenen Vertheilungsgrundsätzen zukam, kann zur Erstattung des Zuvielempfangenen mit der condictio indebiti auch dann angehalten werden, wenn das Empfangene den Betrag seiner rechtmäßigen Forderung an den Erblasser nicht übersteigt.

b) Dies Rückforderungsrecht kann jedoch erst nach rechtskräftig gewordener Klassifikatoria und nur von denjenigen Gläubigern ausgeübt werden, welche, und insoweit sie bei der Distribution der Masse einen durch das Zuvielerhobene jenes Gläubigers herbeigeführten Ausfall erleiden.

§ **181**. Siehe Rechtsgrundsatz 437. (§ 178. dieses Titels.)
§ **184**. Siehe Rechtsgrundsatz 438. (§ 178. dieses Titels.)
§§ **189**. **194**. **195**. **207**. **208**. Anspruch auf Verzugszinsen bei Rückforderung irrthümlich geleisteter Zahlung. — Vergl. A. L. R. I. **7**. §§ 14. 234.

Rechtsgr. **440**. — IV. Senat. 11. September 1851. (III. 74.)

Wer einem Andern auf den Grund eines in der Folge abgeänderten oder aufgehobenen Erkenntnisses im Wege der Exekution eine Zahlung abgenöthigt hat, muß dieselbe mit Verzugszinsen seit dem Tage des Empfangs erstatten. — Es

* Die Richtigkeit des obigen Rechtsgrundsatzes ist zu bezweifeln. Vergl. die Anmerkung S. 255. Bd. 9. des Archivs für Rechtsfälle.

ändert hieran Nichts, wenngleich der Empfänger wegen eines Rechtsirrthums nur als unrechtfertiger Besitzer anzusehen ist.

§§ **194**. ff. Siehe Rechtsgrundsätze 440. 441. (§§ 189. 207. dieses Titels.)
§ **199**. Siehe Rechtsgrundsatz 117. (A. L. R. I. **5**. § 360.)
§ **200**. Siehe Rechtsgrundsatz 239. (A. L. R. I. **11**. § 70.)
§§ **207**. **208**. Widerrechtliche Abnöthigung:

A. Begriff der widerrechtlichen Abnöthigung. — Vergl. A. L. R. I. **11**. Anhang § 26. zu § 827.; **16**. § 194.

Rechtsgr. 441. — Plenum. 5. Juni 1852. (V. 358.)

Eine widerrechtliche Abnöthigung ist dann nicht vorhanden, wenn der Schuldner nach angedrohter administrativer Exekution, ohne Widerspruch gegen seine Verpflichtung zu erheben, Zahlung leistet.

B. Gesetzliche Verpflichtung zur Verzinsung der abgenöthigten Summe. — Vergl. A. L. R. I. **11**. §§ 109. 291. 292.

Rechtsgr. 442. — IV. Senat. 11. September 1851. (III. 71.)

Die Verpflichtung zur Verzinsung wird nicht allgemein und in allen Fällen schon dadurch begründet, daß Jemand einem Andern die Benutzung einer Summe auf eine widerrechtliche Weise vereitelt oder entzogen hat.

Siehe auch Rechtsgrundsatz 440. (§ 189. dieses Titels.)

Dritter Abschnitt. Von der Deposition.

§ **215**. Begriff und Wesen der gerichtlichen Deposition. — Vergl. A. L. R. I. **11**. § 419.; **20**. §§ 133. 134.

Rechtsgr. 443. — III. Senat. 8. März 1854. (XII. 233.)

Die gerichtliche Deposition auf Kosten des Gläubigers findet nur wegen eines Hindernisses in dessen Person, nicht wegen Gegenansprüche des Schuldners oder seines Cessionars statt.

Siehe auch Rechtsgrundsatz 866. (Allg. Deutsche Wechsel-Ordnung Art. 40.)

§ **222**. Siehe Rechtsgrundsatz 866. (Allg. Deutsche Wechsel-Ordnung Art. 40.)

§§ **228. 229.** Siehe Rechtsgrundsätze **251. 427.** (A. L. R. I. **11.** § 222.; **16.** § 22.)

Vierter Abschnitt. Von der Angabe an Zahlungsstatt.

§§ **235. 262. 267.** Angabe von Wechseln an Zahlungsstatt.

Rechtsgr. **444.** — IV. Senat. 14. Januar 1851. (I. 187.)

Wenn der Verkäufer zur Berichtigung des Kaufpreises von seinem Schuldner einen, wenngleich auch nur mit einem Blanko-Giro versehenen Wechsel annimmt, und dagegen Quittung leistet, so liegt hierin eine Annahme des Wechsels an Zahlungsstatt, und kann der Verkäufer daher, bei nicht erhaltener Befriedigung aus dem Wechsel, seinen früheren Schuldner aus dem ursprünglichen Schuldverhältnisse nicht mehr in Anspruch nehmen.

Siehe auch Rechtsgrundsatz **1191.** (Gesetz vom 4. Juli 1822. § 6.)

§ **242.** Siehe Rechtsgrundsatz **1191.** (Gesetz vom 4. Juli 1822. § 6.)

Fünfter Abschnitt. Von Anweisungen.

§§ **251. 259.** Annahme einer Anweisung an eigene Order vor erfolgtem Giro.

Rechtsgr. **445.** — IV. Senat. 4. November 1852. (VII. 135.)

Die vor erfolgtem Giro geschehene Annahme einer auf eigene Order lautenden Anweisung verpflichtet nicht zur Zahlung an den später benannten Assignatar.

Siehe auch Rechtsgrundsatz **758.** (A. L. R. II. **8.** § 1266.)

§ **252.** Siehe Rechtsgrundsätze **269. 554.** (A. L. R. I. **11.** § 382.; **21.** § 298.)

§ **253.** Form der Acceptation einer Anweisung.

Rechtsgr. **446.** — IV. Senat. 2. März 1852. (VI. 49.)

Die in Folge einer Anweisung von dem Angewiesenen geschehene Ausstellung eines die causa debendi nicht enthaltenden Schuldscheins über die angewiesene Summe ist für keine gehörige Annahme der Anweisung zu erachten.

§ **256.** Siehe Rechtsgrundsatz **554.** (A. L. R. I. **21.** § 298.)

§§ **258. 259.** Wirksamkeit einer mündlichen Anweisung über mehr als fünfzig Thaler.

Rechtsgr. **447.** — IV. Senat. 15. Juli 1851. (III. 45.)

Der Assignat, welcher eine mündliche Anweisung über mehr als 50 Rthlr. schriftlich angenommen hat, kann dem Assignatar den Einwand der mangelhaften Form der Anweisung nicht entgegensetzen.

§ **259.** Siehe Rechtsgrundsätze **281. 445. 447.** (A. L. R. I. **11.** § 412.; **16.** §§ 251. 258.)

§ **261.** Siehe Rechtsgrundsatz **449.** (§ 267. dieses Titels.)

§ **262.** Siehe Rechtsgrundsätze **444. 449.** (§§ 235. 267. dieses Titels.)

§ **265.** Siehe Rechtsgrundsatz **554.** (A. L. R. I. **21.** § 298.)

§ **267.** Annahme des Assignaten statt des Anweisenden zum Schuldner: A. Anweisung als Delegation.

Rechtsgr. **448.** — IV. Senat. 14. Januar 1851. (I. 187.)

Die Anwendbarkeit des § 267. I. 16. des Allg. Landrechts wird dadurch nicht ausgeschlossen, daß ein Instrument über die Forderung, in Betreff deren Quittung ertheilt ist, nicht existirt, und deshalb ein solches auch nicht zurückgegeben ist.

B. Angabe einer Anweisung an Zahlungsstatt. — Vergl. §§ **261. 262.** dieses Titels.

Rechtsgr. **449.** — III. Senat. 7. Januar 1852. (V. 24.)

Der ausdrücklichen Annahme des Assignaten statt des Anweisenden zum Schuldner wird es gleich geachtet, wenn der angewiesene Gläubiger seinem bisherigen Schuldner quittirt.

Dieser Grundsatz gilt auch in dem Falle, wenn ein Instrument über die Schuld nicht vorhanden und deshalb nicht zurückgegeben ist.

Siehe auch Rechtsgrundsatz **444.** (§ 235. dieses Titels.)

§§ **280.** ff. Regreß bei einer gewöhnlichen Anweisung. — Vergl. A. L. R. II. **8.** §§ **1303. 1304.**

Rechtsgr. **450.** — IV. Senat. 17. Oktober 1850. (I. 77.)

Der Inhaber einer gewöhnlichen Anweisung kann seinen Rückgriff nur gegen seinen unmittelbaren Vormann nehmen.

§§ 283. 285. Wahlrecht des Assignatars aus einer nicht bezahlten acceptirten Anweisung. — Vergl. A. L. R II. 8. § 1295.; A. G. O. I. 50. § 40.

Rechtsgr. 451. — IV. Senat. 30. April 1849. (I. 31.)

Der Assignatar, welcher den Betrag der acceptirten, aber zur Verfallzeit nicht bezahlten Anweisung in dem über das Vermögen des Assignanten eröffneten Konkurse liquidirt, verliert dadurch nicht das Recht, den Assignaten auf Zahlung zu belangen.

§§ 289. 290. Bürgschaft des Anweisenden aus einer nicht bezahlten kaufmännischen Anweisung bei ertheilter Nachsicht. — Vergl. A. L. R. II. 8. § 1288.

Rechtsgr. 452. — IV. Senat. 9. Dezember 1851. (IV. 153.)

Die Vorschriften der §§ 289. und 290. I. 16. des Allg. Landrechts finden auf kaufmännische Anweisungen keine Anwendung, vielmehr haftet der Anweisende, wenn sonst die Bedingungen des § 1288. II. 8. des Allg. Landrechts vorhanden sind, noch als Bürge.

§ 298. Anspruch des Assignaten aus der Acceptation und Zahlung einer Anweisung.

Rechtsgr. 453. — IV. Senat. 6. Mai 1851. (I. 385.)

Die Acceptation und Zahlung einer Anweisung durch den Assignaten begründet keine Vermuthung dafür, daß derselbe dem Anweisenden auf Höhe der verschriebenen Summe verhaftet gewesen, oder von ihm Deckung erhalten habe, weshalb der in Anspruch genommene Anweisende seinen desfallsigen Einwand zu beweisen hat.

Sechster Abschnitt. Von der Kompensation.

§ 301. Siehe Rechtsgrundsatz 242. (A. L. R. I. 11. § 110.)

§ 313. Kompensationsrecht des Fiskus hinsichtlich der ihm bestellten Amts-Kaution nach geschehener Cession derselben an einen Dritten. Vergl. A. L. R. I. 20. § 542.; Kabinetsorder vom 11. Februar 1832. No. 7. und vom 15. April 1837.

Rechtsgr. 454. — IV. Senat. 6. Oktober 1853. (X. 185.)

Dem Fiskus steht wegen der nach der Zeit der an ihn geschehenen Bekanntmachung der Cession der Amtskaution an einen Dritten aus einer außeramtlichen Handlung des Beamten ihm erwachsenen Forderung ein Kompensations- und Rententions-Recht nicht zu.

§ **363**. Siehe Rechtsgrundsatz 1204. (Kabinetsorder vom 11. Februar 1832. No. 6.)

§§ **368**. **369**. Siehe Rechtsgrundsatz 807. (A. L. R. II. 14. § 1.)

§ **377**. Siehe Rechtsgrundsatz 438. (§ 178. dieses Titels.)

Siebenter Abschnitt. Von Entsagung der Rechte.

§ **381**. Entsagung des Rechts auf die folgenden Klassen der Lotterie hinsichtlich eines gemeinschaftlich gespielten Looses.

Rechtsgr. 455. — IV. Senat. 10. Juli 1851. (II. 247.)

Das bei einem zwischen mehreren Personen mündlich geschlossenen Vertrage über das gemeinschaftliche Spielen eines Lotterielooses allen Genossen gemeinschaftlich zustehende Anrecht auf die folgenden Klassen und auf die Hoffnung eines Gewinnes geht für die einzelnen nur durch eine ausdrückliche, die Entsagung aussprechende Willenserklärung verloren, insofern dieses Anrecht nicht von einer bei dem Abschlusse der Uebereinkunft gestellten, an die zeitige Zahlung der Beiträge bei Verlust des Rechts geknüpften und nicht erfüllten Bedingung abhängig gemacht worden ist.

Siehe auch Rechtsgrundsätze 26. 191. 192. 432. 433. 1023. 1193. (A. L. R. Einl. § 105.; I. **9**. § 398.; **16**. § 113.; A. G. O. I. **46**. § 9.; Gesetz No. 938. vom 21. April 1825 § 37.)

§§ **383**. **384**. Verlust nicht vorgebrachter Einreden durch rechtskräftige Entscheidung des Prozesses. — Vergl. A. G. O. I. **9**. §§ 2. 6. 11.; **10**. § 5a.; **19**. §§ 1. 4. 9. ff.

Rechtsgr. 456. — II. Senat. 4. und 25. März 1852. (V. 59.)

Durch die rechtskräftige Verurtheilung verliert der Verklagte nur solche im Prozesse nicht erhobene Einwendungen, welche die Einlassung auf den Prozeß betreffen und aus dem zur Klage gebrachten Sach- und Rechtsverhältnisse entspringen oder damit zusammenhängen, nicht aber auch solche, welche ein Fundament selbstständiger Rechtsverfolgung für den Verklagten bilden können.

Siehe auch Rechtsgrundsatz 595. (A. L. R. I. 22. § 213.)

§ 393. Entsagung des Nießbrauchsrechts Seitens des Ehemannes. — Vergl. A. L. R. I. 11. § 1129.; II. 1. § 256.; Gesetz vom 26. April 1835 §§ 1. ff.

Rechtsgr. 457. — III. Senat. 16. Juli 1852. (VI. 274.)

a) Die Entsagung des maritalischen Nießbrauchsrechts Seitens eines zahlungsunfähigen Ehemannes ist nicht als Schenkung anzusehen.

b) Ob diese Entsagung für eine unentgeltliche zu erachten, ist nicht nach Inhalt der darüber vorhandenen Urkunden allein, sondern nach der überhaupt vorhandenen Sachlage und den persönlichen Verhältnissen der Kontrahenten zu beurtheilen.

Achter Abschnitt. Von Vergleichen.

§ 405. Begriff eines Vergleiches:

A. Anerkenntniß der rechtlichen Folgen eines schwebenden Verhältnisses. — Vergl. Cod. 2. 4. Lex 38.; 6. 31. Lex 3.

Rechtsgr. 458. — IV. Senat. 16. November 1852. (VII. 141.)

Wenn in einer Urkunde blos die rechtlichen Folgen eines schwebenden Verhältnisses anerkannt werden, so ist dies für keinen Vergleich zu erachten.

B. Erbrezeß und Erbvergleich.

Rechtsgr. 459. — I. Senat. 8. September 1851. (III. 56.)

Ein Erbrezeß, welchem kein unter den Partcien bestehendes streitiges oder ungewisses und zweifelhaftes Rechtsverhältniß unterbreitet worden, ist als Vergleich nicht anzusehen.

§§ 415. 416. Versprechen der Verschwiegenheit Seitens des Beschädigten in dem Vergleiche über dessen Privatinteresse.

Rechtsgr. 460. — IV. Senat. 17. Juli 1851. (XII. 18.)

Zum Begriffe der Verheimlichung eines Verbrechens gehört eine positive auf Verhütung der Entdeckung desselben gerichtete Thätigkeit. — Daher macht das Versprechen der Verschwiegenheit, welches von dem Beschädigten in einem Vergleiche über sein aus einem verübten Verbrechen erwachsenes Privatinteresse abgegeben ist, diesen Vergleich nicht rechtsunverbindlich.

§§ **417. 418.** Anfechtung eines Vergleiches wegen Irrthums. — Vergl. A. L. R. I. **4.** § 75.

Rechtsgr. 461. — I. Senat. 19. Juni 1850. (II. 1.)

Auch Vergleiche werden durch einen Irrthum in dem Wesentlichen des Geschäfts, oder in dem Hauptgegenstande der Willenserklärung entkräftet.

Siehe auch Rechtsgrundsätze **474. 475.** (A. L. R. I. **17.** § 111.)

§ **429**. Siehe Rechtsgrundsatz 395. (A. L. R. I. **14.** § 150.)

Neunter Abschnitt. Von Aufhebung der Rechte und Verbindlichkeiten durch deren Umschaffung.

§§ **452. 454.** Novation:

A. Durch Ausstellung von Schuldscheinen.

Rechtsgr. 462. — IV. Senat. 5. Juni 1851. (II. 314.)

Die Ausstellung eines Schuldscheins begründet keine Novation im Sinne des § 454. I. 16. des Allg. Landrechts.

B. Durch Ausstellung eines Wechsels. — Vergl. §§ **28. 104.** dieses Titels; Allgem. Deutsche Wechsel-Ordnung Art. 4. 7. 39. 73. 82. 96. 98.

Rechtsgr. 463. — IV. Senat. 28. Oktober 1851. (IV. 67.)

Die ohne Vorbehalt geschehene Annahme eines von dem Schuldner zu Gunsten des Gläubigers ausgestellten Wechsels enthält eine Novation.

Siehe auch Rechtsgrundsatz **855.** (Allg. Deutsche Wechsel-Ordnung Art. 10.)

§ **467**. Siehe Rechtsgrundsatz 1387. (Gesetz vom 2. März 1850 § 3. No. 6.)

Zehnter Abschnitt. Von Aufhebung der Rechte und Verbindlichkeiten durch deren Vereinigung.

§§ **476-478**. **482**. ff. Siehe Rechtsgrundsätze **581**. **582**. **1078**. (A. L. R. I. **22**. § 52.; Code Napoléon Art. **1234**.)

Anhang § **52**. zu § **484**. Hypothek des Eigenthümers. — Vergl. Deklaration vom **3**. April **1824**.

A. Cession einer gezahlten Hypotheken-Forderung durch den noch eingetragenen früheren Eigenthümer des Grundstücks.

Rechtsgr. **464**. — III. Senat. 21. Januar 1853. (VIII. 234.)

Der in dem Hypothekenbuche eingetragene Besitzer erlangt durch die Zahlung einer auf dem Grundstücke eingetragenen Hypothekenschuld alle Rechte eines Cessionars und ist zur Cession befugt, wenngleich er nicht mehr wirklicher Eigenthümer des Grundstücks ist.

B. Verfügung des Grundstücksbesitzers über die Hypothekenstelle einer erloschenen Hypotheken-Forderung. — Vergl. § 8. dieses Titels.

Rechtsgr. **465**. — III. Senat. 27. September 1850. (VI. 342.)

Die Verfügung des Grundbesitzers über die Hypothekenstelle einer erloschenen Hypotheken-Forderung, deren Eigenthümer er nicht geworden ist, hat keine rechtliche Gültigkeit.

C. Verfügung des Grundstücksbesitzers über eine ihm erlassene Hypotheken-Forderung.

Rechtsgr. **466**. — IV. Senat. 1. März 1853. (IX. 21.)

Die Vorschrift des § 52. des Anhangs zum Allg. Landrechte findet auch auf den Fall des Erlasses einer Hypotheken-Forderung Anwendung.

D. Einziehung ungelöschter, dem Gemeinschuldner durch Zahlung oder auf sonstige Weise anheimgefallener auf dessen Grundstücke haftender Hypotheken-Forderungen zur Gemeinmasse des Konkurses.

Rechtsgr. **467**. — IV. Senat. 26. Mai 1853. (XI. 1.)

Wenn bis zur Eröffnung des Konkurses der Gemeinschuldner solche Hypothekenforderungen, welche durch Zahlung, Vererbung oder auf sonstige Weise seiner Verfügung anheimgefallen sind, weder hat löschen lassen, noch durch Cession zu Gunsten eines Dritten über sie verfügt hat, so gehören dieselben der Gemeinmasse und können von derselben in dritter Klasse liquidirt werden.

E. Ueberweisung einer zwar getilgten jedoch ungelöschten Hypothekenforderung im Wege der Exekution. — Vergl. A. L. R. I. 2. § 137.; 11. § 184.

Rechtsgr. 468. — III. Senat. 13. Februar 1852; 28. November 1853. (XII. 39. 43.)

a) Der Eigenthümer des Grundstücks, welcher eine auf demselben eingetragene Forderung durch Cession, Zahlung oder auf andere Art erworben hat, ist, so lange deren Löschung nicht erfolgt ist, auch nach geschehenem Verkaufe des Grundstücks über die Forderung zu verfügen berechtigt.

b) Das Eigenthum des Verkäufers des Grundstücks an der von ihm zwar getilgten, jedoch im Hypothekenbuche nicht gelöschten Hypothekenforderung geht blos deshalb, weil der Käufer dieselbe in Abrechnung auf die Kaufgelder nicht übernommen hat, noch nicht auf den Käufer über, verbleibt vielmehr dem Verkäufer.

Daher kann auch nach stattgehabtem Verkaufe des Grundstücks jene Hypothekenforderung mit unveränderter Verhaftung des Grundstücks dem Gläubiger des Verkäufers im Wege der Exekution überwiesen werden.

F. Berichtigung einer Hypothekenpost im Wege der Sequestration und des Prioritäts-Verfahrens.

Rechtsgr. 469. — IV. Senat. 30. März 1854. (XII. 308.)

a) Auch durch die im Wege der Sequestration und des Prioritäts-Verfahrens aus den Revenüen des verpfändeten Grundstücks geschehene Berichtigung einer Hypothekenforderung wird dieselbe Eigenthum des Grundstück-Eigenthümers.

b) Daher kann eine solche Hypothekenforderung, so lange sie nicht gelöscht ist, im Wege der Exekution einem Gläubiger des Grundstück-Eigenthümers sowohl mit den Rechten eines Assignatars als auch mit den Rechten eines Cessionars überwiesen werden.

Siehe auch Rechtsgrundsätze 287. 582. 1078. 1231. 1259. (A. L. R. I. **11.** § 427.; **22.** § 52.; Code Napoléon Art. **1234.**; Exekutionsverordnung vom 4. März 1834 § 22.; Subhastationsverordnung vom 4. März 1834 § 16.)

§ **486.** Siehe Rechtsgrundsatz 508. (A. L. R. I. **20.** § 76.)
§ **491.** Siehe Rechtsgrundsatz 677. (A. L. R. II. **2.** § 327.)

Titel 17. Vom gemeinschaftlichen Eigenthum.

Erster Abschnitt. Vom gemeinschaftlichen Eigenthum überhaupt.

§ **1.** Siehe Rechtsgrundsätze 128. 1139. (A. L. R. I. **5.** § 450.; Westpreußische Regierungs-Instruktion vom **21.** September 1773 § 13.)

§ **4.** Ausübung des Sonderrechts eines jeden einzelnen Theilnehmers auf die gemeinschaftliche Sache. — Vergl. §§ 10. 12. dieses Titels; A. G. O. I. **31.** § 1.

Rechtsgr. 470. — III. Senat. 16. Juni 1852. (VI. 180.)

Von mehreren Mitbesitzern kann auch ein einzelner, ohne Zuziehung der übrigen, die Besitzstörungen eines Dritten mit der Possessorienklage verfolgen, insofern er nicht mehr, als seinen ideellen Antheil am Besitze geltend macht.

Siehe auch Rechtsgrundsätze 128. 484. 1274. (A. L. R. I. **5.** § 450. und **17.** § 219.; Gesetz vom **26.** April 1835 § 2.)

§ **6.** Siehe Rechtsgrundsätze 28. 1013. (A. L. R. I. **1.** § 1.; A. G. O. I. **31.** § 1.)

§§ **10.** ff. Rechte der einzelnen Theilnehmer an der gemeinschaftlichen Sache überhaupt:

A. Verpachtung des gemeinschaftlichen Grundstücks durch einen einzelnen Miteigenthümer. — Vergl. § 50. dieses Titels.

Rechtsgr. 471. — III. Senat. 18. November 1853. (XI. 55.)

Der von dem einzelnen Miteigenthümer eines Grundstücks mit einem Dritten abgeschlossene Pachtvertrag ist für die übrigen Miteigenthümer dergestalt rechtlich wirkungslos, daß sie die sofortige Räumung des ganzen Grundstücks Seitens des Pächters zu verlangen berechtigt sind.

B. Ersitzung des Alleineigenthums durch den Miteigenthümer. — Vergl. A. L. R. I. 7. § 69.; 9. § 589.

Rechtsgr. 472. — I. Senat. 7. April 1852. (V. 162.)

Die Ersitzung des Alleineigenthums einer gemeinschaftlichen Sache durch einen Miteigenthümer ist zulässig.

Siehe auch Rechtsgrundsätze 128. 187. 224. 470. 476. 627-629. (A. L. R. I. 5. § 450.; 9. §§ 327. 663.; 17. §§ 4. 151.; II. 1. § 634.)

§ 12. Siehe Rechtsgrundsätze 470. 1258. (§ 4. dieses Titels; Subhastations-Verordnung vom 4. März 1834 § 12.)

§ 45. Siehe Rechtsgrundsatz 385. (A. L. R. I. 13. § 211.)

§ 50. Siehe Rechtsgrundsatz 471. (§ 10. dieses Titels.)

§ 53. Handlungen des einen Gesellschafters für einen andern. — Vergl. A. L. R. I. 13. § 259.

Rechtsgr. 473. — IV. Senat. 10. Juli 1851. (II. 247.)

Die Berichtigung der Beiträge eines Mitgenossen, z. B. des Mitspielers eines Lotterieлooses, ohne besondern Auftrag durch einen andern Genossen ist als Geschäftsführung ohne Auftrag anzusehen.

Siehe auch Rechtsgrundsatz 385. (A. L. R. I. 13. § 211.)

§§ 60. ff. Siehe Rechtsgrundsätze 1054. 1274. (A. G. O. I. 52. § 59.; Gesetz vom 26. April 1835 § 2.)

§ 75. Siehe Rechtsgrundsätze 346. 1056. (A. L. R. I. 12. § 288.; A. G. O. I. 52. § 59.)

§ 76. Siehe Rechtsgrundsatz 198. (A. L. R. I. 9. § 504.)

§ 87. Siehe Rechtsgrundsatz 1139. (Westpreußische Regierungs-Instruktion vom 21. September 1773 § 13.)

§ 108. Siehe Rechtsgrundsatz 909. (A. G. O. I. 2. § 121.)

§§ 111. ff. Wirkung gerichtlicher Theilungs-Rezesse. — Vergl. A. L. R. I. 16. § 418.; II. 18. §§ 419. ff. 956. 970.

A. Wirkung eines von dem Vormundschaftsgerichte aufgenommenen und bestätigten Erbtheilungs-Rezesses.

Rechtsgr. **474.** — I. Senat. 20. Januar 1854. (XII. 76.)

Ein von dem Vormundschaftsgericht aufgenommener und bestätigter Erbtheilungs-Rezeß ist nicht nach den Regeln von Vergleichen zu beurtheilen.

B. Anfechtung obervormundschaftlich bestätigter Auseinandersetzungs-Verträge wegen Irrthums. — Vergl. A. G. O. I. **46.** §§ **3.** ff.

Rechtsgr. **475.** — I. Senat. 16. März 1849 und 12. Mai 1851. (III. 207.)

a) Die Bestimmung des § 111. I. 17. des Allgem. Landrechts, nach welcher die Wirksamkeit einer mit Zuziehung des Richters angelegten Theilung nach den Regeln der rechtskräftigen Erkenntnisse zu beurtheilen ist, bezieht sich auf die nach Vorschrift der A. G. O. I. 46. zu Stande gekommenen Theilungen.

b) Ein Irrthum über den Umfang der gütergemeinschaftlichen Masse entkräftet nicht die stattgefundene Auseinandersetzung.

Siehe auch Rechtsgrundsatz 952. (A. G. O. I. **13.** § 36.)

Zweiter Abschnitt. Vom gemeinschaftlichen Eigenthume der Miterben.

§§ **115.** ff. Siehe Rechtsgrundsätze 476. 1064. 1139. (§ 151. dieses Titels; Preußisches Landrecht von 1721 Buch 4. Tit. 20. Art. 2. § 3.; Westpreußische Regierungs-Instruktion vom 21. September 1773 § 13.)

§ **123.** Siehe Rechtsgrundsätze 1064. 1139. (Preuß. Landrecht von 1721 Buch 4. Tit. 20. Art. 2. § 3.; Westpreuß. Regierungs-Instruktion vom 21. September 1773 § 13.)

§ **125.** Siehe Rechtsgrundsatz 1013. (A. G. O. I. **31.** § 1.)

§ **127.** S. Rechtsgrundsätze 476. 909. 1064. (§ 151. dieses Titels; A. G. O. I. **2.** § 121.; Preuß. Landrecht von 1721 Buch 4. Tit. 20. Art. 2. § 3.)

§ **128.** Siehe Rechtsgrundsatz 476. (§ 151. dieses Titels.)

§ **131.** Siehe Rechtsgrundsatz 908. (A. G. O. I. **2.** § 121.)

§ **132.** Siehe Rechtsgrundsatz 909. (A. G. O. I. **2.** § 121.)

§ **133-137.** Siehe Rechtsgrundsatz 909. (A. G. O. I. **2.** § 121.)

§ **151.** Rechte einzelner Miterben wegen der Nachlaßforderungen vor geschehener Theilung:

A. Rechte einzelner Miterben an einzelnen Nachlaßgegenständen. — Vergl. A. L. R. I. **9.** § 350.; **17.** §§ 10. 115. ff. 127. 128.

Rechtsgr. **476.** — III. Senat. 19. Dezember 1851. (IV. 201.)

Vor stattgefundener Erbtheilung steht den einzelnen Miterben ein bestimmter verhältnißmäßiger Antheil an den einzelnen Nachlaßstücken und insbesondere an den Nachlaßforderungen, als ihr besonderes Eigenthum, nicht zu.

B. Einreden einzelner Miterben aus Verträgen des Erblassers.

Rechtsgr. 477. — I. Senat. 3. März 1852. (IV. 368.)

Der Grundsatz, daß die zur Erbschaft gehörigen Aktivforderungen, so lange sie im Miteigenthum stehen, nur von allen Erben gemeinschaftlich eingezogen werden können, findet keine Anwendung auf den Fall, in welchem ein oder mehrere belangte Miterben aus einem Seitens des Erblassers mit dem Kläger geschlossenen Vertrage einen Einwand entnehmen.

C. Verbindlichkeit des Miterben als Nachlaßschuldner gegen die übrigen Miterben.

Rechtsgr. 478. — III. Senat. 19. Dezember 1851. (IV. 201.)

Während der Fortdauer der Gemeinschaft kann zwar ein einzelner Miterbe, welcher zugleich Schuldner des Nachlasses ist, von den übrigen Miterben auf Zahlung des Betrages dieser Schuld zum gerichtlichen Depositum belangt werden, jedoch ist keiner der übrigen Miterben berechtigt, einen seiner Erbquote entsprechenden Antheil der Schuld für sich einzuklagen.

D. Rechte einzelner Miterben wegen der ihnen von dem Erblasser angewiesenen Forderung.

Rechtsgr. 479. — III. Senat. 19. Dezember 1851. (IV. 201.)

Auch diejenigen Miterben, welchen der Erblasser Nachlaßforderungen besonders überwiesen hat, können während der Fortdauer der Gemeinschaft diese Forderungen nur gemeinschaftlich einklagen.

E. Berechtigung einzelner Miterben eines Pflichttheilsberechtigten gegen den Haupterben auf Legung eines Nachlaß-Inventars. — Vergl. A. L. R. I. **5**. §§ **450**. ff.; **13**. § **210**.; **14**. § **66**.; A. G. O. **I**. **46**. § 7.

Rechtsgr. 480. — I. Senat. 9. November 1853. (XI. 318.)

Auch ein einzelner Miterbe des Pflichttheilsberechtigten

kann die Legung des Nachlaß-Inventars zum Zwecke der Sicherstellung des Pflichttheils von dem Haupt-Erben verlangen.

F. Legitimation einzelner Miterben zur Klage gegen den Erbschaftsschuldner. — Vergl. § 156. dieses Titels.

Rechtsfr. **481**. — IV. Senat. 16. September 1851. (III. 82.)

Legitimirt die Erklärung einiger Miterben, daß sie einer anzustellenden Klage der übrigen Miterben gegen einen Erbschaftsschuldner nicht beitreten, vielmehr ihren Antheil diesen Miterben überlassen wollen, diese letzteren zur Klage?

Siehe auch Rechtsgrundsätze 384. 484. 1064. (A. L. R. I. **13**. § 210.; **17**. § 219.; Preuß. Landrecht von 1721 Buch **4**. Tit **20**. Art. 2. § 3.)

§ **152**. Verpfändung einer unter mehreren Miterben gemeinschaftlichen Erbschaftsforderung nach erfolgter Erbschaftstheilung. — Vergl. A. L. R. I. **20**. § 15.

Rechtsgr. **482**. — IV. Senat. 6. Januar 1853. (VIII. 169.)

Die nach erfolgter Theilung der Erbschaft geschehene Verpfändung einer mehreren Erben gemeinschaftlich zugetheilten Erbschaftsforderung durch den im Besitz der Schuld-Urkunde befindlichen Miterben ist nur rücksichtlich des diesem Miterben daran zustehenden Antheils gültig.

§ **156**. Siehe Rechtsfrage 481. (§ 151. dieses Titels.)

Dritter Abschnitt. Von Gemeinschaften, welche durch Vertrag entstehen.

§§ **169**. ff. Siehe Rechtsgrundsätze 28. 743. 777. 876. (A. L. R. I. **1**. § 1.; II. **8**. § 625.; **11**. § 17.; Allg. Deutsche Wechsel-Ordnung Art. 81.)

§§ **170**. ff. Siehe Rechtsgrundsätze 709. 777. 876. (A. L. R. II. **6**. § 6.; **11**. § 17.; Allg. Deutsche Wechsel-Ordnung Art. 81.)

§ **171**. Gemeinschaftlicher Lotterie-Gewinn aus einem mündlichen Spielvertrage.

Rechtsgr. **483**. — IV. Senat. 10. Juli 1851. (II. 246.)

Wenn ein gemeinschaftliches Spielen eines Lotterieloofes zwischen mehreren Personen auch nur mündlich verabredet worden, und eine Einschränkung auf eine bestimmte Klasse, sowie Ungleichheit der Beiträge und des Theilnehmerrechts nicht nachgewiesen sind, so erstreckt sich die Vereinigung auf alle Klassen der betreffenden Lotterie und enthält Gleichheit der Rechte und Pflichten aller Genossen.

Es ändert hierin Nichts, wenn nur Einer der Genossen der Lotterie-Direktion gegenüber sich als Spieler kundgethan hat.

§ **210**. Siehe Rechtsgrundsätze 742-744. (A. L. R. II. **8**. §§ 625. 647.)

§§ **219**. ff. Klage jedes einzelnen Gesellschafters gegen den verwaltenden Mitgesellschafter auf Rechnungslegung. — Vergl. A. L. R. I. **5**. §§ **450**. ff.; **13**. § 210.; **17**. §§ **4**. **151**.; II. **8**. §§ 633. ff.

Rechtsgr. **484**. — IV. Senat. 27. April 1852. (VI. 128.)

Jeder Gesellschafter kann gegen denjenigen, welcher einen besondern Zweig des Sozietätsgeschäfts verwaltet hat, auf Rechnungslegung an die Gesammtheit klagen.

Siehe auch Rechtsgrundsatz 392. (A. L. R. I. **14**. § 135.)

§§ **230**. **231**. Siehe Rechtsgrundsätze 742. 744. 876. (A. L. R. II. **8**. §§ 625. 647.; Allg. Deutsche Wechsel-Ordnung Art. 81.)

§§ **236**. ff. Wirkung der nicht eingeholten, obwohl gesetzlich vorgeschriebenen obervormundschaftlichen Genehmigung eines von dem Vormunde für den Pflegebefohlenen abgeschlossenen Vertrages.

Rechtsgr. **485**. — III. Senat. 13. Juli 1853. (IX. 367. und 371.)

Zur Ungültigkeits-Erklärung eines von dem Vormunde für den Mündel abgeschlossenen Vertrages reicht der Umstand allein, daß die Genehmigung des Vormundschaftsgerichts vorgeschrieben, aber nicht eingeholt ist, nicht hin.

Siehe auch Rechtsgrundsatz 390. (A. L. R. I. **13**. § 262.)

§ **239**. Verhältniß der Gesellschafts-Mitglieder gegen dritte Personen. — Vergl. A. L. R. II. **8**. § 614.

Rechtsgr. **486**. — IV. Senat. 4. September 1851. (III. 248.)

Wenn ein Handelsgesellschafter als solcher mit einem Dritten einen mündlichen Speditions-Vertrag abgeschlossen, und der Spediteur diesen Vertrag erfüllt hat, so haften außer dem Befrachter auch die übrigen Gesellschafter dem Spediteur als Korreal-Schuldner für das Ganze.

Siehe auch Rechtsgrundsätze 743. 876. (A. L. R. II. 8. § 625.; Allg. Deutsche Wechsel-Ordnung Art. 81.)

§ **277**. Siehe Rechtsgrundsatz 390. (A. L. R. I. **13**. § 262.)

Fünfter Abschnitt. Von Grenzscheidungen.

§§ **372**. ff. Ausmittelung streitiger Grenzen:

A. Beweis des streitigen Eigenthums oder vollständigen Besitzes im Grenzregulirungs-Prozesse.

Rechtsgr. **487**. — III. Senat. 31. März 1851. (I. 349.)

Auf Wiederherstellung verdunkelter Grenzen kann zwar nur der Eigenthümer oder vollständige Besitzer antragen; der Beweis seines streitigen Eigenthums oder vollständigen Besitzes kann jedoch im Grenzregulirungs-Prozesse geführt werden.

B. Unterschied zwischen Grenzregulirungs- und Eigenthums-Klage. — Vergl. A. L. R. I. **15**. § 1.; A. G. O. I. **42**. §§ 1. ff.

Rechtsgr. **488**. — II. Senat. 30. November 1852. (VII. 188.)

Wenn ein Grundnachbar gegen den andern auf Wiederherstellung eines früheren Grenzzuges klagt, durch welchen ein unstreitiges im Besitze des anderen befindliches Stück Land demselben entzogen werden würde, so ist dies für eine Vindikation, nicht aber für einen Antrag auf Grenzregulirung zu erachten.

Titel 18. Vom getheilten Eigenthume.

§ **4**. Verhaftung des nutzbaren Eigenthümers, insbesondere des Fideikommiß-Folgers, für konsentirte Schulden des Vorbesitzers.

Rechtsgr. **489**. — I. Senat. 13. Oktober 1851. (III. 160.)

Der Nachfolger in ein Fideikommiß oder in ein Fideikommiß-Lehn muß die Schulden des Vorbesitzers, in welche er konsentirt hat, auch wenn er sich der Erbschaft desselben enthält, aus den Einkünften des Fideikommisses resp. Fideikommiß-Lehns bezahlen, soweit jene Erbschaft dazu nicht hinreicht.

Erster Abschnitt. Vom Lehne.

§§ **323.** ff. Siehe Rechtsgrundsatz **1125.** (Hinterpommersche Lehns-Konstitution vom 8. Dezember **1694** Tit. 3. § 3.)

§ **385.** Siehe Rechtsgrundsatz 702. (A. L. R. II. **4.** § 50.)

§§ **564.** ff. Siehe Rechtsgrundsatz **543.** (A. L. R. I. **21.** § **30.**)

Zweiter Abschnitt. Von Erbzins-Gütern.

§ **714.** Anspruch auf rückständige Laudemien. — Vergl. A. L. R. I. **2.** § **125.**; **13.** §§ **62.** **153.**; **14.** §§ **105.** **109.**

Rechtsgr. **490.** — II. Senat. 2. November 1852. (VII. 306.)

Das Recht, Laudemien zu fordern, an und für sich, nicht auch die Forderung auf Entrichtung rückständiger Laudemien, ist subjektiv-dinglicher Natur. Daher hat der Nachfolger im Besitze des berechtigten Gutes als solcher auf Rückstände von Laudemien aus der Besitzzeit des Vorbesitzers keinen rechtlichen Anspruch.

§§ **716.** **717.** Laudemien von Deszendenten:

A. Deszendenten-Laudemien auf den Grund des Urkaufs.

Rechtsgr. **491.** — II. Senat. 12. Februar 1852. (IV. 350.)

Deszendenten sind nur dann verpflichtet, auf den Grund des Urkaufs Laudemien zu zahlen, wenn diese Verpflichtung darin ausdrücklich ausgesprochen ist.

B. Deszendenten-Laudemien bei Erbtheilungen. — Vergl. A. L. R. I. **4.** § **66.**; Kabinetsorder vom 8. Novbr. **1804.**; Nov. **112.** cap. 1.

Rechtsgr. **492.** — II. Senat. 11. Mai 1852. (V. 256.)

Wenn in Urbarien, die vor Einführung des Allg. Landrechts unter der Herrschaft des Gemeinen Rechts errichtet worden, bei Kaufverträgen die Freiheit der Deszendenten von der Laudemialpflicht ausgeschlossen ist; so sind Erwerbungen des Grundstücks Seitens eines miterbenden Deszendenten im Wege der Erbtheilung der Laudemialpflicht nicht unterworfen.*

C. Deszendenten-Laudemien bei Abtretung des Guts unter Lebendigen und bei Ueberlassung desselben an Kinder.

Rechtsgr. **493**. — II. Senat. 21. Juni 1853. (IX. 307.)

a) Die nach dem Urbarium den Deszendenten für eine Abtretung des Guts unter Lebendigen auferlegte Verpflichtung zur Entrichtung der Lehnwaare schließt die gesetzliche Freiheit derselben für Erbfälle nicht aus.

b) Ist nach dem Urbarium das Laudemium überhaupt bei Ueberlassungen an Kinder zu entrichten, so sind hierunter auch Abtretungen bei Erbtheilungen zu verstehen.

Siehe auch Rechtsgrundsatz 1392. (Gesetz vom 2. März 1850. § 40.)

§ **720**. Betrag der Laudemien.

Rechtsgr. **494**. — II. Senat. 9. März 1852. (V. 67.)

Wenn eine Urkunde nur die Laudemialpflicht an sich, nicht die Höhe der Laudemien feststellt, so sind 2 Prozent des Erwerbspreises zu entrichten.

§ **731**. Zeitpunkt der Entstehung des Rechts auf Laudemien.

Rechtsgr. **495**. — II. Senat. 9. März 1854. (XII .237.)

Die Vorschrift des § 731. I. 18. des Allg. Landrechts bezieht sich auf den Zeitpunkt der Fälligkeit des Laudemiums, sie stellt aber keine Bedingung für die Existenz des Rechts selbst auf das Laudemium fest.

§ **763**. Siehe Rechtsgrundsatz 27. (A. L. R. Einleitung § 108.)
§§ **813**. **814**. Siehe Rechtsgrundsatz 248. (A. L. R. I. **11**. § 183.)
§ **815**. Siehe Rechtsgrundsatz 289. (A. L. R. I. **11**. § 602.)

Titel 19. Von dinglichen und persönlichen Rechten auf fremdes Eigenthum überhaupt.

§§ **3**. ff. Kollision der Rechte des Käufers mit den Rechten des Cessionars des Verkäufers eines verpachteten oder vermietheten Grundstücks,

* Vergl. dagegen die Anmerkung S. 258. Bd. 5. des Archivs für Rechtsfälle.

hinsichtlich künftig fällig werdender Pacht- und Miethszinse. — Vergl. A. L. R. I. 2. § 135.; 7. § 77.; 21. § 358.

Rechtsgr. 496. — III. Senat. 4. Oktober 1849. (III. 188.)

Wenn der Eigenthümer eines Grundstücks dasselbe verpachtet oder vermiethet, die Forderung auf künftig fällig werdende Pacht- oder Miethzinse einem Dritten cedirt, und hiernächst das Grundstück freiwillig veräußert, so ist der neue Eigenthümer auch hinsichts der während seiner Besitzzeit fällig werdenden Zinse den Cessions-Vertrag gegen den Cessionar anzufechten selbst dann nicht berechtigt, wenn er erst nach Abschluß des Kaufvertrages von der Cession Kenntniß erlangt hat.

§§ 4. ff. Kollision dinglicher und persönlicher Rechte mehrerer Erwerber von demselben Besitzer der Sache.

A. Kollision einer nicht eingetragenen immerwährenden Reallast mit einer Hypotheken-Forderung. — Vergl. A. L. R. I. 4. § 19.

Rechtsgr. 497. — III. Senat. 23. Mai 1850. (I. 56.)

Die Bestimmungen der §§ 4–6. I. 19. des Allg. Landrechts kommen auch dann zur Anwendung, wenn die Kollision einer nicht eingetragenen immerwährenden Reallast mit einer Hypothekenforderung eintritt.

B. Kollision gleichartiger Rechte; Kollision zwischen dem Eigenthums-Prätendenten und dem Prätendenten eines dinglichen Rechts. — Vergl. A. L. R. I. 2. § 124.

Rechtsgr. 498. — I. Senat. 20. Mai 1853. (IX. 184.)

Die Vorschriften der §§ 4–6. I. 19. des Allgem. Landrechts über die Kollision persönlicher und dinglicher Rechte setzen Gleichartigkeit der Rechte voraus und umfassen daher nicht den Fall, wenn Eigenthum und Hypothek mit einander in Kollision gerathen.

Rechtsgr. 499. — III. Senat. 3. Februar 1854. (XII. 101.)

Die §§ 4. und 5. I. 19. des Allgem. Landrechts finden in dem Falle keine Anwendung, wenn die Kollision zwischen einem Hypothekengläubiger und einem Eigenthums-Prätendenten dergestalt stattfindet, daß entweder jener zur Zeit der nachgesuchten Eintragung der Hypothek, oder dieser zur Zeit der nachgesuchten Eintragung seines Besitztitels auf den Grund des mit dem früheren Besitzer geschlossenen Vertrages, so wie auf den Grund der geschehenen Uebergabe von dem früher entstandenen persönlichen Rechte seines Gegners unterrichtet gewesen ist.

Siehe auch Rechtsgrundsätze 39. 289. 534. 719. (A. L. R. I. **2.** § 137.; **11.** § 602.; **20.** § 526.; II. **7.** § 137.)

§§ **14. 15.** Siehe Rechtsgrundsatz 160. (A. L. R. I. **7.** § 181.)

§§ **17. 18.** Siehe Rechtsgrundsatz 590. (A. L. R. I. **22.** § 121.)

§§ **22.** ff. Siehe Rechtsgrundsätze 540. 668. (A. L. R. I. **21.** § 22.; II. **2.** § 168.)

§ **29.** Siehe Rechtsgrundsatz 438. (A. L. R. I. **16.** § 178.)

§ **31.** Siehe Rechtsgrundsatz 27. (A. L. R. Einleitung § 108.)

§ **33.** Siehe Rechtsgrundsatz 565. (A. L. R. I. **21.** § 388.)

Titel 20. Von dem Rechte auf die Substanz einer fremden Sache.

Erster Abschnitt. Vom Rechte des Unterpfandes.

§§ **1.** ff. Siehe Rechtsgrundsätze 248. 289. 402. (A. L. R. I. **11.** §§ 183. 602.; **14.** § 228.)

§ **4.** Siehe Rechtsgrundsatz 509. (§ 112. dieses Titels.)

§ **5.** Siehe Rechtsgrundsätze 355. 514. (A. L. R. I. **12.** § 535.; **20.** § 410.)

§§ **6.** ff. Siehe Rechtsgrundsätze 36. 719-722. (A. L. R. I. **2.** § 135.; II. **7.** § 137.)

§ **10.** Kollision der Rechte des Cessionars einer Hypotheken-Forderung und des die Hypotheken-Forderung mit Arrest bestrickenden Gläubigers des Cedenten. — Vergl. A. L. R. I. **11.** § 393.; Hypotheken-Ordnung II. §§ 213. 214. 233. 234.

Rechtsgr. **500.** — III. Senat. 17. Dezember 1852. (VII. 351.)

Der Cessionar einer Hypotheken-Forderung kann die Löschung eines auf die cedirte Forderung eingetragenen Arrestes, dessen Eintragung zwar nach der Cession verfügt, aber vor derselben zu den Hypotheken-Akten beantragt ist, nicht verlangen.

Siehe auch Rechtsgrundsätze 720-722. (A. L. R. II. 7. § 137.)

§ **11**. Siehe Rechtsgrundsatz 501. (§ **12**. dieses Titels.)

§ **12**. Einfluß der Ungültigkeit des Anspruchs auf die Wirksamkeit der dafür bestellten Sicherheit:

A. Hypothekenrecht für simulirte Forderungen. — Vergl. § **11**. dieses Titels.

Rechtsgr. **501**. — III. Senat. 21. März 1851. (I. 315.)

Das für eine simulirte Forderung bestellte Hypothekenrecht ist nur in so weit ungültig, als die Forderung wirklich simulirt ist; so weit die Forderung existirt, besteht auch das Hypothekenrecht.

B. Gültigkeit der Hypothek bei unrichtiger Bezeichnung der Schuld als ein Darlehn in dem Schuld- und Hypotheken-Instrumente. — Vergl. A. L. R. I. **11**. §§ 866. 867.

Rechtsgr. **502**. — III. Senat. 20. Februar 1854. (XII. 172.)

Dadurch allein, daß über die schuldige Summe ein Schuldschein unrichtig als über ein Darlehn ausgestellt worden, wird die bestellte Hypothek nicht wirkungslos. Es kommt vielmehr lediglich darauf an, daß überhaupt ein Rechtsgeschäft besteht, welches geeignet ist, eine Zahlungsverbindlichkeit rechtlich zu begründen.

Siehe auch Rechtsgrundsätze 310. 520. (A. L. R. I. **11**. § 753.; **20**. § 422.)

§ **15**. Folgen unrichtiger Eintragung der Fideikommiß-Eigenschaft in das Hypothekenbuch. — Vergl. A. L. R. I. **4**. §§ 15. ff. 19.; II. **4**. §§ 28. 62.

Rechtsgr. **503**. — III. Senat. 20. April 1849 u. 11. April 1851. (II. 79.)

Wenn die Fassung der Eintragung einer Familienstiftung oder eines Fideikommisses in das Hypothekenbuch von der bestimmenden Verfügung des Stifters abweicht, so ist die Eintragung in so weit ohne rechtliche Wirkung und hindert, wenn das Gut gar nicht zum Fideikommiß bestimmt ist, den

Hypothekengläubiger nicht, sein Hypothekenrecht gegen Jeden, welcher ihm eine ausschließliche Eigenschaft des Guts entgegensetzen will, zu verfolgen.

Siehe auch Rechtsgrundsätze **412**. **482**. **999-1001**. (A. L. R. I. **14**. § **413**.; **17**. § 152.; A. G. O. I. **29**. § 81.)

§ **16**. Verpfändung fremder Sachen. — Vergl. A. L. R. I. **4**. §§ **15**. ff.

Rechtsgr. **504**. — III. Senat. 29. November 1852. (VIII. 64.)

Der § 16. I. 20. des Allgem. Landrechts, betreffend die Gültigkeit der Verpfändung einer gemeinschaftlichen Sache, ist auch auf das gesetzliche Pfandrecht anzuwenden.

Siehe auch Rechtsgrundsätze 355. 1025. (A. L. R. I. **12**. § **535**.; A. G. O. I. **50**. § 34.)

§ **24**. Siehe Rechtsgrundsatz **525**. (§ **439**. dieses Titels.)

§ **43**. Befreiung des Schuldners von seiner persönlichen Verbindlichkeit durch Belegung der Kaufgelder bei nothwendiger Subhastation des verpfändeten Grundstücks. — Vergl. Subhastations-Verordnung vom 4. März 1834 § 17.

Rechtsgr. **505**. — III. Senat. 22. März 1852. (VI. 81.)

a) Die Befriedigung des Pfandgläubigers im Sinne des § 43. I. 20. des Allgem. Landrechts und des § 17. der Subhastations-Verordnung vom 4. März 1834 kann nicht blos durch Uebernahme der Forderung des Pfandgläubigers von Seiten des Käufers des verpfändeten Grundstücks und durch Zahlung, sondern auch durch jeden anderen gesetzlich zulässigen Grund, z. B. durch Kompensation mit einer Gegenforderung, erfolgen.

b) Der Hypotheken-Gläubiger verliert insoweit, als seine Forderung durch das Kaufgeld des im Wege der Exekution subhastirten Grundstücks gedeckt wird, sein persönliches Recht gegen den ursprünglichen Schuldner schon durch die im Kaufgelderbelegungs-Termine von Seiten des Käufers mit des Gläubigers Einwilligung geschehene Uebernahme der Forderung des letzteren, ohne daß es hierzu einer ausdrücklichen Entlassung des bisherigen Schuldners bedarf.

§ **54**. Wirkung der Uebernahme einer Hypothekenschuld in Abrechnung auf das Kaufgeld.

Rechtsgr. und Rechtsfr. **506**. — III. Senat. 27. September 1850; 24. Januar 1851. (VI. 342., II. 292.)

a) Durch die bloße Uebernahme einer auf dem verkauften Grundstücke eingetragenen Schuldpost in Abrechnung auf das Kaufgeld wird der Käufer dem Verkäufer persönlich verpflichtet, entweder diese Schuldpost an den Hypotheken-Gläubiger zu zahlen oder aber die Befreiung des Verkäufers von seiner Verbindlichkeit zu bewirken.

b) Ist der Käufer, welcher eine auf der verkauften Sache haftende Hypothekenschuld in Abrechnung auf das Kaufgeld übernommen hat, ohne Rücksicht auf die Fälligkeit der übernommenen Hypothekenschuld, zur sofortigen Zahlung der Schuld oder Befreiung des Verkäufers verpflichtet?

Siehe auch Rechtsgrundsatz 287. (A. L. R. I. **11**. § 427.)

§§ **65**. **66**. Siehe Rechtsgrundsatz **402**. (A. L. R. I. **14**. § **228**.)

§ **72**. Einwilligung des Eigenthümers in die Verpfändung seiner Sache durch einen Dritten. — Vergl. A. L. R. I. **14**. § 200.

Rechtsgr. **507**. — IV. Senat. 18. Januar 1853. (VIII. 212.)

Die mit Einwilligung des Eigenthümers einer Sache von einem Dritten geschehene Verpfändung derselben ist nicht nach den Vorschriften über Bürgschaften zu beurtheilen.*

Siehe auch Rechtsgrundsatz **402**. (A. L. R. I. **14**. § 228.)

§ **76**. Wirksamkeit der Verpfändung fremder Sachen bei hiernächst eintretender Konfusion. — Vergl. A. L. R. I. **9**. § 368.; **16**. § 486.; Dig. **13**. 7. Lex 41.; **20**. 1. Lex 22.; Cod. **8**. 16. Lex 5.

Rechtsgr. **508**. — IV. Senat. 29. Juni 1852. (VII. 38.)

Das von dem Nichteigenthümer einer Sache bestellte Pfandrecht erlangt dadurch, daß deren Eigenthümer der Benefizial-Erbe des Verpfänders wird, keine Gültigkeit.

§§ **104**. **105**. Siehe Rechtsgrundsatz **144**. (A. L. R. I. **7**. § **58**.)

§ **112**. Exekution auf Sicherstellung durch Unterpfand. — Vergl. §§ **4**. **180**.

* Vergl. dagegen das Ober-Tribunals-Urtheil vom 20. Juni 1846 in der Juristischen Wochenschrift für 1846 S. 350. ff.

dieses Titels; A. G. O. I. **24.** § **49.**; Exekutions-Verordnung vom 4. März 1834 § 9.; Allgem. Deutsche Wechsel-Ordnung Art. 25.

Rechtsgr. **509.** — IV. Senat. 15. Dezember 1853. (XI. 123.)

a) Ein den Schuldner verurtheilendes Erkenntniß auf gesetzliche Sicherstellung berechtigt den Gläubiger auch zu dem Antrag auf Bestellung eines Unterpfandes, und kann derselbe die Auslieferung gewisser bestimmter Sachen gegen Kautionsbestellung verlangen.

b) Auch ein Unterpfand kann im Wege der Exekution durch Uebergabe abgepfändeter Effekten und baarer Gelder bestellt werden.

§§ **116. 117.** Siehe Rechtsgrundsatz 568. (A. L. R. I. **21.** § 395.)

§§ **118. 253. 254.** Abforderung des Pfandes zur gerichtlichen Asservation.

Rechtsgr. **510.** — IV. Senat. 15. Dezember 1853. (XI. 124.)

Durch die Abforderung und Abholung des Pfandes zur gerichtlichen Asservation wird der Gläubiger seines Pfandrechts nicht verlustig.

Siehe auch Rechtsgrundsatz 568. (A. L. R. I. **21.** § 395.)

§§ **133. 134.** Siehe Rechtsgrundsatz **443.** (A. L. R. I. **16.** § **215.**)

§§ **139.** ff. Siehe Rechtsgrundsätze **315. 537.** (A. L. R. I. **11.** § 810.; **20.** § 558.)

§ **171.** Siehe Rechtsgrundsatz **1204.** (Kabinets-Order vom **11.** Februar 1832 No. 6.)

§ **180.** Siehe Rechtsgrundsatz 509. (§ **112.** dieses Titels.)

§§ **253. 254.** Siehe Rechtsgrundsatz **510.** (§ **118.** dieses Titels.)

§ **257.** Aufhebung des Pfandrechts durch Untergang des verpfändeten Grundstücks. — Vergl. A. L. R. I. **16.** §§ 2. 3.; Reglements vom 30. Mai 1800 §§ 12. 29. und vom **6.** Mai **1842** §§ 60. 63.

Rechtsgr. **511.** — IV. Senat. 27. März 1851. (I. 330.)

Das Hypothekenrecht der Gläubiger eines Grundstücks erstreckt sich auch auf die Feuerversicherungs-Gelder für die auf jenem Grundstücke eingeäscherten und nicht wieder errichteten Gebäude.

§ **404.** Siehe Rechtsgrundsatz **310.** (A. L. R. I. **11.** § 753.)

§ **405.** Siehe Rechtsgrundsätze **512-517.** (§ **410.** dieses Titels.)

§ **410.** Hypothekenbestellung gegen den eingetragenen Nichteigenthümer. — Vergl. A. L. R. I. **10.** §§ 7-10.; **20.** § 504.; Exekutions-Verordnung vom 4. März 1834 § 22.

A. Guter Glaube des Hypothekengläubigers bis zur Eintragung der Hypothek.

Rechtsgr. 512. — III. Senat. 30. Januar 1852. (IV. 315.)

Der Hypothekengläubiger, welcher zwar erst nach der Zeit der Einreichung seines Eintragungsgesuchs, aber noch vor erfolgter Eintragung seiner Hypothek Kenntniß davon erlangt hat, daß der eingetragene Besitzer nicht der wahre Eigenthümer des Grundstücks sei, kann gegen den letztern sein Hypothekenrecht nicht geltend machen.

B. Guter Glaube des Hypothekenbuchs bei Erwerbung einer Hypothek im Wege der Exekution. — Vergl. § 5. dieses Titels.

Rechtsgr. 513. — III. Senat. 20. Januar 1854. (XI. 254.)

Die Vorschrift des § 410. I. 20. des Allg. Landrechts, — daß jede auf den Grund eines an sich rechtsgültigen Titels gegen den eingetragenen Besitzer erfolgte Hypothekenbestellung ihre Kraft behält, wenngleich sich in der Folge findet, daß dieser Besitzer nicht der wahre Eigenthümer gewesen sei, — findet auch auf die im Wege der Exekution eingetragenen Hypotheken Anwendung.

C. Guter Glaube des Hypothekengläubigers bei Erwerbung einer Hypothek im Wege der Exekution.

Rechtsgr 514. — III. Senat. 30. Januar 1852. (IV. 315.)

Der Grundsatz, daß der eingetragene Besitzer bei Verhandlungen mit einem Dritten als der rechtmäßige Eigenthümer anzusehen ist, insofern sich der Dritte in gutem Glauben befindet, d. h. nicht weiß, daß der eingetragene Besitzer nicht rechtmäßiger Eigenthümer ist, findet auch hinsichtlich der Erwerbung einer Hypothek im Wege der Exekution Anwendung.

D. Guter Glaube des Hypothekengläubigers bis zur Eintragung der Hypothek im Wege der Exekution.

Rechtsgr. 515. — III. Senat. 16. Dezember 1853. (XI. 149.)

Der im Wege der Exekution gegen den eingetragenen Besitzer die Eintragung suchende Gläubiger, welcher zwar erst nach Anbringung seines Eintragungsgesuchs, aber noch vor verfügter Eintragung der Hypothek Wissenschaft davon erlangt hat, daß der eingetragene Besitzer nicht der wahre Eigenthümer sei, kann gegen den letzteren sein Hypothekenrecht nicht geltend machen.

Rechtsgr. 516. — IV. Senat. 23. Februar 1854. (XII. 166.)

Hat der bisherige Eigenthümer eines Grundstücks dasselbe veräußert, und ist der Kaufvertrag in Ausfertigung mit dem Antrage auf Besitztitelberichtigung zu den Grundakten eingereicht worden, so findet die Eintragung einer hiernächst angemeldeten Forderung an den früheren Eigenthümer auch im Wege der Exekution nicht mehr statt, wenngleich der neue Eigenthümer die zu seiner vollständigen Legitimation erforderlichen Atteste erst später einreicht.

E. Kollision der Rechte des neuen Erwerbers eines Grundstücks mit den Rechten der Hypothekengläubiger. — Vergl. Allg. Hypotheken-Ordnung II. §§ 20. 55. 92.

Rechtsgr. 517. — III. Senat. 21. März 1851. (I. 324.)

Der wirkliche, im Hypothekenbuche aber noch nicht eingetragene Eigenthümer eines Grundstücks muß das Hypothekenrecht eines Gläubigers seines noch eingetragenen Vorbesitzers anerkennen, wenn die Forderung des Gläubigers behufs protestativischer Eintragung zu den Grundakten bereits angemeldet ist, bevor der Antrag des wirklichen Eigenthümers auf Besitztitelberichtigung eingeht, mag auch die Eintragung der Forderung selbst erst später verfügt sein.

Siehe auch Rechtsgrundsatz 289. (A. L. R. I. 11. § 602.)

§ **411**. Siehe Rechtsgrundsätze 518. 519. 547. (A. L. R. I. **20**. § 421.; **21**. § 214.)

§ **412**. Siehe Rechtsgrundsatz 289. (A. L. R. I. **11**. § 602.)

§ **415**. Siehe Rechtsgrundsätze 310. 520. (A. L. R. I. **11**. § 753.; **20**. § 422.)

§ **421**. Rechtliche Wirkung der auf dem Hypothekenfolium des Hauptguts eingetragenen konservatorischen hypothekarischen Protestation wegen der Hypothek auf das veräußerte, aber noch nicht abgeschriebene, Trennstück. — Vergl. § **411**. dieses Titels; Allg. Hypotheken-Ordnung II. § 298.

A. Ueberhaupt.

Rechtsgr. **518**. — IV. Senat. 23. Juni 1853. (X. 312.)

Die auf das Hypothekenfolium des Hauptgutes eingetragene konservatorische Protestation wegen der Hypothek auf das veräußerte, aber noch nicht abgeschriebene Trennstück gewährt das Recht, die Forderung nach gehobenem Widerspruch und ergänzter Förmlichkeit zu allen Zeiten eintragen zu lassen, und nach erfolgter nothwendiger Subhastation des Trennstücks aus dessen Kaufgeldern Befriedigung zu verlangen.

B. Fortdauer des dinglichen Rechts des Hypothekengläubigers nach erfolgter Abschreibung des Trennstücks und von Amtswegen bewirkter Löschung der Hypothek. — Vergl. Allg. Hypotheken-Ordnung II. §§ 284. 286-288.

Rechtsgr. **519**. — IV. Senat. 23. Juni 1853. (X. 312.)

Die gleichzeitig mit der Abschreibung des Trennstücks von Amtswegen bewirkte Löschung der für einen Realberechtigten eingetragenen konservatorischen Protestation hebt bei nicht erfolgender Anlegung eines neuen Hypothekenfoliums für das Trennstück das dingliche Recht jenes Berechtigten nicht eingetragenen Gläubigern gegenüber nicht auf.

§ **422**. Einwendungen gegen eingetragene Forderungen:

A. Berechtigung des Nachfolgers im Besitze des verpfändeten Grundstücks zur Anfechtung der Gültigkeit der eingetragenen Hypotheken. — Vergl. §§ **12**. und **415**. dieses Titels; Allg. Hypotheken-Ordn. II. § **181**.

Rechtsgr. **520**. — III. Senat. 28. November 1853. (XI. 73.)

Auch der Nachfolger im Besitze des verpfändeten Grundstücks ist dem eingetragenen ursprünglichen Hypothekengläubiger gegenüber berechtigt, die Gültigkeit der Hypothekenforderung, wenn er dieselbe nicht in Abrechnung auf das Kaufgeld übernommen hat, und zwar sowohl hinsichtlich der formellen Gültigkeit der Pfandbestellung, als auch hinsichtlich der Gültigkeit der Forderung selbst anzufechten.

B. Wirkung der im Wege der Exekution in Kraft der Cession erfolgten richterlichen Ueberweisung eines Forderungsrechtes auf die Zuständigkeit der Einreden des Schuldners desselben. — Vergl. §§ **423. 522. 525.** und Anhang § 53. zu § **511.** dieses Titels; Exekutions-Verordnung vom **4.** März 1834 § **1.**

Rechtsgr. **521.** — III. Senat. 20. Januar 1854. (XI. 253.)

Die im Wege der Exekution mit der Wirkung der Cession geschehene richterliche Ueberweisung eines nicht eingetragenen Forderungsrechts folgt den Grundsätzen der durch Vertrag geschehenen Cession. — Die richterliche Ueberweisung eines eingetragenen Forderungsrechtes hat dagegen die Wirkung, daß das Forderungsrecht dem Exekutionssucher gegenüber, — wenn der Hypothekenschuldner ihm seine Einwendungen gegen dasselbe nicht kund gethan, diese Einwendungen auch nicht in dem Hypothekenbuche hat eintragen lassen, — als rechtsgültig und noch bestehend anerkannt werden muß, wenngleich die zwischen dem ursprünglichen Gläubiger und dem Hypothekenschuldner bestandenen Verhältnisse den Anspruch an und für sich entkräften oder dessen erfolgte Tilgung darthun.

Siehe auch Rechtsgrundsätze **309. 310.** (A. L. R. **I. 11.** §§ 739. 753.)

§§ **423.** ff. Einreden des Hypothekenschuldners gegen die eingetragene Forderung:

A. Einwand der nicht erhaltenen Valuta gegen den Cessionar einer eingetragenen Darlehnsforderung. — Vergl. A. L. R. I. **11.** §§ 732. ff. 738. 739.; **20.** Anhang § 53. zu § 511.

Rechtsgr. **522.** — III. Senat. 7. März 1851. (II. 30.)

Dem Cessionar einer eingetragenen Darlehnsforderung, hinsichtlich welcher eine Protestation innerhalb 38 Tagen in dem Hypothekenbuche nicht vermerkt ist, kann der Einwand der gar nicht oder nicht vollständig erhaltenen Valuta auch dann entgegengesetzt werden, wenn er vor der Cession von dem Einwande zwar nicht durch den Aussteller der Schuld-Urkunde benachrichtigt worden ist, jedoch auf andere Art davon Kenntniß erhalten hat.

B. Hypothekarische Protestation zur Erhaltung der Einreden des Hypothekenschuldners gegen den dritten Erwerber der Hypothek. — Vergl. A. L. R. I. **4.** § 19.; **10.** § 11.

Rechtsgr. **523.** — III. Senat. 20. Januar 1854. (XI. 254.)

Zur Erhaltung der Einwendungen des Hypothekenschuldners gegen die eingetragene Forderung genügt die Eintragung der Protestation zur Erhaltung der Einreden überhaupt, ohne daß es der näheren Bezeichnung des Grundes und des Gegenstandes dieser Einreden bedarf.

Siehe auch Rechtsgrundsätze 309. 521. 1234. (A. L. R. I. **11.** § 739.; **20.** § 422.; Exekutions-Verordnung vom 4. März 1834 § 22.)

§§ **425. 426.** Siehe Rechtsgrundsatz 309. (A. L. R. I. **11.** § 739.)

§ **436.** Siehe Rechtsgrundsatz 1259. (Subhastations-Verordnung vom 4. März 1834 § 16.)

§ **439.** Vertrag über nicht weitere Verpfändung der zur Hypothek gestellten Sache:

A. Ueberhaupt.

Rechtsgr. **524.** — IV. Senat. 8. November 1853. (XI. 30.)

Die Bestimmung des § 439. I. 20. des Allgem. Landrechts, — nach welcher ein Vertrag, daß die Sache keinem Andern mehr zur Hypothek verschrieben werden solle, ohne rechtliche Wirkung ist, — setzt eine schon vorhandene Hypothekbestellung voraus.

B. Wirkung der Eintragung einer protestatio de non amplius intabulando im Wege des Arrestes und auf den Grund eines Vertrages. — Vergl. § **24.** dieses Titels; A. G. O. I. **29.** § 81.; Allg. Hypotheken-Ordnung II. § 290.

Rechtsgr. **525.** — IV. Senat. 8. November 1853. (XI. 30.)

Die Bestimmung des § 439. I. 20. des Allgem. Landrechts steht der rechtlichen Wirkung einer auf richterliche Verfügung im Wege des Arrestes erfolgten Eintragung einer protestatio de non amplius intabulando für eine nicht eingetragene Forderung insoweit nicht entgegen, als durch dieselbe der später eingetragene Gläubiger verhindert wird, zum Nachtheile des Arrestanten von seinem Hypothekenrechte Gebrauch zu machen. — Dieser Grundsatz gilt auch für den Fall der auf den Grund eines Vertrages erfolgten Eintragung einer solchen Protestation und zwar auch dann, wenn für die Eintragung von vorhergehenden Hypotheken ein bestimmter Raum frei gelassen ist.

§§ **443**. ff. Dingliches Recht des Hypothekengläubigers an den Pertinenzstücken:

A. Wirkung der Veräußerung einzelner Gutsparzellen bei nicht erfolgter Abschreibung derselben. — Vergl. A. L. R. **I. 2.** § 43.

Rechtsgr. **526**. — III. Senat. 14. März 1853. (IX. 51.)

Die Veräußerung aber nicht erfolgte Abschreibung einzelner zu dem Areal eines Grundstücks gehöriger Theile ist nach den Grundsätzen der Trennung von Pertinenzien nicht zu beurtheilen.

B. Dingliches Recht des Hypothekengläubigers an früher veräußerten Gutsparzellen. — Vergl. A. L. R. I. **2.** §§ **43. 44.**

Rechtsgr. **527**. — III. Senat. 20. Januar 1854. (XI. 352.)

a) Das dingliche Recht des Hypothekengläubigers erstreckt sich auch auf die als B e s t a n d t h e i l e zu dem verpfändeten Gute gehörig gewesenen und von dem Besitzer vor der Eintragung der Hypothek veräußerten, aber in dem Hypothekenbuche von dem Gute nicht abgeschriebenen Parzellen, ohne Unterschied, ob sie auf dem Hypothekenfolium des Guts besonders vermerkt sind, oder nicht.

b) Das dingliche Recht des Hypothekengläubigers erstreckt sich dagegen nicht auf die im Hypothekenbuche des Hauptguts nicht ausdrücklich vermerkten, vor der Eintragung der Hypothek durch Veräußerung von dem Hauptgute getrennten unbeweglichen Pertinenzstücke, wenngleich deren Abschreibung nicht erfolgt ist.

C. Anspruch der Hypothekengläubiger auf die Feuer-Versicherungsgelder.

Rechtsgr. 528. — IV. Senat. 30. März 1852. (VI. 91.)

Das dingliche Recht des Hypothekengläubigers erstreckt sich auf die Brand-Entschädigungsgelder des vor der Eintragung der Forderung auf dem Grundstücke bereits abgebrannten Gebäudes nur dann, wenn in dem Statut der Versicherungs-Gesellschaft eine desfallsige Bestimmung ausdrücklich enthalten ist.

Rechtsgr. 529. — Plenum. 5. Dezember 1853. (XI. 330.)

Hypothekengläubiger sind nach allgemeinen Rechtsgrundsätzen nicht berechtigt, vermöge ihres dinglichen Hypothekenrechts und lediglich als Folge dieses Rechts die Feuer-Versicherungsgelder Behufs ihrer Befriedigung in Anspruch zu nehmen. — Diejenigen Rechte, welche die Hypothekengläubiger aus speziellen Rechtstiteln ableiten und diejenigen Rechte, welche sie aus den besonderen Feuer-Sozietäts-Reglements ableiten können, bleiben bei diesem Grundsatze unberührt.

D. Rang-Ordnung der auf dem Hypothekenfolium des Hauptguts eingetragenen und der auf dem Hypothekenfolium der Erbpachts-Gerechtigkeit auf den Kanon subintabulirten Hypothekengläubiger. Vergl. § 500. dieses Titels; Allg. Hypotheken-Ordnung I. § 34.; Verordnung vom 31. März 1834 § 5.

Rechtsgr. 530. — IV. Senat. 30. Juni 1853. (IX. 315.)

Die auf dem Hauptgute, zu welchem ein nicht auf dessen Hypothekenfolium vermerkter Erbpachts-Kanon gehört, eingetragenen Hypothekengläubiger rangiren in Betreff dieses Kanons mit den, auf dem Folium der Erbpachts-Gerechtigkeit und zwar auf den Kanon subintabulirten Hypothekengläubigern nach der Priorität ihrer Eintragung.

Dieser Grundsatz gilt auch in dem Falle, wenn das Hypothekenbuch auf das Kataster zurückgeführt ist.

E. Fortdauer des Pfandrechts der Hypothekengläubiger an beweglichen Pertinenzstücken nach deren Veräußerung.

Rechtsgr. **531**. — III. Senat. 27. März 1854. (XII. 289.)

Das dingliche Recht der Hypothekengläubiger an den beweglichen Pertinenzstücken des Grundstücks geht durch deren Veräußerung an einen Dritten nur dann unter, wenn zugleich eine räumliche Trennung derselben von dem Grundstücke stattfindet.

F. Pfandrecht an veräußerten beweglichen Pertinenzien des subhastirten verpfändeten Grundstücks. — Vergl. A. L. R. I. **2**. § 105.; **20**. §§ 524-526.; A. G. O. I. **7**. § 48c.; **29**. §§ 81. 83.; Allg. Hypotheken-Ordnung II. § 284.

Rechtsgr. **532**. — III. Senat. 9. April 1851. (II. 55.)

Durch die in Folge nothwendiger Subhastation geschehene Löschung einer eingetragenen, ausgefallenen Forderung erlischt nicht das Pfandrecht an den von dem nothwendigen Verkauf ausgeschlossenen, früher veräußerten, aber nicht räumlich getrennten Pertinenzstücken.

§ **467**. Siehe Rechtsgrundsatz 1259. (Subhastations-Verordnung vom 4. März 1834 § 16.)

§§ **475**. ff. Rechte der Hypothekengläubiger auf cedirte Miethszinse des künftigen Quartals.

Rechtsgr. **533**. — IV. Senat. 14. Februar 1854. (XII. 132.)

Der Vermiether ist zwar den Hypothekengläubigern gegenüber die Zahlung der Miethe für ein Quartal im Voraus anzunehmen, nicht aber die Quartals-Rate im Voraus an einen Dritten mit der Wirkung zu cediren berechtigt, daß dieselbe dem dinglichen Rechte der Hypothekengläubiger entzogen würde.

§ **482**. Siehe Rechtsgrundsatz 40. (A. L. R. I. **2**. § 137.)

§§ **484**. **487**. Siehe Rechtsgrundsatz 1261. (Subhastations-Verordnung vom 4. März 1834 § 18.)

§§ **429**. ff. Siehe Rechtsgrundsatz 40. (A. L. R. I. **2**. § 137.)

§ **500**. Siehe Rechtsgrundsätze 530. 1259. 1261. (§ 443. dieses Titels; Subhastations-Verordnung vom 4. März 1834 §§ 16. 18.)

§§ **504**. **505**. Siehe Rechtsgrundsatz 40. (A. L. R. I. **2**. § 137.)

Anhang § **53.** zu § **511.** Siehe Rechtsgrundsätze **309.** 521. **522.** (A. L. R. I. **11.** § 739.; **20.** §§ 422. 423.)

§ **522.** Siehe Rechtsgrundsatz 521. (§ 422. dieses Titels.)

§ **524.** Siehe Rechtsgrundsatz 532. (§ 443. dieses Titels.)

§ **525.** Siehe Rechtsgrundsatz 521. (§ 422. dieses Titels.)

§§ **526-529.** Ungebührlich gelöschte Realrechte. — Vergl. A. L. R. I. **19.** §§ 4. ff.; Allg. Hypotheken-Ordnung II. §§ 285. ff.

Rechtsgr. **534.** — II. Senat. 9. Dezember 1852. (VIII. 91.)

Die Vorschriften über ungebührlich gelöschte Hypotheken-Forderungen finden keine Anwendung auf das Verhältniß zwischen dem später eingetragenen Grund-Eigenthümer und dem Inhaber des zur Ungebühr gelöschten Realrechtes.

Siehe auch Rechtsgrundsatz 532. (§ 443. dieses Titels.)

Zweiter Abschnitt. Vom Zurückbehaltungsrechte.

§§ **539. 543.** Konnexität zur Begründung des Zurückbehaltungsrechtes.

Rechtsgr. **535.** — III. Senat. 17. Juni 1853. (IX. 281.)

Dem früheren Eigenthümer eines Grundstücks, welcher dasselbe in einem und demselben Akte verkauft und von dem Käufer gepachtet hat, steht wegen des rückständigen Kaufpreises das Zurückbehaltungsrecht zu.

§ **541.** Bescheinigung der Forderung behufs Ausübung des Zurückbehaltungsrechtes. — Vergl. Deklaration vom 6. April 1839 Art. 3. No. 5.; Instruktion vom 7. April 1839 No. 11. 19.

Rechtsgr. **536.** — III. Senat. 7. Dezember 1853. (XI. 100.)

Ob Eideszuschiebung für eine Bescheinigung im Sinne des § 541. I. 20. des Allgem. Landrechts zu erachten sei, ist keine Frage des materiellen Rechtes.

§ **542.** Siehe Rechtsgrundsatz 454. (A. L. R. I. **16.** § 313.)

§ **543.** Siehe Rechtsgrundsatz 535. (§ 539. dieses Titels.)

§ **558.** Zurückbehaltungsrecht des Verkäufers eines nutzbaren Grundstücks bei einem für ungültig erklärten simulirten Vertrage. — Vergl. §§ 139. ff. dieses Titels.

Rechtsgr. **537.** — III. Senat. 25. September 1851. (III. 289.)

Wenn ein von beiden Theilen erfüllter Kaufvertrag über

ein nutzbares Grundstück als Scheingeschäft rechtskräftig für ungültig erklärt ist, so kann der Käufer den Kaufpreis zurückfordern, ohne den Nachweis führen zu brauchen, daß derselbe nicht durch einen etwaigen Ueberschuß der auf die Zinsen anzurechnenden Nutzungen des Grundstücks theilweise schon getilgt ist. — Der Verkäufer kann der desfallsigen Klage des Käufers den Einwand der demselben obliegenden und nicht bewirkten Rechnungslegung nur in soweit entgegensetzen, als er diesen Einwand aus der Natur des statt eines Kaufes vorliegenden anderweitigen Rechtsgeschäfts herleitet und näher begründet.

§ **562**. Siehe Rechtsgrundsätze 568. 998. (A. L. R. I. **21**. § 395.; A. G. O. I. **29**. § 63.)

Dritter Abschnitt. Vom Vorkaufs-, Näher- und Wiederkaufsrechte.

§ **568**. Vorkaufsrecht an einem intellektuellen Theile der verkauften Sache.

Rechtsgr. **538**. — III. Senat. 28. Februar 1851. (II. 273.)

Das Vorkaufsrecht kann an einem intellektuellen Theile der verkauften Sache nicht ausgeübt werden.

Siehe auch Rechtsgrundsätze 833. **1054**. (A. L. R. II. **18**. § 598.; A. G. O. I. **52**. § 59.)

§ **584**. Vorkaufsrecht bei dem Verkaufe an Einen von mehreren zunächst berufenen gesetzlichen Erben.

Rechtsgr. **539**. — III. Senat. 30. April 1851. (II. 113.)

Die Bestimmung des § 584. I. 20. des Allg. Landrechts, nach welcher das Vorkaufsrecht bei käuflicher Ueberlassung der Sache an den nächsten gesetzlichen Erben nicht stattfindet, ist auch auf den Fall anwendbar, wenn die käufliche Ueberlassung an Einen von mehreren zunächst berufenen gesetzlichen Erben geschieht.

§§ **615**. **616**. Siehe Rechtsgrundsatz 833. (A. L. R. II. **18**. § 598.)

Titel 21. Von dem Rechte zum Gebrauche oder zur Nutzung fremden Eigenthums.

§§ 2. 3. Siehe Rechtsgrundsatz 562. (§ 358. dieses Titels.)

Erster Abschnitt. Vom Nießbrauche.

§ 22. Begriff und Gegenstand des Nießbrauchs:

A. Gegenstand des Nießbrauchs. — Vergl. A. L. R. Einleitung § 99.; I. 19. §§ 22. ff.; 21. § 110.

Rechtsgr. 540. — III. Senat. 10. Oktober 1853. (X. 205.)

Nur cessible Rechte können dem Nießbrauche unterliegen.

B. Rechtliche Natur der bäuerlichen Interimswirthschaft:

1. In der Mark Brandenburg. — Vergl. A. L. R. I. 2. § 8.; 7. § 6.; 21. §§ 82. 83.; Regulirungs-Edikt vom 14. September 1811 § 39.

Rechtsgr. 541. — II. Senat. 23. März 1852. (VI. 87.)

In der Mark Brandenburg ist der Interimswirth eines bäuerlichen zu lassitischen Rechten besessenen Grundstücks nur Nießbraucher desselben und daher nicht befugt, Prozesse über dasselbe ohne Zuziehung des Eigenthümers zu führen.

2. In der Provinz Westphalen. — Vergl. Minden-Ravensbergische Eigenthums-Ordnung vom 26. November 1741 Kap. 11. § 10.; Kap. 12. §§ 8. 9.; Münstersche Eigenthums-Ordnung v. 10. Mai 1770 Theil 2. Tit. 9. §§ 13-15.

Rechtsgr. 542. — I. Senat. 2. Februar 1853. (VIII. 280.)

In der Provinz Westphalen ist der mahljährige Besitzer (Interimswirth) eines Bauernguts nicht als bloßer Nießbraucher anzusehen.

Siehe auch Rechtsgrundsätze 543. 668. 1012. (A. L. R. I. 21. § 30.; II. 2. § 168.; A. G. O. I. 31. § 1. 31. § 1.)

§ 23. Siehe Rechtsgrundsätze 543. 608. (A. L. R. I. 21. § 30.; II. 1. § 231.)

§§ 30. ff. Rechte des Nießbrauchers an dem Hochholze in nicht ordentlich eingetheilten und bewirthschafteten Waldungen. — Vergl.

A. L. R. I. **2.** § 4.; **18.** §§ 564. ff.; **21.** §§ 22. 23.; Code Napoléon Art. 591. 592.

Rechtsgr. **543**. — I. Senat. 15. Juni 1853. (IX. 264.)

Der Nießbraucher eines Bauerguts darf das nicht in ordentlich eingetheilten und bewirthschafteten Wäldern stehende Hochholz sich nicht aneignen; sind die Bäume haubar, so gebühren ihm nur die Zinsen des Erlöses der verkauften Bäume.

§ **35**. Siehe Rechtsgrundsatz 797. (A. L. R. II. **11.** § 812.)

§§ **50. 55.** Anspruch des Nießbrauchers auf die Feuerversicherungs-Gelder für die abgebrannten, von ihm versichert gewesenen Gebäude. Vergl. A. L. R. **I. 5.** §§ 1. 74. 75.

Rechtsgr. **544**. — III. Senat. 2. Dezember 1853 und 27. Januar 1854. (XII. 67.)

Der Nießbraucher, welcher die von ihm benutzten Gebäude gegen Feuersgefahr versichert hat, wird nach stattgehabtem Brandschaden Eigenthümer der Brand-Entschädigungsgelder und ist daher über dieselben ohne Zustimmung des Gebäude-Eigenthümers zu verfügen berechtigt.

§§ **75. 79.** Siehe Rechtsgrundsatz 1128. (Minden-Ravensbergische Eigenthums-Ordnung vom 26. November 1741 Kap. 11. § 10.)

§ **82**. Siehe Rechtsgrundsätze 350. 541. (A. L. R. I. **12.** § 466.; **21.** § 22.)

§ **83**. Siehe Rechtsgrundsatz 541. (§ 22. dieses Titels.)

§§ **87.** ff. Siehe Rechtsgrundsatz 608. (A. L. R. II. **1.** § 231.)

§ **92**. Unverjährbarkeit des Pfarrvermögens. — Vergl. A. L. R. **I. 9.** § 570.

Rechtsgr. **545**. — I. Senat. 16. April 1852. (V. 175.)

Zum Nachtheil des Pfarrvermögens findet eine Verjährung gegen den Pfarrer nicht statt. — Daher geht wegen der in einem kleineren Maaße geschehenen Abführung des Zehnten an den Pfarrer das Recht der Pfarre selbst, den Zehnten in einem bestimmten, größeren Maaße zu fordern, durch Verjährung nicht verloren.

§ **110.** Siehe Rechtsgrundsätze **540. 668.** (A. L. R. I. **21.** § **22.**; II. **2.** § 110.)

§§ **124-131.** Siehe Rechtsgrundsatz **1164.** (Bergisches Dekret vom 13. September **1811** Art. 12.)

Zweiter Abschnitt. Von der Erbpacht.

§ **187.** Vorbehaltenes Nutzungsrecht an einem Theile der vererbpachteten Sache. — Vergl. A. L. R. I. **8.** §§ **10. 11.**

Rechtsgr. **546.** — II. Senat. 18. November 1852. (VII. 150.)

Dem Erbpächter, welcher an gewissen Theilen der vererbpachteten Sache sich auf ewige Zeiten das Nutzungsrecht vorbehalten hat, steht an diesem Theil das volle Eigenthum zu.

Siehe auch Rechtsgrundsatz 27. (A. L. R. Einleitung § 108.)

§§ **193. 194.** Siehe Rechtsgrundsatz 547. (§ **214.** dieses Titels.)
§§ **201. 211.** Siehe Rechtsgrundsatz 27. (A. L. R. Einleitung § 108.)
§ **212.** Siehe Rechtsgrundsatz 547. (§ **214.** dieses Titels.)
§§ **214. 215.** Vorzugsrecht des Erbpachts-Kanons im Konkurse. — Vergl. A. L. R. I. **20.** § 411.; **21.** §§ 193. 194. 212.; A. G. O. I. **50.** §§ 382b. 431.; Gesetz vom 2. März 1850 §§ 2. 5.

Rechtsgr. **547.** — IV. Senat. 8. Juli 1852. (VI. 239.)

Das Vorzugsrecht des Erbpacht-Kanons und der vorbehaltenen Erhöhung desselben ist weder von der hypothekarischen Eintragung überhaupt, noch von dem Inhalte der letzteren abhängig.

Dritter Abschnitt. Von dem eingeschränkten Gebrauchs- und Nutzungsrechte fremder Sachen.

§ **233.** Einräumung einer unbeweglichen Sache oder eines Rechts auf den Grund eines mündlichen Vertrages zum Gebrauche, ohne Bestimmung der Art, des Zweckes und der Dauer dieses Gebrauches:

A. Zum Begriff des Prekariums.

Rechtsgr. **547.** — III. Senat. 28. November 1851. (IV. 132.)

Der § 233. I. 21. des Allgem. Landrechts ist nur auf Leihverträge zu beziehen.

B. Unrechtfertiger Besitzer eines Grundstücks. — Vergl. A. L. R. I. 7. § 106.

Rechtsgr. 549. — III. Senat. 7. November 1851. (III. 173.)

Derjenige, welchem auf Grund eines mündlichen Vertrags ein Grundstück eingeräumt worden, ist nicht als bloßer Inhaber anzusehen; er kann vielmehr das Eigenthum des Grundstücks durch dreißigjährigen Besitz erwerben.

C. Possessorischer Schutz des in Folge mündlichen Vertrages zum Besitze gelangten Nießbrauchers eines Grundstücks. — Vergl. A. L. R. I. 7. § 144.; 21. § 269.; A. G. O. I. 31. §§ 1. 3. 16. 18.

Rechtsgr. 550. — III. Senat. 28. November 1854. (IV. 132.)

Hat Jemand ein Grundstück durch mündlichen Vertrag zum Nießbrauch eingeräumt erhalten, so stehen ihm auch die Rechtsmittel auf possessorischen Schutz zu.

§ 258. Siehe Rechtsgrundsätze 148. 741. (A. L. R. I. 7. § 70.; II. 8. § 622.)

§ 269. Siehe Rechtsgrundsätze 550. 559. (§§ 233. 325. dieses Titels.)

§§ 272. 273. 418. Ansprüche des Miethers und des Pächters wegen vertragswidriger Beschaffenheit der Sache. — Vergl. A. L. R. I. 5. §§ 325. ff.

Rechtsgr. 551. — III. Senat. 12. März 1852. (V. 81.)

Der § 273. I. 21. des Allgem. Landrechts, betreffend die Ansprüche des Miethers und des Pächters wegen vertragswidriger Beschaffenheit der Sache, setzt nicht die völlige Unbrauchbarkeit dieser Sache voraus; die Brauchbarkeit oder Unbrauchbarkeit derselben ist vielmehr in jedem einzelnen Falle nach Maaßgabe des Vertrages und der dabei obwaltenden Umstände zu beurtheilen.

Siehe auch Rechtsgrundsatz 556. (§ 298. dieses Titels.)

§ 280. Siehe Rechtsgrundsatz 1164. (Bergisches Dekret vom 13. September 1811 Art. 12.)

§§ 292. 414. Uebernahme „aller Abgaben" Seitens des Pächters. — Vergl. A. L. R. I. 4. §§ 65. ff.; 5. §§ 252. ff.

Rechtsgr. 552. — III. Senat. 12. Dezember 1853. (XII. 45.)

Ob der Pächter, welcher in dem Pachtvertrage „alle

Abgaben" übernommen hat, nicht nur die in dem öffentlichen Rechte begründeten und durch die Staatsverfassung und Provinzial-Gesetzgebung bestimmten, sondern auch die auf Vertrag, Testament, oder auf in anderer Art begründeten Privatverhältnissen beruhenden Leistungen tragen muß, hängt in jedem einzelnen Falle von dem Sinne ab, in welchem das Wort „Abgaben" in der desfallsigen Vertragsbestimmung gebraucht ist.

§§ **295. 413. 414.** Verpflichtung des Pächters zur unentgeltlichen Gestattung der Ausübung der Hütungsgerechtigkeit.

Rechtsgr. **553.** — III. Senat. 7. Dezember 1853. (XI. 333.)

Der Verpächter eines Gutes ist zur Entschädigung des Pächters wegen einer auf dem Gute haftenden Hütungs-Gerechtigkeit gesetzlich nicht verpflichtet.

§ **298.** Verlust des Pachtrechts wegen rückständiger Pachtzinse:

A. Exmission des Pächters wegen Nichtzahlung des einem Dritten cedirten Pachtzinses. — Vergl. A. L. R. I. **7.** § 7.; **8.** §§ 1. 9.; **11.** § 393.; **16.** §§ 10. 22-25. 252. 256. 265.; **21.** § 391.

Rechtsgr. **554.** — III. Senat. 29. November 1852. (VII. 174.)

Der Verpächter, welcher den ihm zustehenden Pachtzins einem Dritten abgetreten hat, kann das Recht, wegen Nichtzahlung einer Pachtrate die Räumung zu verlangen, in Bezug auf den cedirten Pachtzins nicht geltend machen.

B. Exmission des Pächters wegen nicht bezahlten Pachtzinses, im Falle eines von ihm nicht zu vertretenden Versehens.

Rechtsgr. **555.** — III. Senat. 30. Mai 1851. (II. 312.)

Die Anwendbarkeit des § 298. I. 21. des Allg. Landrechts ist dadurch bedingt, daß dem Pächter bei der Nichtentrichtung des Pachtzinses ein von ihm zu vertretendes Versehen zur Last fällt.

C. Exmission des Pächters wegen nicht bezahlten Pachtzinses bei Nichterfüllung der Verbindlichkeit des Verpächters. — Vergl. A. L. R. I. **5.** § 270.; **16.** § **22.**; **21.** §§ 272. 418.

Rechtsgr. **556.** — III. Senat. 24. September 1852. (VI. 337.)

Das Recht zur Exmission des Pächters wegen nicht bezahlten Pachtzinses ist von Erfüllung der dem Verpächter obliegenden Verpflichtungen nur insofern abhängig, als die Verpflichtung zur Räumung kontraktlich von jener Erfüllung abhängig gemacht ist.

Siehe auch Rechtsgrundsatz 427. (A. L. R. I. **16.** § 22.)

§ **309.** Mündlich versprochene Verschaffung des Konsenses des Vermiethers zu einem schriftlichen Aftermiethsvertrage. — Vergl. A. L. R. I. **5.** §§ 45. 47. 127. 128.

Rechtsgr. **557.** — III. Senat. 30. September 1853. (X. 157.)

Die neben einem schriftlichen Aftermieths-Vertrage getroffene mündliche Verabredung, nach welcher der Untermiether sich verpflichtet, den Konsens des Hauseigenthümers seinerseits zu beschaffen, ist nicht für eine Nebenabrede, sondern für eine in die Essenzialien des Geschäfts eingreifende Bedingung zu erachten, von deren Erfüllung die bindende Kraft des schriftlichen Vertrages abhängt.

§§ **324.** ff. **332. 599.** Pachtzins nach aufgehobenem Pachtvertrage.

Rechtsgr. **558.** — III. Senat. 16. Juni 1852. (VII. 22.)

Wenn in einem Pachtvertrage bedungen ist, daß bei ausbleibender Pachtzahlung innerhalb einer gewissen Zeit nach dem Fälligkeitstermine die Pacht für beendigt angesehen werden soll, demnächst dieser Fall eintritt, der Pächter aber dessenungeachtet das gepachtete Gut nicht zurückgiebt, sondern bis zum Ablaufe des Wirthschafts-Jahres darin verbleibt, so kann der Verpächter den Pachtzins aus dem Pachtvertrage nicht für die ganze Dauer der Besitzzeit des Pächters, sondern nur bis zu dem Tage fordern, an welchem wegen des Verzuges des Pächters in Zahlung des Pachtzinses der Pachtvertrag für aufgehoben anzusehen ist.

§§ **325.** ff. Stillschweigende Verlängerung eines Miethsvertrages:

A. Bei einem nur mündlich geschlossenen, gesetzlich schriftlich zu errichten gewesenen Miethsvertrage. — Vergl. §§ 269. 328. dieses Titels.

Rechtsgr. 559. — III. Senat. 12. Mai 1852. (VI. 143.)

Wenn ein Miethsvertrag, welcher gesetzlich schriftlich zu errichten war, blos mündlich geschlossen ist, so bedarf es nach Ablauf des ersten Jahres zu einer weiteren Verlängerung des Miethsvertrages, außer dem fortgesetzten Besitze des Miethers, auch einer neuen, dem Miether gegenüber geäußerten Einwilligung des Vermiethers in die Verlängerung des Verhältnisses.

B. Nach erfolgter Kündigung des Miethsvertrages.

Rechtsgr. 560. — III. Senat. 2. Mai 1851. (II. 118.)

Die Vorschriften der §§ 325. ff. I. 21. des Allg. Landrechts wegen stillschweigender Verlängerung des Miethsvertrags finden auf die durch Kündigung aufgehobenen Miethsverträge keine Anwendung.

§ 328. Siehe Rechtsgrundsatz 559. (§ 325. dieses Titels.)
§ 332. Siehe Rechtsgrundsatz 558. (§ 324. dieses Titels.)
§ 343. Siehe Rechtsgrundsatz 561. (§ 350. dieses Titels.)
§§ 350. ff. 366. 557. Kündigung und Räumung der Pacht eines nothwendig subhastirten Grundstücks. — Vergl. A. L. R. I. 7. § 129.; 21. § 343.

Rechtsgr. 561. — III. Senat. 29. März 1852. (V. 137.)

Der Pächter eines Grundstücks kann zwar, wenn dasselbe zur nothwendigen Subhastation gezogen wird, der Kündigung der Pacht Seitens des Gläubigers nicht widersprechen; er braucht dasselbe aber vor wirklich erfolgtem Zuschlage nicht zu räumen. — Ist die Kündigung dem Pächter länger als sechs Monate vor dem Zuschlage geschehen, so braucht er erst mit dem Ende desjenigen Wirthschafts-Jahres zu räumen, in welchem der Zuschlag erfolgt ist.

§ 358. Fortdauer der Miethss- und Pachtverträge bei freiwilligen Verkäufen. — Vergl. A. L. R. I. **5.** § 75.; **21.** §§ 2. 3.; Dig. **19.** **2.** Lex 25. § 2.; Cod. **4.** 65. Lex 9.; Reskript vom 15. April 1705 No. **4.**

Rechtsgr. **562.** — III. Senat. 3. Juni 1853. (IX. 349.)

Bei freiwilligen Verkäufen tritt der Käufer auch ohne ausdrückliche Vereinbarung in die Rechte und Verbindlichkeiten des Verkäufers gegen die Miether oder Pächter der erkauften Sache ein.

Siehe auch Rechtsgrundsätze 259. 496. 561. (A. L. R. I. **11.** § 342.; **19.** § 3.; **21.** § 350.)

§ **366.** Siehe Rechtsgrundsatz 561. (§ 350. dieses Titels.)

§ **372.** Fortsetzung der Miethe Seitens der Ehefrau nach dem Tode ihres Ehemanns.

Rechtsgr. **563.** — III. Senat. 9. Dezember 1853. (XI. 338.)

Der § 372. I. 21. des Allgem. Landrechts setzt voraus, daß die Ehefrau Erbin ihres Ehemannes geworden ist.

Siehe Rechtsgrundsatz 404. (A. L. R. I. **14.** § 232.)

§ **374.** Siehe Rechtsgrundsatz 404. (A. L. R. I. **14.** § 232.)

§ **385.** Rechte des Miethers bei durch Schuld des Vermiethers eintretender Unbrauchbarkeit der vermietheten Sache.

Rechtsgr. **564.** — III. Senat. 19. Oktober 1853. (X. 232.)

Wenn die vermiethete Sache durch ein grobes oder mäßiges Versehen des Vermiethers unbrauchbar wird, so fällt nicht nur die Verbindlichkeit des Miethers zur Entrichtung des Miethszinses weg, sondern er ist auch berechtigt, Schadloshaltung von dem Vermiether zu fordern.

§ **388.** Einfluß des Verlustes des Nießbrauchsrechts des Ehemannes auf die fernere Gültigkeit eines Pachtvertrages über das von der Ehefrau eingebrachte Grundstück. — Vergl. A. L. R. I. **19.** § 33.

Rechtsgr. **565.** — I. Senat. 11. März 1853. (VIII. 351.)

Wenn dem Ehemann während der Ehe der Nießbrauch an dem eingebrachten Vermögen seiner Ehefrau aberkannt worden ist, so ist die letztere einen von ihrem Ehemanne über ein eingebrachtes Grundstück abgeschlossenen Pachtvertrag fortzusetzen nicht verbunden.

§ **391.** Siehe Rechtsgrundsatz **554.** (§ **298.** dieses Titels.)

§ **395.** Gesetzliches Pfandrecht des Vermiethers und Verpächters:

A. Zeitpunkt der Entstehung desselben. — Vergl. A. G. O. I. **50.** § 382a.; Dig. **20.** 2. Lex 4.

Rechtsgr. **566.** — IV. Senat. 30. September 1852. (VII. 253.)

Das gesetzliche Pfandrecht des Vermiethers oder Verpächters auf die eingebrachten Effekten des Miethers oder Pächters entsteht nicht erst bei der Beendigung des Mieths- oder Pachtvertrages, sondern schon im Augenblicke der Einbringung der Effekten.

B. Fälligkeit der Forderung des Vermiethers oder Verpächters.

Rechtsgr. **567.** — IV. Senat. 30. September 1852. (VII. 253.)

Das gesetzliche Pfandrecht des Vermiethers und Verpächters auf die eingebrachten Effekten des Miethers oder Pächters ist von der Fälligkeit einer Forderung aus dem Miethś- oder Pachtvertrage nicht abhängig.

C. Fortdauer des gesetzlichen Pfandrechts des Vermiethers oder Verpächters bei Abholung der eingebrachten Effekten zur gerichtlichen Gewahrsam im Wege der Exekution. — Vergl. A. L. R. I. **20.** §§ **116-118. 562.**

Rechtsgr. **568.** — IV. Senat. 12. Februar 1852.; 20. November 1853. (VI. 43; XI. 81.)

Das gesetzliche Pfandrecht des Vermiethers und Verpächters an den eingebrachten Effekten des Miethers und Pächters wird dadurch, daß diese Effekten im Wege der von einem Dritten ausgebrachten Exekution abgepfändet und in die gerichtliche Gewahrsam abgeholt werden, nicht aufgehoben, selbst wenn der Vermiether oder Verpächter sich bei dieser Abholung ihre Rechte nicht ausdrücklich vorbehalten haben.

§ **413.** Siehe Rechtsgrundsatz **553.** (§ **295.** dieses Titels.)

§ **414.** Siehe Rechtsgrundsätze **552. 553.** (§§ **292. 295.** dieses Titels.)

§§ **418. 419.** Gewährleistungs-Pflicht des Verpächters. — Vergl. A. L. R. I. **5.** § **324.**

Rechtsgr. **569.** — III. Senat. 22. März 1852. (VI. 81.)

Der Verpächter ist verpflichtet, den Pächter wegen der

demselben von einem dritten Eigenthums-Prätendenten entzogenen Nutzungen auch dann zu entschädigen, wenn dieser Dritte zwar mit der gegen den Pächter angestellten Besitzstörungs-Klage obgesiegt hat, hiernächst aber auf die von dem Verpächter gegen ihn erhobene Negatorien-Klage mit seinen Ansprüchen zurückgewiesen ist.

Siehe auch Rechtsgrundsätze 551. 556. 1013. (§§ 272. 298. dieses Titels; A. G. O. I. 31. § 1.)

§ **420.** Anspruch des Verpächters eines Gutes an den Pächter auf fernere Abführung einer gesetzlich aufgehobenen Reallast. — Vergl. A. L. R. I. 13. § 230.

Rechtsgr. **570.** — III. Senat. 26. Mai 1851. (II. 149.)

a) Der Grundsatz des § 420. I. 21. des Allgem. Landrechts, — daß, wenn nach einem Anschlage verpachtet worden, der Verpächter das Periculum wegen des nach errichtetem Pachtvertrage durch Zufall oder Gesetz herbeigeführten Ausfalls oder Schmälerung des Nutzungsrechts tragen und daher dem Pächter den Ausfall vergüten muß, — ist auch umgekehrt dahin anzuwenden, daß dem Verpächter auch das Commodum nicht vorenthalten werden darf.

b) Es ist deshalb der Eigenthümer eines mit der Prästation des Deputats belastet und zur Zeit der Aufhebung der Patrimonial-Gerichtsbarkeit nach einem Anschlag verpachtet gewesenen Grundstücks berechtigt, die Fortentrichtung dieser Prästation an ihn selbst von dem Pächter zu verlangen.

§ **557.** Siehe Rechtsgrundsatz 561. (§ 350. dieses Titels.)
§ **599.** Siehe Rechtsgrundsatz 558. (§ 324. dieses Titels.)

Vierter Abschnitt. Von den zur Kultur ausgesetzten Gütern und Grundstücken.

§ **634.** Siehe Rechtsgr. 1197. (Gesetz No. 939. v. 21. April 1825 § 15.)

Titel 22. Von Gerechtigkeiten der Grundstücke gegeneinander.

§§ **3-7.** Klage auf Einräumung einer nothwendigen Servitut.

Rechtsgr. 571. — II. Senat. 23. November 1852. (VIII. 61.)

a) Zur Führung des zur Begründung des Anspruchs auf Bestellung der nothwendigen Servitut eines Fahrweges erforderlichen Beweises der gänzlichen oder theilweisen Unbrauchbarkeit eines Grundstücks reicht der Umstand hin, daß der Eigenthümer desselben keinen Weg hat, um zu demselben zu gelangen.

b) Bei dem Prozesse über die Bestellung einer nothwendigen Servitut ist die Zuziehung sämmtlicher möglicher Weise betheiligten Grundbesitzer behufs Ermittelung desjenigen, welcher dadurch am wenigsten belästigt wird, nicht erforderlich.

§ 8. Siehe Rechtsgrundsatz 225. (A. L. R. I. 9. § 666.)
§ 11. Siehe Rechtsgrundsatz 1295. (Gesetz v. 31. März 1838 § 2. No. 5.)
§§ 13-15. Erwerbung einer Grundgerechtigkeit:

A. Durch Willenserklärung. — Vergl. A. L. R. I. 5. § 135.; 9. § 4.; 22. §§ 16-23. 53. 54. und Anhang § 58. zu § 18.

Rechtsgr. 572. — II. Senat. 14. April 1853. (X. 44.)

Zur Errichtung einer Servitut durch Vertrag genügt die bloße Willenserklärung in schriftlicher Form, eine Quasitradition braucht nicht hinzuzukommen.

B. Durch stillschweigende Willenserklärung. — Vergl. A. L. R. I. 5. § 135.; 22. §§ 53. 54.

Rechtsgr. 573. — II. Senat. 2. September 1852. (VII. 228.)

Wenn mittelst besonderer Anlage von der auf dem einen Grundstücke befindlichen Quelle einem anderen Grundstücke desselben Eigenthümers Wasser zugeführt und hiernächst jenes Grundstück in Pausch und Bogen mit allen damit verbundenen Rechten und Gerechtigkeiten an einen Dritten veräußert wird, so ist dem letzteren Grundstücke eine Grundgerechtigkeit in Betreff der Wasserleitung für stillschweigend bestellt zu erachten.

C. Durch Verjährung. — Vergl. A. L. R. I. 9. §§ 579. 625.

Rechtsgr. 574. — II. Senat. 5. Januar 1854. (XI. 188.)

a) Die zur Ausübung einer behaupteten Grundgerechtigkeit

in dem belasteten Grundstücke vorhandene Anlage ersetzt nicht den mangelnden Titel der Verjährung.

b) Die Vorschrift des § 15. I. 22. des Allg. Landrechts bezieht sich nicht auf die im § 13. daselbst gedachte Erwerbung einer Grundgerechtigkeit durch rechtsgültige Willenserklärung und ist daher nicht dahin zu verstehen: als wenn eine Grundgerechtigkeit auch durch stillschweigende Willenserklärung (durch eine Anlage in dem belasteten Grundstücke nach § 15.) erworben werden könnte.

Vielmehr steht der § 15. mit dem von der Erwerbung einer Grundgerechtigkeit durch Verjährung handelnden § 14. im sprachlichen Zusammenhange und bestimmt also nur: daß bei dem Vorhandensein einer Anlage der im § 15. gedachten Art die Vermuthung für die geschehene Einräumung einer wirklichen Grundgerechtigkeit eintrete.

Rechtsgr. 575. — II. Senat. 11. Januar 1853. (VIII. 181.)

Der Eigenthümer einer belasteten Sache kann kein Prekarium daraus herleiten, daß zwischen dem Berechtigten und einem andern Berechtigten ein Verhältniß obwaltet, zufolge dessen dem letzteren eine vorzugsweise Berechtigung zusteht.

D. Durch neue Anlagen in dem belasteten Grundstücke.

Rechtsgr. 576. — II. Senat. 10. Juli 1851. (III. 39.)

Der § 15. I. 22. des Allg. Landrechts bezieht sich nur auf Anlagen, die der Berechtigte gemacht hat.

Siehe auch Rechtsgrundsätze 37. 583. 1187. (A. L. R. I. 2. § 137.; 22. § 59.; Verordnung vom 20. Juni 1817 § 90.)

§§ 16. ff. Siehe Rechtsgrundsatz 572. (§ 13. dieses Titels.)

Anhang § 58. zu § 18. Siehe Rechtsgrundsätze 37. 572. (A. L. R. I. 2. § 137.; 22. § 13.)

§ 25. Umfang des Rechts, auf fremdem Boden Ziegelerde zu graben. — Vergl. Dig. 8. 3. Lex 5. und Lex 6.

Rechtsgr. 577. — II. Senat. 20. Februar 1851. (I. 247.)

Das einem Grundstücke beigelegte Recht, auf fremdem

Boden Ziegelerde zu graben, ist, wie jede Prädial-Servitut, auf den Bedarf des berechtigten Grundstücks beschränkt.

§ **27**. Siehe Rechtsgrundsatz 583. (A. L. R. I. **22**. § 59.)

§ **28**. Umfang einer durch Verjährung erworbenen Grundgerechtigkeit. Vergl. A. L. R. I. **9**. § 666.

Rechtsgr. **578**. — II. Senat. 10. Juli 1851. (III. 39.)

Hinsichtlich der Erwerbung von Grundgerechtigkeiten durch Verjährung gilt die Regel: quantum possessum, tantum praescriptum.*

Siehe auch Rechtsgrundsätze 225. 583. (A. L. R. I. **9**. § 666.; **22**. § 59.)

§ **30**. Siehe Rechtsgrundsatz 595. (§ 213. dieses Titels.)

§ **31**. Siehe Rechtsgrundsatz 583. (§ 59. dieses Titels.)

§ **43**. Erlöschung einer Grundgerechtigkeit durch stillschweigende Einwilligung:

A. In Betreff der Anlage eines neuen Fensters in dem Hause des Nachbars. — Vergl. A. L. R. I. **8**. § 191.

Rechtsgr. **579**. — Plenum. 3. März 1851. (I. 276.)

Das Widerspruchsrecht des Berechtigten gegen die Anlage eines neuen Fensters in dem Hause des Nachbars geht dadurch noch nicht verloren, daß derselbe diese Anlage wissentlich geschehen läßt; es findet mithin die Bestimmung des § 43. I. 22. des Allg. Landrechts auf diesen Fall keine Anwendung.

B. Bei nicht vorhandenem guten Glauben des Handelnden. — Vergl. A. L. R. I. **4**. §§ 58. 59.

Rechtsgr. **580**. — III. Senat. 3. Februar 1854. (XII. 101.)

Zur Anwendbarkeit des § 43. I. 22. des Allg. Landrechts, — betreffend die Erlöschung von Grundgerechtigkeiten durch stillschweigende Einwilligung, — ist guter Glaube des Handelnden im Sinne des siebenten Titels Theils I. des Allgem. Landrechts nicht erforderlich; die Bestimmung des § 43. I. 22. des Allgem. Landrechts ist vielmehr lediglich aus den Vor-

* Siehe dagegen den Rechtsgrundsatz 587. § 91. dieses Titels.

schriften der §§ 58. 59. I. 4. daselbst zu erklären und zu ergänzen.

Siehe auch Rechtsgrundsätze 176. 1118. (A. L. R. I. 8. § 139.; Berliner Bauordnung vom 30. November 1641 § 23.)

§§ 52-54. Untergang der Grundgerechtigkeiten durch Konfusion:
A. Unterbrechung der Ersitzung durch Konfusion. — Vergl. A. L. R. I. 7. §§ 4. 5.; 9. §§ 601. 605.; 16. §§ 476-478. 482.

Rechtsgr. 581. — II. Senat. 29. Juni 1852. (V. 344.)

Die Ersitzung einer Grundgerechtigkeit wird unterbrochen, wenn während der Verjährungsperiode das herrschende und das dienende Grundstück einen und denselben Eigenthümer erhalten.

B. Hinderniß der Erlöschung subjektiv- und objektiv-dinglicher Rechte durch Konfusion. — Vergl. A. L. R. I. 16. §§ 482. ff. und Anhang § 52. zu § 484.

Rechtsgr. 582. — II. Senat. 1. März 1853. (X. 10.)

Subjektiv- und objektiv-dingliche, im Hypothekenbuche eingetragene Rechte erlöschen durch die Vereinigung des Eigenthums des berechtigten und verpflichteten Grundstücks in einer Person nicht, so lange die Löschung dieser Rechte im Hypothekenbuche nicht erfolgt ist.

Siehe auch Rechtsgrundsätze 572. 573. 1078. 1178. (§ 13. dieses Titels; Code Napoléon Artikel 1234.; Verordnung vom 20. Juni 1817 § 90.)

§§ 59-61. Begriff des Traufrechts. — Vergl. A. L. R. I. 9. §§ 504 bis 507. 665. 666.; 22. §§ 13. 27. 28. 31.

Rechtsgr. 583. — II. Senat. 17. Januar 1854. (XI. 232.)

Das Traufrecht schließt nicht das Recht in sich, zu verlangen, daß der Eigenthümer des belasteten Grundstücks den Ablauf des herabfallenden Regenwassers nicht hindere, — vielmehr ist hierzu die besondere Erwerbung eines Untersagungsrechts erforderlich.

§ 71. Ausdehnung der Wegegerechtigkeit behufs neuer Anlagen.

Rechtsgr. 584. — II. Senat. 10. März 1853. (IX. 35.)

Die Einrichtung eines Gebäudes zur Schankwirthschaft ist nicht für eine neue Anlage im Sinne des § 71. I. 22. des Allgem. Landrechts zu erachten.

§ **82**. Einschränkung der Hütungsgerechtigkeit in einem Walde.

Rechtsgr. 585. — II. Senat. 20. April 1852. (V. 180.)

a) Der in dem § 82. I. 22. des Allg. Landrechts enthaltene Ausdruck „bebauen" ist nicht auf die Errichtung von Gebäuden zu beschränken, er ist vielmehr nur bildlich aufzufassen und mit „bearbeiten" oder „einen veränderten und verbesserten Zustand herstellen" für gleichbedeutend zu erachten.

b) Der Eigenthümer eines mit der Hütungsgerechtigkeit belasteten Forstes darf nicht blos Gebäude für den Forstbeamten zur Ausübung der Forstaufsicht errichten; er ist auch berechtigt, demselben die zur Befriedigung seiner nothwendigen Bedürfnisse erforderlichen Grundstücke des Forstes, namentlich Dienstland und Dienstwiese, zu überweisen.

§§ **90-92**. Berechtigung der Neubauern in Betreff der Gemeindeweiden. — Vergl. Gemeinheitstheilungs-Ordnung vom 7. Juni 1821 § 42.

Rechtsgr. 586. — II. Senat. 27. September 1853. (X. 152.)

Jedes einzelne zur Gemeindeweide berechtigte Mitglied einer Gemeinde ist gesetzlich berechtigt, dasjenige Vieh auf die Gemeindeweide zu bringen, welches mit dem Futter von dessen eignen berechtigten, sowie von erpachteten berechtigten Grundstücken anderer Mitglieder durchwintert werden kann.

§ **91**. Umfang einer durch Verjährung erworbenen Weide- und Holzungsgerechtigkeit.

Rechtsgr. 587. -- II. Senat. 13. November 1851. (IV. 33.)

Der Umfang der durch Verjährung erworbenen Weide- und Holzungsgerechtigkeit beschränkt sich auf das Bedürfniß des berechtigten Grundstücks während der Verjährungsperiode.*

Siehe auch Rechtsgrundsatz 586. (§ 90. dieses Titels.)

* Vergl. dagegen den Rechtsgrundsatz 578. § 28. dieses Titels und das Nachwort S. 87. ff. Bd. 4. des Archivs für Rechtsfälle.

§ **92.** Siehe Rechtsgrundsatz 586. (§ 90. dieses Titels.)

§ **105.** Siehe Rechtsgrundsatz 1184. (Gemeinheitstheilungs-Ordnung vom 7. Juni 1821 § 51.)

§ **110.** Observanz hinsichtlich der geschlossenen Zeit bei der Wiesenhütung.

Rechtsgr. **588.** — II. Senat. 25. September 1851. (IV. 33.)

Der § 110. I. 22. des Allg. Landrechts, nach welchem die hergebrachte Gewohnheit jedes Orts bestimmt, wann die geschlossene Zeit bei der Wiesenhütung anfängt, und wie lange sie dauert, setzt ein bereits bestehendes Recht voraus.

§ **112.** Ersitzung der Hütungsgerechtigkeit auf nassen und durchbrüchigen Wiesen. — Vergl. Landeskultur-Edikt vom 14. September 1811 §§ 21. 22.; Feldpolizei-Ordnung vom 1. November 1847 § 36.

Rechtsgr. **589.** — II. Senat. 16. März 1854. (XII. 254.)

Durch Verjährung kann die Servitut der Behütung einer nassen und durchbrüchigen Wiese nicht erworben werden.

§§ **121. 170.** Triftrecht in Forsten mit Rücksicht auf die Anlegung von Schonungen. — Vergl. A. L. R. I. **19.** §§ 17. 18.

Rechtsgr. **590.** — II. Senat. 5. Januar 1854. (XI. 197.)

Die zunächst auf die Feld- und Wiesenhütung sich beziehende Vorschrift des § 121. I. 22. des Allgem. Landrechts, — nach welcher der Besitzer eines, in der zur Hütung bestimmten Feldmark belegenen Ackers den zum Anbau von Futterkräutern oder Gartengewächsen einzuhegenden Fleck so wählen muß, daß dadurch die Trift auf den übrigen Hütungsgründen nicht gehindert oder erschwert werde, — findet auch auf die Hütung in den Forsten in Betreff der Schonungen analoge Anwendung.

§§ **135-137.** Siehe Rechtsgrundsatz 1154. (Bergisches Dekret vom 12. November 1809 Art. 3.)

§§ **146. 155.** Ersitzung der Schäfereigerechtigkeit in der Mark Brandenburg. — Vergl. Revidirte Gesinde-Ordnung vom 24. August 1722; Hofes-Reskript vom 5. Februar 1774.

Rechtsgr. 591. — II. Senat. 27. April 1852. (VI. 124.)

Die Schäferei-Gerechtigkeit kann auch in der Mark Brandenburg nicht gegen eine Dorfgemeinde allein, sondern nur gegen sie und die Gutsherrschaft erworben werden.

§ 170. Siehe Rechtsgrundsatz 590. (§ 121. dieses Titels.)

§ 197. Siehe Rechtsgrundsatz 1295. (Gesetz vom 31. März 1838 § 2. Nr. 5.)

§§ 208-210. Umfang der Bauholzgerechtigkeit:

A. Für neu errichtete Gebäude. — Vergl. Forst- und Jagd-Ordnung vom 8. Oktober 1805 Titel 2. § 21.

Rechtsgr. 592. — II. Senat. 9. März 1852. (VI. 65.)

Die Grundgerechtigkeit, Bauholz aus einem Walde zu entnehmen, erstreckt sich nicht auf Gebäude, die nach der Zeit der Verleihung blos der besseren Bewirthschaftung halber errichtet worden sind, oder errichtet werden sollen. — Dieser Grundsatz gilt auch für Westpreußen und den Netzedistrikt.

B. Mit Rücksicht auf eine Erweiterung oder Verlegung schon vorhandener, und der Errichtung neuer Gebäude auf dem dem Gute zugefallenen Separations-Areal. — Vergl. Gemeinheitstheilungs-Ordnung vom 7. Juni 1821 § 147.

Rechtsgr. 593. — II. Senat. 11. März 1851. (I. 307.)

Die einem Gute zustehende Bauholzgerechtigkeit kann für die Anlegung neuer Gebäude niemals, und für die Erweiterung oder Verlegung schon vorhandener Gebäude nur in soweit in Anspruch genommen werden, als veränderte Umstände oder vermehrtes Bedürfniß des berechtigten Guts dieselben nothwendig machen. — Insbesondere kann diese Gerechtigkeit für die, wegen des größeren, dem Gute bei einer Separation zugefallenen Areals zu errichtenden neuen Gebäude nicht ausgeübt werden.

C. In Betreff einer Wassermühle.

Rechtsgr. 594. — II. Senat. 4. Mai 1852. (VI. 137.)

In Betreff der Bestimmung des Umfangs der Bauholzgerechtigkeit entscheidet rücksichtlich der vorhandenen Anlagen das gegenwärtige Bedürfniß.

Siehe auch Rechtsgrundsatz 32. (A. L. R. I. 2. § 47.).

§ **213**. Berechtigung zu einer gesetzlichen Abgabe, bei der Verpflichtung zur unentgeltlichen Verabfolgung von Bauholz. — Vergl. A. L. R. I. **4**. § 65.; **16**. § 383.; **22**. § 30.

Rechtsgr. **595**. — II. Senat. 5. Januar 1854. (XI. 193.)

Die Verurtheilung zur unentgeldlichen Verabfolgung von Bauholz schließt die Berechtigung zu einer gesetzlichen Abgabe für diese Verabfolgung nicht aus.

§ **241**. Umfang des Rechts zum Lehmgraben in einem fremden Grundstücke.

Rechtsgr. **596**. — III. Senat. 23. April 1852. (VI. 122.)

Die käufliche Ueberlassung der Lehmerde in einem Grundstücke bis zur völligen Ausförderung enthält eine Verfügung über die Substanz des Grundstücks.

Titel 23. Von Zwangs- und Banngerechtigkeiten.

§§ **53**. **56**. **58**. **68**. Begriff des Krugverlags.

Rechtsgr. **597**. — II. Senat. 30. September 1852. (VI. 351.)

Die Verleihung des Rechts, eine Schankstätte zu errichten und diese mit Getränken zu verlegen, fällt nicht unter den Begriff des Krugverlags.

Siehe auch Rechtsgrundsätze **1160**. **1161**. (Gesetz vom 7. September 1811 §§ 1. 54.)

Theil II.

Titel 1. Von der Ehe.

Erster Abschnitt. Von den Erfordernissen einer gültigen Ehe.

§ **46**. Rechte der unter dem Versprechen der Ehe Geschwächten. — Vergl. §§ 997. 1059. **1060**. dieses Titels; Kabinets-Order vom 22. März 1844.

Rechtsgr. 598. — I. Senat. 24. September 1851. (II. 367.)

Die unter dem Versprechen der Ehe Geschwächte kann die Rechte einer geschiedenen, für den unschuldigen Theil erklärten Ehefrau in Anspruch nehmen, wenngleich sie von dem Leben des Vaters des nicht mehr unter väterlicher Gewalt befindlichen Schwängerers Kenntniß hatte.

Zweiter Abschnitt. Von Ehegelöbnissen.

§§ 82. 130. Klage aus einem Ehegelöbnisse.

Rechtsgr. 599. — I. Senat. 30. Juni 1852. (V. 351.)

Aus Ehegelöbnissen kann zunächst nur auf Erfüllung, nicht ohne Weiteres auf Entschädigung geklagt werden.

§ 112. Begriff einer „beharrlichen" Weigerung zur Erfüllung eines Ehegelöbnisses.

Rechtsgr. 600. — I. Senat. 30. Juni 1852. (V. 351.)

Eine beharrliche Weigerung zur Erfüllung eines Ehegelöbnisses im Sinne des § 112. II. 1. des Allg. Landrechts ist ohne eine auf diese Erfüllung gerichtete Klage nicht, und auch in diesem Falle erst dann anzunehmen, wenn der Verklagte in der Klagebeantwortung bei seiner Weigerung beharret.

Siehe auch Rechtsfrage 1108. (Lib. extra Decret. 4. 1. cap. 17.)

§ 130. Siehe Rechtsgrundsatz 599. (§ 82. dieses Titels.)

Vierter Abschnitt. Von den Rechten und Pflichten der Eheleute in Bezug auf ihre Personen.

§ 175. Gemeinschaft des Lebens der Eheleute:

A. Wirkung eines Vergleiches unter Eheleuten in Betreff ihres Getrenntlebens. — Vergl. §§ 208. 209. dieses Titels.

Rechtsgr. 601. — I. Senat. 9. Juli 1852. (VI. 253.)

Ein zwischen Eheleuten, die in getrennten Gütern leben, abgeschlossener Vergleich, durch welchen die Ehefrau die Ehescheidungsklage und den Antrag auf Einleitung einer Kriminaluntersuchung gegen ihren Ehemann zurücknimmt, der Ehemann aber seiner Frau gestattet, getrennt von ihm zu leben, ferner dem Nießbrauche an dem Vermögen derselben entsagt und dasselbe als vorbehaltenes Vermögen deren unbeschränkter Disposition überläßt, ist in Betreff seiner vermögensrechtlichen Folgen nicht unverbindlich. — Der Ehemann ist aber nach Abschluß eines solchen Vergleiches dennoch berechtigt, die seiner Frau ertheilte Erlaubniß, getrennt von ihm zu leben, zu widerrufen.

B. Verpflichtung des Stiefvaters hinsichtlich der Verpflegung und Erziehung der Stiefkinder. — Vergl. §§ 185. 186. 679. dieses Titels.

Rechtsgr. 602. — I. Senat. 7. Juli 1852. (VI. 237.)

Der Ehemann ist verpflichtet, die noch zu verpflegenden und zu erziehenden Kinder der von ihm geheiratheten Wittwe bei sich aufzunehmen.

§§ **185. 186.** Siehe Rechtsgrundsätze 602. 837. (A. L. R. II. **1.** § 175.; **19.** § 10.)

§§ **188-190.** Siehe Rechtsgrundsatz 905. (A. G. O. I. **1.** § 16.)

§§ **198. 199.** Siehe Rechtsgrundsatz 881. (Allgem. Deutsche Wechsel-Ordnung Art. 82.)

Fünfter Abschnitt. Von den Rechten und Pflichten der Eheleute in Beziehung auf ihr Vermögen.

§ **207.** Rechtliche Natur der Morgengabe. — Vergl. A. L. R. I. **11.** § 1133.; II. **1.** §§ 310. 312. und Anhang § 74. zu § 312.; Gesetz vom 26. April 1835 § 1.

Rechtsgr. 603. — IV. Senat. 31. März 1853. (X. 20.)

Die Morgengabe unter Eheleuten ist nicht für ein Geschenk zu erachten und unterliegt daher nicht dem Widerruf der Gläubiger des zahlungsunfähigen Ehemanns innerhalb dreier Jahre.

§§ **208. 209.** Siehe Rechtsgrundsatz 601. (§ 175. dieses Titels.)

§§ **210-212.** Erwerb der Ehefrau in stehender Ehe für den Ehemann. — Vergl. §§ 219. 220. dieses Titels.

A. Nutzen bringende Thätigkeit und lästige Verträge der Ehefrau.

Rechtsgr. 604. – I. Senat. 16. Januar 1852; III. Senat. 2. Juli 1852; 20. Januar 1854. (IV. 274.; VI. 224.; XI. 356.)

Die Vorschrift des § 211. II. 1. des Allg. Landrechts — nach welcher die Ehefrau dasjenige, was sie in stehender Ehe erwirbt, der Regel nach dem Manne erwirbt, — bezieht sich lediglich auf deren nutzenbringende Thätigkeit (operae) nicht aber auf lästige Verträge der Ehefrau mit einem Dritten, welche ein Hingeben aus ihrem Vermögen und eine Gegenleistung aus dem des andern Kontrahenten als Vergütung für das Gegebene zum Gegenstande haben.*

B. Gemeinschaftlicher Kaufvertrag beider Eheleute.

Rechtsgr. 605. — I. Senat. 16. Januar 1852. (IV. 274.)

Der Grundsatz des § 211. II. 1. des Allgem. Landrechts, — nach welchem die Frau, was sie in stehender Ehe erwirbt, der Regel nach dem Manne erwirbt, — findet keine Anwendung, wenn die Frau mit ihrem Manne durch einen gemeinschaftlichen Kaufvertrag das Eigenthum einer Sache erworben hat.

§ 212. Eingebrachtes Vermögen der Ehefrau.

Rechtsgr. 606. — I. Senat. 16. Januar 1852. (IV. 274.)

Das bei einer verkäuflichen Gutsüberlassung der Mutter an ihre Tochter und deren Ehemann lediglich durch Anrechnung auf der Tochter Muttergut berichtigte Kaufgeld ist für geschenkt zu erachten und hat daher die Natur des eingebrachten Vermögens.

§§ 219. 220. Ankauf von Sachen aus dem Vermögen oder auf den persönlichen Kredit der Ehefrau zum Zweck ihres Gewerbebetriebes.

Rechtsgr. 607. — III. Senat. 20. Januar 1854. (XI. 357.)

Der § 219. II. 1. des Allg. Landrechts betrifft nur Ver=

* Das Ober-Tribunals-Präjudiz No. 702. vom 17. Juni 1839 (Präj.-Samml. Seite 139.) lautet: Der § 211. (II. 1. des Allgemeinen Landrechts) ist auf den Fall zu beschränken, wenn eine Ehefrau während der Ehe durch ein besonderes Gewerbe Etwas erwirbt.

mögens-Vergrößerungen durch die Einkünfte des Gewerbes und findet daher keine Anwendung, wenn Sachen aus dem Vermögen oder auf den persönlichen Kredit der Frau zum Zweck des Gewerbes angekauft sind.

Siehe auch Rechtsgrundsätze **604. 605.** (§ **210.** dieses Titels.)

§ **231.** Verpflichtung des Ehemannes zur Alimentation verarmter Geschwister der Ehefrau. — Vergl. A. L. R. **I. 21.** §§ **23. 87.** ff.

Rechtsgr. **608.** — I. Senat. 8. November 1852. (VII. 137.)

Der Ehemann ist nicht verpflichtet, die erst nach eingegangener Ehe verarmten Geschwister seiner Ehefrau bei sich aufzunehmen oder aus den Nutzungen des eingebrachten Vermögens zu alimentiren.

§§ **232. 233.** Rechte des Ehemanns an dem eingebrachten Vermögen der Ehefrau:

A. Verfügung des Ehemanns über ein Altentheilsrecht der Ehefrau.

Rechtsgr. **609.** — III. Senat. 16. Mai 1851. (II. 139.)

Der Ehemann ist nicht berechtigt, das zum eingebrachten Vermögen der Frau gehörige Altentheilsrecht ohne deren Einwilligung zu veräußern.

B. Rechte der Märkischen Ehefrau bei Veräußerung ihrer Kapitalien und Grundstücke durch den Ehemann. — Vergl. A. L. R. Publikations-Patent vom 5. Februar **1794** § 7.; I. **15.** § 7.

Rechtsgr. **610.** — III. Senat. 16. Mai 1851. (II. 139.)

Auch die Märkische Ehefrau kann die von ihrem Ehemann ohne ihre Einwilligung geschehene Veräußerung ihrer eingebrachten Grundstücke und Gerechtigkeiten schon während der Dauer des Nießbrauchsrechts ihres Ehemannes anfechten.

C. Rechte der Ehefrau in Betreff des ihr durch richterliche Entscheidung zur eigenen Verwaltung und zum Nießbrauche eingeräumten eingebrachten Vermögens. — Vergl. § **263.** dieses Titels.

Rechtsgr. **611.** — III. Senat. 23. April 1852. (VI. 121.)

Die Ehefrau, welcher während der Ehe Verwaltung und

Nießbrauch an dem eingebrachten Vermögen durch richterliche Entscheidung, insbesondere durch ein Interimistikum im Ehescheidungs-Prozesse, überlassen worden, ist nicht berechtigt, ohne Konsens des Ehemanns über die Substanz der ihrer Verwaltung übergebenen Grundstücke zu verfügen.

Siehe auch Rechtsgrundsätze 303. 620. (A. L. R. I. **11.** § 732.; II. **1.** § 379.)

§§ **234.** ff. Siehe Rechtsgrundsatz 620. (§ 379. dieses Titels.)

§ **240.** Gemeinschaftlicher Erwerb der Eheleute.

Rechtsgr. 612. — I. Senat. 16. Januar 1852. (IV. 274.)

Bei Eintragung des Besitztitels im Hypothekenbuche gemeinschaftlich auf den Namen beider Eheleute ist jeder Ehegatte als Miteigenthümer zur Hälfte anzusehen, wofern nicht ein anderes Verhältniß, oder die aus dem Vermögen eines jeden Ehegatten zum Ankaufe verwendete Summe im Hypothekenbuche vermerkt worden ist.

§§ **241. 242.** Vorzugsrecht der Ehefrau wegen der aus ihrem Eingebrachten von dem Ehemanne verwendeten Summen. — Vergl. A. G. O. I. **50.** § 406.

Rechtsgr. 613. — IV. Senat. 14. Februar 1854. (XII. 143.)

Hat nach der von Eheleuten ausgestellten Korreal-Schuld- und Hypotheken-Verschreibung der Ehemann allein die vorgeliehenen Gelder empfangen, und hat er hiernächst dieselben in seinen alleinigen Nutzen verwendet, die Ehefrau aber für diese Schuld mit ihrem eingebrachten Grundstück Hypothek bestellt und später dieselbe bei dem Verkaufe ihres Grundstücks in Abrechnung auf das Kaufgeld übernommen, so kann sie deren Betrag als zu ihrem Eingebrachten gehörig bei dem über das Vermögen ihres Ehemannes ausgebrochenen Konkurse zur vierten Klasse liquidiren.

§§ **252. 253.** Siehe Rechtsgrundsatz 280. (A. L. R. I. **11.** § 408.)

§ **256.** Siehe Rechtsgrundsätze 457. 837. (A. L. R. I. **16.** § 393.; II. **19.** § 10.)

§ **263.** Siehe Rechtsgrundsatz 611. (§ 232. dieses Titels.)

§§ **310. 312.** Siehe Rechtsgrundsatz **603.** (§ **207.** dieses Titels.)

Anhang § **74.** zu § **312.** Siehe Rechtsgrundsatz **603.** (§ 207. dieses Titels.)

§§ **318.** ff. Siehe Rechtsgrundsätze **614. 840. 841.** (§ **329.** dieses Titels; Allgem. Deutsche Wechsel-Ordnung Art. **1.**)

§§ **329.** ff. Schulden der Eheleute:

A. Verhaftung des Ehemanns für die Verbindlichkeiten der Ehefrau aus einem von ihm blos genehmigten Vertrage derselben. — Vergl. §§ 318. ff. dieses Titels.

Rechtsgr. **614.** — III. Senat. 23. Februar 1852. (V. 46.)

Durch seinen Konsens zu einem von seiner Ehefrau abgeschlossenen lästigen Vertrage wird der Ehemann für die Erfüllung der darin übernommenen Verbindlichkeiten dem anderen Kontrahenten persönlich verhaftet.

B. Konsentirte Schulden einer Ehefrau in der Mark Brandenburg. — Vergl. A. L. R. Publikations-Patent vom 5. Februar 1794 § 7.

Rechtsgr. **615.** — III. Senat. 23. Februar 1852. (V. 46.)

Der §. 329. II. 1. des Allg. Landrechts gehört nicht zu den in der Mark Brandenburg suspendirten.

§§ **341. 342.** Siehe Rechtsgrundsätze **840. 841.** (Allgem. Deutsche Wechsel-Ordnung Art. **1.**)

§§ **343. 344.** Siehe Rechtsgrundsätze **404. 840. 841.** (A. L. R. I. **14.** § 232.; Allgem. Deutsche Wechsel-Ordnung Art. **1.**)

Sechster Abschnitt. Von der Gemeinschaft der Güter unter Eheleuten.

§ **360.** Siehe Rechtsgrundsatz **621.** (§ 379. dieses Titels.)

§ **363.** Siehe Rechtsgrundsätze **616. 636.** (§ 372. und Anhang § 79. zu § 648. dieses Titels.)

§ **370.** Siehe Rechtsgrundsatz **616.** (§ 372. dieses Titels.)

§ **371.** Siehe Rechtsgrundsätze **616. 620. 636.** (§§ 372. 379. und Anhang § 79. zu § **648.** dieses Titels.)

§ **372.** Befugniß des Testators, die einem der Ehegatten vermachte Erbschaft von der allgemeinen ehelichen Gütergemeinschaft auszuschließen. — Vergl. **363. 370. 371. 373-375.** dieses Titels.

Rechtsgr. **616.** — I. Senat. 25. Mai 1853. (IX. 343.)

Der Testator ist befugt, die einem der Ehegatten vermachte Erbschaft von der ehelichen allgemeinen Gütergemeinschaft auszuschließen und derselben die Eigenschaft eines Sondergutes beizulegen.

Siehe auch Rechtsgrundsatz 636. (Anhang § 79. zu § 648. dieses Titels.)

§§ 373-375. Siehe Rechtsgrundsatz 616. (§ 372. dieses Titels.)

§ 377. Siehe Rechtsgrundsätze 619. 1115. (§ 379. dieses Titels; Münsterische Polizei-Ordnung vom 18. Januar 1592 Kap. 5.)

§§ 378. 380. Veräußerung eines zur ehelichen Gütergemeinschaft gehörigen Grundstücks:

A. Einseitiger Verkauf Seitens des einen Ehegatten. — Vergl. A. L. R. I. 5. § 40.; 11. §§ 141. 142.; II. 1. §§ 634. 638. 639.

Rechtsgr. 617. — III. Senat. 18. Juni 1852. (VII. 31.)

Ein gütergemeinschaftliches Grundstück kann gültig nur von beiden Ehegatten verkauft werden, und hat der einseitige Verkauf auch für den veräußernden Ehegatten keine verbindliche Kraft.

B. Gemeinschaftlicher Verkauf.

Rechtsgr. 618. — III. Senat. 3. Oktober 1851. (III. 293.)

Der Ehemann, welcher unter Beitritt seiner Ehefrau ein zur ehelichen Gütergemeinschaft gehöriges Grundstück verkauft hat, bedarf zur Einwilligung in die vor der Uebergabe des Grundstücks von dem Käufer geschehene Cession seiner aus dem Kaufvertrage erworbenen Rechte an einen Dritten der Einwilligung der Ehefrau nicht.

§ 379. Einseitige Disposition des Ehemanns über die Kapitalien der Ehefrau:

A. Eingetragene und nicht eingetragene Kapitalien. — Vergl. A. L. R. II. 1. §§ 233-238. 371. 377. 380.; 2. § 169.; 18. § 455.

Rechtsgr. 619. — IV. Senat. 25. Oktober 1853. (XII. 31.)

a) Der § 379. II. 1. des Allgem. Landrechts, — nach welchem dem Ehemann Kapitalien, die auf den Namen der Frau, ihres Erblassers oder Geschenkgebers, oder auf den Namen beider Eheleute geschrieben sind, ohne Bewilligung der Frau nicht aufkündigen oder einziehen kann, — bezieht sich sowohl auf in das Hypothekenbuch eingetragene als auch auf darin nicht eingetragene Kapitalien.

b) Gehören aber die auf den Namen beider Eheleute geschriebenen Kapitalien zu dem gemeinschaftlichen Erwerb der beiden Eheleute, so ist der Ehemann einseitig darüber zu verfügen berechtigt.

B. Wirkung der Einwilligung der Ehefrau in die Aufkündigung und Einziehung eines gemeinschaftlichen Kapitals.

Rechtsgr. 620. — III. Senat. 6. Februar 1852. (VI. 22.)

Die dem Ehemann von der Ehefrau ertheilte Einwilligung in die Aufkündigung und die Einziehung eines auf den Namen beider Eheleute geschriebenen Kapitals berechtigt den Ehemann nicht, auch rücksichtlich der Ehefrau einen Vergleich über die einzuziehende Summe mit dem Schuldner zu schließen, oder einen Theil der Schuld demselben zu erlassen.

C. Nach Westpreußischem Provinzialrechte. — Vergl. § 360. dieses Titels; Preuß. Landrecht von 1721 Buch 3. Tit. 1. §§ 1. 2.; Buch 4. Tit. 6. § 7. Art. 2.; Buch 5. Tit. 4. § 2.

Rechtsgr. 621. — III. Senat. 6. Februar 1852. (VI. 22.)

Die Bestimmung des § 379. II. 1. des Allgem. Landrechts, — nach welcher der Ehemann die auf den Namen der Frau ihres Erblassers oder Geschenkgebers, oder auf den Namen beider Eheleute geschriebenen Kapitalien, ohne Bewilligung der Frau nicht aufkündigen oder einziehen kann, — kommt auch in Westpreußen zur Anwendung.

§ 380. Siehe Rechtsgrundsätze 617. 619. (§§ 378. und 379. dieses Titels.)

§ 426. Wirkung der an dem neuen Wohnsitze der Eheleute unterlassenen Bekanntmachung der Ausschließung der Gütergemeinschaft.

Rechtsgr. 622. — III. Senat. 12. September 1851. (II. 348.)

Die von den Eheleuten an ihrem neuen Wohnsitze, wo Gütergemeinschaft gilt, unterlassene Bekanntmachung der durch

Vertrag geschehenen Ausschließung der Gütergemeinschaft kommt einem Gläubiger nicht zu statten, welcher vorher in Rechtsverhältnisse zu den Eheleuten oder Einem derselben getreten ist und wußte, oder wissen mußte, daß in deren früheren Wohnsitze jene Bekanntmachung gehörig geschehen war, oder, welcher zwar erst nachher in Rechtsverhältnisse zu denselben getreten ist, von der geschehenen Ausschließung der Gemeinschaft aber Kenntniß erlangt hatte.

Siebenter Abschnitt. Von Trennung der Ehe durch den Tod.

§ **441**. Form der Erbverträge unter Eheleuten.

Rechtsgr. **623**. — I. Senat. 24. Februar 1851. (I. 252.)

Bei Errichtung von Erbverträgen unter Eheleuten bedarf die Ehefrau nur dann eines Beistandes, wenn sie an ihren durch Vollziehung der Ehe gesetzlich begründeten Erbfolgerechten eine Einbuße erleiden soll.

§ **483**. Siehe Rechtsgrundsatz 360. (A. L. R. I. **12**. § 614.)

§§ **492**. **493**. Beschränkung des überlebenden Ehegatten zu letztwilligen Verfügungen durch ein wechselseitiges Testament. — Vergl. A. L. R. I. **4**. §§ 162. 163.; **12**. § 485.

Rechtsgr. **624**. — I. Senat. 1. Juli 1853. (X. 317.)

Wenn die in einem unter Eheleuten errichteten wechselseitigen Testamente begünstigten gemeinschaftlichen Kinder ohne Leibeserben vor dem überlebenden Ehegatten versterben, so verlieren die zu Gunsten dieser Kinder von dem überlebenden Ehegatten in dem Testamente über seinen eigenen Nachlaß getroffenen Verfügungen ihre Wirksamkeit dergestalt, daß derselbe nunmehr unbeschränkt anderweitig letztwillig verfügen kann, — es sei denn, daß aus dem gemeinschaftlichen Testamente erhellet, daß der verstorbene Ehegatte nicht blos jene Kinder und deren Leibeserben, sondern auch deren sonst vorhandene Verwandte habe begünstigen wollen.

Siehe auch Rechtsgrundsatz 358. (A. L. R. I. **12**. § 564.)

§§ **497. 498.** Siehe Rechtsgrundsatz **344.** (**A. L. R. I. 12.** § 263.)
§§ **543. 544.** Siehe Rechtsgrundsatz 196. (**A. L. R. I. 9.** § 434.)
§§ **570.** ff. Siehe Rechtsgrundsatz 633. (wie § **648.** dieses Titels.)
§§ **621.** ff. Siehe Rechtsgrundsatz 1062. (Ostpreußisches Provinzialrecht § 22. Zusatz 96.)
§§ **625. 626. 628. 629.** Siehe Rechtsgrundsätze **625. 626. 1062.** (§ 631. dieses Titels; Ostpreußisches Provinzialrecht § **22.** Zusatz **96.**)
§§ **631-633.** Pflichttheil des überlebenden Ehegatten:
A. Im Testament vermachter Pflichttheil. Vergl. A. L. R. II. **1.** §§ 625. 626. 628. 629. 636. 640. 642. 645.; **2.** §§ 438. 481.

Rechtsgr. **625.** — I. Senat. 1. Oktober 1852. (VI. 357.)

Der auf den Pflichttheil eingesetzte Ehegatte kann außer demselben nicht noch sonstige dem Ueberlebenden im Gesetze vorbehaltene Vortheile in Anspruch nehmen.

B. Pflichttheil und Präzipuum. — Vergl. §§ 625. 628. 629. dieses Titels.

Rechtsgr. **626.** — I. Senat. 17. November 1852. (VIII. 44.)

Der Pflichttheil des überlebenden Ehegatten umfaßt nicht das Voraus der §§ 628. ff. II. 1. des Allg. Landrechts.

Siehe auch Rechtsgrundsatz **1062.** (Ostpreußisches Provinzialrecht § 22. Zusatz 96.)

§§ **634. 637. 638. 653.** Rechte des überlebenden Ehegatten an den gütergemeinschaftlichen Gegenständen vor der Auseinandersetzung. — Vergl. A. L. R. I. **17.** §§ 10. 11.
A. Nach dem System der Paderborner und Minden-Ravensbergischen Gütergemeinschaft.

Rechtsgr. **627.** — I. Senat. 22. Oktober 1851. (IV. 40.)

Nach dem System der Paderborner und Minden-Ravensbergischen ehelichen Gütergemeinschaft tritt bei dem Tode des einen Ehegatten bei beerbter Ehe keine gänzliche Vereinigung der Rechte beider Eheleute in der Person des überlebenden ein, vielmehr gelangen die Kinder sofort zum Miterbrecht und Miteigenthum in Betreff des ihnen gebührenden Antheils.

Rechtsgr. 628. — I. Senat. 26. Januar 1852. (IV. 288.)

Nach dem Minden-Ravensbergischen Provinzialrechte ist der überlebende Ehegatte nicht befugt, einseitig — ohne Zuziehung der Kinder des verstorbenen Ehegatten — den Vermögens-Inbegriff, als solchen, zu veräußern.

B. Dispositions-Rechte des Ueberlebenden hinsichtlich einzelner gütergemeinschaftlicher Sachen. — Vergl. Gutachten der Gesetzkommission vom 17. April 1805.

Rechtsgr. 629. — I. Senat. 17. Dezember 1851. (IV. 190.)

Der überlebende Ehegatte, welcher mit dem verstorbenen in Gütergemeinschaft gelebt hat, ist nicht befugt, vor der Auseinandersetzung seinen Antheil an einzelnen gütergemeinschaftlichen Sachen zu veräußern.

Siehe auch Rechtsgrundsätze 617. 669. (A. L. R. II. **1.** § 378.; **2.** § 170.)

§ **636**. Siehe Rechtsgrundsatz 625. (§ 631. dieses Titels.)

§ **637**. Siehe Rechtsgrundsätze 627-629. 669. (A. L. R. II. **1.** § 634.; **2.** § 170.)

§§ **638**. **639**. Siehe Rechtsgrundsätze 617. 627-629. (§§ 378. 634. dieses Titels.)

§§ **640**. **642**. Siehe Rechtsgrundsatz 625. (§ 631. dieses Titels.)

§§ **645**. **646**. Frist zur Entsagung der elterlichen Erbschaft, bei bestandener Paderborner ehelicher Gütergemeinschaft. — Vergl. A. L. R. I. **9**. § 367.

Rechtsgr. 630. — IV. Senat. 26. Januar 1854. (XI. 281.)

Nach dem Kondominial-Prinzip der Paderborner ehelichen Gütergemeinschaft fällt zwar die Erbschaft des zuerst verstorbenen Ehegatten schon mit dessen Tode seinen Kindern zu, diese sind jedoch nicht verpflichtet, sich über den Antritt oder die Entsagung jener Erbschaft vor dem Ableben des zuletzt versterbenden Ehegatten zu erklären.

Siehe auch Rechtsgrundsatz 625. (§ 631. dieses Titels.)

§ **648**. **Rechte des überlebenden Ehegatten an den gütergemeinschaftlichen Grundstücken bei der Auseinandersetzung:**

A. Miteigenthum.

Rechtsgr. 631. — I. Senat. 15. November 1850. (I. 135.)

Bei Ueberlassung eines gütergemeinschaftlichen Grundstücks an den überlebenden Ehemann ohne Subhastation findet eine analoge Anwendung der Vorschrift des Vormundschaftsrechts wegen Ueberlassung eines Nachlaßgrundstücks an einen der Miterben, welcher einen besondern Vortheil anbietet, nicht statt; vielmehr dient lediglich die Bestimmung des § 648. II. 1. des Allg. Landrechts zur Richtschnur.

B. Wahlrecht des überlebenden Ehegatten hinsichtlich der Uebernahme der gütergemeinschaftlichen Grundstücke und Gerechtigkeiten für die Taxe bei der Theilung mit unabgefundenen Kindern, sowie bei obwaltender provinzieller oder statutarischer Gütergemeinschaft.

Rechtsgr. 632. — I. Senat. 20. Januar 1854. (XII. 75.)

a) Das nach der Vorschrift des § 648. II. 1. des Allg. Landrechts dem überlebenden Ehegatten bei bestandener Gütergemeinschaft zustehende Wahlrecht, — für eine von seinen Miterben zu setzende Taxe die zum gemeinschaftlichen Vermögen gehörigen Grundstücke und Gerechtigkeiten zu übernehmen oder den Miterben zu überlassen, — findet auch Anwendung bei der Theilung mit unabgefundenen Kindern, so wie auch bei obwaltender provinzieller oder statutarischer Gütergemeinschaft, insofern Provinzialgesetze oder Statuten nichts Abweichendes bestimmen.

b) Auch in dem Falle, wenn bei bestandener und durch den Tod aufgelöster Gütergemeinschaft der überlebende Ehegatte das Nachlaßgrundstück für einen von den Erben gesetzten Werth annimmt, bedarf es, wenn unter den Erben Pflegebefohlene sich befinden, zur rechtsgültigen Uebertragung an den Wittwer oder die Wittwe einer voraufgegangenen Taxe, um dem Beschluß des Vormundes über den zu bestimmenden Werth zum Anhalt zu dienen.

C. Uneinigkeit der Miterben des überlebenden Ehegatten über den demselben hinsichtlich der zu übernehmenden Nachlaßgrundstücke zu setzenden Preis. — Vergl. §§ 570. ff. dieses Titels.

Rechtsgr. 633. — I. Senat. 15. November 1850. (I. 135.)

Wenn der überlebende Ehegatte, welcher mit dem verstorbenen in Gütergemeinschaft gelebt hat, die gemeinschaftlichen Grundstücke zum Allein-Eigenthum übernehmen will, so ist er den mehreren, über den zu setzenden Preis unter einander streitenden Miterben nur zur Erlegung des durch eine gerichtliche Taxe festzustellenden Werthes verpflichtet.

D. Ostpreußisches Provinzialrecht. — Vergl. Zusatz 29. u. 96. No. 19.

Rechtsgr. 634. — I. Senat. 15. November 1850. (I. 135.)

Das Ostpreußische Provinzialrecht hat keine von vorstehenden Grundsätzen unter A. und C. (631. und 633.) abweichende Bestimmungen.

E. Kurmärkisches Provinzialrecht. Observanz in Betreff der Uebernahme der Nachlaßgrundstücke Seitens des überlebenden Ehegatten für die Taxe. — Vergl. Constitutio Joachimica von 1527; Landes-Ordnung von 1594 Thl. 3. Tit. 9.; Vormundschafts-Ordnung vom 23. September 1718 § 50.; Erbschafts-Edikt vom 30. April 1765 §§ 3. 4. 7. 9. 10. 14.

Rechtsgr. 635. — I. Senat. 28. Juni 1852; 16. Dezember 1853. (V. 327.; X. 358.)

a) In der Kurmark Brandenburg besteht keine den allgemeinen Landesgesetzen derogirende Observanz, nach welcher der überlebende Ehegatte die Nachlaßgrundstücke für den Taxwerth zu behalten oder zu übernehmen berechtigt wäre. — Dieser Grundsatz gilt auch von bäuerlichen Grundstücken.

b) Daher geht durch die Erklärung des überlebenden Märkischen Ehegatten, von jenem Rechte Gebrauch machen zu wollen, das Alleineigenthum der Nachlaßgrundstücke auf ihn noch nicht über.

Siehe auch Rechtsgrundsätze 216. 636. 831. (A. L. R. I. 9. § 579.; II. 1. Anhang § 79. zu § 648.; 18. § 587.)

Anhang § 79. zu § 648. Recht des überlebenden, mit seinen minderjährigen Kindern sich auseinandersetzenden Ehemannes auf Uebernahme des auf seinen Namen eingetragenen Grundstückes gegen Einwerfung seines Erwerbungspreises in die zu theilende Masse:

A. Beschränkung dieses Rechts auf die von dem Ehemanne vor der Ehe besessenen Grundstücke. — Vergl. §§ 363. 371. 372. 648. dieses Titels.

Rechtsgr. 636. — I. Senat. 20. Januar 1854. (XII. 74.)

Die Vorschrift des § 79. des Anhangs (zu § 648. II. 1.) des Allg. Landrechts, — betreffend die Zulässigkeit der Ueberlassung des auf den Namen des überlebenden Ehemannes eingetragenen Grundstücks bei der Auseinandersetzung mit seinen minderjährigen Kindern an denselben ohne gerichtliche Abschätzung und Subhastation gegen Einwerfung des Erwerbungspreises in die Theilungsmasse, — bezieht sich lediglich auf die vor der Ehe von ihm besessenen, nicht auch auf die in stehender Ehe von ihm erworbenen Grundstücke. Das in diesem § 79. gebrauchte Wort „kann" ist fakultativ zu verstehen.

B. Erlöschung des Theilnahmerechts abgefundener Kinder auf den nach dem Tode des Vaters erzielten höheren Verkaufspreis eines demselben für den Erwerbspreis überlassenen Grundstücks.

Rechtsgr. 637. — I. Senat. 26. November 1852. (VII. 163.)

Das den Kindern bei der Auseinandersetzung mit dem Vater vorbedungene Theilnahmerecht an einem höheren Verkaufspreise des demselben für seinen früheren Erwerbspreis überlassenen auf seinen Namen eingetragenen gütergemeinschaftlichen Grundstücks kommt nicht zur Anwendung, wenn das Grundstück von dem Vater selbst nicht verkauft, sondern erst bei der Auseinandersetzung unter seinen Erben für einen höheren Preis überlassen wird.

Siehe auch Rechtsgrundsätze 126. 831. (A. L. R. I. 5. § 415.; II. 18. § 587.)

§ 653. Siehe Rechtsgrundsätze 627-629. 669. 1243. (A. L. R. II. 1. § 634.; 2. § 171.; Subhastationsverordnung v. 4. März 1834 § 9.)

§§ 654-657. Siehe Rechtsgrundsatz 1243. (Subhastationsverordnung vom 4. März 1834 § 9.)

Achter Abschnitt. Von Trennung der Ehe durch richterlichen Ausspruch.

§§ 670. ff. Ehescheidung wegen Ehebruchs.

Rechtsgr. 638. — I. Senat. 2. Dezember 1853. (X. 301.)

a) Unter dem in dem § 670. II. 1. des Allgem. Landrechts enthaltenen Ausdruck „Ehebruch", welcher den unschuldigen Theil zur Scheidungsklage berechtigt, ist auch ein unerlaubter Umgang zu verstehen, durch welchen eine dringende Vermuthung der verletzten ehelichen Treue begründet wird.

b) Daher hat die auf Ehebruch gegründete Klage auch dann die Verurtheilung des verklagten Theils zur Folge, wenn nur der eine dringende Vermuthung der verletzten ehelichen Treue begründende unerlaubte Umgang nachgewiesen ist.

§ 679. Siehe Rechtsgrundsatz 602. (§ 175. dieses Titels.)

§§ 684-687. Trennung der Ehe wegen böswilliger Verlassung.

Rechtsgr. 639. — Plenum. 5. Mai 1851. (I. 379.)

Der Ehemann, dessen Ehefrau sich widerrechtlich von ihm entfernt hat oder entfernt hält, und ihren unbescholtenen Lebenswandel während der Zeit ihrer Entfernung nicht nachzuweisen vermag, hat für alle Fälle das unbeschränkte Recht, die Wiederaufnahme der Frau zu verweigern, — ohne, selbst im Falle erwiesenen Ehevergehens derselben, zur Anstellung der Ehescheidungsklage verpflichtet zu sein.

694. Trennung der Ehe wegen Versagung der ehelichen Pflicht: A. Begriff dieser Versagung. — Vergl. A. L. R. I. 4. § 59.

Rechtsgr. 640. — I. Senat. 8. September 1851. (III. 259.)

Der gesetzliche Begriff der Versagung der ehelichen Pflicht erfordert keine ausdrückliche Erklärung des Versagenden. — Daher reicht die mehrere Monate hindurch fortgesetzte Zurückhaltung eines körperlich rüstigen Neuvermählten bei einem jugendlichen Alter beider Eheleute — auch ohne stattgehabte ausdrückliche Aufforderung der Frau zur Beiwohnung — vollkommen hin, um ihn einer hartnäckigen und fortdauernden Versagung der ehelichen Pflicht zu überführen und die Frau zur Klage auf Ehescheidung zu berechtigen.

B. Begriff der „halsstarrigen" Versagung.

Rechtsgr. 641. — I. Senat. 19. Dezember 1851. (IV. 207.)

Die längere Nichtleistung der ehelichen Pflicht, verbunden mit der ausdrücklichen Erklärung des Ehegatten, bei der Versagung verbleiben zu wollen, giebt dieser Versagung den Charakter einer „halsstarrigen", welcher durch das Vorhandensein mehrerer in der Ehe früher erzeugter Kinder, und durch hohes Alter allein noch nicht ausgeschlossen wird.

§§ 698. 759. Blödsinn als Ehescheidungsgrund:

Rechtsgr. 642. — I. Senat. 28. November 1853. (X. 296.)

Blödsinn ist kein Ehescheidungsgrund.

§ 716. Siehe Rechtsgrundsatz 20. (A. L. R. Einl. § 87.)
§§ 720. 721. Verjährung eines Ehevergehens:
A. Verzeihung eines in der Ehescheidungsklage gerügten Ehevergehens. — Vergl. Verordnung vom 28. Juni 1844 § 53.

Rechtsgr. 643. — I. Senat. 5. März 1852. (VI. 63.)

Die in einer Ehescheidungsklage gerügte Beleidigung ist nicht ohne Weiteres als ausdrücklich verziehen zu erachten, wenn die Eheleute dem Gerichte schriftlich anzeigen, daß sie sich versöhnt haben, und der Kläger in Folge dessen die Klage zurücknimmt.

B. Einrede des Verzichts in Betreff der erst im Verlaufe des Scheidungsprozesses vorgebrachten Scheidungsgründe.

Rechtsgr. 644. — I. Senat. 28. April 1852. (V. 210.)

Die Einrede des Verzichts des beleidigten Ehegatten auf das Recht zur Scheidungsklage findet rücksichtlich neuer zum

Beweise des in der eingeleiteten Ehescheidungsklage aufgestellten bestimmten Scheidungsgrundes dienenden, innerhalb des letzten Jahres vor Anstellung der Klage zur Kenntniß des klagenden Ehegatten gelangten Thatsachen nicht Statt, wenngleich seit der von diesen neuen Thatsachen erlangten Kenntniß bis zu deren Angabe im Prozeß über ein Jahr verstrichen ist.

C. Natur der Einrede der Verzeihung eines Ehevergehens. — Vergl. A. L. R. I. 9. § 535.

Rechtsgr. 645. — I. Senat. 8. Oktober 1852. (VII. 112.)

Die Vorschrift des § 721. II. 1. des Allg. Landrechts, nach welcher es einer ausdrücklichen Verzeihung gleich geachtet wird, wenn der beleidigte Ehegatte nach erhaltener überzeugender Kenntniß die Ehe ein Jahr hindurch fortgesetzt hat, — betrifft keine Verjährungsfrist, sondern die aus dem Verlaufe der Zeit entnommene Vermuthung einer Verzeihung. — Daher beginnt der Lauf dieser Frist auch während der Minderjährigkeit des beleidigten Ehegatten.

D. Einfluß eines verziehenen Ehevergehens auf die Beurtheilung der Schuldfrage.

Rechtsgr. 646. — I. Senat. 8. Oktober 1852. (VII. 112.)

Ehevergehen, welche verziehen oder nach gesetzlicher Vorschrift für verziehen zu erachten sind, können als Ehescheidungsursachen zwar nicht ferner gerügt, wohl aber bei Entscheidung der Frage berücksichtigt werden, ob und welcher Theil für den allein schuldigen zu erachten, oder ob keinem von beiden ein Uebergewicht der Schuld beizumessen ist.

Siehe auch Rechtsgrundsatz 926. (A. G. O. I. 10. § 5a.)

§§ 731. 732. Siehe Rechtsgrundsätze 647. 648. (§§ 743. 770. dieses Titels.)

§ 743. Dispositionsrecht des geschiedenen unschuldigen Ehegatten in Betreff des von ihm in die gütergemeinschaftliche Ehe eingebrachten Vermögens, vor der Vermögensabsonderung. — Vergl. §§ 731. 732. dieses Titels.

Rechtsgr. **647**. — I. Senat. 13. Oktober 1852. (VII. 120.)

Die eheliche Gütergemeinschaft erreicht mit der rechtskräftigen Scheidung der Eheleute ihre Endschaft. Wenn nach diesem Zeitpunkte der für unschuldig erklärte Ehegatte die Absonderung der Güter wählt, so ist er auf Grund der von ihm getroffenen Wahl auch ohne vorhergegangene förmliche Vermögens-Auseinandersetzung der gewesenen Eheleute zur Disposition über die von ihm in die Gütergemeinschaft gebrachten Vermögensstücke berechtigt.

§§ **755**. **758**. Siehe Rechtsgrundsatz 651. (§ 798. dieses Titels.)

§ **759**. Siehe Rechtsgrundsatz 642. (§ 698. dieses Titels.)

§ **769**. Siehe Rechtsgrundsätze 648. 967. (§ 770. dieses Titels; A. G. O. I. **16**. § 1.)

§§ **770**. **771**. **784**. Vermögens-Auseinandersetzung der geschiedenen Eheleute:

A. Tag des Eintritts der Rechtskraft eines Ehescheidungs-Urtheils bei nicht eingelegtem Rechtsmittel. — Vergl. A. L. R. II. **1**. §§ 731. 769.; **2**. § 40.; A. G. O. I. **16**. § **1**.

Rechtsgr. **648**. — I. Senat. 19. März 1852. (V. 114.)

Die Rechtskraft auch eines Ehescheidungs-Urtheils, gegen welches ein Rechtsmittel zwar zulässig war, aber nicht eingelegt worden ist, tritt mit dem Tage dessen Insinuation, nicht erst mit dem Ablauf der Frist zur Einlegung des Rechtsmittels ein.

Siehe auch Rechtsgrundsatz 967. (A. G. O. I. **16**. § 1.)

B. Anwendbarkeit der §§ 770. und 771. II. **1**. des Allg. Landrechts in der Mark Brandenburg. — Vergl. A. L. R. Publikations-Patent vom 5. Februar 1794 § 7.

Rechtsgr. **649**. — I. Senat. 19. März 1852. (V. 114.)

Die §§ 770. und 771. II. 1. des Allg. Landrechts sind in der Mark Brandenburg nicht für suspendirt zu erachten.

C. Einfluß der Vorschriften der §§ 770. und 771. II. **1**. des Allgem. Landrechts auf die eheliche Geburt eines von der geschiedenen Ehefrau geborenen Kindes. — Vergl. A. L. R. II. **2**. §§ 40. 45.

Rechtsgr. 650. — I. Senat. 19. März 1852. (V. 114.)

Die Bestimmungen der §§ 770. und 771. II. 1. des Allg. Landrechts sind auf die eheliche und uneheliche Geburt eines von der geschiedenen Ehefrau geborenen Kindes ohne Einfluß.

Siehe auch Rechtsgrundsatz 967. (A. G. O. I. 16. § 1.)

§ 783. Siehe Rechtsgrundsatz 651. (§ 798. dieses Titels.)

§ 784. Siehe Rechtsgrundsätze 648-651. 784. (§§ 770. 798. dieses Titels; A. G. O. I. 16. § 1.)

§ 798. Alimentation der geschiedenen Ehefrau. — Vergl. §§ 755. 758. 783. ff. 801. 811-813. dieses Titels.

Rechtsgr. 651. — I. Senat. 22. Januar 1851. (II. 289.)

Der Antrag der geschiedenen, für den unschuldigen Theil erklärten Ehefrau auf Verpflegung ist durch die Absonderung des gemeinschaftlich gewesenen Vermögens bedingt.

§ 825. Siehe Rechtsgrundsatz 20. (A. L. R. Einl. § 87.)

Zehnter Abschnitt. Von den rechtlichen Folgen gesetzwidrig geschlossener Ehen.

§§ 942. 944. Gültigkeit der zweiten Ehe bei Trennung der ersten durch einen inkompetenten Richter. — Vergl. A. G. O. I. 16. § 7.; Verordnung vom 2. Januar 1849 § 1.

Rechtsgr. 652. — I. Senat. 14. Juni 1852. (V. 318.)

Die anderweitige Ehe des durch ein Urtheil des geistlichen Gerichts nach Aufhebung seiner Gerichtsbarkeit in Ehesachen geschiedenen Ehegatten ist keine nichtige Ehe.

§ 997. Siehe Rechtsgrundsatz 598. (§ 46. dieses Titels.)

Eilfter Abschnitt. Von den rechtlichen Folgen des unehelichen Beischlafes.

§§ 1015. ff. Schwängerungsklage:

A. Anspruch der außerehelich Geschwängerten auf Verpflegung.

Rechtsgr. 653. — Plenum. 21. Juni 1852. (VI. 193.)

Zu den Kosten, deren Erstattung eine außerehelich Geschwängerte gemäß des § 1017. II. 1. des Allg. Landrechts von ihrem Schwängerer verlangen kann, weil dieselben nach ihrer Niederkunft aufgelaufen und unvermeidlich gewesen sind, gehören die Kosten ihrer Verpflegung (ihres Unterhalts) nur während der Dauer ihres Wochenbettes; ein Anspruch auf Erstattung der über die sechs Wochen hinaus für ihre Verpflegung aufgewendeten Kosten läßt sich aus diesem Gesetze nicht herleiten.

B. Klage einer Ehefrau gegen den außerehelichen Schwängerer. — Vergl. A. L. R. II. 2. §§ 1. 7. 612. ff.; Provinzialrecht für Neuvorpommern 1. 2. § 15.; Dig. 1. 5. Lex 12.; 2. 4. Lex 5.

Rechtsgr. 654. — I. Senat. 14. Juli 1852. (VI. 266.)

a) Ohne vorherige Feststellung der Illegitimität des in der Ehe geborenen Kindes kann eine Schwängerungsklage der Mutter wenn auch unter Beitritt des Ehemannes derselben gegen den außerehelichen Schwängerer nicht zugelassen werden.

b) Dieser Grundsatz gilt auch nach dem Gemeinen Rechte und nach dem Neuvorpommerschen Provinzialrechte, und zwar auch dann, wenn die Ehe zur Zeit der Geburt des Kindes noch nicht 182 Tage bestanden hat.

§ 1024. Gemeinrechtliche exceptio plurium stupratorum. — Vergl. A. L. R, II. 2. §§ 612. ff.

Rechtsgr. 655. — I. Senat. 20. Oktober 1852. (VI. 369.)

Auch nach dem Gemeinen Rechte kann der auf Alimentation eines unehelichen Kindes auf den Grund eines mit der Mutter desselben innerhalb der gesetzlichen Erzeugungsperiode vollzogenen Beischlafs in Anspruch genommene Verklagte durch den Einwand, daß die Mutter in der Erzeugungsperiode auch noch anderen Männern den Beischlaf gestattet habe, sich von der Pflicht zur Alimentation dieses Kindes nicht befreien. Wohl aber steht nach gemeinrechtllicher Praxis die exceptio plurium stupratorum dem Anspruche der Mutter auf Abfindung entgegen.

§ **1036.** Beharrliche Weigerung zur Vollziehung der Ehe mit der unter dem Versprechen der Ehe Geschwängerten.

Rechtsgr. **656.** — I. Senat. 3. März 1852. (VI. 54.)

Es ist eine beharrliche Weigerung des Schwängerers zur Vollziehung der Ehe mit der Geschwächten, wenn jener die ihm im Erkenntniß gestellte Frist, ohne Schritte zur Ehevollziehung zu thun, verstreichen läßt und eine andere Ehe eingeht.

Siehe auch Rechtsfrage 1108. (Lib. extra Decret. **4.** 1. cap. 17.)

§§ **1037.** ff. Vererblichkeit der Klagen aus der außerehelichen Schwängerung und Geburt. — Vergl. A. L. R. I. **9.** § 360.; II. **1.** §§ 1088. 1089.; **2.** §§ 592. ff.

Rechtsgr. **657.** — Plenum. 15. Dezember 1851. (III. 366.)

Der Uebergang der Klagen aus der außerehelichen Schwängerung und Geburt auf die Erben findet nur in Beziehung auf Vermögensrechte statt. — Es geht daher die Klage der unter dem Versprechen der Ehe Geschwächten auf Ehelichung resp. Beilegung der Rechte einer geschiedenen, für den unschuldigen Theil erklärten Ehefrau, und die Klage ihres Kindes auf Beilegung der Rechte der ehelichen Geburt weder aktiv auf die Erben der Geschwächten und ihres Kindes, noch passiv auf die Erben des Schwängerers und resp. Vaters über.

Siehe auch Rechtsfrage 1108. (Lib. extra Decret. **4.** 1. cap. 17.)

§§ **1039. 1040. 1043. 1044.** Siehe Rechtsgrundsatz 659. (§ 1089. dieses Titels.)

§ **1059.** Siehe Rechtsgrundsätze 598. 1122. (§ 46. dieses Titels; Konsistorial-Instruktion von 1681 Thl. 3. Kap. 2. § 4.)

§§ **1060. 1061.** Siehe Rechtsgrundsätze 598. 659. 1122. (§§ 46. 1089. dieses Titels; Konsistorial-Instruktion von 1681 Thl. 3. Kap. 2. § 4.)

§ **1079.** Wegfall des Rechts der außerehelich Geschwächten auf standesmäßige Ausstattung.

Rechtsgr. 658. — I. Senat. 9. Februar 1852. (IV. 344.)

a) Die Vorschrift des § 1079. (1091.) II. 1. des Allg. Landrechts wegen Wegfalls des Rechts der außerehelich Geschwächten auf Ehelichung oder Ausstattung in Folge von Handlungen, welche die Trennung selbst einer gültigen Ehe begründen können, bezieht sich sowohl auf den Fall der unter dem Versprechen der Ehelichung, als auch der ohne ein solches Versprechen erfolgten Schwängerung.

b) Die nach § 1079. (1091.) II. 1. des Allg. Landrechts der außerehelich Geschwächten aufliegende Verpflichtung, dem Schwängerer die Treue zu bewahren, ist ein Korrelat des Wahlrechts des letzteren auf Ehelichung oder Abfindung, und hört daher auf, sobald derselbe von diesem Wahlrecht durch seine vor dem Richter erklärte Weigerung, die Geschwächte zu ehelichen, Gebrauch gemacht hat.

§ **1083.** Siehe Rechtsgrundsatz 687. (A. L. R. II. 2. § 592.)

§ **1088.** Siehe Rechtsgrundsatz 657. (§§ 1037. ff. dieses Titels.)

§ **1089.** Anspruch der unter dem Versprechen der Ehe Geschwängerten gegen die Erben des Schwängerers auf Abfindung. — Vergl. §§ 1039. 1040. 1043. 1044. 1060. 1061. dieses Titels.

Rechtsgr. 659. — I. Senat. 23. September 1853. (X. 147.)

Die unter dem Versprechen der Ehe Geschwängerte kann nach dem Tode des Schwängerers von dessen Erben nicht die höhere Ausstattung nach den §§ 1039. ff. 1065. 1089. II. 1. des Allg. Landrechts, sondern nur die geringere Entschädigung nach den §§ 1060. ff. daselbst beanspruchen.

Siehe auch Rechtsgrundsatz 657. (§ 1037. dieses Titels.)

§§ **1095-1108.** Berücksichtigung der gesetzlichen Vermuthung bei Zulassung der Geschwächten zum Erfüllungs-Eide. — Vergl. A. G. O. I. 13. §§ 24. ff.

Rechtsgr. 660. — I. Senat. 26. September 1851. (III. 106.)

Die gesetzlichen Vermuthungen der §§ 1095-1108. (1107-1120.) II. 1. des Allg. Landrechts sind auch dann zu berücksichtigen, wenn die Geschwächte über den innerhalb der gesetzlichen Konzeptionszeit mit dem Verklagten gepflogenen Beischlaf auch einen unvollständigen direkten Beweis nicht erbracht hat.

§ 1102. Siehe Rechtsgrundsatz 933. (A. G. O. I. 10. § 246.)

Titel 2. Von den wechselseitigen Rechten und Pflichten der Eltern und Kinder.

Erster Abschnitt. Von ehelichen Kindern.

§ 1. Vermuthung der Legitimität für die eheliche Geburt.

Rechtsgr. 661. — I. Senat. 2. November 1853. (X. 271.)

Die Worte des § 1. II. 2. des Allg. Landrechts „erzeugt" oder „geboren" sind disjunktiv zu verstehen, und findet daher die gesetzliche Vermuthung aus dieser Gesetzstelle auch auf die zwar außer der Ehe erzeugten, aber in der Ehe geborenen Kinder Anwendung.

Siehe auch Rechtsgrundsätze 10. 654. (A. L. R. Einl. § 14.; II. 1. § 1015.)

§ 2. Beweis der Illegitimität eines in der Ehe gebornen Kindes:
A. Unbeschränktheit des Nachweises nicht stattgehabter Beiwohnung.

Rechtsgr. 662. — I. Senat. 12. Dezember 1853. (XI. 106.)

Der von dem Ehemann zu führende Beweis der Unehelichkeit des in der Ehe gebornen Kindes ist nicht auf die in den §§ 3. und 4. II. 2. des Allg. Landrechts aufgeführten Fälle des Zeugungsvermögens und der Abwesenheit beschränkt. Er kann vielmehr auch auf andere Art überzeugend nachweisen, daß er seiner Ehefrau in der Zeit vom 302. bis zum 210. Tage vor der Geburt des Kindes nicht beigewohnt habe.

B. Begriff des überzeugenden Nachweises. — Vergl. A. G. O. I. 13. §§ 9. 10.

Rechtsgr. 663. — I. Senat. 12. Dezember 1853. (XI. 106.)

Unter dem von dem Ehemanne nach § 2. II. 2. des

Allgem. Landrechts zu führenden überzeugenden Nachweis ist ein vollständig geführter Beweis zu verstehen, und findet daher die Ergänzung des unvollständig geführten Beweises durch Auferlegung eines nothwendigen Eides nicht statt.

Rechtsgr. **664**. — I. Senat. 14. Februar 1851; 12. Dezember 1853. (I. 233.; XI. 107.)

Der dem Ehemanne obliegende Beweis, daß er seiner Ehefrau während der Konzeptionszeit des Kindes nicht beigewohnt habe, kann von ihm auch durch Eidesdelation geführt werden.

§§ **7**. ff. Siehe Rechtsgrundsatz **654**. (A. L. R. II. **1**. § 1015.)
§ **40**. Siehe Rechtsgrundsätze **648**. 650. (A. L. R. II. **1**. § 770.)
§ **45**. Siehe Rechtsgrundsatz 650. (A. L. R. II. **1**. § 770.)

Zweiter Abschnitt. Von den Rechten und Pflichten der Eltern und der aus einer Ehe zur rechten Hand erzeugten Kinder, so lange die letzteren unter väterlicher Gewalt stehen.

§§ **65**. ff. Siehe Rechtsgrundsatz 837. (A. L. R. II. **19**. § 10.)
§§ **125**. **131**. **201**. **202**. Lästige Verträge großjähriger Haussöhne in der Mark Brandenburg. — Vergl. A. L. R. Publikations-Patent vom 5. Februar **1794** § 7.; Dig. **44**. 7. Lex **39**.; **45**. 1. § 2.

Rechtsgr. **665**. — Plenum. 15. März 1852. (V. 88.)

Die §§ 125. 131. 201. 202. II. 2. des Allgem. Landrechts sind, auch soweit sie die Rechtsbeständigkeit der von einem unter väterlicher Gewalt stehenden großjährigen Kinde geschlossenen lästigen Verträge überhaupt — nicht blos die Darlehnsverträge — von der Einwilligung des Vaters abhängig machen, in der Mark Brandenburg nicht suspendirt.

Siehe auch Rechtsgrundsatz **839**. (Allg. Deutsche Wechsel-Ordnung Art. **1**.)

Dritter Abschnitt. Von dem eigenthümlichen Vermögen der Kinder.

§ **155**. Nießbrauchsrecht des Vaters an dem den Kindern von der Mutter hinterlassenen Pflichttheil.

Rechtsgr. 666. — I. Senat. 3. März 1852. (IV. 368.)

Die gerichtlich geschiedene Ehefrau kann ihren geschiedenen Ehemann von dem gesetzlichen Nießbrauche des ihren gemeinschaftlichen Kindern zu hinterlassenden Pflichttheils nicht ausschließen.

§§ 156. ff. Siehe Rechtsgrundsätze 671. 1310. (§ 230. dieses Titels; Deklaration vom 6. April 1839 Art. 13.)

§ 158. Vertretung des Haussohnes in Prozessen. — Vergl. A. G. O. I. 1. § 15.

Rechtsgr. 667. — I. Senat. 5. März 1852. (IV. 372.)

Der Vater ist nicht berechtigt, in Prozessen den unter seiner väterlichen Gewalt stehenden Sohn auch rücksichtlich dessen freien Vermögens selbstständig zu vertreten, und genügt daher die blos an ihn geschehene Vorladung des verklagten Sohnes nicht.

§ 159. Siehe Rechtsgrundsatz 195. (A. L. R. I. 9. § 430.)

§ 161. Siehe Rechtsgrundsatz 682. (§ 391. dieses Titels.)

§§ 165. 166. Siehe Rechtsgrundsatz 839. (Allg. Deutsche Wechsel-Ordnung Art. 1.)

§ 168. Väterlicher Nießbrauch an einem Wohnungsrechte der Kinder. — Vergl. A. L. R. Einl. § 99.; I. 19. §§ 22. ff.; 21. §§ 22. 110.

Rechtsgr. 668. — III. Senat. 10. Oktober 1853. (X. 205.)

Das Nießbrauchsrecht des Vaters an dem Vermögen der Kinder erstreckt sich nicht auf das den letzteren von einem Dritten zur Nothdurft eingeräumte Wohnungsrecht und gehört mithin das Aequivalent für das nicht gewährte Wohnungsrecht zur Substanz des Vermögens der Kinder.

Siehe auch Rechtsgrundsätze 195. 671. (A. L. R. I. 9. § 430.; II. 2. § 230.)

§ 169. Siehe Rechtsgrundsatz 619. (A. L. R. II. 1. § 379.)

§§ 170-173. Veräußerung der zum nicht freien Vermögen der Kinder gehörigen Grundstücke durch den Vater. — Vergl. A. L. R. II. 1. §§ 634. 637. 638. 653.

Rechtsgr. 669. — I. Senat. 20. Januar 1854. (XII. 74.)

Die §§ 170–173. II. 2. des Allg. Landrechts, — betreffend die Veräußerung der zum nicht freien Vermögen der Kinder gehörigen Grundstücke durch den Vater, — finden bei der Schicht und Theilung zwischen dem überlebenden Ehemanne und den mit seiner mit ihm in der Gütergemeinschaft gelebt habenden verstorbenen Ehefrau erzeugten Kindern keine Anwendung.

§ **177**. Siehe Rechtsgrundsatz 1035. (A. G. O. I. **50**. § 417.)

§§ **201**. **202**. Siehe Rechtsgrundsätze 665. 671. (§§ **125**. 230. dieses Titels.)

Vierter Abschnitt. Von Aufhebung der väterlichen Gewalt.

§§ **210-212**. Siehe Rechtsgrundsatz 839. (Allg. Deutsche Wechsel-Ordnung Art. **1**.)

Anhang § **91**. zu § **216**. Siehe Rechtsgrundsatz 671. (§ 230. dieses Titels.)

§ **226**. Uebernahme von Verbindlichkeiten Seitens eines minderjährigen, der väterlichen Gewalt entlassenen Sohnes.

Rechtsgr. **670**. — I. Senat. 13. Oktober 1851. (III. 161.)

Zur Gültigkeit des Versprechens eines minderjährigen, der väterlichen Gewalt entlassenen Sohnes, eine Schuld aus den Revenüen eines Gutes zu zahlen, bedarf es des Beitritts des Vaters auch in dem Falle nicht, wenn der Promittent zur Zeit des Versprechens diese Revenüen noch nicht zu beziehen hat.

§ **230**. Wirkung der Großjährigkeits-Erklärung einer unverheiratheten Tochter. — Vergl. A. L. R. I. **4**. § 60.; II. **2**. §§ 156. 168. 201. und Anhang § 91. zu § 216.; **18**. § 724.; Hofes-Reskript vom **14**. März 1796.

Rechtsgr. **671**. — IV. Senat. 23. November 1852. (VII. 155.)

a) Die bloße Großjährigkeits-Erklärung einer unverheiratheten Tochter hebt die väterliche Gewalt nicht auf.

b) Daher kann die blos für großjährig erklärte Tochter über ihr nicht freies Vermögen ohne väterliche Einwilligung nicht verfügen.

§§ **234.** ff. Anrechnung der von dem Vater oder der Mutter dem Kinde gegebenen Ausstattung auf das eigene Vermögen des Kindes. — Vergl. A. L. R. I. **11.** §§ **1041. 1042.**

Rechtsgr. **672.** — I. Senat. 10. September 1852. (VI. 297.)

a) Der Vater eines von ihm ausgestatteten Kindes, welches eigenes Vermögen hat, kann bei der hinterher erfolgenden Ausantwortung des letzteren dem Kinde die Ausstattungskosten auch dann noch in Anrechnung bringen, wenn er vor oder bei Bewirkung der Ausstattung nicht erklärt hat, dieselben aus der Substanz des Vermögens des Kindes entnehmen zu wollen.

b) Der vorstehende Grundsatz findet auf die Mutter welche ihre minderjährige Tochter nach dem Tode des Vaters ausgestattet hat, keine Anwendung. Vielmehr ist die von der Mutter ohne Einwilligung des vormundschaftlichen Gerichts und ohne weiteren Vorbehalt ihrer bevormundeten Tochter gegebene Ausstattung als geschenkt anzusehen, selbst wenn das eigene Vermögen der Tochter gegen Sicherheitsleistung in die Hände der Mutter gekommen ist.

Siehe auch Rechtsgrundsatz **682.** (§ **391.** dieses Titels.)

§§ **255. 260.** Erlöschung der väterlichen Gewalt wegen Verurtheilung des Vaters zu harter und schmählicher Freiheitsstrafe.

Rechtsgr. **673.** — III. Senat. 5. Dezember 1851. (IV. 145.)

Unter der Verurtheilung des Vaters wegen grober Verbrechen, welche den Verlust der väterlichen Gewalt zur Folge hat, ist eine rechtskräftige Verurtheilung zu verstehen.

Fünfter Abschnitt. Von der Erbfolge der Kinder und anderer Verwandten in absteigender Linie.

§§ **303-305. 327. 328.** Kollation der Ausstattungen der Kinder bei Erbtheilungen:

A. In der Mark Brandenburg. — Vergl A. L. R. Publikations-Patent vom 5. Februar **1794** § 7.

Rechtsgr. **674.** — I. Senat. 24. Juni 1850. (I. 68.)

Die Bestimmungen der §§ 303–305. 327. 328. II. 2.

des Allgemeinen Landrechts sind in der Mark Brandenburg nicht suspendirt.

B. Kollation eines Ausgedinges.

Rechtsgr. **675**. — I. Senat. 24. Juni 1850. (I. 68.)

Ein dem Kinde in dem Gute des Vaters von demselben bestelltes Ausgedinge gehört nicht zu den nach § 305. II. 2. des Allgemeinen Landrechts zu konferirenden Präbenden und anderen Renten.

Siehe auch Rechtsgrundsatz 680. (§ 359. dieses Titels.)

§§ **327-329**. Kollation der Geschenke bei Erbtheilungen:
A. Begriff von zu konferirenden Kapitalien.

Rechtsgr. **676**. — I. Senat. 24. Juni 1850. (I. 68.)

Gegebenes baares Geld gehört nicht zu den nach § 328. II. 2. des Allgem. Landrechts zu konferirenden Kapitalien.

B. Kollation eines gegebenen Darlehns. — Vergl. A. L. R. I. **4**. §§ 163. 168.; **11**. §§ 727. 757. 1042.; **16**. § 491.; II. **2**. § 386.

Rechtsgr. **677**. — I. Senat. 24. September 1852. (VI. 331.)

Das von den Eltern einem Kinde unter dem Vorbehalte der Abrechnung auf das künftige Erbtheil gegebene Darlehn ist nicht für eine kollationsfähige Schenkung zu erachten und braucht erst nach dem Tode der Eltern zurückgezahlt zu werden.

C. Anwendung der §§ 327. 328. II. 2. des Allgem. Landrechts in der Mark Brandenburg. — Vergl. A. L. R. Publikations-Patent vom 5. Februar **1794** § 7.; Dig. **5**. 2. Lex 23. Lex 25.; Cod. **3**. 28. Lex 35. § 2.; **6**. Lex 20. § 1.

Rechtsgr. **678**. — I. Senat. 24. Juni 1850. (I. 68.)

In der Mark Brandenburg sind die Bestimmungen der §§ 327. 328. II. 2. des Allgemeinen Landrechts in Betreff reiner Schenkungen nicht für suspendirt zu erachten.

Rechtsgr. **679**. — I. Senat. 17. September 1851. (II. 350.)

In der Mark Brandenburg sind Schenkungen nur dann auf den Pflichttheil anzurechnen, wenn dies bei der Zuwendung zur Bedingung gemacht ist. — Die Erklärung des Erblassers bei der Zuwendung, daß dieselbe auf den künftigen Erbtheil des Empfängers angerechnet werden solle, ist auf den Pflichttheils-Erben nicht zu beziehen.

Siehe auch Rechtsgrundsätze 674. 680. 682. (§§ 303. 359. und 391. dieses Titels.)

§§ 359-362. Umfang der Kollationspflicht der Enkel des Erblassers. — Vergl. §§ 303. ff. 327-329. dieses Titels.

Rechtsgr. 680. — I. Senat. 29. September 1851. (II. 383.)

Enkel, welche ihre Großmutter unmittelbar beerben, dem Nachlasse ihrer Eltern indeß entsagt haben, müssen zwar die Ausstattung und die Geschenke, welche ihre Eltern einzuwerfen verpflichtet gewesen wären, nicht aber deren Schulden gegen die Erblasserin sich anrechnen lassen.

§§ 380. ff. Form der dispositio parentum inter liberos.

Rechtsgr. 681. — I. Senat. 17. März 1852. (VI. 68.)

Die dispositio parentum inter liberos kann auch in gerichtlicher Form errichtet werden. — Auch widerstreitet es nicht ihrem Wesen, daß sie mit einem anderweitigen Rechtsgeschäfte verbunden wird.

§ 386. Siehe Rechtsgrundsatz 677. (§ 327. dieses Titels.)

§§ 391-398. 503. Ungültigkeit einer Belastung des Pflichttheils. — Vergl. §§ 161. 234. 235. 328. dieses Titels.

Rechtsgr. 682. — I. Senat. 17. September 1851. (II. 350.)

a) Der Pflichttheils-Erbe ist an eine Bestimmung des Erblassers, daß er sich alles bei dessen Lebzeiten von demselben Empfangene anrechnen lassen solle, nur insoweit gebunden, als die Gesetze eine solche Anrechnung verordnen und das Empfangene als Vorauszahlung auf den Pflichttheil ebenfalls angesehen wissen wollen.

b) Der Pflichttheils-Erbe ist an eine Bestimmung des Erblassers, daß er die Kosten der Erziehung, Verpflegung und Equipirung seiner Kinder aus eigenen Mitteln zu bestreiten habe, nur insoweit gebunden, als die Revenüen des eigenthümlichen freien Vermögens der Kinder dazu nicht ausreichen.

§ **392**. Erbfolge-Ordnung in dem Erfurter Gebiete. — Vergl. A. L. R. Einl. § **61**.; Nov. 18. und Nov. 39. cap. 1.; Kurmainzische Verordnung von 1704 Tit. 1. § 1.; Patente v. 24. März 1803 §§ 1-3. 7. und vom 9. September 1814 § 8.

Rechtsgr. **683**. — I. Senat. 5. November 1851. (III. 105.)

In dem Erfurter Gebiete sind die älteren Successions-Ordnungen, welche nicht auf Statuten oder Gewohnheiten, sondern lediglich auf dem Gemeinen Rechte beruhten, schon seit dem 1. Januar 1804 außer Kraft gesetzt.

Es hat daher auch die Kurmainzische Verordnung von 1704, insoweit sie sich über den Pflichttheil der Kinder verhält, daselbst keine Gültigkeit mehr, so wie überhaupt hinsichtlich der gesetzlichen Erbfolge zwischen Eltern und Kindern und anderen Familiengliedern in allen daselbst nach dem 1. Januar 1815 eingetretenen Erbfällen lediglich die Vorschriften des Allgemeinen Landrechts zur Anwendung kommen.

Siehe auch Rechtsgrundsätze 682. 705. (A. L. R. II. **2**. § 391.; **4**. § 62.)

§ **398**. Siehe Rechtsgrundsatz 333. (A. L. R. I. **12**. § 4.)

§ **429**. Rechtliche Natur der Zinsenrückstände eines zum nothdürftigen Unterhalte bestimmten Kapitals. — Vergl. Kabinets-Order vom 7. Dezember 1833.

Rechtsgr. **684**. — IV. Senat. 8. November 1853. (X. 287.)

Zinsenrückstände eines zum nothdürftigen Unterhalte des Schuldners bestimmten Kapitals unterliegen grundsätzlich keiner anderen Beurtheilung, als die laufenden Zinsen, und bedarf es daher Seitens des Schuldners dem Exekutionsantrage des Gläubigers gegenüber nicht des Beweises, daß er über die Zinsenrückstände zur Deckung von Vorschüssen zum Zwecke seines Unterhaltes bereits anderweit verfügt habe.

§§ **432.** ff. Siehe Rechtsgrundsätze 344. 685. (A. L. R. I. **12.** § 263.; II. **2.** § 440.)

§ **438.** Siehe Rechtsgrundsatz 625. (A. L. R. II. **1.** § 631.)

§ **439.** Siehe Rechtsgrundsatz 359. (A. L. R. I. **12.** § 611.)

§ **440.** Verjährung der Pflichttheils-Klage. — Vergl. A. L. R. I. **9.** § 512.; II. **2.** §§ 432. ff.

Rechtsgr. **685.** — I. Senat. 25. Mai 1853. (IX. 186.)

a) Die Vorschrift des § 440. II. 2. des Allgem. Landrechts wegen der zweijährigen Verjährung der Pflichttheilsklage des enterbten Kindes erstreckt sich auch auf die desfallsige Klage des im Pflichttheil blos verkürzten Kindes.

b) Die Erlöschung der Ansprüche des enterbten Kindes binnen zwei Jahren nach § 440. II. 2. des Allgem. Landrechts beginnt erst von der Zeit an, mit welcher der Benachtheiligte Kenntniß von der in der letztwilligen Verfügung enthaltenen Schmälerung seines Pflichttheils erhalten hat.

c) Der im elterlichen Testamente auf einen bestimmten Erbtheil oder für den Fall seiner Unzufriedenheit mit demselben auf den Pflichttheil eingesetzte Notherbe ist nach Ablauf der zweijährigen Verjährungsfrist des § 440. II. 2. des Allgem. Landrechts nicht mehr berechtigt, statt des ihm zunächst vermachten Erbtheils den Pflichttheil zu verlangen.

Siehe auch Rechtsgrundsatz 333. (A. L. R. I. **12.** § 4.)

§ **481.** Siehe Rechtsgrundsatz 625. (A. L. R. II. **1.** § 631.)

Sechster Abschnitt. Von der Erbfolge der Eltern und anderer Verwandten in aufsteigender Linie.

§ **503.** Siehe Rechtsgrundsätze 196. 682. (A. L. R. I. **9.** § 434.; II. **2.** § 391.)

§ **516.** Siehe Rechtsgrundsatz 333. (A. L. R. I. **12.** § **4.**)

Neunter Abschnitt. Von den aus unehelichem Beischlafe erzeugten Kindern.

§§ **592. 594.** Legitimation unehelicher Kinder durch richterlichen Ausspruch:

A. Entsagung der Rechte einer wirklichen Ehefrau.

Rechtsgr. **686**. — I. Senat. 9. Mai 1851. (I. 390.)

Hat die unter dem Versprechen der Ehe Geschwängerte nach der Anstellung des Prozesses ihrem Anspruch auf Beilegung der Rechte einer wirklichen Ehefrau entsagt, so kann auch ihr Kind die Rechte der ehelichen Geburt nicht beanspruchen.

B. Wirkung der Zuerkennung der Rechte einer geschiedenen und für den unschuldigen Theil erklärten Ehefrau auf die Rechte der ehelichen Geburt sämmtlicher mit dem Schwängerer erzeugten Kinder. Vergl. A. L. R. II. **1**. § 1083.

Rechtsgr. **687**. — I. Senat. 3. März 1852. (VI. 54.)

Durch die, der außerehelich Geschwächten rechtskräftig geschehene Zuerkennung der Rechte einer geschiedenen und für den unschuldigen Theil erklärten Ehefrau des Schwängerers erlangen sämmtliche von dem letzteren mit der ersten erzeugten Kinder die Rechte der ehelichen Geburt, wenngleich blos das jüngste Kind innerhalb zweier Jahre vor Anstellung der Schwängerungsklage geboren ist.

Siehe auch Rechtsgrundsatz 657. (A. L. R. II. **1**. § 1037.)

§§ **595**. ff. Siehe Rechtsgrundsatz 657. (A. L. R. II. **1**. § 1037.)

§§ **612**. ff. Siehe Rechtsgrundsätze 654. 655. (A. L. R. II. **1**. §§ 1015. 1024.)

§ **614**. und Anhang § **95**. zu § **614**. Siehe Rechtsgrundsatz 971. (A. G. O. I. **16**. § 12. No. 1.)

§§ **622**. **624**. **625**. Verpflegung und Erziehung eines unehelichen Kindes durch den Vater.

Rechtsgr. **688**. — I. Senat. 12. Mai 1851. (II. 127.)

Der Vater eines unehelichen Kindes, welcher dasselbe nach vollendetem vierten Lebensjahre selbst verpflegen und erziehen will, ist nicht verpflichtet, die Verpflegung und Erziehung persönlich zu bewirken.

§§ **626**. **627**. Höhe der Alimente für ein uneheliches Kind.

Rechtsgr. **689**. — I. Senat. 14. Juli 1851. (II. 326.)

Die Höhe der für ein uneheliches Kind zu entrichtenden

Alimente richtet sich nach den gewöhnlichen Preisen desjenigen Orts, an welchem die Mutter zur Zeit der Anstellung der Alimentationsklage ihren Wohnsitz hat.

§§ 628. 629. 639. Alimentationspflicht der Großeltern eines unehelichen Kindes. — Vergl. A. L. R. Einl. § 46.; I. 1. §§ 10-12.

Rechtsgr. 690. — I. Senat. 18. Juni 1852. (VI. 182.)

Die subsidäre Verpflichtung der Großeltern zur Alimentation unehelicher Enkel ist eine rein persönliche und geht daher auf die Erben nicht über.

Siehe auch Rechtsgrundsatz 29. (A. L. R. I. 1. § 10.)

§ 644. Siehe Rechtsgrundsatz 971. (A. G. O. I. 16. § 12. No. 1.)

§§ 652-654. Gesetzliches Erbrecht unehelicher Kinder in den Nachlaß ihres Vaters:

A. Voraussetzungen des § 654. a. a. O. für das gesetzliche Erbrecht. — Vergl. A. G. O. I. 10. § 5a.; Instruktion vom 24. Juli 1833 § 29.

Rechtsgr. 691. — I. Senat. 5. Dezember 1851. (III. 355.)

Die Voraussetzungen des § 654. II. 2. des Allgemeinen Landrechts für das gesetzliche Erbrecht unehelicher Kinder in den Nachlaß ihres Vaters sind nur Beweismittel für dies Erbrecht, und enthält daher die nachträgliche Berufung des klagenden Kindes auf eine jener in der Klage nicht angeführten Voraussetzungen keine Veränderung des Klagefundaments.

B. Erfordernisse des Vorbehalts des Erbrechts nach § 654. a. a. O.

Rechtsgr. 692. — I. Senat. 5. Dezember 1851. (III. 355.)

Der nach § 654. II. 2. des Allgemeinen Landrechts erforderliche Vorbehalt des gesetzlichen Erbrechts des unehelichen Kindes in einem rechtskräftigen Urtheile muß darin ausdrücklich ausgesprochen sein; das Erbrecht tritt daher nicht ein, wenn der Erblasser blos für den Vater des Kindes erklärt ist.

C. Gegenstand des Anerkenntnisses des Vaters nach § 654. a. a. O.

Rechtsgr. 693. — I. Senat. 5. Dezember 1851. (III. 355.)

Das nach § 654. II. 2. des Allgem. Landrechts erforderliche Anerkenntniß des Vaters bezieht sich auf dessen Vaterschaft, nicht auf das durch dieselbe begründete Erbrecht.

D. Zeitpunkt und Form des Anerkenntnisses des Vaters nach § 654. a. a. O. — Vergl. A. L. R. Einl. § 46.

Rechtsgr. 694. — I. Senat. 5. Dezember 1851; 14. Januar 1853. (III. 355.; VIII. 202.)

a) Ob das in dem § 654. II. 2. des Allg. Landrechts zur Begründung des Erbrechts eines unehelichen Kindes an den Nachlaß seines natürlichen Vaters erforderliche Anerkenntniß der Vaterschaft nach oder vor der Geburt des Kindes abgegeben ist, hat auf die rechtliche Wirkung desselben keinen Einfluß.

b) Dies Anerkenntniß ist an keine Form gebunden, und reichen daher zur Wirksamkeit desselben auch mündliche Erklärungen und schlüssige Handlungen hin.

E. Gemeines Recht und Provinzialrecht der Mark Brandenburg. — Vergl. A. L. R. Publikations-Patent von 1794 § 7.; Inst. 1. 10. § 12. Nov. 18. cap. 5.; Nov. 89. cap. 12. §§ 4-6.; Landes-Ordnung von 1594 Thl. 3. Tit. 7.

Rechtsgr. 695. — I. Senat. 5. Dezember 1851. (III. 355.)

Nach der gemeinrechtlichen Praxis haben auch außerhalb des Konkubinates erzeugte uneheliche Kinder ein gesetzliches Erbrecht in den Nachlaß ihres Vaters, insofern dessen Vaterschaft gewiß ist.

Diese Gewißheit ist auch in der Mark Brandenburg an die Voraussetzungen des § 654. II. 2. des Allgem. Landrechts geknüpft.

§§ 656. 657. und Anhang § 99. zu § 656. Erbrecht unehelicher und ehelicher Kinder in den mütterlichen Nachlaß bei bestandener Paderborner und Minden-Ravensbergischer ehelicher Gütergemeinschaft. — Vergl. Konstitution von 1474 für die Stadt Stettin wegen Succession

Manns oder Weibes und deren Deklaration von 1568; Gutachten der Gesetz-Kommission vom 5. Februar 1802.

Rechtsgr. 696. — I. Senat. 22. Oktober 1851. (IV. 40.)

Uneheliche Kinder, deren Mutter nach ihrer Heirath in der Paderborner oder Minden-Ravensbergischen allgemeinen ehelichen Gütergemeinschaft gelebt hat, erben in Gemäßheit des § 99. des Anhangs zum Allgemeinen Landrecht die der Mutter zustehende Hälfte des gemeinschaftlichen Vermögens mit den ehelichen Kindern zu gleichen Theilen.

§ 660. Siehe Rechtsgrundsatz 699. (A. L. R. II. 3. § 8.)

Eilfter Abschnitt. Von der Einkindschaft.

§§ 725-727. Siehe Rechtsgrundsatz 697. (§ 731. dieses Titels.)

§ 731. Auslegung eines Einkindschafts-Vertrages. — Vergl. §§ 725 bis 727 dieses Titels; Kleve-Märkische Untergerichts-Instruktion vom 23. August 1749 § 34. No. 7.; Verordnung vom 8. Januar 1816.

Rechtsgr. 697. — I. Senat. 7. April 1852. (V. 161.)

Bei Auslegung der Einkindschafts-Verträge, welche zwar nach Aufhebung der provinziellen Rechtsnormen unter der Herrschaft des Allg. Landrechts, jedoch zu einer Zeit errichtet worden sind, wo über die Anwendbarkeit der betreffenden Vorschriften desselben Zweifel herrschten, ist auf die Bestimmungen der aufgehobenen Provinzialrechte über die Einkindschaft Rücksicht zu nehmen.

Titel 3. Von den Rechten und Pflichten der übrigen Mitglieder einer Familie.

§§ 6. 41. Gegenseitiges Erbrecht unehelicher Kinder derselben Mutter.

Rechtsgr. 698. — I. Senat. 8. September 1851. (III. 55.)

Uneheliche Kinder derselben Mutter, ohne Unterschied ob von demselben Vater oder ob von verschiedenen Vätern, haben, als Halbgeschwister, ein gegenseitiges Intestat-Erbrecht.

§ 8. Nichtbestehendes Erbrecht zwischen unehelichen und ehelichen Kindern derselben Mutter. — Vergl. A. L. R. II. 1. § 660.

Rechtsgr. 699. — I. Senat. 8. September 1851. (III. 55.)

Zwischen unehelichen und ehelichen Kindern derselben Mutter besteht kein Intestat-Erbrecht.

§ 15. Verpflichtung zur Alimentation verarmter Geschwister.

Rechtsgr. 700. — I. Senat. 8. November 1851. (VII. 137.)

Verarmten Geschwistern, welche nur einen Theil ihrer Lebensbedürfnisse erwerben können, muß das Fehlende von den vermögenden Geschwistern gewährt werden.

§ 41. Siehe Rechtsgrundsatz 698. (§ 6. dieses Titels.)

Titel 4. Von gemeinschaftlichen Familienrechten.

Erster Abschnitt. Von gemeinschaftlichen Familienrechten überhaupt.

§§ 10. ff. Siehe Rechtsgrundsätze 701. 1216. (§ 38. dieses Titels; Verordnung vom 14. Dezember 1833 § 1.)

Zweiter Abschnitt. Von Familienstiftungen.

§ 28. Siehe Rechtsgrundsätze 503. 704. (A. L. R. I. 20. § 15.; II. 4. § 62.)

§ 29. Siehe Rechtsgrundsatz 704. (§ 62. dieses Titels.)

§ 38. Klagerecht des Seniors einer Familie auf Entsetzung des Administrators einer Familienstiftung von seinem Amte. — Vergl. §§ 10. 12. 13. dieses Titels.

Rechtsgr. 701. — I. Senat. 9. Februar 1852. (VI. 32.)

Der Senior der Familie ist berechtigt, als Vertreter derselben gegen den Administrator der Familienstiftung wegen grober Amtsvernachlässigung auf Amtsentsetzung zu klagen, insoweit die Stiftungsurkunde keine entgegenstehende Bestimmung enthält.

Siehe auch Rechtsgrundsatz 1216. (Verordnung vom 14. Dezember 1833 § 1.)

Dritter Abschnitt. Von beständigen Familien-Fideikommissen.

§§ 47. 48. Siehe Rechtsgrundsätze 704. 705. (§ 62. dieses Titels.)

§ 50. **Koexistenz der Lehns- und Fideikommiß-Eigenschaft bei einem und demselben Gute:**

A. Gemeinrechtliches Fideikommiß-Lehen. — Vergl. A. L. R. I. 18. § 385.; Feud. 2. 4. § 50.

Rechtsgr. 702. — I. Senat. 13. Oktober 1851. (III. 137.)

Dem Allgemeinen Landrecht ist, in entschiedenem Gegensatze zu dem Gemeinen Rechte, dem Sächsischen Rechte und dem Provinzialrechte der Niederlausitz, die Koexistenz der Lehns- und Fideikommiß-Eigenschaft bei einem und demselben Gute unbekannt. — Ein Lehn mit Untheilbarkeit und Individual-Succession (Primogenitur-, Seniorats-, Majorats- oder Minorats-Ordnung) gilt nach dem Allgemeinen Landrechte für ein reines Lehn und nicht als ein theilweise in ein Fideikommiß verwandeltes Gut.

B. Mitverhaftung des Sohnes als Lehns- und Fideikommißfolgers für die Allodialschulden des Vaters. — Vergl. §§ 80. ff. dieses Titels; Feud. 2. 45.

Rechtsgr. 703. — I. Senat. 13. Oktober 1851. (III. 137.)

Der Sohn des Besitzers eines zu einem Familien-Fideikommiß gehörigen Lehns kann der Allodialerbschaft des Vaters entsagen und ihm lediglich in den Besitz des Fideikommißlehns nachfolgen. — Er ist in diesem Falle nicht verpflichtet, für die väterlichen Allodialschulden mit den Revenüen des Fideikommißlehns aufzukommen.

§ 62. **Familien-Fideikommisse:**

A. Errichtung eines Familien-Fideikommisses. — Vergl. A. L. R. I. 12. §§ 53. ff.; II. 4. §§ 28. 29. 47. 48.

Rechtsgr. 704. — I. Senat. 9. Mai 1853. (X. 51.)

Ein Familien-Fideikommiß kann nicht blos durch eine letztwillige Verordnung, sondern auch durch einen Vertrag unter Lebendigen errichtet werden.

B. Pflichttheil des Notherben des Familien-Fideikommiß-Stifters. — Vergl. A. L. R. I. 12. §§ 288. ff.; II. 2. § 392.; 4. §§ 47. 48.

Rechtsgr. 705. — I. Senat. 9. Mai 1853. (X. 51.)

Im Falle der Errichtung eines Familien-Fideikommisses durch einen Vertrag unter Lebendigen kommen bei Berechnung des Pflichttheils des Notherben des inzwischen verstorbenen Stifters die Gegenstände des Fideikommisses nicht in Anrechnung.

Siehe auch Rechtsgrundsatz 503. (A. L. R. I. 20. § 15.)

§ 80. Siehe Rechtsgrundsatz 703. (§ 50. dieses Titels.)

§§ 87. ff. Wirksamkeit agnatischer Konsense bei Familienschlüssen.

Rechtsgr. 706. — I. Senat. 13. Oktober 1851. (III. 137.)

Nach Gemeinem Rechte erstreckt sich, in Abweichung von den Vorschriften des Allgem. Landrechts, die Wirksamkeit des agnatischen Konsenses bei Familienschlüssen nicht über die Besitzzeit derjenigen Successoren hinaus, welche den Konsens ertheilt haben.

§§ 117. ff. Passivlegitimation des Fideikommißbesitzers bei Prozessen über die Substanz des Fideikommisses.

Rechtsgr. 707. — III. Senat. 20. April 1849 u. 11. April 1851. (II. 79.)

Der Fideikommißbesitzer ist bei Prozessen über die Substanz des Fideikommisses zur Sache passiv legitimirt, und kann daher, wenn er es unterläßt, die nächsten Anwärter zuzuziehen, dies kein Grund zur Abweisung der gegen ihn eingeleiteten Klage sein.

Titel 5. Von den Rechten und Pflichten der Herrschaften und des Gesindes.

§ 177. Hausoffizianten.

Rechtsgr. 708. — IV. Senat. 23. Oktober 1851. (III. 309.)

Brenner auf Landgütern gehören zu den Haus-Offizianten.

Siehe auch Rechtsgrundsatz 320. (A. L. R. I. 11. § 894.)

Titel 6. Von Gesellschaften überhaupt und von Korporationen und Gemeinen insonderheit.

§ **1.** Siehe Rechtsgrundsatz **28.** (A. L. R. I. **1.** § 1.)

§§ **6. 11-13. 25. 26. 81.** Rechtsverhältnisse der Aktiengesellschaften vor erlangter landesherrlicher Bestätigung. — Vergl. A. L. R. I. **17.** §§ 170. ff.

Rechtsgr. 709. — IV. Senat. 27. Januar 1852. (IV. 303.)

Aktiengesellschaften haben zwar vor der landesherrlichen Bestätigung nicht die Rechte privilegirter Korporationen; sie begründen aber, als gültige Privatgesellschaften, in Vereinigung ihrer Mitglieder die durch den Gesellschaftsvertrag und die gesetzlichen Vorschriften für Privatgesellschaften geregelten Rechte und Pflichten ihrer Mitglieder.

§§ **11.** ff. Siehe Rechtsgrundsätze 28. 709. 777. 1212. 1276. (A. L. R. I. **1.** § 1.; II. **6.** § 6.; **11.** § 17.; Verordnung No. 1436. wegen des Judenwesens vom 1. Juni 1833 § 1.; Hamburger Verordnung vom 28. Dezember 1835 § 9.)

§§ **16-18.** Siehe Rechtsgrundsatz 390. (A. L. R. I. **13.** § 262.)

§ **22.** Siehe Rechtsgrundsatz 28. (A. L. R. I. **1.** § 1.)

§§ **25. 26. 187.** Bildung eines Gemeinde-Bezirks. — Vergl. A. L. R. II. **14.** §§ 78. 79.; Städte-Ordnung vom 19. November 1808 §§ 1. 4. 32. 58.

Rechtsgr. 710. — II. Senat. 30. November 1852. (VII. 323.)

Nur der Staatsregierung steht das Recht zu, ein bestimmtes Areal einem besonderen Kommunal-Verbande zuzuweisen.

Siehe auch Rechtsgrundsätze 28. 709. 777. 801. 802. 1212. (A. L. R. I. **1.** § 1.; II. **6.** § 6.; **11.** § 17.; **12.** § 12.; Verordnung No. 1436. wegen des Judenwesens vom 1. Juni 1833 § 1.)

§ **27.** Siehe Rechtsgrundsatz 1212. (Verordnung No. 1436. wegen des Judenwesens vom 1. Juni 1833 § 1.)

§§ **42-44.** Innere Rechte einer Korporation:

A. Befugniß der Korporation zur Ausstoßung eines Mitgliedes.

Rechtsgr. 711. — III. Senat. 27. Oktober 1852. (VII. 297.)

Eine Privatvereinbarung auf Ausschließung des gerichtlichen Verfahrens gegen den Beschluß der Korporation auf

Ausstoßung eines Mitgliedes nach § 43. II. 6. des Allgem. Landrechts hat keine rechtliche Wirkung.

B. Rechtsweg gegen den Beschluß einer Ressourcen-Gesellschaft auf Ausschließung eines Mitgliedes derselben. — Vergl. A. G. O. I. Einl. § 1.

Rechtsgr. 712. — III. Senat. 27. Oktober 1852. (VII. 292.)

Gegen den Beschluß einer mit Korporationsrechten versehenen Privatgesellschaft auf Ausschließung wegen Verletzung der Gesellschafts-Statuten ist der Rechtsweg gestattet.

§§ **51.** ff. Siehe Rechtsgrundsatz 777. (A. L. R. II. **11.** § 17.)

§§ **53. 54. 62.** Ungültiger Gemeinde-Beschluß als gültiger Vertrag der einzelnen Theilnehmer. — Vergl. A. L. R. I. **4.** §§ 83. 147. 151.; **5.** § 1.; II. **7.** § 52.

Rechtsgr. 713. — I. Senat. 27. März 1854. (XII. 286.)

Ein wegen mangelnder Form ungültiger Gemeindebeschluß hat auch als Vertrag unter den betheiligten Personen keine Gültigkeit.

§ **65.** Siehe Rechtsgrundsatz 1165. (Instruktion vom 9. Juli 1812 § 9.)

§ **81.** Siehe Rechtsgrundsatz 709. (§ **6.** dieses Titels.)

§§ **96. 99.** Siehe Rechtsgrundsatz 1165. (Instruktion vom 9. Juli 1812 § 9.)

§ **103.** Siehe Rechtsgrundsatz 1373. (Zusammenstellung zum Patent vom 30. März 1847 § 2.)

§ **113.** Siehe Rechtsgrundsatz 1165. (Instruktion vom 9. Juli 1812 § 9.)

§ **117.** Siehe Rechtsgrundsatz 787. (A. L. R. II. **11.** § 650.)

§ **153.** Siehe Rechtsgrundsatz 717. (A. L. R. II. **7.** § 56.)

§§ **171. 172.** Rechtliche Stellung des Administrators einer Familienstiftung und Kompetenz der Gerichte hinsichtlich der Entlassung oder Absetzung desselben von seinem Amt. — Vergl. Kabinets-Order vom 3. Januar 1845.

Rechtsgr. 714. — I. Senat. 9. Februar 1852. (VI. 32.)

Die Stellung des durch Wahl aus der Familie und durch die Familie zwar nicht auf Lebenszeit aber doch auf mehrere Jahre bestellten Administrators der Familienstiftung ist nicht lediglich die eines Bevollmächtigten, und kann ihm daher die Administration nicht von der Familie durch bloße

Rücknahme des Mandats entzogen werden; die Entscheidung über die Entlassung oder Absetzung des Administrators gebührt vielmehr den Gerichten.

§ 182. Siehe Rechtsgrundsätze 1212. 1373. (Verordnung No. 1436. wegen des Judenwesens vom 1. Juni 1833 § 20d.; Zusammenstellung zum Patente vom 30. März 1847 § 2.)

§ 187. Siehe Rechtsgrundsatz 710. (§ 25. dieses Titels.)

Titel 7. Vom Bauerstande.

Erster Abschnitt. Von Bauerstande überhaupt.

§ 1. Siehe Rechtgrundsatz 1395. (Gesetz vom 2. März 1850 § 74.)

Zweiter Abschnitt. Von Dorfgemeinden.

§§ 28. 30. Benutzung der Gemeindewege zur Hütung:

A. Ueberhaupt und insbesondere beim Separationsverfahren.

Rechtsgr. 715. — II. Senat. 15. Februar 1853; I. Senat. 10. Oktober 1853. (IX. 7.; X. 198.)

Die Kommunalwege einer Dorfgemeinde sind insoweit, als sie an den Rainen und Gräben zugleich eine Hütungsnutzung gewähren, sowohl nach Gemeinem Deutschen Privatrecht als nach dem Allgem. Landrechte zu den Gemeindeweiden zu rechnen, deren Benutzung jedem einzelnen Gemeindemitgliede zusteht.

Das Recht der Gemeindemitglieder zur Nutzung der Gemeindegründe durch Hütung erstreckt sich jedoch nicht auf die in dem Separationsverfahren zu Kommunalwegen bestimmten Grundflächen.

B. Schlesisches Auenrecht.

Rechtsgr. 716. — II. Senat. 9. Oktober 1851. (IV. 54.)

Vermöge des Schlesischen Auenrechts gehören die öffentlichen Kommunikutionswege sammt deren Böschungen und Abdachungen, falls sie nicht in chausseemäßig erbauten und vom Staate unterhaltenen Kunststraßen bestehen, der Gutsherrschaft.

§ **37**. Siehe Rechtsgrundsatz 811. (A. L. R. II. **15**. § 13.)
§ **46**. Siehe Rechtsgrundsatz 1323. (Heimath-Gesetz No. 2317. vom 31. Dezember 1842 § 8.)
§ **52**. Siehe Rechtsgrundsatz 713. (A. L. R. II. **6**. § 53.)
§ **53**. Siehe Rechtsgrundsatz 1323. (Heimaths-Gesetz No. 2317. vom 31. Dezember 1842 § 8.)
§ **56**. Verpachtung von Gemeinde-Grundstücken durch die Dorfgerichte. — Vergl. A. L. R. II. **6**. § 153.

Rechtsgr. **717**. — III. Senat. 16. Juli 1851. (II. 329.)

Nach den besonderen Umständen muß in jedem einzelnen Falle beurtheilt werden, ob die Dorfgerichte durch eine vorgenommene Verpachtung die Grenzen ihrer Befugnisse überschritten haben.

§ **59**. Siehe Rechtsgrundsatz 1323. (Heimaths-Gesetz No. 2317. vom 31. Dezember 1842 § 8.)

Dritter Abschnitt. Von unterthänigen Landbewohnern und ihrem Verhältnisse gegen ihre Herrschaften.

§§ **87**. ff. Guts-Unterthanen.

Rechtsgr. **718**. — II. Senat. 9. Dezember 1851. (IV. 158.)

Der in älteren Urkunden gebrauchte Ausdruck „Guts-Unterthanen" ist, wenn er sich dem Gutsherrn gegenüber auf dessen Hintersassen bezieht, als Kollektiv-Name der bäuerlichen Wirthe, — ohne Unterschied, ob sie Eigenbehörige oder Freie waren, — zu verstehen.

§ **137**. Rechte und Pflichten der Gutsherren und der Unterthanen aus dem Urkaufe:

A. Wirkung der Stipulation eines Laudemiums im Urkaufe in Betreff dessen Dinglichkeit.

— Aeltere Ansicht. Vergl. A. L. R. I. **2**. §§ 127. 136. 137.; **19**. §§ 5. ff.; **20**. § 8.; Hypotheken-Ordnung I. § 49.

Rechtsgr. **719**. — II. Senat. 17. Dezember 1850. (VII. 359.)

Die bloße Festsetzung der Laudemialpflicht eines Grundstücks im Urkaufe ist ohne hinzukommende Eintragung in das Hypothekenbuch nicht ausreichend, ein gegen jeden Besitzer des Grundstücks verfolgbares Recht zu erzeugen.

— Neuere Ansicht. Vergl. A. L. R. I. **2.** § 135.; **20.** §§ 6-10.; Hypotheken-Ordnung I. § 48.

Rechtsgr. **720.** — II. Senat. 21. September 1852. (VII. 363.)

Die bloße Festsetzung der Laudemialpflicht eines Grundstücks im Urkaufe ist auch ohne eine hinzukommende Eintragung in das Hypothekenbuch ausreichend, ein gegen jeden Besitzer des Grundstücks verfolgbares Recht zu erzeugen.*

B. Verreichsgebühren. — Vergl. A. L. R. I. **20.** §§ 6-10.; Allgem. Hypotheken-Ordnung I. § 49.

Rechtsgr. **721.** — II. Senat. 9. September 1851. (IV 10.)

Das in dem Urkaufe bedungene Recht zur Erhebung von Verreichsgebühren bedarf, um dinglich zu werden, der Eintragung in das Hypothekenbuch.

C. Grundzins. — Vergl. A. L. R. I. **20.** §§ 6-10.; Allgem. Hypotheken-Ordnung I. § 49.

Rechtsgr. **722.** — II. Senat. 25. September 1851. (III. 99.)

Der in dem Urkaufe bedungene Grundzins hat ohne Eintragung in das Hypothekenbuch nicht die Natur eines dinglichen, auch gegen jeden dritten Besitzer verfolgbaren Rechts.

Siehe auch Rechtsgrundsätze 38. 289. (A. L. R. I. **2.** § 137.; **11.** § 602.)

§§ **143. 144.** Wirkung der Festsetzungen der Urbarien auf die Verjährung:

A. Verjährung neben den Festsetzungen eines Urbars. — Vergl. A. L. R. I. **9.** § 625.

Rechtsgr. **723.** — II. Senat. 15. Juni 1852. (VII. 213.)

Durch die bloße Existenz eines Urbars wird die Ersitzung von gutsherrlich-bäuerlichen Abgaben nicht ausgeschlossen.

B. Verjährung gegen Schlesische bestätigte Urbarien. — Vergl. Kabinets-Order vom **12.** Dezember **1784;** Instruktionen vom **20.** Januar **1785,** Abschnitt **2.** § 37., und vom **4.** März **1785.**

* Vergl. über den Vorzug der älteren Ansicht das Nachwort S. 365 ff. Bd. 7. des Archivs für Rechtsfälle.

Rechtsgr. **724.** — II. Senat. 2. Juni 1853. (IX. 240.)

Gegen den klaren Inhalt eines zwar nicht von den Landeskollegien, wohl aber von den früheren Schlesischen Etatsministern bestätigten Urbariums findet keine Verjährung statt. Dies gilt nicht blos in Betreff der Dienstabgaben und sonstigen Verpflichtungen der Gutsunterthanen, sondern auch rücksichtlich der Berechtigungen derselben der Gutsherrschaft gegenüber.

Vierter Abschnitt. Von den persönlichen Pflichten und Rechten der Unterthanen.

§ **153.** Siehe Rechtsgrundsatz 717. (§ 56. dieses Titels.)

Fünfter Abschnitt. Von den Rechten und Pflichten der Unterthanen in Ansehung ihres Vermögens.

§§ **304. 305.** Vermuthung für die Erbpacht:

A. Verhältniß zwischen den Berechtigten und Verpflichteten.

Rechtsgr. **725.** — II. Senat. 3. Juli 1851. (IV. 2.)

Die gesetzliche Vermuthung für die Erbpacht nach §§ 304. und 305. II. 7. des Allgem. Landrechts setzt ein gutsherrlich-bäuerliches Verhältniß voraus.

B. Erbpachts-Eigenschaft einzelner Parzellen.

Rechtsgr. **726.** — II. Senat. 27. Februar 1851. (I. 268.)

Die gesetzliche Vermuthung für die Erbpacht nach §§ 304. und 305. II. 7. des Allg. Landrechts greift sowohl bei einzelnen Parzellen, als bei selbstständigen Gütern Platz, ohne Unterschied, ob formell gültige Verträge vorhanden sind, oder nicht.

Siehe auch Rechtsgrundsatz 1197. (Gesetz No. 939. vom 21. April 1825 § 15.)

Titel 8. Vom Bürgerstande.

Zweiter Abschnitt. Von Städten und Stadtgemeinden.

§§ **130. 131.** Rechte des Magistrats in den Städten wegen Einforderung der städtischen Abgaben und anderer Beiträge:

A. Rechtsweg über die Verbindlichkeit zur Entrichtung städtischer Abgaben. — Vergl. Verordnung vom 26. Dezember 1808 §§ 36. ff.

Rechtsgr. 727. — II. Senat. 14. Oktober 1851. (III. 126.)

Ueber die Verbindlichkeit zur Entrichtung streitiger städtischer Abgaben und Beiträge ist der Rechtsweg gestattet.

B. Exekutionsrechte der Magisträte. — Vergl. A. G. O. I. 24. §§ 124. ff.

Rechtsgr. 728. — II. Senat. 17. Juli 1851. (III. 240.)

Die Magistrate der Städte sind befugt, wegen zweijähriger Rückstände an Kommunalabgaben und Beiträgen zu den Kosten der Instandsetzung der Straßen und Wege die Servisgelder ihres Schuldners auch dann mit Arrest zu belegen, wenn das mit Einquartirung belegt gewesene Grundstück gerichtlich sequestrirt wird.

Sechster Abschnitt. Von Apothekern.

§ 465. Siehe Rechtsgrundsatz 1147. (Apotheker-Ordnung vom 11. Oktober 1801 § 3.)

Siebenter Abschnitt. Von Kaufleuten.

§ 475. Kaufmann und kaufmännischer Waarenhandel.

Rechtsgr. 729. — IV. Senat. 17. Januar 1854. (XI. 226.)

Ob der Handel, welchen Jemand betreibt, als Waarenhandel im Sinne des § 475. II. 8. des Allg. Landrechts, und ob somit der Handeltreibende als Kaufmann anzusehen sei, ist der richterlichen Würdigung nach den jedesmaligen thatsächlichen Verhältnissen überlassen.

§§ 488-490. Siehe Rechtsgrundsatz 405. (A. L. R. I. 14. § 239.)

§§ 501. 502. Umfang der Rechte eines Handlungs-Disponenten bei unbeschränkter Prokura. — Vergl. A. L. R. I. 13. §§ 98. 102.

Rechtsgr. 730. — IV. Senat. 24. Juni 1851. (II. 186.)

Der Disponent einer Handlung ist, wenn die Prokura eine desfallsige Beschränkung nicht enthält, auch Vergleiche einzugehen berechtigt.

Siehe auch Rechtsgrundsatz 742. (§ 625. dieses Titels.)

§§ **503. 504.** Siehe Rechtsgrundsätze 739. 851. 876. (§ 620. dieses Titels; Allg. Deutsche Wechsel-Ordnung Art. 4. No. 7. Art. 81.)

§ **507.** Siehe Rechtsgrundsatz 742. (§ 625. dieses Titels.)

§ **511.** Siehe Rechtsgrundsatz 732. (§ 541. dieses Titels.)

§ **522.** Siehe Rechtsgrundsatz 763. (§ 1431. dieses Titels.)

§§ **530. 543.** Dauer der Rechte des Handlungs-Disponenten.

Rechtsgr. 731. — IV. Senat. 24. Juni 1851. (II. 186.)

Durch die bloße Aufhebung der Handlung erlischt die dem Disponenten ertheilte unbedingte und uneingeschränkte Prokura hinsichtlich der Abwickelung der Geschäfte der Handlung noch nicht, vielmehr bedarf es dazu des ausdrücklichen Widerrufs Seitens des Eigenthümers.

§ **541.** Rechtliche Stellung des Faktors einer Handels-Gesellschaft. — Vergl. A. L. R. I. 13. § 153.; II. 8. § 511.; Englische Verordnung Georg IV. Klausel 94.

Rechtsgr. 732. — IV. Senat. 25. März 1852. (V. 118.)

Auch wenn der Vertrag von dem Prinzipal selbst geschlossen ist, kann sowohl nach Preußischem als nach Englischem Rechte der Kontrahent gegen den Faktor auf Erfüllung klagen, insofern dieselbe nach dem Vertrage nur von dem Faktor zu bewirken ist.

§ **543.** Siehe Rechtsgrundsatz 731. (§ 503. dieses Titels.)

§ **550.** Befugniß der Handlungs-Lehrlinge zu dem Empfange der Nachnahme* bei Speditionsgeschäften. — Vergl. A. L. R. I. 7. §§ 63. 64.; 13. § 130.

Rechtsgr. 733. — IV. Senat. 2. Januar 1851. (III. 198.)

Handlungslehrlinge sind befugt, gegen Aushändigung der Frachtbriefe und Begleitscheine die auf denselben verzeichneten Nachahmen in Empfang zu nehmen.

§§ **562.** ff. Beweiskraft der Handelsbücher:

A. Auslegung der gesetzlichen Vorschriften über deren Beweiskraft überhaupt.

* Nachnahmen sind bei Transito-Waaren die Auslagen des Spediteurs an Fracht, Spesen und Unkosten.

Rechtsgr. 734. — IV. Senat. 19. Juli 1851. (II. 338.)

Die Vorschriften über die Beweiskraft der Handelsbücher sind strenge auszulegen.

B. Beweiskraft der Handelsbücher hinsichtlich geleisteter Zahlungen. — Vergl. Code de commerce Art. 8.

Rechtsgr. 735. — IV. Senat. 19. Juli 1851. (II. 338.)

Die Beweiskraft der Handelsbücher erstreckt sich über die darin eingetragenen abgemachten Handelsgeschäfte überhaupt, es mag aus diesen ein Anspruch hergeleitet werden, oder es mag durch dieselben eine bestehende Verbindlichkeit getilgt worden sein.

C. Gegenstand der Eintragung in die Handlungsbücher. — Vergl. §§ 572. 596. dieses Titels.

Rechtsgr. 736. — IV. Senat. 22. September 1853. (X. 139.)

Zur Eintragung in die Handelsbücher sind nur solche kaufmännische Geschäfte, welche bereits eine Veränderung in dem Kredit und Debet der handelnden Theile bewirkt haben, geeignet; die Eintraguug bloßer Bestellungen und noch nicht ausgeführter oder erst künftig auszuführender Geschäfte, insbesondere der Zeitkaufsgeschäfte, liefert daher weder einen Beweis, noch kann sie die mangelnde schriftliche Form ersetzen.

D. Mitvorlegung des Hauptbuchs. — Vergl. §§ 567. 568. dieses Titels.

Rechtsgr. 737. — IV. Senat. 2. September 1852. (VII. 70.)

Zum Beweise eines kaufmännischen Geschäfts reichen die Handelsbücher nur dann aus, wenn zugleich das Hauptbuch mit vorgelegt wird.

§§ 566-568. Siehe Rechtsgrundsätze 63. 737. (A. L. R. I. 5. § 109.; II. 8. § 562.)

§ 572. Siehe Rechtsgrundsatz 736. (§ 562. dieses Titels.)

§ 596. Siehe Rechtsgrundsatz 736. (§ 562. dieses Titels.)

§ 597. Siehe Rechtsgrundsatz 63. (A. L. R. I. 5. § 109. dieses Titels.)

§ 614. Siehe Rechtsgrundsatz 486. (A. L. R. I. 17. § 239.)

§ 616. Errichtung eines Handels-Gesellschafts-Vertrages.

Rechtsgr. 738. — IV. Senat. 5. Dezember 1850. (II. 18.)

Unter Kaufleuten vertritt auch die in die Handelsbücher bewirkte vollständige Eintragung eines auf den Grund eines mündlich errichteten Handelsgesellschafts-Vertrags abgeschlossenen Geschäfts, als eines gemeinschaftlichen, die Stelle der schriftlichen Form des Gesellschafts-Vertrages, ohne daß es der Eintragung eines besonderen Vermerkes über den Abschluß des letzteren bedarf.

§§ 618. ff. Siehe Rechtsgrundsatz 742. (§ 625. dieses Titels.)

§§ 620. 623. 626. 633. ff. Verhaftung der Miteigenthümer einer Handlungsfirma aus Wechsel-Accepten eines einzigen Sozius. — Vergl. §§ 503. 504. dieses Titels; Allg. Deutsche Wechsel-Ordnung Art. 4. No. 7., Art. 21. 23.

Rechtsgr. 739. — IV. Senat. 7. April 1853. (VIII. 371.)

Ist in einem Sozietätsvertrage bestimmt, daß nur der eine Sozius zur Zeichnung der Firma berechtigt sei, so ist ein von dem andern Sozius gegebenes Wechselaccept für den ersteren unverbindlich.*

§§ 621. 622. 679. Erfordernisse einer Handlungsfirma.

Rechtsgr. 740. — IV. Senat. 15. Juli 1852. (VI. 260.)

Die Bezeichnung einer Fabrik oder einer Sache kann als Handlungsfirma gelten, insofern der Personen-Name des Inhabers der Firma daraus erhellet.

Siehe auch Rechtsgrundsatz 852. (Allgem. Deutsche Wechsel-Ordnung Art. 4. No. 7.)

§§ 622. 679. 681. Vermiethung einer Handlungsfirma. — Vergl. A. L. R. I. 21. § 258.

Rechtsgr. 741. — IV. Senat. 29. April 1852. (V. 215.)

Eine Handlungsfirma kann vermiethet werden.

Siehe auch Rechtsgrundsätze 721. 852. (§ 621. dieses Titels; Allg. Deutsche Wechselordnung Art. 4. No. 7.)

* Obiger Rechtssatz dürfte nur für die Fälle, wenn die Gesellschaft entweder überhaupt nicht, oder aber mit der Beschränkung des einen Gesellschafters, nicht aber für den Fall anzuerkennen sein, wenn die Gesellschaft ohne diese Beschränkung bekannt gemacht ist. Vergl. die Anmerkung Bd. 8. S. 371. des Archivs für Rechtsfälle.

§ 623. Siehe Rechtsgrundsatz 740. (§ 620. dieses Titels.)

§§ 625. 626. 633. ff. 647. Verbindlichkeiten unförmlich errichteter Handelsgesellschaften:

A. Wirkung des von den Theilnehmern der Gesellschaft gemeinschaftlich erlassenen Zirkulars. — Vergl. A. L. R. I. 17. §§ 210. 231.; II. 8. §§ 501. 507. 618. ff.

Rechtsgr. 742. — IV. Senat. 18. November 1852. (VII. 146.)

Durch das behufs Bekanntmachung der Eröffnung einer unter bezeichneter Firma errichteten Handelsgesellschaft gemeinschaftlich erlassene Zirkular der mehreren Gesellschafter ist jeder derselben, hinsichtlich dessen jenes keine Beschränkung enthält, für bevollmächtigt zu erachten, mit dieser Firma in Geschäften der Gesellschaft zu unterzeichnen und dadurch alle Gesellschafter zu verpflichten. — Es gilt dieser Grundsatz auch dann, wenn im Uebrigen die wegen Errichtung einer Handelsgesellschaft vorgeschriebenen Formulare nicht beobachtet sind.

B. Verhaftung aller Theilnehmer einer zu der Orts-Korporation der Kaufleute nicht gehörigen und ohne Niederlegung der Firma auf der Börse errichteten Handelsgesellschaft aus den von einzelnen Theilnehmern eingegangenen Rechtsgeschäften. — Vergl. A. L. R. I. 5. §§ 424. ff.; I. 17. §§ 169. ff. 210. 231. 239.

Rechtsgr. 743. — Ferien-Senat. 18. August 1852. (V. 381.)

Die Theilnehmer einer zu der Orts-Korporation der Kaufleute nicht gehörigen und, ohne Niederlegung der Firma auf der Börse, auf Grund des schriftlichen Vertrages errichteten Handelsgesellschaft haften für die Geschäfte einzelner bevollmächtigter Theilnehmer als Korrealverpflichtete.

Siehe auch Rechtsgrundsätze 739. 852. 853. 876. (§ 620. dieses Titels; Allgem. Deutsche Wechselordnung Art. 4. No. 7., Art. 81.)

§§ 633. ff. Siehe Rechtsgrundsätze 484. 739. 742-744. (A. L. R. I. 17. § 219.; II. 8. §§ 620. 625. 647.)

§ 647. Solidarische Verhaftung aller Theilnehmer einer Handelsgesellschaft aus dem Wechselaccept eines einzelnen Theilnehmers derselben. — Vergl. A. L. R. I. 17. §§ 210. 231.; II. 8. §§ 633-635.

Rechtsgr. **744.** — IV. Senat. 18. November 1852. (VII. 147.)

Das unter Gesellschaftsfirma von einem einzelnen Gesellschafter ertheilte Wechselaccept verpflichtet die Handelsgesellschaft auch dann, wenn das dem Wechsel zum Grunde liegende Geschäft keine Gesellschaftsschuld begründete.

Siehe auch Rechtsgrundsätze 742. 743. (§ 625. dieses Titels.)

§ **649.** Siehe Rechtsgrundsatz 390. (A. L. R. I. **13.** § 262.)

§ **672.** Mündliche Mittheilung über den Austritt aus der Sozietät.

Rechtsgr. **745.** — IV. Senat. 24. Februar 1853. (IX. 19.)

Auch eine mündliche und formlose Mittheilung über den Austritt eines Sozius aus der Sozietät ist für eine gehörige Bekanntmachung nach § 672. II. 8. des Allg. Landrechts zu erachten.

§§ **675. 677.** Rechte der Handlungsgläubiger gegen den neuen Eigenthümer der Handlung. — Vergl. A. L. R. I. **2.** § 32.

Rechtsgr. **746.** — IV. Senat. 12. Januar 1854. (XI. 219.)

Die bloße Uebernahme einer kaufmännischen Handlung mit deren Geschäftsfirma verpflichtet nicht zur Zahlung der Handlungsschulden.

§§ **679.** ff. Siehe Rechtsgrundsätze 740. 741. 852. (§§ 621. 622. dieses Titels; Allgem. Deutsche Wechsel-Ordnung Art. 4. No. 7.)

§§ **698. 699.** Siehe Rechtsgrundsatz 325. (A. L. R. I. **11.** § 981.)

Achter Abschnitt. Von Wechseln.

§§ **730** a. **730** b. Siehe Rechtsgrundsatz 994. (A. G. O. I. **27.** § 52.)

§§ **769. 1183.** ff. Beschaffenheit des Valuta-Bekenntnisses bei Wechseln. — Vergl. Allgem. Deutsche Wechsel-Ordnung Art. 4. 96.; Einführungs-Gesetz vom 15. Februar 1850 § 5.

Rechtsgr. **747.** — IV. Senat. 6. Januar 1851. (I. 214.)

Die Bestimmungen der §§ 769. und 1183. ff. II. 8. des Allg. Landrechts — über die Beschaffenheit des Valuta-Bekenntnisses überhaupt und die baare Zahlung der Valuta bei trockenen Wechseln insbesondere — sind durch Einführung der Allgem. Deutschen Wechsel-Ordnung außer Kraft gesetzt.

§§ **803. 804.** Siehe Rechtsgrundsatz 755. (§ 1236. dieses Titels.)
§ **818.** Siehe Rechtsgrundsatz 991. (A. G. O. I. 27. § 1.)
§§ **826. 827.** Erforderniß eines Wechsels als Schuldscheins. — Vergl. A. L. R. I. 11. §§ 866. 867.

Rechtsgr. 748. — IV. Senat. 30. September 1851. (III. 115.)

Ein präjudizirter Wechsel hat nur dann die Bedeutung eines Schuldscheins, und das Giro auf demselben hat nur dann die Wirkung der Cession eines Schuldscheins, wenn der Wechsel mit den Erfordernissen eines Schuldscheins versehen ist.

§§ **890. 891.** Siehe Rechtsgrundsatz 427. (A. L. R. I. 16. § 22.)
§ **914.** Siehe Rechtsgrundsatz 991. (A. G. O. I. 27. § 1.)
§§ **930. 959.** Siehe Rechtsgrundsatz 1039. (A. G. O. I. 50. § 471.)
§ **971.** Siehe Rechtsgrundsatz 857. (Allgem. Deutsche Wechsel-Ordnung Art. 19.)
§§ **973. 974. 1054.** Anspruch des Inhabers eines präjudizirten Wechsels gegen Aussteller und Vormänner.

Rechtsgr. 749. — IV. Senat. 18. September 1851. (III. 87.)

Die §§ 973. 974. und 1054. II. 8. des Allg. Landrechts finden nur dann Anwendung, wenn der Wechsel-Regreß wegen versäumter Formen verloren gegangen, nicht aber, wenn derselbe überhaupt nicht Platz greift.

§ **974.** Regreß aus einem präjudizirten Wechsel:
A. Erforderniß der Bereicherung des belangten Vormannes mit dem Schaden des Klägers. — Vergl. §§ 1063. 1121. ff. dieses Titels.

Rechtsgr. 750. — IV. Senat. 25. Februar 1851. (I. 266.)

Bei dem Regresse aus einem wegen Nichtbeachtung wechselrechtlicher Förmlichkeiten präjudizirten Wechsel kommen die Regeln von der Cession von Forderungsrechten nicht in Anwendung, vielmehr bedarf es für den Kläger des Nachweises, daß der in Anspruch genommene Vormann sich mit seinem Schaden bereichern würde.

B. Begründung dieser Bereicherungsklage. — Vergl. Allg. Deutsche Wechel-Ordnung Art. 83.

Rechtsgr. **751**. — IV. Senat. 15. Dezember 1853. (XI. 123.)

Wenn der Inhaber eines gezogenen Wechsels wegen versäumter Förmlichkeiten bei verweigerter Acceptation oder Zahlung Seitens des Bezogenen den wechselmäßigen Regreß gegen die Vormänner und den Aussteller verwirkt hat, und nur wegen der gezahlten Valuta gegen letztere im ordentlichen Prozesse sich auf Höhe des Betrages, um welchen sie sich mit seinem Schaden bereichern würden, regressiren will, so genügt zur Begründung dieses Anspruchs nicht schon der Beweis, daß der Kläger als Wechselinhaber eine Valuta gezahlt, und der Verklagte als Vormann eine solche empfangen habe. Es ist vielmehr außerdem noch der Nachweis erforderlich, daß der auf Erstattung der Valuta belangte Indossant seinerseits keine Valuta für den Wechsel, — beziehungsweise, wenn der Aussteller der Belangte ist, daß dieser den Wechsel gegen Empfang einer Valuta durch die ursprüngliche Ausstellung oder ein Indossament begeben habe, ohne dem Bezogenen die Deckung zu überweisen.

Siehe auch Rechtsgrundsätze 749. 991. (§ 973. dieses Titels; A. G. O. I. **27**. § **1**.)

§ **1054**. Siehe Rechtsgrundsatz 749. (§ **973**. dieses Titels.)
§ **1062**. Siehe Rechtsgrundsatz 991. (A. G. O. I. **27**. § 1.)
§ **1063**. Siehe Rechtsgrundsatz 750. (§ **974**. dieses Titels.)
§ **1078**. Siehe Rechtsgrundsatz 991. (A. G. O. I. **27**. § 1.)
§ **1104**. Siehe Rechtsgrundsatz 1039. (A. G. O. I. **50**. § 471.)
§ **1105**. Anspruch des Bezogenen gegen den Aussteller des Wechsels aus der geleisteten Zahlung:

A. Beweislast bei der Deckungsklage. — Vergl. §§ **1132-1136**. dieses Titels.

Rechtsgr. **752**. — IV. Senat. 2. Juni 1853. (X. 305.)

Bei der Klage des Bezogenen gegen den Aussteller des Wechsels auf Erstattung des in Folge der Tratte Gezahlten hat der Aussteller den Einwand der dem Bezogenen geleisteten vollständigen Deckung zu beweisen.*

* Vergl. den Rechtsgrundsatz **861**., Allgem. Deutsche Wechselordnung Art. **23**.

B. Klagefundament des geleisteten Vorschusses und nicht erhaltener Deckung.

Rechtsgr. 753. — IV. Senat. 6. Mai 1851. (I. 385.)

Es enthält keine Veränderung des Klagefundaments, wenn der Bezogene von dem Aussteller des Wechsels die Erstattung des gezahlten Wechselbetrags zuerst auf den Grund eines geleisteten Vorschusses und hiernächst auf den Grund nicht erhaltener Deckung verlangt.

§ **1121**. Siehe Rechtsgrundsatz 750. (§ **974**. dieses Titels.)

§§ **1122**. **1125**. Solidarische Verhaftung der Wechselverpflichteten. — Vergl. A. L. R. I. **5**. §§ **424**. **435**.

Rechtsgr. 754. — IV. Senat. 14. Oktober 1852. (VII. 273.)

Auf die solidarische Verhaftung der Wechselverpflichteten finden die Grundsätze von Korreal-Obligationen keine Anwendung.

§ **1125**. Siehe Rechtsgrundsatz 754. (§ **1122**. dieses Titels.)

§§ **1132**. ff. Siehe Rechtsgrundsatz 752. (§ 1105. dieses Titels.)

§§ **1135**. ff. Siehe Rechtsgrundsätze 752. 1039. (§ 1105. dieses Titels; A. G. O. I. **50**. § 471.)

§ **1162**. Siehe Rechtsgrundsatz 1039. (A. G. O. I. **50**. § 471.)

§ **1183**. Siehe Rechtsgrundsatz 747. (§ 769. dieses Titels.)

§ **1191**. Siehe Rechtsgrundsatz **994**. (A. G. O. I. **27**. § 52.)

§§ **1236**. **1238**. Entlassung des Bürgen für eine Wechselschuld durch die dem Wechselschuldner ertheilte Zahlungsfrist. — Vergl. A. L. R. I. **14**. § 297.; II. **8**. §§ 803. 804.

Rechtsgr. 755. — IV. Senat. 30. Oktober 1851. (III. 311.)

Die Vorschrift des § 1238. II. 8. des Allg. Landrechts findet nicht blos auf den Wechselbürgen (Aval), sondern auch auf den gewöhnlichen Bürgen für eine Wechselschuld Anwendung.

Sie bleibt außer Anwendung, wenn sich der Bürge als Selbstschuldner verpflichtet hat.

Neunter Abschnitt. Von Handelsbillets und Assignationen.

§ **1257**. Siehe Rechtsgrundsatz 1039. (A. G. O. I. **50**. § 471.)

§§ **1261**. ff. Wirksamkeit einer kaufmännischen Anweisung:

A. Rechtsverhältniß zwischen dem Assignanten und dem Assignatar.

Rechtsgr. **756**. — IV. Senat. 28. September 1852. (VI. 348.)

Die §§ 1261–1265. II. 8. des Allg. Landrechts betreffen lediglich die Wirksamkeit einer kaufmännischen Anweisung in Bezug auf das Rechtsverhältniß zwischen dem Assignanten und dem Assignatar.

B. Angabe einer Anweisung an Zahlungsstatt.

Rechtsgr. **757**. — IV. Senat. 29. April 1851. (I. 356.)

Die Annahme einer kaufmännischen Anweisung an Zahlungsstatt kann daraus allein, daß der Assignatar dieselbe dem Anweisenden in den Handelsbüchern in Rechnung gestellt hat, noch nicht gefolgert werden.

§ **1266**. Kaufmännische Anweisung als Cession. — Vergl. A. L. R. I. **11**. § 402.; **16**. § 251.

Rechtsgr. **758**. — IV. Senat. 28. September 1852. (VI. 348.)

Die Ausstellung einer kaufmännischen Anweisung und deren Annahme von dem Assignatar statt Zahlung hat nur dann die Wirkung einer Cession, wenn die Forderung, die dem Assignanten gegen den Assignaten zusteht, nach ihrem Rechtsgrunde und Betrage genau bezeichnet ist.

§§ **1281**. **1288**. Bürgschaft des Anweisenden aus einer nicht bezahlten kaufmännischen Anweisung.

Rechtsgr. **759**. — IV. Senat. 9. Dezember 1851. (IV. 153.)

Der § 1281. II. 8. des Allgem. Landrechts enthält eine singuläre Vorschrift, die, so weit sie reicht, und ihre Voraussetzungen vorhanden sind, zur Anwendung gebracht werden muß.

§ **1286**. Siehe Rechtsgrundsatz 1039. (A. G. O. I. **50**. § 471.)
§ **1288**. Siehe Rechtsgrundsätze 452. 759. (A. L. R. I. **16**. § 298.; II. **8**. § 1281.)
§ **1295**. Siehe Rechtsgrundsatz 451. (A. L. R. I. **16**. § 283.)
§ **1298**. Siehe Rechtsgrundsatz 1039. (A. G. O. I. **50**. § 471.)

§ **1299**. Aktivlegitimation des Assignatars zur Klage gegen den Aussteller der Anweisung.

Rechtsgr. **760**. — IV. Senat. 29. April 1851. (I. 356.)

Der Assignatar einer Mangels Zahlung protestirten und daher an ihn wieder zurückgegangenen kaufmännischen Anweisung ist durch deren Besitz zur Klage gegen den Aussteller legitimirt, wenngleich er die späteren Indossaments nicht durchstrichen hat.

§§ **1303. 1304**. Siehe Rechtsgrundsatz 450. (A. L. R. I. **16**. § 280.)

Zehnter Abschnitt. Von Mäklern.

§§ **1337. 1338**. Siehe Rechtsgrundsatz 373. (A. L. R. I. **13**. § 22.)

Eilfter Abschnitt. Von Rhedern, Schiffern und Befrachtern.

§ **1418**. Arrest auf Schiffs-Heuer:

A. Verhältniß des Steuermanns einer Fluß-Dampfschifffahrts-Gesellschaft.

Rechtsgr. **761**. — IV. Senat. 22. Mai 1851. (III. 20.)

Die Vorschrift des § 1418. II. 8. des Allg. Landrechts, nach welchem die rückständige Heuer nur zur Hälfte, die künftige Heuer aber gar nicht mit Arrest belegt werden kann, leidet auch auf das Verhältniß des Steuermanns einer Fluß-Dampfschifffahrts-Gesellschaft Anwendung.

B. Heuer des Schiffes; künftige Heuer; Rechte des Schiffseigenthümers wegen der künftigen Heuer; Ueberweisung derselben im Wege der Exekution. — Vergl. §§ **1445. 1514.** dieses Titels; Kabinets-Orders vom **23.** September 1835 und **14.** Juli **1841.**

Rechtsgr. **762**. — IV. Senat. 22. Mai 1851. (XII. 7.)

a) Die Vorschrift des § 1418. II. 8. des Allg. Landrechts, nach welcher die rückständige Heuer nur zur Hälfte, die künftige Heuer aber gar nicht mit Arrest belegt werden kann, bezieht sich nicht blos auf die Heuer der Schiffsleute, sondern auch auf die des Schiffers.

b) Der in dem § 1418. II. 8. des Allgem. Landrechts gebrauchte Ausdruck „künftige Heuer" bezieht sich auf eine bevorstehende, in sich abgeschlossene Reise von größerer oder geringerer Dauer.

Hat daher eine Dampfschifffahrts-Gesellschaft sich zum Zweck einer regelmäßigen Fahrt mit Dampfschiffen für den Personen- und Waarenverkehr zwischen bestimmten Orten vereinigt, so sind alle einzelne in jedem Jahre vorkommende Expeditionen zusammengenommen als eine einzige in sich abgeschlossene Reise zu betrachten.

c) Die Berufung des Schiffseigenthümers, bei welchem gegen die Vorschrift des § 1418. II. 8. des Allg. Landrechts die künftige Heuer eines Schiffers mit Arrest belegt worden, auf die Unzulässigkeit dieses Arrestes enthält keine exceptio de jure tertii.

d) Auch eine Ueberweisung der künftigen Heuer im Wege der Exekution ist unzulässig.

Siehe auch Rechtsgrundsatz 1186. (Gesetz vom 4. Juli 1822 § 1.)

§ **1431.** Rechtsverhältniß des Korrespondenz-Rheders (Schiffsdirektors) zu den Mitrhedern. — Vergl. § 522. dieses Titels; Dig. 3. 3. Lex 1.; Cod. 4. 35. Lex 1.; Preuß. Seerecht von 1727 Thl. II. Art. 2.; Schwedisch-Pommersches Seerecht Abth. II. Kap. 1.

Rechtsgr. 763. — IV. Senat. 27. November 1851. (III. 333.)

a) Nach den Bestimmungen des Allg. Landrechts und des Gemeinen Rechts hat der Korrespondenz-Rheder oder Schiffsdirektor alle Rechte und Pflichten eines Handlungs-Faktors oder Disponenten, welche beim Mangel eines schriftlichen Abkommens nach den allgemeinen gesetzlichen Vorschriften von Vollmachtsaufträgen zu beurtheilen sind.

b) Der Korrespondenz-Rheder oder Schiffsdirektor ist daher nicht verpflichtet, unaufgefordert über einzelne Entschließungen und Handlungen, insbesondere über das Auslaufen des Schiffes, den Mitrhedern Kenntniß zu geben.

c) Das Schwedisch-Pommersche Provinzialrecht enthält in dieser Hinsicht keine abweichenden Bestimmungen.

§§ **1445. 1514.** Siehe Rechtsgrundsatz 762. (§ 1418. dieses Titels.)
§§ **1626. 1629.** Gefahr beim Einladen in das Schiff.

Rechtsgr. **764.** — IV. Senat. 1. Juli 1852. (VI. 213.)

Der Ausdruck im Frachtvertrage: „frei an Bord" bedeutet nicht, daß die Ladung frei an das Bollwerk, sondern daß sie frei auf das Schiff gebracht werden muß.

§§ **1639. 1640. 1719.** Rechte des Stromschiffers gegen den Empfänger der Ladung auf Fracht und Liegegelder; Betrag der letzteren.

Rechtsgr. **765.** — IV. Senat. 19. Dezbr. 1845 u. 21. Novbr. 1850. (I. 3.)

a) Der Schiffer braucht, um seinen Anspruch auf Entschädigung resp. Liegegelder gegen den Empfänger der Ladung zu begründen, keinen Protest aufnehmen und keinen verhältnißmäßigen Theil der Ladung in Verwahrsam bringen zu lassen.

b) Die Liege- resp. Wartegelder werden durch die von der Tragfähigkeit des Kahns abhängende Stärke der Mannschaft bedingt und durch das Gutachten der Sachverständigen festgestellt. — Zur Begründung dieser Entschädigungsforderung ist schon der Nachweis der Verhinderung hinreichend.

§ **1643.**, — in Verbindung mit der Kabinets-Order vom **14.** Juli **1841.** Rechte des Stromschiffers bei unterbleibender Befrachtung.

Rechtsgr. **766.** — IV. Senat. 7. Januar 1851. (I. 168.)

Die Bestimmung des § 1643. II. 8. des Allg. Landrechts ist auch auf Stromschiffer anzuwenden.

§§ **1655. 1716.** Wirkung der kassatorischen Klausel beim Konnossement.

Rechtsgr. **767.** — IV. Senat. 2. Januar 1851. (II. 280.)

Nur Demjenigen, welcher im Besitze sämmtlicher Konnossemente sich befindet, darf und muß der Schiffer die geladenen Waaren aushändigen; die kassatorische Klausel ändert hieran Nichts.

§§ **1668. 1670. 1673.** Siehe Rechtsgrundsatz **769.** (§ **1716.** dieses Titels.)

§§ **1686. 1687.** Rechte und Pflichten des Schiffers bei einer durch ausgebrochenen Krieg oder andern Zufall unterbrochenen Reise.

Rechtsgr. **768.** — **IV.** Senat. 26. Juni 1851. (**II. 190.**)

Die §§ 1686. und 1687. II. 8. des Allg. Landrechts, hinsichtlich der Rechte und Pflichten des Schiffers bei Unterbrechung der Reise wegen landesherrlichen Verbots ausgebrochenen Krieges oder anderen Zufalls, beziehen sich nicht auf die nach Abschließung der Charte-Partie angetretene Reise überhaupt, sondern lediglich auf den bedungenen Theil dieser Reise.

§§ **1716.** ff. **1722. 1732.** ff. Direkte Klage des Empfängers der Schiffsladung gegen den Schiffer. — Vergl. §§ **1668. 1670. 1673.** dieses Titels.)

Rechtsgr. **769.** — **IV.** Senat. 7. März 1854. (**XII. 228.**)

Hat der Empfänger die Schiffsladung angenommen, so steht ihm die selbständige Geltendmachung der Rechte auf vollständige und gehörige Ablieferung des Gutes gegen den Schiffer zu.

Siehe auch Rechtsgrundsatz **767.** (§ **1655.** dieses Titels.)

§ **1719.** Siehe Rechtsgrundsatz **765.** (§ **1639.** dieses Titels.)

§§ **1722. 1732.** ff. Siehe Rechtsgrundsatz **769.** (§ **1716** dieses Titels.)

§ **1735.** Siehe Rechtsgrundsatz **1192.** (Regulativ vom 18. Dezember 1824 § 29.)

§§ **1739-1741.** Begriff der Rückfracht eines Schiffes.

Rechtsgr. **770.** — **IV.** Senat. 26. Juni 1851. (**II. 190.**)

Die Bestimmungen der §§ 1739–1741. II. 8. des Allg. Landrechts wegen der Rückladung des Schiffes sind nicht auf die Ladung des Schiffes bei seiner Rückkehr überhaupt, sondern lediglich auf die von dem Befrachter auf der Hinreise bedungene Rückfracht zu beziehen.

Zwölfter Abschnitt. Von Haverei und Seeschäden.

§§ **1785. 1792. 1793.** Siehe Rechtsgrundsatz **771.** (§ **1820.** dieses Titels.)

§ **1820**. Große Haverei bei absichtlicher Strandung. — Vergl. §§ 1785. 1792. 1793. dieses Titels.

Rechtsgr. 771. — IV. Senat. 8. Juli 1852. (V. 369.)

a) Zum Nachweis der absichtlichen Strandung nach § 1820. II. 8. des Allg. Landrechts reicht es hin, wenn der Schiffer die Strandung angebahnt und Alles gethan hat, was zur Erhaltung des Charakters der Absichtlichkeit der Strandung nöthig ist, ohne daß es darauf ankommt, ob er bis zum letzten Augenblicke Herr des Schiffes geblieben ist.

b) Die Vorschrift des § 1820. II. 8. des Allg. Landrechts ist auch dann anwendbar, wenn in Folge der absichtlichen Strandung die Ladung auch nur theilweise gerettet wird, das Schiff aber dabei ganz verloren geht.

Dreizehnter Abschnitt. Von Versicherungen.

§ **2068**. Abschluß eines Mobiliar-Feuer-Versicherungs-Vertrages.

Rechtsgr. 772. — IV. Senat. 8. April 1851. (II. 51.)

Versicherungs-Verträge werden durch die bloße Unterzeichnung der Police Seitens des zu Versichernden so wenig, als durch die hinzukommende bloße Genehmigung des Versicherungs-Antrags Seitens der Versicherungs-Gesellschaft, Ausfertigung und Absendung der Police, perfekt: vielmehr ist dazu auch noch die Bekanntmachung der Genehmigung an den zu Versichernden erforderlich.

§ **2100**. Begründung der Klage des Versicherten wegen erlittener Seeschäden.

Rechtsgr 773. — IV. Senat. 30. November 1852. (VII. 183.)

Der gegen Seeschäden Versicherte muß zur Begründung seines Anspruchs auf Entschädigung, selbst wenn der Versicherer die Gefahr aller Schäden übernommen hat, nicht allein die Existenz des Schadens, sondern auch das beschädigende Ereigniß nachweisen.

§ **2355**. Wirkung der Vergleichs-Unterhandlungen auf den Lauf einer Präklusiv-Frist.

Rechtsgr. 774. — IV. Senat. 13. März 1851. (II. 130.)

Bei Feuer-Versicherungs-Verträgen läuft die Präklusivfrist während der Vergleichs-Unterhandlungen nicht.

Titel 10. Von den Rechten und Pflichten der Diener des Staats.

§§ 69. 90. Rechtliches Verhältniß des Vorstehers einer städtischen Sparkasse. — Vergl. A. L. R. II. 20. § 439.

Rechtsgr. 775. — I. Senat. 6. April 1853. (IX. 86.)

a) Die Rechte und Pflichten des Vorstehers einer städtischen Sparkasse sind nicht nach den für Civilbeamte bestehenden Vorschriften zu beurtheilen.

b) Vorgesetzte einer solchen Kasse sind daher bei Vernachlässigung der ihnen als Vorgesetzten obliegenden Pflichten für die Unterschleife der Rendanten und anderer Untergebenen den Beschädigten verantwortlich, ohne daß diese den Nachweis über die Zeit und Art der Entstehung jedes einzelnen Defekts und dessen ursachlichen Zusammenhang mit der Pflichtwidrigkeit des Vorgesetzten zu führen haben.*

§§ 85. 88. 89. — in Verbindung mit dem Reglement vom 8. Februar 1834. Schadensersatz wegen Amortisation eines bei dem Königl. Leihamte in Berlin verpfändeten Staatspapiers.

Rechtsgr. 776. — I. Senat. 7. Januar 1852. (IV. 235.)

Das Königl. Leihamt in Berlin ist nicht verpflichtet, von dem öffentlichen Aufgebote von Staatspapieren behufs Ermittelung, ob dieselben sich unter seinen Pfandstücken vorfinden, Kenntniß zu nehmen.

Dasselbe braucht daher wegen der Entwerthung jener Staatspapiere durch deren Amortisation nicht aufzukommen.

§ 90. Siehe Rechtsgrundsatz 775. (§ 69. dieses Titels.)

* Die Richtigkeit obigen Satzes dürfte zu bezweifeln sein. — Vergl. § 132. II. 10. des Allgem. Landrechts und Anmerkung S. 89. Bd. 9. des Archivs für Rechtsfälle.

Titel 11. Von den Rechten und Pflichten der Kirchen und geistlichen Gesellschaften.

Erster Abschnitt. Von Kirchengesellschaften überhaupt.

§§ **17. 20.** Rechtsverhältnisse der Judengemeinden. — Vergl. A. L. R. I. 17. §§ 169. ff.; II. 6. §§ 11-15. 25. 51. ff.; General-Juden-Privilegium vom 17. April 1750; Gesetze No. 1436. vom 1. Juni 1833 und 23. Juli 1847 §§ 3. 23.

Rechtsgr. 777. — I. Senat. 14. Juli 1851. (II. 252.)

a) Jüdische Religionsgesellschaften hatten bis zum Erscheinen des Gesetzes vom 23. Juli 1847 zwar die inneren Rechte der Korporationen, ohne besondere Verleihung aber nicht eine juristische Persönlichkeit.

b) Dieselben unterlagen bis dahin den gesetzlichen Bestimmungen über erlaubte Gesellschaften zur Erlangung eines anderen gemeinschaftlichen Zweckes, als der Erwerbung von Eigenthum.

Siehe auch Rechtsgrundsatz 1308. (Deklaration vom 6. April 1839 Art. 13.)

Dritter Abschnitt. Von den Obern und Vorgesetzten der Kirchengesellschaften.

§ **156.** Siehe Rechtsgrundsatz 787. (§ 650. dieses Titels.)

§§ **157. 650. 652. 656.** Vertretung einer Kirchengesellschaft in Prozessen.

Rechtsgr. 778. — I. Senat. 17. November 1852. (VIII. 49.)

Die Kirchenvorsteher sind zur Vertretung der Kirchengesellschaft in Prozessen, welche das Vermögen der einzelnen Mitglieder der Kirchengesellschaft berühren, nicht legitimirt.

Siehe auch Rechtsgrundsätze 786. 787. (§ 650. dieses Titels.)

Vierter Abschnitt. Von den Gütern und dem Vermögen der Kirchengesellschaften.

§ **193.** Siehe Rechtsgrundsatz 801. (A. L. R. II. 12. § 12.)

§ **217.** Siehe Rechtsgrundsatz 787. (§ 650. dieses Titels.)

Fünfter Abschnitt. Von Parochien.

§ 237. Siehe Rechtsgrundsatz 1308. (Deklaration vom 6. April 1839 Art. 13.)

§ 261. Verpflichtung zur Tragung der Parochiallasten mit Rücksicht auf den Unterschied der Religion:

A. Kurmärkische Verfassung. — Verpflichtung der Grundbesitzer zu den dinglichen Parochiallasten. — Vergl. A. L. R. Publikations-Patent vom 5. Februar 1794 § 3.; Konsistorial-Ordnung von 1573; Flecken-, Dorf- und Acker-Ordnung vom 16. Dezember 1702 §§ 4. 5.; General-Konzession vom 23. Juli 1845 § 10.

Rechtsgr. 779. — I. Senat. 17. Dezember 1852. (VIII. 134.)

Nach dem Provinzialrechte der Kurmark Brandenburg ist jeder Grundbesitzer des Parochial-Bezirks — ohne Rücksicht auf die Konfession — zu den dinglichen Parochiallasten verpflichtet.

B. Neumärkische Verfassung. — Verpflichtung zu den dinglichen und zu den persönlichen Parochiallasten; Kirchenstellengeld. — Vergl. Konsistorial-Ordnung von 1573 Art. 3.; Flecken-, Dorf- und Acker-Ordnung vom 16. Dezember 1702 §§ 4. 5.

Rechtsgr. 780. — I. Senat. 8. Februar 1854. (XII. 110.)

Nach Märkischem Provinzialgesetz befreit der Unterschied der Religion zwar nicht von den dinglichen, wohl aber von den persönlichen Parochiallasten, z. B. dem Kirchenstellengeld.

C. Pommersche Verfassung. — Baulast der Alt-Lutheraner in Betreff der evangelischen Kirchen-, Pfarr- und Küsterei-Gebäude. — Vergl. Entwurf des Pommerschen Provinzialrechts von 1835 § 49. und von 1836 § 301.; General-Konzession vom 23. Juli 1845 § 10.

Rechtsgr. 781 — Plenum. 4. April 1853. (X. 27.)

In Pommern sind in Betreff der Baulast bei Kirchen-, Pfarr- und Küsterei-Gebäuden besondere, die Vorschrift des § 261. II. 11. des Allg. Landrechts abändernde Provinzialgesetze oder Gewohnheiten nicht vorhanden.

D. Schlesische Verfassung. — Verpflichtung der Mitglieder der anglikanischen Kirche daselbst zur Entrichtung von Zehnten und anderen Grund-Abgaben an katholische Pfarrer. — Vergl. Kolowrat'scher

Vertrag von 1504; Englische Parlaments-Akte von 1571 Art. 39.; Instrum. pacis Osnabr. Art. 7 b.; Kabinets-Order vom 3. März 1758; Religions-Edikt vom 9. Juli 1788; Kabinets-Orders vom 6. Februar 1812 und vom 16. Juli 1831.

Rechtsgr. 782. — I. Senat. 26. April 1852. (V. 196.)

a) Die Vorschriften des § 261. II. 11. des Allg. Landrechts wegen Befreiung der im Pfarrbezirke vorhandenen oder angesessenen Mitglieder einer andern Religionspartei von den aus der Parochial-Verbindung fließenden Lasten und Abgaben finden auf die Zehntverfassung in Schlesien keine Anwendung.

b) Unter den in der Kabinetsorder vom 3. März 1758, betreffend die Befreiung der evangelischen Eingepfarrten in Schlesien von Zehnten und andern Grundabgaben an die katholischen Pfarrer daselbst, benannten „Evangelischen" sind nur die Mitglieder der damals in Deutschland und namentlich in Preußen rezipirten und anerkannten Kirche, mithin nur die der Augsburgischen Konfession Zugethanen und die Reformirten zu verstehen, — auf die Mitglieder der anglikanischen Kirche ist daher dieser Ausdruck nicht zu beziehen.

Siehe auch Rechtsgrundsatz 1358. (General-Konzession vom 23. Juli 1845 § 1.)

Sechster Abschnitt. Von dem Pfarrer und dessen Rechten.

§§ 324. 327. ff. 340. ff. 581. Theilnahme des einer andern Konfession Angehörigen und des Magistrats als städtische Behörde bei der Wahl eines Pfarrers.

Rechtsgr. 783. — I. Senat. 27. März 1854. (XII. 293.)

Es ist den Rechten nicht zuwider, daß Jemand mit der kirchlichen Gemeinde an der Wahl ihres Pfarrers sich betheilige, ohne ihrer Konfession anzugehören, also auch ohne Glied dieser Gemeinde zu sein.

Daher kann auch der Magistrat eines Orts, als städtische Behörde, mit den Geistlichen und andern Deputirten der bürgerlichen oder kirchlichen Gemeinde zusammen den Pfarrer wählen.

§ 485. Rechte des Besitzes des juris status, insbesondere der ehelichen Kindschaft. — Vergl. A. G. O. I. 10. § 128.

Rechtsgr. 784. — I. Senat. 21. April 1852. (VI. 109.)

Die Rechte aus dem Besitze des juris status reichen da nicht aus, wo aus demselben von dem Besitzer Ansprüche geltend gemacht werden, die ein wirkliches Eigenthum des Rechtes voraussetzen. — Daher muß derjenige, welcher sich im Besitze der ehelichen Kindschaft befindet, seine Erbansprüche durch Beibringung seines Taufscheins und beziehungsweise des Kopulationsscheins seiner Eltern begründen.

Siebenter Abschnitt. Von weltlichen Kirchenbedienten.

§§ 552. 553. 611. 612. Verlust des Patronatrechts auf Ernennung der Mitglieder des Presbyteriums durch Verjährung. — Vergl. Kleve-Märkische Kirchen-Ordnung v. 16. Mai 1662 §§ 54. 57.; Lutherische Kirchen-Ordn. v. 6. August 1687 §§ 103. 104.; Evangelische Kirchen-Ordnung für Westphalen und die Rheinprovinz vom 5. März 1835 § 5.

Rechtsgr. 785. — I. Senat. 19. Mai 1852. (VI. 165.)

Das nach dem Allg. Landrechte oder nach älteren Provinzial-Kirchenrechten dem Kirchenpatron zugestandene Recht auf Ernennung der Mitglieder des Presbyteriums ist durch Verjährung erloschen, wenn die Mitglieder desselben während der gewöhnlichen Verjährungsfrist sich stets durch Wahl selbst ergänzt haben.

Achter Abschnitt. Von Kirchen-Patronen.

§ 581. Siehe Rechtsgrundsatz 783. (§ 324. dieses Titels.)
§§ 611. 612. Siehe Rechtsgrundsatz 785. (§ 552. dieses Titels.)

Neunter Abschnitt. Von der Verwaltung der Güter und des Vermögens der Pfarrkirchen.

§ 619. Siehe Rechtsgrundsatz 787. (§ 650. dieses Titels.)

§ **650.** Vertretung der Kirchengemeinden in Prozessen:
A. Ueberhaupt. — Vergl. § 157. dieses Titels.

Rechtsgr. 786. — I. Senat. 22. Juni 1853. (IX. 207.)

Das Kirchen-Kollegium beziehungsweise der Gemeinde-Kirchenrath ist befugt, die Eingepfarrten, insofern sie als die Kirchengemeinde bildend, nicht aber insofern sie als einzelne Mitglieder der Kirchengemeinde in Betracht kommen, in Prozessen zu vertreten.

B. Hinsichtlich der Beitragspflicht eines Eingepfarrten zu den Baukosten eines Schul- und Küsterei-Hauses. — Vergl. A. L. R. II. **6.** § 117.; **11.** § 156. 157. 217. 619. 652.; **12.** §§ 18. 19. 37. 38.

Rechtsgr. 787. — I. Senat. 11. April 1853. (IX. 92.)

Das Kirchenkollegium ist nicht befugt, die Kirchengemeinde in Prozessen über die Beitragspflicht eines Eingepfarrten zu den Baukosten eines Schul- und Küsterei-Hauses zu vertreten.*

Siehe auch Rechtsgrundsatz 778. (§ 157. dieses Titels.)

§§ **652. 653.** Legitimation der Kirchenvorsteher in Prozessen.

Rechtsgr. 788. — I. Senat. 19. Mai 1852. (VI. 165.)

Die Bestimmungen der §§ 652. 653. II. 11. des Allg. Landrechts, betreffend die Einholung der Approbation der geistlichen Obern zu Klagen der Kirchen, findet nicht blos bei Patronat-Kirchen, sondern auch bei Kirchen die keinen Patron haben, Anwendung.

Siehe auch Rechtsgrundsätze 778. 787. (§§ 157. 650. dieses Titels.)

§ **656.** Siehe Rechtsgrundsatz 778. (§ 157. dieses Titels.)
§ **681.** Eigenthum an erblich verliehenen Kirchenstellen.

Rechtsgr. 789. — III. Senat. 9. Juli 1851. (IV. 5.)

Erblich verliehene Kirchenstellen sind Eigenthum der Kirchengemeinde.

§ **710.** Observanz in Betreff der Kirchen-Baulast:
A. Begriff der nach § 710. II. 11. des Allgem. Landrechts durch ununterbrochene Gewohnheiten bestimmten „Regeln."

* Vergl. gegen die Richtigkeit des obigen Grundsatzes die Anmerkung Seite 95. Bd. 9. des Archivs für Rechtsfälle.

Rechtsgr. 790. — I. Senat. 14. Juni 1850. (VII. 1.)

Der § 710. II. 11. des Allg. Landrechts versteht unter den durch ununterbrochene Gewohnheiten in Ansehung der Kosten zum Bau und zur Unterhaltung der Kirchengebäude bestimmten Regeln nicht spezielle Rechte unter bestimmten Personen, sondern solche Normen, welche für die Angehörigen der Kirchengemeinde maaßgebend sein sollen und dadurch erkennbar werden, daß sie der äußern Erscheinung nach bei dieser Gemeinde in ununterbrochener Gewohnheit gewesen sind.

B. Gewohnheitsrecht und Provinzialgesetz.

Rechtsgr. 791. — I. Senat. 10. Mai 1852. (V. 237.)

Als „Gewohnheitsrecht" und „Provinzialgesetz" im Sinne des § 710. II. 11. des Allg. Landrechts sind Rechtsnormen, welche nur als Ausfluß des Gemeinen Kanonischen Rechts erscheinen, nicht anzusehen. — Wo also vor Einführung des Allgem. Landrechts nur die einschläglichen Vorschriften des Gemeinen Kanonischen Rechts bei Aufbringung der Kosten zu Kirchen- und Pfarrbauten und Reparaturen beobachtet worden sind, da sind seit Einführung des Allg. Landrechts dessen Bestimmungen an deren Stelle getreten.

C. Beweis der in dem § 710. II. 11. des Allgem. Landrechts gedachten ununterbrochenen Gewohnheit.

Rechtsgr. 792. — I. Senat. 14. Juni 1852. (VII. 2.)

Nach dem § 710. II. des Allg. Landrechts ist nur im Falle eines desfallsigen Einwandes des Verpflichteten von dem Berechtigten der Nachweis zu liefern, daß die bisherige Uebung als eine besondere Gewohnheit, und nicht als ein Ausfluß des subsidiären Rechts zu betrachten sei.

D. Kirchen-Baulast in der Mark Brandenburg. — Vergl. Kabinets-Order vom 11. Dezember 1710; Konsistorial-Verordnung vom 17. Februar 1711.

Rechtsgr. 793. — I. Senat. 25. April 1851. (II. 97.)

Nach Märkischer Observanz ist der Patron verpflichtet,

zu Kirchenbauten nicht blos Holz, Kalk und Steine, sondern sämmtliche zum Bau erforderliche Hauptmaterialien zu beschaffen.

E. Kirchen-Baulast in der Niederlausitz. — Vergl. Einführungs-Patent vom 15. November 1816; Kursächsische General-Artikel vom 6. Mai 1557; Kursächsische Kirchen-Ordnung vom 1. Januar 1580; Kursächsische Synodal-Dekrete vom 6. August 1624 und 6. Oktober 1629; Kursächsisches Reskript vom 1. Dezember 1636; Gesetz vom 11. November 1844 § 14.

Rechtsgr. 794. — Plenum. 6. Dezember 1852. (VII. 334.)

Die Vorschriften des Allg. Landrechts in Beziehung auf die Kirchen-Baulast sind in der Niederlausitz durch das Patent vom 15. November 1816 eingeführt worden.

F. Kirchen-Baulast in der Grafschaft Rietberg. — Vergl. §§ 711. 731. 790. dieses Titels; Conc. Trident. Sessio 21. de reform. cap. VII.; Fürstlich Rietbergsche Reskripte vom 30. Dezember 1790 und 3. Hornung 1791; Publikations-Patent vom 9. September 1814 §§ 1. 2.; Verordnung vom 25. Mai 1818 § 1.

Rechtsgr. 795. — I. Senat. 10. Mai 1852. (V. 237.)

In der Grafschaft Rietberg kommen die Vorschriften der §§ 731. und 790. II. 11. des Allgemeinen Landrechts wegen Aufbringung der Kosten bei Kirchen- und Pfarrbauten auch dann zur Anwendung, wenn erweislich eine thatsächliche Befreiung des Patrons von der Verpflichtung zu Kostenbeiträgen vor Einführung des Allg. Landrechts stattgehabt hat.

Siehe auch Rechtsgrundsätze 4. 796. (A. L. R. Publikations-Patent vom 5. Februar 1794 § 7.; II. 11. § 788.)

§§ 711. 731. Siehe Rechtsgrundsatz 795. (§ 710. dieses Titels.)

§§ 715. 720. ff. 738. ff. Siehe Rechtsgrundsatz 1308. (Deklaration vom 6. April 1839 Art. 13.)

Zehnter Abschnitt. Von Pfarrgütern und Einkünften.

§ 778. Siehe Rechtsgrundsatz 797. (§ 812. dieses Titels.)

§§ 788-790. Observanz wegen Aufbringung der Bau- und Reparaturkosten der Pfarrgebäude. — Vergl. § 710. dieses Titels.

Rechtsgr. 796. — I. Senat. 14. Juni 1850. (VII. 5.)

Die Vorschrift des § 210. II. 11. des Allg. Landrechts in Betreff der Gültigkeit der Observanzen hinsichtlich der Kirchenbaulast gilt auch hinsichtlich der Verpflichtung zur Aufbringung der Bau- und Reparaturkosten der Pfarrgebäude.

Siehe auch Rechtsgrundsatz 795. (§ 710. dieses Titels.)

§§ 812-814. Eigenthum an dem von dem Pfarrer auf urbar gemachten Ländereien gefällten Holze. — Vergl. A. L. R. I. 21. § 35.; II. 11. § 778.; Dig. 7. 1. Lex 10.; Konsistorial-Ordnung von 1573.

Rechtsgr. 797. — I. Senat. 24. Januar 1853. (VIII. 244.)

Das auf den Hufen der Pfarre gewachsene und von dem Pfarrer gefällte Holz gehört der Pfarre auch dann, wenn der Pfarrer hiernächst die entblößten Ländereien urbar gemacht hat.

Eilfter Abschnitt. Von Zehnten und anderen Pfarr-Abgaben.

§§ 857. ff. Zehntverfassung in der Provinz Posen. — Vergl. Deklaration vom 30. April 1797 § 10.; Warschauer Dekrete vom 27. Januar 1808 und 10. Oktober 1809; Transitorisches Gesetz vom 10. Oktober 1809; Publikations-Patent vom 9. November 1816 § 2.

Rechtsgr. 798. — I. Senat. 13. Juni 1851. (II. 161.)

In der Provinz Posen haben die provinzialrechtlichen Normen über die kirchlichen Zehnten und über andere Abgaben und Prästationen an Kirchen und Geistliche ihre Gültigkeit durch Einführung des Code Napoléon und resp. des Allg. Landrechts nicht verloren.

Siehe auch Rechtsgrundsätze 36. 799. 800. (A. L. R. I. 2. § 135.; II. 2. § 860.)

§§ 860. 865. Vermuthung für die Zehntpflichtigkeit in der Provinz Posen. — Vergl. §§ 857. ff. dieses Titels; Libri extra Decret. 3. 30. cap. 4. 10. 16. 25. 31.; Liber VI. Decret. 3. 13. cap. 1.; Päpstliches Breve vom 22. November 1634; Polnische Reichstags-Konstitution Ladislaus II. von 1635; Warschauer Traktat von 1768.

A. Aeltere Ansicht.

Rechtsgr. 799. — I. Senat. 15. März 1840. (II. 174.)

a) In der Provinz Posen steht der katholischen Kirche die allgemeine Vermuthung zur Seite, daß alle in einem Pfarrbezirke belegenen ländlichen Grundstücke einem Zehntrechte des betreffenden Pfarrers unterworfen sind, und bestimmt die Ortsgewohnheit, ob der Zehnte in Garben, Körnern oder in Geld zu entrichten ist.

b) Die Vermuthung für diese Zehntpflichtigkeit überwiegt die Vermuthung für die natürliche Freiheit des Eigenthums, und liegt daher den Besitzern solcher Grundstücke die Last des Beweises der behaupteten Freiheit ob.

c) Der Beweis dieser Freiheit oder der Zehntpflichtigkeit kann nur durch ein Privilegium, durch unvordenklichen Besitz und durch eine mit einem Titel versehene Verjährung der längsten Zeit geführt werden.

B. Neuere Ansicht.

Rechtsgr. 800. — I. Senat. 13. Juni 1851. (II. 161.)

Den Kirchen in der Provinz Posen steht eine allgemeine Vermuthung für die Zehntpflichtigkeit aller und jeder daselbst belegenen ländlichen Grundstücke nicht zur Seite.

Titel 12. Von niederen und höheren Schulen.

§ 12. Juristische Persönlichkeit der Elementar-Schulen. — Vergl. A. L. R. II. 6. § 25.; 12. §§ 18-20. 54. ff. 67. ff.

A. Aeltere Ansicht. — Vergl. A. L. R. II. 11. § 193.; A. G. O. I. 1. § 33.

Rechtsgr. 801. — I. Senat. 12. Mai 1851. (I. 392.)

Elementarschulen bilden keine juristische Personen.

B. Neuere Ansicht.

Rechtsgr. 802. — Plenum. 20. Juni 1853. (IX. 289.)

Elementarschulen, welche von der kompetenten Staatsbehörde für den öffentlichen Unterricht eingerichtet sind, und zu denen eine mit einem Vorstande versehene Schulgemeinde gehört, haben eine juristische Persönlichkeit.

§§ **18-20.** Siehe Rechtsgrundsätze 787. 801. 802. (A. L. R. II. 11. § 650.; 12. § 12.)

§§ **29-33.** Unterhalt der Schullehrer.

Rechtsgr. **803.** — I. Senat. 8. September 1851. (III. 269.)

Die Schulbeitragspflicht an einem Orte wird nicht durch einen vorübergehenden Aufenthalt, sondern durch die Aufschlagung des beständigen Wohnsitzes daselbst begründet.

Siehe auch Rechtsgrundsätze 804. 805. 1170. (§ 34. dieses Titels; Verordnung No. 291. vom 21. Juni 1815 § 3.)

§§ **34-37.** Unterhaltung der Schulgebäude:

A. Beitragspflichtige. — Vergl. § 29. dieses Titels.

Rechtsgr. **804.** — IV. Senat. 4. April 1854. (XII. 318.)

Die Schulbaulast liegt gesetzlich nicht blos den angesessenen Wirthen, sondern sämmtlichen zu der Schule gewiesenen Einwohnern (Hausvätern) ob, ohne Unterschied, ob es sich um einen Neubau oder um die Unterhaltung eines vorhandenen Schulgebäudes handelt.

B. Deckung der Ausfälle an den Beiträgen einzelner Beitragspflichtigen. — Vergl. §§ 31-33. dieses Titels.

Rechtsgr. **805.** — IV. Senat. 4. April 1854. (XII. 318.)

Wegen der Beiträge der einzelnen Beitragspflichtigen haften diese nicht solidarisch.

C. Beitragspflicht einer zugeschlagenen „fremden" Gemeinde. — Vergl. A. L. R. Register unter dem Worte „Gastgemeinde."

Rechtsgr. **806.** — Plenum. 20. Juni 1853. (IX. 289.)

a) Unter der „fremden Gemeinde" im Sinne des § 35. II. 12. des Allg. Landrechts ist eine fremde Schulgemeinde zu verstehen.

b) Unter der „Unterhaltung der Gebäude" im Sinne

des § 35. II. 12. des Allg. Landrechts ist auch die Errichtung neuer Gebäude zu verstehen.

Siehe auch Rechtsgrundsätze 787. 1170. (A. L. R. II. 11. § 650.; Verordnung No. 291. vom 21. Juni 1815 § 3.)

§ 38. Siehe Rechtsgrundsatz 787. (A. L. R. I. 11. § 650.)

§§ 54. 67. ff. Siehe Rechtsgrundsätze 801. 802. (§ 12. dieses Titels.)

Titel 13. Von den Rechten und Pflichten des Staats überhaupt.

§ 14. Siehe Rechtsgrundsatz 1263. (Oberpräsidial-Erlaß vom 5. Dezember 1834.)

Titel 14. Von den Staatseinkünften und fiskalischen Rechten.

§ 1. Einheit der juristischen Persönlichkeit der verschiedenen fiskalischen Stationen. — Vergl. A. L. R. I. 16. §§ 368. 369.; Cod. 4. 31. Lex 1.; 8. 43. Lex 2.; 10. 5. Lex 1.

Rechtsgr. 807. — II. Senat. 13. Oktober 1853. (X. 219.)

Fiskus mit allen seinen Stationen bildet sowohl nach dem Preußischen als nach dem Gemeinen und Französischen Rechte nur Eine juristische Person.

Siehe auch Rechtsgrundsatz 1156. (Westphälisches Dekret vom 16. September 1810.)

§ 9. Rauchsteuer-Ueberschüsse in der Ober-Lausitz. — Vergl. Decisio Kaisers Ferdinand I. vom 8. Februar 1544; Patent vom 15. November 1816 § 3.

Rechtsgr. 808. — II. Senat. 8. Juli 1851. (II. 316.)

Die Gutsherrschaften in der Ober-Lausitz sind nicht befugt, Rauchsteuer-Ueberschüsse zu erheben.

§ 11. Siehe Rechtsgrundsatz 1263. (Oberpräsidial-Erlaß vom 5. Dezember 1834.)

§ 21. Siehe Rechtsgrundsätze 23. 813. (A. L. R. Einleitung § 89.; II. 15. § 38.)

§§ **26.** ff. Siehe Rechtsgrundsatz 816. (A. L. R. II. **15.** § 94.)

§ **29.** Siehe Rechtsgrundsatz 6. (A. L. R. Publikations-Patent vom 5. Februar 1794 § 8.)

§ **31.** Berechtigung eines abgezweigten Gutes an dem einem Inbegriff von Gütern verliehenen Bergregal. — Vergl. A. L. R. I. **2.** §§ 36. 37.; II. **16.** § 106.

Rechtsgr. **809.** — III. Senat. 12. Juli 1852. (VII. 48.)

Wenn dem Eigenthümer eines Inbegriffs von Gütern das Bergregal verliehen ist, so geht bei der Abzweigung einzelner Güter das Bergregal nur dann auf deren Erwerber über, wenn unter landesherrlicher Genehmigung dieser Uebergang ausdrücklich verabredet ist.

§ **78.** Siehe Rechtsgrundsatz 710. (A. L. R. II. **6.** § 25.)

§§ **79.** ff. Siehe Rechtsgrundsätze 710. 1279. (A. L. R. II. **6.** § 25.; Verordnung vom 19. Juni 1836 No. 3.)

Titel 15. Von den Rechten und Regalien des Staats in Ansehung der Landstraßen, Ströme, Häfen und Meeresufer.

Erster Abschnitt. Von Land- und Heerstraßen.

§ **4.** Siehe Rechtsgrundsätze 23. 1317. (A. L. R. Einleitung § 89.; Gesetz vom 11. Mai 1842 § 1.)

§ **11.** Rechtsweg in Betreff der Verpflichtung des Fiskus als Landes-Polizei zur künftigen Unterhaltung einer öffentlichen Straße.

Rechtsgr. **810.** — Plenum. 4. Juli 1853. (X. 85.)

In Betreff der Verpflichtung des Fiskus als Landes-Polizei zur künftigen Unterhaltung und Besserung einer öffentlichen Straße ist der Weg Rechtens unzulässig.

Siehe auch Rechtsgrundsatz 1317. (Gesetz vom 11. Mai 1842 § 1.)

§§ **13-15.** Unterhaltung der Landstraßen. — Vergl. A. L. R. II. **7.** § 37.
A. Observanz in der Ober- und Nieder-Lausitz.

Rechtsgr. **811.** — III. Senat. 13. Februar 1854. (XII. 128.)

Eine in der Ober- und Niederlausitz bestehende allgemeine Observanz, nach welcher sämmtliche Straßen und

Wege der Provinz ohne Mitwirkung des Fiskus lediglich von den Eingesessenen zu unterhalten sind, läßt sich nicht nachweisen.

B. Kursächsische besondere Wege-Ordnung. — Vergl. Kursächsisches Straßenbau-Mandat vom 28. April 1781 § 9b.; Publikations-Patent vom 15. November 1816 §§ 2. 3.

Rechtsgr. 812. — Plenum. 4. Juli 1853. (X. 85.)

Das Kursächsische Straßenbau-Mandat vom 28. April 1781 ist nicht für eine besondere Wegeordnung im Sinne des § 15. II. 15. des Allgem. Landrechts, sondern für ein Sächsisches Allgemeines Landesgesetz und dieserhalb für aufgehoben zu erachten.

Siehe auch Rechtsgrundsatz 1136. (Schlesisches Wege-Reglement vom 11. Januar 1767 § 7.)

§ 17. Siehe Rechtsgrundsatz 1317. (Gesetz vom 11. Mai 1842 § 1.)

Zweiter Abschnitt. Von Strömen, Häfen und Meeres-Ufern.

§§ 38-40. Kriterium der Oeffentlichkeit eines Flusses. — Vergl. A. L. R. II. 14. § 21.; Sachsenspiegel Buch 2. Art. 28; Dig. 43. 12. Lex 1.; Feud. 2. 56..

Rechtsgr. 813. — III. Senat. 22. November 1850. (I. 131.)

Die von Natur theilweise schiffbaren Flüsse gelten für öffentliche Ströme von der Mündung bis zur Quelle.

§§ 39-45. Siehe Rechtsgrundsatz 1334. (Gesetz vom 28. Februar 1843 § 1.)

§ 51. Siehe Rechtsgrundsatz 816. (§ 94. dieses Titels.)

§ 54. Spezial-Observanz hinsichtlich der Verpflichtung zum Brückenbau.

Rechtsgr. 814. — III. Senat. 14 März 1853. (VIII. 354.)

Eine Spezial-Observanz hinsichtlich der Verpflichtung zum Brückenbau, als eine Art des Gewohnheitsrechts, kann nicht zwischen zwei bestimmten Personen entstehen; sie setzt viel-

* Vergl. die Note im Archiv für Rechtsfälle Bd. 1. Seite 134.

mehr voraus, daß sich für einen bestimmten Bezirk oder Ort, für Mitglieder einer Korporation oder für eine gewisse Klasse von Einwohnern, durch allgemeine Befolgung eine desfallsige Rechtsnorm gebildet hat, welche alsdann für den ganzen Ort, alle Mitglieder der Korporation oder die ganze Klasse der Bewohner in gleichen Fällen bindend ist.

Siehe auch Rechtsgrundsätze 1135. 1142. (Wege-Reglement vom 11. Januar 1767 § 7.; Chaussee-Edikt vom 18. April 1792.)

§ **63.** Verpflichtung des Ufer-Eigenthümers zur Unterhaltung der ordinären Befestigungen der Ufer. — Vergl. Gesetz vom 28. Januar 1848 § 28.

Rechtsgr. **815.** — II. Senat. 21. März 1854. (XII. 265.)

Die Aufhebung des § 63. II. 15. des Allg. Landrechts durch das Gesetz vom 28. Januar 1848 über das Deichwesen erstreckt sich nur auf denjenigen Theil des ersteren, welcher von dem letzteren abweichende Bestimmungen enthält, nicht aber auf denjenigen Theil, welcher blos von den ordinären Befestigungen der Ufer handelt und die Verpflichtung des Ufereigenthümers zu deren Unterhaltung ausspricht.

Dritter Abschnitt. Von der Zollgerechtigkeit.

§§ **94-96.** Rechtliche Natur eines polizeilichen Tarifs für die Erhebung von Prahm- oder Fährgeld. — Vergl. A. L. R. Publikations-Patent vom 5. Februar 1794 § 8.; II. **14.** §§ **26.** ff.; **15.** § 51.

Rechtsgr. **816.** — I. Senat. 19. Oktober 1853. (X. 239.)

Die von der Staatsbehörde erfolgte Festsetzung eines Tarifs für die Erhebung des Prahm- oder Fährgeldes des Besitzers der Prahm- oder Fährgerechtigkeit enthält lediglich eine landespolizeiliche Maaßregel und daher keine neue Verleihung dieses Regals.

§ **101.** Befreiung von Entrichtung des Fährzolles durch Observanz. — Vergl. A. L. R. Publikations-Patent vom 5. Februar 1794 § 7.; Einleitung §§ 3. 4.; Westphälisches Dekret vom 21. September 1808 Art. 3.

Rechtsgr. 817. — II. Senat. 16. November 1852. (VIII. 36.)

Die durch Observanz begründete Freiheit von Entrichtung des Fährzolles ist weder durch die Einführung des Code Napoléon, noch auch durch die Einführung des Allg. Landrechts aufgehoben.

Vierter Abschnitt. Vom Postregal.

§ 185. Siehe Rechtsgrundsatz 1192. (Regulativ vom 18. Dezember 1824 § 29.)

Fünfter Abschnitt. Von der Mühlengerechtigkeit.

§§ 229. ff. Siehe Rechtsgrundsatz 1157. (Edikt vom 2. November 1810 § 30.)

§§ 233. ff. Anlegung von Stauwerken in Privatflüssen. — Vergl. Edikt vom 29. Mai 1808; Gesetz vom 28. Februar 1843 § 19. No. 1., § 25. No. 3.

Rechtsgr. 818. — III. Senat. 16. Dezember 1853. (XI. 135.)

Die Anlegung eines Stauwerks in einem Privatflusse über die Mitte des Flusses hinaus, ist nicht als ein unzulässiger Eingriff in das Eigenthum des gegenüberliegenden Uferbesitzers anzusehen.

§ 246. Siehe Rechtsgrundsätze 137. 167. 1335. (A. L. R. I. 6. § 79.; 8. § 99.; Gesetz vom 28. Februar 1843 § 13.)

Titel 16. Von den Rechten des Staats auf herrenlose Güter und Sachen.

Dritter Abschnitt. Vom Jagdregal.

§ 39. Siehe Rechtsgrundsatz 185. (A. L. R. I. 9. § 127.)

Vierter Abschnitt. Vom Bergwerksregal.

§§ 69. ff. Siehe Rechtsgrundsätze 1134. 1151. (Berg-Ordnung vom 29. April 1766 Kap. 73. § 4.; Publikations-Patent vom 5. April 1803 § 4.)

§§ 79. ff. Siehe Rechtsgrundsatz 1151. (Publikations-Patent vom 5. April 1803 § 4.)

§ 106. Siehe Rechtsgrundsatz 809. (A. L. R. II. 14. § 31.)

§§ 118. 124-127. Subjektiv-dingliche Natur des Anspruchs auf zwei

Freikuxe und auf den Mitbau zur Hälfte. — Vergl. A. L. R. I. 11. §§ 376. 382.; Sächsische Berg-Ordnung von 1589 Art. 72. § 4.; Schlesische Berg-Ordnung vom 5. Juni 1769 Kap. 1. § 3., Kap. 87. § 3.; Deklaration vom 1. Februar 1790.

Rechtsgr. 819. — III. Senat. 24. November 1851. (III. 179.)

Die Ansprüche auf zwei Freikuxe und auf den Mitbau zur Hälfte stehen nur dem Grundeigenthümer, als solchem, zu, und können von ihm nicht als selbstständige Rechte an Dritte übertragen werden.

§§ 154. ff. Erfordernisse einer Muthung:

A. Angabe des Fundorts; rechtliche Wirkung der Verlegung des Fundpunktes. — Vergl. §§ 162. 177. 178. 180. dieses Titels; Kleve-Märkische Berg-Ordnung vom 29. April 1766 Kap. 2. §§ 1-4.

Rechtsgr. 820. — III. Senat. 11. März 1853. (IX. 42.)

a) Die unterlassene Angabe des Fundortes des gemutheten Flötzes macht die eingelegte Muthung nichtig.

b) Die Verlegung des Fundpunktes des gemutheten Flötzes an einen andern, als den in der Muthung bezeichneten Punkt, gilt als neuer Fund und erfordert eine neue Muthung.

B. Bezeichnung des Gegenstandes bei einer Maaßenmuthung; Feldesfreiheit. — Vergl. Kleve-Märkische Berg-Ordnung vom 29. April 1766 Kap. 2. §§ 1. 2., Kap. 3.; Gesetz vom 1. Juli 1821.

Rechtsgr. 821. — III. Senat. 13. Mai 1853. (IX. 170.)

Zur Begründung der Maaßenmuthung ist die genaue und bestimmte Bezeichnung des gemutheten Gegenstandes erforderlich.

Daher ist vor der Feststellung der Maaßen des Finders eine Muthung auf die nächstfolgenden Maaßen nicht zulässig.

C. Mehrfache Muthung. — Vergl. §§ 158. 161. 163. dieses Titels; Kleve-Märkische Berg-Ordnung vom 29. April 1766 Kap. 2. § 2.

Rechtsgr. 822. — III. Senat. 13. November 1850. (I. 120.)

Die Muthung eines Feldes, welches mit einer noch nicht

gelöschten Muthung bestrickt ist, bleibt wirkungslos, wenngleich später das Feld frei wird.

§§ **159. 234.** Vorzugsrecht des Erbstöllners als ersten Finders.

Rechtsgr. **823.** — III. Senat. 5. November 1852. (VIII. 26.)

Der § 159. II. 16. des Allgem. Landrechts findet nicht auf den überfahrenden Erbstöllner Anwendung.

Siehe auch Rechtsgrundsatz 1133. (Kleve-Märkische Berg-Ordnung vom 29. April 1766 Kap. 10. § 1.)

§ **161.** Siehe Rechtsgrundsätze 822. 1151. (§ 154. dieses Titels; Publikations-Patent vom 5. April 1803 § 4.)

§ **162.** Siehe Rechtsgrundsatz 820. (§ 154. dieses Titels.)

§ **163.** Tag des Eintritts der Feldesfreiheit, wegen Ablaufung der Frist zur Entblößung des Fossils. — Vergl. Kleve-Märkische Berg-Ordnung vom 29. April 1766 Kap. 3. § 2.

Rechtsgr. **824.** — III. Senat. 13. Mai 1853. (IX. 178.)

Die Freiheit des gemutheten Feldes tritt bei nicht erhaltener Fristverlängerung mit dem Tage des Ablaufs der versäumten Frist zur Entblößung des Fossils, nicht erst mit dem Tage der von der Bergbehörde verfügten Löschung der Muthung ein.

Daher ist die, in der Zwischenzeit von einem Andern eingelegte Muthung nicht gegenstandlos und nichtig.

Siehe auch Rechtsgrundsatz 822. (§ 154. dieses Titels.)

§§ **164.** ff. Nachfrist bei Muthungen. — Vergl. Kleve-Märkische Berg-Ordnung vom 29. April 1766 Kap. 6. § 2.

Rechtsgr. **825.** — III. Senat. 13. November 1850. (I. 120.)

Die Bewilligung einer Fristverlängerung zur Entblößung des gemutheten Fossils hängt lediglich von dem Ermessen der Bergbehörde ab.

§§ **177. 178. 180.** Siehe Rechtsgrundsatz 820. (§ 154. dieses Titels.)

§§ **198. 204. 205.** Rechtsweg hinsichtlich des Verlustes eines Bergwerks-Eigenthums wegen unterlassenen gehörigen Betriebs. — Vergl. §§ 280. 281. 352. dieses Titels; A. G. O. I. Einleitung § 1.; Reglement vom 13. Juli 1837 § 2. No. 3.

Rechtsgr. **826**. — III. Senat. 3. März 1852. (VI. 59.)

Hinsichtlich des Streites über die Frage, ob das Eigenthum eines Bergwerks wegen unterlassener gehöriger Belegung der Grube in das landesherrliche Freie gefallen sei, ist der Rechtsweg zulässig.

Siehe auch Rechtsgrundsatz 1121. (Kurkölnische Berg-Ordnung vom 2. Januar 1669 Thl. III. Art. 9.)

§ **234**. Siehe Rechtsgrundsatz 823. (§ 159. dieses Titels.)

§§ **255. 266. 267.** Uebergang des Eigenthums von Bergwerks-Antheilen bei deren mittelbarer Erwerbung. — Vergl. Kabinets-Order vom 31. Oktober 1831; Verordnung vom 28. Februar 1845.

Rechtsgr. **827**. — Plenum. 7. Juli 1851. (II. 235.)

Auch bei dem mittelbaren Erwerb des Eigenthums von Bergwerksantheilen kommen die allgemeinen Bestimmungen von der mittelbaren Erwerbung von Grundeigenthum überhaupt zur Anwendung, und ist daher der Uebergang jenes Eigenthums von der Zuschreibung in dem Berggegenbuche nicht abhängig.

§§ **280. 281.** Siehe Rechtsgrundsatz 826. (§ 198. dieses Titels.)

§§ **293. 294. 314.** Siehe Rechtsgrundsatz 828. (§ 343. dieses Titels.)

§ **343**. No. 5. Bergrechtliche Verlagsschulden. — Vergl. §§ 293. 294. 314. dieses Titels; Kurpfälzische Berg-Ordnung § 71.; Schlesische Berg-Ordnung vom 5. Juni 1769 Kap. 37. § 3., Kap. 83. § 13.

Rechtsgr. **828**. — IV. Senat. 5. Januar 1854. (XI. 182.)

Der von einem Dritten für den Gewerken einer Zeche geleistete Vorschuß hat nur dann das Privilegium der Verlagsschulden, wenn der Vorschußleistende den Vorschuß als Bevollmächtigter des Gewerken und zugleich mit Genehmigung der Behörde gegeben hat.

Dieser Grundsatz gilt auch rücksichtlich der, von einem Dritten für einen einzelnen Gewerken gezahlten Zubuße.

§ **352**. Siehe Rechtsgrundsatz 826. (§ 198. dieses Titels.)

Titel 17. Von den Rechten und Pflichten des Staats zum besonderen Schutze seiner Unterthanen.

Erster Abschnitt. Von der Gerichtsbarkeit.

§§ **10.** ff. Siehe Rechtsgrundsatz 1323. (Heimathsgesetz No. 2317. vom 31. Dezember 1842 § 8.)

§ **78.** Siehe Rechtsgrundsatz 337. (A. L. R. I. **12.** § 88.)

§§ **102.** ff. Siehe Rechtsgrundsatz 1331. (Gesetz vom 6. Januar 1843 § 7.)

§ **116.** Siehe Rechtsgrundsatz 1385. (Gesetz vom 2. März 1850 § 3. No. 4.)

Zweiter Abschnitt. Von Auswanderungen, Abfahrts- und Abschoßgeldern.

§§ **131. 149.** Erwerbung des Preußischen Indigenats. — Gesetz No. 2319. vom 31. Dezember 1842 § 13.

Rechtsgr. **829.** — II. Senat. 11. Januar 1853. (VIII. 177.)

Ausländer, welche vor Einführung des Gesetzes vom 31. Dezember 1842 mit Zulassung der Verwaltungs-Behörde ihren Wohnsitz innerhalb des Preußischen Staats aufgeschlagen hatten, haben hierdurch das Preußische Staats-Bürgerrecht erlangt.

Titel 18. Von Vormundschaften und Kuratelen.

§ **4.** Siehe Rechtsgrundsatz 836. (§ **1003.** dieses Titels.)

Fünfter Abschnitt. Von den Rechten und Pflichten der Vormünder überhaupt.

§§ **238. 239.** Siehe Rechtsgrundsätze 833. 1252. (§ **598.** dieses Titels; Subhastations-Verordnung vom 4. März 1834 § 12.)

Siebenter Abschnitt. Von der Vorsorge für das Vermögen der Pflegebefohlenen.

§§ **410. 413.** Siehe Rechtsgrundsatz 1243. (Subhastations-Verordnung vom 4. März 1834 § 9.)

§§ **419.** ff. Siehe Rechtsgrundsätze 474. 475. (A. L. R. I. **17.** § 111.)

§ 455. Siehe Rechtsgrundsatz 620. (A. L. R. II. 1. § 379.)

§§ 499. 500. Wirkung einer obervormundschaftlich bestätigten Quittung des Vormundes über eine Kapitalzahlung. — Vergl. A. L. R. I. 3. §§ 42. 43.

Rechtsgr. 830. — III. Senat. 4. Februar 1854. (XII. 107.)

Die unter Bestätigung des Vormundschaftsgerichts über die Bezahlung eines Kapitals geleistete Quittung des Vormundes befreit den Schuldner der Vormundschaft, auch wenn derselbe zur Zahlung an den Vormund vom Vormundschaftsgerichte nicht angewiesen gewesen ist.

§§ 564. ff. Siehe Rechtsgrundsatz 543. (A. L. R. I. 21. § 30.)

Anhang § 164. zu § 574. Siehe Rechtsgrundsatz 344. (A. L. R. I. 12. § 263.)

§ 587. Nothwendigkeit der Aufnahme einer Taxe bei Veräußerung unbeweglicher Güter der Pflegebefohlenen. — Vergl. A. L. R. II. 1. § 648. und Anhang § 79. zu § 648.; Vormundschafts-Ordnung vom 23. September 1718 § 50.

Rechtsgr. 831. — I. Senat. 28. Juni 1852. (V. 327.)

In allen Fällen, in welchen eine Veräußerung unbeweglicher Güter eines Pflegebefohlenen ohne Subhastation erfolgen soll, ist das Vorhandensein einer aufgenommenen Taxe nothwendiges Erforderniß dieser Veräußerung, also auch insbesondere in dem Falle, wenn bei obgewalteter ehelicher Gütergemeinschaft der überlebende Ehegatte das Recht zur Uebernahme eines in der gemeinschaftlichen Masse vorhandenen Grundstücks für einen von den Miterben zu setzenden Preis ausübt. — Es ist daher eine nichtige Veräußerung eines Pupillenguts, wenn bei dessen Ueberlassung an den überlebenden Ehegatten die Taxe eines andern Grundstücks von angeblich gleicher Beschaffenheit zu Grunde gelegt wird.

Siehe auch Rechtsgrundsatz 216. (A. L. R. I. 9. § 579.)

§ 593. Wirkung der vormundschaftlichen Decharge.

Rechtsgr. 832. — I. Senat. 28. Juni 1852. (V. 326.)

Die von dem gewesenen Pflegebefohlenen dem Vormunde und dem vormundschaftlichen Gerichte ertheilte Decharge enthält keine Genehmigung der von demselben geschehenen Veräußerung seines Grundstücks.

§ 597. Siehe Rechtsgrundsätze 833 1252. (§ 598. dieses Titels; Subhastations-Verordnung vom 4. März 1834 § 12.)

§ 598. Legitimation des Vormundes zur Ausübung des Vorkaufsrechts des Pflegebefohlenen im Subhastations-Bietungstermine. — Vergl. A. L. R. I. 20. §§ 568. 615. 616.; II. 18. §§ 238. 239. 597.

Rechtsgr. 833. — III. Senat. 13. Juli 1853. (IX. 369.)

Der Vormund ist auch ohne Autorisation des vormundschaftlichen Gerichts berechtigt, im Subhastations-Bietungstermin das Vorkaufsrecht seines Pflegebefohlenen auszuüben.

Siehe auch Rechtsgrundsatz 1252. (Subhastations-Verordnung vom 4. März 1834 § 12.)

§ Achter Abschnitt. Von Aufhebung der Vormundschaften.

§ 724. Siehe Rechtsgrundsatz 671. (A. L. R. II. 2. § 230.)

Neunter Abschnitt. Von den Rechten und Pflichten der Kuratoren.

§§ 953. ff. Rechte und Pflichten des den Kindern bestellten Theilungs-Kurators.

Rechtsgr. 834. — III. Senat. 21. November 1851. (IV. 101.)

Der Vater ist befugt, die Rechte seiner Kinder hinsichtlich ihrer mütterlichen Nachlaßkapitalien bei der Subhastation des dafür verpfändeten Grundstücks ohne Zuziehung des Theilungskurators wahrzunehmen, und bedarf es daher einer Benachrichtigung des Theilungskurators von der Einleitung der Subhastation nicht.

Siehe auch Rechtsgrundsatz 836. (§ 1003. dieses Titels.)

§ 956. Siehe Rechtsgrundsätze 474. 475. 836. (A. L. R. I. 17. § 111.; II. 18. § 1003.)

§ 957. Siehe Rechtsgrundsatz 836. (§ 1003. dieses Titels.)

§§ **970. 974.** Rechte des Theilungs-Kurators eines minderjährigen, unter väterlicher Gewalt befindlichen Kindes. — Vergl. Subhastations-Verordnung vom 4. März 1834 § 9.

Rechtsgr. **835.** — III. Senat. 19. November 1852. (VII. 241.)

Der minderjährigen Kindern zur Auseinandersetzung mit ihrem Vater bestellt gewesene Theilungs-Kurator ist als solcher nicht berechtigt, die Kinder bei der Subhastation des väterlichen Grundstücks, auf welchem ein zu ihrem nicht freien Vermögen gehörendes Kapital eingetragen steht, zu vertreten, vielmehr ist den Kindern ein besonderer Kurator zu bestellen.

Siehe auch Rechtsgrundsätze 474. 475. (A. L. R. I. **17.** § 111.)

§ **981.** Siehe Rechtsgrundsatz 195. (A. L. R. I. **9.** § 430.)

§§ **984.** ff. Siehe Rechtsgrundsätze 195. 1310. (A. L. R. I. **9.** § 430.; Deklaration vom 6. April 1839 Art. 13.)

§§ **1003. 1004.** Rechte und Pflichten des Kurators einer Spezialmasse. Vergl. A. L. R. I. **9.** §§ 476. ff. 482. 487.; II. **18.** §§ 4. 953-957.

Rechtsgr. **836.** — IV. Senat. 28. März 1854. (XII. 296.)

Bei der Existenz mehrerer Prätendenten, von denen jeder dasselbe Vermögensstück ausschließlich für sich in Anspruch nimmt, kann der hierüber entstandene Streit nur unter ihnen selbst, nicht aber dem jenem Vermögensstück bestellten Kurator gegenüber ausgemacht werden.

Titel 19. Von Armenanstalten und anderen milden Stiftungen.

§§ **10.** ff. Rückforderung der einem Armen von dem Armenvorstande gewährten Unterstützungsgelder. — Vergl. A. L. R. I. **11.** §§ 1041. 1043.; II. **1.** §§ 185. 256; **2.** §§ 65. ff.

Rechtsgr. **837.** — I. Senat. 9. Dezember 1853. (XI. 102.)

Das von dem Armenvorstande zur Unterstützung eines Armen vorschußweise Gegebene kann auch bei der durch Anfall eines maritalischen Nießbrauchs verbesserten Vermögenslage des Empfängers nur insoweit zurückgefordert werden, als nach Erfüllung der demselben als Ehemann und Vater obliegenden Pflichten von dem Nießbrauch Etwas übrig bleibt.

Siehe auch Rechtsgrundsatz 1324. (Armenpflegegesetz No. 2318. vom 31. Dezember 1842 § 1.)

§ 16. Siehe Rechtsgrundsatz 1331. (Gesetz vom 6. Januar 1843 § 7.)

Titel 20. Von den Verbrechen und deren Strafen.

Achter Abschnitt. Von den Verbrechen der Diener des Staats.

§ 439. Siehe Rechtsgrundsatz 775. (A. L. R. II. 10. § 69.)

Vierzehnter Abschnitt. Von Beschädigung des Vermögens überhaupt und von Entwendung insonderheit.

§ 1237. Ankauf eines gestohlenen Pfandbriefes. — Vergl. A. L. R. I. 15. §§ 45-47.; A. G. O. I. 51. § 125.

Rechtsgr. 838. — III. Senat. 3. Dezember 1852. (VIII. 75.)

Um gegen einen Handelsmann, welcher einen gestohlenen Pfandbrief angekauft hat, den § 1237. II. 20. des Allgem. Landrechts anwenden zu können, genügt nicht jede, wohl aber eine dem § 125. I. 51. der Allgem. Gerichtsordnung entsprechende, der Erwerbung vorhergegangene öffentliche Bekanntmachung der Entwendung.

§ 1256. Siehe Rechtsgrundsatz 114. (A. L. R. I. 5. § 358.)
§ 1273. Siehe Rechtsgrundsatz 272. (A. L. R. I. 11. § 390.)

Register zum Allgemeinen Landrecht.

Gastgemeinde. — Siehe Rechtsgrundsatz 806. (A. L. R. II. 12. § 34.)

Allgemeine Deutsche Wechsel-Ordnung.

Erster Abschnitt. Von der Wechselfähigkeit.

Art. 1. Wechselfähigkeit:

A. In Betreff eines großjährigen Haussohnes. — Vergl. A. L. R. I. 5. § 22.; II. 2. §§ 125. 165. 166. 210-212.

Rechtsgr. 839. — IV. Senat. 15. Juli 1852. (VI. 272.)

Ein großjähriger, noch unter väterlicher Gewalt stehender Sohn ist nicht wechselfähig.

B. In Betreff der Ehefrau. — Vergl. A. L. R. I. 14. §§ 221-226. 232-234.; II. 1. §§ 318. 320. 341-344.; Allg. Deutsche Wechsel-Ordnung Art. 2.

1. Ueberhaupt.

Rechtsgr. 840. — IV. Senat. 17. März 1853. (IX. 77.)

a) Ehefrauen, welche ohne Einwilligung ihres Ehemanns sich nach den Gesetzen ihres Wohnortes überhaupt durch Verträge nicht verpflichten können, bedürfen auch zur Uebernahme einer wechselmäßigen Verpflichtung der schriftlichen auf dem Wechsel selbst erklärten Genehmigung ihres Ehemannes.

b) Ehefrauen sind, insofern ihnen im Allgemeinen Disposition und Vertragsfähigkeit zur Seite steht, auch wechselfähig, insoweit ihnen nach den Gesetzen des Domizils, unter welchem sie sich befinden, die selbstständige von den Willen des Mannes unabhängige Verwaltung ihres Vermögens zusteht, und sie ohne Einwilligung des Mannes verpflichtende Verträge eingehen können.

2. Bei getrennten Gütern.

Rechtsgr. 841. — IV. Senat. 6. Oktober 1853. (X. 182.)

a) Die mit ihrem Ehemann in getrennten Gütern lebende Ehefrau kann eine wechselmäßige Verpflichtung ohne die ausdrücklich erklärte und aus dem Kontexte der Wechselurkunde selbst resp. aus deren Unterschrift hervorgehende

Einwilligung des Ehemanns mit rechtlicher Wirkung nicht übernehmen.

b) Daher hat ein von beiden Eheleuten in der Mehrzahl mit „wir“ ausgestellter, zuerst mit der Unterschrift der Ehefrau und hinter derselben mit der Unterschrift des Ehemannes versehener trockener Wechsel hinsichtlich der Ehefrau keine rechtliche Gültigkeit.*

Siehe auch Rechtsgrundsatz 299. (A. L. R. I. 11. § 704.)

Art. 2. Siehe auch Rechtsgrundsätze 299. 840. 841. (A. L. R. I. 11. § 704.; Art. 1. dieser Wechsel-Ordnung.)

Zweiter Abschnitt. Von gezogenen Wechseln.

Art. 4. 96. Auslegung der Wechsel-Erklärungen.

Rechtsgr. 842. — IV. Senat. 5. Juli 1851. (II. 222.)

Der Wechsel ist ein strenger Litteral-Kontrakt, weshalb Wechsel-Erklärungen nicht ausdehnend auszulegen sind.

Rechtsgr. 843. — IV. Senat. 25. April 1854. (XII. 320.)

Der Satz, daß dem Richter gestattet sei, die Worte auszulegen und die Absicht der Parteien zu ermitteln, findet in solcher Allgemeinheit im Wechselrecht keine Geltung.

Siehe auch Rechtsgrundsätze 463. 747. (A. L. R. I. 16. § 452.; II. 8. § 769.)

Art. 4. No. 2.; Art. 50. No. 1.; Art. 96. No. 2. Wechselvaluta:

A. Verschreibung von Zinsen für die Wechselvaluta.

Rechtsgr. 844. — IV. Senat. 6. November 1851. (III. 170.)

Die Verschreibung von Zinsen für die Wechsel-Valuta in Wechseln ist ohne wechselmäßige Wirkung.

B. Steuerkredit als Wechselvaluta.

Rechtsgr. 845. — IV. Senat. 5. Juli 1851. (II. 222.)

Auch über einen bewilligten Steuerkredit und die aus

* Vergl. dagegen die Anmerkung Seite 185. Bd. 10. des Archivs für Rechtsfälle.

ihm demnächst entstehenden Steuerreste kann ein Wechsel gültig ausgestellt werden.

Art. 4. No. 3.; Art. 6. Bezeichnung des Remittenten; Wechsel an eigene Order.

Rechtsgr. 846. — IV. Senat. 25. April 1854. (XII. 320.)

Die Bezeichnung des Remittenten mit der unvollständigen Klausel „an die Ordre von selbst" ist keine genügende.

Art. 4. No. 4. Angabe der Zahlungszeit:

A. Kündigungs-Wechsel. — Vergl. Art. 7. Art. 98. No. 4.

Rechtsgr. 847. — IV. Senat. 5. Juli 1851. (II. 222.)

Ein auf Kündigung ausgestellter Wechsel ist ungültig.

B. Wechsel nach Sicht. — Vergl. Art. 7. Art. 98. No. 4.

Rechtsgr. 848. — IV. Senat. 20. Dezember 1851. (III. 185.)

Es ist kein gültiger Wechsel, wenn darin die Zahlungszeit nur mit den Worten „nach Sicht" bezeichnet ist.

C. Mangelnde Jahreszahl bei einem Tagwechsel. — Vergl. Art. 96. No. 4.

Rechtsgr. 849. — IV. Senat. 16. Februar 1854. (XI. 313.)

Bei einem Tagwechsel bedarf es der Zufügung der Jahreszahl nicht, wenn diese sich anderweit aus den Kontentis des Wechsels ergiebt.

Art. 4. No. 5. Unterschrift des Wechsels. — Vergl. Art. 12.

Rechtsgr. 850. — IV. Senat. 8. September 1853. (XI. 4.)

Zur Vollständigkeit der Unterschrift unter einem Wechsel oder Indossament ist nicht erforderlich, daß der Familienname des Ausstellers bis auf den letzten Buchstaben ausgeschrieben sei, es genügt, daß aus den gebrauchten Buchstaben die bestimmte Person mit Zuverlässigkeit erkannt werden könne.

Siehe auch Rechtsgrundsatz 879. (Art. 82. dieser Wechsel-Ordnung.)

Art. 4. No. 7. Bezeichnung des Bezogenen:

A. Wechsel auf Gesellschaften. — Vergl. A. L. R. II. 8. § 503. ff.

Rechtsgr. 851. — Ferien-Senat. 18. August 1852. (V. 376.)

Ein auf eine bestimmte bezeichnete Gesellschaft (Damenschneider-Assoziation u. dergl.) gezogener Wechsel ist ein gültiger, wenngleich durch den von der Gesellschaft angenommenen Namen kein Mitglied derselben namentlich bezeichnet, und die Firma an der Börse nicht bekannt gemacht ist.

B. Wechsel auf Handelsfirmen. — Vergl. A. L. R. II. 8. §§ 621. 622. 679.

Rechtsgr. 852. — IV. Senat. 15. Juli 1852. (VI. 269.)

Der auf eine Geschäftsfirma, welche zwar eine Fabrik oder eine Sache, zugleich aber auch den Personennamen des Inhabers dieser Firma bezeichnet, gezogene Wechsel ist gültig.

Siehe auch Rechtsgrundsatz 739. (A. L. R. II. 8. § 620.)

Art. 4. No. 8.; Art. 24. Domizil-Wechsel.

Rechtsgr. 853. — IV. Senat. 12. Dezember 1850. (II. 21.)

Es ist kein Domizil-Wechsel, wenn nicht der Aussteller, sondern der Acceptant, den von dem Wohnorte des Bezogenen verschiedenen Zahlungsort beigefügt hat.

Art. 6. Siehe Rechtsgrundsatz 846. (Art. 4. No. 3. dieser Wechsel-Ordnung.)

Art. 7. Siehe Rechtsgrundsätze 463. 847. 848. 880. (A. L. R. I. 16. § 452.; Art. 4. No. 4. und Art. 82. dieser Wechsel-Ordnung.)

Art. 8. Siehe Rechtsgrundsatz 863. (Art. 36. dieser Wechsel-Ordnung.)

Art. 10. Rechte aus dem Indossament:

A. Wechselklage aus der Cession eines Wechsels. — Vergl. Art. 14. und 98. No. 2. dieser Wechsel-Ordnung.

Rechtsgr. 854. — IV. Senat. 23. Februar 1854. (XI. 370.)

Auch aus der Cession eines Wechsels kann wie aus einem Indossamente von dem Cessionar gegen den Wechselschuldner wechselmäßig geklagt werden.

B. Tilgung einer Waarenschuld durch Wechsel-Acceptation und weitere Begebung des Wechsels. — Vergl. A. L. R. I. 16. §§ 452. 454.; Art. 17. dieser Wechsel-Ordnung.

Rechtsgr. 855. — IV. Senat. 8. Juni 1852. (V. 310.)

Die Acceptation des über eine Waarenforderung gezogenen Wechsels in Verbindung mit der weiteren Begebung desselben von Seiten des Ziehers bewirkt Tilgung der Waarenforderung.

Siehe auch Rechtsgrundsätze 463. 861. 881. (A. L. R. I. 16. § 452.; Art. 25. und 82. dieser Wechsel-Ordnung.)

Art. 12. Siehe Rechtsgrundsätze 850. 862. 879. (Art. 4. No. 5.; Art. 36. und 82. dieser Wechsel-Ordnung.)

Art. 14. Siehe Rechtsgrundsatz 854. (Art. 10. dieser Wechsel-Ordnung.)

Art. 16. Indossament nach erfolgtem Proteste Mangels Zahlung.

Rechtsgr. 856. — IV. Senat. 27. Oktober 1853. (XI. 26.)

Ist das Indossament erst nach erhobenem Proteste Mangels Zahlung erfolgt, so muß der Indossatar diejenigen Einreden gegen sich gelten lassen, welche dem Aussteller des Wechsels gegen den Indossanten zustehen.

Art. 17. Siehe Rechtsgrundsatz 855. (Art. 10. dieser Wechsel-Ordnung.)

Art. 19. 31. Gesetzliche Präsentations-Frist eines Sichtwechsels. — Vergl. A. L. R. Einleitung § 14.; II. 8. § 971.; Verordnung vom 3. April 1846.

Rechtsgr. 857. — IV. Senat. 19. Oktober 1852. (VII. 278.)

Die Rückanwendung der Allgemeinen Deutschen Wechselordnung auf die gesetzliche Präsentationsfrist eines unter der Herrschaft der Wechselordnung des Allgem. Landrechts ausgestellten Sichtwechsels ist unzulässig.

Art. 21. Siehe Rechtsgrundsätze 739. 879. (A. L. R. II. 8. § 620.; Art. 82. dieser Wechsel-Ordnung.)

Art. 22. Wirkung eines modifizirten (qualifizirten) Wechsel-Acceptes:

A. In Betreff des Acceptanten.

Rechtsgr. 858. — IV. Senat. 22. Dezember 1853. (X. 373.)

Der Acceptant haftet dem Wechselinhaber wechselmäßig lediglich nach dem Inhalte seines modifizirten Accepts.

B. In Betreff der übrigen Wechsel-Indossanten. — Vergl. Art. 41. 43. dieser Wechsel-Ordnung.

Rechtsgr. 859. — IV. Senat. 22. Dezember 1853. (X. 373.)

Durch die Zulassung eines die Zahlungszeit des Wechsels modifizirenden Accepts wird das Verhältniß der Wechsel-Interessenten unter einander — mit Ausschluß des Bezogenen — nicht verändert.

Der Inhaber eines solchen Wechsels muß daher bei Verlust seines Regreßrechts an die Vormänner und den Aussteller den Wechsel zu der darin bestimmten Verfallzeit dem Bezogenen zur Zahlung vorlegen und bei Nichtzahlung zu dieser Zeit protestiren lassen.

Art. 23. Deckungsklage des Acceptanten gegen den Trassanten des Wechsels.

Rechtsgr. 860. — IV. Senat. 2. Juni 1853. (X. 305.)

Die Klage des Acceptanten eines unter der Herrschaft der Allgemeinen Deutschen Wechselordnung gezogenen Wechsels gegen den Trassanten desselben auf Deckung wegen der gezahlten Wechselvaluta erfordert zu ihrer Begründung die mit Beweismitteln unterstützte Aufdeckung des dem Wechselzuge zum Grunde liegenden, die Verpflichtung des Trassanten zur Deckung begründenden Rechtsgeschäfts.*

Siehe auch Rechtsgrundsätze 739. 862. 863. 875. (A. L. R. II. 8. § 620.; Art. 36. und 81. dieser Wechsel-Ordnung.)

Art. 24. Siehe Rechtsgrundsatz 853. (Art. 4. No. 8. dieser Wechsel-Ordnung.)

Art. 25. Wirkung des Protestes Seitens des Trassaten, als Indossatars, gegen sich selbst. — Vergl. Art. 10. dieser Wechsel-Ordnung.

Rechtsgr. 861. — IV. Senat. 15. Dezember 1853. (XI. 122.)

Der Trassat, welcher den Wechsel als Indossatar vor der Verfallzeit besitzt, kann gegen sich selbst Mangels Annahme Protest erheben lassen, und tritt die Erlöschung seiner hierauf gegründeten Forderung auf Sicherstellung durch Konfusion nicht ein.

Siehe auch Rechtsgrundsatz 509. (A. L. R. I. 20. § 112.)

* Vergl. hinsichtlich der Deckungsklage wegen des Accepts eines Wechsels unter der Herrschaft des Allgem. Landrechts den Rechtsgrundsatz 752, A. L. R. II. 8. § 1105.

Art. **31**. Siehe Rechtsgrundsatz **857**. (Art. **19**. dieser Wechsel-Ordnung.)
Art. **32**. Siehe Rechtsgrundsätze **872**. **873**. (Art. **78**. dieser Wechsel-Ordnung.)

Art. **36**. Legitimation zur Wechselklage gegen den Acceptanten:

A. Seitens des Inhabers eines mit durchstrichenen Giris und mit einem Blanko-Giro versehenen Wechsels. — Vergl. A. L. R. I. **7**. § **179**.; Art. **12**. **23**. dieser Wechsel-Ordnung.

Rechtsgr. **862**. — IV. Senat. 23. Februar 1854. (XI. 370.)

Der bloße Besitz des Wechsels in Verbindung mit einem Blanko-Indossament, hinter welchem sich kein weiteres Indossament befindet, legitimirt den Inhaber zur Wechselklage gegen den Acceptanten. — Ausgestrichene Indossamente werden bei Prüfung der Legitimation als nicht geschrieben angesehen.

B. Seitens des den Wechsel einlösenden Ausstellers. — Vergl. A. L. R. I. **16**. § 97.; Art. 8. 23. dieser Wechsel-Ordnung.

Rechtsgr. **863**. — IV. Senat. 15. November 1853. (X. 336.)

Zur Wechselklage des Einlösenden gegen den Acceptanten legitimirt schon der Besitz des Wechsels, auch ohne die Protesturkunde und ohne Quittung.

C. Bei fehlendem Rück-Giro. — Vergl. Art. **48**. **55**. dieser Wechsel-Ordnung.

Rechtsgr. **864**. — IV. Senat. 14. September 1852. (VI. 315.)

Der Inhaber eines im Regreßwege mit Protest zurückgekommenen Wechsels ist ohne Rück-Giro oder Durchstreichung der späteren Indossamente zur Einklagung gegen den Acceptanten legitimirt.

Art. **39**-**41**. **98**. Wechselmäßige Verhaftung des Acceptanten, resp. Ausstellers eines nicht domizilirten gezogenen resp. eigenen Wechsels bei unterbliebener Präsentation zur Zahlung.

Rechtsgr. **865**. — IV. Senat. 9. März 1852. (IV. 374.)

Bei nicht domizilirten Wechseln tritt die wechselmäßige Verhaftung des Acceptanten des gezogenen und des Ausstellers des eigenen Wechsels bei am Verfalltage nicht geleisteter Zahlung von selbst ein, ohne daß es der Präsentation des Wechsels zur Zahlung und der Protesterhebung bedarf.

Siehe auch Rechtsgrundsatz 463. (A. L. R. I. 16. § 452.)

Art. 40. Gerichtliche Deposition der Wechselsumme. — Vergl. A. L. R. I. 16. §§ 215. 222.; Art. 73. dieser Wechsel-Ordnung.

Rechtsgr. 866. — IV. Senat. 23. Februar 1854. (XI. 370.)

Der Wechselschuldner ist nicht blos in den Fällen, wenn die Zahlung zur Verfallzeit nicht gefordert, oder wenn auf Amortisation eines abhanden gekommenen Wechsels angetragen wird, — sondern auch in andern nach richterlichem Ermessen dazu angethanen Fällen zur gerichtlichen Deposition berechtigt.

Siehe auch Rechtsgrundsatz 865. (Art. 39. dieser Wechsel-Ordnung.)

Art. 41. Siehe Rechtsgrundsätze 859. 865. 890. (Art. 22. 39. und 88. No. 6. dieser Wechsel-Ordnung.

Art. 43. 44. 99. Wechselregreß Mangels Zahlung aus domizilirten Wechseln.

Rechtsgr. 867. — IV. Senat. 8. Mai 1851. (I. 388.)

Beim domizilirten gezogenen oder eigenen Wechsel bedarf es zur Erhaltung des Wechsel-Regresses gegen die Vormänner stets der Präsentation und Protest-Erhebung im Zahlungsorte; zur Erhaltung des Wechselanspruchs gegen den Acceptanten des gezogenen und den Aussteller des eigenen Wechsels dagegen ist nur dann die Präsentation und Protesterhebung im Zahlungsorte erforderlich, wenn ein Domiziliat benannt worden ist.

Siehe auch Rechtsgrundsatz 859. (Art. 22. dieser Wechsel-Ordnung.)

Art. 48. Siehe Rechtsgrundsatz 864. (Art. 36. dieser Wechsel-Ordnung.)

Art. 50. No. 1. Siehe Rechtsgrundsätze 844. 845. (Art. 4. No. 2. dieser Wechsel-Ordnung.)

Art. 50. No. 3.; Art. 51. No. 3. Provision bei Wechseln.

Rechtsgr. 868. — IV. Senat. 8. September 1853. (XI. 4.)

Eine Provision kann nur in dem Falle einer Regreßnahme gefordert werden.

Art. **51.** Beweislast bei der Regreßklage aus einem eingelösten nothleidenden Wechsel. — Vergl. A. L. R. **I. 7.** § **179.**; Art. 63. dieser Wechsel-Ordnung.

Rechtsgr. **869.** — IV. Senat. 15. November 1853. (X. 335.)

Der bloße Besitz des eingelösten nothleidenden Wechsels und des Protestes legitimirt den Inhaber zur Regreßklage gegen die Vormänner und den Aussteller, ohne daß es der Beibringung einer Quittung des befriedigten Wechselgläubigers oder des sonstigen Nachweises dessen Befriedigung bedarf.

Art. **51.** No. **3.** Siehe Rechtsgrundsatz 868. (Art. 50. No. 3. dieser Wechsel-Ordnung.)

Art. **55.** Siehe Rechtsgrundsatz **864.** (Art. 36. dieser Wechsel-Ordnung.)

Art. **63.** Siehe Rechtsgrundsatz 869. (Art. 51. dieser Wechsel-Ordnung.)

Art. **73.** Wechselklage aus einem abhanden gekommenen Wechsel.

Rechtsgr. **870.** — IV. Senat. 6. November 1851. (III. 170.)

Auch aus einem abhanden gekommenen Wechsel kann, in Verbindung mit dem Aufgebote desselben Behufs der Amortisation, die Wechselklage auf Zahlung gegen Sicherstellung von Seiten des Wechselklägers oder Zahlung des Wechselbetrages zum gerichtlichen Depositum angestellt werden.

Siehe auch Rechtsgrundsätze **463.** 866. (A. L. R. **I. 16.** § **452.**; Art. 40. dieser Wechsel-Ordnung.)

Art. **78.** Verjährung der Regreß-Ansprüche des Wechsel-Inhabers gegen den Aussteller uud die übrigen Vormänner:

A. Einfluß eines Vergleiches über die Hinausschiebung der Wechselklage auf den Anfang der Verjährung derselben. — Vergl. A. L. R. I. **9.** § 559.

Rechtsgr. **871.** — IV. Senat. 3. Mai 1853. (IX. 339.)

Ein Vergleich über die Hinausschiebung des Zeitpunktes der Wechselklage hindert nicht den Anfang der Verjährung vom Tage des erhobenen Protestes.

B. Anfang der Verjährung. — Vergl. A. L. R. **I. 3.** § **45.**; Art. **32.** 80. dieser Wechsel-Ordnung.

Rechtsgr. **872.** — IV. Senat. 29. Juni 1852. (VI. 210.)

Die Verjährungsfrist der Regreßansprüche des Wechsel-inhabers gegen den Aussteller und die übrigen Vormänner beginnt mit dem Tage nach aufgenommenem Proteste.

C. Beendigung der Verjährung. — Vergl. A. L. R. I. 9. § 550.; Art. 32. 80. dieser Wechsel-Ordnung.

Rechtsgr 873. — IV. Senat. 29. Juni 1852. (VI. 210.)

Die dreimonatliche Wechsel-Verjährungsfrist nach Art. 78. der Allgem. Deutschen Wechselordnung ist nicht nach Monaten zu 30 Tagen, sondern nach Kalendermonaten, — von dem Zahlungstage des Zahlungsmonats bis zu dem jener Zahl entsprechendem Tage des folgenden dritten Monats, — zu berechnen.

Art. 80. Klage-Anmeldung behufs Unterbrechung der Wechselverjährung. — Vergl. A. L. R. I. 9. § 551.

Rechtsgr. 874. — IV. Senat. 3. Mai 1853. (IX. 339.)

Die bloße Klageanmeldung unterbricht die Wechselverjährung nicht.

Siehe auch Rechtsgrundsätze 872. 873. (Art. 78. dieser Wechsel-Ordn.)

Art. 81. Klagerecht des Wechselgläubigers:

A. Begründung der Wechselklage des Ausstellers gegen den Acceptanten; Einrede der nicht erfolgten Deckung. — Vergl. Art. 33. dieser Wechsel-Ordn.; A. G. O. I. Einl. §§ 25. 26.; 5. § 17.; 9. §§ 6. 16.

Rechtsgr. 875. — IV. Senat. 15. Juli 1851. (II. 275.)

Im Wechselprozesse ist zur Begründung des Anspruchs des Ausstellers gegen den Acceptanten des Wechsels auf Zahlung des Wechselbetrages der Beweis der gegebenen Deckung nicht erforderlich; vielmehr liegt der Beweis der Einrede der nicht erhaltenen Deckung, in sofern er überhaupt in diesem Prozesse zulässig erscheint, dem Acceptanten ob.

B. Verhaftung des Bevollmächtigten einer nicht mit Sozietätsrechten versehenen Handelsgesellschaft aus dem Wechselaccept. — Vergl. A. L. R. I. 5. §§ 424. ff.; 17. §§ 169. ff. 230. 231. 239.; II. 8. §§ 503. ff. 625. 626.; Art. 95. dieser Wechsel-Ordnung.

Rechtsgr. 876. — Ferien-Senat. 18. August 1852 (V. 376.)

Der Theilnehmer einer bestimmt bezeichneten Gesellschaft,

(Damenschneider-Assoziation u. dergl.), welcher als Bevollmächtigter dieser Gesellschaft einen auf dieselbe gezogenen Wechsel acceptirt hat, wird durch diese Acceptation für die Wechselverbindlichkeit persönlich verhaftet.

C. Einrede der nicht erhaltenen Wechselvaluta im gewöhnlichen Prozeßverfahren. — Vergl. Art. 82. und 98. No. 10. dieser Wechsel-Ordnung; A. G. O. I. 27. § 54.

Rechtsgr. 877. — IV. Senat. 8. Juni 1852. (V. 304.)

Der Aussteller eines eigenen Wechsels kann gegen den Indossatar den Einwand, daß er von dem ursprünglichen Inhaber des Wechsels keine oder keine volle Valuta erhalten habe, auch im gewöhnlichen Prozesse nicht geltend machen.

Art. 82. Einreden des Wechselschuldners:

A. Einrede der Acceptation eines bloßen, unausgefüllt gewesenen Wechselformulars.

Rechtsgr. 878. — IV. Senat. 12. Dezember 1850. (II. 21.)

Die Einrede des Wechsel-Acceptanten, daß er ein bloßes, unausgefüllt gewesenes Wechselformular acceptirt habe, ist im Wechselprozeß, wenn ein vollständiger Wechsel vorliegt, nicht zulässig.

B. Einrede der unvollständigen Schreibenskunde. — Vergl. A. L. R. I. 5. §§ 172. ff.; Art. 12. 21. dieser Wechsel-Ordnung.

Rechtsgr. 879. — IV. Senat. 6. Februar 1851. (I. 217.)

Die Einrede, der Wechselaussteller könne nur seinen Namen schreiben, ist nicht aus dem Wechselrechte hergenommen und daher im Wechselprozesse unzulässig.

C. Einrede der Acceptation eines erst nach der Ausstellung vollständig datirten Wechselformulars. — Vergl. Art. 7. dieser Wechsel-Ordnung.

Rechtsgr. 880. — IV. Senat. 15. Juli 1851. (II. 275.)

Der Umstand, daß der auf dem Wechsel zur Zeit der Acceptation befindlich gewesene Monatstag erst nach der Ausstellung des Wechsels hineingeschrieben worden, macht denselben nicht ungültig.

D. Einrede der mangelnden gerichtlichen Form nach §§ 198. 199. II. 1. des Allg. Landrechts Seitens der aus ihrem Accept belangten Ehefrau. — Vergl. A. L. R. II. 1. §§ 198. 199.; Art. 10. dieser Wechsel-Ordnung.

Rechtsgr. 881. — IV. Senat. 13. Dezember 1853. (X. 353.)

Die Ehefrau, welche einen von dem Ehemann auf sie an eigene Ordre gezogenen Wechsel mit Genehmigung des Ehemanns acceptirt, kann sich dem Indossatar gegenüber nicht auf die §§ 198. 199. II. 1. des Allgem. Landrechts berufen.

E. Einrede der Zahlung.

Rechtsgr. 882. — IV. Senat. 22. Juni 1852. (V. 324.)

Die Einrede der Zahlung ist im Wechselprozesse nur dann zulässig, wenn der beklagte Wechselschuldner selbst, nicht aber, wenn ein Dritter die Zahlung geleistet hat.

F. Einrede der nicht erhaltenen Wechselvaluta und der Kompensation.

Rechtsgr. 883. — IV. Senat. 9. September 1851. (III. 62.)

Die Einrede der nicht erhaltenen Wechselvaluta und der Kompensation ist Seitens des Wechselausstellers dem Remittenten gegenüber an und für sich im Wechselprozesse nicht unzulässig.

G. Einrede des Betrugs:

— Aeltere Ansicht. — Vergl. A. L. R. I. 4. § 84.; 5. §§ 127. 128. 349. ff.

Rechtsgr. 884. — IV. Senat. 9. September 1851. (III. 62.)

Die mündliche Zusicherung des Remittenten eines gezogenen Wechsels bei der Unterzeichnung Seitens seines unmittelbaren Vormannes, des Wechselziehers, daß er aus dem Wechsel an denselben niemals einen Regreß nehmen werde, ist, als mündliche Nebenabrede bei einer bindenden schriftlichen Wechselerklärung, unwirksam.

— Neuere Ansicht. — Vergl. A. L. R. I. 4. §§ 84. 85. 148. 150.

Rechtsgr. 885. — IV. Senat. 11. November 1852. (VII. 314.)

Der von dem Wechselaussteller der Regreßklage des Remittenten entgegengesetzte Einwand der geschehenen betrüglichen Verleitung zur Unterzeichnung des Wechsels ist im Wechselprozeß zulässig.

H. Einrede des Zwanges zur Ausstellung des Wechsels. — Vergl. A. L. R. I. 4. § 42.

Rechtsgr. 886. — IV. Senat. 27. Oktober 1853. (XI. 26.)

Wenn das Indossament erst nach erhobenem Proteste Mangels Zahlung erfolgt, und der Indossant zugleich der im Wechsel benannte ursprüngliche Wechselgläubiger ist, so greift die Einrede des erlittenen Zwanges zur Ausstellung des Wechsels auch dann Platz, wenn der Zwang von einem Dritten verübt wurde.

Siehe auch Rechtsgrundsätze 463. 877. 995. (A. L. R. I. 16. § 452.; A. G. O. I. 27. § 55.; Art. 81. dieser Wechsel-Ordnung.)

Art. 83. Siehe Rechtsgrundsatz 750. (A. L. R. II. 8. § 974.)

Art. 87. Siehe Rechtsgrundsatz 889. (Art. 88. No. 1. dieser Wechsel-Ordnung.)

Art. 88. No. 1. Erfordernisse der Protest-Urkunde rücksichtlich der aufzunehmenden und beizufügenden Abschriften:

A. Abschrift des Wechsels und der durchstrichenen Giri und Quittungen.

Rechtsgr. 887. — IV. Senat. 15. März 1853. (IX. 333.)

a) Die Abschrift des Wechsels braucht nicht in dem Kontext der Protesturkunde zu stehen.

b) Die Wechselprotest-Urkunde muß stets auch die auf dem Wechsel befindlichen durchstrichenen Giri und Quittungen enthalten.

B. Vollständigkeit der aufzunehmenden Abschriften.

Rechtsgr. 888. — IV. Senat. 9. November 1852. (VII. 308.)

Zur Gültigkeit eines Wechselprotestes bedarf es der Aufnahme einer wörtlichen und vollständigen Abschrift des Wechsels oder der Wechselkopie und aller darauf befindlichen Indossamente und Bemerkungen nur insoweit, als dies zur Feststellung der Identität des präsentirten und protestirten mit dem auf Grund des Protestes im Regreßwege zurückgehenden Wechsel erforderlich ist.

C. Wirkung eines Schreibfehlers in der Ausfertigung des Wechsel-Protestes. — Vergl. Art. 87. 88. No. 6. und Art. 90. dieser Wechsel-Ordnung; Code de commerce Art. 176.

Rechtsgr. 889. — IV. Senat. 22. November 1853. (XII. 35.)

Ein wesentlicher Schreibfehler in der dem notariell ausgefertigten Proteste Mangels Zahlung einverleibten Abschrift des Wechsels beziehungsweise der auf demselben befindlichen Indossamente und Bemerkungen hat die Ungültigkeit des Protestes zur Folge, ohne daß ein Beweis gegen oder neben der Protesturkunde durch Eid, Zeugen oder Berufung auf den in den Protestregistern des betreffenden Notars urschriftlich befindlichen Protest zulässig ist.

Art. 88. No. 6. Rechtzeitigkeit der Handlung des Protestirens und der Beurkundung dieser Handlung. — Vergl. Art. 41. dieser Wechsel-Ordnung.

Rechtsgr. 890. — IV. Senat. 2. Mai 1854. (XII. 323.)

Nicht nur die Rechtzeitigkeit der Handlung des Protestirens, sondern auch die Rechtzeitigkeit der Beurkundung dieser Handlung ist Erforderniß und Vorbedingung des Wechselregresses.

Siehe auch Rechtsgrundsatz 889. (Art. 88. No. 1. dieser Wechsel-Ordnung.)

Art. 90. Siehe Rechtsgrundsatz 889. (Art. 88. No. 1. dieser Wechsel-Ordnung.)

Art. 91. Unbekannte Wohnung des Wechselschuldners. — Vergl. A. L. R. I. 16. §§ 15-27.

Rechtsgr. 891. — IV. Senat. 27. März 1851. (I. 339.)

Die im Artikel 91. der Allg. Deutschen Wechsel-Ordnung

vorgeschriebene Nachfrage bei der Polizeibehörde des Orts ist nur dann erforderlich, wenn der Wechsel-Interessent, gegen welchen der Wechselprotest erhoben werden soll, an dem Orte der von ihm zu bewirkenden wechselmäßigen Leistung gänzlich unbekannt ist.

Art. **95**. Siehe Rechtsgrundsatz 876. (Art. 81. dieser Wechsel-Ordnung.)

Dritter Abschnitt. Von eigenen Wechseln.

Art. **96**. Siehe Rechtsgrundsätze 463. 747. 842-845. 849. (A. L. R. I. **16**. § **452**.; II. **8**. § 769.; Art. **4**. und Art. **4**. No. **2**. und No. **4**. dieser Wechsel-Ordnung.)

Art. **98**. Siehe Rechtsgrundsätze 463. 865. (A. L. R. I. **16**. § **452**.; Art. 39. dieser Wechsel-Ordnung.)

Art. **98**. No. **2**. Siehe Rechtsgrundsatz 854. (Art. 10. dieser Wechsel-Ordnung.)

Art. **98**. No. **4**. Siehe Rechtsgrundsätze 847. 848. (Art. 4. No. 4. dieser Wechsel-Ordnung.)

Art. **98**. No. **10**. Siehe Rechtsgrundsatz 877. (Art. **81**. dieser Wechsel-Ordnung.)

Art. **99**. Siehe Rechtsgrundsatz 867. (Art. **43**. dieser Wechsel-Ordn.)

Strafgesetzbuch für die Preußischen Staaten vom 14. April 1851.

§ **6**. Beweis des Verbrechens durch das Judikat des Kriminalprozesses für den Civilprozeß. — Vergl. A. G. O. I. **13**. § **10**. No. **1**.; Gesetz vom **11**. Juni 1837 § 10.

Rechtsgr. **892**. — I. Senat. 11. November 1853. (X. 290.)

Ist der Damnifikant von dem Kriminalrichter wegen eines Verbrechens verurtheilt, so kann der Civilrichter nicht verlangen, daß der Damnifikat den Beweis des Verbrechens nunmehr noch nach den Regeln des Civilrechts führe.

§ 11. Eidesfähigkeit des Vormundes eines zur Zuchthausstrafe verurtheilten Verbrechers.

Rechtsgr. 893. — IV. Senat. 17. Januar 1854. (XI. 230.)

Die Eidesfähigkeit des Vormundes eines zur Zuchthausstrafe Verurtheilten ist lediglich aus seiner eigenen Persönlichkeit zu beurtheilen.

§§ 50. 160. Beweislast hinsichtlich der Einrede der Verjährung einer Injurie. — Vergl. A. G. O. I. 13. § 28.; Einführungsgesetz vom 14. April 1851 Art. 18.

Rechtsgr. 894. — Senat für Strafsachen Abth. I. 28. Oktober 1853. (X. 260.)

Bei einer in Abwesenheit des Beleidigten geäußerten Injurie ist es nicht der Beleidigte, welcher zu beweisen hat, daß er sie erst innerhalb dreier Monate vor extrahirtem Sühneversuche erfahren, sondern der Injuriant muß den Einwand der Verjährung durch den entgegengesetzten Beweis begründen.

§ 156. Begriff der Verläumdung.

Rechtsgr 895. — Senat für Strafsachen Abthl. I. 3. März 1854. (XII. 205.)

Die Beschuldigung einer unmöglichen Handlung, z. B. der Hexerei oder der Zufügung eines Weichselzopfes, enthält keine Verläumdung.

§ 160. Siehe Rechtsgrundsatz 894. (§ 50. dieses Strafgesetzbuches.)

§ 187. Siehe Rechtsgrundsatz 1159. (Gesinde-Ordnung vom 8. November 1810.)

§ 270. Siehe Rechtsgrundsatz 1145. (Verordn. vom 14. Juli 1797 § 3.)

Allgemeine Gerichts-Ordnung.

Theil I. Prozeß-Ordnung.

Einleitung.

§ 1. Siehe Rechtsgrundsätze 712. 826. 1011. 1053-1058. (A. L. R. II. 6. § 42.; 16. § 198.; A. G. O. I. 31. § 1.; 52. § 59.)

§§ 3. ff. Siehe Rechtsgrundsätze 898. 901. 954. (A. G. O. I. Einl. § 65.; 13. § 36.)

§ 16. Siehe Rechtsgrundsatz 1391. (Gesetz vom 2. März 1850 § 40.)

§§ 25. 26. Siehe Rechtsgrundsatz 875. (Allgem. Deutsche Wechsel-Ordnung Art. 81.)

§§ 35. 36. Siehe Rechtsgrundsatz 910. (A. G. O. I. 2. § 136.)

§§ 64. ff. Anfechtung eines im Ehescheidungs-Urtheile bestätigten Vertrages. — Vergl. A. G. O. I. 16. § 1.

Rechtsgr. 896. — I. Senat. 19. Juni 1850. (II. 1.)

Der Umstand, daß ein unter Ehegatten, mit Rücksicht auf die beabsichtigte Ehescheidung, über die Ehescheidungsstrafe und die Vermögens-Auseinandersetzung geschlossener Vertrag im Ehescheidungs-Urtheile bestätigt worden, schließt hiernächst die Zulässigkeit der Einrede der Ungültigkeit dieses Vertrages an und für sich nicht aus.

Siehe auch Rechtsgrundsätze 1053-1058. (A. G. O. I. 52. § 59.)

§§ 65-67. Wirkung einer rechtskräftigen Entscheidung. — Vergl. A. G. O. I. 16. § 1.

A. In Betreff der Parteien.

Rechtsgr. 897. — III. Senat. 21. Mai 1852. (V. 262.)

Die Rechtskraft eines Urtheils erstreckt sich nur auf das Rechtsverhältniß der streitenden Parteien und deren Rechtsnachfolger.

B. In Betreff des streitig gewesenen Rechtsverhältnisses. — Beurtheilung desselben in den Entscheidungs-Gründen. — Vergl. §§ 3. ff. dieser Einleitung.

Rechtsgr. 898. — III. Senat. 9. Dezember 1853. (XI. 337.)

Die Rechtskraft eines Urtheils setzt ein das Rechtsverhältniß, aus dem der eingeklagte Anspruch erwachsen ist, und seine thatsächliche und rechtliche Grundlage beurtheilendes Erkenntniß voraus.

— Wirkung der Abweisung angebrachtermaaßen wegen aufgestellten unrichtigen Klagefundaments.

Rechtsgr. 899. — IV. Senat. 31. Januar 1854. (XI. 294.)

Auf Grund der wegen aufgestellten unrichtigen Klagefundaments erfolgten Abweisung der Klage „angebrachtermaaßen" kann der Einwand rechtskräftig entschiedener Sache erhoben werden.

— Wirkung der Abweisung „angebrachtermaaßen" wegen Mangels gehöriger Begründung der Klage. — Vergl. A. G. O. I. 13. §§ 36. 38. 43.

Rechtsgr. 900. — IV. Senat. 31. Januar 1854. (XI. 294.)

Wenn die Abweisung „angebrachtermaaßen" nach Inhalt der Entscheidungsgründe nicht wegen Aufstellung eines unrichtigen Klagefundaments, sondern wegen Mangels spezieller Begründung erfolgt ist, so steht der neuen in der Art, wie es nach den Motiven der Abweisung erfordert worden, begründeten Klage der Einwand rechtskräftig entschiedener Sache nicht entgegen.

— Wirkung eines Judikats auf Räumung des vorbehaltenen Miethsbesitzes in Betreff des Einwandes der Simulation des Kaufvertrages. — Vergl. A. G. O. I. Einleitung §§ 3-5.; 24. § 36.

Rechtsgr. 901. — IV. Senat. 13. Juli 1852. (VI. 261.)

Der Einwand der Simulation des Kaufvertrages wird durch ein Judikat, durch welches der Verkäufer zur Räumung des vorbehaltenen Miethsbesitzes verurtheilt worden, nicht ausgeschlossen.

C. In Betreff des streitig gewesenen Anspruchs.

— Wirkung der Abweisung mit dem geforderten ganzen Betrag eines Darlehns auf die Klage wegen derselben Summe, als Restbetrag des gegebenen Darlehns.

Rechtsgr. 902. — III. Senat. 3. November 1853. (XII. 33.)

Der Einwand der rechtskräftig entschiedenen Sache ist nicht begründet, wenn zuerst eine Darlehnssumme als der ganze Betrag und hiernächst dieselbe Darlehnssumme als der Restbetrag eines gegebenen Darlehns gefordert wird.

— Bezugnahme auf die Beweismittel der früheren Klage für denselben wiederum eingeklagten Anspruch.

Rechtsgr. 903. — IV. Senat. 23. September 1852. (VII. 98.)

Der Einwand der rechtskräftigen Entscheidung ist dadurch

allein noch nicht begründet, daß die wegen desselben Anspruchs erhobene neue Klage sich auf dieselben, auch in der rechtskräftig zurückgewiesenen früheren Klage angegebenen Beweismittel bezieht.

D. Schreibfehler in der Urtheils-Ausfertigung.

Rechtsgr. **904**. — I. Senat. 11. März 1853. (VIII. 353.)

Der erkannte, nicht der durch bloße Schreibfehler in die Urtheilsausfertigungen gekommene nicht erkannte Inhalt wird rechtskräftig.

Siehe auch Rechtsgrundsätze 949. 950. 954. 956. 1042. 1053-1058. 1079. (A. G. O. I. **13**. § 36.; **14**. § 2.; **50**. § 548.; **52**. § 59.; Code Napoléon Art. 1350.)

Titel 1. Von den Personen, welche vor Gerichten klagen und belangt werden können.

§ **3**. Siehe Rechtsgrundsatz 1311. (Deklaration vom 6. April 1839 Art. 13.)

§ **4**. Siehe Rechtsgrundsatz 1310. (Deklaration vom 6. April 1839 Art. 13.)

§ **14**. Siehe Rechtsgrundsatz 1310. (Deklaration vom 6. April 1839 Art. 13.)

§ **15**. Siehe Rechtsgrundsatz 667. (A. L. R. II. **2**. § 158.)

§§ **16**. **21**. Injurienklagen der Ehefrauen. — Vergl. A. L. R. II. **1**. §§ 188-190.

Rechtsgr. **905**. — V. Senat. 16. April 1852. (VI. 106.)

Wegen Injurien kann eine Ehefrau auch ohne den Beitritt ihres Ehemannes, falls dieser denselben verweigert, vor Gericht klagen.

§ **33**. Siehe Rechtsgrundsatz 801. (A. L. R. II. **12**. § 12.)

Titel 2. Von dem Gerichtsstande.

§ **111**. Dinglicher Gerichtsstand:

A. Wegen des Anspruchs auf Ausstellung einer löschungsfähigen Quittung.

Rechtsgr. **906**. — III. Senat. 13. Mai 1853. (IX. 176.)

Der Anspruch des Besitzers eines Grundstücks gegen den

Hypothekengläubiger auf Anerkennung der Erledigung der Hypothek und in Folge dessen auf Ausstellung einer löschungsfähigen Quittung und Einwilligung in die Löschung kann als ein dinglicher auch in dem Gerichtsstande des belegenen Grundstücks verfolgt werden.

B. Wegen einer streitigen Mühlengerechtigkeit. — Vergl. A. L. R. I. 2. §§ 126. 127.

Rechtsgr. 907. — III. Senat. 21. September 1853. (X 135.)

Das Gericht, in dessen Bezirk eine Mühle belegen ist, ist kompetent, wenn der Besitzer derselben das Recht auf einen höheren Wasserstand in Anspruch nimmt, als auf Veranlassung eines benachbarten Mühlenbesitzers die Verwaltungsbehörde festgesetzt hat.

Anhang § 34. zu § 114. Siehe Rechtsgrundsatz 1021. (A. G. O. I. 46. § 3.)

§ 115. Siehe Rechtsgrundsatz 908. (§ 121. dieses Titels.)

§§ 121-125. Gerichtsstand einer Erbschaft:

A. Dinglicher und persönlicher Gerichtsstand bei der Erbschaftsklage. — Vergl. § 115. dieses Titels; A. L. R. I. 17. §§ 131-137.)

Rechtsgr. 908. — I. Senat. 21. Dezember 1853. (XI. 168.)

Die Erbschaftsklage kann sowohl in dem Gerichtsstande der belegenen Erbschaft als auch in dem persönlichen Gerichtsstande des Verklagten angestellt werden.

B. Gerichtsstand bei Klagen der Legatarien und Nachlaßgläubiger gegen ausländische Erben. — Vergl. A. L. R. I. 9. § 350.; 17. §§ 108. 127. 132.

Rechtsgr. 909. — I. Senat. 12. Januar 1853. (VIII. 184.)

Auch ausländische Erben eines im Inlande verstorbenen Erblassers sind verpflichtet, den Legatarien und Nachlaßgläubigern in dem Gerichtsstande des Erblassers gerecht zu werden.

§ 136. Unzulässigkeit der Klage-Kumulation. — Vergl. A. G. O. I. Einl. §§ 35. 36.; 5. § 24.; Kabinetsorder vom 7. Mai 1838; Gesetz vom 21. Juli 1843 § 10.

Rechtsgr. 910. — II. Senat. 18. November 1852. (VIII. 51.)

Sind die mehreren Beklagten nicht verpflichtet, sich in demselben Prozesse mit dem Kläger einzulassen, so sind sie auch nicht berechtigt, eine lediglich aus dem Widerspruch gegen die Klage hergeleitete Widerklage gemeinschaftlich zu verfolgen.

§ 150. Siehe Rechtsgrundsatz 1088. (Dig. 5. 1. Lex 19.)
§ 166. Siehe Rechtsgrundsatz 920. (A. G. O. I. 7. § 48b.)
§§ 167. ff. Bestellung eines Schiedsgerichts:
A. Freie Wahl der Schiedsrichter.

Rechtsgr. 911. — IV. Senat. 27. April 1852. (VI. 128.)

Zur gültigen Bestellung eines Schiedsgerichts ist eine von den Parteien selbst unmittelbar ausgehende freie Wahl der Schiedsrichter erforderlich; ein gerichtlicher Zwang zu einer solchen Wahl findet daher nicht statt.

B. Bezeichnung der Schiedsrichter.

Rechtsgr. 912. — IV. Senat. 2. September 1851. (III. 48.)

Ein Kompromiß, worin die Schiedsrichter nicht zum Voraus benannt sind, oder worin der Weg, auf welchem das Schiedsgericht zu Stande gebracht werden soll, nicht dergestalt vorgezeichnet ist, daß jede Partei das Schiedsgericht unabhängig von dem Willen der anderen Partei ins Leben rufen kann, hat keine rechtliche Wirkung.

C. Auswahl der Schiedsrichter aus mehreren namhaft gemachten Personen.

Rechtsgr. 913. — III. Senat. 4. Juli 1851. (III. 35.)

Wenn in einem Kompromißvertrage verabredet ist, daß das Schiedsgericht durch Auswahl aus mehreren namhaft gemachten Personen konstituirt werden soll, und eine derselben vor erfolgter Auswahl verstirbt, so ist der Kompromißvertrag für aufgehoben zu erachten.

D. Ausländisches Gericht als Schiedsgericht. — Vergl. Konvention zwischen Preußen und Sachsen vom 14. Oktober und 11. Dezember 1839 Art. 4.

Rechtsgr. 914. — IV. Senat. 29. April 1852. (VI. 131.)

a) Auch ein ausländisches förmliches Gericht kann von inländischen Parteien durch Kompromiß als Schiedsgericht bestellt werden.

b) Die Konvention zwischen Preußen und Sachsen vom 14. Oktober und 11. Dezember 1839 enthält keine entgegengesetzte Bestimmung.

§ 174. Siehe Rechtsgrundsatz 1351. (Allgem. Gewerbe-Ordnung vom 17. Januar 1845 § 137.)

§ 175. Schiedsrichterliches Urtheil als Erkenntniß erster Instanz. — Vergl. A. G. O. I. 30. § 55.; Deklaration vom 6. April 1839 Art. 3. No. 2.

Rechtsgr. 915. — IV. Senat. 18. Januar 1853. (VIII. 216.)

a) Im Falle der Verwerfung der Nichtigkeitsklage muß der angerufene gewöhnliche Richter in der Hauptsache zugleich auf Bestätigung des schiedsrichterlichen Urtheils erkennen.

b) Hat der angerufene gewöhnliche Richter nur die gegen das schiedsrichterliche Urtheil angebrachte Nichtigkeitsklage verworfen und nicht zugleich dies Urtheil bestätigt, so findet gegen das Erkenntniß des gewöhnlichen Richters die Appellation statt.

Titel 3. Von den Pflichten der Parteien, die Instruktion ihrer Prozesse persönlich abzuwarten, und inwiefern sie sich dabei rechtlicher Beistände oder Bevollmächtigter bedienen können.

§ 20. Siehe Rechtsgrundsatz 919. (A. G. O. I. 7. § 36.)

§§ 25. ff. Siehe Rechtsgrundsätze 1366. 1371. (Verordnung vom 21. Juli 1846 §§ 17. 21.)

§ 31. Siehe Rechtsgrundsatz 919. (A. G. O. I. 7. § 36.)

§ 36. Form der Vollmachten.

Rechtsgr. 916. — I. Senat. 30. Juni 1851. (II. 211.)

Die in dem § 36. I. 3. der Allg. Gerichts-Ordnung für die in gerichtlichen Angelegenheiten auszustellenden Vollmachten vorgeschriebene schriftliche Form ist nur auf die Bevollmächtigung zur Führung des ganzen Rechtsstreits, nicht aber schlechthin auf jede einzelne prozessualische Handlung zu beziehen.

§ 75. Siehe Rechtsgrundsatz 919. (A. G. O. I. 7. § 36.)

Titel 4. Von der Anmeldung der Klage, und was dabei zu beobachten sei.

§§ 2. 14. 16. Siehe Rechtsgrundsatz 209. (A. L. R. I. 9. § 551.)

Titel 5. Von Aufnehmung und Instruktion der Klage selbst, und was dabei zu beobachten.

§ 4. Siehe Rechtsgrundsatz 129. (A. L. R. I. 5. § 450.)

§ 17. Siehe Rechtsgrundsatz 875. (Allgem. Deutsche Wechsel-Ordnung Art. 81.)

§ 21. Aenderung des Klageantrags. — Vergl. A. G. O. I. 10. § 5a.; Justiz-Ministerial-Instruktion vom 24. Juli 1833 § 29.

Rechtsgr. 917. — IV. Senat. 27. April 1852. (VI. 128.)

Auch in dem Verfahren nach der Verordnung vom 1. Juni 1833 kann der Klageantrag bis zur Beendigung der mündlichen Verhandlung geändert werden.

§ 23. Unzulässigkeit der Veränderung des Klagefundaments. — Vergl. A. G. O. I. 10. § 5a.; Verordnung vom 14. Dezember 1833 § 4. No. 2., § 5.; Deklaration vom 6. April 1839 Art. 3. No. 1.

Rechtsgr. 918. — II. Senat. 26. September 1850. (IX. 321.)

Die Bestimmung des § 23. I. 5. der Allgem. Gerichts-Ordnung in Betreff der Unzulässigkeit der Veränderung des Klagefundaments im nämlichen Prozesse enthält keine wesentliche Prozeßvorschrift im Sinne des § 4. No. 2. und § 5. der Verordnung vom 14. Dezember 1833 und der Deklaration vom 6. April 1839.

Siehe auch Rechtsgrundsätze 210. 924. 925. 955. (A. L. R. I. 9. § 551.; A. G. O. I. 10. § 5a.; 13. § 43.)

§ 24. Siehe Rechtsgrundsatz 910. (A. G. O. I. 2. § 136.)

Titel 7. Von Abfassung und Insinuation gerichtlicher Verordnungen.

§ 20. ff. Siehe Rechtsgrundsatz 1239. Subhastations-Verordnung vom 4. März 1834 § 9.)

§§ 32. 33a. Siehe Rechtsgrundsätze 1235. 1241. (Subhastations-Verordnung vom 4. März 1834 §§ 4. 9.)

§ 36. Insinuation von Verfügungen an eine abwesende Partei. — Vergl. A. G. O. I. 3. §§ 20. 31. 75.

Rechtsgr. 919. — IV. Senat. 30. Dezember 1851. (IV. 228.)

Auch in dem Falle, wenn eine mit einem legitimirten Prozeß-Bevollmächtigten versehene, nicht am Orte des Gerichts wohnende Partei sich von ihrem bisherigen Wohnorte entfernt hat, ohne davon Anzeige zu den Gerichts-Akten zu machen, kann die Insinuation des Appellationsberichts ihres Gegners durch Affixion an die Stubenthür ihrer bisherigen Wohnung bewirkt, und bei ausbleibender Appellationsbeantwortung in contumaciam gegen sie verfahren werden. Sie ist insbesondere pro jurare nolente zu erachten, wenn sie demnächst auch zur Ableistung eines Eides durch Affixion an die Stubenthür ihrer bisherigen Wohnung vorgeladen worden, und im Schwurtermine nicht erschienen ist.

§ 40. Siehe Rechtsgrundsatz 927. (A. G. O. I. 10. Anhang § 68. zu § 19.)

§ 48. litt. a. Siehe Rechtsgrundsatz 920. (§ 48. litt. b. dieses Titels.) — litt. b. Rechtshängigkeit durch gehörige Insinuation der Klage; materiell rechtliche Natur der Grundsätze über die Rechtshängigkeit. — Vergl. A. G. O. I 2. § 166.; 7. § 48. litt. a.; Verordnung vom 14. Dezember 1833 § 4. No. 1.

Rechtsgr. 920. — III. Senat. 22. April 1853. (IX. 131.)

a) Die Grundsätze der Litispendenz sind, insoweit von denselben die Frage wegen Zulassung oder Versagung des Rechtsweges abhängig ist, nicht blos prozessualischer, sondern materiell rechtlicher Natur.

b) Ueber die Litispendenz und deren Vorhandensein entscheidet die Gleichheit und Identität des zur richterlichen Entscheidung gestellten Anspruchs oder Gegenstandes der Klage.

— litt. c. Siehe Rechtsgrundsätze 163. 532. (A. L. R. I. 7. § 222.; 20. § 443.)

— litt. d. Siehe Rechtsgrundsatz 163. (A. L. R. I. 7. § 222.)

Titel 8. Von Anberaumung und Verlegung der Termine und von den rechtlichen Folgen des ungehorsamen Außenbleibens.

§ 15. Siehe Rechtsgrundsatz 1222. (Verordnung vom 14. Dezember 1833 § 5. No. 4.)

Titel 9. Von Aufnehmung der Antwort auf die Klage, und was darauf zu verfügen.

§ 2. Siehe Rechtsgrundsatz 456. (A. L. R. I. 16. § 383.)

§ 6. Siehe Rechtsgrundsätze 456. 875. (A. L. R. I. 16. § 383.; Allg. Deutsche Wechsel-Ordnung Art. 81.)

§ 11. Berücksichtigung eines Rechtseinwandes von Amtswegen. — Vergl. Verordnung von 14. Dezember 1833 § 4. No. 2., § 5.; Deklaration vom 6. April 1839 Art. 3. No. 1.

Rechtsgr. 921. — Plenum. 5. Juli 1852. (V. 358.)

Die Bestimmung des § 11. I. 9. der Allgem. Gerichts-Ordnung über die amtliche Berücksichtigung von Rechtseinwendungen in Prozessen, welche nach den Vorschriften der Allgem. Gerichts-Ordnung instruirt sind, z. B. des Einwandes der Verjährung, enthält eine nicht wesentliche Prozeßvorschrift.

Siehe auch Rechtsgrundsätze 456. 965. 966. (A. L. R. I. 16. § 383.; A. G. O. I. 15. § 18.)

§ 15. Siehe Rechtsgrundsatz 1222. (Verordnung vom 14. Dezember 1833 § 5. No. 4.)

§ 16. Klagebeantwortung. — Vergl. A. L. R. Einl. § 91.; A. G. O. I. 13. § 40.

Rechtsgr. 922. — II. Senat. 9. März 1852. (V. 67.)

Wenn der auf Zahlung von Laudemien in Anspruch genommene Verklagte die Laudemialpflicht überhaupt bestritten hat, so liegt hierin auch ein eventuelles Bestreiten der Höhe derselben.

Siehe auch Rechtsgrundsatz 875. (Allgem. Deutsche Wechsel-Ordn. Art. 81.)

§ 42. Diffamations- oder Negatorienklage bei Prozeßrenunziationen. — Vergl. A. G. O. I. 20. § 21.; 32. §§ 2. 19. ff.; Corpus juris Fridericianum Buch 1. Theil 1. Tit. 20. § 18.; Verordnung v. 1. Juni 1833 §§ 23. 24.; Verordnung vom 21. Juli 1846 §§ 8. 9.

Rechtsgr. 923. — Plenum. 3. Mai 1852. (V. 228.)

Der Verklagte kann, wenn der Kläger im Laufe der ersten Instanz die Klage zurücknimmt, ohne zugleich dem Anspruche selbst zu entsagen, die Fortsetzung dieses Prozesses und die Entscheidung über die Hauptsache nicht verlangen; vielmehr bleibt ihm nur überlassen, eine Diffamationsklage anzustellen oder als Negatorienkläger den Ungrund des Anspruchs auszuführen.

Titel 10. Von der Instruktion der Sache zum Definitiv-Erkenntnisse.

§ 5a. Anbringung neuer Thatsachen im Verlaufe des Prozesses:

A. Unzulässigkeit der Veränderung des Klagefundamentes.

1. Natur dieser Prozeßvorschrift. — Vergl. A. G. O. I. 5. § 23.; Verordnung vom 14. Dezember 1833 § 4. No. 2., § 5.; Deklaration vom 6. April 1839 Art. 3. No. 1.

Rechtsgr. 924. — II. Senat. 26. September 1850. (IX. 321.)

Die Bestimmung des § 5a. I. 10. der Allgemeinen Gerichts-Ordnung in Betreff der Unzulässigkeit der Veränderung des Klagefundaments im nämlichen Prozesse enthält keine wesentliche Prozeßvorschrift im Sinne des § 4. No. 2. und § 5. der Verordnung vom 14. Dezember 1833 und der Deklaration vom 6. April 1839.

2. Amtliche Berücksichtigung des Einwandes der Veränderung des Klagefundaments. — Vergl. A. G. O. I 5. § 23.; Deklaration vom 6. April 1839 Art. 3. No. 1.

Rechtsgr. 925. — III. Senat. 13. Dezember 1852. (X. 3.)

Der Rechtseinwand des veränderten Klage=Fundaments kann nicht von Amtswegen erhoben werden, wenn der Verklagte sich mit dieser Veränderung stillschweigend einverstanden erklärt hat.

B. Anbringung neuer Thatsachen im Verlaufe des Ehescheidungsprozesses. — Vergl A. L. R. II. 1. § 721.

Rechtsgr. 926. — I. Senat. 28. April 1852. (V. 210.)

Wenn in der Klage auf Ehescheidung ein bestimmter Scheidungsgrund, z. B. Ehebruch angegeben, und der Scheidungsprozeß hiernächst rechtshängig geworden ist, so kann im Laufe desselben der klagende Theil noch neue Thatsachen, insbesondere andere ehebrecherische Handlungen, behufs Führung des Beweises des aufgestellten Scheidungsgrundes vorbringen, insofern jene innerhalb des letzten Jahres vor Anstrengung der Klage zu seiner Kenntniß gelangt sind.

Siehe auch Rechtsgrundsätze 210. 456. 691. 917. 918. 955. (A. L. R. I. 9. § 551.; 16. § 383.; II. 2. § 652.; A. G. O. I. 5. §§ 21. 23.; 13. § 43.)

Anhang § 68. zu § 19. Insinuation von Vorladungen und Erkenntnissen an Schreibens und Lesens unerfahrene Personen. — Vergl. A. G. O. I. 7. § 40.; Verordnung vom 5. Mai 1838 § 3.

Rechtsgr. 927. — III. Senat. 10. Mai 1852. (V. 251.)

Die für Analphabeten vorgeschriebenen Förmlichkeiten des § 68. des Anhangs zur Allgem. Gerichts=Ordnung sind nur bei prozessualischen Verhandlungen mit denselben, nicht auch bei Insinuation von Verordnungen und Erkenntnissen zu beobachten.

Siehe auch Rechtsgrundsätze 83. 84. (A. L. R. I. 5. § 172.)

Anhang § 72. zu § 19. Begriff und Beweis der Schreibensunkunde. — Vergl. Verordnung vom 14. Dezember 1833 § 4.

Rechtsgr. 928. — I. Senat. 8. September 1852. (V. 382.)

Die Frage, ob eine Partei im Sinne des § 72. des

Anhanges zur Allgem. Gerichts-Ordnung blos ihren Namen schreiben könne, ist thatsächlicher Natur.

Siehe auch Rechtsgrundsätze 83. 84. (A. L. R. I. 5. § 172.)

§ **27a**. Siehe Rechtsgrundsatz 1379. (Verordnung vom 21. Juli 1849 § 47.)

§ **55**. Beweis der Geltung eines Provinzialgesetzes an einem bestimmten Orte des Inlandes. — Vergl. A. L. R. Publikations-Patent vom 5. Februar 1794 § 3.

Rechtsgr. **929**. — III. Senat. 22. Februar 1854. (XII. 162.)

Die Frage, ob an einem Orte des Inlandes nicht das Allgem. Landrecht, sondern ein Provinzialgesetz, z. B. das Landrecht von 1721, Geltung habe, ist keine rein rechtliche, und ist daher unter Umständen diese Geltung des Provinzialrechts von der betreffenden Partei nachzuweisen.

§ **82**. Siehe Rechtsgrundsatz 1379. (Verordnung vom 21. Juli 1849 § 47.)

§ **115**. Siehe Rechtsgrundsatz 63. (A. L. R. I. **5**. § 109.)

§ **126**. Siehe Rechtsgrundsätze 67. 303. 304. 338. (A. L. R. I. **5**. § 127.; **11**. § 732.; **12**. § 104.)

§ **128**. Siehe Rechtsgrundsatz 784. (A. L. R. I. **11**. § 485.)

§§ **134**. **135**. Rekognition und Diffession der Urkunden:

A. Rekognition der im Audienztermine vorgelegten Urkunden.

Rechtsgr. **930**. — IV. Senat. 13. Oktober 1853. (X. 216.)

Urkunden, die dem Bevollmächtigten einer Partei im Audienztermine vorgelegt werden, sind in contumaciam für rekogniszirt zu erachten, wenn derselbe sich über den Diffessionseid nicht sofort erklärt, sondern die Vorlegung an seinen Machtgeber selbst verlangt.

B. Verspätete Annahme des Diffessions-Eides.

Rechtsfr. **931**. — III. Senat. 27. Juni 1851. (II. 207.)

Wird durch die erst in der mündlichen Verhandlung zweiter Instanz erfolgte Annahme des in der Klageschrift verlangten Diffessions-Eides die Kontumazial-Folge abgewendet?

§ 138. Siehe Rechtsgrundsatz 87. (A. L. R. I. 5. § 185.)

§§ 158c. 159. Beweiskraft der Kirchen-Matrikeln.

Rechtsgr. 932. — I. Senat. 16. April 1852. (V. 175.)

Die durch Kirchenmatrikel gegen die darin als abgabepflichtig verzeichneten Eingepfarrten, welche bei Aufnahme der Matrikel nicht zugezogen sind, für die Pfarre begründete rechtliche Vermuthung verliert ihre Kraft, wenn nicht erwiesen werden kann, daß das Recht der Pfarre jemals ausgeübt worden ist.

§ 168. Siehe Rechtsgrundsatz 63. (A. L. R. I. 5. § 109.)

§§ 246. 256. Gegenstand eines deferirten Eides in Schwängerungs-Prozessen. — Vergl. A. L. R. II. 1. § 1102.

Rechtsgr. 933. — I. Senat. 26. September 1851. (III. 106.)

In Schwängerungs-Prozessen ist die Delation eines Eides darüber, daß der angebliche Schwängerer schon früher mit anderen Frauenspersonen unehelichen Beischlaf vollzogen habe, in dieser Art nicht zuläßig.

§§ 285. 298. Rechtliche Folge des motivirten Widerrufs eines deferirten und acceptirten Eides. — Vergl. A. G. O. I. 13. § 10. No. 8.

Rechtsgr. 934. — I. Senat. 5. Februar 1851. (I. 208.)

Ein deferirter und acceptirter Eid ist durch dessen unmotivirten und daher nach § 298. I. 10. der Allg. Gerichts-Ordnung nicht zu berücksichtigenden Widerruf von Seiten des Deferenten für von dem Delaten ausgeschworen nicht zu erachten.

§ 310. Eidesleistung:

A. Materielle Natur der Vorschrift des § 310.

Rechtsgr. 935. — I. Senat. 16. März 1853. (IX. 73.)

Die Vorschrift des § 310. I. 10. der Allgem. Gerichts-Ordnung, — nach welcher demjenigen, welcher eidlich erhärten soll, daß er ein gewisses Quantum zu fordern habe, freisteht, im Schwörungstermine selbst den Eid auf eine niedere Summe zu richten, — gilt als Rechtsgrundsatz.

B. Anwendung der Vorschrift des § 310. I. 10. der Allgem. Gerichts-Ordnung auf nothwendige Eide. — Vergl. A. L. R. Einl. § 91.; A. G. O. I. 22. § 45.

Rechtsgr. 936. — I. Senat. 16. März 1853. (IX. 73.)

Die Vorschrift des § 310. I. 10. der Allgem. Gerichts-Ordnung findet auch bei Ableistung nothwendiger Eide Anwendung.

§ 312. Eidliche Erhärtung der durch einen Geschäftsgehülfen bewirkten Zahlung der Darlehnsvaluta.

Rechtsgr. 937. — IV. Senat. 2. Dezember 1852. (VIII. 71.)

Der Gläubiger muß über die ihm bestrittene Valutazahlung des Darlehns auch dann de veritate schwören, wenn er dieselbe durch einen Geschäftsgehülfen hat leisten lassen.

§ 376. Siehe Rechtsgrundsatz 960. (A. G. O. I. 14. § 78.)

§ 377. Festsetzung der Wirkungen eines Eides:

A. Wirkungen des von einem der Streitgenossen geleisteten, von den übrigen aber verweigerten, allen Streitgenossen auferlegten nothwendigen Eides.

Rechtsgr. 938. — I. Senat. 16. März 1853. (IX. 76.)

Hat ein Streitgenosse den in einem Erkenntnisse mehreren Litiskonsorten aufgelegten, nothwendigen Eid geleistet, oder sich zu dessen Ableistung bereit erklärt, und ist über solchen Fall und seine Folgen in dem hypothetischen Erkenntnisse Nichts bestimmt, — so kann dasselbe noch nicht purifizirt, es muß vielmehr mit den Parteien über die Folgen der theilweisen Leistung und Nichtleistung des Eides weiter verhandelt und mit Vorbehalt der ordentlichen Rechtsmittel erkannt werden.

B. Abfassung der Purifikatoria.

Rechtsgr. 939. — IV. Senat. 7. Oktober 1852. (VI. 367.)

Die in erkannter Norm erfolgte Ableistung eines Eides verpflichtet den Richter, die Purifikations-Resolution ohne

Rücksicht auf dabei abgegebene Erklärungen lediglich nach Maaßgabe des Erkenntnisses abzufassen.

Siehe auch Rechtsgrundsatz 1222. (Verordnung vom 14. Dezember 1833 § 5. No. 4.)

§ 379. Wirkung des Erbietens zur Ableistung eines auferlegten nothwendigen Eides bei dem vor der Eidesableistung erfolgenden Tode der Partei. — Vergl. Deklaration vom 6. April 1839. Art. 3. No. 1.

Rechtsgr. 940. — IV. Senat. 16. Juni 1853. (X. 80.)

Wenn eine Partei einen ihr in dem hiernächst rechtskräftig gewordenen Erkenntnisse auferlegten nothwendigen Eid mit ruhigem Gewissen ableisten zu können erklärt hat und sodann vor der Eidesleistung verstirbt, so kann dieser Eid nicht ohne Weiteres für geschworen erachtet werden, vielmehr ist die Frage, ob derselbe für geschworen oder ob die Erben ihn zu leisten für verbunden zu erachten, zur Verhandlung zwischen den Parteien zu ziehen, und darüber eventuell anderweitig vorbehaltlich der Rechtsmittel zu erkennen. — Die mit Beseitigung dieser Frage erlassene Purifikation unterliegt der Vernichtung.

Titel 12. Von Beschluß der Sache und der Vorlegung der Akten.

§ 12. Siehe Rechtsgrundsätze 1366. 1370. (Verordnung vom 21. Juli 1846 §§ 17. 21.)

Titel 13. Von Abfassung und Publikation der Erkenntnisse.

§ 9. Siehe Rechtsgrundsätze 663. 664. (A. L. R. II. 2. § 2.)

§ 10. Beweis der Simulation eines von dem Schuldner mit einem Dritten geschlossenen Kaufvertrages — dem Käufer gegenüber.

Rechtsgr. 941. — IV. Senat. 7. November 1851. (V. 19.)

Zum Beweise der Simulation eines Vertrages ist nicht erforderlich, daß jede einzelne der dafür angeführten, mit einander im Zusammenhange stehenden Thatsachen für sich allein betrachtet mit hinreichender Zuverlässigkeit auf die Simulation schließen lasse; es genügt vielmehr, wenn sämmtliche Thatsachen in ihrer Verbindung mit einander für den Beweis der Simulation ein günstiges Resultat des künstlichen, durch erhebliche Gegengründe nicht geschwächten Beweises ergeben.

Siehe auch Rechtsgrundsätze 663. 664. (A. L. R. II. 2. § 2.)

§ 10. No. 1. Siehe Rechtsgrundsatz 982. (Strafgesetzbuch von 1851 § 6.)

§ 10. No. 3. Beweis der Verjährung durch Zeugen bei Litiskonsorten.

Rechtsgr. 942. — II. Senat. 1. Juli 1851. (III. 232.)

Es genügt zum Beweise der Verjährung, wenn Zeugen in Betreff aller, nicht aber in Betreff jedes einzelnen namentlich zu bezeichnenden Litiskonsorten ein gewisses Handeln bekunden.

§ 10. No. 8. Siehe Rechtsgrundsätze 663. 664. 934. (A. L. R. II. 2. § 2.; A. G. O. I. 10. § 285.)

§§ 24. ff. Erfüllungseid in Betreff des Beweises des Anerkenntnisses außerehelicher Vaterschaft. — Vergl. A. L. R. I. 4. § 94.

Rechtsgr. 943. — I. Senat. 14. Januar 1853. (VIII. 202.)

Der unvollständig geführte Beweis des Anerkenntnisses der außerhelichen Vaterschaft Seitens des natürlichen Vaters nach § 654. II. 2. des Allgem. Landrechts kann durch einen Eid ergänzt werden.

Siehe auch Rechtsgrundsätze 44. 660. (A. L. R. I. 4. § 55.; II. 1. § 1095.)

§ 27. Siehe Rechtsgrundsatz 437. (A. L. R. I. 16. § 178.)

§ 28. Vermuthung gegen Veränderungen:

A. Ueberhaupt.

Rechtsgr. 944. — II. Senat. 9. März 1852. (VI. 65.)

Veränderungen, für welche rechtliche Präsumtionen nicht vorhanden sind, werden nicht vermuthet.

B. Ausschließung der Rückanwendung dieser Rechtsregel.

Rechtsgr. 945. — II. Senat. 13. Juli 1852. (VII. 64.)

Die Rechtsregel, daß Veränderungen nicht vermuthet werden, ist nur auf die Veränderungen eines feststehenden

Zustandes in der Folgezeit, nicht aber als Rückschluß von der Gegenwart auf die Vergangenheit anwendbar.

Siehe auch Rechtsgrundsätze 413. 437. 894. 1004. 1005. (A. L. R. I. **15.** § 1.; **16.** § 178.; Strafgesetzbuch vom 14. April 1851 § 50.; A. G. O. I. **31.** § 1.)

§§ **36. 38.** Rechtskraft des Erkenntnisses:

A. Beschränkung der Rechtskraft des Erkenntnisses auf das darin gezogene Resultat im Ganzen.

Rechtsgr. **946.** — IV. Senat. 17. September 1850. (III. 13.)

Der Einwand der rechtskräftig entschiedenen Sache hängt nicht ab von den einzelnen im Erkenntnisse angenommenen Positionen, sondern wird durch das in demselben gezogene Resultat im Ganzen bestimmt.*

B. Bedeutung der Entscheidungsgründe rücksichtlich der Rechtskraft des Erkenntnisses.

1. Ueberhaupt. — Vergl. corp. jur. Frid. Buch **1.** Thl. **1.** Tit. **13.** § **11.**

Rechtsgr. **947.** — II. Senat. 14. Februar 1854. (XI. 362.)

Bloße Entscheidungsgründe erlangen niemals die Kraft eines Urtheils.

2. Behufs Erläuterung des Tenors überhaupt.

Rechtsgr. **948.** — II. Senat. 1. Dezember 1853. (XI. 85.)

Bloße Entscheidungsgründe erlangen niemals die Kraft eines Urtheils, sie dienen nur zur Bestimmung der wahren Bedeutung der getroffenen Entscheidung.

Daher kann die Rechtskraft des Urtheils nicht der aus den Entscheidungsgründen sich ergebenden rechtlichen Meinung des Spruchrichters hinsichtlich des zwischen den Parteien streitigen Rechtsverhältnisses, oder den von ihm in dieser Beziehung ausgesprochenen Rechtssätzen, sondern nur der im Tenor des Urtheils enthaltenen, nöthigenfalls aus den Gründen zu erläuternden Entscheidung, als dem letzten praktischen

* Vergl. dagegen die Note im Archiv für Rechtsfälle Bd. 3. S. 18.

Resultate des Urtheils und nicht über dessen Bereich hinaus, beigelegt werden.

3. Vorbehalt des Anspruchs auf einzelne Theile in den Entscheidungsgründen bei Abweisung mit dem Ganzen in dem Urtheils=Tenor. — Vergl. A. G. O. I. Einl. §§ 65. 66.

Rechtsgr. 949. — I. Senat. 17. Juni 1853. (IX. 271.)

Die rechtskräftig erfolgte Abweisung des Anspruchs auf das Ganze schließt die Abweisung des Anspruchs auf einzelne Theile desselben nicht in sich, wenn nach den Entscheidungsgründen ein Anspruch auf letztere vorbehalten ist.

4. Vorbehaltener Anspruch in den Entscheidungsgründen. — Vergl. A. G. O. I. Einl. §§ 65. 66.

Rechtsgr. 950. — IV. Senat. 16. September 1851. (III. 272.)

Die Wirkung der Rechtskraft des Erkenntnisses erstreckt sich zwar nicht auf den in den Entscheidungsgründen dem abgewiesenen Kläger gemachten Vorbehalt; jedoch kann der Kläger in der wegen des vorbehaltenen Anspruchs anzustellenden neuen Klage auf das für ungültig erklärte Klage=Fundament nicht zurückkommen.

5. Fernere Zuständigkeit der lediglich in den Entscheidungsgründen verworfenen Einreden bei der Appellation der Gegenpartei.

Rechtsgr. 951. — IV. Senat. 5. Juli 1851. (II. 232.)

Ist der Einwand einer Partei blos in den Entscheidungs=Gründen des gegen dieselbe rechtskräftig gewordenen Erkenntnisses erster Instanz verworfen, so kann dieselbe, wenn die andere Partei appellirt, von diesem Einwande in der Appellations=Instanz noch Gebrauch machen.

C. Wirkung der rechtskräftigen Entscheidung wegen einer streitig gewesenen geringeren auf das Klagerecht wegen einer höheren Quote derselben Forderung. — Vergl. A. L. R. I. 17. § 111.

Rechtsgr. 952. — I. Senat. 4. Februar 1852. (IV. 338.)

Wenn eine nach einer bestimmten Quote berechnete Summe als Abfindung vom elterlichen Vermögen eingeklagt, durch rechtskräftiges Urtheil jene Quote zuerkannt, die Abfindungs-Summe aber niedriger festgesetzt worden ist, so steht dem aus demselben Rechtsgrunde erhobenen Anspruche auf weitere Abfindung nach Maaßgabe der Differenz zwischen jener, der Berechnung irrthümlich zum Grunde gelegten niedrigeren, und der nach den Entscheidungsgründen des Judikats wirklich zuständig gewesenen höheren Quote die Einrede der rechtskräftigen Entscheidung entgegen.

D. Mangelnde ausdrückliche Entscheidung im Urtheils-Tenor. — Vergl. A. G. O. I. **16**. § 1.

Rechtsgr. **953**. — I. Senat. 19. Oktober 1853. (X. 235.)

Die Einrede der rechtskräftigen Entscheidung ist nicht begründet, wenn zwar der spätere Prozeß dieselbe Rechtsfrage betrifft, und an diesem Prozesse dieselben Parteien als Kläger und Beklagter Theil nehmen, jedoch im Tenor des Judikats des Vorprozesses die Rechtsfrage nicht ausdrücklich entschieden worden, oder in dem späteren Prozesse noch andere Streitgenossen hinzugetreten sind.

E. Wirkung eines Erkenntnisses auf Inkompetenz-Erklärung. — Vergl. A. G. O. I. Einl. §§ 3. ff. 65. 66.; **16**. § 1.

Rechtsgr. **954**. — I. Senat. 21. Dezember 1853. (XI. 168.)

Ein Erkenntniß, durch welches das Gericht sich inkompetent erklärt, hat nicht die Kraft eines Judikats im eigentlichen Sinne des Wortes.

Siehe auch Rechtsgrundsätze 900. 995. 1079. (A. G. O. I. Einl. § 65.; **27**. § 55.; Code Napoléon Art. 1350.)

§ **40**. Siehe Rechtsgrundsätze 922. 959. (A. G. O. I. **9**. § 16.; **14**. § 63.)

§ **43**. Abweisung angebrachtermaaßen. — Vergl. A. G. O. I. **5**. § 23.; **10**. § 5a.

Rechtsgr. **955**. — Plenum. 19. Mai 1851. (II. 302.)

Die Abweisung „angebrachtermaaßen" ist nur begründet,

wenn der Klageantrag auf einem unrichtigen Fundamente beruht.

Siehe auch Rechtsgrundsätze 900. 956. (A. G. O. I. Einl. § 65.; 14. § 2.)

§ 48. Siehe Rechtsgrundsatz 993. (A. G. O. I. 27. § 45.)

Titel 14. Von Appellationen, und wie mit der Instruktion derselben zu verfahren.

§ 2. Appellation wegen Verweisung eines Anspruchs ad separatum. — Vergl. A. G. O. I. Einl. §§ 65. ff.; 13. § 43.

Rechtsgr. 956. — IV. Senat. 27. April 1852. (VI. 128.)

Gegen die Verweisung eines Anspruches ad separatum ist die Appellation zulässig.

Siehe Rechtsgrundsatz 961. (A. G. O. I. 15. § 1.)

§ 3. Siehe Rechtsgrundsatz 962. (A. G. O. I. 15. § 2.)

Anhang § 108. zu § 3. Siehe Rechtsgrundsatz 1338. (Verordnung No. 2367. vom 21. Juli 1843 § 2.)

Anhang § 109. zu § 3. Siehe Rechtsgrundsatz 962. (A. G. O. I. 15. § 2.)

§ 11. Ausschließung der gemeinschaftlichen Rechtswohlthat bei der Appellation. — Vergl. A. G. O. I. 16. § 1.

Rechtsgr. 957. — IV. Senat. 14. Juni 1853. (IX. 351.)

Die Bestimmung des § 11. I. 14. der Allgem. Gerichts-Ordnung enthält einen Grundsatz des materiellen Rechts.

§§ 14a. 14b. Siehe Rechtsgrundsatz 348. (A. L. R. I. 12. § 298.)

§ 16. Wirkung der Zurücknahme eines angemeldeten Rechtsmittels. — Vergl. Verordnung vom 21. Juli 1846 § 16.

Rechtsgr. 958. — V. Senat. 14. Februar 1854. (XI. 369.)

Es ist unstatthaft, ein angemeldetes und zurückgenommenes Rechtsmittel innerhalb der Anmeldungsfrist wieder aufzunehmen.*

§ 30. Siehe Rechtsgrundsatz 1366. (Verordnung v. 21. Juli 1846 § 17.)

* Siehe dagegen das Präjudiz No. 1279. vom 6. März 1843, Präjudizien-Sammlung S. 241., welches lautet: Die ausdrückliche Erklärung einer Partei, sich bei einem ergangenen Erkenntnisse ganz oder theilweise beruhigen zu wollen, kann innerhalb des Laufes der gesetzlichen Frist wieder zurückgenommen, und das Rechtsmittel noch eingewendet werden.

§ 63. Befugniß des Appellationsrichters zur Entscheidung über den in erster Instanz nicht zur Beurtheilung gekommenen Betrag der Forderung. — Vergl. A. G. O. I. 13. § 40.

Rechtsgr. 959. — IV. Senat. 15. Dezember 1853. (XI. 124.)

Hat der Verklagte zwar den Grund des Anspruchs des Klägers, nicht aber eventuell den Betrag desselben bestritten, und hat der Richter erster Instanz demgemäß den Kläger unbedingt abgewiesen, ohne über die Höhe der Forderung eventuell zu erkennen, so ist der Richter zweiter Instanz, wenn er den Anspruch an und für sich für begründet hält, auch über den Betrag des Anspruchs zu entscheiden berechtigt.

Siehe auch Rechtsgrundsatz 271. (A. L. R. I. 11. § 384.)

§ 66. Siehe Rechtsgrundsatz 384. (A. L. R. I. 13. § 210.)

§§ 69. ff. Siehe Rechtsgrundsätze 399. 960. (A. L. R. I. 14. § 174.; § 78. dieses Titels.)

§ 78. Appellation gegen ein Kontumazial-Erkenntniß nach Gemeinem Deutschen und nach Preußischem Prozesse; beneficium novorum. — Vergl. A. G. O. I. 10. § 376.; 14. §§ 69. ff.; Cirkular-Verordnung vom 11. Januar 1805 Abschnitt 1.; Dig. 5. 1. Lex 73. § 3.; Cod. 7. 65. Lex 1.

Rechtsgr. 960. — I. Senat. 13. September 1850. (XII. 1.)

Nach dem Preußischen Prozesse ist — abweichend von dem Gemeinen Deutschen Prozesse — gegen ein Kontumazial-Erkenntniß bei einem an sich appellabelen Gegenstande die Appellation mit der Wirkung zulässig, daß hinsichtlich der, in Folge der Kontumaz gegen den Verklagten für zugestanden erachteten, in der Appellations-Instanz aber von demselben bestrittenen Thatsachen dem Kläger die Beweislast anheimfällt.

Titel 15. Von Revisionen, und wie dabei zu verfahren.

§ 1. Revision wegen mit einer Maaßgabe erfolgten Bestätigung des ersten Urtheils. — Vergl. A. G. O. I. 14. § 2.; Verordnung vom 14. Dezember 1833 § 2.; Verordnung No. 2370 vom 21. Juli 1843 §§ 2. 6.

Rechtsgr. 961. — I. Senat. 24. Mai 1852. (V. 265.)

Es sind Erkenntnisse verschiedenen Inhalts, wenn das erste Urtheil mit einer Maaßgabe bestätigt ist, nach welcher ein zwar in den Gründen, aber nicht in dem Tenor des ersten Erkenntnisses anerkanntes Recht einer Partei festgesetzt wird. — Auf den Werth dieses Rechts ist daher bei der Beurtheilung, ob eine revisible Summe vorhanden ist, Rücksicht zu nehmen.

§ 2. Revisible Summe bei dem Rücktritte eines Streitgenossen. — Vergl. A. G. O. I. 14. § 3. und Anhang § 109. zu § 3.; 15. Anhang § 130. zu § 2.

Rechtsgr. 962. — I. Senat. 17. Juni 1853. (IX. 271.)

Der Rücktritt eines Streitgenossen von der angemeldeten und der Streitsumme nach zulässigen Revision, ändert an deren Zulässigkeit Nichts, wenngleich hiernächst nur noch eine an und für sich nicht revisible Summe Gegenstand des Rechtstreits verbleibt.

Anhang § 130. zu § 2. Siehe Rechtsgrundsatz 962. (§ 2. dieses Titels.)

§ 11. No. 2. §§ 13. 14. Eideszuschiebung in der Revisions-Instanz.

Rechtsgr. 963. — III. Senat. 22. September 1851. (III. 277.)

Die Eideszuschiebung gehört nicht zu den nach den Bestimmungen der §§ 13. und 14. mit Bezug auf § 11. No. 2. I. 15. der Allg. Gerichts-Ordnung in der Revisions-Instanz noch zulässigen Beweismitteln.

§ 16. Anführung neuer Ehescheidungsgründe in zweiter Instanz.

Rechtsgr. 964. — I. Senat. 19. Dezember 1851. (IV. 207.)

Ganz neue, erst in zweiter Instanz aufgestellte Ehescheidungsgründe können nicht berücksichtigt werden.

§ 18. Einwand der Verjährung in der Revisions- und Nichtigkeits-Instanz. — Vergl. A. G. O. I. 9. § 11.:

A. In der Revisions-Instanz.

Rechtsgr. **965.** — II. Senat. 23. September 1851. (II. 361.)

Der erst in der Revisions-Instanz geltend gemachte Einwand der erlöschenden Verjährung ist verspätet.*

B. In der Nichtigkeits-Instanz.

Rechtsgr. **966.** — Plenum. 5. Juli 1852. (V. 358.)

Die erst in der Nichtigkeits-Instanz vorgebrachte Einrede der erlöschenden Verjährung ist verspätet.

Titel 16. Von den Wirkungen eines rechtskräftigen Urtheils. — (Von Nullitäts- und Restitutionsklagen.)

§ **1.** Tag des Eintritts der Rechtskraft eines Urtheils. — Vergl. A. L. R. II. **1.** §§ 769-771. 784.

Rechtsgr. **967.** — I. Senat. 19. März 1852. (V. 114.)

Die Rechtskraft eines Urtheils, gegen welches ein Rechtsmittel zwar zulässig war, aber nicht eingelegt worden ist, tritt mit dem Tage dessen Insinuation, nicht erst mit dem Ablauf der Frist zur Einlegung des Rechtsmittels ein.

Siehe auch Rechtsgrundsätze 255. 648. 896-904. 953. 954. 957. 1042. (A. L. R. I. **11.** § 303.; II. **1.** § 770.; A. G. O. I. Einl. §§ 64. 65. ff.; **13.** § 36.; **14.** § 11.; **50.** § 548.)

§ **7.** Siehe Rechtsgrundsatz 652. (A. L. R. II. **1.** § 942.)

§ **12.** No. **1.** § **13.** Restitution gegen ein rechtskräftiges Urtheil wegen Minderjährigkeit:

A. Fortdauernde Zulässigkeit dieser Restitution. — Vergl. Deklaration vom 6. April 1839 Art. 13.

Rechtsgr. **968.** — I. Senat. 16. Januar 1852. (VII. 206.)

Die Restitutionsklage der bevormundeten Minderjährigen nach § 13. I. 16. der Allgem. Gerichts-Ordnung ist durch den Art. 3. No. 2. und den Art. 13. der Deklaration vom 6. April 1839 nicht aufgehoben.

B. Berechnung der vierjährigen Restitutionsfrist bevormundeter Min-

* Vergl. hiergegen die Anmerkung im Archiv für Rechtsfälle Bd. 2. S. 365.

derjähriger gegen gerichtliche Verfügungen und Urtheile. — Vergl. § 19. dieses Titels.

Rechtsgr. 969. — I. Senat. 24. Januar 1852. (IV. 292.)

Die vierjährige Frist, binnen welcher ein bevormundeter Minderjähriger gegen gerichtliche Urtheile und Verfügungen Restitution nachsuchen kann, beginnt mit dem Tage des publizirten Urtheils oder der ergangenen Verfügung, wenngleich der Restitutionssucher zu dieser Zeit noch minderjährig ist.*

C. Unzulässigkeit der Restitution bevormundeter Minderjähriger gegen die versäumte Einführung und Rechtfertigung der Appellation. — Vergl. A. L. R. I. 8. § 174.; A. G. O. I. 16. §§ 14-16.; Verordnung vom 14. Dezember 1833 §§ 21. 22.; Deklaration vom 6. April 1839 Art. 13.; Verordnung vom 21. Juli 1846 § 17.

Rechtsgr. 970. — I. Senat. 21. Januar 1852. (VI. 7.)

Restitution wegen Minderjährigkeit findet gegen den Ablauf der zwölf- und resp. vierwöchentlichen Frist zur Anmeldung und Rechtfertigung der Appellation nicht statt.

D. Restitution unehelicher durch den mütterlichen Großvater vertretener Kinder. — Vergl. A. L. R. II. 2. §§ 614. 644. und Anhang § 95. zu § 614.

Rechtsgr. 971. — I. Senat. 16. Januar 1852. (VII. 206.)

Auch die durch den mütterlichen Großvater vertretenen unehelichen Kinder sind zur Restitutionsklage wegen Minderjährigkeit berechtigt.

E. Unzulässigkeit der Restitutionsklage minderjähriger Kinder unter väterlicher Gewalt.

Rechtsgr. 972. — I. Senat. 16. Januar 1852. (VII. 206.)

Den unter väterlicher Gewalt stehenden Kindern steht die Restitutionsklage wegen Minderjährigkeit nicht zu.

F. Begründung der Restitutionsklage wegen Minderjährigkeit hinsichtlich des entstandenen Nachtheils.

* Vergl. über den Unterschied zwischen Verjährungsfrist und Zeitfrist das Nachwort im Archiv für Rechtsfälle Bd. 4. S. 297. ff.

Rechtsgr. **973.** — I. Senat. 16. Januar 1852. (VII. 206.)

Zur Begründung der Restitutionsklage wegen Minderjährigkeit ist nicht erforderlich, daß der für den Restitutionskläger entstandene Nachtheil durch ein unrechtmäßiges Verfahren des Richters herbeigeführt sei.

G. Materiell rechtliche Natur der Vorschriften über die Beschaffenheit und die Art der Zufügung des die Restitutionsklage begründenden Nachtheils. — Vergl. Verordnung vom **14.** Dezember **1833** § **4.** No. **1.**

Rechtsgr. **974.** — I. Senat. 16. Januar 1852. (VII. 206.)

Die Vorschriften über die Beschaffenheit und die Art der Zufügung des die Restitutionsklage der Minderjährigen begründenden Nachtheils gehören dem materiellen Rechte an, und enthält daher die unrichtige Auslegung dieser Vorschriften die Verletzung eines Rechtsgrundsatzes.

§ **12.** No. **2.** § **17.** Restitution wegen neu aufgefundener Urkunden gegen Agnitions-Resolutionen.

Rechtsgr. **975.** — II. Senat. 18. Mai 1852. (VI. 152.)

Auch gegen Agnitions-Resolutionen findet die Restitution wegen neu aufgefundener Urkunden statt.

§ **13.** Siehe Rechtsgrundsätze **968. 1305.** (§ **12.** No. **1.** dieses Titels; Deklaration vom **6.** April **1839** Art. **3.** No. **2.**)

§§ **14. 15.** Siehe Rechtsgrundsatz **970.** (§ **12.** No. **1.** dieses Titels.)

§ **16.** Siehe Rechtsgrundsatz **399. 970.** (A. L. R. **I. 14.** § **174.**; § **12.** No. **1.** dieses Titels.)

§§ **17.** ff.; Begründung der Restitutionsklage wegen neu aufgefundener Urkunden:

A. Verfolgung desselben Anspruchs und desselben Klagefundaments.

Rechtsgr. **976.** — II. Senat. 14. Februar 1854. (XI. 362.)

Mit der Restitutionsklage wegen neu aufgefundener Urkunden kann weder ein neuer Anspruch verfolgt, noch auch ein neues Fundament für den früheren Anspruch geltend gemacht werden; die neu aufgefundenen Urkunden müssen vielmehr mit dem früheren Klagefundamente in Verbindung stehen oder doch auf den Anspruch aus jenem Fundamente Bezug haben und von diesem Standpunkte aus eine andere Entscheidung zu begründen vermögen.

B. Kumulation mit der Klage aus einem neuen Fundamente.

Rechtsgr. 977. — II. Senat. 14. Februar 1854. (XI. 362.)

Die Kumulation der Restitutionsklage wegen neu aufgefundener Urkunden mit der Klage aus einem neuen Fundamente ist unzulässig.

C. Veränderung der Lage der Hauptsache, obwohl unter Berücksichtigung des Inhalts der Akten des Vorprozesses.

Rechtsgr. 978. — IV. Senat. 15. März 1853. (IX. 60.)

Zur Begründung der Restitution wegen neu aufgefundener Urkunden ist nicht erforderlich, daß die neue Urkunde ausschließlich der anderweit zu fällenden Entscheidung zum Grunde gelegt werde, vielmehr ist auch auf den Inhalt der Akten des Vorprozesses zurückzugehen, und die Benutzung aller schon früher zur Sprache gebrachten und dem Imploranten günstigen Momente, soweit sie überhaupt zur Unterstützung der neuen Urkunde dienen können, gestattet.

D. Rechtliche Natur der Bestimmungen der §§ 17-22. dieses Titels. — Vergl. Verordnung vom 14. Dezember 1833 § 4. No. 1. u. No. 2.; Deklaration vom 6. April 1839 Art. 3. No. 4.

Rechtsgr. 979. — I. Senat. 15. April 1853. (IX. 113.)

Die Vorschriften der §§ 17–22. I. 16. der Allgem. Gerichts-Ordnung über die Begründung der Restitutionsklage enthalten keine Rechtsgrundsätze, sondern nur unwesentliche Prozeßvorschriften im Sinne der Verordnung vom 14. Dezember 1833 und der Deklaration vom 6. April 1839.

Siehe auch Rechtsgrundsatz 975. (§ 12. No. 2. dieses Titels.)

§ 19. Siehe Rechtsgrundsatz 969. (§ 12. No. 1. dieses Titels.)

§ 24. Beweis des Meineides im Civilprozesse.

Rechtsgr. 980. — IV. Senat. 17. Juli 1851. (II. 336.)

Wenn ein Angeschuldigter in der gegen ihn geführten

Kriminal-Untersuchung des Meineides nicht überführt ist, so ist es unstatthaft, aus den dort gegen ihn ermittelten Verdachtsgründen in einem Civilprozesse die Leistung eines Meineides zu folgern.

Titel 17. Von der Litisdenunziation, Adzitation und Nomination.

§ **2**. Siehe Rechtsgrundsatz **212**. (A. L. R. I. **9**. § 551.)
§ **3**. Wirkungen der Litisdenunziation.

Rechtsfr. **981**. — II. Senat. 29. April 1851. (III. 110.)

Kann der Litisdenunziat auf den Grund des rechtskräftigen Erkenntnisses in dem Prozesse wegen der Hauptsache hiernächst in dem Prozesse wegen des Regresses über die Festsetzung jenes rechtskräftigen Erkenntnisses hinaus verurtheilt werden?

§ **8**. Siehe Rechtsgrundsatz **212**. (A. L. R. I. **9**. § 551.)
§§ **19**. **22**. **31**. Unzulässigkeit eines Rechtsmittels bei Litisdenunziationen.

Rechtsgr. **982**. — I. Senat. 17. Dezember 1851. (III. 370.)

Die in den Tenor des Urtheils in dem Hauptprozesse aufgenommene Bestimmung über das Verhältniß des Litisdenunzianten zu dem Litisdenunziaten hat nicht die Kraft und Wirkung eines Urtheils, und ist daher ein Rechtsmittel dagegen auch dann nicht zuläßig, wenn der Litisdenunziat in dem zu seiner Erklärung über die Litisdenunziation angestandenen Termine sich nicht gemeldet hat.

§ **23**. Siehe Rechtsgrundsatz **212**. (A. L. R. I. **9**. § 551.)
§ **25**. Siehe Rechtsgrundsatz 984. (A. G. O. I. **18**. § 9.)
§ **31**. Siehe Rechtsgrundsatz 982. (§ **19**. dieses Titels.)

Titel 18. Von Interventionen.

§ **3**. Parteien im Interventionsprozesse. — Vergl. A. G. O **I**. **24**. § **76**.; Verordnung vom **14**. Dezember **1833** §. **4**. No. **1**.

Rechtsgr. **983**. — III. Senat. 6. Februar 1852. (VI. 27.)

a) Der Prinzipal-Intervenient hat seine Interventionsklage nur dann gegen beide Parteien des Hauptprozesses zu richten, wenn beide seine Ansprüche bestreiten. Hat daher bei Vollstreckung der Exekution der Schuldner die Eigenthums-Ansprüche des Intervenienten anerkannt, so ist die Interventionsklage lediglich gegen den Extrahenten der Exekution anzubringen.*

b) Die entgegengesetzte Ansicht verstößt gegen Rechtsgrundsätze.

§ 9. Unterlassene Zuziehung des accessorischen Intervenienten zu den ferneren Prozeßverhandlungen. — Vergl. A. G. O. I. 17. § 25.; Verordnung vom 14. Dezember 1833 § 5. No. 1.

Rechtsgr. 984. — I. Senat. 21. April 1852. (VI. 109.)

Die unterlassene Vorladung des dem Prozesse hinzugetretenen accessorischen Intervenienten zu den ferneren Verhandlungen begründet keine Nichtigkeit des Verfahrens, wenn nur der Kläger, von welchem jener seine Rechte herleitet, gehörig zugezogen ist.

Titel 19. Von der Rekonvention oder Widerklage.

§§ 1. 4. 9. ff. Siehe Rechtsgrundsatz 456. (A. L. R. I. 16. § 383.)

Titel 20. Von der Litisreassumtion und Renunziation.

§ 21. Siehe Rechtsgrundsatz 923. (A. G. O. I. 9. § 42.)

Titel 22. Von den in einem Prozesse vorkommenden nothwendigen Eiden.

§ 18. Begründung des Antrags auf Verstattung zum Schätzungseide.

Rechtsgr. 985. — I. Senat. 17. Januar 1851. (I. 195.)

Zur Begründung des Antrags auf Verstattung zum Schätzungseide ist die Angabe von Beweismitteln für die Richtigkeit der anzuzeigenden Thatsachen, durch welche der eidlich zu erhärtende Betrag als der Sache gemäß dargestellt werden soll, nicht erforderlich.

* Vergl. dagegen Gesetz vom 26. April 1835 § 1.

§ **29**. Siehe Rechtsgrundsatz **196**. (A. L. R. I. **9**. § 434.)
§ **45**. Siehe Rechtsgrundsatz 936. (A G. O. I. **10**. § 310.)

Titel 23. Von Kosten, Strafen, Schäden, Zinsen, Früchten und Abnutzungen.

§§ **58**. **63**. Verweisung des Zinsenpunktes ad separatum.

Rechtsgr. **986**. — I. Senat. 17. September 1851. (II. 350.)

Der erkennende Richter ist nicht befugt, den Zinsenpunkt ad separatum zu verweisen.

Titel 24. Von der Vollstreckung der rechtskräftigen Urtheile.

§ **1**. Siehe Rechtsgrundsatz **1232**. (Exekutions-Verordnung vom **4**. März 1834 § 22.)

§ **3**. Siehe Rechtsgrundsatz **1233**. (Exekutions-Verordnung vom 4. März **1834** § **22**.)

§ **5**. Exekution gegen den Schuldner auf Vermögensgegenstände im Besitze eines Dritten.

Rechtsgr. **987**. — IV. Senat. 7. November 1851. (V. 18.)

Der Gläubiger ist nicht berechtigt, wegen seiner rechtskräftig erstrittenen Forderung ohne Weiteres die Exekution auf Gegenstände auszubringen, welche zwar Eigenthum des Schuldners gewesen sind, jedoch in dem Besitze eines dritten Eigenthumsprätendenten sich befinden; vielmehr bleibt dem Gläubiger, welcher die Ungültigkeit des von seinem Schuldner mit dem Dritten abgeschlossenen Vertrages behauptet, nur überlassen, gegen den letzteren als Kläger aufzutreten und den Vertrag, als ihm gegenüber nicht zu Recht beständig, anzufechten.

§ **7**. Siehe Rechtsgrundsatz 87. (A. L. R. I. **5**. § 185.)

§ **22**. Rechtliche Natur der Bestimmungen dieses § 22. — Vergl. § **24**. dieses Titels; Verordnung vom **14**. Dezember 1833 § **4**. No. **1**. **2**. und § 5.; Deklaration vom **6**. April **1839** Art. 3. No. **1**.

Rechtsgr. **988**. — I. Senat. 6. Januar 1854. (XII. 53.)

Der § 22. I. 24. der Allgem. Gerichts-Ordnung enthält

keine Rechtsgrundsätze im Sinne des § 4. No. 1. der Verordnung vom 14. Dezember 1833, — sondern nur und zwar unwesentliche Prozeßvorschriften.

Siehe auch Rechtsgrundsatz 1232. (Exekutions-Verordnung vom 4. März 1834 § 22.)

§ **24**. Siehe Rechtsgrundsätze 988. 1232. (§ 22. dieses Titels; Exekutions-Verordnung vom 4. März 1834 § 22.)

§ **36**. Siehe Rechtsgrundsatz 901. (A. G. O. I. Einl. § 65.)

§ **49**. Siehe Rechtsgrundsatz 509. (A. L. R. I. **20**. § 112.)

§ **75**. Siehe Rechtsgrundsatz 412. (A. L. R. I. **14**. § 413.)

§ **76**. Siehe Rechtsgrundsatz 983. (A. G. O. I. **18**. § 3.)

§ **77**. Siehe Rechtsgrundsatz 412. (A. L. R. I. **14**. § 413.)

§§ **101**. **106**. ff. und Anhang § **160**. zu § **108**. Siehe Rechtsgrundsätze 1186. 1188. (Gesetz vom 4. Juli 1822 § 1.)

§§ **110**. ff. Siehe Rechtsgrundsatz 1232. (Exekutions-Verordnung vom 4. März 1834 § 22.)

§ **119**. Siehe Rechtsgrundsatz 1036. (A. G. O. I. **50**. § 447.)

§§ **124**. ff. Siehe Rechtsgrundsätze 728. 1011. (A. L. R. II. **8**. § 130.; A. G. O. I. **31**. § 1.)

Anhang § **173**. zu § **141**. Siehe Rechtsgrundsatz 989. (§ 142. dieses Titels.)

§ **142**. Exekution gegen die Person des mit einem Grundstücke angesessenen Schuldners. — Vergl. A. G. O. I. **24**. Anhang § 173. zu § 141.; **29**. § 10. No. 3.; **47**. §§ 16-19.

Rechtsgr. **989**. — IV. Senat. 22. Mai 1851. (II. 146.)

Die Exekution gegen die Person eines mit einem überschuldeten oder zur Befriedigung des Gläubigers völlig unzureichenden Grundstücke angesessenen Schuldners ist zulässig, jedoch ist zuvörderst nach § 10. No. 3. I. 29. der Allgem. Gerichts-Ordnung in einem besonderen prozessualischen, dem Verfahren in Arrestsachen ähnlichen Verfahren zu erörtern und durch Erkenntniß festzustellen, ob das Grundstück dem Gläubiger keine Hoffnung auf Befriedigung gewährt. Auf die übrigen zur Begründung eines Arrestgesuches in den §§ 31. 48. und 49. I. 29. der Allg. Gerichts-Ordnung vorgeschriebenen Erfordernisse ist keine Rücksicht zu nehmen.

Anhang § **174.** zu § **142.** Siehe Rechtsgrundsatz 299. (A. L. R. I. 11. § 704.)

Titel 25. Von dem Verfahren bei Untergerichten.

§ **65.** Wirksamkeit des Anerkenntnisses einer Verbindlichkeit.

Rechtsgr. **990.** — II. Senat. 9. September 1852. (VII. 76.)

Die Vorschrift des § 65. I. 25. der Allgem. Gerichts-Ordnung in Betreff der Nothwendigkeit der Belehrung der Parteien hinsichtlich der rechtlichen Folgen eines Anerkenntnisses oder einer Entsagung findet auf Handlungen der freiwilligen Gerichtsbarkeit keine Anwendung.

Titel 27. Vom Wechselprozesse.

§§ **1.** ff. **10. 52. 55.** Wechselregreß im ordentlichen Prozesse. — Vergl. A. L. R. II. **8.** §§ 818. 914. 974. 1062. 1078.

Rechtsgr. **991.** — IV. Senat. 11. März 1852. (V. 70.)

Der Inhaber eines zur Verfallzeit nicht bezahlten Wechsels kann seinen Wechselregreß gegen den Aussteller sowohl im ordentlichen, als im Wechselprozesse geltend machen.*

§§ **25.** ff. Siehe Rechtsgrundsatz 995. (§ 55. dieses Titels.)

§§ **26. 29. 52. 54.** Separat-Verfahren im gewöhnlichen Prozesse aus Wechselforderungen. — Vergl. Gesetz vom **15.** Februar 1850 § **7.**

Rechtsgr. **992.** — IV. Senat. 8. Juni 1852. (V. 304.)

Das bei Wechselprozessen nach den §§ 26. ff. I. 27. der Allgem. Gerichts-Ordnung zu veranlassende Separatverfahren im gewöhnlichen Prozesse ist nur für die Fälle zulässig, in welchen der gegen den Wechsel statthafte Einwand in den Formen des Wechsel-Prozesses nicht hat konstatirt werden können.

§ **29.** Siehe Rechtsgrundsätze 992. 995. (§§ 26. und 55. dieses Titels.)

§ **30.** Siehe Rechtsgrundsatz 993. (§ 45. dieses Titels.)

* Siehe dagegen die Anmerkung S. 70. Bd. 5. des Archivs für Rechtsfälle.

§ **45**. Vollstreckung der Wechsel-Exekution aus Erkenntnissen erster Instanz. — Vergl. A. G. O. **I. 13**. § 48.; **27**. § 30.; Verordnung vom 5. Mai 1838 § 3. litt. c.

Rechtsgr. **993**. — IV. Senat. 15. Dezember 1853. (XI. 122.)

Die Vollstreckung der Exekution aus einem Wechselerkenntnisse muß auf den Antrag des Klägers im Publikations-Termine auch dann erfolgen, wenn dem Verklagten die Ausfertigung des Urtheils noch nicht insinuirt worden ist.

§ **52**. Wirkung des den Kläger im Wechselprozesse abweisenden Judikats auf das Klagerecht im gewöhnlichen Prozesse. — Vergl. A. L. R. I. **11**. §§ 866. 867.; II. **8**. §§ 730a. 730b. 1191.

Rechtsgr. **994**. — IV. Senat. 21. April 1853. (IX. 123.)

Die Abweisung eines Gläubigers im Wechselprozeß hat den Verlust des Klagerechts aus derselben Urkunde im gewöhnlichen Prozesse nicht zur Folge. — Die Deutsche Wechselordnung hat hierin Nichts geändert.

Siehe auch Rechtsgrundsätze 991. 992. (§§ 1. und 26. dieses Titels.)

§ **54**. Siehe Rechtsgrundsätze 877. 992. (Allgem. Deutsche Wechsel-Ordnung Art. 81.; § 26. dieses Titels.)

§ **55**. Bedeutung der Entscheidungsgründe des Judikats im Wechselprozesse hinsichtlich der Entscheidung des Separatprozesses. — Vergl. A. L. R. I. **4**. §§ 65. ff.; **5**. § 231.; Allgem. Deutsche Wechsel-Ordnung Art. 82.; A. G. O. I. **13**. § 38.; **27**. §§ **25**. ff. 29.

Rechtsgr. **995**. — IV. Senat. 21. April 1853. (IX. 124.)

Die in den Entscheidungsgründen des Judikats im Wechselprozesse enthaltene strenge Auslegung des Wortsinnes des Wechsels ist für die Entscheidung in dem Separatprozesse nicht maaßgebend.

Siehe auch Rechtsgrundsatz 991. (§ 1. dieses Titels.)

Titel 29. Von Arresten, und wie dabei zu verfahren.

§ **1**. Siehe Rechtsgrundsatz 138. (A. L. R. I. **6**. § 137.)

§ **10**. No. 3. Siehe Rechtsgrundsatz 989. (A. G. O. I. **24**. § 142.)

§ **18**. Arrest auf Feuer-Versicherungsgelder der Privat-Assekuranz-Gesellschaften. — Vergl. A. G. O. I. **50**. § 336.

Rechtsgr. **996.** — IV. Senat. 30. März 1852. (VI. 94.)

Die Vorschrift des § 18. I. 29. der Allgem. Gerichts-Ordnung, — nach welcher ein Arrest auf die aus Feuer-Sozietäts-Kassen zu zahlenden Brandentschädigungsgelder nur zum Besten derjenigen, welche zum Wiederaufbau des abgebrannten Gebäudes Materialien geliefert oder Arbeiten, oder zum Bau wirklich verwendete Geldvorschüsse geleistet haben, zulässig ist, — findet auf die von Privat-Assekuranz-Gesellschaften, z. B. von der Gothaer Bank, zu zahlenden Feuer-Versicherungsgelder keine Anwendung.

Siehe auch Rechtsgrundsatz 1032. (A. G. O. I. **29**. § 18.)

§§ **25-27**. Siehe Rechtsgrundsatz 1188. (Gesetz vom **4**. Juli **1822** § **1**.)

§§ **30**. ff. Siehe Rechtsgrundsatz 1372. (Verordnung vom **21**. Juli 1846 § 27 b.)

§§ **31**. **37**. Siehe Rechtsgrundsatz 133. (A. L. R. I. **6**. § 36.)

§ **48**. Rechtliche Natur der Bestimmung wegen der Bescheinigung der Forderung bei Nachsuchung eines gewöhnlichen Arrestes. — Vergl. Deklaration vom 6. April 1839 Art. 3. No. **5**.; Instruktion vom 7. April 1839 No. **11**. **19**.

Rechtsgr. **997.** — III. Senat. 7. Dezember 1853. (XI. 100.)

Ob Eideszuschiebung für eine Bescheinigung im Sinne des § 48. I. 29. der Allgem. Gerichts-Ordnung zu erachten? ist keine Frage des materiellen Rechts.

§§ **63**. ff. Schleuniges Arrestverfahren wegen des streitigen Zurückbehaltungsrechtes des Pächters. — Vergl. A. L. R. I. **20**. §§ 562. ff.; A. G. O. I. **44**. § 55. und Anhang § **301**. zu § 55.

Rechtsgr. **998.** — III. Senat. 23. November 1853. (XI. 326.)

Der lediglich über die Statthaftigkeit oder Unstatthaftigkeit des Zurückbehaltungsrechts des Pächters sich verhaltende Rechtsstreit kann außer dem Falle des § 55. **I. 44**. der Allgemeinen Gerichts-Ordnung und des § 301. des Anhangs zu derselben nicht im Wege des schleunigen Arrestverfahrens instruirt und entschieden werden. Das schleunige Arrestverfahren ist daher unzulässig, wenn der Pächter erst nach erfolgter

Entsetzung aus dem Pachtbesitze wegen seiner Gegenforderungen die Sequestration verlangt.

Siehe auch Rechtsgrundsatz **1372**. (Verordnung vom **21**. Juli **1846** § **27** b.)

§ **80**. Siehe Rechtsgrundsätze **133**. **138**. (A. L. R. I. **6**. §§ **36**. **137**.)

§§ **81**. ff. **87**. Wirkung eines angelegten Arrestes:

A. Immission im Wege der Exekution. — Vergl. A. L. R. Einleitung § 101.; I. **15**. §§ **24-26**.; **20**. § 15.; A. G. O. I. **50**. §§ **447**. **448**.; **51**. § 51. und Anhang § 380. zu § 51.

— Aeltere Ansicht.

Rechtsgr. **999**. — IV. Senat. 11. Februar 1850. (VIII. 164.)

Die nach erfolgter Anlegung des Sicherheits-Arrestes für mehrere Gläubiger einem derselben im Wege der Exekution ertheilte Immission giebt demselben vor den übrigen Arrestanlegern ein Vorzugsrecht.

— Neuere Ansicht.

Rechtsgr. **1000**. — IV. Senat. 6. Januar 1853. (VIII. 157.)

Die nach erfolgter Anlegung des Sicherheits-Arrestes für mehrere Gläubiger einem derselben im Wege der Exekution ertheilte Immission giebt demselben vor den übrigen Arrestanlegern kein Vorzugsrecht.

B. Wirkung des Sicherheits-Arrestes bei späterer Vollstreckung der Exekution in dieselbe Sache für einen andern Gläubiger. — Vergl. A. L. R. Einl. § **101**.; I. **15**. §§ **24-26**.; **20**. § **15**.; A. G. O. I. **50**. §§ **447**. **448**.; **51**. § **51**. und Anhang § **380**. zu § **51**.

Rechtsgr. **1001**. — IV. Senat. 29. November 1853. (XI. 82.)

Durch die Vollstreckung der Exekution in das für einen anderen Gläubiger des Exequendus bereits mit Arrest belegte Mobiliar des letztern, und durch die in Folge dessen geschehene räumliche Entfernung dieses Mobiliars, wird weder die Wirkung des Arrestes aufgehoben, noch dem Extrahenten der Exekution ein Vorzugsrecht verschafft.

C. Wirksamkeit einer im Wege des Arrestes eingetragenen Protestation de non amplius intabulando und de non disponendo hinsichtlich später eingetragener Hypothekenrechte. — Vergl. Allgem. Hypotheken-Ordnung II. §§ 290. 299.

Rechtsgr. **1002**. — IV. Senat. 24. Juni 1852; 6. Januar 1853. (VII. 33.; VIII. 158.)

Eine im Wege des (nachher für justifizirt erklärten) Arrestes wegen einer persönlichen Anforderung eingetragene Protestation de non amplius intabulando und de non disponendo hat die Wirkung, daß ein erst später auf eben dies Grundstück eingetragener Hypothekengläubiger bei eintretender Unzulänglichkeit der zur Hypothek verschriebenen Sache von seinem Hypothekenrechte keinen Gebrauch machen kann.

Siehe auch Rechtsgrundsätze 525. 532. 1045. (A. L. R. I. 20. §§ 439. 443.; A. G. O. I. **51**. § 51.)

§ **83**. Siehe Rechtsgrundsatz 532. (A. L. R. I. **20**. § 443.)
§ **87**. Siehe Rechtsgrundsatz 999. (§ 81. dieses Titels.)

Titel 30. Vom Verfahren in Merkantil- oder Meß- und Handlungs-, desgleichen in Assekuranz-Sachen.

§§ **48**. **56**. und Anhang § **213**. zu § **56**. Unzulässigkeit der Revision in Assekuranz-Streitigkeiten.

Rechtsgr. **1003**. — IV. Senat. 27. November 1851. (III. 328.)

Die Revision ist nicht zulässig, wenn die nach dem Assekuranzvertrage dem Versicherten eventuell obliegende Verbindlichkeit zur Erstattung der ihm gewährten Entschädigungssumme Gegenstand des Prozesses ist.

§ **55**. Siehe Rechtsgrundsatz 915. (A. G. O. I. **2**. § 175.)
§ **56**. und Anhang § **213**. zu § **56**. Siehe Rechtsgrundsatz 1003. (§ 48. dieses Titels.)

Titel 31. Von dem Verfahren in possessorio summariissimo.

§§ **1-3**. Begründung der Besitzstörungsklage:
A. Jüngster ruhiger Besitz des Gestörten:
— Berufung auf die gesetzliche Vermuthung für die Freiheit des Eigenthums und die Fortdauer des einmal erlangten Besitzes.

— Vergl. A. L. R. I. 7. §§ **154**. **181**.; **8**. § **9**.; A. G. O. I. **13**. § 28.; **31**. § 12.

Rechtsgr. **1004**. — III. Senat. 26. Oktober 1853. (X. 257.)

Der zur Begründung der Besitzstörungsklage erforderliche Nachweis des jüngsten ruhigen Besitzes wird durch die Berufung des klagenden Eigenthümers auf die gesetzliche Vermuthung für die Freiheit des Eigenthums und auf die Vermuthung für die Fortdauer des einmal erlangten Besitzes nicht erbracht, derselbe muß vielmehr die jüngste ruhige Ausübung seines Rechts darthun.

Rechtsgr. **1005**. — III. Senat. 26. Oktober 1853. (X. 259.)

Die Vermuthung für die Fortdauer des Besitzes ist im Possessorienstreit eine thatsächliche, welche der freien Würdigung des Richters unterliegt, und bildet deren Nichtbeachtung daher keinen rechtsgrundsätzlichen Verstoß.

— Wirkung fortgesetzter Ausübung des beanspruchten Rechts nach stattgehabter Pfändung des Störers. — Vergl. A. L. R. I. **7**. § **154**.; **9**. § **612**.

Rechtsgr. **1006**. — III. Senat. 9. Februar 1852. (VI. 30.)

Der zur Begründung der Besitzstörungsklage erforderliche ruhige ausschließliche Besitz des Klägers ist nicht vorhanden, wenn der Verklagte der stattgehabten Pfändung ungeachtet die Ausübung des beanspruchten Rechts fortgesetzt hat.

— Störung des Besitzes eines ausschließlichen Rechtes. — Vergl. A. L. R. I. **7**. §§ 81. 87.

Rechtsgr. **1007**. — III. Senat. 24. März 1851. (II. 48.)

Zur Begründung der Klage wegen Störung im Besitze des ausschließlichen Rechts, Eisenerz zu graben, ist der Nachweis des erworbenen Besitzes eines Untersagungsrechts nicht erforderlich.

B. Besitzstörende Handlung:

— Eigenmächtige Anmaßung des Besitzes. — Vergl. A. L. R. I. **7**. §§ **146**. **150**.

Rechtsgr. 1008. — III. Senat. 30. Mai 1853. (IX. 217.)

Die Possessorienklage wird nicht blos durch gewaltthätige, heimliche oder listige Störung, sondern durch jede eigenmächtige Anmaßung und Störung des Besitzes, in welcher Form sie auch ausgeübt werden mag, begründet.

— Form der Störung. — Vergl. A. L. R. I. 7. § 150.

Rechtsgr. 1009. — III. Senat. 31. März 1851. (I. 346.)

Zur Begründung der Besitzstörungsklage genügt die mit Beweismitteln unterstützte Bezeichnung der gegen den unstreitigen Besitz des Klägers gerichteten und ohne dessen Erlaubniß freiwillig vorgenommenen störenden Handlung, ohne daß es auf die Form der Störung weiter ankommt.

C. Absicht des Störenden auf Besitzergreifung:
— Ueberhaupt. — Vergl. A. L. R. I. 7. §§ 150. 151.

Rechtsgr. 1010. — III. Senat. 10. September 1852. (VI. 294.)

Die Besitzstörungsklage ist unzulässig, wenn bei der störenden Behandlung der Sache nicht die Absicht des Handelnden vorwaltete, den Besitz der Sache oder den Besitz eines sich auf dieselbe beziehenden Rechts zu ergreifen.

— Besitzstörung durch den Sequester. — Vergl. A. G. O. I. Einl. § 1.; 24. §§ 124. 125.

Rechtsgr. 1011. — III. Senat. 8. Dezember 1852. (VIII. 83.)

Die Besitzstörungsklage ist dadurch, daß der Beklagte als Sequester gehandelt hat, nicht ausgeschlossen.

D. Besitzstörungsklage zwischen dem Nutzungsberechtigten und dem Eigenthümer:
— des Nießbrauchers gegen den Eigenthümer. — Vergl. A. L. R. I. 7. §§ 150. 151.; 21. § 22.

Rechtsgr. 1012. — III. Senat. 26. September 1853. (XII. 21.)

Ein Streit über die Grenzen der Befugnisse, welche einerseits dem Eigenthümer eines Grundstücks, andererseits dem Hütungs- oder Nutzungsberechtigten zustehen, kann nicht im

Possessorien-, sondern nur im Petitorien-Prozesse geschlichtet werden.

Dieser Grundsatz findet jedoch bei Handlungen des Eigenthümers, welche in den Besitz des Nutzungs-Berechtigten eingreifen, keine Anwendung.

— des Verpächters gegen den Pächter. — Vergl. A. L. R. I. 7. §§ 146. ff.; 17. §§ 6. 125.; 21. §§ 418. ff.

Rechtsgr. 1013. — III. Senat. 3. Februar 1854. (XII. 95.)

Die Seitens des Pächters geschehene Untersagung und Verhinderung der von dem Verpächter behufs Wiederherstellung eines abgebrannten Gebäudes beabsichtigten Betretung des verpachteten Grundstücks enthält eine Besitzstörung.

Siehe auch Rechtsgrundsätze 154. 470. 550. (A. L. R. I. 7. § 81.; 17. § 4.; 21. § 233.)

§ 12. Siehe Rechtsgrundsatz 1004. (§ 1. dieses Titels.)

§ 14. Erörterung des Rechts zum Besitze:

— Mit Rücksicht auf die Einrede des fehlerhaften Besitzes. — Vergl. A. L. R. I. 7. §§ 146. 150.

Rechtsgr. 1014. — III. Senat. 11. Februar 1853. (IX. 3.)

Im Possessorien-Prozeß ist auch das Recht zum Besitze zur Erörterung zu ziehen, insofern die Einrede des fehlerhaften Besitzes ohne diese Erörterung nicht beurtheilt werden kann.

— Mit Rücksicht auf Entziehung des Besitzes auf unredliche oder sonst fehlerhafte Art. — Vergl. A. L. R. I. 7. §§ 19. 96-98. 122. 146.

Rechtsgr. 1015. — III. Senat. 2. Dezember 1853. (XI. 89.)

Im Possessorien-Prozeß findet nur demjenigen gegenüber, welchem der Besitz auf unredliche oder sonst fehlerhafte Art entzogen worden, die bloße Thatsache des neuesten Besitzes keinen Schutz.*

* Die Art der Erwerbung des Besitzes, nicht der Entziehung desselben, dürfte von Einfluß sein. Vergl. die Anmerkung S. 89. Bd. 11. des Archivs für Rechtsfälle.

— Störende Handlung als Ausfluß eines Rechtes. — Vergl. A. L. R. I. 7. § 150.

Rechtsgr. 1016. — III. Senat. 21. Dezember 1853. (XI. 176.)

Im Possessorien-Prozesse ist auch dann das Recht zum Besitze zur Erörterung zu ziehen, wenn die als störend bezeichnete Handlung als Ausfluß eines Rechts sich darstellt.

Siehe auch Rechtsgrundsatz 154. (A. L. R. I. 7. § 81.)

§ 16. Siehe Rechtsgrundsätze 154. 550. (A. L. R. I. 7. § 81.; 21. § 233.)
§ 18. Siehe Rechtsgrundsatz 550. (A. L. R. I. 21. § 233.)

Titel 32. Von Diffamations- und Provokations-Prozessen.

§ 1. No. 2. Siehe Rechtsgrundsatz 406. (A. L. R. I. 14. § 316.)
§ 2. Diffamations-Klage des Eventual- gegen den Prinzipal-Verpflichteten.

Rechtsgr. 1017. — I. Senat. 25. April 1851. (II. 107.)

Wenn der Prinzipal-Verpflichtete seine Verbindlichkeit bestreitet und derselben auch in künftigen Fällen nicht genügen zu wollen erklärt; so ist der Eventual-Verpflichtete berechtigt, im Wege des Diffamations-Prozesses die Feststellung jener Verpflichtung des ersteren für die Zukunft zu verlangen.

Siehe auch Rechtsgrundsatz 923. (A. G. O. I. 9. § 42.)

§ 3. Begründung der Diffamations-Klage:

A. Legitimation eines einzelnen Korreal-Verpflichteten zur Anstellung der Diffamations-Klage gegen den Diffamanten. — Vergl. A. L. R. I. 5. §§ 437. 438.

Rechtsgr. 1018. — IV. Senat. 5. Oktober 1852. (VI. 363.)

Jeder Einzelne der angeblich Korrealverpflichteten ist für sich allein zur Anstellung der Diffamationsklage gegen den Diffamanten berechtigt.

B. Wirkung der Erklärung des Diffamanten, den gerühmten Anspruch nur im Wege der Einrede oder der Ausübung des Retentionsrechtes geltend machen zu wollen. — Vergl. §§ 14. 18. ff. dieses Titels.

Rechtsgr. 1019. — IV. Senat. 5. Oktober 1852. (VI. 363.)

Die der Diffamation beigefügte Erklärung, den gerühmten Anspruch nur als Einrede, oder durch Ausübung des Retentionsrechtes geltend machen zu wollen, befreit nicht von der Pflicht zur Anstellung der provozirten Klage.

§§ **14. 18.** Siehe Rechtsgrundsatz 1019. (§ 3. dieses Titels.)

§§ **19.** ff. Siehe Rechtsgrundsätze 923. 1019. (A. G. O. I. **9.** § 42.; **32.** § 3.)

§ **34.** Siehe Rechtsgrundsatz 406. (A. L. R. I. 14. § 316.)

Titel 35. Von fiskalischen Prozessen und Untersuchungen.

§ **12.** Vertretung des Postfiskus in Prozessen. — Vergl. Verordnung vom 19. September 1849.

Rechtsgr. 1020. — I. Senat. 5. März 1851. (I. 289.)

Der Postfiskus wird in Prozessen durch das betreffende Postamt, nicht durch das General-Postamt vertreten. Klagen gegen den Postfiskus sind deshalb bei demjenigen Kreisgericht anzubringen, in dessen Sprengel das den Postfiskus vertretende Postamt liegt.

Titel 42. Von Grenz- und Bausachen.

§§ **1.** ff. Siehe Rechtsgrundsatz 488. (A. L. R. I. **17.** § 372.)

Titel 44. Vom Verfahren in Pacht- und Miethssachen.

§ **55.** und Anhang § **301.** zu § **55.** Siehe Rechtsgrundsatz 998. (A. G. O. I. **29.** § 63.)

Titel 45. Von Rechnungssachen.

§ **5.** Siehe Rechtsgrundsatz 392. (A. L. R. I. **14.** § 135.)

Titel 46. Von Erbsonderungen und Auseinandersetzungen.

§§ **3.** ff. Kompetenz wegen des Streites über Legats-Antheile. — Vergl.

A. G. O. I. 2. Anhang § 34. zu § 114.; Verordnung vom 7. Juli 1819.

Rechtsgr. 1021. — I. Senat. 7. März 1851. (I. 299.)

Das Nachlaßgericht ist kompetent zur Entscheidung des Streites mehrerer Legatarien über ihre Antheile am Legat.

Siehe auch Rechtsgrundsatz 475. (A. L. R. I. 17. § 111.)

§ 7. Siehe Rechtsgrundsätze 196. 384. 480. (A. L. R. I. 9. § 434.; 13. § 210.; 17. § 151.)

§§ 9. ff. Erbtheilungs-Verfahren:

A. Kompetenz des Nachlaß-Richters zur Erörterung streitiger Forderungen an die Nachlaßmasse. — Vergl. Verordnung vom 2. Januar 1849 § 20.

Rechtsgr. 1022. — I. Senat. 3. Juni 1853. (X. 66.)

Der Nachlaßrichter ist kompetent, die im Erbregulirungs-Verfahren von den einzelnen Miterben an die Nachlaßmasse erhobenen Forderungen, ohne daß es dazu einer besondern Klage bedarf, so weit zu erörtern und ins Licht zu stellen, daß der Prozeßrichter die Sitzung zur mündlichen Verhandlung ansetzen kann. — Die Verordnung vom 2. Januar 1849 hat hierin Nichts geändert.

B. Wirkung der Vereinbarung der Erben auf vorläufige Aussetzung des Erbregulirungs-Verfahrens. — Vergl. A. L. R. I. 16. § 381.

Rechtsgr. 1023. — I. Senat. 3. Juni 1853. (X. 67.)

Die Vereinbarung der Erben auf vorläufige Aussetzung des Erbregulirungs-Verfahrens ist kein Hinderniß, die Streitpunkte von Amtswegen zum Austrag zu bringen.

§§ 13. ff. Siehe Rechtsgrundsatz 1139. (Westpreußische Regierungs-Instruktion vom 21. September 1773 § 13.)

Titel 47. Vom Verfahren in Moratoriensachen.

§§ 16-19. Siehe Rechtsgrundsatz 989. (A. G. O. I. 24. § 142.)

Titel 48. Vom Verfahren bei der cessio bonorum.

§ 37. Siehe Rechtsgrundsatz 52. (A. L. R. I. 4. § 163.)

Titel 50. Von Konkursen, und wie dabei zu verfahren.

§§ **4. 11.** ff. Antrag auf Konkurs-Eröffnung bei nicht sofort klarem Zahlungsunvermögen.

Rechtsgr. **1024.** — IV. Senat. 27. März 1851. (I. 337.)

Der Antrag auf Konkurs-Eröffnung kann von einem einzelnen Gläubiger nicht blos in dem Falle, wenn das Unvermögen klar und notorisch ist, mithin die sofortige Eröffnung des Konkurses erfolgen muß, sondern auch in dem Falle gestellt werden, wenn die Frage: ob das Vermögen zur Befriedigung der Gläubiger unzureichend sei, — vor der Konkurs-Eröffnung noch einer näheren Erörterung bedarf.

§§ **34. 35.** Bestellung einer Hypothek an Nachlaß-Grundstücken Seitens des Erben des Gemeinschuldners, während schwebenden Konkurses. — Vergl. A. L. R. I. **20.** § 16.

Rechtsgr. **1025.** — IV. Senat. 21. Juni 1853. (IX. 302.)

Der Erbe kann Nachlaßgrundstücke während des über den Nachlaß eröffneten Konkurses nicht mit sofort eintretender rechtlicher Wirkung verpfänden; nach erfolgter Aufhebung des Konkurses gelangen jedoch diese Verpfändungen rücksichtlich der zur Befriedigung der Konkurs-Gläubiger nicht verwendeten Grundstücke zur rechtlichen Wirksamkeit.

§§ **40.** ff. Gerichtliche Ueberweisung einer Forderung des Gemeinschuldners in Kraft einer Anweisung vor der Konkurs-Eröffnung. — Vergl. Exekutions-Verordnung vom 4. März 1834 § 15.

Rechtsgr. **1026.** — IV. Senat. 23. September 1851. (IV. 25.)

Die vor der Konkurs-Eröffnung über das Vermögen des Schuldners im Wege der Exekution in Kraft einer Anweisung geschehene Ueberweisung einer zur Zeit der Konkurs-Eröffnung noch nicht eingezogenen Forderung desselben wird durch die Konkurs-Eröffnung nicht ungültig.

Siehe auch Rechtsgrundsätze 451. 1097. (A. L. R. I. **16.** § 283.; Dig. **42.** 8. Lex 6.)

§ **44**. Siehe Rechtsgrundsatz 1267. (Gesetz vom 26. April 1835 § 1.)

Anhang § **321**. zu § **46**. Anfechtung einer gegen den Gemeinschuldner vor dem eröffneten Konkurse rechtskräftig ergangenen Agnitions-Resolution, wegen stattgehabter Kollusion.

Rechtsgr. **1027**. — IV. Senat 12. April 1853. (IX. 99.)

Die Vorschrift des § 321. des Anhangs zur Allgemeinen Gerichtsordnung, — wegen des Rechts der Konkursgläubiger oder des Kontradiktors zur Anfechtung rechtskräftiger, vor Einleitung des Konkurses zwischen einem Gläubiger und dem Gemeinschuldner ergangener Erkenntnisse im Falle stattgehabter Kollusionen, — findet auch auf Agnitionsresolutionen Anwendung, und kann dies Recht auch im Wege des Einwandes geltend gemacht werden.

§ **47**. Siehe Rechtsgrundsatz 1097. (Dig. **42**. 8. Lex 6.)

§§ **55**. **56**. Anfechtung eines vor eröffnetem Konkurse von dem Gemeinschuldner geschlossenen Veräußerungsvertrages. — Vergl. A. L. R. I. **11**. § 402.

Rechtsgr. **1028**. — IV. Senat. 11. Dezember 1851. (VI. 1.)

Sind vor ausgebrochenem Konkurse Sachen von dem Gemeinschuldner an Jemand veräußert, und von diesem weiter veräußert worden, so findet die auf die behauptete Kenntniß von der Insolvenz sich gründende Rückforderungsklage gegen den dritten Erwerber der Sachen nicht mehr statt, sobald gegen den ersten Erwerber die Klage auf Ungültigkeits-Erklärung des Geschäfts verworfen worden ist.

Siehe auch Rechtsgrundsatz 1271. (Gesetz vom 26. April 1835 § 2.)

§ **63**. Klage des Konkurs-Kurators gegen die Kuratoren einer insolventen kaufmännischen Handlung wegen Begünstigung eines einzelnen Gläubigers. — Vergl. Statut für die Kaufmannschaft in Stettin vom 15. November 1821 §§ 78. 79.

Rechtsgr. **1029**. — IV. Senat. 20. Oktober 1853. (X. 245.)

Der Konkurskurator ist nicht befugt, das nach der Insolvenz-Erklärung und vor der Konkurs-Eröffnung von den nach Maaßgabe des Statuts für die Kaufmannschaft in

Stettin vom 15. November 1821 bestellten Kuratoren der Handlung einem Gläubiger zum Nachtheile anderer Gläubiger der Masse Gezahlte zur Konkursmasse zurückzufordern oder die Kuratoren dieserhalb in Anspruch zu nehmen.

§ **150**. Siehe Rechtsgrundsatz 40. (A. L. R. I. **2**. § 137.)

§ **154**. Siehe Rechtsgrundsatz 1048. (A. G. O. I. **51**. § 74.)

§§ **171**. ff. Siehe Rechtsgrundsatz 1309. (Deklaration vom 6. April 1839 Art. 13.)

§ **179**. Siehe Rechtsgrundsatz 348. (A. L. R. I. **12**. § 298.)

§ **288**. Siehe Rechtsgrundsatz 1049. (A. G. O. I. **51**. § 85.)

§§ **305-309** b. Vindikation der auf Kredit verkauften, in den letzten drei Tagen vor der Konkurs-Eröffnung abgelieferten Waaren:

A. Erforderniß des Eigenthums Seitens des Vindikanten.

Rechtsgr. **1030**. — IV. Senat. 21. Dezember 1852. (VIII. 138.)

Das Vorzugsrecht der Vindikanten im Konkurse nach den §§ 305–309 b. I. 50. der Allgem. Gerichtsordnung ist nicht von der Beschaffenheit des Rechtsgeschäfts, insbesondere nicht davon abhängig, daß ein Kauf- oder Lieferungsgeschäft vorliegt, vielmehr ist der Umstand entscheidend, ob der Absender der kreditirten Waaren Eigenthümer derselben zur Zeit deren Uebertragung an den Gemeinschuldner war, beziehungsweise noch Eigenthümer derselben ist.

B. Vindikationsrecht des Einkaufs-Kommissionärs des Gemeinschuldners. — Vergl. A. L. R. I. **7**. § 58.; **9**. § 3.; **10**. § 10.; **11**. §§ 12. 27.; **13**. §§ 62. 63. 154. 156.

Rechtsgr. **1031**. — IV. Senat. 21. Dezember 1852. (VIII. 139.)

Auch dem Bevollmächtigten des Gemeinschuldners, welcher die kommittirten Waaren im eigenen Namen gekauft und dem Gemeinschuldner auf Kredit verabfolgt hat, steht das Vindikations-Recht im Konkurse nach den §§ 305–309 b. I. 50. der Allgem. Gerichtsordnung zu.

§ **336**. Vindikation der in der Konkursmasse vorräthigen Feuerentschädigungsgelder. — Vergl. A. G. O. I. **29**. § 18.

Rechtsgr. **1032**. — IV. Senat. 30. März 1852. (VI. 94.)

Die Vorschrift des § 336. I. 50. der Allgem. Gerichts-ordnung, nach welcher die noch vorhandenen Feuer-Entschädigungsgelder zur Konkursmasse nicht gezogen werden können, — ist auf die Feuer-Entschädigungsgelder der Privat-Assekuranz-Gesellschaften nicht zu beziehen.

Siehe auch Rechtsgrundsatz 996. (A. G. O. I. **29**. § 18.)

§§ **357**. **393**. Klassifikation rückständiger Kommunal-Abgaben und Wegebesserungsgelder im Konkurse. — Vergl. A. G. O. I. **51**. § **11**.

Rechtsgr. **1033**. — II. Senat. 17. Juli 1851. (III. 240.)

Zweijährige Rückstände an Kommunal-Abgaben und Beiträgen zur Instandsetzung der Straßen und Wege haben das Vorzugsrecht der zweiten Klasse.

Siehe auch Rechtsgrundsatz 40. (A. L. R. I. **2**. § 137.)

§ **358**. Siehe Rechtsgrundsatz 289. (A. L. R. I. **11**. § 602.)

§§ **377**. ff. Siehe Rechtsgrundsatz 1066. (Jus culmense ex ult. rev. Buch **4**. Tit. 4. Kap. **4**.)

§ **382** a. Siehe Rechtsgrundsatz 566. (A. L. R. I. **21**. § 395.)

§ **382** b. Siehe Rechtsgrundsatz 547. (A. L. R. I. **21**. § 214.)

§ **393**. Siehe Rechtsgrundsatz 1033. (§ 357. dieses Titels.)

§ **405**. Vorzugsrecht der vierten Klasse im Konkurse für milde Stiftungen.

Rechtsgr. **1034**. — IV. Senat. 7. September 1852. (VI. 288.)

Stiftungen, welche die wissenschaftliche, technische, oder gewerbliche Ausbildung des Menschen bezwecken und unterstützen, haben im Konkurse auf das den milden Stiftungen beigelegte Vorrecht der vierten Klasse Anspruch.

§ **406**. Siehe Rechtsgrundsatz 613. (A. L. R. II. **1**. § 241.)

§§ **417**. **418**. Vorzugsrecht der Pekulien-Forderungen der Kinder des Gemeinschuldners im Konkurse. — Vergl. A. L. R. I. **12**. § 208.; II. **2**. § 177.

Rechtsgr. **1035**. — IV. Senat. **14**. Dezember 1852. (VIII. 115.)

Das Vorzugsrecht der vierten Klasse wegen der Pekulien der Kinder des Gemeinschuldners findet auch hinsichtlich der Forderungen der ersteren aus einem dem letzteren, in dem großmütterlichen Testamente auferlegten Legate statt.

§ **430.** Siehe Rechtsgrundsatz 289. (A. L. R. I. **11.** § 602.)

§ **431.** Siehe Rechtsgrundsatz 547. (A. L. R. I. **21.** § 214.)

§§ **447-449.** Wirkung des Subhastations-Antrags und des Eintragungs-Vermerkes auf das Vorzugsrecht der betreffenden Forderungen. Vergl. A. G. O. I. **24.** § 119.; Exekutionsverordnung vom 4. März 1834 §§ 15. ff. 25.; Subhastations-Verordnung vom 4. März 1834 § 3.

Rechtsgr. **1036.** — IV. Senat. 5. Januar 1854. (XI. 201.)

Der bloße Antrag auf Subhastation und die Eintragung des Subhastations-Vermerkes gewähren bei nicht erfolgender Einleitung der Sequestration nicht das Vorrecht eines immittirten Gläubigers.

Siehe auch Rechtsgrundsätze 999-1001. (A. G. O. I. **29.** § 81.)

§ **456.** Vorzugsrecht der sechsten Klasse im Konkurse für den Machtgeber des Gemeinschuldners wegen unterlassener Verwendung angewiesener Gelder. — Vergl. A. L. R. I. **13.** §§ 83. 84.

Rechtsgr. **1037.** — IV. Senat. 29. Juni 1852. (V. 347.)

Der Machtgeber hat im Konkurse über das Vermögen des Bevollmächtigten das Vorzugsrecht der sechsten Klasse, wenn letzterer die ihm aufgetragenen Zahlungen nicht geleistet, obgleich er von dem Machtgeber durch Anweisung die nöthigen Geldmittel erhalten hat.

§ **458.** Vorzugsrecht der rückständigen Kaufgelder eines nicht zur Masse gehörigen Grundstücks.

Rechtsgr. **1038.** — IV. Senat. 5. Januar 1854. (XI. 201.)

Das Vorrecht der rückständigen Kaufgelder eines dem Gemeinschuldner verkauften Grundstücks findet auch dann statt, wenn das verkaufte Grundstück nicht mehr zur Masse gehört.

§§ **471. 488.** Vorzugsrecht der sechsten Klasse für Wechselforderungen:

A. Erfordernisse der Verfolgbarkeit der Wechselforderung im Wechselprozeß. — Vergl. A. L. R. II. **8.** §§ 930. 1104. mit §§ 959. 1162. 1135. 1257. 1286. 1298.; A. G. O. I. **50.** Anhang §§ 365. und 366. zu § 471.; Deklaration vom 16. Februar 1817.

Rechtsgr. **1039.** — IV. Senat. 7. Oktober 1852. (VII. 256.)

Wechselforderungen genießen das Vorzugsrecht der sechsten

Klasse nur dann, wenn sie im Wechselprozesse geltend gemacht werden können, insofern nicht ausnahmsweise in einzelnen Fällen nicht wechselmäßigen Forderungen aus Wechseln dies Vorzugsrecht in den Gesetzen ausdrücklich beigelegt ist.

B. Begründung des Anspruchs des Indossatars gegen den Gemeinschuldner, als Indossanten, auf Lozirung in der sechsten Klasse. — Vergl. Anhang § 365. zu § 471. dieses Titels.

Rechtsgr. **1040.** — IV. Senat. 7. Oktober 1852. (VII. 256.)

Zur Begründung des Anspruchs des Indossatars gegen den Gemeinschuldner, als Indossanten, auf Lozirung der Wechselforderung in der sechsten Klasse reicht es nicht hin, daß von dem Liquidanten die Wechsel mit den Protesten dem Gerichte zu den Konkurs-Akten übergeben werden, es ist vielmehr der Nachweis erforderlich, daß alles Dasjenige geschehen sei, wodurch der Wechselprozeß bedingt ist.

Anhang §§ **365. 366.** zu § **471.** Siehe Rechtsgrundsätze 1039. 1040. (§ 471. dieses Titels.)

§§ **477**b. **492.** Siehe Rechtsgrundsatz 40. (A. L. R. I. **2.** § 137.)

§ **496.** Berichtigung der Wirthschafts-Ausgaben bei Vertheilung der jährlichen Revenüen.

Rechtsgr. **1041.** — IV. Senat. 1. Juli 1851. (XII. 13.)

Unter den in dem § 496. I. 50. der Allgem. Gerichtsordnung gedachten Wirthschafts-Ausgaben sind nur solche zu verstehen, welche von der Einlassung in den Konkurs befreit und daher erst nach dessen Eröffnung beziehungsweise nach Einleitung der Sequestration entstanden sind.

§ **512.** No. 2b. Siehe Rechtsgrundsatz 40. (A. L. R. I. **2.** § 137.)

§§ **548.** ff. **Wirkung der Rechtskraft des Final-Distributions-Erkenntnisses in Betreff der Feststellung der den Konkurs-Gläubigern überwiesenen illiquiden Forderungen der Masse oder des von einem Gläubiger überhobenen Betrages seiner Forderung.** — Vergl. A. G. O. I. Einleitung § 66.; **16.** § 1.

Rechtsgr. **1042**. — IV. Senat. 3. Februar 1853. (VIII. 289.)

a) Die Rechtskraft des Final=Distributions=Erkenntnisses, in welchem den Konkursgläubigern illiquide Forderungen der Masse zur Einziehung überwiesen worden sind, hat keine Wirkung auf die Feststellung der Richtigkeit dieser Forderungen gegen die Schuldner, sie begründet vielmehr nur die Legitimation der auf dieselben angewiesenen Gläubiger.

b) Dieser Grundsatz findet auch Anwendung auf den Fall der Ueberweisung des überhobenen Betrages der Forderungen eines Mitgläubigers.

§§ **591. 592. 600.** Behandlung der Gläubiger in Konkursen.

Rechtsgr. **1043**. — IV. Senat. 13. November 1851. (III. 317.)

In Konkursen kann vor eidlicher Bestärkung des Vermögensverzeichnisses kein Gläubiger gezwungen werden, einem angebotenen, wenngleich von der Mehrheit der Gläubiger aller Klassen bereits angenommenen Vergleiche beizutreten.

§ **593**. Siehe Rechtsgrundsatz 52. (A. L. R. I. **4**. § 163.)
§ **600**. Siehe Rechtsgrundsatz 1043. (§ 591. dieses Titels.)

Titel 51. Von Liquidations=Prozessen und Aufbietungen.

§ **11**. Siehe Rechtsgrundsatz 1033. (A. G. O. I. **50**. § 357.)
§§ **12. 39-46**. Siehe Rechtsgrundsatz 40. (A. L. R. I. **2**. § 137.)
§ **51**. Gläubiger im Prioritäts=Verfahren:

A. Exekutions=Fähigkeit der liquidirten Forderungen.

Rechtsgr. **1044**. — IV. Senat. 6. Januar 1853. (VIII. 157.)

Nur solche Gläubiger, deren Forderungen exekutionsfähig sind, können in dem Prioritäts=Verfahren über ein einzelnes Exekutions=Objekt zugelassen werden.

B. Wirkung des angelegten und für justifizirt erklärten Arrestes wegen einer rechtskräftig festgestellten Forderung auf die Erhaltung deren Exekutionsfähigkeit. — Vergl. A. G. O. I. **29**. §§ 81. ff.

Rechtsgr. **1045**. — IV. Senat. 6. Januar 1853. (VIII. 158.)

Ist wegen einer eingeklagten Forderung Arrest ausge=

bracht, für justifizirt erklärt, und die Forderung selbst rechtskräftig festgestellt worden, so bedarf es bis zur erfolgenden Befriedigung des Gläubigers aus der arrestirten Sache eines besonderen Exekutionsantrages zur Erhaltung der Exekutionsfähigkeit des Judikats nicht, und kann dieser Gläubiger wegen des Ablaufs der einjährigen Frist von dem Prioritäts-Verfahren nicht ausgeschlossen werden.

C. Prioritätsstreit der Gläubiger über die Kaufgelder eines mit keinen Hypotheken belasteten Grundstücks.

Rechtsgr. **1046**. — IV. Senat. 5. Januar 1854. (XI. 201.)

Auch zu dem Prioritäts-Verfahren über die Kaufgelder eines mit keinen Hypotheken belasteten Grundstücks können nur Gläubiger mit exekutionsfähigen Forderungen zugelassen werden.

Siehe auch Rechtsgrundsätze 999-1001. 1182. (A. G. O. I. **29**. § 81.; Gesetz vom 16. Juni 1820 § 1.)

Anhang § **380**. zu § **51**. Siehe Rechtsgrundsätze 999-1001. (A. G. O. I. **29**. § 81.)

§ **74**. Wirkung der Eröffnung des erbschaftlichen Liquidations-Prozesses bei gerichtlicher Administration der Masse:

A. Hinsichtlich eines allgemeinen Pfandrechts der Gläubiger. — Vergl. § 82. dieses Titels.

Rechtsgr. **1047**. — IV. Senat. 7. September 1852. (VII. 72.)

Durch die Eröffnung des erbschaftlichen Liquidations-Prozesses erlangen die Gläubiger auch dann, wenn der Erbe sich der Administration begeben hat, kein allgemeines Pfandrecht.

B. Anspruch des Legatars einer lebenslänglichen Rente im erbschaftlichen Liquidations-Prozesse. — Vergl. A. L. R. I. **12**. §§ 333. 334. 345-350. 352.; A. G. O. I. **50**. § 154.

Rechtsgr. **1048**. — IV. Senat. 2. Dezember 1852. (VII. 329.)

Legatarien, denen lebenslängliche Renten vermacht worden, sind berechtigt, in dem über den Nachlaß des Testators eröffneten erbschaftlichen Liquidations-Prozesse die Zahlung ihrer vollen Renten zu verlangen, auch wenn die Revenüen des Nachlasses hierzu nicht ausreichen, und zu ihrer Befriedigung die Substanz desselben angegriffen werden muß.

§ **82**. Siehe Rechtsgrundsatz **1047**. (§ **74**. dieses Titels.)

§§ **85**. **89**. Wirkung der Vorladung der Gläubiger im erbschaftlichen Liquidationsprozesse. — Vergl. A. G. O. I. **50**. § 288.

Rechtsgr. **1049**. — I. Senat. 24. September 1852. (VI. 332.)

Der Kompensations-Berechtigte ist nicht verpflichtet, zur Erhaltung seines Vorzugsrechtes sich beim Liquidationsprozesse zu melden.

§§ **99**. ff. **106**. Wirkung der Präklusion unbekannter Realprätendenten eines subhastirten Grundstücks. — Vergl. A. L. R. I. **15**. § **54**.; Allgem. Hypotheken-Ordnung II. §§ **94**. ff. 100. 101.; IV. **32**.; Subhastations-Verordnung vom **4**. März 1834 § 7.

Rechtsgr. **1050**. — II. Senat. 18. Mai 1852. (VI. 152.)

Durch die bei nicht regulirtem Hypothekenbuche auf öffentliches Aufgebot der unbekannten Realprätendenten eines zur nothwendigen Subhastation gezogenen Grundstücks erfolgte Präklusion werden die unbekannten Realprätendenten ihrer Ansprüche sowohl auf das Grundstück, als auch auf die Kaufgelder desselben verlustig.

§§ **100**. ff. Berechtigung zur Ausbringung der Präklusoria gegen die unbekannten Realprätendenten eines Grundstücks.

Rechtsgr. **1051**. — III. Senat. 20. Februar 1852. (IV. 352.)

Als Besitzer des Grundstücks, welcher die Präklusoria gegen die Realprätendenten auszubringen hat, gilt im Sinne des Gesetzes nur derjenige, auf dessen Namen der Besitztitel berichtigt ist, oder welcher behufs der Berichtigung des Besitztitels das Aufgebot in Antrag bringt.

§ **102**. Siehe Rechtsgrundsatz **426**. (A. L. R. I. **15**. § **54**.)

§ **106**. Siehe Rechtsgrundsatz **1050**. (§ **99**. dieses Titels.)

§ **125**. Siehe Rechtsgrundsatz **838**. (A. L. R. II. **20**. § 1237.)

Titel 52. Vom Subhastations-Prozesse.

§ **12**. Siehe Rechtsgrundsätze **241**. **258**. (A. L. R. I. **11**. §§ 78. **340**.)

§ **16**. Siehe Rechtsgrundsatz 1215. (Verordnung vom 14. Dezember 1833 § 1.)

§ **37**. Siehe Rechtsgrundsätze 1053–1058. 1237. (§ 59. dieses Titels; Subhastations-Verordnung vom 4. März 1834 § 6.)

§ **38**. Siehe Rechtsgrundsätze 236. 237. 258. 1257. (A. L. R. I. **11**. §§ 12. 20. 340.; Subhastations-Verordnung vom 4. März 1834 § 12.)

§ **41**. Siehe Rechtsgrundsätze 237. 1053-1038. (A. L. R. I. **11**. § 20.; A. G. O. I. **52**. § 59.)

§ **42**. Siehe Rechtsgrundsatz 258. (A. L. R. I. **11**. § 340.)

§ **44**. Siehe Rechtsgrundsatz 1247. (Subhastations-Verordnung vom 4. März 1834 § 11.)

§ **48**. Zuschlag adlicher Güter bei der nothwendigen Subhastation für ein Gebot unter zwei Dritttheilen der Taxe. — Vergl. Verordnung vom 14. Dezember 1833 § 4. No. 1.; Subhastations-Verordnung vom 4. März 1834 § 13.; Verfassungs-Urkunde vom 31. Januar 1850 Art. 42.

Rechtsgr. **1052**. — III. Senat. 26. September 1851. (III. 102.)

Der § 48. I. 52. der Allgem. Gerichts-Ordnung enthält einen Rechtsgrundsatz im Sinne des § 4. der Verordnung vom 14. Dezember 1833. Derselbe ist durch Artikel 42. der Verfassungs-Urkunde vom 31. Januar 1850 nicht außer Kraft gesetzt.

§ **50**. Siehe Rechtsgrundsätze 237. 1053-1058. (A. L. R. I. **11**. § 20.; A. G. O. I. **52**. § 59.)

§ **51**. Siehe Rechtsgrundsatz 237. (A. L. R. I. **11**. § 20.)

§ **58**. Siehe Rechtsgrundsätze 236. 258. (A. L. R. I. **11**. §§ 12. 340.)

§ **59**. Kompetenz des Adjudikations-Richters zur Entscheidung wegen der bei der Subhastation streitig gewordenen Rechtsverhältnisse. — Vergl. A. G. O. I. Einleitung §§ 1. 64-67.; **52**. §§ 37. 41. 50.; Verordnung vom 14. Dezember 1833 § 5. No. 1. und No. 8.; Subhastations-Verordnung vom 4. März 1834 § 13.; Deklaration vom 6. April 1839 Art. 2. und 3. No. 1.

A. In Betreff des Einwandes der eingetretenen Erlöschung der Forderung des Extrahenten der Subhastation an den Subhastaten durch Expromission. — Vergl. A. L. R. I. **14**. § 399.

Rechtsgr. **1053**. — III. Senat. 14. Juli 1851. (V. 12.)

Der Adjudikationsrichter ist nicht befugt, in dem Zuschlagsbescheide über den Einwand der Aufhebung der Forderung des Extrahenten der Subhastation an den Subhastaten durch Expromission materiell zu erkennen.

B. In Betreff der Zulässigkeit des beanspruchten Vorkaufsrechtes. — Vergl. A. L. R. I. **17.** § **61.**; **20.** §§ 568. ff.

Rechtsfr. **1054.** — III. Senat. 17. März 1852. (V. 13.)

Ist der Adjudikationsrichter befugt, in dem Zuschlagsbescheide über die Zuständigkeit des von dem eingetragenen Vorkaufsberechtigten gegen den Meistbietenden verlangten Vorkaufsrechts zu entscheiden?

C. In Betreff der Zuständigkeit des Wiederkaufsrechts. — Vergl. A. L. R. I. **11.** §§ **296.** ff.

Rechtsgr. **1055.** — III. Senat. 26. April 1852. (V. 16.)

Der Adjudikationsrichter ist befugt, in dem Zuschlagsbescheide über die Zuständigkeit des von dem eingetragenen Wiederkaufs-Berechtigten beanspruchten Wiederkaufsrechts zu entscheiden.*

D. In Betreff des streitigen Miteigenthums des Extrahenten der Behufs Auseinandersetzung eingeleiteten Subhastation. — Vergl. A. L. R. I. **17.** § 75.; Subhastations-Verordnung vom **4.** März **1834** § **2.**

Rechtsgr. **1056.** — III. Senat. 13. September 1852. (VII. 82.)

Streitigkeiten über das Miteigenthum des Extrahenten einer behufs Auseinandersetzung eingeleiteten Subhastation müssen in der Regel vor Abfassung des Zuschlagsbescheides im kontradiktorischen Verfahren zum Austrage gebracht werden.

E. In Betreff des Zuschlags streitiger Pertinenzstücke. — Vergl. A. L. R. I. **2.** §§ **42.** ff.

Rechtsgr. **1057.** — III. Senat. 1. Oktober 1852. (VIII. 4.)

Ueber die streitige Frage, ob gewisse Gegenstände als Zubehör eines zur Subhastation gestellten Grundstücks mit

* Der obige Grundsatz dürfte nicht anzuerkennen sein; das entgegengesetzte Prinzip ist in den bei diesem § 59. unter A. D. und E. aufgeführten Rechtsgrundsätzen 1053. 1056. und 1057. enthalten.

zuzuschlagen seien, ist nicht durch das Zuschlags-, sondern durch ein besonderes Erkenntniß zu entscheiden.

F. In Betreff des Zuschlags für das Gebot mit Uebernahme oder für das Gebot ohne Uebernahme der Reallasten. — Vergl. A. L. R. I. **11**. §§ 340. 342.

Rechtsgr. **1058**. — III. Senat. 12. März 1852. (V. 74.)

Der Adjudikationsrichter ist kompetent, darüber zu entscheiden, ob das subhastirte Grundstück für das Gebot mit Uebernahme oder für das Gebot ohne Uebernahme der Reallasten zuzuschlagen sei. — Sein desfallsiges Urtheil muß sich nach der Stimmen-Mehrheit der eingetragenen Gläubiger richten.

§ **61**. Siehe Rechtsgrundsatz 236. (A. L. R. I. **11**. § 12.)
§ **62**. Siehe Rechtsgrundsatz 278. (A. L. R. I. **11**. § 402.)

Theil II. Von dem gerichtlichen Verfahren in nicht streitigen Angelegenheiten.

Titel 2. Von dem Verfahren bei den Handlungen der freiwilligen Gerichtsbarkeit überhaupt.

§ **3**. Siehe Rechtsgrundsatz 336. (A. L. R. I. **12**. § 88.)
§ **44**. Siehe Rechtsgrundsatz 338. (A. L. R. I. **12**. § 104.)

Titel 3. Vom Verfahren bei Aufnahme und Bestätigung der Verträge und anderer Verhandlungen unter Lebendigen.

§ **13**. Siehe Rechtsgrundsätze 305-307. (A. L. R. I. **11**. § 738.)

Titel 4. Von dem Verfahren bei Aufnahme der Testamente und anderer letztwilligen Verordnungen.

§§ **1-3**. Siehe Rechtsgrundsatz 338. (A. L. R. I. **12**. § **104**.)

Titel 5. Von dem Verfahren bei Siegelungen und Inventuren in Sterbefällen.

§ **47**. Siehe Rechtsgrundsatz 196. (A. L. R. I. **9**. § 434.)

Titel 6. Von dem Verfahren bei Aufnahme gerichtlicher Taxen.

§ **13**. Siehe Rechtsgrundsatz 1064. (Preußisches Landrecht von 1721 Buch 4. Tit. 20. Art. 2.)

Theil III. Von den Pflichten der bei der Justiz angesetzten Personen.

Titel 7. Von dem Amte der Justizkommissarien und Notarien.

§§ **12**. **15**. Siehe Rechtsgrundsatz 1206. (Kabinets-Order vom 4. Juli 1832.)

§ **38**. Siehe Rechtsgrundsatz 342. (A. L. R. I. **12**. § 136.)

§§ **49**. **57**. Siehe Rechtsgrundsatz 1352. (Gesetz v. **11**. Juli 1845 § 13.)

§ **118**. Siehe Rechtsgrundsatz 1206. (Kabinets-Order vom 4. Juli 1832.)

Allgemeines Registratur- und Kanzlei-Reglement für sämmtliche Landes-Justiz-Kollegia.

§§ **83**. ff. Beweis der geschehenen Anmeldung eines Rechtsmittels.

Rechtsgr. **1059**. — **II**. Senat. 25. Januar 1853. (**VIII**. 248.)

Ueber die Wahrung oder Versäumung der Frist zur Anmeldung eines Rechtsmittels entscheidet der Präsentationsvermerk so lange, als nicht der vollständige Gegenbeweis der später oder früher erfolgten Einreichung des betreffenden Schriftstücks geführt wird.

Kriminal-Ordnung.

§§ **77. 92. 624.** ff. Siehe Rechtsgrundsatz 1331. (Gesetz vom 6. Januar 1843 § 7.)

Allgemeine Hypotheken-Ordnung.

Titel 1. Von der Form und Einrichtung der Hypothekenbücher überhaupt.

§ **34**. Siehe Rechtsgrundsatz 530. (A. L. R. I. **20**. § 443.)
§ **47**. Siehe Rechtsgrundsatz 289. (A. L. R. I. **11**. § 602.)
§ **48**. Abgaben und Leistungen an die Scharfrichtereien in Pommern. — Vergl. A. L. R. I. **2**. §§ 135. 136.; Publikandum vom 29. April 1772; Forst-Ordnung für Pommern vom 24. Dezember 1777 Tit. 13. §§ 2. 3.; Allgem. Gewerbe-Ordnung vom 17. Januar 1845 § 8.

Rechtsgr. **1060**. — II. Senat. 26. April 1853. (IX. 140.)

In Pommern gehören die Abgaben und Leistungen an die Besitzer der Scharfrichtereien zu denjenigen dinglichen Lasten, welche nach § 48. I. der Hypotheken-Ordnung einer Eintragung in das Hypothekenbuch nicht bedürfen. Dieselben sind durch das Ablösegesetz vom 2. März 1850 nicht aufgehoben.

Siehe auch Rechtsgrundsätze 40. 248. 260. 720. 1337. (A. L. R. I. **2**. § 137.; **11**. §§ 183. 342.; II. **7**. § 137.; Statut der Allensteiner Kreiskorporation vom 15. Mai 1843 § 12.)

§ **49**. Siehe Rechtsgrundsätze 38. 247. 248. 260. 261. 289. 719. 721. 722. 1245. 1337. (A. L. R. I. **2**. § 137.; **11**. §§ 183. 342. 603.; II. **7**. § 137.; Subhastations-Verordnung vom 4. März 1834 § 10.; Statut der Allensteiner Kreiskorporation vom 15. Mai 1843 § 12.)
§ **50**. Siehe Rechtsgrundsätze 247. 248. (A. L. R. I. **11**. § 183.)

Titel 2. Von Verwaltung des Hypothekenwesens und Führung der Bücher bei den Oberkollegiis.

§§ **20. 55**. Siehe Rechtsgrundsatz 517. (A. L. R. I. **20**. § 410.)

§ **62**. Siehe Rechtsgrundsatz 65. (A. L. R. I. 5. § 122.)

§ **90**. Siehe Rechtsgrundsätze 227. 228. (A. L. R. I. **10**. § 7.)

§ **92**. Siehe Rechtsgrundsätze 229. 231. 517. (A. L. R. I. **10**. § 7.; **20**. § 410.)

§§ **94**. ff. Siehe Rechtsgrundsätze 426. 1050. (A. L. R. I. **15**. § 54.; A. G. O. I. **51**. § 99.)

§§ **100**. **101**. Siehe Rechtsgrundsatz 1050. (A. G. O. I. **51**. § 99.)

§ **175**. Siehe Rechtsgrundsätze 305. 307. (A. L. R. I. **11**. § 738.)

§§ **177**. **178**. Siehe Rechtsgrundsätze 308. 309. (A. L. R. I. **11**. §§ 738. 739.)

§ **181**. Siehe Rechtsgrundsatz 520. (A. L. R. I. **20**. § 422.)

§§ **202**. ff. Siehe Rechtsgrundsatz 1234. (Exekutions-Verordnung vom 4. März 1834 § 22.)

§§ **213**. **214**. Siehe Rechtsgrundsatz 500. (A. L. R. I. **20**. § 10.)

§ **222**. Verbindlichkeit des Cedenten bei einer Theil-Cession. — Vergl. Kabinets-Order vom 6. November 1834.

Rechtsgr. **1061**. — III. Senat. 7. Juli 1852. (X. 1.)

Die Vorschrift des § 222. II. der Hypotheken-Ordnung, nach welcher bei Theil-Cessionen einer Hypotheken-Forderung ohne Vorlegung des Hauptdokuments die Eintragung der Theil-Cession nicht erfolgen kann, ist durch die Kabinetsorder vom 6. November 1834 nicht aufgehoben.

§§ **233**. **234**. Siehe Rechtsgrundsatz 500. (A. L. R. I. **20**. § 10.)

§ **284**. Siehe Rechtsgrundsätze 519. 532. (A. L. R. I. **20**. §§ 421. 443.)

§ **285**. Siehe Rechtsgrundsatz 534. (A. L. R. I. **20**. § 526.)

§§ **286**-**288**. Siehe Rechtsgrundsätze 519. 534. (A. L. R. I. **20**. §§ 421. 526.)

§ **290**. Siehe Rechtsgrundsätze 525. 1002. (A. R. I. **20**. § 439.; A. G. O. I. **29**. § 81.)

§ **298**. Siehe Rechtsgrundsätze 518. 519. (A. L. R. I. **20**. § 421.)

§ **299**. Siehe Rechtsgrundsätze 310. 1002. (A. L. R. I. **11**. § 753.; A. G. O. I. **29**. § 81.)

Titel 4. Wie bei Anlegung neuer Hypothekenbücher zu verfahren.

§ **32**. Siehe Rechtsgrundsatz 1050. (A. G. O. I. **51**. § 99.)

Allgemeine Depositalordnung.

Titel 2. Von der Verwaltung des Depositalwesens bei Landes-Justiz-Kollegiis und Obergerichten.

§ 339. Siehe Rechtsgrundsätze 305-307. (A. L. R. I. 11. § 738.)

Corpus juris Fridericianum.

(Berlin, 1781.)

Buch 1. Theil 1. Tit. 13. § 11. Siehe Rechtsgrundsatz 947. (A. G. O. I. 13. § 36.)

Buch 1. Theil 1. Tit. 20. § 18. Siehe Rechtsgrundsatz 923. (A. G. O. I. 9. § 42.)

Buch 2. Theil 1. Tit. 5. § 8. Siehe Rechtsgrundsatz 1087. (Dig. 1. 6. Lex 6.)

Lex Salica.

(Ausgabe von Merkel, 1850.)

Titel 10. Siehe Rechtsgrundsatz 412. (A. L. R. I. 14. § 413.)

Lex Burgundionum.

(Walter, corp. jur. germ. ant., Berol., 1824.)

Titel 23. Siehe Rechtsgrundsatz 412. (A. L. R. I. 14. § 413.)

Lex Visigothorum.

(Ausgabe von Haenel, 1847-1849.)

Lib. 8. Tit. 3. cap. 13-17. Siehe Rechtsgrundsatz 412. (A. L. R. I. 14. § 413.)

Sachsenspiegel.

(Ausgabe von Homeyer, Berlin, 1835.)

Buch 2. Art. 28. Siehe Rechtsgrundsatz 813. (A. L. R. II. 15. § 38.)

Schwabenspiegel.

(Ausgabe von v. Laßberg, Tübingen, 1840.)

Cap. 68. 70. Siehe Rechtsgrundsatz 412. (A. L. R. I. 14. § 413.)

Ostpreußisches Provinzialrecht.

(Berlin, 1801.)

Zusatz 29. und Zusatz 96. § 19. Siehe Rechtsgrundsatz 634. (A. L. R. II. 1. § 648.)

Zusatz 96. § 22. Erbfolge des überlebenden Ehegatten. — Vergl. A. L. R. II. 1. §§ 621-633.

Rechtsgr. 1062. — I. Senat. 17. November 1852. (VIII. 44.)

In Ostpreußen gelten in Beziehung auf die Erbfolge des überlebenden Ehegatten bürgerlichen und bäuerlichen Standes bei getrennten Gütern (d. h. wenn die Gemeinschaft der Güter durch Vertrag ausgeschlossen worden ist), keine abweichende provinzialrechtliche Normen, weshalb auch daselbst der Pflichttheil des überlebenden Ehegatten nicht das Voraus der §§ 628. ff. II. 1. des Allgem. Landrechts umfaßt.

Verbessertes Landrecht des Königreichs Preußen von 1721.

— Hypothekengesetze in Westpreußen. — Vergl. Notifikations-Patent vom 28. September 1772.; Instruktion für die Westpreußische Regierung vom 21. September 1773.

Rechtsgr. 1063. — IV. Senat. 3. Juni 1850. (II. 156.)

Die das Hypothekenwesen betreffenden Bestimmungen des Preußischen Landrechts von 1721 sind bei dessen Einführung in Westpreußen nicht mit eingeführt worden.

Buch 2. Tit. 1-5. Siehe Rechtsgrundsatz 1087. (Dig. 1. 6. Lex 6.)

Buch 3. Tit. 1. §§ 1. 2. Siehe Rechtsgrundsatz 621. (A. L. R. II. 1. § 379.)

Buch 4. Tit. 4. Art. 2. § 1. Siehe Rechtsgrundsätze 197. 200. (A. L. R. I. 9. §§ 502. 510.)

Buch 4. Tit. 6. Art. 2. § 7. Siehe Rechtsgrundsatz 621. (A. L. R. II. 1. § 379.)

Buch 4. Tit. 15. Art. 4. § 16.; Tit. 20. Art. 2. § 3. und Buch 5. Tit. 12. Art. 5. § 1.; Tit. 14. Art. 1. § 3., Art. 2. § 3. Rechte der Wittwe auf Verwaltung und Genuß des gemeinschaftlichen Vermögens bis zur Erbtheilung, und deren Rechte bei der Erbtheilung. — Vergl. A. L. R. I. 17. §§ 117. 123. 127. 151.; A. G. O. II. 6. § 13.; Westpreußische Regierungs-Instruktion vom 21. September 1773 § 13.; Entscheidung der Gesetzkommission vom 24. Juni 1794; Kabinets-Order vom 1. Juli 1834; Westpreußisches Landschafts-Reglement (von 1787, revidirt von dem General-Landtage) von 1850 § 143.

Rechtsgr. 1064. — I. Senat. 13. September 1852. (VI. 302.)

a) Nach dem Preußischen Landrechte von 1721 hat die Wittwe bis zur Auseinandersetzung mit den Erben des verstorbenen Ehemannes — außer dem Falle der schuldbaren Verzögerung — die Verwaltung und den Genuß des gemeinschaftlichen Vermögens, ohne zur Rechnungslegung verpflichtet zu sein.

b) Dieselbe erhält, wenn sie die kölmische Hälfte wählt, bei der Erbtheilung den Trauring und ihr bestes Kleid zum Voraus.

c) Sie hat das Recht, das Mobiliar für die gerichtliche und die adelichen Güter für die landschaftliche Taxe zu übernehmen.

Buch 5. Tit. 4. § 2. Siehe Rechtsgrundsatz 621. (A. L. R. II. 1. § 379.)

Buch 5. Tit. 12. Art. 5. § 1.; Tit. 14. Art. 1. § 3. und Art. 2. § 7. Siehe Rechtsgrundsatz 1064. (A. L. R. von 1721 Buch 4. Tit. 15. Art. 4. § 16.)

Kulmisches Recht: jus culmense ex ultima revisione.
(Danzig, 1767.)

Buch 3. Tit. 5. Kap. 1. Vindikation einer bei dem Inhaber mit Arrest belegten Sache.

Rechtsgr. 1065. — III. Senat. 17. Februar 1852. (VII. 19.)

Die Regel des Kulmischen Rechts: „Hand muß Hand wahren", schließt nur dann die Vindikation aus, wenn die bewegliche Sache, um deren Vindikation es sich handelt, aus dem Besitze dessen, dem sie von dem Eigenthümer übertragen worden, in den Besitz eines Dritten übergegangen ist.

Buch 4. Tit. 4. Kap. 4. Kap. 8. Pfandrecht ohne Besitz. — Vergl. A. G. O. I. 50. §§ 377. ff.; Dig. 20. 4. Lex 12. § 10.

Rechtsgr. 1066. — IV. Senat. 10. November 1853. (XI. 44.)

Nach Kulmischem Rechte kann durch bloße Willenserklärung auch ohne Uebergabe ein Pfandrecht entstehen, und geht ein solches dem spätern, wenngleich mit Besitz verbundenen Pfandrechte vor.

Schwedisch-Pommersches Seerecht vom 12. Juni 1667.
(Dähnert, Pomm. Bibliothek. Greifswald, 1752-1756. Bd. 3. S. 476 ff.)

— Abth. 2. Kap. 1. Siehe Rechtsgrundsatz 763. (A. L. R. II. 8. § 1431.)

Provinzialrecht von Neu-Vorpommern.

Theil 1. Abth. 2. § 15. Siehe Rechtsgrundsatz 654. (A. L. R. II. 1. § 1015.)

Theil 2. Tit. 1. § 22. Siehe Rechtsgrundsatz 1122. (Konsistorial-Instruktion für Neu-Vorpommern und Rügen von 1681 Thl. 3. Kap. 2. § 4.)

Theil 2. Tit. 1. § 33. Siehe Rechtsgrundsatz 1108. (Lib. extra Decr. 4. 1. cap. 17.)

Theil 2. Tit. 1. §§ 173. 178. Siehe Rechtsgrundsatz 1122. (Konsistorial-Instruktion für Neu-Vorpommern und Rügen von 1681 Thl. 3. Kap. 2. § 4.)

Theil 2. Tit. 1. §§ 179. 181. Klagerecht der Mutter auf Alimentation ihres unehelichen Kindes.

Rechtsgr. 1067. — I. Senat. 28. Juni 1852. (V. 337.)

In Neu-Vorpommern ist die Mutter zur Vertretung ihres unehelichen Kindes bei Einklagung der Alimente für dasselbe gegen den unehelichen Vater auch ohne Beitritt des Vormundes berechtigt.

Theil 5. Seite 165. Gemeinrechtliche Gültigkeit von Kapital-Zahlungen ohne obervormundschaftliche Verfügung an Nachlaß-Kuratoren. — Verg. Inst. 2. 8. § 2.; Cod. 5. 37. Lex 25. Lex 27.

Rechtsfr. 1068. — I. Senat. 23. Februar 1852. (IV. 360.)

Ist nach der gemeinrechtlichen Praxis in Neu-Vorpommern und Rügen die an den gerichtlich bestellten Nachlaß-Kurator geleistete Zahlung eines Kapitals gültig, wenn jener mit keiner obervormundschaftlichen Autorisation zur Annahme der Zahlung versehen war?

Entwurf des Alt-Vor- und Hinter-Pommerschen Provinzialrechts von 1835 und 1836.

§ 49 (von 1835). § 301 (von 1836). zum II. Theile des Allg. Landrechts. Siehe Rechtsgrundsatz 781. (A. L. R. II. 11. § 261.)

Lübisches Recht.

Altes, von 1188. 1263. 1294. (Ausg. von Hach, Lübeck, 1839.)

Art. VIII. des lateinischen und Art. 19. des deutschen Kodex. Siehe Rechtsgrundsatz 1071. (Revidirtes Lübisches Recht von 1586 Buch II. Titel 2. Art. 6.)

Revidirtes, von 1586. (Ausg. von Kollius, Hamburg, 1586.)

Buch I. Tit. 8. Art. 2.; Buch III. Tit. 12. Art. 13. Nachbarliches Widerspruchsrecht gegen die Anlage neuer Fenster.

Rechtsgr. 1069. — Plenum. 3. März 1851. (I. 276.)

Nach Lübischem Recht erlischt das Widerspruchsrecht des

Berechtigten gegen die Anlage eines neuen Fensters in dem Hause des Nachbars erst in Jahr und Tag.

Buch II. Tit. 2. Art. 1-3. 35. Absonderung der Kinder vom elterlichen Vermögen.

Rechtsgr. 1070. — I. Senat. 17. Juni 1853. (IX. 271.)

Nach Lübischem Recht werden Kinder aus einer gütergemeinschaftlichen Ehe durch den Verzicht auf den hiernächst von dem Ueberlebenden der Eltern übernommenen Nachlaß des Verstorbenen von dem gesammten elterlichen Vermögen nicht abgesondert und daher ihres Erbrechts auf den Nachlaß des Ueberlebenden auch bei beerbter zweiter Ehe desselben nicht verlustig.

Buch II. Tit. 2. Art. 6. 7. 13. 16. Erbfolge in den Antheil unabgefundener Kinder an der gütergemeinschaftlichen Vermögensmasse. Vergl. Altes Lübisches Recht § VIII. des lateinischen und § 19. des niederdeutschen Koder.

Rechtsgr. 1071. — I. Senat. 22. März 1852. (VI. 72.)

Nach den Vorschriften des Lübischen Rechts bleibt der Antheil eines unabgefundenen Kindes, welches nach dem Tode des einen seiner Eltern während der fortgesetzten Gütergemeinschaft ohne Deszendenz verstorben ist, in der gütergemeinschaftlichen Vermögensmasse; dem überlebenden Ehegatten steht kein besonderer Erbanspruch darauf zu.

Buch II. Tit. 2. Art. 11. Erbtheil mündiger Kinder. — Vergl. A. L. R. I. 9. § 360.

Rechtsgr. 1072. — I. Senat. 7. März 1851. (I. 301.)

Das nach Lübischem Rechte dem Kinde zustehende Recht, bei erreichter Mündigkeit seinen Erbtheil von dem Nachlasse des verstorbenen Vaters oder der verstorbenen Mutter zu verlangen, ist als ein höchst persönliches zu betrachten, welches nach § 360. I. 9. des Allgem. Landrechts zur Erbschaft des Kindes nicht gerechnet werden kann.

Buch II. Tit. 2. Art. 13. 16. Siehe Rechtsgrundsatz 1071. (Art. 6. dieses Titels.)

Buch II. Tit. 2. Art. 35. Siehe Rechtsgrundsatz 1070. (Art. 1. dieses Tit.)
Buch III. Tit. 12. Art. 8. Bau an der Grenze.

Rechtsgr. 1073. — II. Senat. 25. Mai 1852. (V. 278.)

Nach Lübischem Recht kann jeder Nachbar ein neues Gebäude bis an die Grenze seines Grundstücks vorrücken, wenn nur nicht das Traufrecht, in dessen Besitz der andre Nachbar sich befindet, dadurch beeinträchtigt wird.

Buch III. Tit. 12. Art. 13. Siehe Rechtsgrundsatz 1069. (Buch 1. Tit. 8. Art. 2. dieses Provinzialrechts.)

Neumärkisches Provinzialrecht.

Theil 2. S. 119. Siehe Rechtsgrundsatz 345. (A. L. R. I. 12. § 263.)

Revidirter Entwurf des Provinzialrechts für die Grafschaften Tecklenburg und Lingen.

§§ 80-83. Siehe Rechtsgrundsatz 1127. (Minden-Ravensbergische Eigenthums-Ordnung vom 26. November 1741 Kap. 10. § 4.)

Revidirter Entwurf des Provinzialrechts des Fürstenthums Paderborn von 1841.

§ 86.; Motive § 67. Dispositionsrechte des Ehemannes nach der Paderborner ehelichen Gütergemeinschaft.

Rechtsgr. 1074. — I. Senat. 11. Juli 1853. (IX. 358.)

Der in der Paderborner Gütergemeinschaft lebende Ehemann ist auch ohne Einwilligung seiner Ehefrau den Inbegriff des gütergemeinschaftlichen Vermögens durch lästige Verträge zu veräußern befugt.

Code Napoléon.

Art. 6. Siehe Rechtsgrundsatz 1077. (Art. 1154. dieses Code.)
Art. 591. 592. Siehe Rechtsgrundsatz 543. (A. L. R. I. 21. § 30.)
Art. 686. 2281. Unterbrechung der Verjährung persönlicher Dienste durch Einführung des Code Napoléon in die Provinz Posen.

Rechtsgr. 1075. — II. Senat. 7. Mai 1850 und 16. September 1851. (III. 77.)

Die in der Provinz Posen vor der Einführung des Code Napoléon von dem Besitzer eines Grundstücks begonnene erwerbende Verjährung des Rechts, die Unterhaltung eines auf diesem Grundstücke befindlichen Zaunes von den Besitzern benachbarter Grundstücke zu verlangen, ist durch die Einführung des Code Napoléon für unterbrochen zu erachten.

Art. 688. Siehe Rechtsgrundsatz 1154. (Bergisches Dekret vom 12. November 1809 Art. 3.)
Art. 705. Siehe Rechtsgrundsatz 1078. (Art. 1234. dieses Code.)
Art. 723. 731. 733. 756. 766. Erbfolge in den Nachlaß eines unehelichen anerkannten Kindes.

Rechtsgr. 1076. — I. Senat. 2. April 1852. (VI. 95.)

Nach den Vorschriften des Code Napoléon steht an dem Nachlasse eines unehelichen anerkannten, nach dem Tode der anerkennenden Eltern verstorbenen Kindes den Verwandten dieser Eltern kein Erbrecht zu; in Ermangelung von Deszendenten, von natürlichen Geschwistern oder deren Deszendenten oder endlich eines Ehegatten des unehelichen anerkannten Kindes fällt dessen Nachlaß dem Fiskus zu.

Art. 1108. Siehe Rechtsgrundsatz 1080. (Art. 1353. dieses Code.)
Art. 1142. 1146. 1147. Siehe Rechtsgrundsatz 1229. (Exekutions-Verordnung vom 4. März 1834 § 9.)
Art. 1154. Verzinsung halbjährlicher Rechnungs-Saldo's, einschließlich der Zinsen. — Vergl. Art. 6. und 1907. dieses Code.

Rechtsgr. 1077. — V. (Rheinischer) Senat. 31. Mai 1853. (IX. 233.)

Die zwischen Kaufleuten und Banquiers übliche Vortr

gung des aus den periodischen, z. B. halbjährigen, Rechnungsabschlüssen sich ergebenden Saldo mit den Zinsen der Rechnungsperiode als ein verzinslicher Saldo in dem neuen Konto enthält keine Umgehung des gesetzlichen Zinsenverbots.

Art. **1234.** Erlöschung der Hypothekenrechte durch Konfusion nach Französischem Rechte. — Vergl. A. L. R. I. **16.** §§ 7. 476. 482. Anh. § 52. zu § 484.; **22.** §§ 52-54.; Art. 705. dieses Code.

Rechtsgr. 1078. — II. Senat. 13. Oktober 1853. (X. 219.)

Nach dem Französischem Rechte erlöschen auch Hypothekenrechte, insbesondere auch Servituten, durch Konfusion und leben nach späterer Veräußerung des Grundstücks an einen Dritten nicht wieder auf; die Bestimmungen des § 52. des Anhangs und des § 54. I. 22. des Allgem. Landrechts finden auf die unter der Herrschaft des Code Napoléon abgewickelten Rechtsgeschäfte keine Anwendung.

Siehe auch Rechtsgrundsatz 1156. (Westphälisches Dekret vom 16. September 1810.)

Art. **1298.** Siehe Rechtsgrundsatz 1204. (Kabinets-Order vom 11. Februar 1832 No. 6.)

Art. **1315.** Siehe Rechtsgrundsatz 1080. (Art. 1353. dieses Code.)

Art. **1341.** Siehe Rechtsgrundsätze 63. 1080. (A. L. R. I. 5. § 109.; Art. 1353. dieses Code.)

Art. **1350. 1351.** Bedeutung der Entscheidungsgründe hinsichtlich des Umfanges der Rechtskraft des Urtheils. — Vergl. A. G. O. I. Einl. §§ 65. 66.; **13.** §§ 36. 38.

Rechtsgr. 1079. — Rheinischer Revisions- u. Kassationshof. 27. Oktober 1830. (IX. 127.)

Auch die Entscheidungsgründe gehen in Rechtskraft über, insofern sie zur Erklärung des Tenors des Urtheils wesentlich gehören.

Art. **1353.** Beweis durch stillschweigendes Anerkenntniß in Handelssachen. — Vergl. Art. 1108. 1315 1341. 1354-1356. dieses Code.

Rechtsgr. 1080. — V. (Rheinischer) Senat. 31. Mai 1853. (IX. 232.)

In Handelssachen ist die Beweisführung durch ein aus thatsächlichen Vermuthungen herzuleitendes Anerkenntniß zulässig.

Siehe auch Rechtsgrundsatz 63. (A. L. R. I. 5. § 109.)

Art. 1354-1356. Siehe Rechtsgrundsatz 1080. (Art. 1353. dieses Code.)

Art. 1907. Siehe Rechtsgrundsatz 1077. (Art. 1154. dieses Code.)

Art. 1991-2007. Siehe Rechtsgrundsatz 1083-1085. (Code de commerce Art. 91.)

Art. 2079. Siehe Rechtsgrundsatz 1204. (Kabinets-Order vom 11. Februar 1832 No. 6.)

Art. 2244. Siehe Rechtsgrundsatz 212. (A. L. R. I. 9. § 551.)

Art. 2281. Siehe Rechtsgrundsatz 1075. (Art. 686. dieses Code.)

Code de procédure.

Art. 175. ff. Siehe Rechtsgrundsatz 212. (A. L. R. I. 9. § 551.)

Art. 464. Antrag auf Körperhaft in zweiter Instanz.

Rechtsgr. 1081. — V. (Rheinischer) Senat. 20. September 1853. (X. 125.)

Der Antrag auf Körperhaft ist noch in zweiter Instanz zulässig.

Art. 534. 535. Einklagung eines liquiden Postens eines Rechnungs-Saldo's bei Zögerung des Verklagten hinsichtlich der Rechnungslegung.

Rechtsgr. 1082. — V. (Rheinischer) Senat. 31. Mai 1853. (IX. 225.)

Aus einer Rechnung darf ein einzelner liquider Posten nicht herausgegriffen und zum Gegenstande einer Verurtheilung zur vorläufigen Zahlung gemacht werden, wenn das Resultat der Rechnung von der Entscheidung über die streitig bleibenden Posten abhängig ist. Die Zögerung des Rechnungslegers würde nur den Antrag auf Beschlagnahme und Verkauf der Güter bis zum Betrage einer richterlich festzusetzenden Summe rechtfertigen.

Code de commerce.

Art. 8-13. Siehe Rechtsgrundsätze 63. 735. (A. L. R. I. 5. § 109.; II. 8. § 562.)

Art. 91. 92. Kommissionär del credere. — Vergl. Code Napoléon Art. 1991-2002.; A. L. R. I. 13. §§ 5. ff. 61-65. 154.

A. Natur des handelsrechtlichen Kommissionsvertrages mit del credere.

Rechtsgr. 1083. — V. (Rheinischer) Senat. 20. Septbr. 1853; 7. März 1854. (X. 125.; XII. 212.)

Die Uebernahme des del credere Seitens des Kommissionärs ändert die Natur des handelsrechtlichen Kommissionsvertrages nicht.

B. Ankauf der kommittirten Waaren für den Kommittenten; Anspruch des Kommissionärs auf Zahlung.

Rechtsgr. 1084. — V. (Rheinischer) Senat. 20. September 1853. (X. 125.)

a) Es ist nicht nothwendig, daß der Kommissionär die Ankäufe für den Kommittenten besorgt hat, es reicht vielmehr aus: daß er auftragsmäßig ankauft und die Sache dem Kommittenten zur Disposition stellt.

b) Hat der Kommissionär den Ankauf dem Auftrage gemäß besorgt, so kann er von dem Kommittenten Zahlung fordern, ohne den Nachweis, daß er den Kaufpreis an die Verkäufer bezahlt habe oder von denselben sommirt worden sei, führen zu brauchen.

C. Verbindlichkeit des Kommissionärs zur Rechnungslegung.

Rechtsgr. 1085. — V. (Rheinischer) Senat. 7. März 1854. (XII. 212.)

Der Kommissionär del credere ist verbunden, dem Kommittenten Rechnung über seine Geschäftsführung zu legen.

Art. 109. Siehe Rechtsgrundsatz 63. (A. L. R. I. 5. § 109.)

Art. 176. Siehe Rechtsgrundsatz 889. (Allgem. Deutsche Wechsel-Ordnung Art. 88. No. 1.)

Corpus juris civilis.

1. Institutiones.

Lib. 1. Tit. 10. de nuptiis:
— § 12. Siehe Rechtsgrundsatz 695. (A. L. R. II. 2. § 652.)
Lib. 1. Tit. 24. de satisdatione tutorum vel curatorum:
— § 3. Siehe Rechtsgrundsatz 412. (A. L. R. I. 14. § 413.)
Lib. 2. Tit. 8. quibus alienare licet vel non:
— § 2. Siehe Rechtsgrundsatz 1068. (Provinzialrecht von Neu-Vorpommern Thl. 5. S. 162.)

2. Digesta.

Lib. 1. Tit. 3. de legibus senatusque consultis et longa consuetudine:
— Lex 39. Berücksichtigung irriger Rechtsmeinungen bei Auslegung von Rechtsgeschäften.

Rechtsgr. 1086. — II. Senat. 15. Januar 1852. (IV. 267.)

Eine zur allgemeinen Geltung gelangte irrige Rechtsmeinung entscheidet über den vermuthlichen Willen der Parteien hinsichtlich eines unter der Herrschaft jener Rechtsmeinung eingegangenen Rechtsgeschäfts.

Lib. 1. Tit. 5. de statu hominum:
— Lex 12. Siehe Rechtsgrundsätze 654. 1087. (A. L. R. II. 1. § 1015.; Dig. 1. 6. Lex 6.)
Lib. 1. Tit. 6. de his qui sui vel alieni juris sunt:
— Lex 6. Vergl. Corpus juris Frid. Buch 2. Thl. 1. Tit. 5. § 8.; Preußisches Landrecht von 1721 Buch 2. Tit. 1-5.; Dig. 1. 5. Lex 12.; 2. 4. Lex 5.; 12. 2. Lex 3. §§ 1. 2., Lex 34. princ.; 22. 3. Lex 29. § 1.; 38. 16. Lex 3. §§ 9. 11. 12.; 48. 5. Lex 11. § 9.; Publikations-Patent vom 27. Juni 1721; Instruktion für die Preußische Justiz-Kollegia vom 16. September 1751 § 149.; Ostpreußische Regierungs-Instruktion vom 30. Juli 1774 § 18. No. 1.

Rechtsgr. 1087. — I. Senat. 2. November 1853. (X. 262.)

a) In Ostpreußen galten bis zum 1. Januar 1802 hinsichtlich der Beurtheilung der Rechtmäßigkeit eines von einer Ehefrau gebornen Kindes die Bestimmungen des Römischen Rechts.

b) Nach Gemeinem Rechte ist der Beweis des Ehemannes und seiner Erben gegen die Rechtmäßigkeit des von der Ehefrau des ersteren innerhalb des gesetzlichen Zeitraumes geborenen Kindes nicht auf Fälle der Abwesenheit und der Unfähigkeit beschränkt; sie können vielmehr auch auf andere indirekte Weise darthun, daß der Ehemann in dem gesetzlichen Zeitraum der Ehefrau nicht beigewohnt habe, und ist die Ergänzung dieses unvollständig geführten Beweises durch Auferlegung eines nothwendigen Eides zulässig. Dieser Satz und nicht das Präjudiz No. 1125. (Präjudizien-Sammlung Seite 163.) kommt da zur Anwendung, wo die drei ersten Titel des zweiten Theils des Allg. Landrechts suspendirt sind.

Lib. 2. Tit. 4. de in jus vocando:
— Lex 5. Siehe Rechtsgrundsätze 654. 1087. (A. L. R. II. 1. § 1015.; Dig. 1. 6. Lex 6.)
Lib. 2. Tit. 14. de pactis:
— Lex 38. Siehe Rechtsgrundsatz 55. (A. L. R. I. 4. § 39.)
Lib. 3. Tit. 3. de procuratoribus et defensoribus:
— Lex 1. Siehe Rechtsgrundsatz 763. (A. L. R. II. 8. § 1431.)
Lib. 5. Tit. 1. de judiciis et ubi quisque agere vel conveniri debeat:
— Lex 19. Gerichtsstand des Vertrages nach Gemeinem Rechte. — Vergl. A. G. O. I. 2. § 150.; Nov. 69. Cap. 1-3.; Lib. VI. Decret. Cap. 1. 3.

Rechtsgr. 1088. — V. Senat. 1. Februar 1853. (X. 6.)

Der Gerichtsstand des Vertrages wird nach Gemeinem Recht durch die Anwesenheit des Verklagten oder durch dessen Besitz von Vermögensstücken in diesem Gerichtsbezirk bedingt.

— Lex 73. § 3. Siehe Rechtsgrundsatz 960. (A. G. O. I. 14. § 78.)
Lib. 5. Tit. 2. de inofficioso testamento:
— Lex 23. Lex 25. Siehe Rechtsgrundsätze 678. 679. (A. L. R. II. 2. § 327.)
Lib. 6. Tit. 1. de rei vindicatione:
— Lex 24. Rechtliche Vermuthung für die Redlichkeit des Besitzes. — Vergl. Cod. 3. 31. Lex 11.; 3. 32. Lex ult.; A. L. R. I. 7. §§ 18. 179.

Rechtsgr. 1089. — III. Senat. 23. April 1852. (V. 194.)

Die gemeinrechtliche Vermuthung für die Redlichkeit des Besitzes streitet auch zu Gunsten des auf Singular-Succession sich gründenden dritten Besitzers der verpfändeten Sache.

Lib. 7. Tit. 1. de usu fructu et quemadmodum quis utatur fruatur:
— Lex 10. Siehe Rechtsgrundsatz 797. (A. L. R. II. 11. § 812.)

Lib. 8. Tit. 1. de servitutibus:
— Lex 14. pr. Siehe Rechtsgrundsatz 1093. (Dig. 8. 5. Lex 10. pr.)

Lib. 8. Tit. 2. de servitutibus praediorum urbanorum:
— Lex 1. pr.; Lex 2. Lex 17. § 3.; Lex 20. §§ 3-6.; Lex 28. am Ende. Siehe Rechtsgrundsatz 583. (A. L. R. I. 22. § 59.)
— Lex 14. Nichtanwendbarkeit der polizeilichen Bauvorschriften des Römischen Rechts in den Ländern des Gemeinen Rechts. — Vergl. Cod. 8. 10. Lex 9. Lex 12.; Verordnung vom 21. Juli 1849 §§ 57. 58. No. 3.

Rechtsgr. 1090. — V. Senat. 24. Mai 1853. (VIII. 375.)

Die Vorschriften der Lex 9. und Lex 12. Cod. de aedif. priv. (8. 10.) und der Lex 14. Dig. de servit. praed. urb. (8. 2.) sind polizeilicher Natur und auf die Sitten der Länder berechnet, für welche sie erlassen worden sind, weshalb sie auf die ganz abweichenden baupolizeilichen Verhältnisse Deutschlands nicht anwendbar sind.

— Lex 39. § 1. Siehe Rechtsgrundsatz 412. (A. L. R. I. 14. § 413.)

Lib. 8. Tit. 3. de servitutibus praediorum rusticorum:
— Lex 5. Lex 6. Siehe Rechtsgrundsatz 577. (A. L. R. I. 22. § 25.)

Lib. 8. Tit. 4. communia praediorum tam urbanorum quam rusticorum:
— Lex 13. § 1. Rechte des Grundeigenthümers auf die Bergwerksschätze nach Gemeinem Rechte. — Vergl. Cod. 11. 6. Lex 3.

Rechtsgr. 1091. — III. Senat. 22. April 1853. (X. 46.)

Nach Gemeinem Rechte ist nur der Grundeigenthümer zum Bergbau hinsichtlich der unter seinem Grund und Boden befindlichen Bergwerksschätze berechtigt, wenn nicht durch besonderes Gewohnheitsrecht ein Anderes eingeführt ist.

Lib. 8. Tit. 5. si servitus vindicetur vel ad alium pertinere negetur:
— Lex 8. §§ 5. 6. Siehe Rechtsgrundsatz 22. (A. L. R. Einl. § 89.)
— Lex 10. pr. Ersitzung einer Servitut nach Gemeinem Rechte. — Vergl. Dig. 43. 19. Lex 5. § 3.; Cod. 3. 34. Lex 1. Lex 2.

A. Ueberhaupt. — Vergl. Cod. **7**. **33**. Lex **12**. § **4**.

Rechtsgr. **1092**. — V. Senat. 15. Februar 1853. (X. 8.)

Zur Ersitzung einer Servitut genügt nach Gemeinem Recht ein zehn- oder zwanzigjähriger fehlerfreier Besitz.

B. Ersitzung diskontinuirlicher Servituten. — Vergl. Dig. **8**. **1**. Lex **14**. pr.; **39**. 3. Lex 26.; **43**. 20. Lex 3. § **4**.; Lib. VI. Decret. Lib. **2**. Tit. 13. cap. **1**. (de praescriptione.)

Rechtsgr. **1093**. — V. Senat. 12. Juli 1853. (X. 95.)

Auch diskontinuirliche Servituten werden nach Gemeinem Rechte durch zehnjährige Acquisitiv-Verjährung erworben. Ein dem entgegenstehendes Deutsches Gewohnheitsrecht läßt sich nicht nachweisen.

Lib. **9**. Tit. **2**. ad Legem aquiliam:
— Lex **39**. § **1**. Siehe Rechtsgrundsatz **412**. (A. L. R. I. **14**. § 413.)
Lib. **10**. Tit. **3**. communi dividundo:
— Lex **7**. §§ **6**. **13**. Theilungsklage des Pfandgläubigers des Miteigenthümers einer gemeinschaftlichen Sache gegen den anderen Miteigenthümer, nach Gemeinem Rechte. — Vergl. Cod. **3**. 37. Lex **2**.

Rechtsgr. **1094**. — V. Senat. 14. März 1854. (XII. 246.)

Nach dem Gemeinen Rechte ist der Pfandgläubiger des Miteigenthümers einer gemeinschaftlichen Sache gegen den andern Miteigenthümer die Theilungsklage behufs Versteigerung der gemeinschaftlichen Sache zu erheben befugt.

Lib. **10**. Tit. **4**. ad exhibendum:
— Lex **7**. § **3**. Siehe Rechtsgrundsatz **1095**. (Dig. **41**. 2. Lex 20.)
Lib. **12**. Tit. **2**. de jure jurando:
— Lex **3**. §§ **1**. **2**.; Lex **34**. pr. Siehe Rechtsgrundsatz 1087. (Dig. **1**. 6. Lex 6.)
Lib. **13**. Tit. **7**. de pignoratitia actione:
— Lex **41**. Siehe Rechtsgrundsatz 508. (A. L. R. I. **20**. § 76.)
Lib. **16**. Tit. **1**. ad S. C. Vellejanum:
— Lex **8**. pr. Siehe Rechtsgrundsatz 402. (A. L. R. I. **14**. § 228.)
Lib. **17**. Tit. **1**. mandati vel contra:
— Lex **59**. § **3**. Siehe Rechtsgrundsatz 385. (A. L. R. I. **13**. § **211**.)
Lib. **19**. Tit. **2**. locati conducti:
— Lex **25**. § **2**. Siehe Rechtsgrundsatz 562. (A. L. R. I. **21**. § 358.)

Lib. **20**. Tit. **1**. de pignoribus et hypothecis:
— Lex **22**. Siehe Rechtsgrundsatz 508. (A. L. R. I. **20**. § 76.)
Lib. **20**. Tit. **2**. in quibus causis pignus vel hypotheca tacite contrahitur:
— Lex **4**. Siehe Rechtsgrundsatz 566. (A. L. R. I. **21**. § 395.)
Lib. **20**. Tit. **4**. qui potiores in pignore vel hypotheca habeantur, et de his, qui in priorum creditorum locum succedunt:
— Lex **12**. § **10**. Siehe Rechtsgrundsatz 1066. (jus culmense ex ult. rev. Buch **4**. Tit. 4. Kap. 4.)
Lib. **20**. Tit. **5**. de distractione pignorum et hypothecarum:
— Lex **7**. § **2**. Siehe Rechtsgrundsatz 524. (A. L. R. I. **20**. § 439.)
Lib. **21**. Tit. **2**. de evictionibus et duplae stipulatione:
— Lex **44**. § **2**. Siehe Rechtsgrundsatz 212. (A. L. R. I. **9**. § 551.)
Lib. **22**. Tit. **3**. de probationibus et praesumtionibus:
— Lex **29**. § **1**. Siehe Rechtsgrundsatz 1087. (Dig. **1**. 6. Lex 6.)
Lib. **28**. Tit. **5**. de heredibus instituendis:
— Lex **17**. § **3**. Siehe Rechtsgrundſ. 1100. (Cod. **3**. 28. Lex 30. § 1.)
Lib. **28**. Tit. **10**. de lege cornelia:
— Lex **15**. pr. und § **1**. Siehe Rechtsgrundsatz 342. (A. L. R. I. **12**. § 136.)
Lib. **34**. Tit. **8**. de his, quae pro non scriptis habentur:
— Lex **1**. Lex **5**. Siehe Rechtsgrundsatz 342. (A. L. R. I. **12**. § 136.)
Lib. **36**. Tit. **1**. ad S. C. Trebellianum:
— Lex **63**. §§ **1**. **2**. Siehe Rechtsgrundsatz 350. (A. L. R. I. **12**. § 466.)
Lib. **38**. Tit. **16**. de suis et legitimis heredibus:
— Lex **3**. §§ **9**. **11**. **12**. Siehe Rechtsgrundsatz 1087. (Dig. **1**. 6. Lex 6.)
Lib. **39**. Tit. **3**. de aqua et aquae pluviae arcendae:
— Lex **26**. Siehe Rechtsgrundsatz 1093. (Dig. **8**. 5. Lex 10. pr.)
Lib. **41**. Tit. **2**. de acquirenda vel amittenda possessione:
— Lex **1**. §§ **20**. **22**., Lex **2**. Erwerbung des Hütungsrechts für eine Gemeinde durch Verjährung. — Vergl. Dig. **10**. 4. Lex 7. § 3.; A. L. R. I. 7. §§ 43. ff.

Rechtsgr. 1095. — Plenum. 5. April 1852. (V. 156.)

Nach Gemeinem Rechte bedarf es zur Erwerbung des Hütungsrechts für eine Gemeinde durch dessen Ausübung von Seiten des Gemeindehirten weder des Nachweises eines besonderen Auftrages außer dem Gemeinde-Hirtenamt, noch des Beweises, daß die Gemeinde von dieser Ausübung Wissenschaft gehabt oder dieselbe ausdrücklich genehmigt habe.

Lib. 41. Tit. 3. de usurpationibus et usucapionibus:
— Lex 13. pr. Person des Verklagten bei der actio pignoratitia directa, und Verjährung der letzteren. — Vergl. Dig. 44. 3. Lex 5. pr.; Cod. 4. 24. Lex 10. Lex 12.; 7. 39. Lex 8.; 8. 30. Lex 2.; Jülich-Bergische Rechtsordnung von 1564 Kap. 60. 100.

Rechtsgr. 1096. — III. Senat. 23. April 1852. (V. 183.)

a) Die gemeinschaftliche actio pignoratitia directa kann nur gegen den Pfandgläubiger und dessen Erben angestellt werden.

b) Ihre Verjährung kann zwar nicht eher beginnen, als bis die Pfandschuld bezahlt ist; der dritte redliche Besitzer des Pfandes aber, welcher nicht Erbe des Pfandgläubigers geworden, kann im Wege der Ersitzung das Eigenthum desselben erwerben.

c) Die Jülich-Bergische Rechtsordnung enthält keine von den Grundsätzen unter a. und b. abweichende Bestimmudgen.

Lib. 41. Tit. 5. pro herede vel pro possessore:
— Lex 3. Siehe Rechtsgrundsatz 219. (A. L. R. I. 9. § 617.)

Lib. 42. Tit. 8. quae in fraudem creditorum facta sunt, ut restituantur:
— Lex 6. Lex 7. Lex 10. Lex 20. Begründung der actio pauliana. — Vergl. A. G. O. I. 50. §§ 40. ff. 47.

Rechtsgr. 1097. — III. Senat. 20. Februar 1852. (IV. 357.)

Zur Begründung der actio pauliana des Gemeinen Rechts gegen den Gläubiger, welchem der Gemeinschuldner vor der Konkurs-Eröffnung Mobiliar-Gegenstände behufs seiner Befriedigung an Zahlungsstatt gegeben hat, reicht es nicht hin, daß beiden Theilen bei dem Abschlusse des Vertrages die Ueberschuldung des Vermögens des Gemeinschuldners bekannt war; vielmehr ist dazu auch der animus fraudationis auf Seiten des Gemeinschuldners und eine Benachtheiligung bevorzugter Gläubiger erforderlich.

Lib. 43. Tit. 12. de fluminibus, ne quid in flumine publico ripave ejus fiat, quo pejus navigetur:
— Lex 1. Siehe Rechtsgrundsatz 813. (A. L. R. II. 15. § 38.)
— Lex 1. § 5. Flußgebiet.

Rechtsgr. 1098. — II. Senat. 3. Februar 1852. (VI. 12.)

Das Gebiet eines Flusses wird durch zeitweise Ueberschwemmungen nicht geändert.

Lib. 43. Tit. 17. uti possidetis:
— Lex 4. Siehe Rechtsgrundsatz 1099. (Dig. 43. 19. Lex 1.)
Lib. 43. Tit. 19. de itinere actuque privato:
— Lex 1. ff. Gegenstand des gemeinrechtlichen possessorii ordinarii. — Vergl. Dig. 43. 17. Lex 4.; 43. 31. Lex 1. pr.; — in Verbindung mit Dig. 43. 24. Lex 11. §§ 5-7. Lex 20. pr. § 1.; 50. 17. Lex 73. § 2.

Rechtsgr. 1099. — II. Senat. 28. Oktober 1851. (VII. 190.)

Das possessorium ordinarium des Gemeinen Prozesses hat zum Gegenstande das durch die possessio naturalis und den animus sibi habendi begründete jus possessionis, welches auch in dem Falle zur Geltung zu bringen ist, wenn es sich um die Erhaltung des Besitzes von Rechten — der juris quasi possessio, — z. B. des Besitzes eines Fahrweges, handelt.

— Lex 5. § 3. Siehe Rechtsgrundsätze 1092. 1093. (Dig. 8. 5. Lex 10. pr.)
Lib. 43. Tit. 20. de aqua quotidiana et aestiva:
— Lex 3. § 4. Siehe Rechtsgrundsatz 1093. (Dig. 8. 5. Lex 10. pr.)
Lib. 43. Tit. 24. quod vi aut clam:
— Lex 11. §§ 5-7.; Lex 20. pr. § 1. Siehe Rechtsgrundsatz 1099. (Dig. 43. 19. § 1.)
Lib. 43. Tit. 31. utrubi:
— Lex 1. pr. Siehe Rechtsgrundsatz 1099. (Dig. 43. 19. Lex 1.)
Lib. 44. Tit. 3. de diversis temporalibus praescriptionibus, et de accessionibus possessionum:
— Lex 5. pr. Siehe Rechtsgrundsatz 1096. (Dig. 41. 3. Lex 13.)
Lib. 44. Tit. 4. de doli mali et metus exceptione:
— Lex 2. Siehe Rechtsgrundsatz 113. (A. L. R. I. 5. § 349.)
Lib. 44. Tit. 7. de obligationibus et actionibus:
— Lex 39. Siehe Rechtsgrundsatz 665. (A. L. R. II. 2. § 125.)

Lib. 45. Tit. 1. de verborum obligationibus:
— Lex 1. § 2. Siehe Rechtsgrundsatz 665. (A. L. R. II. 2. § 125.)
— Lex 36. Siehe Rechtsgrundsatz 113. (A. L. R. I. 5. § 349.)
Lib. 48. Tit. 5. ad legem Juliam de adulteriis coercendis:
— Lex 11. § 9. Siehe Rechtsgrundsatz 1087. (Dig. 1. 6. Lex 6.)
Lib. 49. Tit. 8. quae sententiae sine appellatione rescindantur:
— Lex 3. pr. Siehe Rechtsgrundsatz 57. (A. L. R. I. 5. § 51.)
Lib. 50. Tit. 16. de verborum significatione:
— Lex 24. Siehe Rechtsgrundsatz 1139. (Westpreußische Regierungs-Instruktion vom 21. September 1773 § 13.)
Lib. 50. Tit. 17. de diversis regulis juris antiqui:
— Lex 62. Siehe Rechtsgrundsatz 1139. (Westpreußische Regierungs-Instruktion vom 21. September 1773 § 13.)
— Lex 73. § 2. Siehe Rechtsgrundsatz 1099. (Dig. 43. 19. Lex 1.)

3. Codex.

Lib. 1. Tit. 14. de legibus et constitutionibus principum et edictis:
— Lex 5. Siehe Rechtsgrundsatz 1276. (Hamburger Verordnung vom 28. Dezember 1835 § 9.)
Lib. 2. Tit. 4. de transactionibus:
— Lex 38. Siehe Rechtsgrundsatz 458. (A. L. R. I. 16. § 405.)
Lib. 3. Tit. 28. de inofficioso testamento:
— Lex 30. § 1. Abwendung der querela nullitatis testamenti. — Vergl. Dig. 28. 5. Lex 17. § 3.; Nov. 115. cap. 5.

Rechtsgr. 1100. — I. Senat. 24. Mai 1852. (VI. 171.)

Nach dem Gemeinen Rechte genügt es zur Abwendung der querela nullitatis nicht, wenn der Notherbe nur auf einen Gegenstand eingesetzt ist, welchen er bereits, ohne zu dessen Kollation verpflichtet zu sein, vom Erblasser erhalten hat.

— Lex 35. § 2. Siehe Rechtsgrundsätze 678. 679. (A. L. R. II. 2. § 327.)
Lib. 3. Tit. 31. de petitione hereditatis:
— Lex 11. Siehe Rechtsgrundsatz 1089. (Dig. 6. 1. Lex 24.)
Lib. 3. 32. de rei vindicatione:
— Lex ult. Siehe Rechtsgrundsatz 1089. (Dig. 6. 1. Lex 24.)
Lib. 3. Tit. 34. de servitutibus et aqua:
— Lex 1. Lex 2. Siehe Rechtsgrundsätze 1092. 1093. (Dig. 8. 5. Lex 10. pr.)
— Lex 10. Siehe Rechtsgrundsatz 22. (A. L. R. Einl. § 89.)

Lib. 3. Tit. 36. familiae erciscundae:
— Lex 26. Siehe Rechtsgrundsatz 332. (A. L. R. I. 12. § 4.)
Lib. 3. Tit. 37. communi dividundo:
— Lex 2. Siehe Rechtsgrundsatz 1094. (Dig. 10. 3. Lex 7. § 6.)
Lib. 4. Tit. 24. de pignoratitia actione:
— Lex 10. Lex 12. Siehe Rechtsgrundsatz 1096. (Dig. 41. 3. Lex 13.)
Lib. 4. Tit. 29. ad S. C. Vellejanum:
— Lex 5. Lex 7. Siehe Rechtsgrundsatz 402. (A. L. R. I. 14. § 228.)
Lib. 4. Tit. 31. de compensationibus:
— Lex 1. Siehe Rechtsgrundsatz 807. (A. L. R. II. 14. § 1.)
Lib. 4. Tit. 35. mandati:
— Lex 1. Verpflichtung des Mandatars, dem Mandanten Kenntniß von der Lage des Geschäfts zu geben.

Rechtsgr. 1101. — IV. Senat. 27. November 1851. (III. 340.)

Der Mandatar ist nicht verpflichtet, unaufgefordert über die Lage des ihm anvertrauten Geschäfts dem Mandanten Nachricht zu geben.

Siehe auch Rechtsgrundsatz 763. (A. L. R. II. 8. § 1431.)

Lib. 4. Tit. 65. de locato et conducto:
— Lex 9. Siehe Rechtsgrundsatz 562. (A. L. R. I. 21. § 358.)
Lib. 4. Tit. 66. de jure emphyteutico:
— Lex 3. Siehe Rechtsgrundsatz 1112. (Jülich-Bergische Rechts-Ordnung von 1564 Kap. 106.)
Lib. 5. Tit. 1. de sponsalibus et arrhis sponsalitiis et proxeneticis:
— Lex 5. Rücktritt von einem Ehegelöbnisse wegen Untreue.

Rechtsgr. 1102. — I. Senat. 28. Juni 1852. (V. 340.)

a) Nach dem Gemeinen Rechte unterliegt die Erheblichkeit der gesetzlich nicht bestimmt formulirten Gründe zum Rücktritte von einem Ehegelöbnisse dem richterlichen Ermessen.

b) Ein nicht unbegründeter Verdacht gegen die Sittenstrenge der Braut, insbesondere die unterlassene Abwehr von Umarmung und Kuß Seitens eines andern Mannes, ist für einen hinreichenden Grund zum Rücktritt von dem Ehegelöbnisse zu erachten.

Lib. 5. Tit. 37. de administratione tutorum et curatorum:
— Lex 25. Lex 27. Siehe Rechtsfrage 1068. (Provinzialrecht von Neu-Vorpommern Theil 5.)

Lib. **6**. Tit. **20**. de collationibus:
— Lex **20**. § **1**. Siehe Rechtsgrundſ. **678**. **679**. (A. L. R. II. **2**. § 327.)
Lib. **6**. Tit. **23**. de testamentis et quemadmodum testamenta ordinentur:
— Lex **21**. § **3**. Siehe Rechtsgrundſatz 332. (A. L. R. I. **12**. § 4.)
Lib. **6**. Tit. **31**. de repudianda vel abstinenda hereditate:
— Lex **3**. Siehe Rechtsgrundſatz 458. (A. L. R. I. **16**. § 405.)
Lib. **7**. Tit. **14**. de ingenuis manumissis:
— Lex **5**. (diffamari). Diffamations-Klage nach Gemeinem Rechte; weſentliche Prozeßvorſchrift. — Vergl. Verordnung vom 21. Juli 1849 § 60. No. 2.

Rechtsgr. **1103**. — V. Senat. 28. Februar 1854. (XII. 197.)

a) Auch die Berühmung ſolcher Anſprüche, welche zur Zeit nicht klagbar ſind, begründet nach Gemeinem Recht die Diffamations-Klage ex legi diffamari.

b) Dieſelbe iſt kein ſubſidiäres Rechtsmittel, ſondern ſteht dem Diffamirten frei, ſelbſt wenn er auch die Negatorienklage anſtellen könnte.

c) Die Verletzung dieſer Grundſätze enthält eine Verletzung weſentlicher Prozeßvorſchriften im Sinne der No. 2. § 60. der Verordnung vom 21. Juli 1849.

Lib. **7**. Tit. **33**. de praescriptione longi temporis decem vel viginti annorum:
— Lex **12**. § **4**. Siehe Rechtsgrundſatz 1092. (Dig. **8**. 5. Lex 10. pr.)
Lib. **7**. Tit. **39**. de praescriptione 30 vel 40 annorum:
— Lex **8**. Siehe Rechtsgrundſatz 1096. (Dig. **41**. 3. Lex 13. pr.)
Lib. **7**. Tit. **65**. quorum appellationes non recipiuntur:
— Lex **1**. Siehe Rechtsgrundſatz 960. (A. G. O. I. **14**. § 78.)
Lib. **8**. Tit. **10**. de aedificiis privatis:
— Lex **9**. Lex **12**. Siehe Rechtsgrundſatz 1090. (Dig. **8**. 2. Lex 14.)
Lib. **8**. Tit. **16**. si aliena res pignori datur:
— Lex **5**. Siehe Rechtsgrundſatz 508. (A. L. R. I. **20**. § 76.)
Lib. **8**. Tit. **18**. qui potiores in pignore habeantur:
— Lex **11**. Kolliſion des öffentlichen und des geſetzlichen Pfandrechts.

Rechtsgr. **1104**. — I. Senat. 14. April 1851. (I. 352.)

Nach dem Gemeinen Rechte hat das pignus publicum

keinen Vorzug vor dem gesetzlichen Pfandrechte. Die Priorität zwischen beiden richtet sich nach ihrem Alter.

Lib. 8. Tit. 30. si vendito pignore agatur:
— Lex 2. Siehe Rechtsgrundsatz 1096. (Dig. 41. 3. Lex 13. pr.)
Lib. 8. Tit. 37. de litigiosis:
— Lex 1. Begriff der res litigiosa. — Vergl. Schwedische Tribunals-Ordnung von 1657 Thl. I. Tit. 35. §§ 1. 2.

Rechtsgr. 1105. — III. Senat. 19. November 1851. (III. 322.)

Nach Gemeinem Rechte ist eine Sache nur dann eine res litigiosa, wenn sie der Gegenstand einer Klage ist, nicht aber, wenn diese Klage blos mittelbaren Einfluß auf das Eigenthum derselben hat.

Das Neu-Vorpommersche Provinzialrecht stimmt hiermit überein.

Lib. 8. Tit. 43. de solutionibus et liberationibus:
— Lex 2. Siehe Rechtsgrundsatz 807. (A. L. R. II. 14. § 1.)
Lib. 10. Tit. 5. ne fiscus rem, quam vendidit, evincat:
— Lex 1. Siehe Rechtsgrundsätze 807. 1156. (A. L. R. II. 14. § 1.; Westphälisches Dekret vom 16. September 1810.)
Lib. 11. Tit. 6. de metallariis et metallis:
— Lex 3. Siehe Rechtsgrundsatz 1091. (Dig. 8. 4. Lex 13. § 1.)

4. Novellae.

Nov. 18. ut legitima portio liberorum, si quatuor sunt liberi:
— Cap. 1. ff. Siehe Rechtsgrundsatz 683. (A. L. R. II. 2. § 392.)
— Cap. 5. Siehe Rechtsgrundsatz 695. (A. L. R. II. 2. § 652.)
Nov. 39. de restitutione, et de ea, quae undecimo mense post mortem viri parit:
— Cap. 1. Siehe Rechtsgrundsatz 683. (A. L. R. II. 2. § 392.)
Nov. 52. ut neque personae, neque rei, neque pecuniae pignoratio fiat:
— Praef. und cap. 1. Siehe Rechtsgrundsatz 412. (A. L. R. I. 14. § 413.)
Nov. 69. ut omnes obtemperent et pareant magistratibus:
— Cap. 1-3. Siehe Rechtsgrundsatz 1088. (Dig. 5. 1. Lex 19.)
Nov. 89. de naturalibus liberis:
— Cap. 12. §§ 4-6. Siehe Rechtsgrundsatz 695. (A. L. R. II. 2. § 652.)

Nov. **107.** de ultimis voluntatibus inter liberos confectis:
— Cap. **1.** Siehe Rechtsgrundsatz 332. (A. L. R. I. **12.** § 4.)
Nov. **112.** de litigiosis et de cautione praestanda:
— Cap. **1.** Rechtliche Natur einer Erbtheilung.

Rechtsgr. **1106.** — II. Senat. 11. Mai 1852. (V. 256.)

Nach dem Gemeinen Rechte besitzt der Miterbe die durch die Erbtheilung erworbene Sache immer nur pro herede, nicht titulo emti.

Siehe auch Rechtsgrundsatz 492. (A. L. R. I. 18. § 716.)

Nov. **115.** ut, cum de appellatione cognoscitur, secundum illas leges debeat judicari, quae tempore datae sententiae obtenebant:
— Cap. **3.** Cap. **4.** § **9.** Siehe Rechtsgrundsatz 1110. (Konstitution des Kurfürsten Joachim I. von 1527.)
— Cap. **5.** Siehe Rechtsgrundsatz 1100. (Cod. **3.** 28. Lex 30. § 1.)

5. Feudorum Libri.

Lib. **2.** Tit. **4.** quid praecedere debeat, an investitura, vel fidelitas:
— § **50.** Siehe Rechtsgrundsatz 702. (A. L. R. II. **4.** § 50.)
Lib. **2.** Tit. **45.** an agnatus vel filius defuncti possit retinere feudum repudiata hereditate:
— si contigerit. Siehe Rechtsgrundsatz 703. (A. L. R. **II. 4.** § 50.)
Lib. **2.** Tit. **50.** de natura successionis feudi. Siehe Rechtsgr. 703. (A. L. R. II. **4.** § 50.)
Lib. **2.** Tit. **56.** quae sint regalia. Siehe Rechtsgrundsatz 813. (A. L. R. II. **15.** § 38.)

Corpus juris canonici.

1. Libri extra Decretum Gratiani.

Lib. **2.** Tit. **12.** de causa possessionis et proprietatis:
— Cap. **2-6.** Kumulation des possessorium ordinarium mit dem petitorium. — Vergl. cap. 36. Extra **2.** 20.; Clem. cap. un. **2. 3.**

* Vergl. dagegen Lex 1. Cod. communia utriusque judicii (**3.** 38.)

Rechtsgr. **1107**. — II. Senat. 28. Oktober 1851. (VII. 200.)

Nach dem Gemeinen Rechte kann das possessorium ordinarium mit dem petitorium kumulirt werden.

Lib. **2**. Tit. 12. de testibus et attestationibus:
— Cap. 36. Siehe Rechtsgrundsatz 1107. (cap. 2. Extra **2**. 12.)
Lib. **3**. Tit. **30**. de decimis, primitiis et oblationibus:
— Cap. **4**. **10**. **16**. **25**. **31**. Siehe Rechtsgrundſ. 799. 800. (A. L. R. II. **11**. § 860.)
Lib. **4**. Tit. **1**. de sponsalibus et matrimoniis:
— Cap. **17**. Zwangs-Ehe. — Vergl. A. L. R. II. **1**. §§ 112. 1036. 1037.; Entwurf zum Provinzialrecht für Neu-Vorpommern und Rügen von 1836 Thl. 2. Tit. 1. § **33**. und Motive zu demselben Thl. 3. S. 13.; Kirchen-Agende für Pommern von **1568** Kap. **12**. Seite 192.; Renovirte Konsistorial-Instruktion für Schwedisch-Pommern von 1681 Thl. 3. Tit. 2. § **4**.

Rechtsfr. **1108**. — I. Senat. 28. Juni 1852. (V. 340.)

Ist gemeinrechtlich ein Zwang zur Vollziehung der Ehe zulässig?*

2. Liber VI. Decretalium.

Lib. **2**. Tit. **13**. de praescriptionibus:
— Cap. **1**. Siehe Rechtsgrundsätze 799. 800. 1093. (A. L. R. II. **11**. § 860.; Dig. **8**. 5. Lex 10. pr.)
Lib. **2**. Tit. **2**. de foro competenti:
— Cap. **1**. **3**. Siehe Rechtsgrundsatz 1088. (Dig. **5**. 1. Lex 19.)
Lib. **3**. Tit. **17**. de religiosis domibus:
— Cap. un. § **1**. Siehe Rechtsgrundsatz **1148**. (Reichsdeputations-Hauptschluß vom 25. Februar 1803 Art. 35.)

3. Clementinae.

Lib. **2**. Tit. **3**. de causa possessionis et proprietatis:
— Cap. un. Siehe Rechtsgrundsatz **1107**. (cap. 2. Extra **2**. 12.)

* Obige Frage ist unbedenklich zu verneinen. — Vergl. die Anmerkung im Archiv für Rechtsfälle Bd. 5. S. 340.

Concilium Tridentinum von 1563.

(Emminghaus, Corp. jur. germ., zweite Aufl. Jena, 1844. Thl. 1. S. 325.)

Sessio 21. de reformatione:
— Cap. 7. Siehe Rechtsgrundsatz 795. (A. L. R. II. 11. § 710.)

Englisches Recht.

Parlamentsakte von 1571, betreffend die 39 Artikel der anglikanischen Kirche. Siehe Rechtsgrundsätze 732. 782. (A. L. R. II. 8. §§ 541.; 11. § 261.)

Verordnung 6. Georg IV. Klausel 94. Siehe Rechtsgrundsatz 732. (A. L. R. II. 8. § 541.)

Einzelne Gesetze und Verordnungen.

1469. Dienstag nach Oculi. Privilegium Herzogs Heinrich über die Krossensche Willkür, sonderlich von Erbfällen. (Mylius, Corpus Const. March., Theil 6. Abtheil. 1. Kol. 7.; Rabe, Sammlung Preußischer Gesetze, Bd. 1. Abthl. 1. S. 2.)
— Siehe Rechtsgrundsatz 345. (A. L. R. I. 12. § 263.)

1479. Konstitution für die Stadt Stettin wegen Succession Manns oder Weibes. (Sibrand, Stettinsches Recht, S. 97. Art. I.) Siehe Rechtsgrundsatz 696. (A. L. R. II. 2. § 656.)

1504, 3. und 18. Februar. Kolowratischer Vertrag über den geistlichen Zehnten in Schlesien. (Suarez, Sammlung Schlesischer Gesetze ꝛc. Bd. 1. S. 6.; Wentzel, Provinzialrecht des Herzogthums Schlesien, Breslau, 1839 S. 202.)
— No. 4. Zehntpflichtigkeit der in Schlesien innerhalb einer gewissen Parochie belegenen ländlichen Grundstücke.

Rechtsgr. 1109. — I. Senat. 8. März 1854. (XII. 230.)

Aus dem Kolowratischen Vertrage von 1504 läßt sich eine allgemeine Zehntpflichtigkeit aller in Schlesien innerhalb einer gewissen Parochie belegenen ländlichen fruchttragenden Grundstücke nicht herleiten.

Siehe auch Rechtsgrundsatz 782. (A. L. R. II. 11. § 261.)

1527, Mittwoch nach Franzisci. Constitutio Joachimica über Erbfälle (Mylius, Corp. Const. March. Thl. 2. Abth. 1. Kol. 19.)

— Tit. von Testamenten und von den absteigenden graden Linien. Berücksichtigung der Notherben im Testamente. — Vergl. Nov. 115. cap. 3. cap. 4. § 9.

Rechtsgr. 1110. — I. Senat. 24. November 1852. (VII. 159.)

Nach Kurmärkischem Provinzialrecht müssen Notherben im Testamente entweder eingesetzt oder enterbt werden, die Präterition macht das Testament ungültig.

— Tit. Erbfälle zwischen Eheleuten. §§ 1-3. Statutarisches Erbrecht Märkischer Ehegatten. — Vergl. Erbschafts-Edikt vom 30. April 1765 Abth. 2. §§ 6-10.)

Rechtsgr. 1111. — I. Senat. 30. April 1851. (I. 358.)

a) Zwischen Märkischen Eheleuten besteht auch eine modifizirte statutarische eheliche Gütergemeinschaft nicht.

b) Die besonderen Gläubiger des Märkischen überlebenden Ehegatten, welcher statutarische Theilung mit seinen Miterben über den Nachlaß des erstverstorbenen Ehegatten unter Einwerfung seines eigenen Vermögens gehalten hat, ohne daß eine Befriedigung dieser Gläubiger erfolgt wäre, sind berechtigt, sich auch an die Miterben ihres Schuldners unmittelbar wegen ihrer Bezahlung zu halten, jedoch haften die Miterben, wenn sie Benefizialerben des erstverstorbenen Ehegatten geworden sind, nur insoweit, als sie vermöge der Einwerfung des Vermögens des Ueberlebenden von dem reinen Nachlasse des Erstverstorbenen mehr als dessen Hälfte erhalten haben.

Dieser Rechtsgrundsatz findet keine Anwendung, wenn der überlebende Ehegatte Testamentserbe des Verstorbenen geworden ist, eine statutarische Theilung also gar nicht eintritt.

— § 2. Siehe Rechtsgrundsätze 345. 635. (A. L. R. I. 12. § 362.; II. 1. § 648.)

1544, 8. Februar. Decisio Kaisers Ferdinand I. über die Steuerverhältnisse in der Oberlausitz. (Kollektion der Oberlausitzschen Verordnungen. Budissin, 1770-1774. Bd. 2. Seite 1290.)

— Siehe Rechtsgrundsatz 808. (A. L. R. II. 14. § 9.)

1557, 6. Mai. Kursächsische General-Artikel, Kirchensachen betreffend. (Richter, Evangelische Kirchenordnungen Bd. 2. S. 178 ff.)
— Siehe Rechtsgrundsatz 794. (A. L. R. II. **11.** § 710.)

1564, 31. Juli. Herzoglich Jülich-Bergische Rechtsordnung. (Scotti, Sammlung der Gesetze 2c. Bd. 1. S. 48.)
— Kap. **60. 100.** Siehe Rechtsgrundsatz 1096. (Dig. **41.** 3. Lex 13.)
— Kap. **106. 108.** Laudemialpflichtigkeit der Erbpachts-Grundstücke nach dem Landesbrauch im ehemaligen Herzogthum Berg. — Vergl. Cod. **4.** 66. Lex 3.; Gesetz vom 2. März 1850. § 40.

Rechtsgr. **1112.** — V. (Rheinischer) Senat. 21. Februar 1854. (XII. 148.)

a) Erbpachtsgrundstücke sind im ehemaligen Herzogthum Berg nach dem Landesbrauch laudemialpflichtig.

b) Dieser Landesbrauch fällt nicht unter den Begriff der im § 40. des Gesetzes vom 2. März 1850 bezeichneten Observanz.

1568. Deklaration der Konstitution für die Stadt Stettin von 1479. (v. Hymmen, Beiträge, Erste Zugabe S. 25.)
Siehe Rechtsgrundsatz 696. (A. L. R. II. **2.** § 656.)

1568. Kirchenagende für Pommern. (Wittenberg, 1569, gedruckt durch Joh. Schwertel.)
— Kap. **10.** S. **192.** Siehe Rechtsgr. 1108. (Cap. 17. Extra **4.** 1.)

1572, 21. April. Kursächsische Konstitution die Lehnwaare betreffend. (Haubold, Handbuch der Kursächsischen Gesetze S. 125.; Lünig, Cod. Aug. Theil **1.** S. 131.)

Rechtsgr. **1113.** — II. Senat. 13. Januar 1853. (VIII. 196.)

Auch nach Sächsischem Rechte wird bei Besitzveränderungen in herrschender Hand die Lehnwaare in der Regel nicht entrichtet.

1573, Montag nach Trium regum. Kurfürst's Johann Georg von Brandenburg Visitations- und Konsistorial-Ordnung. (Mylius, Corp. Const. March. Thl. I. Abth. 1. Kol. 273.)
— Siehe Rechtsgrundsatz 779. (A. L. R. II. **11.** § 261.)
— Siehe Rechtsgrundsatz 797. (A. L. R. II. **11.** § 812.)
— Vindikation Kurmärkischer Kirchengüter. — Vergl. A. L. R. I. **15.** § 26.

Rechtsgr. **1114**. — II. Senat. 30. November 1852. (VII. 189.)

Die Vorschrift des § 20. I. 15. des Allgem. Landrechts, nach welcher der Besitzer in gutem Glauben dem Vindikanten die Sache nur gegen Erstattung Desjenigen, was er dafür gegeben, herauszugeben verpflichtet ist, findet auch auf Kurmärkische Kirchengüter Anwendung, wenngleich dieselben der Verjährung nicht unterliegen.

1580, 1. Januar. Kursächsische Kirchenordnung. (Richter, Evangelische Kirchenordnungen S. 401 ff.)

— Art. **32**. Siehe Rechtsgrundsatz 794. (A. L. R. II. **11**. § 710.)

1589, 12. Juni. Kursächsische Berg-Ordnung. (Lünig, Cod. Aug. Theil **2**. S. 186.)

— Art. 72. § 4. Siehe Rechtsgrundsatz 819. (A. L. R. II. **16**. § 118.)

1592, 18. Januar. Polizei-Ordnung der Haupt- und Residenzstadt Münster. (Schlüter, Provinzialrecht der Provinz Westphalen Bd. 1. S. 117 ff.)

— Kap. **5**. und **7**. Einseitige Dispositions-Befugniß der Münsterischen Ehegatten. — Vergl. Adjektum 2 in Decembri 1607 zu Kap. 5. und Adjektum vom 20. Dezember 1601 zu Kap. 6. dieser Polizei-Ordn.; A. L. R. II. **1**. § 377.

Rechtsgr. **1115**. — I. Senat. 22. Oktober 1851; III. Senat. 22. Dezember 1851; IV. Senat. 31. Januar 1854. (III. 305.; VI. 3.; XI. 301.)

Nach der Münsterischen ehelichen Gütergemeinschaft ist sowohl der Ehemann als die Ehefrau berechtigt, über das gütergemeinschaftliche Vermögen — jedoch mit Ausschluß des ganzen Inbegriffes desselben — ohne Vorwissen und Willen des andern Ehegatten unter Lebenden zu verfügen.*

Rechtsgr. **1116**. — IV. Senat. 31. Januar 1854. (XI. 301.)

Nach der Münsterischen ehelichen Gütergemeinschaft kann jeder Ehegatte über einzelne Bestandtheile des gütergemeinschaftlichen Vermögens auch zu seinem alleinigen Vortheile, z. B. zum Zweck seiner Alimentation, einseitig verfügen.**

* Vergl. dagegen den Rechtsgrundsatz 1074. Revidirter Entwurf des Provinzialrechts des Fürstenthums Paderborn von 1841 § 86.

** Die Richtigkeit des obigen Satzes dürfte zu bezweifeln sein.

1594. Landesordnung des Kurfürsten Johann Georg von Brandenburg. (Mylius, Corp. Const. March. Bd. 6. Abth. 3. S. 55 ff.)
— Thl. **3.** Tit. **7.** Siehe Rechtsgrundsatz 695. (A. L. R. II. 2. § 652.)
— Thl. **3.** Tit. **9.** Siehe Rechtsgrundsatz 635. (A. L. R. II. **1.** § 648.)

1601, 20. Dezember. Adjektum zu Kap. 6. der Münsterischen Polizei-Ordnung vom 18. Januar 1592. (Schlüter, Provinzialrecht der Provinz Westphalen Bd. 1. S. 123.)
— Siehe Rechtsgrundsätze 1115. 1116. (Münsterische Polizei-Ordnung vom 18. Januar 1592 Kap. 5.)

1607, in Decembri. Adjektum 2. zu Kap. 5. der Münsterischen Polizei-Ordnung vom 18. Januar 1592. (Schlüter, Westphälisches Provinzialrecht Bd. 1. S. 121.)
— Siehe Rechtsgrundsätze 1115. 1116. (Münsterische Polizei-Ordnung vom 18. Januar 1592 Kap. 5.)

1613, **22**. Oktober. Kaiserlich bestätigte Landes-Ordnung der freien Standesherrschaft Wartenberg.
— § **15**. Siehe Rechtsgrundsatz 1384. (Gesetz vom 2. März 1850 § 3. No. 4.)

1616. Nassau-Katzenellenbogische Landes-Ordnung. (Zweite Auflage, Frankfurt 1711.)
— Thl. **1**. Kap. **15**. § **14**.; Thl. **4**. Kap. **10**. § **2**., Kap. **15**. § **2**. Dispositionsbefugniß der Ehefrau eines Kaufmanns.

Rechtsgr. **1117**. — IV. Senat. 23. September 1851. (IV. 25.)

Nach der Nassau-Katzenellenbogenschen Landes-Ordnung ist die Ehefrau eines Kaufmannes, welcher einen offenen Laden hat, ohne dessen Genehmigung zwar zur Vornahme einzelner Ladengeschäfte, nicht aber zur Veräußerung des gesammten Waarenbestandes befugt.

1624, 6. August. Kursächsisches General-Synodal-Dekret. (Lünig, Cod. Aug. Theil I. S. 795.)
— Siehe Rechtsgrundsatz 794. (A. L. R. II. **11**. § 710.)

1629, 6. Oktober. Kursächsisches General-Synodal-Dekret. (Lünig, Cod. Aug. Theil I. S. 795.)
— Siehe Rechtsgrundsatz 794. (A. L. R. II. **11**. § 710.)

1634, 22. November. Breve Papst Urban VIII. über den Zehnten (Zalaszowski: Jus regni Poloniae, **1**. Seite 101-102.)
— Siehe Rechtsgrundsätze 799. 800. (A. L. R. II. **11**. § 860.)

1635. Polnische Reichstags-Konstitution Ladislaus II. (Leges etc. Regni Poloniae. Varsaviae 1732-1792 vol. 3.)
— Siehe Rechtsgrundsätze 799. 800. (A. L. R. II. **11**. § 860.)

1641, 30. November. Berliner Bau-Ordnung. (Rabe, Samml. rc. Bd. 1. S. 29.)
— §§ **23**. **27**. Einschränkung des Eigenthums zum Besten des Nachbars in Betreff der Anlagen neuer Thüren und Fenster. — Vergl. Berliner Spezial-Bau-Observanzen Kap. **4**. § **1**.; A. L. R. I. **22**. § **43**.

Rechtsgr. **1118**. — II. Senat. 30. März 1854. (XII. 312.)

a) Unter dem „Nachbar" in den §§ 23. und 27. der Berliner Bauordnung vom 30. November 1641 ist der Eigenthümer und Besitzer des benachbarten Grundstücks zu verstehen, auch wenn derselbe eine Korporation bildet.

b) Unter des Nachbars „Hof" in den §§ 23. und 27. der Berliner Bauordnung vom 30. November 1641 ist nicht ausschließlich der als Hof benutzte Theil des benachbarten Grundstücks, sondern überhaupt das Gehöft im Gegensatze des nicht mit Gebäuden besetzten Theils dieses Grundstücks gemeint.

c) Hinsichtlich der Beschränkung in der Anlage neuer Fenster in dem an des Nachbars Hof stoßenden Gebäude nach der Berliner Bauordnung und Observanzen macht es keinen Unterschied, ob die Fenster in einem bereits vorhandenen Gebäude, oder gleich bei Errichtung eines neuen Gebäudes angelegt sind.

d) Auch nach der Berliner Bauordnung hat der unterlassene sofortige Widerspruch gegen die Anlage neuer Fenster in des Nachbars Gebäude den Verlust dieses Rechts nicht zur Folge.

1648, 24. Oktober. Instrumentum pacis Osnabrugensis. (Emminghaus, Corp. jur. germ. Theil 1. S. **445**.)
— Art. VIIb. (VII. § 1.) Siehe Rechtsgr. **782**. (A. L. R. II. **11**. § 261.)

1657. Schwedische Tribunals-Ordn. (Wismar, 1657 u. Stralsund, 1739.)
— Theil 1. Titel 35. §§ 1. 2. Siehe Rechtsgrundsatz 1105. (Cod. 8. 37. Lex 1.)

1662, 20. Mai. Kleve-Märkische Reformirte Kirchen-Ordnung. (Scotti, Sammlung der Gesetze 2c. Thl. 1. Seite 391.)
— §§ 54. 57. Siehe Rechtsgrundsatz 785. (A. L. R. II. 11. § 552.)

1668, am Tage St. Matth. Apost. Statuta oder Satzungen der Stadt Essen. (v. Kamptz, die Provinzial- und statutarischen Rechte in der Preußischen Monarchie. Berlin, 1827. Theil 2. Seite 564.)
— Eheliches Güterverhältniß nach dem Statute der Stadt Essen. — Vergl. die geschichtliche Darstellung §§ 79. 87. 101. in v. Kamptz Jahrbüchern Bd. 19.

Rechtsgr. **1119**. — I. Senat. 24. Mai 1852. (V. 265.)

In der Stadt Essen besteht unter Eheleuten observanzmäßig weder die allgemeine Gütergemeinschaft, noch auch eine Gemeinschaft des Erwerbes.

— Art. 22-28. Erbtheilung bei dem Tode eines Ehegatten.

Rechtsgr. **1120**. — I. Senat. 24. Mai 1852. (V. 266.)

a) In der Stadt Essen verbleiben nach alter Observanz und den Ortsstatuten beim Absterben des einen Ehegatten in unbeerbter Ehe dem überlebenden Ehegatten die von ihm angebrachten Güter, alle Mobilien des Verstorbenen, und die Hälfte der in stehender Ehe erworbenen Immobilien, so wie die Leibzucht von den an die nächsten Verwandten des Verstorbenen fallenden übrigen Immobilien. — Bei beerbter Ehe hingegen fallen die beiderseitigen Immobilien an die Kinder dieser Ehe, die Mobilien aber an den überlebenden Ehegatten, welchem auch die Leibzucht von den Immobilien gebührt.

b) Bei dem Tode des zur andern Ehe geschrittenen überlebenden Ehegatten können die Kinder aus dessen erster Ehe die Ausgleichung des etwaigen geringern Werths ihrer ihnen jetzt abzutretenden Immobilien aus den Mobilien verlangen — mit der Maaßgabe jedoch, daß, wenn auch die zweite

Ehe beerbt ist, die Kinder beider Ehen die dem Erblasser nach dem Tode des ersten Ehegatten von den Eltern oder Großeltern angefallenen Immobilien nach Köpfen theilen. — Außerdem behalten bei unbeerbter zweiter Ehe die Kinder erster Ehe die Hälfte aller von dem Erblasser hinterlassenen Mobilien und die Hälfte der von ihm hinterlassenen, im Wittwenstande oder in zweiter Ehe erworbenen Immobilien, deren andere Hälfte dem überlebenden Ehegatten zweiter Ehe verbleibt.

1669, 2. Januar. Kurkölnische Berg-Ordnung. (v. Wagnern, Corp. juris metall. Seite 813.)

— Thl. 3. Art. 9. Frei-Erkennung einer Bergwerks-Grube wegen versäumten Betriebes derselben. — Vergl. A. L. R. II. **16.** § 198.

Rechtsgr. **1121.** — III. Senat. 3. März 1852. (VI. 59.)

Der Grundsatz des Gemeinen Bergrechts, — daß das Verlassen einer Grube während dreier anfahrenden Schichten zur Freierkennung derselben genüge, ist durch die kurkölnische Bergordnung vom 2. Januar 1669 nicht aufgehoben.

1681. Renovirte Konsistorial-Instruktion im Herzogthum Vor-Pommern. (Alten-Stettin, 1681.)

— Theil 3. Kap. 2. § 4. Verbindlichkeit eines großjährigen Haussohnes in Neu-Vorpommern aus der Schwängerung unter Eheversprechen. — Vergl. Schwedische Kirchenordnung von 1680; Entwurf des Provinzialrechts des Herzogthums Neu-Vorpommern. Thl. 2. Tit. 1. §§ 22. 173. 178.; A. L. R. II. **1.** §§ 1059. 1060.

Rechtsgr. **1122.** — I. Senat. 26. April 1852. (V. 334.)

In Neu-Vorpommern ist ein großjähriger Haussohn auch ohne den Ehekonsens seines Vaters verpflichtet, die unter dem Versprechen der Ehe Geschwängerte zu heirathen oder auszustatten.

Siehe auch Rechtsgrundsatz 1108. (Cap 17. Extra 4. 1.)

1687, 6. August. Kurfürst's Friedrich Wilhelm Lutherische Kirchenordn. (Scotti, Samml. der Gesetze rc. Bd. 1. S. 595.)

— §§ **103. 104.** Siehe Rechtsgrundsatz 785. (A. L. R. II. **11.** § 552.)

1688, 3. Januar. Magdeburger Polizei-Ordnung. (Mylius, Corp. Const. Magdeb. Theil **3**. Seite 1.)

— Kap. **5**. §§ **1**. **3**. **4**. Befreiung von Fährgeld durch Observanz. — Vergl. A. L. R. Publikations-Patent vom 5. Februar 1794 § 7.; Einleit. § 3.)

Rechtsgr. **1123**. — II. Senat. 16. November 1852. (VIII. 43.)

Nach der Magdeburger Polizei-Ordnung vom 3. Januar 1688 kann durch Observanz die Befreiung von Entrichtung des Fährgeldes erworben werden.

— Kap. **31**. §§ **2**. **21**. Anfang der Verjährung der Servituten gegen Pupillen und Minorenne.

Rechtsgr. **1124**. — II. Senat. 1. Juli 1851. (III. 232.)

Die vierzigjährige Ersitzung von Servituten nach der Magdeburger Polizei-Ordnung kann auch gegen Pupillen und Minorenne ihren Anfang nehmen. — Die nach diesem Gesetze erforderliche patientia et scientia domini ist in Betreff einer Waldservitut schon dann anzunehmen, wenn auch nur der Förster des Waldeigenthümers um die Ausübung der Servitut gewußt und dieselbe nicht gehindert hat.

1691, 2. April. Konsistorial-Verordnung. (Edikten-Sammlung **1**. **2**. Seite 114.)

— Siehe **Rechtsgrundsatz 1313**. (Statut für die Berlin-Köllner Prediger-Wittwen-Kasse vom 1. Juli 1840.)

1692, 1. August. Resolution der Fürsten zu Oels und Bernstadt an die zum Landtage des Fürstenthums versammelten Stände, betreffend die große Kanzleitaxe. (Brachvogel, Sammlung, Bd. 6. S. 1793.)

— Siehe Rechtsgrundsatz 1384. (Gesetz vom 2. März 1850 § 3. No. 4.)

1693, 10. April. Sanctio pragmatica des Kaisers Leopold wegen der großen Kanzleitaxe in Schlesien. (Brachvogel, Continuatio der Privilegien des Landes in Schlesien Bd. 3. S. 775.)

— Siehe Rechtsgrundsätze 1384. 1385. 1392. (Gesetz vom 2. März 1850 § 3. No. 4. § 40.)

1694, 8. Dezember. Lehnskonstitution für Hinterpommern. (Lünig, Corp. juris feud. Theil 2. S. 1113.)

— Tit. 2. § 6. Siehe Rechtsgrundsatz 1126. (Lehnskonstitution vom 1. Juni 1723 § 17.)

— Tit. 3. § 3. Pfandbesitz der Töchter für ihre Lehnsabfindungen. — Vergl. Projekt der Vor-Pommerschen Lehnskonstitution von 1751 Tit. 3. § 9.; A. L. R. I. 18. §§ 323. ff.

Rechtsgr. 1125. — I. Senat. 20. Mai 1853. (IX. 183.)

Der nach der Pommerschen Lehnsverfassung den Töchtern hinsichtlich ihrer Lehnsabfindung gewährte Pfandbesitz an einem Theile des Lehnguts kann nach Einführung der Allgem. Hypotheken-Ordnung nur noch gegen den Lehnsbesitzer, nicht aber gegen einen Dritten, welcher das Lehngut besitzt, ausgeübt werden.

1702, 16. Dezember. Flecken-, Dorf- und Acker-Ordnung. (Mylius, Corp. Const. March. Thl. 5. Abth. 3. S. 227; Rabe, Sammlung, Bd. 1. Abthl. 1. S. 238.)

— §§ 4. 5. Siehe Rechtsgrundsätze 779. 780. (A. L. R. II. 11. § 261.)

1704. Kurfürst's Lothar Franz Statuta in Successionsfällen ab intestato vor die Stadt Erfurt und sämmtliche zugehörige Landschaft. (Kurfürstlich Mainz'sche Verordnungen vor die Stadt Erfurt und zugehörige Lande. Erfurt, ohne Jahr.)

— Tit. 1. § 1. Siehe Rechtsgrundsatz 683. (A. L. R. II. 2. § 392.)

1708, 19. März. Finalresolution der Fürsten zu Oels und Bernstadt betreffend die große Kanzleitaxe. (Brachvogel, Continuatio etc. Bd. 3. S. 963.)

— Siehe Rechtsgrundsatz 1384. (Gesetz vom 2. März 1850 § 3. No. 4.)

1710, 11. Dezember, und **1711**, 7. Februar. Kabinets-Order und Konsistorial-Verordnung wegen der Kirchenbauten in der Mark Brandenburg. (Rabe, Sammlung, Bd. 1. Abthl. 1. S. 299; Mylius, Corp. Const. March. Thl. 1. Abth. 1. S. 443.)

— Siehe Rechtsgrundsatz 793. (A. L. R. II. 11. § 710.)

1717, 5. Januar. Edikt, daß alle Adliche, Schulzen- und Bauer-Lehne vor Allodial erklärt, und nexus feudalis aufgehoben werden sollen, wenn dafür ein jährlicher Kanon gewilligt wird.

— Siehe Rechtsgrundsatz 1126. (Lehnskonstitution vom 1. Juni 1723 § 17.)

1718, 25. August. Lehnskonstitution für die Kurmark Brandenburg. (Mylius, Corp. Const. March. Theil 2. Abth. 5. Kol. 199.)
— Siehe Rechtsgrundsatz 1126. (Lehnskonstitution vom 1. Juni 1723 § 17.)

1718, 23. September. Vormundschafts-Ordnung. (Mylius, C. C. M. Theil 2. Abth. 2. Kol. 55.; Rabe, Sammlung, Band 1. Abth. 1. Seite 459.)
— § **50**. Siehe Rechtsgrundsätze 635. 831. (A. L. R. II. **1**. § 648.; **18**. § 587.)

1721, 27. Juni. Publikations-Patent des verbesserten Landrechts des Königreichs Preußen.
— Am Schlusse. Siehe Rechtsgrundsatz 1087. (Dig. **1**. 6. Lex 6.)

1722, 24. August. Revidirte Gesinde-Ordnung. (v. Kamptz, Sammlung der Provinzialgesetze in der Mark Brandenburg, Bd. 2. S. 424 ff.)
— Siehe Rechtsgrundsatz 591. (A. L. R. I. **22**. § 146.)

1723, 1. Juni. Deklarirte Konstitution, wie es wegen der Succession der Agnaten in der Altmark, Priegnitz, Mittel- und Uckermark, auch Bees- und Storkow'schen Kreisen zu halten. (Mylius, C. C. M. Thl. 2. Abth. 5. Kol. 125; Rabe, Sammlung, Band 1. Abth. 1. Seite 664.)
— §§ **17. 12. 16.** Ehegelder der unverheirathet verstorbenen Tochter eines früheren Lehnsbesitzers. Rückfall in das Lehngut. Lehnsstamms-Eigenschaft. — Vergl. Edikt vom 5. Januar 1717; Lehnskonstitution vom 25. August 1718 und Lehnskonstitution von 1751.

Rechtsgr. **1126**. — IV. Senat. 6. September 1853. (X. 100.)

a) Die aus einem Märkischen Lehngute der Tochter eines früheren Besitzers ausgesetzten Ehegelder fallen, wenn die Tochter unvermählt ist, und ihre Brüder oder deren lehnsfähige Deszendenz den Todesfall derselben erleben, in das Lehngut zurück.

b) Die unter a. erwähnten Ehegelder werden für die Brüder oder deren lehnsfähige Deszendenz ein Lehnsstamm, wenn inzwischen das Gut auch in Beziehung auf die Successionsfolge der Agnaten allodifizirt worden ist.

1723, 20. September. Polizei-Ordnung für das Herzogthum Westphalen. (Scotti, Sammlung I. 1. S. 664. und 671.)

— Tit. **31.** § **16.**, Tit. **35.** § **2.** Siehe Rechtsgrundsatz **1153.** (Großherzoglich Hessische Verordnung vom 5. November 1809.)

1725, 9. August. Oels-Bernstadt'sche Landeseinrichtung, die große Kanzlei-Taxe betreffend. (Brachvogel, Sammlung, Bd. 6. S. 1793.)
— Siehe Rechtsgrundsatz 1384. (Gesetz vom 2. März 1850 § 3. No. 4.)

1727. Preußisches Seerecht Thl. **2.** Art. **2.** Siehe Rechtsgrundsatz 763. (A. L. R. II. **8.** § 1431.)

1741, 26. November. Eigenthums-Ordnung des Fürstenthums Minden und der Grafschaft Ravensberg. (Wiegand, Provinzialrechte des Fürstenthums Minden Bd. 2. S. 382 ff.; Stengel, Beiträge Bd. **14.** S. 12 ff.; Schlüter, Provinzialrecht der Grafschaft Tecklenburg und der Obergrafschaft Lingen S. **121.** ff.; Rabe, Samml. Bd. **1.** Abth. **2.** S. 154.)

— Kap. **10.** § **4.** Auslobung und Auskehrung eines Brautschatzes nach dem Provinzialrechte der Grafschaften Tecklenburg und Lingen. — Vergl. Revidirter Entwurf des Provinzialrechts für die Grafschaften Tecklenburg und Lingen §§ 80-83.; Tecklenburg-Lingensche Regierungs-Instruktion vom 18. Januar 1766 § 21.

Rechtsgr. **1127.** — I. Senat. 12. Januar 1853. (VIII. 190.)

Die Vorschriften des § 4. Kap. 10. der in den Grafschaften Tecklenburg und Lingen als subsidiäres Recht rezipirten Minden-Ravensbergischen Eigenthums-Ordnung vom 26. November 1741 in Betreff der Ausmittelungen der Brautschätze sind in den Grafschaften Tecklenburg und Lingen nicht gebräuchlich gewesen; vielmehr sind die Brautschätze oder Kindstheile daselbst observanzmäßig nach den Kräften der Stätte, oder wie es vorhin gewesen, ausgelobt und nur nach dem sogenannten Umgang ausgekehrt worden.

— Kap. **11.** § **10.**, Kap. **12.** §§ **8-10.** Verbindlichkeit des mahljährigen Besitzers (Interimswirth) zur Berichtigung fälliger Brautschatz-Termine. — Vergl. A. L. R. I. **21.** §§ 75. 79.; Münsterische Eigenthums-Ordnung vom 10. Mai 1770 Thl. 2. Tit. 9. §§ **13-15.**, Theil 3. Titel 7. § **9.**

Rechtsgr. **1128.** — I. Senat. 2. Februar 1853. (VIII. 281.)

Der mahljährige Besitzer (Interimswirth) muß die während seiner Besitzzeit fällig gewordenen Brautschatz-Termine zahlen, soweit die Gutsnutzungen dazu hinreichen, und ist der Anerbe dieselben zu erstatten nicht verpflichtet.

Siehe auch Rechtsgrundsatz 542. (A. L. R. I. 21. § 22.)

1744, 13. Juni. Edikt wegen Regulirung der großen Kanzleitaxe in den sämmtlichen Fürstenthümern des souverainen Herzogthums Schlesien. (Korn'sche Sammlung aller in dem Herzogthum Schlesien und und dessen inkorporirten Grafschaft Glatz ergangenen Edikte von 1740-1786, Bd. 1. S. 107; Suarez, Sammlung Bd. 2. Abth. 1. Seite 118.)

— Siehe Rechtsgrundsatz 1384. (Gesetz vom 2. März 1850 § 3. No. 4.)

1747, 9. März. Sportel-Reglement nebst Taxe für die Magisträte und Schöppen-Gerichte der Städte im Herzogthum Schlesien. (Korn'sche Edikten-Sammlung Bd. 2. S. 414; Suarez, Sammlung Bd. 2 Abth. 1. Seite 141.)

— No. 20. Siehe Rechtsgrundsatz 1384. (Gesetz vom 2. März 1850 § 3. No. 4.)

1749, 23. August. Kleve-Märkische Untergerichts-Instruktion. (Rabe, Sammlung, Bd. 1. Abth. 2. S. 236.)

— § 34. No. 7. Siehe Rechtsgrundsatz 697. (A. L. R. II. 2. § 731.)

1750, 17. April. Revidirtes General-Privilegium und Reglement vor die Judenschaft im Königreich Preußen. (Nov. Corp. Const. Tom. 2. Col. 115.; Rabe, Samml. Bd. 1. Abth. 2. S. 265.)

— Siehe Rechtsgrundsatz 777. (A. L. R. II. 11. § 17.)

1750, 4. August. Revidirte Tax- u. Sportel-Ordnung für die Schlesischen Oberamts-Regierungen. (Korn'sche Edikten-Samml. Bd. 5. S. 377.; Suarez, Sammlung 2. 1. Seite 377.)

— Siehe Rechtsgrundsätze 1172. 1784. (Allgemeine Gebührentaxe für die Landes-Justiz-Kollegia vom 23. August 1815 Abschn. 5. No. 42. litt. N.; Gesetz vom 2. März 1850 § 3. No. 4.)

1751, 16. September. Instruktion für die Preuß. Justiz-Kollegia, insonderheit für das Tribunal- und Hofgericht. (Breslau, 1721 bei Korn.)

— § 149. Siehe Rechtsgrundsatz 1087. (Dig. 1. 6. Lex 6.)

1751. Entwurf einer Lehnskonstitution für Vorpommern. (v. Hymmen, Beiträge, erste Zugabe S. 51.)

— Tit. 2. §§ 5. 6. Siehe Rechtsgrundsatz 1126. (Lehnskonstitution vom 1. Juni 1723 § 17.)

— Tit. 3. § 9. Siehe Rechtsgrundsatz 1125. (Lehnskonstitution vom 8. Dezember 1694.)

1752, 20. Juni. Sporteltaxe für die Regierung und das Konsistorium zu Oels.

— Siehe Rechtsgrundsatz 1172. (Allg. Gebühren-Taxe für die Landes-Justiz-Kollegia vom 23. August 1815 Abschn. 5. No. 42. litt. N.)

1756, 19. April. Schlesische neue revidirte Holz-, Mast- und Jagd-Ordnung. (Korn'sche Edikten-Sammlung Bd. 6. S. 387.)

— Tit. 2. § 2. litt. d. e. Tit. 8. §§ 5. 6. Tit. 10. § 1. Tit. 12. §§ 2. 3. Stammgeld und Pflanzgeld nach der Schlesischen Holz-Ordnung.

Rechtsgr. 1129. — II. Senat. 5. Januar 1854. (XI. 193.)

Das nach der Schlesischen Holz-, Mast- und Jagd-Ordnung vom 19. April 1756 von allem Freiholze zu bezahlende Stammgeld und Pflanzgeld ist auch von den Servitut-Berechtigten zu entrichten.

1758, 3. März. Kabinetsorder wegen Befreiung der Evangelischen in Schlesien von Entrichtung der Zehnten an die katholischen Pfarrer. (Korn'sche Edikten-Sammlung Bd. 6. S. 707; Suarez, Sammlung rc. Bd. 2. Abth. 2. S. 819.)

— Siehe Rechtsgrundsatz 782. (A. L. R. II. 11. § 261.)

1765, 15. April. Reskript, betreffend das Rechtsverhältniß der Miether bei freiwilligen Kaufverträgen in der Stadt Berlin. (Nov. Corp. Const. Tom. 3. S. 673.)

— No. 4. Siehe Rechtsgrundsatz 562. (A. L. R. I. 21. § 358.)

1765, 30. April. Erbschafts-Edikt für die Mark Brandenburg. (Nov. Corp. Const. Tom. 3. Kol. 713 ff.; Rabe, Sammlung Band 1. Abth. 3. S. 102.)

— Abthl. 1. §§ 3. 4. 7. 9. 10. Siehe Rechtsgrundsatz 635. (A. L. R. II. 1. § 648.)

— Abth. 1. § 14. Inventar der Märkischen Wittwe über den Nachlaß ihres Ehemannes.

Rechtsgr. 1130. — I. Senat. 24. März 1854. (XII. 281.)

Eine Märkische Ehefrau, welche Nicht-Erbin ihres Ehemannes geworden ist, hat nur über den Nachlaß des letzteren, nicht aber auch über ihr eigenes Vermögen ein Inventar offen zu legen.

— **Abthl. 2.** §§ 6–10. Siehe Rechtsgrundsatz 1111. (Const. Joachimica von 1527. Tit. Erbfälle zwischen Eheleuten § 1.)

1765, 10. Oktober. Fürstlich Paderbornsches Edikt, betreffend die Ablage und Verzinsung der vor dem Jahre 1757 in gangbaren oder kupfernen Münzsorten angelegten Kapitalien. (Paderborner Landes-Verordnungen 3. S. 244.)

— Siehe Rechtsgrundsatz 312. (A. L. R. I. 11. § 787.)

1766, 18. Januar. Regierungs-Instruktion für die Grafschaften Tecklenburg und Lingen. (Nov. Corp. Const. Tom. 4. Kol. 1015; Schlüter, Provinzialrecht der Grafschaft Tecklenburg und der Obergrafschaft Lingen S. 193 ff.)

— § 21. Siehe Rechtsgrundsatz 1127. (Minden-Ravensbergische Eigenthums-Ordnung vom 26. November 1741 Kap. 10. § 4.)

1766, 29. April. Revidirte Bergordnung für das Herzogthum Kleve, Fürstenthum Moers und die Grafschaft Mark. (N. C. C. Tom. 4. Kol. 317 ff.; Raabe, Sammlung Bd. 1. Abth. 3. S. 168.)

— Kap. 2. §§ 1 ff. Siehe Rechtsgrundsätze 820. 821. 1133. (A. L. R. II. 16. § 154.; Kap. 10. § 1. dieser Bergordnung; Publikationspatent vom 5. April 1803 § 4.)

— Kap. 2. § 2. Veränderung des gemutheten Feldes.

Rechtsgr. 1131. — III. Senat. 11. Juni 1852. (V. 312.)

Der Muther, welcher sein Feld gestreckt hat, kann zum Nachtheil eines inzwischen aufgetretenen jüngeren Muthers die Feldesstreckung nicht ändern.

Siehe auch Rechtsgrundsätze 820–822. 1133. 1151. (A. L. R. II. 16. § 154.; Kap. 10. § 1. dieser Berg-Ordnung; Publikations-Patent vom 5. April 1803 § 4.)

— Kap. 2. §§ 3. 4. Siehe Rechtsgrundsatz 820. (A. L. R. II. 16. § 154.)

— Kap. 3. § 2. Siehe Rechtsgrundsätze 821. 824. (A. L. R. II. 16. §§ 154. 163.)

— Kap. 4. Siehe Rechtsgrundsatz 1133. (Kap. 10. § 1. dieser Berg-Ordnung.)

— Kap. 6. § 2. Anfang des Laufes der Nachfrist bei Muthungen.

Rechtsgr. 1132. — III. Senat. 13. Mai 1853. (IX. 179.)

Die dem Muther ertheilte Nachfrist läuft vom Tage der

desfallsigen Verfügung, nicht erst vom Tage deren Behändigung.

Siehe auch Rechtsgrundsätze 825. 1133. (A. L. R. II. 16. § 164.; Kap. 10. § 1. dieser Berg-Ordnung.)

— Kap. 9. § 2. Siehe Rechtsgrundsatz 1133. (Kap. 10. § 1. dieser Berg-Ordnung.)

— Kap. 10. § 1. Vorrecht des Erbstöllners auf überfahrene Gänge oder Klüfte. — Vergl. Kap. 2. §§ 1. 2., Kap. 3., Kap. 4., Kap. 6., Kap. 9. § 2. dieser Berg-Ordnung; A. L. R. II. 16. § 159.

Rechtsgr. 1133. — III. Senat. 5. November 1852. (VIII. 26.)

a) Die Vorschrift des § 1. Kap. 10. der Kleve-Märkischen Bergordnung vom 29. April 1766, — nach welcher, wenn Gewerken in ihren Maaßen mit Stollen, Strecken, Querschlägen oder anderen Gebäuden, Gänge und Klüfte überfahren, den Gewerken zum Nutzen darauf ausgelänget werden, wo aber dieselben verlassen und mit Muthen gesucht würden, sie der Bergmeister nicht verleihen, sondern den Gewerken oder ihren Vorstehern, welche sie überfahren haben, durch einen Geschwornen anbieten lassen soll, — bezieht sich nur auf den Gang-, nicht auf den Flötzbergbau.

b) Dies Angebot muß ein bestimmtes, und es muß aus demselben ersichtlich sein, daß die von dem aufgeforderten Gewerken überfahrenen Gänge und Klüfte von einem Andern gemuthet sind.

— Kap. 73. § 4. Rechte des Grundeigenthümers an Werksteinbrüchen. — Vergl. A. L. R. II. 16. §§ 69-74.

Rechtsgr 1134. — III. Senat. 13. November 1850. (I. 113.)

Nach der Kleve-Märkischen Berg-Ordnung gehören Werksteinbrüche nicht zu dem Bergwerksregal.

1767, 11. Januar. Wege-Ordnung für Schlesien. (Korn, Edikten-Sammlung Bd. 10. S. 3 ff.)

— § 7. Wegebaupflicht.

A. Begründung der Wegebesserungspflicht durch Observanz. — Vergl. A. L. R. II. 15. § 54.

Rechtsgr. 1135. — III. Senat. 12. November 1852. (VIII. 32.)

Auch in Schlesien gelten in Bezug auf die Verpflichtung zur Wegebesserung rechtsbeständige Observanzen.

B. Begründung der Beitragspflicht der verschiedenen Interessenten einer Wegestrecke, sowie des Beitrags-Verhältnisses zu den Wegebesserungskosten zwischen den Gemeinden und Gutsherrschaften durch Observanzen. — Vergl. A. L. R. II. **15.** § 15.

Rechtsgr. 1136. — III. Senat. 18. Januar 1854. (XI. 246.)

a) Die Regel des Schlesischen Wege-Reglements vom 11. Januar 1767, — daß diejenigen Gutsherrschaften und Gemeinden, welche die Landstraße berühren, diese auch in Stand setzen und erhalten müssen, insofern keine entgegenstehende Verträge, Rechtssprüche oder rechtsbeständige Observanzen vorhanden sind, — schließt auch für die Zeit nach Emanation dieses Reglements eine observanzmäßige Begründung der Beitragspflicht unter den verschiedenen Interessenten einer Wegestrecke nicht aus.

b) Auch das Beitragsverhältniß zu diesen Wegebesserungskosten zwischen den Gemeinden eines gewissen Bezirks und ihrer gemeinschaftlichen Gutsherrschaft kann durch Observanz geregelt werden.

1768. Warschauer Traktat wegen der Dissidenten in Polen. (Martens, Recueil des traités I. 555.)

— Siehe Rechtsgrundsätze 799. 800. (A. L. R. II. **11.** § 860.)

1768, 23. März. Minden-Ravensbergische und Tecklenburg-Mindensche Untergerichts-Instruktion. (N. C. C. Tom. 4. Kol. 2057; Wiegand, Minden-Ravensbergisches Provinzialrecht Bd. 2. S. 66.)

— § **26.** No. **7.** Nachschichtung bei bestandener ehelicher Gütergemeinschaft.

Rechtsgr. 1137. — I. Senat. 11. Mai 1853. (IX. 164.)

a) Auch nach dem System der Paderbornschen ehelichen Gütergemeinschaft sind Grundstücke, welche bei einer zwischen den Kindern des verstorbenen und dem zur anderweitigen Ehe schreitenden Ehegatten stattgehabten Schichtung übergangen worden sind, für im gemeinschaftlichen Eigenthum der Kinder und des zur andern Ehe geschrittenen überlebenden Ehegatten geblieben zu erachten und bei einer späteren Theilung nach ihrem Zustande und Werthe zur Zeit dieser nachträglichen Theilung zu vertheilen.

b) Der überlebende, wieder verheirathete Ehegatte ist daher nicht berechtigt, die gemeinschaftlich gebliebenen Grundstücke bei der späteren Nachschichtung für den Taxwerth zur Zeit der früheren Schichtung anzunehmen.

c) Bei gänzlich unterbliebener Schichtung haben die Kinder die Wahl zwischen einer Schichtung nach dem Zustande des gütergemeinschaftlichen Vermögens zur Zeit der Eingehung der zweiten Ehe des überlebenden Ehegatten, und einer Schichtung nach dem Zustande dieses Vermögens am Todestage des letzteren.

1769, 5. Juni. Revidirte Berg-Ordnung für das Herzogthum Schlesien und die Grafschaft Glatz. (N. C. C. Tom. 4. alte Aufl. Kol. 5827, neue Aufl. Kol. 5449; Korn'sche Edikten-Samml. Bd. 11. S. 89.)

— Kap. **1.** § **3.**, Kap. **37.** § **3.** Siehe Rechtsgrundsatz 819. (A. L. R. II. **16.** § 118.)

— Kap. **37.** § **3.**, Kap. **83.** § **13.** Siehe Rechtsgrundsatz 828. (A. L. R. II. **16.** § 343. No. 5.)

1770, 10. Mai. Fürstlich Münsterische Eigenthums-Ordnung. (Schlüter, Provinzialrecht der Provinz Westphalen Bd. 1. S. 257.; v. Kamptz, Jahrbücher Bd. 29. S. 276.)

— Thl. **2.** Tit. **5.** § **3.**, Thl. **3.** Tit. **7.** §§ **1. 3. 6.** Feststellung der Brautschätze aus Münsterischen ehemals eigenbehörigen Kolonaten.

Rechtsgr. **1138.** — I. Senat. 1. Februar 1854. (XI. 309.)

Die Feststellung des Betrages der den abzugütenden Geschwistern des Anerben eines Münsterischen ehemals eigenbehörigen Kolonats zu gewährenden Brautschätze erfolgt in Sterbefällen nach richterlichem Ermessen.

— Thl. **2.** Tit. **9.** §§ **13-15.** Siehe Rechtsgrundsätze 542. 1128. (A. L. R. I. **21.** § **22.**; Minden-Ravensbergische Eigenthums-Ordn. vom **26.** November 1741 Kap. **11.** § 10.)

— Thl. **3.** Tit. **7.** § **9.** Siehe Rechtsgrundsatz 1128. (Minden-Ravensbergische Eigenthums-Ordnung v. **26.** November **1741** Kap. **11.** § 10.)

1772, 29. April. Publikandum, betreffend die Vorschriften wegen Ansagung des gefallenen und beim Schlachten unrein gefundenen Viehes beim Scharfrichter oder Abdecker. (N. C. C. Tom. 5b. Kol. 147.)

— Siehe Rechtsgrundsätze 1060. 1383. (Allg. Hypotheken-Ordnung I. § 48.; Gesetz vom 2. März 1850 § 3.)

1772, 28. September. Notifikations-Patent, betreffend die Einrichtung des Geistlichen und Weltlichen Justizwesens in den bisher von der Krone Polen besessenen und nunmehr von Sr. Königlichen Majestät in Preußen in Besitz genommenen Landen Preußen und Pommern, wie auch den bishero zu Groß-Polen gerechneten Distrikten diesseits der Netze. (Nov. Corp. Const. Tom. 5b. Kol. 451; Rabe, Sammlung, Bd. 1. Abth. 4. S. 335.)

— Siehe Rechtsgrundsätze 1063. 1139. (Preuß. Landrecht von 1721; Westpreußische Regierungs-Instruktion vom 21. September 1773 § 13.)

1773, 21. September. Instruktion für die Westpreußische Regierung. (N. C. C. Tom. 5c. Kol. 2125; Rabe, Sammlung, Bd. 1. Abth. 5. Seite 637.)

— § 13. Brautschatz adlicher Töchter in Westpreußen:

A. Brautschatzforderung der Töchter adlicher Eltern bei Konkurrenz mit Brüdern oder deren Abkömmlingen. — Vergl. A. L. R. I. 9. § 350.; 17. §§ 1. 87. 115. ff. 123.; A. G. O. I. 46. §§ 13. ff.; Dig. 50. 16. Lex 24., 17. Lex 62.; Notifikations-Patent vom 28. September 1772.

Rechtsgr. 1139. — IV. Senat. 23. September 1852. (VII. 85.)

a) Den Töchtern adlicher Eltern in Westpreußen steht bei Konkurrenz mit Brüdern oder deren Abkömmlingen kein Erbrecht auf den väterlichen oder mütterlichen Nachlaß zu, sie haben vielmehr nur einen Brautschatz zu fordern.

b) Daß dieser Brautschatz auf einen resp. zwei Pfennige des Erbtheils der Brüder festgesetzt ist, gewährt den Töchtern weder ein Miteigenthum an dem Nachlaß, noch auch die Befugniß, auf Theilung desselben anzutragen.

B. Verhaftung dieser Brautschätze wegen der Nachlaßschulden. — Vergl A. L. R. I. 12. §§ 257. 263. 334.

Rechtsgr. 1140. — IV Senat. 23. September 1852. (VII. 85.)

Die Töchter adlicher Eltern in Westpreußen sind wegen der aus dem väterlichen oder mütterlichen Nachlasse ihnen zu zahlenden und auf den elterlichen, ihren Brüdern zugefallenen Gütern eingetragenen Brautschätze den Nachlaßgläubigern nicht verhaftet; den Erben gegenüber sind sie jedoch gleich Legatarien zu den nachträglich ermittelten Schulden beizutragen verpflichtet, und entscheidet in dieser Beziehung der Zustand der Nachlaßmasse zur Zeit des Erbanfalls.

Siehe auch Rechtsgrundsätze 1063. 1064. (Preuß. Landrecht von 1721 Buch 4. Tit. 15. Art. 4. § 16.)

1774, 5. Februar. Instruktion zum Hofesreskript über das Verfahren bei Auseinandersetzung der Gemeinheiten. (N. C. C. Tom. 5d. Kol. 53.; v. Kamptz, Sammlung 2c. Bd. 2. S. 424.)

— § 1. No. 3. Siehe Rechtsgrundsatz 591. (A. L. R. I. 22. § 146.)

1774, 30. Juli. Ostpreußische Regierungs-Instruktion. (N. C. C. Tom. 5d. Kol. 341.)

— § 18. No. 1. Siehe Rechtsgrundsatz 1087. (Dig. 1. 6. Lex 6.)

1777, 24. Dezember. Forstordnung für Pommern. (N. C. C. Tom. 6. Kol. 1057; Rabe, Sammlung Bd. 1. Abth. 6. S. 271.)

— Tit. 13. §§ 2. 3. Siehe Rechtsgrundsätze 1060. 1383. (Allgem. Hypotheken-Ordnung I. § 48.; Gesetz vom 2. März 1850 § 3.)

1781, 28. April. Kursächsisches Straßenbau-Mandat. (Cod. Aug. Cont. P. II. p. 671.)

— § 9b. Siehe Rechtsgrundsatz 812. (A. L. R. II. 15. § 15.)

1782, 26. November. Erneuerte und revidirte Postordnung. (N. C. C. Tom. 7. Kol. 1725; Rabe, Sammlung, Bd. 1. Abth. 7. S. 188.)

— Abschn. 13. § 7. Siehe Rechtsgrundsatz 1192. (Regulativ vom 18. Dezember 1824 § 29.)

1784, 12. Dezember. Publikandum wegen Errichtung vollständiger Urbarien von sämmtlichen Gütern u. Dörfern in Schlesien 2c. (Korn'sche Edikten-Sammlung Bd. 18. S. 253.)

— Siehe Rechtsgrundsatz 724. (A. L. R. II. 7. § 143.)

1785, 20. Januar. Instruktion für die Haupt-Urbarien-Kommission in Breslau und Glogau. (Korn'sche Edikten-Samml. Bd. 18. S. 265.)

— Abschn. 2. § 37. Siehe Rechtsgrundsatz 724. (A. L. R. II. 7. § 143.)

1785, 23. Mai. Deklaration, die Vindikation, Erneuerung und Amortisation der Banknoten, Pfandbriefe 2c. betreffend. (N. C. C. Tom. 7. Kol. 3127; Rabe, Sammlung Bd. 12. S. 231.)

— No. 8. Siehe Rechtsgrundsatz 425. (A. L. R. I. 15. § 47.)

1788, 26. März. Schlesisches Forstregulativ. (Korn, Edikten-Sammlung Bd. 2. S. 30.)

— § 14. Verbot des Mitnehmens einer Art in die Schlesischen Forsten Seitens des Raff- und Leseholz-Berechtigten.

Rechtsgr. 1141. — II. Senat. 2. Juni 1853. (IX. 241.)

Die Bestimmung eines Schlesischen Urbars, daß der Berechtigte nur Raff- und Leseholz aus dem gutsherrlichen Forste entnehmen dürfe, steht der Verjährung in Betreff der Zahl der Tage, an welchen das Recht ausgeübt werden darf, und der Art der Transportmittel nicht entgegen.

1788, 9. Juli. Religions-Edikt. (N. C. C. Tom. 8. Kol. 2175; Rabe, Sammlung, Bd. 1. Abth. 7. S. 726.)

— Siehe Rechtsgrundsatz 782. (A. L. R. II. 11. § 261.)

1790, 1. Februar. Deklaration wegen des Bergbaues in Schlesien.

— Siehe Rechtsgrundsatz 819. (A. L. R. II. 16. § 118.)

1790, 30. Dezember und 1791, 3. Hornung. Fürstlich Rietbergsche Reskripte, betreffend die Aufbringung der Kosten bei Kirchen- und Pfarrbauten.

— Siehe Rechtsgrundsatz 795. (A. L. R. II. 11. § 710.)

1792, 18. April. Edikt über die Verbindlichkeit der Unterthanen in der Kurmark Brandenburg in Ansehung des Chausseebaues. (N. C. C. Tom. 9. Kol. 934; Rabe, Sammlung Bd. 2. S. 299.) — Verpflichtung zum Wege- und Brückenbau in der Kur- und Neumark Brandenburg. — Vergl. A. L. R. II. 15. § 54.; Verordn. v. 15. Juni 1803.

Rechtsgr. 1142. — III. Senat. 14. März 1853. (VIII. 355.)

In der Kur- und Neumark Brandenburg liegt observanzmäßig den Grundherrschaften die Verpflichtung ob, die innerhalb der Grenzen ihres Grundbesitzes befindlichen öffentlichen Wege und Kommunikations-Brücken zu unterhalten.

1794, 24. Juni. Entscheidung der Gesetz-Kommission zur Erläuterung des Preuß. Landrechts von 1721 Thl. 2. Buch 5. Tit. 14. Art. 1. § 3. (Rabe, Sammlung, Bd. 2. S. 647.)

— Siehe Rechtsgrundsatz 1064. (Preuß. Landrecht von 1721 Buch 4. Tit. 15. Art. 4. § 16.)

1795, 24. Oktober (Brumaire IV. 2.). Gesetz über die Organisation des Kassationshofes. (v. Daniels, Handbuch 2c. Bd. 3. S. 224; Gräff, Sammlung S. 297.)

— Art. 14. Annehmbarkeit des Kassations-Rekurses bei theilweiser Vollziehung des angefochtenen Urtheils.

Rechtsgr. 1143. — V. (Rheinischer) Senat. 31. Mai 1853. (IX. 225.)

Die freiwillige Vollziehung des angegriffenen Urtheils, soweit dasselbe präparatorischen Inhalts ist, steht der Annehmbarkeit des Kassations-Rekurses nicht entgegen, insoweit derselbe gegen den definitiven Theil der Entscheidung gerichtet ist.

1796, 14. März. Hofes-Reskript, betreffend die Wirkungen der Entlassung einer Tochter aus der väterlichen Gewalt. (N. C. C. Tom. 10. No. 18. S. 109; Rabe, Sammlung Bd. 3. S. 308.)

— Siehe Rechtsgrundsatz 671. (A. L. R. II. 2. § 230.)

1797, 23. April. General-Visitations-Rezeß des Erzbischofs von Köln.

— Abth. I. § 15. Pfarrabgabe des Beichtpfenniges. — Vergl. Zusätze zu dem vorbezeichneten Rezeß vom 11. März 1800; Zusatz zu Abthl. I. § 15.

Rechtsgr. 1144. — I. Senat. 19. Januar 1853. (VIII. 219.)

Die Pfarrabgabe des Beichtpfenniges kann in dem Kurfürstenthum Köln nicht mehr gefordert werden.

1797, 30. April. Deklaration des Edikts vom 28. März 1794 wegen der Gesetze in Südpreußen. (N. C. C. Tom. 10. Kol. 1159; Rabe, Sammlung Bd. 4. S. 104.)

— § 10. Siehe Rechtsgrundsatz 798. (A. L. R. II. 11. § 857.)

1797, 14. Juli. Verordnung wegen verschiedener Mißbräuche bei gerichtlichen und andern öffentlichen Subhastationen und Versteigerungen. (N. C. C. Tom. 10. Kol. 1313; Rabe, Sammlung Bd. 4. S. 204.)

— §§ 3. 4. Mißbräuche bei Subhastationen. — Vergl. Strafgesetzbuch vom 14. April 1851 § 270.

Rechtsgr. 1145. — I. Senat. 16. Dezember 1853. (XI. 143.)

a) Die Verordnung vom 14. Juli 1797 wegen verschiedener Mißbräuche bei Subhastationen und Versteigerungen setzt die civilrechtlichen Folgen derjenigen unerlaubten Handlung, deren Verhinderung sie bezweckt, dergestalt fest, daß es nicht statthaft ist, auf die allgemeinen Grundsätze von Schadensersatz im Titel 6. Theil I. des Allgem. Landrechts zurückzugehen.

b) Es kann daher derjenige, welcher durch Gewährung von Vortheilen Andere vom Mitbieten abgehalten hat, zu einem Schadensersatze nicht verurtheilt werden. Die zurückgetretenen Kauflustigen müssen dagegen das, was sie empfangen haben, an den Subhastaten oder die Gläubiger herausgeben.

c) An vorstehenden Grundsätzen hat der § 270. des Strafgesetzbuches für die Preußischen Staaten Nichts geändert.

1800, 3. Februar. Verordnung wegen der Schäfer und deren Vorvieh in der Kur- und Neumark Brandenburg und dem Herzogthum Pommern. (N. C. C. Tom. 10. Kol. 2778; Rabe, Sammlung Bd. 6. Seite 14.)

— §§ 2. 5. Rechte des Antheil-Schäfers.

Rechtsgr. 1146. — IV. Senat. 1. Juli 1852. (VI. 215.)

a) Die Geldforderung des Antheil-Schäfers in der Kur- und Neumark Brandenburg und in Pommern hat nicht die Eigenschaft eines dinglichen Rechts. — Der Gutseigenthümer ist daher berechtigt, das Gut mit der ganzen Heerde, oder auch diese allein, an einen Dritten zu verkaufen, und ist dieser nicht verpflichtet, dem Schäfer seinen Geldantheil zu zahlen.

b) Der Antheil-Schäfer ist aber, wenn der neue Erwerber des Guts seinen früheren Dienstvertrag mit ihm nicht fortsetzt, berechtigt, auf den Grund dieses Vertrages den Taxwerth seines Antheils an der Heerde von dem früheren Besitzer des Guts zu verlangen, und zwar auch dann, wenn er in Gemäßheit eines anderweitigen Vertrages bei dem neuen Erwerber des Guts als Antheil-Schäfer in Diensten geblieben ist.

1800, 11. März. Zusätze zu dem General-Visitations-Rezeß des Erzbischofs von Köln vom 23. April 1797.

— Zusatz zu Abth. 1. § 15. Siehe Rechtsgrundsatz 1144. (General-Visitations-Rezeß vom 23. April 1797 Abth. 1. § 15.)

1800, 30. Mai. Reglement für die vereinigte Kur- und Neumärkische Städte-Feuer-Sozietät. (N. C. C. Tom. 10. Kol. 2955; Rabe, Sammlung Bd. 13. S. 405.)

— §§ 12. 29. Siehe Rechtsgrundsatz 511. (A. L. R. I. 20. § 257.)

1800, 14. November. Reglement für die Kurmärkische reformirte Prediger-Wittwen-Kasse. (N. C. C. Bd. 10. S. 3173.)

— § 3. Siehe Rechtsgrundsatz 1313. (Statut der Berlin-Kölner Prediger-Wittwen-Kasse vom 1. Juli 1840.)

1801, 11. Oktober. Revidirte Apotheker-Ordnung. (N. C. C. Tom. 11. Kol. 555; Rabe, Sammlung Band 6. S. 610; Amelang, Neues Archiv Bd. 2. S. 253.)

— § 3. Ankauf einer Apotheke. — Vergl. A. L. R. I. 8. §§ 5. 6. 8.; II. 8. § 465.; Edikt vom 9. Oktober 1807 § 1.; Allgem. Gewerbe-Ordnung vom 17. Januar 1845 §§ 42. 54. 61. 63. 65.

Rechtsgr. 1147. — III. Senat. 29. November 1852. (VII. 178.)

Zum Erwerbe eines mit der Apotheker-Gerechtigkeit verbundenen Grundstücks ist die Qualifikation als Apotheker nicht erforderlich.

1802, 5. Februar. Gutachten der Gesetz-Kommission wegen des Erbrechts unehelicher Kinder. (Rabe, Sammlung Bd. 7. S. 27; Amelang, Neues Archiv Bd. 2. S. 324.)

— Siehe Rechtsgrundsatz 696. (A. L. R. II. 2. § 656.)

1803, 25. Februar. Reichsdeputations-Hauptschluß. (v. Meyer, Corp. juris confoed. german. Bd. 1 S. 29.)

— Art. 35. Säkularisation von Franziskaner- und andern Bettelmönchs-Klöstern. — Vergl. cap. un. § 1. in VI. de relig. domib. (3. 17.)

Rechtsgr. 1148. — I. Senat. 15. Dezember 1852. (VIII. 122.)

Auch Franziskaner- und andere Bettelmönchsklöster sind zu den fundirten Klöstern zu rechnen und haben daher sowohl diese Klöster selbst, als auch deren Stiftungsvermögen, wenngleich den Klöstern ein bloßes Nutzungsrecht an demselben zustand, der Säkularisation nach § 35. des Reichs-Deputations-Hauptschlusses vom 25. Februar 1803 unterlegen.

Siehe auch Rechtsgrundsatz 1149. (Art. 63. dieses Hauptschlusses.)

— Art. 59. Siehe Rechtsgrundsatz 1209. (Pensions-Reglement vom 30. April 1825 § 20.)

— Art. 63. Erhaltung des Eigenthums jeder einzelnen Kirche bei der Säkularisation. — Vergl. §§ 35. ff. 65. dieses Hauptschlusses.

Rechtsgr. 1149. — I. Senat. 5. November 1851. (IV. 70.)

Der § 63. des Reichsdeputations-Hauptschlusses vom 25. Februar 1803 hat nur die Bedeutung, daß jeder einzelnen Kirche — ohne Unterschied der Konfession — das ihr an ihren Gütern zustehende Eigenthum erhalten werden soll.

— Art. 65. Konservirung der frommen und milden Stiftungen, nicht aber der Stiftungen bloßer Seelenmessen.

Rechtsgr. 1150. — I. Senat. 15. Dezember 1852. (VIII. 122.)

Unter den frommen und milden Stiftungen, welche nach Art. 65. des Reichs-Deputations-Hauptschlusses vom 25. Februar 1803 wie jedes Privat-Eigenthum konservirt werden sollen, sind solche Stiftungen zu verstehen, welche außerhalb der aufgehobenen Institute stehen und für sich selbst Zweck und Selbstständigkeit haben, als Körperschaften, welche mit ihren Mitteln Armen- und Krankenpflege oder sonstige fromme und milde Zwecke verfolgen. — Dagegen sind die den aufgehobenen Klöstern zugewandten Stiftungen zu Seelenmessen (Anniversarien) unter jenen Begriff nicht zu ziehen und daher der landesherrlichen Einziehung unterworfen.

Siehe auch Rechtsgrundsatz 1149. (Art. 63. dieses Hauptschlusses.)

1803, 24. März. Patent wegen Einführung des Allg. Landrechts in das Erbfürstenthum Eichsfeld, die Stadt Erfurt und das Erfurter Gebiet. (N. C. C. Tom. 11. S. 1457; Rabe, Sammlung Bd. 7. Seite 328.)

— §§ 1-3. 7. Siehe Rechtsgrundsatz 683. (A. L. R. II. 2. § 392.)

1803, 5. April. Publikations-Patent wegen Einführung des Allgem. Landrechts in die Erbfürstenthümer Paderborn und Münster, ingleichen die Abteien Essen, Werden und Elten. (Rabe, Sammlung Bd. 7. Seite 422.)

— § 4. Einfluß der Einführung des Bergwerkregals in die Länder des Gemeinen Rechts auf die Rechte des bergbauenden Grundeigenthümers. — Vergl. A. L. R. II. 16. §§ 69. ff. 79. ff. 161.; Kleve-Märkische Berg-Ordnung vom 29. April 1766 Kap. 2. § 2.; Patent wegen Verwaltung des Bergwerkregals in den bisherigen, nunmehr säkularisirten Stiftern Essen und Werden v. 12. April 1803 §§ 1. 2.

Rechtsgr. 1151. — III. Senat. 22. April 1853. (X. 46.)

Der Grund-Eigenthümer, welcher vor Einführung des Bergwerkregals auf seinem Grund und Boden Bergbau betrieben, hat hierdurch für die spätere Zeit ein ausschließliches Recht auf die unter seinem Grund und Boden befindlichen Flötze nur insoweit erlangt, als sie durch den geführten Bau bereits in Besitz genommen waren.

1803, 12. April. Patent wegen Verwaltung des Bergwerksregals in den bisherigen nunmehro säkularisirten Stiftern Essen und Werden. (N. C. C. Tom. 11. S. 1813; Rabe, Sammlung Bd. 7. S. 439.)
— §§ 1. 2. Siehe Rechtsgrundsatz 1151. (Publikations-Patent vom 5. April 1803 § 4.)

1803, 15. Juni. Verordnung wegen der Chausseebauten in der Neumark Brandenburg. (v. Rabe, Samml. Bd. 13. S. 562.)
— Siehe Rechtsgrundsatz 1142. (Chausseebau-Edikt vom 18. April 1792.)

1804, 6. Januar. Gutachten der Gesetzkommission über die Schlesische Kanzleitaxe. (Rabe, Sammlung Bd. 8. S. 214; Amelang, Neues Archiv, Bd. 3. S. 269.)
— Siehe Rechtsgrundsatz 1385. (Gesetz vom 2. März 1850 § 3. No. 4.)

1804, 12. Juni. Verordnung, wodurch die Vorschriften des Allg. Landrechts II. 15. §§ 143. ff. vom Postregal berichtigt und abgeändert werden. (N. C. C. Tom. 11. S. 2591; Rabe, Sammlung Bd. 8. S. 78.)
— § 12. Siehe Rechtsgrundsatz 1192. (Regulativ vom 18. Dezember 1824 § 29.)

1804, 8. November. Kabinets-Order, die Laudemien betreffend. (Amelang, neues Archiv, Bd. 3. S. 280.)
— Siehe Rechtsgrundsatz 492. (A. L. R. I. 18. § 716.)

1805, 11. Januar. Cirkular-Verordnung, betreffend die Rechtsmittel gegen ein Kontumazial-Erkenntniß. (N. C. C. Tom. 11. S. 2863; Rabe, Sammlung Bd. 8. S. 233.)
— Abschn. 1. Siehe Rechtsgrundsatz 960. (A. G. O. I. 14. § 78.)

1805, 17. April. Gutachten der Gesetzkommission über die Fortsetzung der Gütergemeinschaft zwischen der Mutter und ihren Kindern. (Rabe, Sammlung Bd. 8. S. 271.)

— Siehe Rechtsgrundsatz 629. (A. L. R. II. 1. § 634.)
— No. 5. Siehe Rechtsgrundsatz 1243. (Subhastations-Verordnung vom 4. März 1834 § 9.)

1805, 8. Oktober. Forst- und Jagd-Ordnung für Westpreußen und den Netzedistrikt. (Rabe, Sammlung Bd. 8. S. 354.)
— Tit. 2. § 21. Siehe Rechtsgrundsatz 592. (A. L. R. I. 22. § 208.)

1807, 9. Oktober. Edikt, den erleichterten Besitz und freien Gebrauch des Grund-Eigenthums, sowie die persönlichen Verhältnisse der Landbewohner betreffend. (N. C. C. Tom. 12. S. 251; Gesetz-Sammlung S. 172. ff.; Rabe, Sammlung, Bd. 9. S. 85.)
— § 1. Siehe Rechtsgrundsatz 1147. (Apotheker-Ordnung vom 11. Oktober 1801 § 3.)
— §§ 11. 12. Siehe Rechtsgrundsatz 160. (A. L. R. I. 7. § 181.)

1808, 27. Januar. Dekret wegen Einführung des Code Napoléon in das Herzogthum Warschau. (Laube, Gesetz-Samml. Bd. 1. S. 55.)
— Siehe Rechtsgrundsatz 798. (A. L. R. II. 11. § 857.)

1808, 29. März. Edikt für Ostpreußen, Litthauen, Ermeland und den Marienwerderschen landräthlichen Kreis, die Mühlengerechtigkeit und die Aufhebung des Mühlenzwanges betreffend. (N. C. C. Tom. 12. S. 319; Gesetz-Sammlung S. 217; Rabe, Sammlung Band 9. S. 176; Mathis, Juristische Monatsschrift Bd. 6. S. 78.)
— Siehe Rechtsgrundsatz 818. (A. L. R. II. 15. § 233.)

1808, 21. September. Westphälisches Dekret wegen Einführung des Code Napoléon in das ehemalige Königreich Westphalen.
— Art. 3. Siehe Rechtsgrundsatz 817. (A. L. R. II. 15. § 101.)

1808, 19. November. Ordnung für sämmtliche Städte der Preußischen Monarchie. (N. C. C. Tom. 12. S. 471; Gesetz-Sammlung S. 324; Rabe, Sammlung Bd. 9. S. 321.)
— §§ 1. 4. Siehe Rechtsgrundsatz 710. (A. L. R. II. 6. § 25.)
— §§ 14. 23. 26. Verpflichtung zur Tragung städtischer Lasten.

Rechtsgr. 1152. — II. Senat. 15. Mai 1851. (I. 396.)

Nicht schon die Erwerbung eines städtischen Grundstücks, sondern erst die Erwerbung des Bürgerrechts, hat die Verpflichtung zur Tragung städtischer Lasten zur Folge.

Siehe auch Rechtsgrundsätze 41. 1167. (A. L. R. I. 8. § 32.; Verordnung vom 26. Januar 1815 § 4. No. 3d.)

— § 32. Siehe Rechtsgrundsatz 710. (A. L. R. II. 6. § 25.)

— § 58. Siehe Rechtsgrundsätze 223. 710. (A. L. R. I. 9. § 660.; II. 6. § 25.)

— § 159. Siehe Rechtsgrundsatz 1203. (Revidirte Städte-Ordnung vom 17. März 1831 § 99.)

1808, 12. Dezember. Großherzoglich Bergisches Dekret, die Abschaffung der Leibeigenschaft betreffend. (Temme, Sammlung ꝛc. S. 57.)

— Siehe Rechtsgrundsatz 1164. (Bergisches Dekret vom 13. September 1811 Art. 12.)

1808, 26. Dezember. Verordnung No. 60., wegen verbesserter Einrichtung der Provinzial-Polizei- und Finanz-Behörden. (N. C. C. Tom. 12. S. 679; Gesetz-Sammlung S. 464; Rabe, Sammlung Bd. 9. S. 467.)

— § 3. Siehe Rechtsgrundsatz 1317. (Gesetz vom 11. Mai 1842 § 1.)

— §§ 36. ff. Siehe Rechtsgrundsatz 727. (A. L. R. II. 8. § 130.)

— §§ 41. 42. Siehe Rechtsgrundsatz 1279. (Verordnung vom 19. Juni 1836 No. 3.)

1809, 15. Februar. Gesetz über die bei Darlehns- und andern rechtlichen Geschäften bis zum letzten Dezember 1810 anzunehmenden beliebigen Zinsen. (N. C. C. Tom. 12. S. 783; Gesetz-Sammlung S. 535; Rabe, Sammlung, Bd. 10 S. 39.)

— §§ 1-5. Siehe Rechtsgrundsatz 313. (A. L. R. I. 11. § 793.)

1809, 28. März. Westphälisches Dekret über die Allodifikation der Lehen. (Ges. Bülletin Bd. 1. S. 675; Temme, Sammlung ꝛc., S. 9.)

— Art. 4. Siehe Rechtsgrundsatz 1181. (Verordnung vom 11. März 1818 § 2.)

1809, 8. April. Publikandum, betreffend die durch das Edikt vom 9. Oktober 1807 erfolgte Auflösung der persönlichen Erbunterthänigkeit in der Provinz Schlesien und in der Grafschaft Glatz. (N. C. C. Tom. 12. S. 817; Gesetz-Sammlung S. 557; Rabe, Sammlung, Bd. 10. S. 79.)

— § 2. Siehe Rechtsgrundsatz 1385. (Gesetz vom 2. März 1850 § 3. No. 4.)

1809, 10. Oktober. Herzoglich Warschauisches transitorisches Gesetz wegen des Eintritts der französischen Gesetzgebung. (Laube, Gesetz-Sammlung Bd. 2. S. 52.)

— Siehe Rechtsgrundsätze 213. 798. (A. L. R. I. 9. § 560.; II. 11. § 857.)

1809, 5. November. Großherzoglich Hessische Kolonat-Verordnung. (Scotti, Sammlung **1**. **2**. S. **464**.)

— §§ **1**. **2**. **4**. **6**. Bäuerliche Erbfolge im ehemaligen Herzogthum Westphalen. — Vergl. Polizei-Ordnung für das Herzogthum Westphalen vom **20**. September **1723** Tit. **31**. § **16**., Tit. **35**. § **2**.; Bäuerliches Erbfolge-Gesetz vom **13**. Juli **1836** § **1**.

Rechtsgr. 1153. — I. Senat. 18. Juni 1849. (I. 33.)

Daraus allein, daß ein im Herzogthum Westphalen belegenes Bauergut unter die Großherzoglich Hessische Kolonat-Verordnung vom 5. November 1809 fällt, folgt noch nicht, daß dasselbe einer von der gemeinen abweichenden Erbfolge unterworfen war. — Letztere läßt sich auch nicht aus der bloßen Unzulässigkeit einer Natural-Theilung oder Zersplitterung des Bauerguts herleiten.

1809, 12. November. Großherzoglich Bergisches Dekret, betreffend die Einführung des Code Napoléon in das Großherzogthum Berg. (v. Daniels, Handbuch der 2c. Gesetze aus der Zeit der Fremdherrschaft Bd. 7. S. 107.)

— Art. **3**. Aufhebung der Observanzen in Betreff der Hütungsrechte durch Einführung des Code Napoléon in dem ehemaligen Großherzogthum Berg. — Vergl. A. L. R. Publikations-Patent vom 5. Februar **1794** § 9.; I. **22**. §§ **135-137**.; Code Napoléon Art. 688.; Patent vom 9. September **1814** § **2**.

Rechtsgr. 1154. — II. Senat. 11. Mai 1852. (VII. 9.)

In den Landestheilen des ehemaligen Großherzogthums Berg sind durch den Artikel 3. des Einführungs-Dekrets vom 12. November 1809 die Observanzen in Betreff der Hütungsrechte aufgehoben.

1810, 14. Juni. Verordnung wegen Verlängerung des allgemeinen Indults bis zum **24**. Juni **1811**. (N. C. C. Tom. **12**. Seite **1045**; Gesetz-Sammlung S. **715**; Rabe, Sammlung, Bd. **10**. S. **359**.)

— Siehe Rechtsgrundsatz 313. (A. L. R. I. **11**. § **793**.)

1810, 6. August. Großherzoglich Hessische Verordnung über die Verpflichtung zum Ersatze des Wildschadens. (Provinzialrecht des Herzogthums Westphalen S. 329. ff.)

— § **1**. Verpflichtung zum Ersatze des Wildschadens im Herzogthum

Westphalen. — Vergl. Gesetz vom 7. September 1811 § 54. und Publikations-Patent vom 21. Juni 1825 §§ 2. u. 3.

Rechtsgr. 1155. — Plenum. 1. Dezember 1851. (III. 347.)

Die Bestimmung des § 1. der Großherzoglich Hessischen Verordnung vom 6. August 1810 über die Verpflichtung der Jagdberechtigten zum vollständigen Ersatze des Wildschadens, ist in dem Herzogthum Westphalen durch das Publikations-Patent vom 21. Juni 1825 nicht aufgehoben worden.*

1810, 16. September. Königlich Westphälisches Dekret, die Säkularisation der Klöster betreffend. (Gesetz-Büllctin für 1810 Bd. 3. S. 361.)
— Wirkung der Veräußerung der Güter säkularisirter Klöster Seitens des Staates im ehemaligen Königreich Westphalen. — Vergl. A. L. R. II. 14. § 1.; Code Napoléon Art. 1234; Cod. 10. 5. Lex 1.; Westphälisches Dekret vom 1. Dezember 1810.

Rechtsgr. 1156. — II. Senat. 13. Oktober 1853. (X. 220.)

Durch die in Folge der Säkularisation der Klöster durch das Königlich Westphälische Dekret vom 16. September 1810 erfolgte Vereinigung der Klostergüter mit dem Staatsvermögen sind alle bisherigen Rechte des Staates an denselben ohne Unterschied, zu welcher fiskalischen Station jene Vereinigung erfolgt ist, durch Konfusion erloschen und nach demnächstiger Veräußerung dieser Güter an Privatpersonen nicht wieder aufgelebt.

1810, 28. Oktober. Edikt No. 10. wegen der Mühlengerechtigkeit und Aufhebung des Mühlenzwanges, des Bier- und Branntweinzwanges in der ganzen Monarchie. (Ges.-Sammlung S. 95.)
— Siehe Rechtsgrundsatz 1157. (Gesetz vom 2. November 1810 § 30.)
— § 56. Siehe Rechtsgrundsatz 1161. (Ges. v. 7. Septbr. 1811 § 1.)
— § 81. Siehe Rechtsgrundsatz 1160. (Ges. v. 7. Septbr. 1811 § 1.)

1810, 2. November. Edikt über die Einführung einer allgemeinen Gewerbesteuer. (Ges.-Sammlung S. 79.)

* Seit Erlassung des Jagdpolizei-Gesetzes vom 7. März 1850 findet bekanntlich in Gemäßheit des § 25. desselben ein gesetzlicher Anspruch auf Ersatz des durch Wild verursachten Schadens nicht mehr statt.

— §§ 1- ff. Siehe Rechtsgrundsätze 103. 1176. (A. L. R. I. 5. § 310.; Publikations-Patent vom 15. November 1816 § 1.)

— § 30. Gewerbezins von einer Mühlengerechtigkeit. — Vergl. A. L. R. II. 15. §§ 229. ff.; Edikt vom 28. Oktober 1810.

Rechtsgr. 1157. — II. Senat. 30. September 1852. (VI. 351.)

Die Abgabe für die Ausübung der Mühlengerechtigkeit ist, als eine Gewerbesteuer, aufgehoben.

1810, 8. November. Gesinde-Ordnung für sämmtliche Provinzen der Preußischen Monarchie. (Ges.-Sammlung S. 101.)

— §§ 1. ff. Rechtliche Natur der Dienstverträge des Gesindes; Ansprüche desselben wegen rückständigen Lohnes bei einem Verkaufe des Gutes. — Vergl. A. L. R. I. 5. § 1.

Rechtsgr. 1158. — IV. Senat. 1. Juli 1852. (VI. 215.)

Die Dienstverträge des Gesindes haben die Natur rein kontraktlicher Verhältnisse. — Durch den Verkauf des Gutes allein geht daher das Gesinde auf den neuen Eigenthümer nicht über, und kann dasselbe, wenn es bei dem neuen Eigenthümer auf den Grund neuer Verträge in Diensten bleibt, rückständige kontraktliche Ansprüche gegen ihn nicht geltend machen.

— § 77. Ausschluß der Bestrafung einer Beleidigung. — Vergl. Strafgesetzbuch vom 14. April 1851 § 187.

Rechtsgr. 1159. — Senat für Strafsachen Abthl. I. 3. Juni 1853. (X. 72.)

Der § 77. der Gesinde-Ordnung vom 8. November 1810 ist strikte zu interpretiren und kommt daher weder den Mitgliedern der Familie der Herrschaft, noch einem sonstigen Vorsteher der Wirthschaft zu Statten.

1810, 1. Dezember. Königlich Westphälisches Dekret, die Säkularisation der Klöster betreffend. (Gesetz-Bülletin für 1810 Bd. 3. S. 361.)

— Siehe Rechtsgrundsatz 1156. (Westphälisches Dekret vom 16. September 1810.)

1811, 4. April. Deklaration der Verordnung vom 14. Juni 1810, betreffend die Darlehne in öffentlichen Papieren. (Ges.-Samml. S. 169.)

— Siehe Rechtsgrundsatz 313. (A. L. R. I. 11. § 793.)

1811, 7. September. Gesetz No. 30. über die polizeilichen Verhältnisse der Gewerbe. (Ges.-Sammlung S. 253.)

— §§ 1. 54. Krugverlagsrecht:

A. Wiederherstellung des städtischen Krugverlagsrechts. — Vergl. A. L. R. I. 23. §§ 56. 58.; Edikt vom 28. Oktober 1810 § 81.

Rechtsgr. 1160. — II. Senat. 27. Januar 1852. (IV. 307.)

Das durch das Edikt vom 28. Oktober 1810 aufgehobene Krugverlagsrecht, ohne Unterschied, ob dasselbe nur gewisse bestimmte Schankstellen, oder alle Schankstätten in einem gewissen Bezirke betrifft, ist durch das Gesetz vom 7. September 1811, in soweit es auf Verjährung oder ausdrücklichem Vertrag beruht, nur für das Land, nicht aber in den Städten wieder hergestellt, und resp. aufrecht erhalten worden.

B. Kriterium des städtischen und ländlichen Krugverlagsrechts. — Vergl. A. L. R. I. 23. § 56.; Edikt vom 28. Oktober 1810 § 56.

Rechtsgr. 1161. — II. Senat. 22. September 1851. (II. 361.)

Die Frage, ob die Berechtigung zum Krugverlag eine städtische oder ländliche sei, wird durch den Ort der verpflichteten Schankstätte, nicht der berechtigten Fabrikationsstätte, entschieden.

C. Beschränkung der Gewinnung des Getränkes auf die berechtigte Fabrikationsstätte selbst.

Rechtsgr. 1162. — II. Senat. 27. Januar 1852. (IV. 307.)

Der Krüger ist nicht verpflichtet, Getränke, die nicht in der Fabrikationsstätte des berechtigten Guts selbst gewonnen, sondern anderweit angeschafft sind, anzunehmen.

Siehe auch Rechtsgrundsätze 1155. 1176. (Hessische Verordnung vom 6. Aug. 1810 § 1.; Publikations-Patent v. 15. Novbr. 1816 § 1.)

1811, 13. September. Großherzoglich Bergisches Dekret, die abgeschafften Rechte und Abgaben betreffend. (Temme, Sammlung der Dekrete S. 66.)

— Art. 5. 8-10. 12. Wirkung des zwischen dem ehemaligen Gutsherrn und dem Eigenthümer eines bäuerlichen Grundstücks abgeschlossenen Zeitpachtsvertrages. — Vergl. A. L. R. I. 7. §. 73., 9. § 579.; Gesetz No. 939. vom 21. April 1825 §§ 15. 22.

Rechtsgr. 1163. — II. Senat. 1. Dezember 1853. (XI. 86.)

a) Durch die bloße Abschließung eines Zeitpachts-Vertrages zwischen dem Besitzer eines durch das Bergische Dekret v. 13. Septbr. 1811 und resp. die Gesetze v. 21. April 1825 in dessen volles Eigenthum verwandelten Grundstücks und dem ehemaligen Gutsherrn desselben, hat dieser, — bei dem Mangel eines zur Erwerbung des Eigenthums geschickten Titels, das Eigenthum des Grundstücks nicht erwerben können. — Auf den Grund eines solchen Zeitpachtsvertrages findet auch keine titulirte Ersitzung des Eigenthums des Grundstücks statt.

b) Auch bei dem Vorhandensein eines solchen Zeitpachts-Vertrages entscheiden daher in Betreff des streitigen Eigenthums des bäuerlichen Besitzers die Merkmale des erblichen Besitzrechts, und zwar in den Landestheilen, welche vormals zu dem Großherzogthum Berg eine Zeitlang gehört haben, nach den Kriterien des § 22. des Gesetzes Nr. 939. vom 21. April 1825.

— Art. 12. 13. Rechtsverhältnisse der Besitzer ehemaliger Leib- und Zeitgewinn-Güter, Auseinandersetzung derselben mit dem Gutsherrn. — Vergl. A. L. R. Einl. § 100., I. 7. §§ 7. 8. 11. 15. 204-227. ff. 238. 239., 9. § 333., 21. §§ 124-131. 280.; Bergisches Dekret vom 12. Dezember 1808; Gesetz vom 25. September 1820 § 18.; Gesetz No. 939. vom 21. April 1825 §§ 21. 23. No. 1.

Rechtsgr. 1164. — Plenum. 19. Dezember 1853. (XI. 153.)

a) Das Rechtsverhältniß des Besitzers eines in den vormals Großherzoglich Bergischen Landestheilen belegenen ehemaligen Leib- und Zeitgewinn-Gutes ist, wenn er auch den Kriterien-Beweis eines zur Zeit der Publikation des Bergischen Dekrets vom 13. September 1811 ihm vermeintlich zugestandenen erblichen Besitzrechts nicht erbringen kann, dieserhalb noch nicht auch für die Vergangenheit in allen Beziehungen nach den Grundsätzen über die Zeitpacht überhaupt und den darauf bezüglichen Grundsätzen des Allgem. Landrechts insbesondere zu beurtheilen.

b) Bei der Auseinandersetzung zwischen einem solchen Besitzer und dem Gutsherrn hängt vielmehr die Beurtheilung des gegenseitigen Rechtsverhältnisses, mithin auch in Betreff der Ansprüche des Besitzers wegen Verbesserungen des Guts, wesentlich davon ab, ob er für einen redlichen oder einen unredlichen Besitzer des Eigenthumsrechts, welches von ihm als frühern angeblichen erblichen Besitzer beansprucht wird, zu erachten ist.

c) Ein solcher redlicher Eigenthums-Besitzer des Guts ist auch wegen der von seinem Besitzvorfahr, welcher ihm in der Meinung eines ihm zustehenden erblichen Besitzrechts das Gut übertragen hat, vorgenommenen Verbesserungen Vergütung zu fordern berechtigt.

1811, 14. September. Edikt No. 52., über die Regulirung der gutsherrlichen und bäuerlichen Verhältnisse. (Ges.-Sammlung S. 281. ff.)
— §§ **1.** ff. Siehe Rechtsgrundsatz 1395. (Gesetz vom 2. März 1850 § 74.)
— § **24.** Siehe Rechtsgrundsatz 1185. (Gemeinheits-Theilungs-Ordnung No. 650. vom 7. Juni 1821 § 147.)
— § **39.** Siehe Rechtsgrundsatz 541. (A. L. R. I. **21.** § 22.)

1811, 14. September. Edikt No. 53., zur Beförderung der Landeskultur. (Ges.-Sammlung S. 300.)
— §§ **2. 7.** Siehe Rechtsgrundsätze 1388. 1391. (Gesetz vom 2. März 1850 §§ 37. 40.)
— §§ **21. 22.** Siehe Rechtsgrundsatz 589. (A. L. R. I. **22.** § 112.)

1812, 6. Februar. Königlicher Befehl, wegen der in Schlesien zu entrichtenden Zehnten und Parochial-Abgaben. (Ges.-Sammlung für 1813 S. 42.)
— Siehe Rechtsgrundsatz 782. (A. L. R. II. **11.** § 261.)

1812, 9. Juli. Instruktion No. 124. für die General-Kommission zur Liquidation, Ausgleichung und Regulirung des Provinzial-Kriegs-Schuldenwesens. (Ges.-Sammlung S. 130.)
— § **9.** Verhaftung einer Korporation aus der nützlichen Verwendung, insbesondere bei Kriegslieferungen. — Vergl. A. L. R. I. **13.** §§ 262. 268. 270.; II. **6.** §§ 65. 96. 99. 113.

Rechtsgr. 1165. — II. Senat. 5. Oktober 1852. (VII. 102.)

Die nützliche Verwendung begründet die Pflicht zum Ersatz Seitens der Korporation, ohne Rücksicht, ob und welche einzelne Korporations-Mitglieder an den entstehenden Vortheilen Theil genommen, oder ob im Laufe der Zeiten die Mitglieder gewechselt haben.

1813, 19. April. Kabinets-Order, betreffend die Verträge, welche die Gewerbefreiheit beschränken. (Ges.-Sammlung S. 69.)

— Siehe Rechtsgrundś. 103. 1176. 1346-1348. (A. L. R. I. 5. § 310.; Publikations-Patent vom 15. November 1816 § 1.; Gewerbe-Ordnung vom 17. Januar 1845 § 1.)

1814, 9. September. Patent wegen Wiedereinführung des Allg. Landrechts und der Allg. Gerichts-Ordnung in die wiedervereinigten Provinzen. (Ges.-Sammlung S. 89.)

— § 1. Siehe Rechtsgrundsätze 312. 795. (A. L. R. I. 11. § 787.; II. 11. § 710.)

— § 2. Siehe Rechtsgrundsätze 312. 795. 1154. (A. L. R. I. 11. § 787.; II. 11. § 710.; Bergisches Dekret vom 12. November 1809 Art. 3.)

— §§ 3. 4. Siehe Rechtsgrundsatz 312. (A. L. R. I. 11. § 787.)

— § 5. Siehe Rechtsgrundsätze 11. 312. (A. L. R. Einl. § 17.; I. 11. § 787.)

— § 8. Siehe Rechtsgrundsatz 683. (A. L. R. II. 2. § 392.)

1815, 26. Januar. Verordnung über die Servis-Einrichtung der Haupt- und Residenzstadt Berlin. (Ges.-Sammlung S. 3.)

— § 4. No. 1. Miethssteuer von Gärten und Treibhäusern.

Rechtsgr. 1166. — II. Senat. 15. Juli 1851. (II. 272.)

Berliner Gärten und Treibhäuser sind der Miethssteuer nicht unterworfen.

— § 4. No. 3d. Verpflichtung zur Entrichtung der Miethssteuer in Berlin. — Vergl. Städte-Ordnung vom 19. November 1808 § 26.

Rechtsgr. 1167. — II. Senat. 14. Oktober 1851. (III. 127.)

Die Verbindlichkeit zur Entrichtung der städtischen Miethssteuer in Berlin tritt nicht schon mit der Verbindlichkeit zur Gewinnung des Bürgerrechts, sondern erst mit der wirklichen Gewinnung desselben ein.

— § **4**. No. **3d**. ff. Oeffentliche Anstalten und Lokalien.

Rechtsgr. **1168**. — II. Senat. 14. Oktober 1851. (III. 127.)

Die Eisenbahn-Gesellschaften sind keine öffentliche Anstalten im Sinne der Verordnung vom 26. Januar 1815, und ihre Grundstücke sind keine öffentlichen Lokalien.

1815, 5. Mai. Kabinets-Order wegen Suspension der gutsherrlich-bäuerlichen Prozesse in den wiedervereinigten Provinzen. (v. Kamptz, Jahrbücher Bd. 5. Heft 10. S. 8.)

— Wirkung der Sistirungs-Verordnung vom 5. Mai 1815 auf die Verjährung gutsherrlich-bäuerlicher Abgaben. — Vergl. A. L. R. I. **9**. §§ 509. 510. 528. 529. 545. 546.; Allerhöchster Erlaß vom 23. Februar 1817; Gesetz No. 623. vom 25. September 1820 § 64.; Gesetz No. 939. vom 21. April 1825 §§ 91. 92.; Gesetz No. 940. vom 21. April 1825 §§ 88. und 89. c. und d.

Rechtsgr. **1169**. — Plenum. 21. Juni 1852. (VI. 186.)

a) Die in der Allerhöchsten Order vom 5. Mai 1815 verordnete Suspension der gutsherrlich-bäuerlichen Prozesse in den wiedergewonnenen und neuen Provinzen hat nicht alle derartige Prozesse, sondern nur solche betroffen, deren Entscheidung von Auslegung und Anwendung der fremdherrlichen Gesetze abgehangen haben würde.

b) Eine Unterbrechung der Verjährung durch das angeordnete Justitium ist nur hinsichtlich solcher derartiger Ansprüche eingetreten, wegen welcher der Prozeß entweder schon anhängig war, oder während der Dauer der Suspension wirklich angestellt worden ist.

1815, 22. Mai. Patent No. 298. wegen Einführung des Hypothekenwesens in die Provinzen zwischen Elbe und Weser. (Ges.-Samml. S. 185.)

— §§ **9**. **10**. Siehe Rechtsgrundsätze 228. 310. (A. L. R. I. **10**. § 7.; **11**. § 753.)

1815, 8. Juni. Deutsche Bundesakte. (G.-S. für 1818, Anh. S. 143.)

— Art. **15**. Siehe Rechtsgrundsatz 1200. (Pensions-Reglement vom 30. April 1825 § 20.)

1815, 21. Juni. Verordnung No. 291., betreffend die Verhältnisse der vormals unmittelbaren Deutschen Reichsstände in den Preußischen Staaten. (Ges.-Sammlung S. 105.)

— §§ 3. 4. Beitragspflicht der Standesherren zu den Bedürfnissen der Schulgemeinde ihres Wohnorts. — Vergl. A. L. R. II. 12. §§ 29-34.; Instruktion vom 30. Mai 1820 §§ 13. 32.

Rechtsgr. 1170. — I. Senat. 8. September 1851. (III. 266.)

Die Standesherren sind von der Beitragspflicht zu den Bedürfnissen der Schulgemeinde ihres Wohnorts nicht befreit.

Siehe auch Rechtsgrunds. 1345. (Kabinets-Order v. 3. Jan. 1845.)

1815, 21. Juni. Edikt und Taxe No. 292. für die praktischen Aerzte. (Gesetz-Sammlung S. 110.)

— No. 23. 24. Meilengelder und Fuhrkosten der Aerzte.

Rechtsgr. 1171. — IV. Senat. 20. Dezember 1851. (IV. 218.)

Bei Geschäftsreisen über drei Meilen stehen dem Arzte neben den Meilengeldern auch die Kosten der Fuhre zu.

1815, 23. August. Allgemeine Gebühren-Taxe für die Landes-Justiz-Kollegia. (Ges.-Sammlung S. 201.)

— Abschn. 5. No. 42. Litt. N. Gebühren für die Eintragung von Pfandbriefen überhaupt und insbesondere in Schlesien. — Vergl. Schlesische Tax- und Sportel-Ordnung vom 4. August 1750 und die Sporteltaxe für Oels vom 20. Juni 1752.

Rechtsgr. 1172. — I. Senat. 10. März 1852. (V. 248.)

a) Hinsichtlich der Gebührensätze für die Eintragung von Pfandbriefen gehen die zur Zeit der Einführung der Allg. Gebühren-Taxe vom 23. August 1815 gültig gewesenen Provinzial-Verordnungen dieser Gebührentaxe, und die damals gültig gewesenen Verordnungen für einzelne Gebiete den Provinzial-Verordnungen vor.

b) In dem Fürstenthum Oels sind demgemäß für die Eintragung von Pfandbriefen sechs Thaler von tausend Thalern zu entrichten.

1815, 10. Oktober. Kostenregulativ für Schlesien. (v. Kamptz, Jahrbücher Bd. 6. S. 199.)

— Siehe Rechtsgrundsatz 1377. (Verordnung vom 2. Januar 1849 §§ 2. 3. 8.)

1816, 8. Januar. Verordnung, betreffend die eheliche Gütergemeinschaft in der Provinz Westphalen. (Ges.-Sammlung S. 97.)

— Einkindschafts-Verträge in der Provinz Westphalen.

Rechtsgr. 1173. — I. Senat. 7. April 1852. (V. 161.)

Die vor Einführung des Allg. Landrechts in die Provinz Westphalen daselbst in Betreff der Einkindschafts-Verträge gültig gewesenen gesetzlichen Vorschriften und provinziellen Gewohnheiten sind durch die Verordnung v. 8. Januar 1816 nicht für wieder hergestellt zu erachten.

Siehe auch Rechtsgrundsatz 697. (A. L. R. II. 2. § 731.)

1816, 29. Mai. Deklaration No. 359. des Edikts vom 14. September 1811 wegen Regulirung der gutsherrlich-bäuerlichen Verhältnisse. (Ges.-Samml S. 154.)

— Art. 4. 5. Siehe Rechtsgrundsatz 1395. (Gesetz vom 2. März 1850 § 74.)

— Art. 51-59. Siehe Rechtsgrundsatz 1185. (Gemeinheits-Theilungs-Ordnung vom 7. Juni 1821 § 147.)

— Art. 96. Raff- und Leseholz-Gerechtigkeit eines dismembrirten Guts. — Vergl. A. L. R. Einl. § 15.

Rechtsgr. 1174. — II. Senat. 7. September 1852. (VII. 233.)

a) Bei Dismembration einer bäuerlichen Stelle geht die derselben zustehende Holzgerechtigkeit, insbesondere das Recht auf Raff- und Leseholz, in Ermangelung anderweitiger Verabredung auf den Erwerber derjenigen Parzelle über, welche den Grund und Boden, auf welchem die Wohn- und Wirthschaftsgebäude sich befinden oder sich befunden haben — die Sohlstätte, Hofesröthe — einschließt.

b) Der vorstehende Grundsatz findet auch auf Dismembrationen vor dem Edikt vom 14. September 1811 Anwendung.

Siehe auch Rechtsgrundsatz 33. (A. L. R. I. 2. § 107.)

1816, 9. November. Patent No. 380. wegen Wiedereinführung der Preuß. Gesetze in das Großherzogthum Posen. (Ges.-Sammlung S. 225.)

— § 2. Siehe Rechtsgrundsatz 798. (A. L. R. II. 11. § 857.)

— § 16. Anfang der Verjährung vor dem 1. März 1817 im Großherzogthum Posen.

Rechtsgr. 1175. — II. Senat 4. März 1851. (I. 281.)

Die Frage, ob in dem Großherzogthum Posen vor dem

1. März 1817 eine Verjährung wirklich begonnen habe, ist nicht lediglich nach den Vorschriften des Allgem. Landrechts, sondern zunächst nach den vor diesem Zeitpunkt daselbst geltend gewesenen Gesetzen zu beurtheilen.

Siehe auch Rechtsgrundsatz 213. (A. L. R. I. **9**. § 560.)

1816, 15. November. Patent No. 381, wegen Einführung des Allgem. Landrechts in die ehemals Sächsischen Provinzen und Distrikte. (Gesetz-Sammlung S. 233.)

— § **1**. Gewerbegesetz in den ehemals Sächsischen Landestheilen. — Vergl. Edikt vom 2. November 1810; Gesetz v. 7. September 1811; Kabinets-Order vom 19. April 1813.

Rechtsgr. **1176**. — IV. Senat. 17. Januar 1854. (XI. 238.)

Durch die Einführung des Allgem. Landrechts in die ehemals Sächsischen Provinzen sind weder die, die Gewerbefreiheit in den alten Provinzen regulirenden Gesetze vom 2. November 1810 und vom 7. September 1811 zur Ausführung gebracht worden, noch auch hat daselbst die Kabinetsorder vom 19. April 1813 Gesetzeskraft erlangt.

Siehe auch Rechtsgrundsatz 794. (A. L. R. II. **11**. § 710.)

— §§ **2**. **3**. Begriff der „allgemeinen Landesgesetze" und der „besonderen Rechte und Gewohnheiten." — Vergl. A. L. R. Publikations-Patent vom 5. Februar 1794 § 2.

Rechtsgr. **1177**. — Plenum. 4. Juli 1853. (X. 85.)

Unter den durch die §§ 2. und 3. des Publikations-Patents vom 15. November 1816 außer Kraft gesetzten „allgemeinen Landesgesetzen" sind alle diejenigen Sächsischen Verordnungen, welche in dem ganzen Umfange des Sächsischen Staats gesetzliche Gültigkeit gehabt haben, und unter den daselbst gedachten „besonderen Rechten und Gewohnheiten" sind nur solche zu verstehen, deren Gültigkeit auf einzelne Provinzen und Distrikte beschränkt gewesen ist.

Siehe auch Rechtsgrundsätze 794. 808. 812. (A. L. R. II. **11**. § 710.; **14**. § 9.; **15**. § 15.)

1817, 9. Februar. Verordnung über die Justizverwaltung im Großherzogthum Posen. (Ges.-Sammlung S. 37.)

— §§ 145. 146. 149. Siehe Rechtsgrundsatz 1365. (Verordnung vom 21. Juli 1846 § 17.)

1817, 16. Februar. Deklaration, daß auch der Indossatar seinem Wechselverkäufer im exekutivischen Prozeß verhaftet ist. (Ges.-Samml. S. 34.)

— Siehe Rechtsgrundsatz 1039. (A. G. O. I. 50. § 471.)

1817, 23. Februar. Allerhöchster Erlaß, betreffend die Auslegung der Kabinets-Order vom 5. Mai 1815 wegen Suspension der gutsherrlich-bäuerlichen Prozesse in den wiedervereinigten Provinzen. (Welter, das gutsherrlich-bäuerliche Rechtsverhältniß S. 435.)

— Siehe Rechtsgrundsatz 1169. (Kabinets-Order vom 5. Mai 1815.)

1817, 20. Juni. Verordnung No. 430. wegen Organisation der General-Kommissionen und der Revisions-Kollegien zur Regulirung der gutsherrlichen und bäuerlichen Verhältnisse, ingleichen wegen des Geschäftsbetriebes bei diesen Behörden. (Ges.-Sammlung S. 161.)

— § 90. Wirkung eines Theilungs- und Ablösungs-Rezesses auf die Rechte und Verbindlichkeiten dritter Personen. — Vergl. A. L. R. I. 22. §§ 15. 53. 54.

Rechtsgr. 1178. — II. Senat. 2. September 1852. (VII. 228.)

a) Ein von der Königl. General-Kommission bestätigter Theilungs- und Ablösungs-Rezeß hat lediglich Wirkung auf die Rechtsverhältnisse der dabei zugezogenen Theilungs- und Ablösungs-Interessenten, nicht aber auf die Rechte und Verbindlichkeiten dritter Personen.

b) Zu den unbekannten Servitutsberechtigten sind diejenigen nicht zu rechnen, deren Servitut durch das Dasein einer fortwährenden Anlage erkennbar ist.

— § 170. Nachforderung rückständiger Laudemien nach erfolgter Ablösung der Laudemialpflicht. — Vergl. Gesetz vom 2. März 1850 §§ 95. 99.

Rechtsgr. 1179. — II. Senat. 8. Juli 1852; 9. März 1854. (VI. 246; XII. 237.)

Der Anspruch des Berechtigten auf Laudemien wegen der vor Anbringung des Antrags auf Ablösung der Reallasten stattgehabten Besitzveränderung ist durch den Ablösungsrezeß auch in dem Falle nicht für erloschen zu erachten, wenn die Besitztitel-Berichtigung erst nach Anbringung jenes Antrages erfolgt ist.

1817, 1. August. Kabinets-Order, betreffend die Regulirung der Gehalts- und Pensions-Entschädigungs-Ansprüche in den wiedervereinigten und neuen Provinzen.

— Siehe Rechtsgrundsatz 1200. (Pensions-Reglement vom 30. April 1825 § 20.)

1817, 23. Oktober. Instruktion No. 440. zur Geschäftsführung der Regierungen. (Ges.-Sammlung S. 249.)

— § 2. Unzulässigkeit des Rechtsweges hinsichtlich der Streitigkeiten über die Grenzen eines Gemeindebezirkes. — Vergl. Gemeinde-Ordnung vom 11. März 1850 §§ 1. 146. 147.

Rechtsgr. 1180. — II. Senat. 30. November 1852. (VII. 323.)

Die Entscheidung darüber, zu welchem Gemeindebezirk ein bestimmtes Grundstück gehört, und ob eine Kommune die Grenzen ihres Bezirks widerrechtlich überschritten hat, gebührt der Verwaltungsbehörde mit Ausschließung des Rechtsweges.

— §§ 3. 11. Siehe Rechtsgrundſ. 1317. (Geſ. v. 11. Mai 1842 § 1.)

1818, 11. März. Verordnung No. 416. über die Lehen und Fideikommisse in den jenseits der Elbe gelegenen Provinzen. (Ges.-Samml. S. 17.)

— §§ 2. 3. Erbfolgerechte der Agnaten bei Westphälischen Lehen. — Vergl. Westphälisches Dekret vom 28. März 1809 Art. 4.

Rechtsgr. 1181. — I. Senat. 19. Februar 1851. (I. 237.)

Wenn der zur Zeit der Verkündigung des westphälischen Dekrets vom 28. März 1809 zur Lehnsfolge Berechtigte hiernächst das Lehn käuflich erworben hat, und bei seinem Tode kein anderer nach dem Dekrete ebenfalls zur Lehnsfolge Berechtigter mehr vorhanden ist; so sind die Erbfolgerechte der Agnaten nicht für wiederhergestellt zu erachten.

1818, 25. Mai. Verordnung wegen Einführung des Allgem. Landrechts und der Allgem. Gerichts-Ordnung in die mit den Preußischen Staaten vereinigten, zwischen den ältern Provinzen belegenen Distrikte und Ortschaften, und wegen Einführung des Hypothekenwesens in dieselben. (Gesetz-Sammlung S. 45.)

— § 1. Siehe Rechtsgrundsatz 795. (A. L. R. II. 11. §§ 7. 10.)

1819, 18. Januar. Gesetz wegen Aufhebung der Erbunterthänigkeit im Kottbusser Kreise, der Lausitz und den ehemaligen Sächsischen Landestheilen. (Ges.-Sammlung S. 21.)

— Siehe Rechtsgrundsatz 1208. (Prozeß-Verordnung No. 1426. vom 1. Juni 1833 § 3.)

1819, 9. März. Verordnung über die rechtliche Natur der Domänen in den neuen und wiedereroberten Provinzen und Anwendung der Bestimmungen des Allgem. Landrechts II. 14. §§ 16-20. auf dieselben. (Ges.-Sammlung S. 73.)

— §§ 1. 3. Siehe Rechtsgrundsatz 1263. (Ober-Präsidial-Erlaß vom 5. Dezember 1834.)

1819, 7. Juli. Verordnung, betreffend die Klagen gegen Bewohner der Deutschen Bundesstaaten. (Ges.-Sammlung S. 212.)

— Siehe Rechtsgrundsatz 1021. (A. G. O. I. 46. § 3.)

1820, 17. Januar. Verordnung No. 577. wegen künftiger Behandlung des gesammten Staatsschuldenwesens. (Ges.-Sammlung S. 9.)

— Art. 3. 7. Siehe Rechtsgrundsatz 1263. (Ober-Präsidial-Erlaß vom 5. Dezember 1834.)

1820, 30. Mai. Gesetz No. 616., über die Einrichtung des Abgabewesens. (Ges.-Sammlung S. 134.)

— § 100. Siehe Rechtsgrundsatz 1377. (Verordnung vom 2. Januar 1849 § 2.)

1820, 30. Mai. Instruktion No. 607. wegen der Ausführung des Edikts vom 21. Juni 1815, die Verhältnisse der vormals unmittelbaren Deutschen Reichsstände in der Preußischen Monarchie betreffend. (Gesetz-Sammlung S. 31.)

— §§ 13. 32. Siehe Rechtsgrundsatz 1170. (Verordnung No. 291. über die vormals unmittelbaren Deutschen Reichsstände in den Preußischen Staaten vom 21. Juni 1815 § 3.)

1820, 16. Juni. Verordnung No. 609. über die Erwerbung und Ausübung der Realrechte auf Grundstücke, insbesondere der Hypothekenrechte bei nicht vollständig eingerichtetem Hypothekenwesen. (Ges.-Sammlung S. 106.)

— §§ 1. ff. Hypotheken-Rekognitions-System. — Vergl. A. G. O. I. 51. § 51.; Subhastations-Verordnung vom 4. März 1834 §§ 9. 16.

Rechtsgr. 1182. — IV. Senat. 5. Januar 1854. (XI. 200.)

Das Rekognitions-System nach der Verordnung vom 16. Juni 1820 findet bei bereits fertigem Hypothekenbuche keine Anwendung. Daher giebt in diesem Falle weder das über die nachgesuchte Eintragung einer Hypothek ertheilte Rekognitionsattest ein Hypothekenrecht, noch auch finden rücksichtlich solcher Forderungen die Vorschriften über das Kaufgelderbelegungs-Verfahren nach der Verordnung v. 4. März 1834 Anwendung, vielmehr sind die Vorschriften des § 51. I. 51. der Allgemeinen Gerichts-Ordnung in Betreff des Prioritätsstreits über eine bewegliche Sache — das baare Geld — maaßgebend.

— § 5. Priorität der angemeldeten Hypotheken.

Rechtsgr. 1183. — IV. Senat. 21. Juni 1853. (IX. 302.)

Die Zeit der Anmeldung der Hypotheken vor regulirtem Hypothekenbuche ist auf die Priorität nur dann von Einfluß, wenn die Rekognition des § 5. des Gesetzes vom 16. Juni 1820 ertheilt ist.

1820, 25. September. Gesetz No. 623. betreffend die gutsherrlichen und bäuerlichen Verhältnisse in den vormals zum Königreiche Westphalen, Großherzogthum Berg oder zu den Französisch-Hanseatischen Departements gehörigen Landestheilen. (Ges.-Sammlung S. 169.)

— § 18. Siehe Rechtsgrundsatz 1164. (Bergisches Dekret vom 13. September 1811 § 12.)

— § 64. Siehe Rechtsgrundsatz 1169. (Kabinets-Order vom 5. Mai 1815.)

1821, 7. Juni. Gemeinheits-Theilungs-Ordnung No. 650. (Ges.-Sammlung S. 53.)

— § 42. Siehe Rechtsgrundsatz 586. (A. L. R. I. 22. § 90.)

— § 51. Abfindung des Weideberechtigten bei Theilung der Viehweiden. — Vergl. A. L. R. I. 9. §§ 579. 628. 629.; I. 22. § 105.

Rechtsgr. 1184. — II. Senat. 13. Juli 1852. (VII. 63.)

Der Grundsatz, daß bei Theilung von Viehweiden der Eigenthümer den Servitutsberechtigten, welchen die Weide für eine bestimmte Viehzahl zugesichert ist, nachstehen muß, findet nicht allein auf die durch Vertrag, sondern auch auf die durch Verjährung erworbenen Hütungsrechte Anwendung.

— § 147. Pertinenz-Eigenschaft der Landentschädigung der Gutsherrschaft bei dem Ablöse-Verfahren. — Vergl. Regulirungs-Edikt No. 52.

vom 14. September 1811 § 24.; Deklaration vom 29. Mai 1816 Art. 51–59.; Dienst-Ablösungs-Ordnung No. 651. vom 7. Juni 1821 § 20.; Gesetz vom 24. Mai 1853 § 1.

Rechtsgr. 1185. — II. Senat. 31. Januar 1854. (XII. 90.)

Die bei einem Dienstablösungs-Verfahren der Gutsherrschaft von den bäuerlichen Wirthen gewährte Landentschädigung gehört als Pertinenz zum Rittergute, ohne daß es einer besonderen Zuschlagung derselben bedarf.

Siehe auch Rechtsgrundsatz 593. (A. L. R. I. 22. § 208.)

1821, 7. Juni. Ordnung No. 651. wegen Ablösung der Dienste, Natural- und Geldleistung von Grundstücken, welche eigenthümlich, zu Erbpachts- oder Erbzinsrecht besessen werden. (Ges.-Samml. S. 77.)

— § **20**. Siehe Rechtsgrundsatz 1185. (Gemeinheits-Theilungs-Ordnung No. 650. vom 7. Juni 1821 § 147.)

1821, 1. Juli. Gesetz, die Verleihung des Bergwerks-Eigenthums auf Flötze betreffend. (Ges.-Samml. S. 106.)

— Siehe Rechtsgrundsatz 821. (A. L. R. II. **16**. § 154.)

1821, 15. November. Statut für die Kaufmannschaft in Stettin. (Ges.-Samml. S. 194.)

— §§ **78**. **79**. Siehe Rechtsgrundsatz 1029. (A. G. O. I. **50**. § 63.)

1822, 4. Juli. Gesetz No. 735., betreffend den Verkauf ausstehender Forderungen und Kours habender Schuldpapiere im Wege der Exekution. (Ges.-Samml. S. 178.)

— §§ **1**. ff. Ueberweisung einer Aktiv-Forderung im Wege der Exekution in Kraft einer Anweisung:

A. Erforderniß hinsichtlich der Aktiv-Forderung behufs deren Beschlagnahme im Wege der Exekution. — Vergl. A. L. R. II. **8**. § 1418.; A. G. O. I. **24**. §§ 101. 106. ff. und Anhang § 160. zu § 108.

Rechtsgr. 1186. — IV. Senat. 11. November 1852. (VII. 318.)

Die in den §§ 1. ff. des Gesetzes vom 4. Juli 1822 als Exekutionsmittel in Kraft einer Assignation oder Cession angeordnete Ueberweisung der einem Exequendus zustehenden Aktivforderung kann nur alsdann mit rechtlicher Wirkung vorgenommen werden, wenn dem Exequendus schon zur Zeit des ergehenden Exekutions-Mandats eine Forderung erwachsen ist, die eine bestimmte Geldsumme — sei es in Kapital oder Renten — zum Gegenstande hat.

B. Gerichtliche Ueberweisung einer relativ-bestimmten Geldsumme in Kraft der Assignation.

Rechtsgr. 1187. — IV. Senat. 2. Januar 1851. (I. 153.)

Auch eine Forderung, welche eine relativ bestimmte Geldsumme zum Gegenstand hat, kann nach dem Gesetze vom 4. Juli 1822 in Kraft einer Assignation überwiesen werden.

C. Exekution in dem Schuldner zustehende Natural-Prästationen. — Vergl. A. G. O. I. 24. § 101.; 29. §§ 25. 27.

Rechtsgr. 1188. — IV. Senat. 12. Januar 1854. (XI. 345.)

Jährliche Natural-Prästationen unterliegen auch nicht zu den jedesmaligen marktgängigen Preisen der Ueberweisung nach dem § 1. des Gesetzes vom 4. Juli 1822.*

Siehe auch Rechtsgrundsätze 269. 468. 469. 1191. (A. L. R. I. 11. § 382.; 16. Anhang § 52. zu § 484.; § 6. dieses Gesetzes.)

— §§ 2. 3. Siehe Rechtsgrundsätze 468. 469. (A. L. R. I. 16. Anhang § 52. zu § 484.)

— § 4. Siehe Rechtsgrundsatz 1314. (Verordnung vom 10. April 1841 § 2.)

— § 6. Gerichtliche Ueberweisung einer Forderung des Exequendus in Kraft der Cession:

A. Vollendung dieser Cession. — Vergl. A. L. R. I. 11. § 393.

Rechtsgr. 1189. — IV. Senat. 23. September 1851. (IV. 25.)

Die Ueberweisung einer Forderung des Exequenden in Kraft einer Cession ist vollendet, wenn der Richter die Ueberweisungs-Verfügung erlassen hat, — die Insinuation derselben an den Extrahenten ist zur Vollendung nicht erforderlich.

B. Verhaftung des Exequendus für die Richtigkeit und Rechtsgültigkeit der an Zahlungsstatt überwiesenen Forderung. — Vergl. A. L. R. I. 11. §§ 420. 440.

* Vergl. den § 17. des seitdem ergangenen Gesetzes vom 20. März 1854. (Gesetz-Sammlung S. 119.)

Rechtsgr. **1190.** — IV. Senat. 15. März 1853. (IX. 68.)

Der § 444. I. 11. des Allg. Landrechts, — nach welchem der Cedent bei einer dem Dritten, der ihn anstatt des Schuldners befriedigt hat, ertheilten nothwendigen Cession außer dem Falle eines Betruges weder für die Richtigkeit, noch für die Sicherheit der cedirten Forderung zu haften braucht, — findet auf die im Wege der Exekution geschehene Uebereignung eines Aktivi nicht Anwendung, vielmehr muß der Schuldner, dessen Aktivum dem Gläubiger an Zahlungsstatt überwiesen worden, dem letzteren für die Richtigkeit und Rechtsgültigkeit dieses Aktivi nach den allgemeinen Grundsätzen über die dem Cessionar von dem Cedenten zu leistende Gewähr aufkommen.

C. Wegfall der Verhaftung des Exequendus für die Richtigkeit und Rechtsgültigkeit der überwiesenen Forderung. — Vergl. A. L. R. I. **11**. §§ **420**. ff. **427**., **16**. §§ 235. **242**.; § **1**. dieses Gesetzes.

Rechtsgr. **1191.** — IV. Senat. 15. März 1853. (IX. 65.)

Die Uebereignung einer Forderung des Exequendus im Wege der Exekution im Sinne des § 6. des Gesetzes vom 4. Juli 1822 erfordert entweder die ausdrückliche* Erklärung des Exekutionssuchers, daß er sich des Rückgriffes an den ursprünglichen Schuldner begeben, resp. die Forderung zum Nennwerthe in Zahlung annehmen wolle; oder die unbedingte Annahme einer Ueberweisungs-Verfügung, in welcher ihm die Forderung ausdrücklich auf Höhe ihres Nennwerthes an Zahlungsstatt übereignet ist.

1822, 30. Juli. Kabinets-Order, betreffend die Präklusiv-Frist zur Anmeldung etwaiger Ansprüche auf Gehalts-, Wartegeld- oder Pensions-Entschädigung aus den Kabinets-Ordern vom **1**. August **1817** und **3. Juli 1810**.

— Siehe Rechtsgrundsatz **1200**. (Pensions-Reglement vom **30**. April **1825 § 20**.)

1823, 4. Februar. Verordnung, daß ein gerichtliches Verfahren bei

* Vergl. dagegen die Anmerkung S. 72. Bd. 9. des Archivs für Rechtsfälle.

Verwaltungs-Ansprüchen an den Staat aus der Zeit der ehemaligen Fremdherrschaft in den neu- und wiedereroberten Provinzen nicht zugelassen werden soll. (Ges.-Samml. S. 21.)

— Siehe Rechtsgrundsatz 1200. (Pensions-Reglement vom 30. April 1825 § 20.)

1824, 3. April. Deklaration des § 52. des Anhangs zum Allgem. Landrecht, in Betreff der von dem Eigenthümer eines Grundstücks bezahlten, annoch ungelöschten Hypotheken-Forderungen. (Ges.-Samml. S. 77.)

— Siehe Rechtsgrundsätze 287. 464-469. 1231. 1259. (A. L. R. I. **11.** § 427.; **16.** Anhang § 52. zu § 484.; Exekutions-Verordnung vom 4. März 1834 § 22.; Subhastations-Verordnung vom 4. März 1834 § 16.)

1824, 5. Juni. Kabinets-Order, die pensionirten Service-Beamten betreffend. (v. Kamptz, Jahrbücher Bd. 23. S. 188.)

— Siehe Rechtsgrundsatz 1206. (Kabinets-Order vom 4. Juli 1832.)

1824, 18. Dezember. Regulativ über das Post-Taxwesen. (Ges.-Samml. S. 225.)

— § **29**. Verbindlichkeit des Postfiskus zur Entschädigung bei verloren gegangenen Werthsendungen. — Vergl. A. L. R. II. **8.** § 1735.; **15.** § 185.; Post-Ordnung vom 26. November 1782 Abschn. 13. § 7.; Verordn. v. 12. Juni 1804 § 12.; Kabinets-Order v. 8. April 1848.

Rechtsgr. **1192.** — I. Senat. 24. Januar 1853. (X. 303.)

Der Postfiskus war vor dem Gesetze vom 5. Juni 1852 nicht verbunden, für auf dem Posttransporte verloren gegangene, nicht deklarirte Sendungen zum Werthe von zehn Thalern oder mehr Ersatz zu leisten.

1825, 21. April. Gesetz No. 938. über die den Grundbesitz betreffenden Rechtsverhältnisse und über die Realberechtigungen in den Landestheilen, welche vormals eine Zeit lang zum Königreiche Westphalen gehört haben. (Ges.-Samml. S. 74.)

— § **37**. Erbfolge:

A. Anerbenrecht. — Vergl. A. L. R. I. 12. § 624., **16.** § 381.; Deklaration vom 24. November 1833.

Rechtsgr. **1193.** — I. Senat. 26. Mai 1851. (II. 307.)

Der westphälische Kolon, welcher ein vertragsmäßiges

Anerbenrecht bestellt hat, kann weder unter Lebendigen noch von Todeswegen über das Kolonat verfügen.

B. Institut der Mahljahre. (Interimswirthschaft.)

Rechtsgr. 1194. — I. Senat. 2. Februar 1853. (VIII. 280.)

Mit der Wiedereinführung der alten Erbfolge bei den mit dem Heimfall belasteten Westphälischen Kolonaten ist auch das Institut der Mahljahre (der Interims-Wirthschaft) wieder hergestellt worden.

1825, 21. April. Gesetz No. 939. über die den Grundbesitz betreffenden Rechtsverhältnisse und über die Realberechtigungen in den Landestheilen, welche zu dem ehemaligen Großherzogthum Berg eine Zeit lang gehört haben. (Ges.-Samml. S. 94.)

— §§ **1.** ff. Umfang der Anwendbarkeit dieses Gesetzes.

Rechtsgr. 1195. — II. Senat. 15. Januar 1852. (IV. 260.)

Das Gesetz vom 21. April 1825 für die zum ehemaligen Großherzogthum Berg gehörig gewesenen Landestheile ist nicht blos auf ländliche, sondern auch auf städtische Grundstücke anzuwenden.

— §§ **3. 15-23.** Erbliches Besitzrecht an Leibgewinns-Gütern.

Rechtsgr. 1196. — II. Senat. 15. Januar 1852. (IV. 260.)

Eine in den Gewinnbriefen enthaltene Klausel, welche die Ertheilung des neuen Gewinnes an die Nachkommen des Gewinnträgers von der Einigung über die Höhe des Gewinngeldes abhängig macht, schließt das Vorhandensein eines erblichen Besitzrechts nicht aus.

— §§ **15. 21. 22.** Erbliches Besitzrecht bäuerlicher Grund-Besitzer. — Vergl. A. L. R. I. 7. §§ 179-182.; **15.** § 33.; **21.** § 634.; II. 7. § 305.

Rechtsgr. 1197. — II. Senat. 14. Januar 1851. (I. 170.)

Der bäuerliche Besitzer in Landestheilen, welche ehedem zum Großherzogthum Berg gehört haben, muß im Streite mit dem Gutsherrn, von dem er sein Besitzrecht herleitet, die Erblichkeit des letzteren erweisen.

Wenn die Besitzung kein Leib- und Zeitgewinns-Gut gewesen ist, so kommt es auf den Nachweis der im § 22. des Gesetzes vom 22. April 1825 für die erwähnten Landestheile aufgestellten Kriterien nicht an, vielmehr ist die Frage, ob ein Zeitpachts-Verhältniß oder ein erbliches Besitzrecht anzunehmen sei, lediglich richterlicher Beurtheilung zu überlassen.

Die Bestimmung der §§ 634. I. 21. und § 305. II. 7. des Allgem. Landrechts, nach welchen im zweifelhaften Falle die Vermuthung für die Erblichkeit des Besitzrechts streitet, gilt indessen auch in jenen Landestheilen.

Siehe auch Rechtsgrundsätze **1163. 1164.** (Bergisches Dekret vom 13. September 1811 Art. 5. 12.)

— § **21.** Siehe Rechtsgrundsatz **1164.** (Bergisches Dekret vom 13. September 1811 Art. 12.)

— § **22.** Wirkung des gutsherrlichen Beweises gegen das erbliche Besitzrecht des Pächters.

Rechtsfr. **1198.** — II. Senat. 29. Januar 1852. (V. 38.)

Steht der am Schlusse des § 22. des Gesetzes vom 21. April 1825 für die vormals Bergischen Landestheile erwähnte Gegenbeweis nur dem Verpächter, nicht auch dem Pächter zu?*

Siehe auch Rechtsgrundsatz **1163.** (Bergisches Dekret vom 13. September 1811 Art. 5.)

— § **23.** No. **1.** Siehe Rechtsgrundsatz **1164.** (Bergisches Dekret vom 13. September 1811 Art. 12.)

— §§ **24. 94.** Rechtsgültige Vereinbarung der Grundsätze über die Succession in Münsterische ehemals eigenbehörige Kolonate. — Vergl. Gesetz vom 13. Juli 1836 § 16.

Rechtsgr. **1199.** — I. Senat. 12. Mai 1851. (III. 216.)

In der bloßen Eingehung der Ehe vor dem Gesetze vom 21. April 1825 und in der Nichtausschließung der ehelichen Gütergemeinschaft ist kein Vertrag über die Erbfolge, und

* Obige Frage dürfte zu bejahen sein. Vergl. die Anmerkung S. 42. Bd. 5. des Archivs für Rechtsfälle.

daher auch keine die alte Successions-Ordnung ausschließende rechtsgültige Feststellung der Grundsätze hinsichtlich der Vererbung des Bauerguts, im Sinne des § 94. jenes Gesetzes, zu finden.

Siehe auch Rechtsgrundsatz 1281. (Gesetz vom 13. Juli 1836 § 16.)

— §§ **91. 92.** Siehe Rechtsgrundsatz 1169. (Kabinets-Order vom 5. Mai 1815.)

— § **94.** Siehe Rechtsgrundsatz 1199. (§ 24. dieses Gesetzes.)

1825, 21. April. Gesetz No. 940. über die den Grundbesitz betreffenden Rechtsverhältnisse in den Landestheilen, welche vormals zu den Französischen Departements eine Zeit lang gehört haben. (Ges.-Samml. S. 112.)

— §§ **88. 89** c. und d. Siehe Rechtsgrundsatz 1169. (Kabinets-Order 5. Mai 1815.)

1825, 30. April. Pensions-Reglement. (v. Kamptz, Annalen, Bd. 16. Seite 843.)

— § **20.** Inkompetenz der Gerichte wegen Pensions-Ansprüche der Staatsbeamten. — Vergl. Reichsdeputations-Hauptschluß vom 25. Februar 1803 Art. 59.; Deutsche Bundes-Akte vom 8. Juni 1815 Art. 15.; Kabinets-Order vom 1. August 1817 und 30. Juli 1822; Verordnung vom 4. Februar 1823 und Kabinets-Order vom 10. November 1827.

Rechtsgr. **1200.** — V. Senat. 6. Dezember 1853. (XI. 94.)

Die Entscheidung über Pensionsansprüche der Staatsbeamten ist ohne Ausnahme der Kompetenz der Gerichte entzogen.

1825, 21. Juni. Patent No. 949, wegen Einführung des Allgemeinen Landrechts in das Herzogthum Westphalen. (Gesetz-Sammlung Seite 153.)

— §§ **2. 3.** Gemeines Recht und Partikular-Recht.

Rechtsgr. **1201.** — Plenum. 1. Dezember 1851. (III. 346.)

Unter den in den §§ 2. und 3. des Publikations-Patents vom 21. Juni 1825 bezeichneten Gemeinen Rechten sind die Normen über solche Rechtsmaterien zu verstehen, welche in den Ländern des Gemeinen Rechts als Gegenstände des

Gemeinen subsidiären Rechts, und nicht als Gegenstände der Partikular-Gesetzgebung betrachtet worden sind.

Siehe auch Rechtsgrundsatz 1155. (Hessische Verordnung v. 6. August 1810 § 1.)

1825, 27. Juli. Deklaration des § 684. I. 11. des Allg. Landrechts, betreffend den ohne Einwilligung des Chefs oder Kommandeurs mit einem Subaltern-Offizier geschlossenen Darlehns-Vertrag. (Gesetz-Samml. S. 188.)

— Siehe Rechtsgrundsatz 297. (A. L. R. I. **11.** § 684.)

1826, 17. Juni. Kabinets-Order über die Erledigung einiger Zweifel, die bei Anwendung der Bestimmungen in den §§ III. und VI. der Allerhöchsten Kabinets-Order vom 17. Januar 1820, bezüglich auf die Veräußerung von Domänen und Rittergütern in einigen bisher vorgekommenen Fällen erlegt worden sind. (Ges.-Samml. S. 57.)

— No. **1.** und **4.** Siehe Rechtsgrundsatz 1263. (Oberpräsidial-Erlaß vom 5. Dezember 1834.)

1827, 13. Januar. Kabinetsorder, betreffend die Berichtigung des Besitztitels von den zum Retablissement der Stadt Magdeburg abgetretenen Domänen-Grundstücken. (Ges.-Samml. S. 20.)

— Siehe Rechtsgrundsatz 1263. (Oberpräsidial-Erlaß v. 5. Dezbr. 1834.)

1827, 10. November. Kabinetsorder, betreffend die Berichtigung der aus der Westphälischen Verwaltungszeit herrührenden und zur Westphälischen Centralschuld gehörigen Ansprüche an die Preußischen Domänen, sowie an die aufgehobenen Stifter und Klöster, desgleichen der Ansprüche wegen der in die Westphälische Amortisations-Kasse und den Westphälischen Staatsschatz eingezahlten Depositen-Gelder.

— Siehe Rechtsgrundsatz 1200. (Pensions-Reglement vom 30. April 1825 § 20.)

1828, 17. März. Kreis-Ordnung No. **1134.** für das Königreich Preußen. (Ges.-Samml. 34.)

— § **18.** Siehe Rechtsgrundsatz 24. (A. L. R. Einl. § 89.)

1830, 20. Juni. Kabinetsorder, betreffend die Erhaltung und Herstellung der Stadtmauern, Thore und sonstigen zum Verschlusse der Stadt gereichenden Anlagen. (Ges.-Samml. S. 113.)

— Beitragspflicht zu den Kosten der Erhaltung alter Stadtmauern. — Vergl. Verordnung vom 4. April 1848 § 6.; Gesetz vom 1. Mai 1851 § 1.

Rechtsgr. 1202. — II. Senat. 15. Mai 1851. (II. 134.)

Auch in mahl- und schlachtsteuerpflichtigen Städten ist die Verpflichtung zur Erhaltung und Herstellung der Stadtmauern, Thore und sonstigen zum Verschlusse der Stadt gereichenden Anlagen davon abhängig, in wessen Interesse diese Erhaltung und Herstellung nothwendig erscheint, und, wenn Mehrere ein Interesse hierbei haben, in welchem Verhältnisse die dadurch herbeigeführten Vortheile zu einander stehen.

1831. 17. März. Revidirte Städte-Ordnung für die Preußische Monarchie. (Ges.-Samml. S. 10.)

— §§ **84. 98.** Siehe Rechtsgrundsatz 1203. (§ 99. dieser Städte-Ordn.)

— § **99.** Pensionirung des Bürgermeisters. — Vergl. Städte-Ordnungen vom 19. November 1808 § 159. und vom 17. März 1831 §§ 84. 98. 101.; Einführungs-Ordnung zur letzteren vom 17. März 1831 § 15.; Kabinetsorder vom 14. Juli 1832 litt. d.; Verordnung vom 11. Mai 1839 § 1.

Rechtsgr. 1203. — I. Senat. 25. Januar 1854. (XI. 273.)

a) Die nach der revidirten Städte-Ordn. v. 17. März 1831 dem Bürgermeister zu gewährende Pension ist nach dessen Diensteinkommen zur Zeit der Pensionirung, nicht nach dem ursprünglichen Gehalte oder dem Durchschnitts-Betrage der zwölf Dienstjahre zu bestimmen.

b) Auch die im Aufsichtswege von der Königl. Regierung angeordnete Erhöhung des in dem städtischen Normal-Besoldungs-Etat aufgeführten Gehaltes des Bürgermeisters kommt bei dessen Pensionirung in Betracht.

c) Das fernere Einkommen des Bürgermeisters aus einem schon vor seiner Pensionirung von ihm bekleideten anderweitigen Staats- oder Gemeindeamte, sowie das spätere Einkommen in Folge seiner Anstellung als Gerichtstaxator und gerichtlicher Auktionskommissar, kann auf dessen Pension nicht angerechnet werden.

d) Auch die von dem Bürgermeister außer der bestimmten Gehaltssumme auf verfassungsmäßigem Wege als Remuneration für dies städtische Amt ihm zugesichert gewesenen Neben-Emolumente, sind bei Feststellung der Pension des Bürgermeisters in Anschlag zu bringen.

— § **101.** Siehe Rechtsgrundsätze 1203. 1206. (§ 99. dieser Städte-Ordnung; Kabinetsorder vom 4. Juli 1832.)

1831, 17. März. Verordnung wegen Einführung der revidirten Städte-Ordnung für die Preußische Monarchie in die neuen Provinzen. (Ges.-Samml. S. 37.)

— § **15.** Siehe Rechtsgrundsatz 1203. (Städte-Ordnung vom 17. März 1831 § 99.)

1831, 16. Juni. Kabinetsorder wegen Herstellung der Zehntverfassung in Schlesien. (Ges.-Samml. S. 169.)

— Siehe Rechtsgrundsatz 782. (A. L. R. II. **11.** § 261.)

1831, 31. Oktober. Kabinetsorder über die Verpflichtung der Grund-Eigenthümer zur Berichtigung des Besitztitels. (Ges.-Samml. S. 251.)

— Siehe Rechtsgrundsatz 827. (A. L. R. II. **16.** § 255.)

1832, 11. Februar. Kabinetsorder wegen Regulirung des Kautionswesens für die Staatskassen- und Magazin-Beamten. (Ges.-Sammlung S. 61.)

— No. **6.** und **7.** Umfang der Verhaftung einer Amtskaution:

A. Kompensations-Forderungen des Fiskus. — Vergl. A. L. R. I. **16.** § 363.; **20.** § 171.; Kabinetsorder vom 15. April 1837; Code Napoléon Art. 1293. 2079.

Rechtsgr. **1204.** — V. Senat. 22. März 1853. (VIII. 361.)

a) Jede Amtskaution haftet nur für die Geschäfte desjenigen Amtes, für welches sie bestellt ist.

b) Die Kompensation des Staats mit Forderungen, welche diesem aus andern Amtsgeschäften des Beamten zustehen, ist der Rückforderung der Kaution gegenüber ausgeschlossen.

B. Ansprüche des Fiskus aus Handlungen des Beamten nach erfolgter Kassation desselben. Vergl. Kabinetsorder vom 15. April 1837.

Rechtsgr. **1205.** — IV. Senat. 6. Oktober 1853. (X. 185.)

Die Amtskaution haftet als solche nicht für die Erstattung des von dem Beamten nach seiner Kassation widerrechtlich forterhobenen Gehaltes.

Siehe auch Rechtsgrundsatz 454. (A. L. R. I. 16. § 313.)

1832, 4. Juli. Kabinetsorder No. 1370. betreffend die ergänzenden und erläuternden Bestimmungen zur Städte-Ordnung vom 19. November 1808 §§ 159. 161. (Ges.-Samml. S. 182.)

— Anrechnung eines anderweitigen späteren Diensteinkommens in Folge Anstellung als Rechtsanwalt und Notar auf die Pension desselben als Kommunalbeamter. — Vergl. A. G. O. III. 7. §§ 12. 15. 118.; Kabinetsorder vom 5. Juni 1824; Revidirte Städte-Ordnung vom 17. März 1831 § 101.; Zusammenstellung vom 14. Juli 1832 litt. d.

Rechtsgr. **1206**. — Plenum. 20. Juni 1853. (X. 82.)

Auf die Pension eines ausgeschiedenen Kommunalbeamten kann dessen durch anderweitige Anstellung als Rechtsanwalt oder Notar erzieltes Einkommen nach Maaßgabe der durch die Kabinetsorder vom 4. Juli 1832 genehmigten Zusammenstellung der nachträglichen Bestimmungen zur Städte-Ordnung vom 19. November 1808 §§ 159. 161. und des § 101. der revidirten Städte-Ordnung vom 17. März 1831 angerechnet werden.

1832, 14. Juli. Zusammenstellung der auf die Städte-Ordnung vom 19. November 1808 sich beziehenden nachträglichen Bestimmungen. (Ges.-Samml. S. 189.)

— litt. d. Siehe Rechtsgrundsätze 1203. 1206. (Städte-Ordnung vom 17. März 1831 § 99.; Kabinetsorder No. 1370. vom 4. Juli 1832.)

— zu §§ **167. 184.** Siehe Rechtsgrundsatz 1377. (Verordnung vom 2. Januar 1849 § 2.)

1832, 19. Juli. Gesetz, betreffend die Laudemien von Rustikal-Stellen in Schlesien. (Ges.-Samml. S. 194.)

— Siehe Rechtsgrundsatz 1392. (Gesetz vom 2. März 1850 § 40.)

1833, 1. Juni. Verordnung No. 1426. über den Mandats-, den summarischen und Bagatell-Prozeß. (Ges.-Samml. S. 37.)

— § **1.** Begründung der Kündigungsklage im Mandatsprozesse.

Rechtsgr. **1207**. — III. Senat. 16. April 1851. (II. 91.)

Zur Begründung der Kündigungsklage im Mandatsprozesse vor Eintritt des Termins, bis zu welchem nach

Inhalt der Schuld-Urkunde bei prompter Zinszahlung die Kündigung des Kapitals nicht stattfinden darf, genügt, außer dem Nachweise der geschehenen Kündigung, die bloße Behauptung nicht: daß die fällig gewesenen Zinsen innerhalb dieser Frist nicht berichtigt seien; vielmehr ist auch die Richtigkeit dieser Thatsache durch privilegirte Urkunden sofort darzuthun.

— § **3.** Liquide Einrede im Mandats-Prozeß. — Vergl. Gesetze vom **18.** Januar **1819** und vom **2.** März **1850** § **3.** No. **8.**

Rechtsgr. **1208.** — II. Senat. 23. November 1852. (VIII. 58.)

Wenn eine Natural-Leistung in eine bestimmte Geldabgabe verwandelt, und diese in das Hypothekenbuch eingetragen ist, so findet im Mandatsprozesse die Einrede, daß die Naturalleistung und daher auch die Geldabgabe gesetzlich ohne Entschädigung aufgehoben sei, nicht statt.

— §§ **23. 24.** Siehe Rechtsgrundsatz 923. (A. G. O. I. **9.** § 42.)

— § **36.** Nichtigkeit des Urtheils wegen nicht vermerkter Vorlesung des Audienz-Protokolls. — Vergl. Verordnung vom **14.** Dezember **1833** § 5. No. 1.; Deklaration vom **6.** April **1839** § **3.** No. **1.**

Rechtsgr. **1209.** — IV. Senat. 16. Februar 1854. (XII. 145.)

Die am Schlusse des Audienz-Protokolles fehlende Erwähnung der geschehenen Vorlesung des in demselben enthaltenen Vermerks über die Erklärungen der Parteien begründet eine Nichtigkeit des hierauf gefällten Urtheils.

— § **44.** Abwendung der Kontumazial-Folge durch generelles Bestreiten der Behauptung der Gegenpartei. — Vergl. A. L. R. I. **4.** § 57.; Verordnung vom **21.** Juli **1846** § **20.**

Rechtsgr. **1210.** — II. Senat. 9. Dezember 1852. (VIII. 85.)

Zur Abwendung der Kontumazialfolge ist das spezielle Bestreiten jeder einzelnen Behauptung der Gegenpartei nicht erforderlich, es genügt vielmehr ein generelles Bestreiten aller Behauptungen derselben.

1833, 1. Juni. Vorläufige Verordnung No. **1436.** wegen des Judenwesens im Großherzogthum Posen. (Ges.-Samml. S. 66.)

— §§ 1. 3. Mitgliedschaft einer jüdischen Religions-Gesellschaft im Großherzogthum Posen. — Vergl. A. L. R. Einl. § 61.; Gesetz vom 23. Juli 1847 §§ 24. ff.; Verfassungs-Urkunde vom 31. Januar 1850 Art. 12.

Rechtsgr. 1211. — I. Senat. 17. September 1852. (VI. 322.)

a) Jüdische Einwohner des Großherzogthums Posen sind vermöge Gesetzes Mitglieder der korporativen Religions-Gesellschaft ihres Wohnorts.

b) Hierin ist durch die im Artikel 12. der Verfassungs-Urkunde vom 31. Januar 1850 gewährleistete Freiheit des religiösen Bekenntnisses Nichts geändert.

Siehe auch Rechtsgrundsatz 777. (A. L. R. II. 11. § 17.)

— § 20d. Befreiung des Mitgliedes einer jüdischen Religionsgesellschaft in dem Großherzogthum Posen von Beiträgen zu den Korporations-Lasten durch Austritt aus der Religionsgesellschaft. — Vergl. A. L. R. Einl. § 61., II. 6. §§ 11. 26. 27. 182.; Kabinets-Order vom 24. Juni 1844 zu § 20d. dieses Gesetzes; Gesetz vom 23. Juli 1847 § 34.; Verfassungs-Urkunde vom 31. Januar 1850 Art. 12.

Rechtsgr. 1212. — I. Senat. 17. September 1852. (VI. 323.)

Der Austritt aus einer jüdischen Religions-Gesellschaft (Synagogen-Gemeinde) der Provinz Posen ohne hinzutretende Veränderung des Wohnsitzes befreit nicht von den ferneren Beiträgen zu der Korporationslast dieser Gesellschaft.

1833, 24. Juli. Ministerial-Instruktion zur Ausführung der Verordnung No. 1426. vom 1. Juni 1833 über den Mandats-, summarischen und Bagatell-Prozeß. (v. Kamptz, Jahrbücher Bd. 41. S. 454.)

— § 29. Siehe Rechtsgrundsätze 691. 917. (A. L. R. II. 2. § 652.; A. G. O. I. 5. § 21.)

1833, 21. September. Ministerial-Instruktion für die Berg-Aemter zu Bochum und Essen. (v. Kamptz, Jahrbücher Bd. 40. S. 226.)

— § 30. Siehe Rechtsgrundsatz 35. (A. L. R. I. 2. § 126.)

1833, 17. Oktober. Kabinets-Order, betreffend die Ausführung der Verordnung vom 1. Juni 1833 über den Mandats-, summarischen und Bagatell-Prozeß. (Gesetz-Sammlung S. 119.)

— No. 4. Siehe Rechtsgrundsatz 382. (A. L. R. I. 13. § 120.)

1833, 24. November. Deklaration der Gesetze vom 21. April 1825

§§ 37. resp. 24. u. 23. in Bezug auf die Vererbung der dem Heimfallsrecht noch unterworfenen Grundstücke. (Ges.-Samml. S. 292.)
— Siehe Rechtsgrundſ. 1193. (Gesetz No. 938. v. 21. April 1825 § 37.)

1833, 7. Dezember. Kabinets-Order, die Rechte der Gläubiger an dem maritalischen Nießbrauche ihres Schuldners betreffend. (v. Kamptz, Jahrbücher Bd. 44. S. 344.)
— Siehe Rechtsgrundsatz 684. (A. L. R. II. 2. § 429.)

1833, 14. Dezember. Verordnung über das Rechtsmittel der Revision und Nichtigkeitsbeschwerde. (Ges.-Samml. S. 302.)
— § 1. Revision wegen eines Familien- und Ehrenrechtes:

A. Streitiges Familienrecht. — Vergl. Ministerial-Instruktion vom 7. April 1839 No. 2.

Rechtsgr. **1213**. — I. Senat. 21. April 1852. (VI. 109.)

Wenn lediglich ein Miterbrecht — also ein Vermögensobjekt — Gegenstand des Prozesses ist, so findet bei gleichlautenden Erkenntnissen erster und zweiter Instanz die Revision auch dann nicht statt, wenn der Klageantrag auch auf Anerkennung des Verwandtschafts-Verhältnisses gerichtet war, und dieses in dem Tenor der Erkenntnisse für festgestellt erachtet ist.

B. Revision wegen des Rechts der Theilnahme an der Wahl eines Rabbiners.

Rechtsfr. **1214**. — I. Senat. 8. September 1851. (III. 261.)

Ist das von dem Testator einem Verwandten verliehene Recht, bei der Wahl eines Rabbiners zu der von dem ersteren angeordneten Rabbinats-Stiftung mitzuwirken, ein Familien- oder Ehrenrecht, und findet daher in einem wegen Verletzung dieses Rechts erhobenen Rechtsstreite das Rechtsmittel der Revision statt?

C. Revision wegen des Rechts der Mitwirkung bei Besetzung einer Pfarr- und Rektorstelle. — Vergl. A. G. O. I. **52**. § **16**.

Rechtsgr. **1215**. — I. Senat. 27. März 1854. (XII. 292.)

Das streitige Recht der Mitwirkung bei der Besetzung einer Pfarr- und Rektorstelle ist, als Ehrenrecht, revisibel.

D. Revision wegen des Rechts der Bekleidung des Amtes eines Administrators einer Familienstiftung. — Vergl. A. L. R. II. 4. §§ 12. ff. 38.

Rechtsgr. 1216. — I. Senat. 9. Februar 1852. (VI. 32.)

Der Administrator einer Familien-Stiftung, welcher zugleich einen wesentlichen Theil der Stellung eines Vorstehers der Familie einnimmt, bekleidet ein Ehrenrecht.

— § 2. Berechnung des Werthes des Streitgegenstandes in Interventions-Prozessen.

Rechtsgr. 1217. — III. Senat. 7. März 1851. (II. 43.)

Auch in Interventions-Sachen wird der Werth des Streitgegenstandes in der Regel nach dem Kaufpreise, welchen der Intervenient für die Streitsache gegeben hat, berechnet.

Siehe auch Rechtsgrundsatz 961. (A. G. O. I. 15. § 1.)

— § 4. Legitimation zur Anfechtung eines Zuschlags-Urtheils.

Rechtsgr. 1218. — III. Senat. 8. Juli 1851. (II. 241.)

Nur diejenigen Hypothekengläubiger, welche durch das Zuschlagsurtheil wirklich benachtheiligt worden, sind zur Einlegung des Rechtsmittels der Nichtigkeitsbeschwerde legitimirt.

— § 4. No. 1. Verletzung von Rechtsgrundsätzen:

A. Begründung der Nichtigkeitsbeschwerde. — Vergl. § 16. dieser Verordnung; Deklaration vom 6. April 1839 Art. 8.; Instruktion vom 7. April 1839 No. 8.

Rechtsgr. 1219. — III. Senat. 11. April 1851. (II. 79.)

Die bloße Heranziehung der in dem Appellations-Erkenntnisse allegirten Gesetzstellen unter der Behauptung, daß sie verletzt worden seien, genügt zur Begründung der auf § 4. No. 1. der Verordnung vom 14. Dezember 1833 gestützten Nichtigkeitsbeschwerde nicht; es muß vielmehr in derselben, außer dem vermeintlich verletzten Gesetze, auch der Beschwerdepunkt und mithin speziell angegeben sein, gegen welchen Rechtssatz der Appellations-Richter hinsichts jedes einzelnen Entscheidungsgrundes verstoßen habe.

B. Inkompetenz-Erklärung. — Vergl. § 5. No. 8. dieser Verordnung; Deklaration vom 6. April 1839 Art. 3. No. 3.

Rechtsgr. 1220. — I. Senat. 12. Januar 1853. (VIII. 183.)

Die gegen gesetzliche Vorschriften des materiellen Rechts verstoßende Erklärung der Inkompetenz des Gerichtsstandes enthält eine Verletzung von Rechtsgrundsätzen.

C. Unrichtige Beurtheilung einer Einrede als exceptio de jure tertii.

Rechtsgr. 1221. — IV. Senat. 1. Februar 1853. (IX. 1.)

Die unrichtige Beurtheilung einer vorgebrachten Einrede als eine exceptio de jure tertii enthält die Verletzung eines Rechtsgrundsatzes.

Siehe auch Rechtsgrundsätze 920. 928. 974. 979. 983. 988. 1052. (A. G. O. I. 7. § 48. litt. b., 10. Anhang § 72. zu § 19., 16. § 12. No. 1. und § 17., 18. § 3., 24. § 22., 52. § 48.)

— § 4. No. 2. Verletzung von wesentlichen Prozeßvorschriften.
— Siehe Rechtsgrundsätze 918. 921. 924. 979. 988. (A. G. O. I. 5. § 23., 9. § 11., 10. § 5a., 16. § 17., 24. § 22.)
— § 5. Wesentliche Prozeßvorschriften.
— Siehe Rechtsgrundsätze 918. 921. 924. 988. (A. G. O. I. 5. § 23., 9. § 11., 10. § 5a., 24. § 22.)
— § 5. No. 1. Verletzung einer wesentlichen Prozeßvorschrift durch Nichthören einer Partei.
— Siehe Rechtsgrundsätze 984. 1053-1058. 1209. 1226. 1241. 1242. 1244. (A. G. O. I. 18. § 9., 52. § 59.; Verordnung No. 1426. vom 1. Juni 1833 § 36.; § 9. dieser Verordnung; Subhastations-Verordnung vom 4. März 1834 § 9.)
— § 5. No. 4., § 7. Nichtigkeit einer Purifikations-Resolution wegen Inkompetenz des Richters. — Vergl. A. G. O. I. 8. § 15., 10. § 377.; Verordnung vom 28. März 1840 § 6.

Rechtsgr. 1222. — I. Senat. 14. November 1851. (III. 319.)

Die von einem Abgeordneten des kollegialischen Gerichts, welches in erster Instanz erkannt hat, abgefaßte Purifikations-Resolution unterliegt der Nichtigkeit.

— § 5. No. 8. Verletzung einer wesentlichen Prozeßvorschrift durch Nichtberücksichtigung des Einwandes der Inkompetenz; unterlassene Sistirung des Prozesses. — Vergl. Gesetz vom 9. Oktober 1848 § 2. No. 2. litt. O.

Rechtsgr. 1223. — II. Senat. 7. November 1850. (I. 106.)

Das in von Amtswegen zu sistirenden Prozessen dennoch abgefaßte Urtheil unterliegt der Vernichtung.

Siehe auch Rechtsgrundsätze 1053-1058. 1220. (A. G. O. I. 52. § 59.; § 4. No. 1. dieser Verordnung.)

— § 5. No. 10. litt. a. und b. Klarer Inhalt der Akten. — Vergl. Deklaration vom 6. April 1839 Art. 3. No. 1.

Rechtsfr. 1224. — IV. Senat. 26. Februar 1852. (IV. 363.)

Wann ist eine Verletzung wesentlicher Prozeßvorschriften durch Nichterwähnung und Unterstellung vorhanden?

Siehe auch Rechtsgrundsätze 1304. 1306. (Deklaration vom 6. April 1839 Art. 3. No. 1. und No. 4.)

— § 5. No. 10c. Beweiskraft eines vom Spruchrichter für zulässig und nothwendig erachteten Eides.

Rechtsgr. 1225. — IV. Senat. 17. Januar 1854. (XI. 230.)

Der von dem Spruchrichter für zulässig und nothwendig erachtete Eid ist in keinem Falle für ein solches Beweismittel zu erachten, welchem nach den Gesetzen die Beweiskraft völlig mangelt.

— § 6. Heilung der wegen Verletzung einer wesentlichen Prozeßvorschrift vorgefallenen Nichtigkeit des Verfahrens durch unterlassene Rüge. — Vergl. § 5. No. 1. dieser Verordnung; Subhastations-Verordnung vom 4. März 1834 § 9.

Rechtsgr. 1226. — III. Senat. 14. Januar 1853. (VII. 371.)

Der bei dem Subhastations-Verfahren nicht zugezogene Real-Interessent kann die Verletzung einer wesentlichen Prozeßvorschrift nicht ferner rügen, wenn nach abgehaltenem Verkaufstermine Verhandlungen stattgefunden haben, zu welchen der Real-Interessent zugezogen ist, ohne die Verletzung zu rügen.

— § 16. Beurtheilung des mit der Regreßklage verfolgten Versehens des Richters, in der Nichtigkeitsbeschwerde-Instanz. — Vergl. A. L. R. I. 6. §§ 10. ff.

Rechtsgr. 1227. — I. Senat. 23. Februar 1853. (VIII. 324.)

Die Frage: ob ein Beamter aus Mangel an gehöriger Aufmerksamkeit oder aus Nachlässigkeit gefehlt habe, und daher die Handlung eines Versehens halber vertreten müsse? ist eine thatsächliche, deren Beantwortung durch den Appellationsrichter mit der Nichtigkeits-Beschwerde nicht angegriffen werden kann.

Siehe auch Rechtsgrundsatz 1219. (§ 4. No. 1. dieser Verordnung.)

— §§ 21. 22. Siehe Rechtsgrundsatz 970. (A. G. O. I. 16. § 12. No. 1.)

1834, 8. Februar. Reglement für das Königliche Leih-Amt in Berlin. (Ges.-Samml. S. 23.)
— Siehe Rechtsgrundsatz 776. (A. L. R. II. 10. § 85.)

1834, 20. Februar. Kabinets-Order, betreffend den Viertel-Erlaß der Domänen-Leistungen in den Kreisen Paderborn, Warburg, Büren und Hörter.
— § 1. Siehe Rechtsgrundsatz 1263. (Ober-Präsidial-Erlaß vom 5. Dezember 1834.)

1834, 4. März. Verordnung No. 1511. über die Exekution in Civilsachen. (Ges.-Samml. S. 31.)
— § 1. Siehe Rechtsgrundsatz 521. (A. L. R. I. 20. § 422.)
— § 9. Exekution wegen einer zu leistenden Handlung:
A. Eventuelles Wahlrecht des Exekutionssuchers.

Rechtsgr. 1228. — IV. Senat. 4. Februar 1851. (I. 206.)

Die Bestimmung des § 9. der Exekutions-Ordnung vom 4. März 1834 wegen des eventuellen Wahlrechts des Exekutionssuchers bei zu leistenden Handlungen findet keine Anwendung, wenn eine Verurtheilung zur Lieferung einer Quantität Klafterholz an den Servitutberechtigten erfolgt ist.

B. Liquidation des Interesse nach Preußischem und Französischen Rechte. — Vergl. Code Napoléon Art. 1142. 1146. 1147.

Rechtsgr. 1229. — I. Senat. 23. November 1851. (IV. 107.)

Die Liquidation des Interesse auf Grund des § 9. der Verordnung vom 4. März 1834 ist verschieden von der nach den Artikeln 1142. 1146. und 1147. des Code Napoléon zulässigen Klage auf Entschädigung.

Siehe auch Rechtsgrundsätze 57. 104. 509. (A. L. R. I. 5. §§ 51. 325.; 20. § 112.)

— § 15. Siehe Rechtsgrundsätze 1026. 1036. (A. G. O. I. 50. §§ 40. 447.)

— § 16. Ueberweisung des Lohnes der Diätarien und Tagelöhner im Wege der Exekution.

Rechtsgr. 1230. — IV. Senat. 11. November 1852. (VII. 319.)

Der § 16. der Exekutions-Verordnung v. 4. März 1834 kann auf den Lohn der Diätarien und Tagelöhner, die weder auf gewisse Zeit sich zu Diensten verpflichtet haben noch angenommen sind, sondern die nur, wenn und insoweit sie Arbeiten geleistet haben, für diese einen gewissen Lohn erhalten, nicht bezogen werden.

Siehe auch Rechtsgrundsatz 1036. (A. G. O. I. 50. § 447.)

— § 22. Hypothekarische Protestation im Wege der Exekution:

A. Wirksamkeit der hypothekarischen Protestation und vorläufigen Eintragung einer Forderung aus Erkenntnissen, Vergleichen und Zahlungsverfügungen. — Vergl. A. L. R. I. 16. Anhang § 52. zu § 484.; Deklaration vom 3. April 1824.

Rechtsgr. 1231. — IV. Senat. 4. Oktober 1853. (X. 174.)

Nur solche Protestationen und vorläufige Eintragungen aus Erkenntnissen, Vergleichen und Zahlungsverfügungen, welche auf einseitigen Antrag des Gläubigers, nicht solche, welche auf Antrag des Prozeßrichters erfolgt sind, verlieren ihre Wirksamkeit, wenn der Antrag des Prozeßrichters auf Eintragung einer förmlichen Hypothek nicht binnen drei Monaten eingeht.

B. Rechtliche Natur des bei dem Prozeßrichter anzubringenden Antrags auf Requisition der Hypothekenbehörde um Umschreibung der vorläufigen Protestation in eine förmliche Hypothek. — Vergl. A. G. O. I. 24. §§ 1. 22. 24. 110. ff.; Hypothekennovelle vom 24. Mai 1853 §§ 3. 5. 6. 7

Rechtsgr. 1232. — I. Senat. 6. Januar 1854. (XII. 53.)

Der auf den Grund des § 22. der Exekutions-Verordnung vom 4. März 1834 von dem Gläubiger bei dem Prozeßrichter anzubringende Antrag auf Requisition der Hypothekenbehörde um Umschreibung der bereits vermerkten vorläufigen Protestation in eine förmliche Hypothek ist als ein Exekutions-Antrag anzusehen.

C. Rechtliche Natur des Gesuchs um Eintragung einer Hypothek aus rechtskräftigen Erkenntnissen und Vergleichen. — Vergl. A. G. O. I. 24. § 3.

Rechtsgr. 1233. — I. Senat. 6. Januar 1854. (XII. 52.)

Das von dem Gläubiger in Gemäßheit des § 22. der Exekutions-Ordnung vom 4. März 1834 binnen Jahresfrist anzubringende Gesuch um Eintragung der wider den Schuldner rechtskräftig erstrittenen Forderung auf dessen Grundstücke ist als eine exekutivische, die im § 3. I. 24. der Allgemeinen Gerichts-Ordnung bezeichnete Verjährung unterbrechende Maaßregel zu betrachten.

D. Unwirksamkeit der aus einem Erkenntnisse erster Instanz eingetragenen Protestation — auch dem Cessionar gegenüber. — Vergl. A. L. R. I. 11. §§ 399. 407.; 20. §§ 423. 424.; Allg. Hypotheken-Ordnung II. §§ 202. ff.

Rechtsgr. 1234. — III. Senat. 22. September 1851. (III. 90.)

Die aus einem Erkenntnisse erster Instanz auf den Grund des § 22. der Exekutions-Verordnung vom 4. März 1834 eingetragene Protestation ist sowohl dem ersten Erwerber als auch dem Cessionar derselben gegenüber ohne rechtliche Wirkung.

Siehe auch Rechtsgrundsätze 512-517. (A. L. R. I. 20. § 410.)

— § 25. Siehe Rechtsgrundsätze 1036. 1262. (A. G. O. I. 50. § 447.; Verordnung vom 30. Juni 1834 § 66.)

1834, 4. März. Verordnung No. 1512. über den Subhastations- und Kaufgelder-Liquidations-Prozeß. (Ges.-Samml. S. 39.)

— § 2. Siehe Rechtsgrundsätze 1056. 1257. (A. G. O. I. 52. § 59.; § 12. dieser Verordnung.)

— § 3. Siehe Rechtsgrundsätze 1036. 1250. (A. G. O. I. 50. § 447.; § 11. dieser Verordnung.)

— § 4. Auswärtige Real-Interessenten im Subhastations-Prozesse. — Vergl. § 9. dieser Verordnung; A. L. R. I. 11. §§ 347. 348. No. 2.; A. G. O. I. 7. §§ 32. 33a.

Rechtsgr. 1235. — IV. Senat. 17. Dezember 1852. (VIII. 130.)

Im Subhastations-Prozesse ist der nach dem Hypothekenbuche nicht an dem Orte des subhastirenden Kreisgerichts wohnende Realinteressent auch dann ein auswärtiger, wenn in seinem Wohnorte sich eine Kommission jenes Kreisgerichts befindet. — Es genügt daher die Insinuation des Subhastationspatents an ihn durch die Post, ohne daß es, wenn dasselbe wegen des erfolgten Todes des Adressaten als unbestellbar zurückkommt, der Insinuation im Sterbehause durch einen Gerichtsboten bedarf.

— § 5. Erinnerungen gegen die Taxe bei Subhastationen. — Vergl. A. L. R. I. 11. § 348. No. 1.

Rechtsgr. 1236. — III. Senat. 9. Dezember 1850. (III. 25.)

In Subhastationssachen sind Erinnerungen gegen die Taxe bei Verlust des Rechts spätestens bis zum Bietungstermine vorzubringen.

— § 6. Angabe der Zeit und des Orts der Lizitation im Subhastations-Patente. — Vergl. § 10. dieser Verordnung; A. L. R. I. 11. § 348. No. 2.; A. G. O. I. 52. § 37.

Rechtsgr. 1237. — III. Senat. 24. Februar 1854. (XII. 171.)

Die in dem Subhastations-Patente fehlende Angabe der Stunde und des Orts des an gewöhnlicher Gerichtsstelle abgehaltenen Bietungstermins enthält keine Verletzung einer wesentlichen Förmlichkeit.

— § 6. No. 1. Bezeichnung des zu verkaufenden Gegenstandes im Subhastations-Patente. — Vergl. §§ 8. 9. dieser Verordnung.

Rechtsgr. 1238. — III. Senat. 15. April 1853. (IX. 117.)

Die unrichtige Bezeichnung der Eigenschaft des zu verkaufenden Gegenstandes im Subhastationspatente macht dasselbe nach Umständen unwirksam.

— § 7. Siehe Rechtsgrundsatz 1050. (A. G. O. I. 51. § 99.)
— § 8. Siehe Rechtsgrundsatz 1238. (§ 6. No. 1. dieser Verordnung.)
— § 9. Vorladung zum Bietungstermine:

A. Vorladung des Subhastaten. — Vergl. A. G. O. I. 7. §§ 20-23.

Rechtsgr. 1239. — I. Senat. 14. April 1851. (II. 89.)

Es begründet eine Nichtigkeit des Zuschlags-Urtheils, wenn zwar an den im Gerichtsorte wohnenden Subhastaten eine Benachrichtigung von dem Bietungstermine zur Post gegeben, auch hierüber die Bescheinigung beigebracht, nicht aber an ihn die Bekanntmachung in Gemäßheit der Allgem. Gerichts-Ordnung I. 7. §§ 20–23. erfolgt ist.

B. Mittheilung des Subhastations-Patents an den Cessionar einer eingetragenen Forderung.

Rechtsgr. 1240. — III. Senat. 21. November 1851. (IV. 101.)

a) Die erst nach Erlassung des Subhastationspatents zur Kenntniß des Subhastations-Richters gelangte Cession einer Hypothekenforderung verpflichtet denselben nicht, von dem Bietungs-Termine auch diesem Cessionar Kenntniß zu geben.

b) Der Cedent einer Hypothekenforderung ist nicht legitimirt, gegen das Zuschlags-Urtheil die Nichtigkeitsbeschwerde einzulegen.

C. Mittheilung des Subhastations-Patents an unbekannte Erben. — Vergl. A. G. O. I. 7. §§ 32. und 33a.; Verordnung v. 14. Dezember 1833 § 5. No. 1.; Deklaration vom 6. April 1839 Art. 2.; A. L. R. I. 11. § 348. No. 2.

Rechtsgr. 1241. — III. Senat. 28. April 1851. (II. 107.)

Die Bestimmung des § 9. der Subhastations-Verordnung vom 4. März 1834 kann nicht auf den Fall ausgedehnt werden, wenn erhellet, daß der Real-Interessent in seinem bekannten Domizile verstorben ist; vielmehr ist in diesem Falle nach der allgemeinen Vorschrift der §§ 32. und 33a. I. 7. der Allgem. Gerichts-Ordnung zu verfahren, und die Nichtbeachtung dieser allgemeinen Vorschrift hat die Nichtigkeit des dennoch erlassenen Zuschlags-Urtheils zur Folge.

D. Vorladung eines unter väterlicher Gewalt befindlichen minderjährigen Kindes im Subhastations-Prozesse. — Vergl. Gesetz vom 14. Dezember 1833 § 5. No. 1.

Rechtsgr. 1242. — III. Senat. 10. September 1852. (VII. 239.)

Wenn für ein unter väterlicher Gewalt befindliches minderjähriges Kind des Besitzers eines zur nothwendigen Subhastation gezogenen Grundstücks auf dem letzteren eine nicht zum freien Vermögen gehörende Forderung eingetragen steht, so genügt die bloße Benachrichtigung von dem anberaumten Termine an die Kuratelbehörde nicht, vielmehr muß die Mittheilung des Subhastationspatents an den Kurator des Kindes erfolgen.

E. Mittheilung des Subhastationspatents für die Erben des Ehemannes des Hypothekengläubigers zu Händen der Wittwe bei bestandener Gütergemeinschaft. — Vergl. A. L. R. I. 14. § 110., II. 1. §§ 653. 657., 18. §§ 410. 413.; Gutachten der Gesetzkommission v. 17. April 1805 No. 5.

Rechtsgr. 1243. — III. Senat. 24. März 1854. (XII. 279.)

Die Mittheilung des Subhastationspatents für die Erben des Ehemannes kann mit rechtlicher Wirkung an dessen Wittwe erfolgen, wenn die letztere mit ihrem Ehemann in der Gütergemeinschaft gelebt hat und dieselbe mit seinen Erben fortsetzt.

F Zufertigung des Subhastationspatents an die Ehefrau des Subhastaten, als Hypothekengläubigerin. — Vergl. Verordnung vom 14. Dezember 1833 § 5. No. 1.

Rechtsgr. 1244. — III. Senat. 9. Dezember 1853. (XI. 105.)

Das Subhastationspatent für des Subhastaten Ehefrau, als Hypotheken-Gläubigerin, ist derselben persönlich zuzufertigen, — die Zufertigung desselben an ihren Ehemann hat für sie keine Wirkung.

Siehe auch Rechtsgrundsätze 835. 1182. 1226. 1235. 1238. (A. L. R. II. 18. § 970.; Gesetz vom 16. Juni 1820 § 1.; Verordnung vom 14. Dezember 1833 § 6.; §§ 4. 6. No. 1. dieser Verordnung.)

— § 10. Regulirung von Kaufbedingungen. — Vergl. A. L. R. I. 11. § 342.; Hypotheken-Ordnung I. § 49.

Rechtsgr. 1245. — III. Senat. 24. Februar 1851. (I. 261.)

Wenn auf einem zur nothwendigen Subhastation gezogenen Grundstücke eine, aus einem besonderen Vertrage oder sonstigen speziellen Rechtstitel herrührende Reallast, z. B. ein Leibgedinge eingetragen ist, und derselben andere Hypothekenforderungen vorgehen; so sind behufs des Aufgebots besondere Stipulationen festzusetzen, respektive ist das Grundstück mit und ohne Fortdauer dieser Reallast auszubieten. — Sind diese Modalitäten versäumt, so unterliegt das dennoch erlassene Zuschlags-Urtheil der Vernichtung.

Siehe auch Rechtsgrundsatz 1237. (§ 6. dieser Verordnung.)

§ 11. Bietungskaution:

A. Berechtigung zum Verlangen der Bestellung der Bietungskaution.

Rechtsgr. 1246. — III. Senat. 21. November 1851. (IV. 101.)

Das Verlangen der Bestellung einer Bietungskaution hängt von dem Belieben eines jeden Real-Interessenten ab und bedarf daher keiner besonderen Begründung.

B. Nothwendigkeit der Bestellung der erst nach Niederschreibung des Gebots verlangten Bietungskaution. — Vergl. A. G. O. I. 52. § 44.

Rechtsgr. 1247. — III. Senat. 29. September 1851. (III. 112.)

Die Subhastations-Interessenten können die vorgeschriebene Bietungskaution noch nach Niederschreibung des Gebots eines Bieters fordern, und ist dies Gebot bei nicht erfolgender Kautionsbestellung für beseitigt zu erachten.

C. Berechtigung zur Bestellung der Bietungskaution mit einer Hypotheken-Forderung. — Vergl. auch § 16. dieser Verordnung.

Rechtsgr. 1248. — III. Senat. 21. November 1851. (IV. 101.)

Mit einer Hypothekenforderung kann deren Eigenthümer die Bietungskaution nur für sich selbst, nicht auch für einen Dritten bestellen.

D. Prüfung der Zulänglichkeit der mit einer Hypothekenforderung bestellten Bietungskaution. — Vergl. auch § 13. dieser Verordnung.

Rechtsgr. 1249. — III. Senat. 9. Juli 1851. (II. 244.)

Bei Prüfung der Zulänglichkeit der mit einer Hypothekenforderung bestellten Bietungskaution kommt es lediglich auf den Kapitalsbetrag der voreingetragenen Posten, nicht auch auf die davon rückständigen Zinsen und die Kosten an.

E. Bestellung der Bietungskaution mit einer nach Eintragung des Subhastations-Vermerks eingetragenen Hypotheken-Forderung. — Vergl. § 3. dieser Verordnung.

Rechtsgr. 1250. — III. Senat. 27. Oktober 1852. (VII. 129.)

Auch mit den nach Eintragung des Subhastations-Vermerkes intabulirten Hypotheken-Forderungen kann der Gläubiger als Mitbieter Kaution stellen.

F. Ausschließung der Mitbieter durch andere Bieter bei mangelnder Kautions-Bestellung.

Rechtsgr. 1251. — III. Senat. 8. Juli 1851. (II. 241.)

Die Kauflustigen und Bieter, als solche, sind nicht berechtigt, Ausstellungen gegen abgegebene Gebote zu machen und die Ausschließung anderer Bieter vom Mitbieten zu verlangen.

— §§ 12. 13. Widerspruch der Subhastations-Interessenten gegen den Zuschlag:

A. Legitimation eines Vormundes zum Aufbieten im Subhastations-Bietungstermine. — Vergl. A. L. R. II. 18. §§ 238. 239. 597. 598.

Rechtsgr. 1252. — III. Senat. 13. Juli 1853. (IX. 365.)

Das bei einer nothwendigen Subhastation im Bietungstermine von dem Vormunde für seinen Pflegebefohlenen abgegebene Meistgebot ist wirksam, wenn noch vor Abfassung des Zuschlagsbescheides die Genehmigung des Meistgebots Seitens des vormundschaftlichen Gerichts erfolgt.

B. Widerspruch des Extrahenten der Subhastation gegen den Zuschlag.

Rechtsgr. 1253. — III. Senat. 27. Juni 1851. (II. 196.)

Der vor dem Schlusse des Lizitations-Termins von dem Extrahenten der Subhastation erklärte Widerspruch gegen den Zuschlag, und der Antrag desselben auf Anberaumung eines neuen Bietungstermines können den Zuschlag nur dann abwenden, wenn sie nach § 13. der Subhastations-Verordnung vom 4. März 1834 begründet sind.

C. Widerspruch des Meistbietenden, welcher zugleich Realgläubiger ist, gegen die von den übrigen Subhastations-Interessenten verlangte Nichtertheilung des Zuschlags.

Rechtsgr. 1254. — III. Senat. 27. Juni 1851. (II. 196.)

Wenn sämmtliche im Bietungstermine erschienene Subhastations-Interessenten dem von dem Meistbietenden verlangten Zuschlag auch ohne Bestellung einer Kaution widersprechen und auf Ansetzung eines neuen Bietungstermines antragen, so muß dieselbe erfolgen, und kann der von dem Meistbietenden, auch wenn er zugleich Realgläubiger ist, gestellte Antrag auf den Zuschlag nicht in Betracht kommen.

D. Widerspruch aller im Bietungstermine erschienenen Subhastations-Interessenten gegen den Zuschlag.

Rechtsgr. 1255. — III. Senat. 14. Oktober 1853. (X. 225.)

Auf den einstimmigen Widerspruch sämmtlicher im Bietungstermine erschienenen Subhastations-Interessenten gegen den von dem Meistbietenden verlangten Zuschlag, verbunden mit dem Antrage auf Ansetzung eines neuen Bietungstermins, muß die letztere erfolgen, ohne daß jene Subhastations-Interessenten ein Kaution zu bestellen brauchen.

E. Widerspruch eines der im Bietungstermine erschienenen Subhastations-Interessenten gegen den Zuschlag, bei von ihm nicht bestellter Kaution.

Rechtsgr. 1256. — III. Senat. 14. Oktober 1853. (X. 225.)

Hat der adjudizirende Richter den Widerspruch eines der erschienenen Subhastations-Interessenten wegen nicht bestellter Kaution verworfen, ohne zugleich festzustellen, ob die übrigen erschienenen Subhastations-Interessenten jenem Widerspruche beigetreten sind oder nicht, so unterliegt die Adjudikation der Vernichtung.

F. Zurücknahme des Subhastations-Antrags Seitens aller Miteigenthümer als Extrahenten. — Vergl. A. G. O. I. 52. § 38.; § 2. dieser Verordnung; Verordnung vom 11. August 1843. § 1.

Rechtsgr. 1257. — III. Senat. 26. Mai 1851; 30. Januar 1854. (II. 151; XII. 88.)

Wenn der Extrahent der Subhastation, insbesondere auch der Eigenthümer des theilungshalber zur Subhastation gezogenen Grundstücks, im Bietungstermine vor dem Schlusse desselben, und ehe er in den Zuschlag für das Meistgebot gewilligt hat, seinen Antrag auf Subhastation zurücknimmt, so können die übrigen Subhastations-Interessenten welche nicht selbst Extrahenten der Subhastation oder derselben nicht beigetreten sind, dem Antrage auf Reposition der Akten nicht widersprechen.

G. Zurücknahme des Subhastations-Antrages Seitens der im Bietungstermine erschienenen Mehrzahl der Miteigenthümer als Extrahenten. — Vergl. A. L. R. I. 17. § 12.

Rechtsgr. 1258. — III. Senat. 30. Januar 1854. (XII. 88.)

Sind von den Eigenthümern des Grundstücks, welche die Extrahenten der Subhastation sind, im Bietungstermine mehr als die Hälfte erschienen, und haben diese den Antrag auf Subhastation zurückgenommen, so sind die nicht erschienenen Miteigenthümer für einwilligend in diese Erklärung zu erachten.

Siehe auch Rechtsgrundsätze 237. 258. 1052. 1053. 1249. (A. L. R. I. 11. §§ 20. 340.; A. G. O. I. 52. §§ 48. 59.; § 11. dieser Verordnung.

— § 14. Siehe Rechtsgrundsatz 278. (A. L. R. I. 11. § 402.)

— § 16. ff. Widerspruch nachstehender Hypothekengläubiger gegen die Richtigkeit und Rechtsgültigkeit vorstehender Hypotheken. — Vergl. A. L. R. I. 16. Anhang § 52. zu § 484.; 20. §§ 436. 467. 500.; Deklaration vom 3. April 1824; Verordnung vom 21. Oktober 1838.

Rechtsgr. 1259. — IV. Senat. 28. Oktober 1852. (VII. 301.)

Der später eingetragene Hypotheken-Gläubiger kann zwar die Richtigkeit und Rechtsgültigkeit einer voreingetragenen Hypotheken-Forderung anfechten; er ist aber nicht befugt, die Legitimation des Inhabers einer an sich richtigen vor-eingetragenen Forderung zu bemängeln.

Rechtsgr. 1260. — IV. Senat. 26. Mai 1853. (XI. 1.)

a) Im Subhastations-Kaufgelder-Belegungs-Verfahren sind die Eigenthümer der nachstehenden Hypotheken-Forderungen berechtigt, sowohl die Richtigkeit als auch die Rechtsgültigkeit der vorstehenden Hypothekenforderungen anzufechten.

b) Das Anfechtungsrecht der nachstehenden Hypothekengläubiger erstreckt sich jedoch nur auf ungültige, von Anfang an nicht zu Recht bestehende Hypotheken-Forderungen, und können daher jene Hypotheken-Forderungen blos aus dem Grunde, weil dieselben von dem jetzigen oder einem früheren Besitzer zurückgezahlt worden, nicht angefochten werden.

Siehe auch Rechtsgrundsätze 505. 1182. 1248. (A. L. R. I. 20. § 43.; Gesetz vom 16. Juni 1820 § 1.; § 11. dieser Verordnung.)

— § 18. Vorzugsrecht der eingetragenen Kosten der Beitreibung des Hypothekenkapitals; Observationskosten. — Vergl. A. L. R. I. 20. §§ 484. 487. 500.

Rechtsgr. 1261. — IV. Senat. 13. Dezember 1853. (XII. 50.)

Das Wort „nur" in dem § 18. der Subhastations-Verordnung vom 4. März 1834 bezieht sich lediglich auf die aus den Kaufgeldern zu berichtigenden Zinsen. — Daher ist durch die Bestimmung dieses § 18. an dem Grundsatze, daß die Priorität der Hypothekenforderungen mit Einschluß eingetragener Kosten, insbesondere auch der Observationskosten, sich nach der Zeitfolge der geschehenen Eintragung richte, Nichts geändert worden.

Siehe auch Rechtsgrundsatz 40. (A. L. R. I. 2. § 137.)

— § 20. Siehe Rechtsgrundsatz 278. (A. L. R. I. 11. § 402.)

— § 22. Siehe Rechtsgrundsatz 1262. (Verordnung vom 30. Juni 1834 § 66.)

1834, 31. März. Verordnung wegen Einrichtung des Hypothekenwesens in dem Herzogthum Westphalen. (Ges.-Samml. S. 47.)

— § 5. Siehe Rechtsgrundsatz 530. (A. L. R. I. 20. § 443.)

1834, 16. Juni. Verordnung No. 1529. über die Einrichtung der Justizbehörden im Großherzogthum Posen. (Ges.-Samml. S. 75.)

— Art. 9. Siehe Rechtsgrundsatz 1365. (Verordnung vom 21. Juli 1846 § 17.)

1834, 30. Juni. Verordnung No. 1542. wegen des Geschäftsbetriebes in den Angelegenheiten der Gemeinheitstheilungen, Ablösungen und Regulirungen. (Ges.-Samml. S. 96.)

— § 66. Vorzugsrecht der Kosten in Auseinandersetzungs- und Ablösungssachen. — Vergl. Exekutions-Verordnung vom 4. März 1834 § 25. und Subhastations-Verordnung vom 4. März 1834 § 22.

Rechtsgr. 1262. — IV. Senat. 18. Dezember 1851. (IV. 195.)

Der in dem § 66. der Verordnung vom 30. Juni 1834 erwähnten Eröffnung des Liquidationsprozesses ist die Einleitung der Sequestration gleichzustellen.

1834, 1. Juli. Kabinets-Order, betreffend die Taxation unbepfandbriefter adelicher Güter durch die Kredit-Direktion. (Ges.-Samml. S. 88.)

— Siehe Rechtsgrundsatz 1064. (Preuß. Landrecht von 1721 Buch 4. Tit. 15. Art. 5. § 1.)

1834, 16. August. Reglement für die Tilgungskasse zur Erleichterung der Ablösung der Reallasten in den Kreisen Paderborn, Büren, Warburg und Hörter. (Ges.-Samml. S. 173.)

— § 1. Siehe Rechtsgrundsatz 1263. (Ober-Präsidial-Erlaß vom 5. Dezember 1834.)

1834, 6. November. Verordnung No. 1567. über die Vidimation der Urkunden und die Abzweigung der Schuld-Dokumente. (Ges.-Samml. S. 180.)

— Siehe Rechtsgrundsatz 1061. (Allg. Hypotheken-Ordnung II. § 222.)

1834, 5. Dezember. Erlaß des Ober-Präsidiums der Provinz Westphalen, betreffend den Viertel-Erlaß der Domänen-Leistungen in den Kreisen Paderborn, Büren, Warburg und Hörter. (Mindener Regierungs-Amtsblatt für 1834.)

— Berechtigtes Domänen-Grundstück. — Vergl. A. L. R. II. 13. § 14.; 14. § 11.; Verordnung vom 9. März 1819 §§ 1. 3.; Verordnung vom 17. Januar 1820 Art. 3. 7.; Kabinets-Orders vom 17. Juni 1826 No. 1. und 4., vom 13. Januar 1827 und vom 20. Februar 1834; Reglements vom 16. August 1834 § 1. und 8. August 1836 § 2.; Landtags-Abschied für die Provinz Westphalen vom 23. Juli 1841.

Rechtsgr. **1263**. — II. Senat. 31. Januar 1854. (XI. 304.)

Der Anspruch auf den Viertel-Erlaß Seitens der domänenpflichtigen Grundbesitzer in den Kreisen Paderborn, Büren, Warburg und Höxter nach dem Oberpräsidial-Erlaß vom 5. Dezember 1834 ist nicht von der Eigenschaft des berechtigten fiskalischen Grundstücks als einer Domäne im eigentlichen Sinne des Worts abhängig, es genügt vielmehr, wenn der Domänen-Fiskus die Abgabe erhebt.

1834, 6. Dezember. Haubergs-Ordnung für den Kreis Siegen. (Arnsberger Regierungs-Amtsblatt für 1835 S. 7.)

— §§ **34**. **37**. Hütungs- und Triftrecht während der Schonzeit.

Rechtsgr. **1264**. — II. Senat. 5. Januar 1854. (XI. 197.)

Die Bestimmungen der Haubergs-Ordnung für den Kreis Siegen über das Verbot der Hütung während der Schonzeit sind auch auf das Triftrecht anzuwenden.

1835, 7. Februar. Kabinets-Order, betreffend den Kleinhandel mit Getränken auf dem Lande und den Gast- und Schankwirthschaftsbetrieb überhaupt für alle Theile der Monarchie. (Ges.-Samml. S. 18.)

— Aufhebung der Schankwirthschafts- und insbesondere der Sächsischen Reiheschankgerechtigkeit als Gegenstände des Privatrechts. — Vergl. Kabinets-Order vom 21. Juni 1844 und Allgem. Gewerbe-Ordnung vom 17. Januar 1845 § 55.

Rechtsgr. **1265**. — II. Senat. 9. September 1851. (III. 65.)

Die Schankwirthschafts-Gerechtigkeit, daher auch der in den Dörfern der vormals Königlich Sächsischen Landestheile üblich gewesene Reiheschank, ist als ein Gegenstand des Privatrechts aufgehoben.

1835, 5. März. Kirchen-Ordnung für die evangelischen Gemeinden der Provinz Westphalen und der Rheinprovinz. (Juristische Zeitung für 1835 S. 375.)

— § **5**. Siehe Rechtsgrundsatz 785. (A. L. R. II. **11**. § 552.)

— § **14**. litt. c. Wahl eines Schul-Direktors nach der Rheinisch-Westphälischen Kirchen-Ordnung.

Rechtsgr. **1266**. — I. Senat. 27. März 1854. (XII. 293.)

Die Kirchen-Ordnung für Westphalen und Rheinland vom 5. März 1835 hat hinsichtlich der Wahl eines Schul-direktors an der bis dahin bestandenen Verfassung Nichts geändert.

1835, 21. März. Deklaration des § 54. I. 20. des Allgem. Landrechts, die Uebernahme von Pfand- und Hypothekenschulden betreffend. (Ges.-Samml. S. 42.)

— Siehe Rechtsgrundsatz 287. (A. L. R. I. 11. § 427.)

1835, 26. April. Gesetz über Verträge zahlungsunfähiger Schuldner zum Nachtheil der Gläubiger. (Ges.-Samml. S. 53.)

— §§ 1. ff. Anwendbarkeit dieses Gesetzes:

A. Nach eröffnetem Konkurse über das Vermögen des veräußernden Schuldners. — Vergl. A. G. O. I. 50. § 44.

Rechtsgr. 1267. — III. Senat. 6. Mai 1853. (IX. 150.)

Die Anwendbarkeit des Gesetzes vom 26. April 1835 wird durch die Eröffnung des Konkurses über das Vermögen des veräußernden Schuldners nicht ausgeschlossen.

B. Widerruf einer Schenkung; Berücksichtigung der Zeit des Abschlusses des angefochtenen Vertrages.

Rechtsgr. 1268. — IV. Senat. 31. März 1853. (X. 20.)

Bei Anfechtung des Veräußerungs-Vertrages eines zahlungsunfähigen Schuldners nach § 1. des Gesetzes vom 26. April 1835 entscheidet nicht die Zeit der Erfüllung, sondern die Zeit des Abschlusses dieses Vertrages.

C. Anstellung der Klage gegen beide Kontrahenten des angefochtenen Vertrages.

Rechtsgr. 1269. — IV. Senat. 13. Oktober 1853. (X. 213.)

Die Anfechtungsklage des Gläubigers in Betreff des Veräußerungs-Vertrages seines zahlungsunfähigen Schuldners kann nur gleichzeitig gegen beide Kontrahenten dieses Vertrages gerichtet werden.*

Siehe auch Rechtsgrundsätze 457. 603. (A. L. R. I. 16. § 393.; II. 1. § 207.)

— § 2. Anfechtung eines Veräußerungsvertrages:

* Siehe dagegen Rechtsgrundsatz 983. (Allgem. Gerichts-Ordnung I. 18. § 3.)

A. Anfechtung des eine Ausgedinge-Stipulation für die Ehefrau des veräußernden Schuldners enthaltenden Veräußerungsvertrages. — Vergl. § 6. dieses Gesetzes.

Rechtsgr. **1270.** — IV. Senat. 15. September 1853. (X. 122.)

Ein Vertrag, durch welchen der Schuldner sein Grundstück an einen Dritten veräußert und von dem Käufer sich und seiner Ehefrau ein Ausgedinge bestellen läßt, unterliegt rücksichtlich der die Ehefrau betreffenden Ausgedinge-Stipulation nicht dem Anfechtungsrechte der Gläubiger des Ehemannes nach Maaßgabe des Gesetzes vom 26. April 1835.

B. Wirkung der weiteren Veräußerung der Sache Seitens des Käufers. — Vergl. A. G. O. **I. 50.** § 55.; §§ **7. 9.** dieses Gesetzes.

Rechtsgr. **1271.** — IV. Senat. 22. Februar 1853. (IX. 12.)

Ein der Bestimmung des § 2. des Gesetzes vom 26. April 1835 unterliegender Veräußerungs-Vertrag kann dem benachtheiligten Gläubiger gegenüber nicht für ungültig erklärt werden, wenn der Gegenstand des Vertrages von dem Käufer bereits an einen redlichen dritten Erwerber weiter veräußert worden ist.

C. Begründung der Klage eines Gläubigers auf Anfechtung des von seinem Schuldner mit einem andern Gläubiger desselben geschlossenen Veräußerungsvertrages.

Rechtsgr. **1272.** — III. Senat. 6. Mai 1853. (IX. 150.)

Ein Vertrag, durch welchen ein Schuldner seine Sache einem seiner Gläubiger käuflich überlassen hat, kann von den übrigen Gläubigern dieses Schuldners auf den Grund des § 2. des Gesetzes vom 26. April 1835 nur insoweit angefochten werden, als von ihnen dargethan wird, daß der Kaufpreis zu ihrem Nachtheile unverhältnißmäßig niedrig festgestellt worden ist.

D. Nachweis des Zahlungsunvermögens des Schuldners bei Anfechtung eines Veräußerungsvertrages unter Eheleuten. — Vergl. §§ **4-6. 11.** dieses Gesetzes.

Rechtsgr. **1273.** — IV. Senat. 21. Februar 1854. (XII. 147.)

Die Anwendung des Gesetzes vom 26. April 1835 über

Verträge zahlungsunfähiger Schuldner zum Nachtheil der Gläubiger erfordert auch rücksichtlich der Veräußerungs-Verträge unter Ehegatten den Nachweis des Zahlungs-Unvermögens des Schuldners.

E. Anfechtung des Veräußerungsvertrages mehrerer Schuldner des Klägers in Betreff eines gemeinschaftlichen Grundstücks desselben. Vergl. A. L. R. I. 17. §§ 4. 60. ff.

Rechtsgr. 1274. — IV. Senat. 23. Februar 1854. (XII. 166.)

Auf den Grund des § 2. des Gesetzes vom 26. April 1835 kann der Gläubiger den Veräußerungs-Vertrag seiner mehreren Schuldner in Betreff eines denselben gemeinschaftlich gehörigen Grundstücks nur auf den Antheil desjenigen Schuldners anfechten, welcher hinsichtlich des Erwerbes zu den in dem bezogenen § 2. genannten Personen gehört.

F. Pfändung der von dem Schuldner veräußerten Sachen für den anfechtenden Gläubiger. — Vergl. §§ 4. 5. 7. 11. dieses Gesetzes.

Rechtsgr. 1275. — III. Senat. 19. September 1851. (IV. 21.)

Das Recht des Gläubigers, auf Grund des § 2. des Gesetzes vom 26. April 1835 Veräußerungs-Verträge seines Schuldners anzufechten, ist nicht dadurch bedingt, daß die veräußerten Gegenstände im Wege der Exekution für den Gläubiger gepfändet worden.

Siehe auch Rechtsgrundsätze 21. 603. 1267-1269. (A. L. R. Einleitung § 87.; II. 1. § 207.; § 1. dieses Gesetzes)

— § 3. Siehe Rechtsgrundsätze 1267-1269. (§ 1. dieses Gesetzes.)

— §§ 4. 5. Siehe Rechtsgrundsätze 1273. 1275. (§ 2. dieses Gesetzes.)

— § 6. Siehe Rechtsgrundsätze 1270. 1273. (§ 2. dieses Gesetzes.)

— § 7. Siehe Rechtsgrundsatz 1271. (§ 2. dieses Gesetzes.)

— § 8. Siehe Rechtsgrundsatz 87. (A. L. R. I. 5. § 185.)

— § 9. Siehe Rechtsgrundsätze 87. 1271. (A. L. R. I. 5. § 185.; § 2. dieses Gesetzes.)

— § 11. Siehe Rechtsgrundsätze 1273. 1275. (§ 2. dieses Gesetzes.)

1835, 23. September. Kabinets-Order wegen der Rechtsverhältnisse der Eigenthümer von Stromfahrzeugen zu den Führern derselben, und der Schiffsführer zu den Schiffsknechten. (Ges.-Samml. S. 222.)

— Siehe Rechtsgrundsatz 762. (A. L. R. II. 8. § 1418.)

1835, 28. Dezember. Hamburger Verordnung wegen der bei Errichtung, Veränderung und Aufhebung von Handlungs-Sozietäten, Handlungs-Firmen, anonymen Gesellschaften und Prokuren bei dem Handelsgericht zu machenden Anzeigen.

— §§ **9. 12. 16.** Rechtliche Existenz anonymer Gesellschaften. — Vergl. A. L. R. II. 6. §§ 11. ff.; Cod. I. 14. Lex 5.

Rechtsgr. 1276. — IV. Senat. 31. Oktober 1850. (I. 94.)

a) Die rechtliche Existenz einer anonymen Gesellschaft und der rechtliche Bestand des Stiftungs-Vertrages derselben ist gemeinrechtlich nach den Rechtsgrundsätzen von Sozietätsverträgen zu beurtheilen, und daher weder von der öffentlichen Bekanntmachung noch von der Bestätigung und Genehmigung durch die gesetzgebende Macht (die s. g. Oktroi) abhängig.

b) Die unterlassene Beobachtung der für die Errichtung einer anonymen Gesellschaft in dem § 16. der Hamburger Verordnung vom 28. Dezember 1835 vorgeschriebenen besonderen Förmlichkeiten hat die Nichtigkeit des Vertrages rücksichtlich des inneren Verhältnisses der Aktionäre unter sich und zur Gesammtheit nicht zur Folge.

1836, 5. Januar. Reglement No. 1692. für die Provinzial-Feuer-Sozietät der Provinz Westphalen. (Ges.-Samml. S. 49.)

— §§ **46. 54.** Umfang der Entschädigungspflicht.

Rechtsgr. 1277. — IV. Senat. 16. Dezember 1851. (IV. 184.)

Die westphälische Provinzial-Feuer-Sozietät ist zur Entschädigung verpflichtet, wenn das versicherte Haus durch den Einsturz des vom Blitze zertrümmerten benachbarten Gebäudes zerstört wird.

1836, 5. Januar. Reglement No. 1694. für die Provinzial-Feuer-Sozietät der Provinz Posen. (Ges.-Samml. S. 85.)

— §§ **57. 58. 60.** Berechtigung zu den Feuerversicherungs-Geldern.

Rechtsgr. 1278. — IV Senat. 28. Juni 1853. (IX. 310.)

a) Die Berechtigung zu den Entschädigungs-Geldern eines in der Posenschen Feuer-Sozietät versicherten, abgebrannten und von verschiedenen auf einander folgenden Eigenthümern wiederhergestellten Gebäudes richtet sich nicht darnach, wer im Augenblicke der Fälligkeit der einzelnen Versicherungsraten der Eigenthümer des Grundstücks gewesen ist, sondern nach dem Verhältnisse, in welchem die Eigenthümer die Wiederherstellung bewirkt haben.

b) Diese Berechtigung der Eigenthümer zu den Entschädigungs-Geldern kann auch vor Eintritt der Fälligkeitstermine der Versicherungsraten an Dritte übertragen werden.

1836, 19. Juni. Verordnung No. **1719.** über die exekutive Einziehung der Kirchen-, Pfarr- und Schul-Abgaben. (Ges.-Samml. S. **198.**)

— No. **3.** Rechtsweg wegen behaupteter Freiheit von Parochiallasten. — Vergl. A. L. R. II. **14.** §§ 79. ff.; Verordnung vom **26.** Dezember 1808 §§ **41. 42.**

Rechtsgr. **1279.** — I. Senat. 8. Februar 1854. (XII. 110.)

In Betreff der auf den Grund des erfolgten Austritts aus der betreffenden Kirchengemeinde behaupteten Freiheit von den geforderten Parochiallasten ist der Rechtsweg gestattet.

1836, 13. Juli. Gesetz No. 1730. über die bäuerliche Erbfolge in der Provinz Westphalen. (Ges.-Samml. S. 209.)

— § **1.** Siehe Rechtsgrundsatz 1153. (Großherzoglich Hessische Verordnung vom 5. November 1809.)

— §§ **9. 13.** u. **16.** Rechte des Münsterischen überlebenden bäuerlichen Ehegatten hinsichtlich des zur ehelichen Gütergemeinschaft gehörig gewesenen Kolonats. — Vergl. Verordnung vom 18. Dezbr. 1848 § 5.

Rechtsgr. **1280.** — I. Senat. 27. Juni 1851. (II. 201.)

Haben bäuerliche Eheleute im Münsterischen die Gütergemeinschaft in Folge des § 13. des Gesetzes vom 13. Juli 1836 nicht ausgeschlossen, und ist demnächst der eine von ihnen noch während der Gültigkeit dieses Gesetzes gestorben, so kann der nach § 9. desselben bestimmte Anerbe das Eigenthum des Kolonats nur dann für sich beanspruchen, wenn der Fall der Auseinandersetzung zwischen dem überlebenden Ehegatten und seinen Kindern vor der Gesetzeskraft der Verordnung vom 18. Dezember 1848 eingetreten ist; tritt dieser Fall erst nach der Gesetzeskraft dieser Verordnung ein, so erfolgt die Auseinandersetzung nach den Regeln der Münsterischen ehelichen Gütergemeinschaft.

— § 16. Einfluß der ehelichen Gütergemeinschaft auf die Anwendbarkeit dieses Gesetzes. — Vergl. auch Gesetz No. 939. vom 21. April 1825 § 24.

Rechtsgr. 1281. — I. Senat. 22. Oktober 1840. (I. 49.)

Die Anwendbarkeit des Gesetzes über die bäuerliche Erbfolge in der Provinz Westphalen vom 13. Juli 1836 wird dadurch nicht ausgeschlossen, daß die Ehe, aus welcher der Anerbe hervorgegangen, vor der Gesetzeskraft des erwähnten Gesetzes eingegangen ist, und in dieser Ehe die provinzielle Gütergemeinschaft bestanden hat.

Siehe auch Rechtsgrundsatz 1199. (Gesetz No. 939. vom 21. April 1825 § 24.)

1836, 8. August. Reglement No. 1743. (Anlage) für die Tilgungs-Kasse zur Erleichterung der Ablösung der Reallasten in den Kreisen Paderborn, Büren, Warburg und Hörter. (Ges.-Samml. S. 236.)

— § 2. Siehe Rechtsgrundsatz 1263. (Ober-Präsidial-Erlaß vom 5. Dezember 1834.)

1837, 15. April. Kabinets-Order, betreffend die Ergänzung der durch die Kabinets-Order vom 11. Februar 1832 wegen Regulirung des Kautionswesens für Staatskassen- und Magazin-Beamten gegebenen Bestimmungen. (Ges.-Samml. S. 73.)

— Siehe Rechtsgrundsätze 454. 1204. 1205. (A. L. R. I. 16. § 313. Kabinets-Order vom 11. Februar 1832 No. 6.)

1837, 8. Mai. Gesetz No. 1807. über das Mobiliar-Feuer-Versicherungswesen. (Gesetz-Samml. S. 102.)

— §§ 7. u. 11. Agenten der Mobiliar-Feuer-Versicherungs-Gesellschaften.

Rechtsgr. 1282. — IV. Senat 8. April 1851. (II. 51.)

Die Agenten der Mobiliar-Feuer-Versicherungs-Gesellschaften sind als deren Bevollmächtigte und nicht als Mäkler anzusehen.

Siehe auch Rechtsgrundsatz 1349. (Gewerbe-Ordnung vom 17. Januar 1845 § 49.)

1837, 11. Juni. Gesetz zum Schutze des Eigenthums an Werken der

Wissenschaft und Kunst gegen Nachdruck und Nachbildung. (Gesetz-Samml. S. 165.)

— §§ 1. 2. 9. 10. Nachdruck durch den Autor und dessen Verleger. — Vergl. A. L. R. Einl. § 101.

Rechtsgr. 1283. — I. Senat. 26. September 1851. (II. 372.)

Der Autor eines Werkes, welcher dem Verleger das ausschließliche Verlagsrecht eingeräumt hat, macht sich durch Veranlassung einer anderweitigen Vervielfältigung dieses Werkes des Nachdrucks schuldig. — Dies gilt in jenem Falle auch von dem zweiten Verleger, welcher sein Verlagsrecht lediglich von dem Autor herleitet.

— § 10. Wirkung des freisprechenden Kriminal-Erkenntnisses auf die Verfolgung des Entschädigungs-Anspruches im Civil-Prozesse.

Rechtsgr. 1284. — I. Senat. 11. November 1853. (X. 290.)

Wird der Angeschuldigte durch den Strafrichter von der Anschuldigung des unerlaubten Nachdrucks oder der unerlaubten Vervielfältigung wegen nicht Feststehens des objektiven Thatbestandes freigesprochen, so wird er dadurch auch von dem Entschädigungs-Anspruche befreit. Der Civilrichter ist zu der anderweitigen Entscheidung jener bereits rechtskräftig entschiedenen Frage nicht befugt.

Siehe auch Rechtsgrundsatz 892. (Strafgesetzbuch vom 14. April 1851 Art. 6.)

— §§ 11. 17. Entschädigung des rechtmäßigen Verlegers. — Vergl. Publikations-Patent vom 16. Januar 1846 § 5.

Rechtsgr. 1285. — I. Senat. 26. September 1851. (II. 273.)

Bei Feststellung der Entschädigung des rechtmäßigen Verlegers ist die Berücksichtigung der abgesetzten Exemplare der unrechtmäßigen Ausgabe nicht ausgeschlossen.

1837, 13. Juli. Reglement für das in Siegen zu errichtende Berg-Gericht. (Ges.-Samml. S. 134.)

— § 2. No. 3. Siehe Rechtsgrundsatz 826. (A. L. R. II. 16. § 198.)

1838, 24. Februar. Kabinets-Order No. 1871. wegen Konvertirung und Einlösung der Westpreußischen Pfandbriefe. (Ges.-Samml. S. 94.)

— Siehe Rechtsgrundsatz 1400. (Revidirtes Westpreußisches Landschafts-Reglement vom 25. Juni 1851 § 116.)

1838, 31. März. Deklaration No. 1886. des § **54. I. 6.** des Allgem. Landrechts, betreffend die Verjährungsfrist bei einer Schadensersatz-Forderung. (Ges.-Samml. S. 252.)

— Siehe Rechtsgrundsatz 135. (A. L. R. I. **6.** § 54.)

1838, 31. März. Gesetz No. 1885. wegen Einführung kürzerer Verjährungsfristen. (Ges.-Samml. S. **249.**)

— Einleitung und §§ **1.** ff. Anwendung der kurzen Verjährungsfristen dieses Gesetzes überhaupt:

A. Gegenstand derselben. — Vergl. § 2. No. 5., §§ 3. 8. dieses Gesetzes.

Rechtsgr. **1286.** — III. Senat. 23. Januar 1852. (V. 33.)

Nur obligatorische, nicht dingliche Rechte sind Gegenstand der kurzen Verjährungsfristen des Gesetzes v. 31. März 1838.

B. Restitution gegen die kurzen Verjährungsfristen dieses Gesetzes. — Vergl. A. L. R. I. **9.** §§ 537. 575.

Rechtsgr. **1287.** — I. Senat. 27. September 1851. (IV. 115.)

Gegen die kurzen Verjährungsfristen des Gesetzes vom 31. März 1838 ist die Restitution nicht zulässig.

C. Wirkung der Ausstellung eines Schuldscheins mit Zinsversprechen, auf die kurzen Verjährungsfristen. — Vergl. A. L. R. I. **14.** §§ 452. 454.

Rechtsgr. **1288.** — IV. Senat. 5. Juni 1851. (II. 314.)

Die kurzen Verjährungsfristen des Gesetzes vom 31. März 1838 werden durch Ausstellung eines Schuldscheins mit Zinsversprechen nicht ausgeschlossen.

Siehe auch Rechtsgrundsätze 8. 438. (A. L. R. Publikations-Patent vom 5. Februar 1794 § 17.; I. **16.** § 178.)

§ **1.** No. **1.** Zweijährige Verjährung der Forderungen für Waaren und Arbeiten mit Ausnahme derjenigen, welche mit Bezug auf den Gewerbebetrieb des Empfängers gegeben sind:

A. Verkehrsverhältnisse der Gewerbetreibenden untereinander.

Rechtsgr. **1289.** — IV. Senat. 16. September 1852. (VII. 248.)

Die kurzen Verjährungsfristen des § 1. Nr. 1. des Gesetzes vom 31. März 1838 können den Gewerbetreibenden nur von Privaten in Bezug auf die für Waaren und Arbeiten gemachten Forderungen entgegengesetzt werden, finden daher auf die Verkehrs-Verhältnisse der Gewerbetreibenden untereinander keine Anwendung.

B. Ausnahme für Waaren in Bezug auf den Gewerbebetrieb.

Rechtsgr. **1290**. — IV. Senat. 13. Januar 1852. (IV. 254.)

Zur Ausschließung der kurzen Verjährung von zwei Jahren hinsichtlich der Forderungen der Fabrikunternehmer, Kaufleute, Künstler und Handwerker für Waaren und Arbeiten, welche in Bezug auf den Gewerbebetrieb des Empfängers derselben entstanden sind, ist nicht erforderlich, daß die Waaren und Arbeiten direkten und unmittelbaren Bezug auf die Produktionen des Geschäfts haben sollen, oder daß sie zum Zwecke desselben, oder des Geschäfts wirklich verwendet sind; es genügt vielmehr, daß dieselben zum Zwecke des Geschäfts gekauft, resp. gedungen worden sind.

C. Begriff des Gewerbebetriebes; Ackerbau und Landwirthschaft.

Rechtsgr. **1291**. — IV. Senat. 6. Dezember 1853. (XI. 92.)

Ob Jemand im Sinne des § 1. Nr. 1. des Gesetzes vom 31. März 1838 zu den Gewerbetreibenden gehört, hängt von der Verpflichtung desselben zur Zahlung von Gewerbesteuer nicht ab.

Rechtsgr. **1292**. — IV. Senat. 16. September 1852; 6. Dezember 1853. (VII. 248.; XI. 92.)

Der Betrieb der Landwirthschaft und der von einem bäuerlichen Besitzer betriebene Ackerbau ist kein Gewerbe im Sinne des § 1. Nr. 1. des Gesetzes vom 31. März 1838.

— § **2. No. 3.** Verjährung der Rückstände an Emolumenten der Wirthschaftsbeamten.

Rechtsgr. **1293**. — IV. Senat. 17. Juni 1851. (II. 181.)

Die Anwendung des § 2. No. 3. des Gesetzes vom 31. März 1838 wird dadurch nicht ausgeschlossen, daß die

Emolumente eines Wirthschaftsbeamten erst durch eine von dem Prinzipal zu legende Rechnung dem Betrage nach festgestellt werden können.

— § **2**. No. **5**. Verjährung der Rückstände an vorbedungenen Zinsen und andern zu bestimmten Zeiten wiederkehrenden Abgaben und Leistungen:

A. Verjährung eines in bestimmten Terminen zu entrichtenden Kaufgeldes.

Rechtsgr. **1294**. — III. Senat. 19. Dezember 1851. (IV. 201.)

Die vierjährige Verjährung nach § 2. No. 5. des Gesetzes vom 31. März 1838 findet auf ein in bestimmten Terminen zu entrichtendes Kaufgeld keine Anwendung.

B. Verjährung der Geld-Entschädigungs-Forderung für eine nicht gewährte Holzungsgerechtigkeit. — Vergl. A. L. R. I. **22**. §§ **11**. 197.

Rechtsgr. **1295**. — II. Senat. 7. November 1850. (I. 102.)

Die für eine nicht gewährte Holzungs-Gerechtigkeit zu zahlende Geldentschädigung unterliegt auch dann nicht der kurzen Verjährung von vier Jahren, wenn dieselbe auf den Grund jährlicher Durchschnittsbeträge nach jährlichen Terminen gefordert wird.

Siehe auch Rechtsgrundsätze 316. 317. 1286-1288. (A. L. R. I. **11**. §§ 811. 827.; Einleitung dieses Gesetzes.)

— §§ **3**. **8**. Siehe Rechtsgrundsätze 1286-1288. (Einleit. dieses Gesetzes.)

1838, 29. April. Reglement No. 1900. für die Feuer-Sozietät der sämmtlichen Städte des Regierungs-Bezirks Gumbinnen. (Ges.-S. S. 313.)

— § **53**. Siehe Rechtsgrundsatz 134. (A. L. R. I. **6**. § 54.)

1838, 5. Mai. Verordnung wegen Einführung eines gleichmäßigen Verfahrens bei Insinuation richterlicher Erkenntnisse und bei Einlegung der Rechtsmittel. (Ges.-Samml. S. 273.)

— § **3**. Siehe Rechtsgrundsätze 927. 993. (A. G. O. I. **10**. Anhang § 68. zu § 19.; **27**. § 45.)

1838, 7. Mai. Kabinets-Order, betreffend die Zulässigkeit der Kumulation der Klage mehrerer in keinem Korreal-Verhältnisse stehender Kläger. (v. Kamptz, Jahrbücher Bd. 51. S. 378.)

— Siehe Rechtsgrundsatz 910. (A. G. O. I. **2**. § 136.)

1838, 16. Juni. Verordnung No. 1904. betreffend die Kommunikations-Abgaben. (Ges.-Samml. S. 353.)

— §§ 5. 6. 8. Anspruch auf Entschädigung wegen polizeilicher Herabsetzung des Prahm- oder Fährgeldes. — Vergl. A. L. R. Einleitung §§ 70-74.; I. 8. § 31.

Rechtsgr. 1296. — I. Senat. 19. Oktober 1853. (X. 239.)

a) In Betreff des Entschädigungs-Anspruches des Besitzers einer Prahm- oder Fährgerechtigkeit wegen Herabsetzung des Tarifs Seitens der Landes-Polizeibehörde ist der Rechtsweg gestattet.

b) Zur Begründung eines solchen Entschädigungs-Anspruches ist neben der nachzuweisenden Rechtmäßigkeit der bisherigen Hebung der Nachweis eines unabänderlichen Rechts auf einen bestimmten Tarif und dessen Sätze nicht erforderlich.

1838, 21. Oktober Verordnung über das Aufgebot der Spezialmassen nach erfolgter Subhastation. (Ges.-Samml. S. 498.)

— Siehe Rechtsgrundsatz 1259. (Subhastations-Verordnung v. 4. März 1834 § 16.)

1838, 3. November. Gesetz über die Eisenbahn-Unternehmungen. (Ges.-Samml. S. 505.)

— § 2. Cession von Eisenbahn-Quittungsbogen. — Vergl. Gesetz vom 9. November 1843 § 11.

Rechtsgr. 1297. — IV. Senat. 12. November 1850. (II. 9.)

Das Eigenthum an Eisenbahn-Quittungsbogen kann schon vor geschehener Einzahlung der ersten 40 Prozent an Andere übertragen werden.

Siehe auch Rechtsgrundsatz 277. (A. L. R. I. 11. § 402.)

— §§ 11. ff. Siehe Rechtsgrundsätze 17. 235. (A. L. R. Einleitung § 74.; I. 11. § 8.)

— § 14. Entschädigungspflicht der Eisenbahn-Gesellschaften wegen mangelnder Vorkehrung behufs Schadensverhütung.

Rechtsgr. 1298. — Plenum. 20. Oktober 1851. (III. 300.)

Die allgemeinen gesetzlichen Vorschriften über Schadensersatz sind rücksichtlich der durch Eisenbahnanlagen den angrenzenden Grundstücken verursachten Schäden durch den

§ 14. des Gesetzes vom 3. November 1838 nicht geändert worden.

Rechtsgr. **1299**. — II. Senat. 10. März 1853. (VIII. 337.)

Die Vorschrift des § 14. des Gesetzes vom 3. November 1838 befreit die Eisenbahn-Gesellschaften nicht von der Verpflichtung zum Ersatze eines Schadens, welcher in einer mangelhaften Vorkehrung zur Schadens-Verhütung seinen Grund hat.

— § **25**. Entschädigungspflicht der Eisenbahn-Gesellschaften wegen des aus einer mangelhaften Instandhaltung der Bahn oder Transportmittel oder aus einer Nachlässigkeit in der Beförderungsart entstandenen Schadens:

A. Im Allgemeinen.

Rechtsgr. **1300**. — II. Senat. 10. März 1853. (VIII. 337.)

Die Vorschrift des § 25. des Gesetzes vom 3. November 1838 ist nur auf den Schaden, welcher durch einen Mangel in der Instandhaltung der Bahn oder der Transportmittel, oder durch eine Nachlässigkeit in der Beförderungsart veranlaßt wird, zu beziehen, und ist durch dieselbe den allgemeinen Gesetzen über Schadensersatz zum Vortheile der Adjazenten nicht derogirt worden.

B. Beschädigung auf einer Eisenbahn bei deren Ueberschreitung.

Rechtsgr. **1301**. — I. Senat. 7. Juli 1852. (V. 362.)

Der § 25. des Gesetzes vom 3. November 1838, — nach welchem die Eisenbahn-Gesellschaften für allen bei der Beförderung auf der Bahn entstandenen Schaden Ersatz leisten müssen, wenn sie nicht die eigene Schuld des Beschädigten oder einen unabwendbaren oder äußeren Zufall beweisen, findet nicht Anwendung auf Beschädigungen, welche nicht bei der Beförderung auf der Eisenbahn, sondern durch die Mittel, welche die Beförderung auf der Bahn möglich machen, entstanden sind.

Siehe auch Rechtsgrundsatz 23. (A. L. R. Einleitung § 89.)

1839, 24. März. Kabinets-Order, betreffend die Deklaration der Vorschriften der §§ 88. 89. und 139. I. **12.** des Allg. Landrechts, über die Ernennung des vereideten Protokollführers bei Deputationen zur Auf- oder Annahme eines Testamentes. (Ges.-Samml. S. 155.)
— Siehe Rechtsgrundsatz 337. (A. L. R. I. **12.** § 88.)

1839, 6. April. Deklaration No. 1999. der Verordnung vom **14.** Dezember 1833 über das Rechtsmittel der Revision und der Nichtigkeitsbeschwerde. (Ges.-Samml. S. 126.)
— Art. **2.** Siehe Rechtsgrundsätze 1053. 1241. (A. G. O. I. **52.** § 59.; Subhastations-Verordnung vom 4. März 1834 § 9.)
— Art. **3.** No. **1.** Verletzung wesentlicher Prozeßvorschriften:

A. Durch Unterlegung eines Rechtseinwandes. — Vergl. A. L. R. I. **11.** § 33.

Rechtsgr. **1302.** — IV. Senat. 16. Dezember 1851. (IV. 180.)

Es enthält keine Verletzung einer wesentlichen Prozeßvorschrift, wenn der Richter dem auf Erfüllung des Vertrags in Anspruch genommenen Käufer auf den Grund des Kaufvertrags ein von demselben nicht behauptetes Recht zur Auswahl unter mehreren bestimmten Sachen beilegt, und hiernach das unter den Parteien bestehende Rechtsverhältniß beurtheilt.

B. Durch Unterstellung von Thatsachen.

Rechtsgr. **1303.** — IV. Senat. 17. Januar 1854. (XI. 226.)

Die Begründung des Urtheils des Spruchrichters durch dessen Wahrnehmungen der gewöhnlichen Lebenserfahrung und geschichtlicher Ereignisse enthält keine unstatthafte Unterstellung von Thatsachen.

C. Durch richterliche Prüfung des Rechtsgrundes der Klage. — Vergl. Verordnung vom 14. Dezember 1833 § 5. No. 10b.

Rechtsgr. **1304.** — III. Senat. 20. Januar 1854. (XI. 260.)

Der Richter ist bei Prüfung des Rechtsgrundes der Klage nicht auf die Ausführungen der Parteien beschränkt.

Siehe auch Rechtsgrundsätze 918. 921. 924. 925. 940. 988. 1053. 1209. 1224. (A. G. O. I. **5.** § 23., **9.** § 11., **10.** §§ 5a. 379., **24.** § 22., **52.** § 59.; Prozeßverordnung No. 1426. vom

1. Juni 1833 § 36.; Verordnung vom 14. Dezember 1833 § 5. No. 10a. und b.)

— Art. 3. No. 2. Restitutionsklage wegen Minderjährigkeit. — Vergl. A. G. O. I. 16. § 13.

Rechtsgr. 1305. — I. Senat. 16. Januar 1852. (VII. 206.)

Der Art. 3. Nr. 2. der Deklaration vom 6. April 1839 setzt ein im Laufe des Prozesses eingelegtes Rechtsmittel im engeren Sinne des Wortes voraus, und findet daher auf die Restitutionsklage nach § 13. I. 16. der Allg. Gerichts-Ordnung keine Anwendung.

Siehe auch Rechtsgrundsätze 915. 1365. (A. G. O. I. 2. § 175.; Verordnung vom 21. Juli 1846 § 17.)

— Art. 3. No. 3. Siehe Rechtsgrundsatz 1220. (Verordnung vom 14. Dezember 1833 § 4. No. 1.)

— Art. 3. No. 4. Verwechselung eines eventuell deferirten Eides mit vorbehaltener Eidesdelation. — Vergl. Verordnung vom 14. Dezember 1833 § 5. No. 10b.

Rechtsgr. 1306. — III. Senat. 12. Dezember 1853. (XI. 114.)

Die Bezeichnung eines eventuell deferirten Eides als eines vorbehaltenen ist nicht durch § 5. No. 10. Litt. b. der Verordnung vom 14. Dezember 1833, sondern durch Art. 3. Nr. 4. der Deklaration vom 6. April 1839 anzugreifen.

Siehe auch Rechtsgrundsatz 979. (A. G. O. I. 16. § 17.)

— Art. 3. No. 5. Siehe Rechtsgrundsätze 536. 997. (A. L. R. I. 20. § 541.; A. G. O. I. 29. § 48.)

Art. 4. Behandlung der Nichtigkeitsbeschwerde als Revision, bei einem nicht revisiblen Servitut-Anspruche.

Rechtsgr. 1307. — Plenum. 6. Januar 1850. (I. 159.)

Die Nichtigkeitsbeschwerde wird auch dann von der Revision nach sich gezogen, wenn jene nicht eine Geldforderung, sondern einen nicht revisiblen Servitutanspruch betrifft.

— Art. 8. Siehe Rechtsgrundsatz 1219. (Verordnung vom 14. Dezember 1833 § 4. No. 1.)

Art. 13. Doppelfrist zur Einlegung von Rechtsmitteln:

A. Der Eingepfarrten dem Patrone gegenüber. — Vergl. A. L. R. II. 11. §§ 17. 237. 715. 720. ff. 738-741.

Rechtsgr. 1308. — I. Senat. 13. Dezember 1850. (I. 146.)

Sämmtliche zu einer Kirche Eingepfarrte sind rücksichtlich der Verpflichtung zu Kirchen- und Pfarrbauten dem Patrone gegenüber als eine Kirchengemeinde anzusehen, und haben daher in einem über diese Verpflichtung entstandenen Prozesse auf die den Korporationen zur Anbringung der Rechtsmittel verstattete Doppelfrist Anspruch.*

B. Des Konkurs-Kurators. — Vergl. A. G. O. I. 50. §§ 171. ff.

Rechtsgr. 1309. — IV. Senat. 27. Januar 1852. (IV. 300.)

Der Konkurskurator hat für seine Person auf die Doppelfrist bei Einlegung von Rechtsmitteln auch in dem Falle, wenn unter den Gläubigern bevormundete Minorennen sich befinden, keinen Anspruch.

C. Minderjähriger Kinder unter väterlicher Gewalt. — Vergl. A. L. R. II. 2. §§ 156. ff.; 18. §§ 984. ff., A. G. O. I. 1. §§ 4. 14.

Rechtsgr. 1310. — I. Senat. 28. April 1852. (V. 204.)

Die den unter Vormundschaft stehenden Personen eingeräumte Doppelfrist zur Einlegung von Rechtsmitteln in Prozessen steht den unter väterlicher Gewalt befindlichen Minderjährigen in denjenigen Prozessen nicht zu, welche ihr Vater als alleiniger Vertreter vor Gericht zu führen legitimirt ist, mithin insbesondere nicht in Prozessen über ihr nicht freies Vermögen.

D. Stillstand des Laufes der Doppelfrist, wegen mangelnden Vormundes einer zu bevormundenden Person. — Vergl. A. G. O. I. 1. § 3.

Rechtsgr. 1311. — I. Senat. 28. November 1852. (X. 295.)

Die den bevormundeten Personen in Prozessen zur Einlegung von Rechtsmitteln zustehende Doppelfrist läuft während der Zeit, in welcher sie mit keinem Vormunde versehen sind, nicht.

Siehe auch Rechtsgrundsätze 399. 968. 970. (A. L. R. I. 14. § 174.; A. G. O. I. 16. § 12. No. 1., § 13.)

* Vergl. das Präjudiz No. 1525, Präjudizien-Buch S. 424.

1839, 7. April. Instruktion zur Ausführung der Verordnung über das Rechtsmittel der Revision und der Nichtigkeitsbeschwerde. (Gesetz-Sammlung S. 133.)

— No. **2**. Siehe Rechtsgrundsatz **1213**. (Verordnung vom **14**. Dezember **1833** § **1**.)

— No. **8**. Siehe Rechtsgrundsatz **1219**. (Verordnung vom **14**. Dezember **1833** § **4**. No. **1**.)

— No. **9**. Rechtsgrundsätzlicher Verstoß wegen Verkennung des rechtlichen Charakters eines Rechtsgeschäftes.

Rechtsgr. **1312**. — I. Senat. 9. Mai 1853. (X. 51.)

Ein rechtsgrundsätzlicher Verstoß findet in dem Falle nicht statt, wenn der Richter die gesetzlichen Merkmale eines Vertrages in der betreffenden Urkunde für vorhanden erachtet hat.*

— No. **11**. **19**. Siehe Rechtsgrundsätze **536**. **997**. (A. L. R. I. **20**. § **541**.; A. G. O. I. **29**. § 48.)

1839, **11**. Mai. Gesetz No. 2017. über die Pensions-Berechtigung der nach der Städte-Ordnung vom 19. November 1808 angestellten Bürgermeister. (Gesetz-Sammlung S. 174.)

— § **1**. Siehe Rechtsgrundsatz **1203**. (Revidirte Städte-Ordnung vom **17**. März **1831** § **99**.)

1839, **14**. Oktober und **11**. Dezember. Ministerial-Erklärung über die zwischen der Königlich Preußischen und Königlich Sächsischen Regierung getroffenen Uebereinkunft zur Beförderung der Rechtspflege. (Gesetz-Sammlung S. 353.)

— Art. **4**. Siehe Rechtsgrundsatz **914**. (A. G. O. I. **2**. § **167**.)

1840, 28. März. Verordnung No. **2082**. über das Rechtsmittel der Restitution gegen Purifikations-Resolutionen. (Gesetz-Samml. S. 103.)

— § **6**. Siehe Rechtsgrundsatz **1222**. (Verordnung vom **14**. Dezember 1833 § 5. No. 4.)

1840, **1**. Juli. Statut für die Berliner Synodal-Prediger-Wittwen- und Waisen-Kasse.

— §§ **3**. **4**. **21**. Berechtigung des Predigers einer neufundirten Pfarre zur Aufnahme in diese Kasse. — Vergl. Konsistorial-Verordnung vom **2**. April **1691**.

* Vergl. gegen diese Auffassung des § 9. der Instruktion die Anmerkung S. 63. Bd. 10. des Archivs für Rechtsfälle.

Rechtsgr. 1313. — I. Senat. 15. November 1850. (I. 124.)

Auch der Inhaber einer neu fundirten Pfarre des Berlin-Kölnischen Synodalbezirks ist die Aufnahme in den Synodal-Prediger-Wittwen-Kassen-Verband zu verlangen berechtigt.

1840, 16. Juli. Kabinetsorder betreffend die Reduktion des Hypothekenbuchs auf das Kataster in Westphalen. (Justiz-Ministerialbl. S. 250.)
Siehe Rechtsgrundsatz 530. (A. L. R. I. 20. § 443.)

1841, 10. April. Verordnung No. 2159. über die Subhastation von Realberechtigungen in der Provinz Westphalen. (Ges.-Samml. S. 76.)
— § 2. Feststellung der zu subhastirenden Realberechtigung des verpflichteten (in Westphalen gelegenen) Grundstücks. — Vergl. Gesetz vom 4. Juli 1822 § 4.

Rechtsgr. 1314. — II. Senat. 22. Juni 1852. (VI. 195.)

a) Unter dem in dem § 2. der Verordn. v. 10. April 1841 bezeichneten Besitzer des verpflichteten Grundstücks ist der aktuelle Besitzer zu verstehen, und ist daher auf etwaige Miteigenthümer des Grundstücks keine Rücksicht zu nehmen.

b) Bei Anstellung der Klage des Berechtigten gegen den Besitzer des verpflichteten Grundstücks auf Feststellung der zu subhastirenden, im Hypothekenbuche nicht eingetragenen Realberechtigung bedarf es der Zuziehung des Exequendus nicht.

1841, 14. Juli. Kabinetsorder No. 2189. über das Verhältniß der Stromschiffer zu den Befrachtern, sowie zu den Empfängern der Ladungen. (Gesetz-Sammlung S. 232.)
Siehe Rechtsgrundsätze 762. 766. (A. L. R. II. 8. §§ 1418. 1643.)

1841, 21. Juli. Kabinetsorder, betreffend die Veränderungen in der Lotterie-Verwaltung. (Gesetz-Sammlung S. 131.)
— No. 3. Ausbieten von Lotterieloosen durch Kommissionäre. — Vergl. A. L. R. I. 3. § 36.; 5. § 68.

Rechtsgr. 1315. — IV. Senat. 1. Mai 1851. (II. 116.)

Das den Lotterie-Einnehmern gemachte Verbot, ihre Loose durch einen Dritten ausbieten zu lassen, gilt nur als Disziplinargesetz gegen die Lotterie-Einnehmer, ohne die civilrechtlichen Folgen des zwischen dem Einnehmer und dem Kommissionär geschlossenen Vertrags zu berühren.

1841, 23. Juli. Landtags-Abschied für die Provinz Westphalen.
— Siehe Rechtsgrundsatz **1263**. (Oberpräsidial-Erlaß v. 5. Dezbr. **1834**.)

1841, 3. August. Geschäfts-Reglement für die Subaltern-Büreaus der Königlichen Gerichte. (Justiz-Ministerialblatt S. **292** ff.)
— § **6**. Einreichung von Prozeßschriften außerhalb des Geschäftslokals und außer den Dienststunden. Vergl. A. L. R. I. **3**. §§ **45**. **47**.

Rechtsgr. **1316**. — IV. Senat. 3. März 1853. (IX. 33.)

Die nach § 6. des Geschäfts-Reglements für die Subaltern-Büreaus der Königl. Gerichte vom 3. August **1841** an den Kanzleidirektor offen abzugebenden Schriftstücke der Rechtsanwälte und Parteien, insbesondere auch Anmeldungen von Rechtsmitteln, können demselben mit rechtlicher Wirkung auch außerhalb des Geschäftslokals und außer den Dienststunden übergeben werden.

1841, **31**. Oktober. Landgemeinen-Ordnung No. 2205. für die Provinz Westphalen. (Ges.-Samml. S. 297.)
— Siehe Rechtsgrundsatz 1396. (Gemeinde-Ordnung v. **11**. März 1850 § 156.)

1842, 6. Mai. Reglement **No**. **2265**. für die Provinzial-Städte-Feuer-Sozietät der Provinz Schlesien, mit Ausnahme der Stadt Breslau. (Ges.-Samml. S. **144**.)
— §§ **60**. **63**. Siehe Rechtsgrundsatz **511**. (A. L. R. I. **20**. § 257.)

1842, **11**. Mai. Gesetz No. **2273**. über die Zulässigkeit des Rechtsweges in Beziehung auf polizeiliche Verfügungen. (Gesetz-Sammlung S. **192**.)
— § **1**. Rechtsweg gegen „polizeiliche Verfügungen." — Vergl. A. L. R. II. **15**. §§ **4**. **11**. **17**.; Verordnung No. 63. vom 26. Dezember 1808 § 3.; Regierungs-Instruktion No. 440. vom 23. Oktober 1817 §§ 3. 11.

Rechtsgr. **1317**. — III. Senat. 25. November 1853. (XI. 63.)

Der Begriff der „polizeilichen Verfügungen" nach dem Gesetze vom 11. Mai 1842 ist nicht auf die Sicherheitspolizei zu beschränken, derselbe umfaßt vielmehr im Gegensatze von Justiz- und Finanzwesen Alles, was als „**Regierungssachen**" bezeichnet wird, daher insbesondere auch die Gewerbepolizei und mit dieser die öffentlichen Kommunikationen, Land- und Wasserstraßen, Chausseen, Ströme, Deiche und Brücken.

Siehe auch Rechtsgrundsatz 17. (A. L. R. Einl. § 74.)

— §§ 2. ff. Begründung der Zulässigkeit des Rechtsweges:

A. Durch Behauptung eines speziellen Rechtstitels und einer besonderen gesetzlichen Vorschrift.

Rechtsgr. 1318. — III. Senat. 25. November 1853. (XI. 63.)

a) Zur Begründung der Zulässigkeit des Rechtsweges gegen polizeiliche Verfügungen genügt schon die bloße Behauptung eines „speziellen Rechtstitels," ohne daß es in dieser Hinsicht darauf, ob dieser Rechtstitel begründet sei und die daraus abgeleitete Folgerung gestatte, weiter ankommt.

b) Unter der „besonderen gesetzlichen Vorschrift" des § 2. des Gesetzes vom 11. Mai 1842 ist eine Ausnahme von der allgemeinen Gesetzesregel gemeint.

Rechtsgr. 1319. — II. Senat. 14. März 1854. (XII. 250.)

Als spezieller Rechtstitel, welcher nach § 2. des Gesetzes vom 11. Mai 1842, und als besonderes Recht, welches nach § 4. daselbst erforderlich ist, um eine polizeiliche Verfügung im Rechtswege angreifen zu können, ist nicht derjenige Titel anzusehen, auf welchem das Eigenthum des durch die Polizeiverfügung Betroffenen beruht; vielmehr verlangt das Gesetz entweder eine besondere gesetzliche Vorschrift oder einen speziellen Rechtstitel, durch welche ein unmittelbares Rechtsverhältniß zwischen dem, der auf Befreiung Anspruch macht, und der Polizei-Behörde begründet wird.

B. Bei Ueberschreitung der Kompetenzbefugnisse Seitens der Polizeibehörde.

Rechtsgr. 1320. — III. Senat. 17. Oktober 1851. (III. 135.)

Gegen polizeiliche Verfügungen und Anordnungen ist, wenn die Ausnahmefälle der §§ 2. und 4. der Verordnung vom 11. Mai 1842 nicht vorliegen, der Rechtsweg auch dann unzulässig, wenn die betreffende Behörde ihre Kompetenzbefugnisse überschritten hat.

— § 4. Siehe Rechtsgrundsätze 14. 1318-1320. (A. L. R. Einl. § 74.; § 2. dieses Gesetzes.)

1842, 31. Dezember. Gesetz No. 2317. (Heimathsgesetz) über die Aufnahme neuanziehender Personen. (Ges.=Samml. für 1843 S. 5.)

— § 5. Verarmung:

A. Zurückweisung einer neuangezogenen verarmten Familie.

Rechtsfr. 1321. — I. Senat. 7. Februar 1851. (I. 219.)

Genügt zur Zurückweisung einer neuangezogenen Familie wegen Verarmung an die Gemeinde des früheren Aufenthaltsorts — außer dem Nachweis der Nothwendigkeit der öffentlichen Unterstützung binnen Jahresfrist — der Nachweis, daß die Umstände, welche diese Nothwendigkeit herbeigeführt haben, schon vor dem Anzuge vorhanden gewesen sind, oder ist der Nachweis der früher wirklich stattgehabten Verarmung zu liefern?

B. Hülfsbedürftigkeit und gesetzliche Nothwendigkeit der Unterstützung einer neuangezogenen Familie. — Vergl. Gesetz No. 2318. vom 31. Dezember 1842 § 1. No. 3. und § 25.

Rechtsgr. 1322. — I. Senat. 31. Oktober 1851. (III. 163.)

Die Nothwendigkeit einer öffentlichen Unterstützung wegen Verarmung offenbart sich im Sinne des Gesetzes No. 2317. vom 31. Dezember 1842 erst durch die wirkliche Gewährung dieser Unterstützung, und ist einer bloßen Hülfsbedürftigkeit nicht gleich zu achten.

— §§ 8. ff. Begründung der Verpflichtung zur Armenpflege durch den Wohnsitz des Neuangezogenen. — Vergl. A. L. R. II. 7. §§ 46. 53. 59., 17. §§ 10. ff.; Armenpflege=Gesetz No. 2318. vom 31. Dezember 1842 §§ 1. 2.

Rechtsgr. 1323. — I. Senat. 8. Februar 1854. (XII. 121.)

In Fällen, wo es an einer besonderen Orts=Polizei=Obrigkeit fehlt, ist nicht der Kreis=Landrath, sondern der Ortsschulze in seiner Eigenschaft eines Gemeinde=Vorstehers als Polizei=Obrigkeit anzusehen. — Daher wird in diesem Falle durch die Meldung eines Neuanziehenden bei dem Ortsschulzen und die hierüber dem ersteren ertheilte Beschei=

nigung, dessen Wohnsitz und mithin die eventuelle Verpflichtung der Gemeinde zur Armenpflege begründet.

Siehe auch Rechtsgrundsatz 1324. (Armenpflege-Gesetz No. 2318. vom 31. Dezember 1842 § 1.)

1842, 31. Dezember. Gesetz No. 2318. über die Verpflichtung zur Armenpflege. (Gesetz-Sammlung für 1843 S. 8.)

— §§ **1. 2. 33.** Abänderung der gesetzlichen Verpflichtung zur Armenpflege durch Vertrag. — Vergl. A. L. R. I. **5.** §§ 58. 68.; II. **19.** § 10.; Heimathsgesetz vom 31. Dezember 1842 §§ 8. ff.

Rechtsgr. **1324.** — I. Senat. 27. März 1854. (XII. 286.)

Eine Vertrags-Bestimmung der Mitglieder einer Gemeinde, daß die Armenpflege nicht mehr von der Gemeinde, sondern jedesmal nach einer bestimmten Regel von einem einzelnen Mitgliede geleistet werden solle, hat keine rechtliche Wirkung.

Siehe auch Rechtsgrundsatz 1323. (Heimathsgesetz vom 31. Dezember 1842 § 8.)

— § **1.** No. **3.** Siehe Rechtsgrundsatz 1322. (Heimathsgesetz vom 31. Dezember 1842 § 5.)

— §§ **2. 5. 35.** Verpflichtung des Gutsherrn zur Armenpflege; Begründung des Domizils.

Rechtsgr. **1325.** — I. Senat. 17. September 1852. (VI. 318.)

a) Der Gutsherr ist nicht zur Armenpflege in Betreff eines Dienstmannes verpflichtet, dessen Familie nicht in dem Gutsbezirke wohnt.

b) Der bloße Aufenthalt des Dienstes wegen begründet kein Domizil.

— § **25.** Siehe Rechtsgrundsatz 1322. (Heimathsgesetz vom 31. Dezember 1842 § 5.)

— §§ **33-35.** Rechtsweg wegen der Ansprüche eines Dritten an den Armenverband aus der nützlichen Verwendung wegen Verpflegung eines Armen; Begründung der desfallsigen Klage. — Vergl. A. L. R. I. **13.** §§ 231. 268. 269.

A. Aeltere Ansicht: Zulässigkeit des Rechtsweges.

Rechtsgr. **1326.** — I. Senat. 28. Oktober 1847. (I. 43.)

In Betreff des aus der nützlichen Verwendung hergeleiteten Anspruchs des Dritten, welcher einen Orts-Armen verpflegt hat, an die Orts-Behörde, so wie über den Betrag dieses Anspruchs ist der Rechtsweg gestattet.

B. Neuere Ansicht: Unzulässigkeit des Rechtsweges.

Rechtsgr. 1327. — I. Senat. 17. August 1849. (I. 41.)

In Betreff des aus der nützlichen Verwendung hergeleiteten Anspruchs des Dritten, welcher einen Orts-Armen verpflegt hat, an die Orts-Behörde, so wie über den Betrag dieses Anspruchs ist der Rechtsweg nicht gestattet.

C. Neueste Ansicht: Bedingte Zulässigkeit des Rechtsweges.

Rechtsgr. 1328. — Plenum. 21. Februar 1853. (VIII. 320.)

Hinsichtlich des Anspruchs eines Dritten an den Armenverband auf Erstattung der Kosten der Kur oder Verpflegung eines Armen auf den Grund nützlicher Verwendung oder Geschäftsführung ohne Auftrag ist der Rechtsweg nicht unbedingt ausgeschlossen.

Zur Begründung der desfallsigen Klage ist die vorherige Entscheidung der betreffenden Verwaltungs-Behörde darüber beizubringen, daß der Verpflegte ein Armer, was zu seiner nothdürftigen Unterstützung erforderlich, und daß der Betrag der geforderten Kur- oder Verpflegungs-Kosten angemessen sei.

1842, 31. Dezember. Gesetz No. 2319. über die Erwerbung und den Verlust der Eigenschaft als Preußischer Unterthan, sowie über den Eintritt in fremde Staatsdienste. (Ges.-Samml. für 1843 S. 15.)

— § 13. Siehe Rechtsgrundsatz 829, (A. L. R. II. 17. § 131.)

— §§ 15. ff. 20. 21. Richterliche Entscheidung über privatrechtliche Folgen des Auswanderungs-Konsenses.

Rechtsgr. 1329. — I. Senat. 27. Januar 1851. (I. 202.)

Der Richter ist befugt, über die Wirksamkeit der von der Landes-Polizei-Behörde in Gemäßheit der §§ 15. ff. des Gesetzes No. 2319. vom 31. Dezember 1842 ertheilten Entlassung aus dem Preußischen Unterthanen-Verbande zu entscheiden, wenn es sich von privatrechtlichen Folgen handelt.

— §§ **16**. ff. Vermögens-Konfiskation ausgetretener Militairpflichtiger. — Vergl. Verfassungs-Urkunde vom 5. Dezember 1848 Art. 3. 9. 10. 32.; Verordnung vom 4. Januar 1849; Verfassungs-Urkunde vom 31. Januar 1850, Art. 11. 34.

Rechtsgr. **1330**. — V. Senat. 21. März 1851. (II. 300.)

Auch die vor Erlassung der Verfassungs-Urkunde vom 5. Dezember 1848 ausgetretenen Militairpflichtigen sind der Strafe der Verordnung vom 4. Januar 1849 unterworfen.

1843, 6. Januar. Gesetz über die Bestrafung der Landstreicher, Bettler und Arbeitsscheuen. (Gesetz-Samml. S. 19.)

— § **7**. Verpflichtung zur Tragung der Detentionskosten der aufgegriffenen Vagabunden und Bettler. — Vergl. A. L. R. II. **17**. § **102**.; **19**. § **16**.; Kriminal-Ordnung §§ **77**. **92**. **624**. ff.; Reglement über die Landarmenpflege in der Kurmark Brandenburg v. **14**. Jan. 1848.

Rechtsgr. **1331**. — I. Senat. 27. Februar 1852. (VI. 44.)

a) Durch das Gesetz vom 6. Januar 1843 ist hinsichtlich der Verpflichtung des Armen-Verbandes der Heimath des aufgegriffenen Vagabunden und Bettlers zur Tragung der Kosten der Detention Nichts geändert.

b) Für die Kurmark Brandenburg ist eine andere Bestimmung erst durch das Reglement vom 14. Januar 1848 erfolgt.

1843, 28. Februar. Gesetz über die Benutzung der Privatflüsse. (Ges.-Samml. S. **41**.)

— §§ **1**. ff., § **13**. No. **2**., § **14**. Rechte der Besitzer gegenüberliegender Ufer eines Privatflusses an dem Flußbette und dem Wasserschatze:

A. Aeltere Ansicht.

Rechtsgr. **1332**. — III. Senat. 1. Dezember 1852. (VII. 326.)

Ein Grundbesitzer, dessen Ländereien von einem Privatflusse durchschnitten werden, kann zwar, soweit diese Ländereien auf beiden Ufern sich erstrecken, das Wasser desselben ohne Einschränkung auf ein gewisses Maaß zu seinem Vortheile benutzen; sobald aber sein Grundbesitz an dem einen Ufer aufhört und nur noch an dem andern Ufer sich weiter erstreckt, ist er verpflichtet, auch das auf der letztgedachten

Seite des Flusses benutzte Wasser selbst dann in denselben zurückzuleiten, wenn er nur die Hälfte der in dem Flusse vorhandenen Wassermasse benutzt hat.

B. Neuere Ansicht.

Rechtsgr. **1333.** — Plenum. 16. Januar 1853. (**XII.** 337.)

Der Besitzer des Ufers eines Privatflusses, welcher an einer Stelle seines Grundstücks nach dem ihm zustehenden Rechte das Wasser abgeleitet hat, braucht die im § 13. Nr. 2. des Gesetzes vom 28. Februar 1843 vorgeschriebene Zurückleitung desselben in der Regel erst in dem Punkte vorzunehmen, wo an der Seite der geschehenen Ableitung sein Eigenthum an dem Ufer aufhört. Beginnt auf dem gegenüber liegenden Ufer vor diesem Punkte ein fremdes Grundstück, so muß dem Besitzer desselben die Hälfte des Wassers zur Disposition bleiben, welches vorhanden sein würde, wenn die Zurückleitung des Wassers unmittelbar vor dem Punkte erfolgt wäre, an welchem das gegenüberliegende Grundstück beginnt.

C. Insbesondere mit Rücksicht auf Mühlen-Anlagen. — Vergl. A. L. R. **I. 9.** §§ **225-274.**; **II. 15.** §§ **39-45.**

Rechtsgr. **1334.** — **III.** Senat. 16. Dezember 1853. (**XI.** 135.)

Die gesetzlichen Konsequenzen, welche an sich für die Benutzung des Eigenthums und die Verfügung über dasselbe gelten, können nicht ohne Weiteres auf das beschränkte Recht der Besitzer der Ufer eines Privatflusses an dem Flußbette und dem Wasserschatze desselben angewendet, vielmehr müssen hierbei die obwaltenden besonderen Verhältnisse ins Auge gefaßt, und insbesondere mit Hinsicht auf dieselben auch die gesetzlichen Bestimmungen über Mühlen-Anlagen aufgefaßt werden.

Siehe auch Rechtsgrundsätze **167. 1335.** (A. L. R. **I. 8.** § **29.**; § **13.** dieses Titels.)

— §§ **13. 14.** Widerspruch des Besitzers einer an einem Privatflusse gelegenen Mühle gegen Stau-Anlagen des Besitzers des Ufers unterhalb der Mühle. — Vergl. A. L. R. Einleitung §§ 95. ff.; I. 8. § 99.; II. 15. § 246.; §§ 1. und 16. litt. b. dieses Gesetzes.

Rechtsgr. 1335. — III. Senat. 26. September 1853. (XI. 6.)

Der Stauanlage eines Uferbesitzers an einem Privatflusse, welche zwar unter gewöhnlichen Umständen möglicher Weise auf kurze Zeit auf die schon bestehende oberhalb belegene Mühle eines andern Uferbesitzers nachtheilig, z. B. durch Eisstopfung, einwirken kann, jedoch unter gewöhnlichen Verhältnissen auf dieselbe einen Rückstau nicht bewirkt, ist der Mühlenbesitzer zu widersprechen nicht berechtigt. Vielmehr steht dem Mühlenbesitzer in diesem Falle nur der Anspruch auf Schadensersatz wegen unterbrochenen Betriebes der Mühle zu.

Siehe auch Rechtsgrundsatz 1332. (§ 1. dieses Gesetzes.)

— § 19. No. 1., § 25. No. 2. Siehe Rechtsgrundsatz 818. (A. L. R. II. 15. § 233.)

1843, 5. März. Vorläufige Verordnung über die Ausübung der Waldstreuberechtigung. (Ges.-Samml. S. 105.)

— §§ 2. 4. Ausübung der Waldstreuberechtigung in den sechs Sommermonaten.

Rechtsgr. 1336. — II. Senat. 13. November 1851. (IV. 87.)

Die Waldstreu-Gerechtigkeit darf auch dann nur in den sechs Wintermonaten ausgeübt werden, wenn dieselbe vor der Verordnung vom 5. März 1843 durch Verjährung erworben war, und zu jeder beliebigen Zeit ausgeübt wurde. *

1843, 4. Mai. Gesetz No. 2349. über das Wiederinkourssetzen der unter öffentlicher Autorität auf jeden Inhaber ausgefertigten Papiere. (Ges.-Samml. S. 179.)

— §§ 1. 2. Siehe Rechtsgrundsatz 424. (A. L. R. I. 15. § 47.)

1843, 15. Mai. Statut für die Allensteiner Kreis-Korporation. (Ges.-Samml. S. 273.)

— §§ 12. 16. 17. Natur der Meliorations-Zinsen. — Vergl. Allgem. Hypotheken-Ordnung I. §§ 48. 49.

* Siehe hiergegen die Bemerkung in dem Archiv für Rechtsfälle Bd. 4. S. 89.

Rechtsgr. 1337. — III. Senat. 12. März 1852. (V. 74.)

Der Meliorationszins nach der Allensteiner Kreiskorporation gehört nicht zu den gemeinen keiner Eintragung bedürfenden und auf jeden Käufer übergehenden, sondern zu den aus einem speziellen Titel entstandenen, in das Hypothekenbuch einzutragenden Abgaben.

1843, 21. Juli. Verordnung No. 2367., betreffend die Einlegung der Rechtsmittel, zu § 10. der Verordnung vom 5. Mai 1838 wegen Einführung eines gleichmäßigen Verfahrens bei der Insinuation der richterlichen Erkenntnisse und bei Einlegung der Rechtsmittel. (Ges.-Samml. S. 294.)

— § 1. Siehe Rechtsgrundsätze 1351. 1359. (Allg. Gewerbe-Ordnung vom 17. Januar 1845 § 137.; Verordnung v. 21. Juli 1846 § 15.)

— § 2. Siehe Rechtsgrundsatz 1370. (Verordn. v. 21. Juli 1846 § 21.)

— § 10. Siehe Rechtsgrundsatz 910. (A. G. O. I. 2. § 136.)

1843, 21. Juli. Verordnung No. 2370. über die Grundsätze, nach denen der Werth des Streitgegenstandes in Civilprozessen zu berechnen ist. (Ges.-Samml. S. 297.)

— § 1. Siehe Rechtsgrundsatz 1399. (Gesetz vom 10. Mai 1851 § 12. No. 3.)

— §§ 2. 6. Wirkung der nach eingelegter Revision erfolgten Entsagung eines Theiles der Forderung auf die fernere Zuständigkeit dieses Rechtsmittels. — Vergl. A. G. O. I. 14. Anhang § 108. zu § 3.

Rechtsgr. 1338. — III. Senat. 14. Februar 1853. (VII. 373.)

Die Zulässigkeit eines Rechtsmittels wird durch die Zeit der Einlegung desselben bestimmt. Das zur Zeit der Einlegung zulässig gewesene Rechtsmittel wird daher durch nachträgliche Entsagung eines Theils der Forderung Seitens des Gegners nicht unzulässig.

Siehe auch Rechtsgrundsatz 961. (A. G. O. I. 15. § 1.)

— § 8. Appellation wegen einer streitigen Grundgerechtigkeit. — Vergl. Gesetz vom 10. Mai 1851 § 11. No. 4.; Instruktion vom 10. September 1851 zu § 11. dieses Gesetzes.

Rechtsgr 1339. — III. Senat. 17. September 1852. (VII. 251.)

Grundgerechtigkeiten gehören unbedingt zu den appellabeln Gegenständen, wenn nicht beide Theile über den nicht appellabeln Werth derselben einverstanden sind. — Eine Ausmittelung des Werthes der streitigen Grundgerechtigkeit durch Sachverständige behufs Feststellung der appallabeln Summe findet daher nicht statt.

1843, 11. August. Verordnung, No. **2380**. betreffend die zum Zweck einer Auseinandersetzung eingeleiteten Subhastationen. (Ges.-Sammlung S. 323.)

— § **1**. Siehe Rechtsgrundsatz **1257**. (Subhastationsverordnung vom 4. März 1834 § 12.)

1843, 9. November. Gesetz No. **2391**. über die Aktien-Gesellschaften. (Ges.-Samml. S. 341.)

— § **11**. Siehe Rechtsgrundsätze **277**. u. **1297**. (A. L. R. I. **11**. § **402**. und Gesetz vom 3. November 1838 § 2.)

1844, 22. März. Kabinetsorder, betreffend die Aussetzung der Trauung großjähriger, nicht mehr unter väterlicher Gewalt befindlicher Kinder, welche die väterliche Einwilligung zur Heirath nicht beibringen wollen oder können, bis zur Ergänzung der Einwilligung durch richterliches Urtheil.

— Siehe Rechtsgrundsatz **598**. (A. L. R. II. **1**. § **46**.)

1844, 29. März. Gesetz No. **2435**., betreffend das gerichtliche und Disziplinar-Verfahren gegen Beamte. (Ges.-Samml. S. 77.)

— §§ **11**. **12**. Siehe Rechtsgrundsatz **1378**. (Verordnung vom 11. Juli 1849 § 8.)

1844, 19. April. Patent No. **2439**. wegen Verkündigung des Provinzialrechts für Westpreußen. (Ges.-Samml. S. 103.)

— Siehe Rechtsgrundsatz **197**. (A. L. R. **I**. **9**. § **502**.)

1844, 17. Mai. Statut der Feuer-Versicherungs-Aktien-Gesellschaft in Magdeburg. (Ges.-Samml. S. 215.)

— § **18**. Siehe Rechtsgrundsatz **51**. (A. L. R. I. **4**. § **100**.)

1844, 24. Mai. Verordnung No. **2447**., die Eröffnung von Aktien-Zeichnungen für Eisenbahn-Unternehmungen und den Verkehr mit den dafür ausgegebenen Papieren betreffend. (Ges.-Samml. S. 117.)

Rechtsfr. **1340**. — IV. Senat. 25. März 1852. (V. 125.)

Ist das Gesetz vom 24. Mai 1844 auch dann anwendbar, wenn ein bestimmter Preis nicht vereinbart ist?

1844, 21. Juni. Kabinets-Order No. **2464**., betreffend den Kleinhandel mit Getränken und den Gast- und Schankwirthschaftsbetrieb. (Ges.-Samml. S. 214.)

— Siehe Rechtsgrundsatz 1265. (Kabinets-Order vom 7. Februar 1835.)

1844, 24. Juni. Kabinets-Order No. 2476., betreffend die Erweiterung der Bestimmung des § 20 d. der Verordnung No. 1436. wegen des Judenwesens in der Provinz Posen vom 1. Juni 1833. (Ges.-Sammlung S. 259.)

— Siehe Rechtsgrundsatz 1212. (Verordnung No. 1436. vom 1. Juni 1833 § 20 d.)

1844, 28. Juni. Verordnung No. 2462. über das Verfahren in Ehesachen. (Ges.-Samml. S. 184.)

— § **39**. Maaßgebung der Ueberzeugung des Appellations-Richters von der unüberwindlichen Abneigung des klagenden Ehegatten für den Revisions-Richter im Ehescheidungs-Prozesse.

Rechtsgr. **1341**. — I. Senat. 8. Oktober 1852. (VII. 112.)

Die von dem Appellations-Richter ausgesprochene Ansicht über geschehene hinreichende Motivirung der unüberwindlichen Abneigung des auf Ehescheidung klagenden Theils ist auch für den Revisions-Richter maaßgebend.

— § **53**. Wirkung der Aussöhnung der Eheleute in Betreff des Eintritts der Rechtskraft des ergangenen Ehescheidungs-Urtheils.

Rechtsgr. **1342**. — I. Senat. 4. März 1853. (VIII. 333.)

Nur die ausdrückliche Zurücknahme der Klage, nicht aber die Anzeige erfolgter Aussöhnung, kann die rechtlichen Wirkungen eines noch nicht in Rechtskraft übergegangenen Ehescheidungs-Erkenntnisses aufheben.

Siehe auch Rechtsgrundsatz 643. (A. L. R. II. 1. § 720.)

1844, 11. November. Verordnung No. 2523. über die Beitragspflicht der Rittergutsbesitzer und anderer Grundbesitzer in den vormals Königlich Sächsischen Landestheilen der Provinz Sachsen zur Unterhaltung von Kirchen, Pfarren und Schulen. (Ges.-Samml. S. 697.)

— §§ **1**. ff. Verpflichtung zu Kostenbeiträgen wegen Unterhaltung von Schulen in der Provinz Sachsen.

Rechtsgr. **1343**. — I. Senat. 28. November 1851. (IV. 134.)

In der Provinz Sachsen müssen, wenn verschiedene Dörfer

mit verschiedenen Schulen zu einer Parochie vereinigt sind, die Grundbesitzer sämmtlicher Dörfer zu den Unterhaltungskosten sämmtlicher Schulen pro rata ihres Grundbesitzes beitragen.

— § 14. Siehe Rechtsgrundsatz 794. (A. L. R. II. 11. § 710.)

1844, 13. Dezember. Kabinets-Order No. 2529. wegen Herabsetzung der von den Pfandbrief-Schuldnern der Westpreußischen Landschaft zu zahlenden Beiträge von 4½ auf 4 Prozent. (Ges.-Sammlung für 1845 S. 1.)

— Siehe Rechtsgrundsatz 1400. (Revidirtes Westpreußisches Landschafts-Reglement vom 25. Juni 1851 § 116.)

1845, 3. Januar. Kabinets-Order No. 2538., betreffend die von den Häuptern vormals reichsständischer Familien abzuleistenden Eide. (Ges.-Samml. S. 37.)

— Stellvertretung der Standesherren bei Eidesleistungen. — Vergl. Verordnung No. 291. vom 21. Juni 1815; Instruktion No. 607. vom 30. Mai 1820; Verfassungs-Urkunde vom 31. Januar 1850 Art. 4. 40. 41. u. 109.

Rechtsgr. 1344. — II. Senat. 23. Oktober 1851. (IV. 57.)

Die durch die Kabinets-Order vom 3. Januar 1845 den Häuptern der vormals reichsständischen Familien eingeräumte Befugniß, in Prozessen, welche auf ihre Domänen sich beziehen, angetragene und nothwendige Eide durch den betreffenden Verwaltungs-Beamten abzuleisten, ist als ein Standesvorrecht durch Art. 4. der revidirten Verfassungs-Urkunde vom 31. Januar 1850 aufgehoben.

1845, 3. Januar. Gesetz No. 2535., betreffend die Zertheilung von Grundstücken und die Gründung neuer Ansiedelungen. (Ges.-Samml. S. 25.)

— §§ 2. 3. Privat-Parzellirungsverträge. — Vergl. Verordnung vom 2. Januar 1849 § 31.; Gesetz vom 24. Februar 1850 § 1.; A. L. R. Einleitung § 17.; I. 3. § 43.

Rechtsgr. 1345. — III. Senat. 27. Oktober 1851. (III. 162.)

Auch die seit Erlassung der Verordnung vom 2. Januar 1849 bis zur Publikation des Gesetzes vom 24. Februar 1850 geschlossenen Privat-Parzellirungs-Verträge unterliegen der Richtigkeit.

Siehe auch Rechtsgrundsatz 80. (A. L. R. I. 5. § 165.)

1845, 3. Januar. Kabinets-Order, die Verwaltungs-Normen der Familienstiftungen betreffend. (Justiz-Ministerialblatt S. 31.)
— Siehe Rechtsgrundsatz 714. (A. L. R. II. 6. § 171.)

1845, 17. Januar. Allgem. Gewerbe-Ordnung. (Ges.-Samml. S. 41.)
— § 1. Einschränkung des Eigenthums eines Grundstücks rücksichtlich der Benutzung desselben zu dem Betriebe eines gewissen Gewerbes. — Vergl. § 11. dieses Gesetzes; Kabinets-Order vom 19. April 1813.

A. Rechtliche Fortdauer der Gültigkeit früherer vertragsmäßiger Einschränkungen dieser Art.

Rechtsgr. 1346. — III. Senat. 17. Dezember 1851. (IV. 187.)

Die vertragsmäßige Einschränkung des Eigenthums eines Grundstücks, nach welcher dasselbe zu einem bestimmten Gewerbe nicht benutzt werden darf, ist durch die Allgemeine Gewerbe-Ordnung vom 17. Januar 1845 nicht aufgehoben.

B. Zulässigkeit fernerer vertragsmäßiger Einschränkungen dieser Art.

Rechtsgr. 1347. — III. Senat. 3. Februar 1854. (XII. 101.)

Ein Vertrag, daß ein Grundstück zu einem gewissen Gewerbe, z. B. zur Coaksbrennerei, nicht benutzt werden dürfe, verstößt weder an sich, noch hinsichtlich seiner Wirkungen gegen den Grundsatz der Gewerbefreiheit.

Siehe auch Rechtsgrundsatz 103. (A. L. R. I. 5. § 310.)

— § 4. No. 1. und No. 3. litt. a. Ablösbarkeit des Krugsverlagrechts.

Rechtsgr. 1348. — Plenum. 3. Oktober 1853. (X. 167.)

Die Bestimmungen in dem § 4. No. 1. und No. 3. litt. a. der Allgem. Gewerbe-Ordnung vom 17. Januar 1845 beziehen sich nicht auf das im § 5. derselben erwähnte Recht, den Inhaber einer Schankstätte zu zwingen, daß er das zu seinem Debit erforderliche Getränk aus einer bestimmten Fabrikationsstätte entnehme (das Krugsverlagsrecht).

— § 8. Siehe Rechtsgrundsätze 1060. 1383. (Allg. Hypotheken-Ordnung I. § 48.; Gesetz vom 2. März 1850 § 3.)

— § 11. Siehe Rechtsgrundsätze 1346-1348. (§ 1. dieses Gesetzes.)

— § 42. Siehe Rechtsgrundsatz 1147. (Apotheker-Ordnung vom 11. Oktober 1801 § 3.)

— § 49. Beschränkung der Befugniß der Agenten einer Feuer-Versicherungs-Gesellschaft zur künftigen Uebernahme anderer Agenturen. — Vergl. Gesetz vom 8. Mai 1837 §§ 7. 11.

Rechtsgr. 1349. — IV. Senat. 17. Januar 1854. (XI. 238.)

Das Abkommen, nach welchem der Agent einer Feuerversicherungs-Gesellschaft sich verpflichtet, nach seinem Austritt vor Ablauf eines gewissen Zeitraums keine Geschäfte für eine andere Feuerversicherungs-Gesellschaft zu übernehmen, enthält keine Beschränkung der persönlichen Gewerbefreiheit.

— § 54. Siehe Rechtsgrundsatz 1147. (Apotheker-Ordnung v. 11. Oktober 1811 § 3.)

— § 55. Siehe Rechtsgrundsatz 1265. (Kabinets-Order vom 7. Februar 1835.)

— §§ 61. 63. 65. Siehe Rechtsgrundsatz 1147. (Apotheker-Ordnung vom 11. Oktober 1801 § 3.)

— § 114. Siehe Rechtsgrundsatz 1350. (§ 122. dieser Gewerbe-Ordn.)

— § 122. Unzulässigkeit des Rechtsweges hinsichtlich der Streitigkeiten über Rechte und Pflichten der Innungs-Mitglieder und Vorstände. — Vergl. § 114. dieser Gewerbe-Ordnung.

Rechtsgr. 1350. — V. Senat. 4. Oktober 1853. (X. 179.)

In Betreff der Streitigkeiten über Rechte und Pflichten der Innungs-Mitglieder und Vorstände ist der Rechtsweg ausgeschlossen.

— § 137. Berufung auf den Rechtsweg gegen Resolute der Gewerbe-Gerichte. — Vergl. A. G. O. I. 2. § 174.; Verordnung v. 21. Juli 1843 § 1.

Rechtsgr. 1351. — IV. Senat. 4. Oktober 1853. (X. 328.)

Durch die innerhalb zehn Tagen bei dem Gewerbe-Gerichte geschehene Anmeldung der Berufung auf den Rechtsweg gegen das von demselben erlassene Resolut ist die zehntägige Berufungsfrist für gewahrt zu erachten, wenngleich bei dem gewöhnlichen Richter innerhalb dieser Frist weder die Berufung angemeldet, noch die betreffende Klage angestellt wird.

1845, 28. Februar. Verordnung No. **2550**., betreffend die Einrichtung des Berg-Hypothekenwesens in dem Herzogthum Westphalen, dem Fürstenthum Siegen mit den Aemtern Burbach und Neuenkirchen (Freien- und Hückengrund) und den Grafschaften Wittgenstein-Wittgenstein und Wittgenstein-Berleburg. (Ges.-Samml. S. **100**.)
— Siehe Rechtsgrundsatz 827. (A. L. R. II. **16**. § 255.)

1845, 23. Mai. Kabinets-Order, die den Familienstiftungen beiwohnende Eigenschaft einer moralischen Person betreffend. (Justiz-Ministerialblatt S. 179.)
— Siehe Rechtsgrundsatz 714. (A. L. R. II. **6**. § 171.)

1845, 11. Juli. Gesetz No. **2598**. über das Verfahren bei Aufnahme von Notariats-Instrumenten. (Ges.-Samml. S. **487**.)
— § 1. Siehe Rechtsgrundsatz 11. (A. L. R. Einleitung § 17.)
— § **13**. Form notarieller Urkunden der Analphabeten:
A. Beifügung der Handzeichen schreibensunerfahrner Personen. — Vergl. A. G. O. III. 7. §§ 49. 57.

Rechtsgr. **1352**. — III. Senat. 24. Februar 1851. (I. **264**.)

Die Bestimmung des § 13. des Gesetzes vom 11. Juli 1845 (wegen Beifügung des Handzeichens schreibensunerfahrener Personen und der Bemerkung des Notars oder eines der Zeugen, wer dasselbe gezogen habe) findet auf Personen, die weiter Nichts als ihren Namen schreiben können, keine Anwendung.

B. Attestirung der Handzeichen und Schluß-Attest. — Vergl. §§ 14. 41. 42. 44. dieses Gesetzes.

Rechtsgr. **1353**. — III. Senat. 27. Januar 1851. u. resp. 8. Januar 1852. (I. 199. und IV. 248.)

Die Attestirung der Handzeichen schreibensunkundiger Personen durch den instrumentirenden Notar selbst, so wie die Aufnahme des Schluß-Attestes unmittelbar unter dem Protokolle vor dessen Vollziehung, entzieht der Urkunde die notarielle Eigenschaft.

Rechtsgr. 1354. — III. Senat. 10. September 1852. (VII. 242.)

Die Wirksamkeit einer notariellen Urkunde ist nicht dadurch bedingt, daß in der Verhandlung vermerkt ist, wer die Handzeichen des schreibensunkundigen Theils bezeugt hat.

Rechtsgr. 1355. — Plenum. 20. Dezember 1852. (VII. 355.)

Bei Notariats-Akten von Analphabeten genügt die durch den Notar oder einen der Zeugen erfolgte Beglaubigung der beigefügten Handzeichen, wenn auch nicht ausdrücklich vermerkt ist, wer die Beglaubigung beigefügt hat.

— §§ **14. 41. 42.** Schluß-Attest der Notariats-Urkunden.

Rechtsgr. 1356. — III. Senat. 3. Februar 1854. (XII. 97.)

Die wörtliche Uebereinstimmung des Schluß-Attestes einer Notariats-Urkunde in allen seinen Einzelnheiten mit dem im § 14. der Notariats-Ordnung vom 11. Juli 1845 vorgeschriebenen Inhalte ist zur Gültigkeit jener Urkunde nicht erforderlich. Insbesondere braucht darin die von den Interessenten erfolgte Genehmigung des Protokolls nicht ausdrücklich erwähnt zu werden, vielmehr genügt, wenn das Protokoll vor seiner Vollziehung seitens der Interessenten mit den Worten: „Vorgelesen, genehmigt und unterschrieben" schließt und in dem Schluß-Atteste bezeugt wird, daß die Verhandlung so, wie sie niedergeschrieben worden, stattgefunden habe.

Siehe auch Rechtsgrundsatz 1353. (§ 13. dieses Gesetzes.)

— §§ **27. 35. 41. 42.** Form der Notariats-Urkunden einer der deutschen Sprache nicht vollständig mächtigen Partei.

Rechtsgr. 1357. — IV. Senat. 12. Oktober 1852. (VII. 115.)

Notariats-Verhandlungen müssen auch dann in der der Partei geläufigen fremden Sprache niedergeschrieben werden, wenn dieselbe zwar einige Kenntniß der deutschen Sprache hat, in derselben aber sich nur unvollständig auszudrücken vermag.

— §§ **41. 42.** Siehe Rechtsgrundsätze 1353-1357. (§§ 13. 14. 27. dieses Gesetzes.)

— § **44.** Siehe Rechtsgrundsatz 1353. (§ 13. dieses Gesetzes.)

1845, 23. Juli. General-Konzession für die von der evangelischen Landeskirche sich getrennt haltenden Lutheraner. (Ges.-Samml. S. 516.)
— §§ **1. 6. 10.** Befreiung von den Pfarrlasten durch Austritt aus der evangelischen Landeskirche. — Vergl. A. L. R. II. **11.** § 261.; Patent No. 2822. vom 30. März 1847.

Rechtsgr. **1358.** — Plenum. 4. April 1853. (X. 27.)

Nicht schon der Austritt aus der evangelischen Landeskirche für sich allein, sondern dieser Austritt in Verbindung mit dem Beitritt zur Separatisten-Gemeinde ist Bedingung der Befreiung von den bisherigen Parochiallasten.

Siehe auch Rechtsgrundsätze 779. 781. (A. L. R. II. **11.** § 261.)

1846, 16. Januar. Publikations-Patent No. 2689. über den Beschluß der Deutschen Bundesversammlung vom 19. Juni 1845 wegen Erweiterung des Schutzes für Werke der Literatur und Kunst gegen Nachdruck und mechanische Vervielfältigung. (Ges.-Samml S. 149.)
— § **5.** Siehe Rechtsgrundsatz 1285. (Gesetz vom 11. Juni 1837 § 11.)

1846, 3. April. Verordnung, betreffend die Publikation der Gesetze. (Ges.-Samml. S. 151.)
— Siehe Rechtsgrundsätze 857. 1396. (Allgem. Deutsche Wechsel-Ordnung Art. 19.; Gemeinde-Ordnung vom 11. März 1850 § 156.)

1846, 21. Juli. Verordnung No. 2729. über das Verfahren in Civilprozessen. (Ges.-Samml. S. 291.)
— §§ **8. 9.** Siehe Rechtsgrundsatz 923. (A. G. O. I. **9.** § 42.)
§§ **15.** ff. **Anmeldung der Rechtsmittel:**

A. Anmeldung bei den Kreisgerichten, deren Deputationen und Kommissionen. — Vergl. Verordnungen vom 21. Juli 1843 § 1., vom 21. Juli 1846 § 30., vom 2. Januar 1849 § 22. No 2. und No. 6., und vom 3. Januar 1849 §§ 128. 149.; Gesetz vom 26. April 1851 Art. 7.

Rechtsgr. **1359.** — Plenum. 7. Juli 1851. (III. 238.)

Die Rechtsmittel der Appellations-, Revisions- und Nichtigkeitsbeschwerde in Civilprozessen sind durch ihre Anmeldung bei den Kreisgerichts-Deputationen und Kommissionen auch dann gewahrt, wenn die Instruktion oder Entscheidung erster Instanz bei dem Kreisgerichte selbst, oder bei einem Gerichte, an dessen Stelle jenes getreten ist, stattgehabt hat.

B. Angabe bestimmter Beschwerdepunkte bei Anmeldung der Appellation.

Rechtsgr. **1360.** — Plenum. 4. April 1853. (X. 31.)

In die nach Ablauf der Appellations-Anmeldungsfrist eingehende Appellations-Einführungs- und Rechtfertigungsschrift können noch andere, als die in der Anmeldungsschrift bestimmt angegebenen Beschwerdepunkte aufgenommen werden.

— § **16.** Siehe Rechtsgrundsätze **958. 1359. 1360.** (A. G. O. I. 14. § 16.; § 15. dieser Verordnung.)

— § **17.** Einführung und Rechtfertigung der Appellation:

A. Berechnung der Frist zur Appellations-Einführung bei Konkursen.

Rechtsgr. **1361.** — IV. Senat. 27. Januar 1852. (IV. 300.)

In Konkursen ist die Frist zur Einführung der Appellation erst von dem zur Regulirung der Appellation angestandenen Termine zu berechnen, wenn dieser Termin hinter der gewöhnlichen Anmeldungsfrist liegt.

B. Verlängerung der Appellations-Einführungsfrist.

Rechtsgr. **1362.** — III. Senat. 6. Dezember 1852. (VIII. 78.)

Die Befugniß des Appellations-Richters, die Frist zur Einführung der Appellation zu verlängern, ist eine diskretionäre.

C. Benennung der Appellanten in der Appellations-Einführungsschrift des Konkurs-Kurators.

Rechtsgr. **1363.** — IV. Senat. 27. Januar 1852. (IV. 300.)

Die Appellation des Konkurs-Kurators, welcher auch von einzelnen Gläubigern Vollmacht erhalten hat, ist hinsichtlich dieser Gläubiger nicht für eingeführt zu erachten, wenn dieselben in der Schrift nicht als Appellanten bezeichnet worden sind.

D. Einführung und Rechtfertigung der Appellation durch einen Rechtsanwalt ohne beigefügte Vollmacht.

Rechtsgr. **1364.** — III. Senat. 21. November 1851. (IV. 100.)

Die von einem Rechtsanwalte für die Partei eingereichte Appellations-Einführungs- und Rechtsfertigungsschrift kann blos deshalb, weil nicht sofort Vollmacht beigefügt worden ist, nicht zurückgewiesen werden, und ist das dadurch rechtzeitig eingeführte Rechtsmittel nicht ohne Weiteres für desert zu erachten, wenn hiernächst die Vollmacht erst nach abgelaufener Präklusivfrist eingereicht wird.

E. Geschäftssprache bei den Gerichten in dem Großherzogthum Posen. — Vergl. Verordnungen vom 9. Februar 1817 §§ 145. 146. 149., und vom 16. Juni 1834 Art. 9.; Deklaration vom 6. April 1839 Art. 3. No. 2.

Rechtsgr. 1365. — IV. Senat. 31. Mai 1850. (I. 64.)

Wenn in dem Großherzogthum Posen ein Prozeß in polnischer Sprache verhandelt, und der wegen Einführung eines Rechtsmittels eingereichte Schriftsatz lediglich in deutscher Sprache abgefaßt ist, so hat dieser Umstand den Verlust des Rechtsmittels nicht zur Folge.

F. Appellations-Einführungs- und Rechtfertigungsschriften der Analphabeten. — Vergl. A. G. O. I. 3. §§ 25. ff., 12. § 12., 14. § 30.; §§ 18. 21. dieser Verordnung.

Rechtsgr. 1366. — I. Senat. 30. Juni 1851. (II. 209.)

Es genügt zur Wahrung des Rechtsmittels der Appellation, wenn die Einführungs- und Rechtfertigungsschrift von der schreibensunerfahrenen Partei unterkreuzt, und von einem Rechtsanwalt als Konzipienten mit unterschrieben ist, auch wenn derselbe nicht versprochen hat, Vollmacht nachzubringen.

War der Rechtsanwalt schon in erster Instanz für die Partei als von ihr erwählter Rechtsbeistand thätig gewesen, so bedarf er zur Anfertigung jener Schrift und deren Mitunterschrift überhaupt keiner Vollmacht; war er für die Partei in erster Instanz nicht amtlich thätig gewesen, so hat der prozeßleitende Richter ihn zur Nachbringung einer mindestens auf diese prozessualische Handlung gerichteten Vollmacht innerhalb der Nothfrist, oder einer zu bewilligenden Nachfrist bei Vermeidung der Desertерklärung des Rechtsmittels anzuweisen.

G. Ausdehnung der Appellations-Einführung und Rechtfertigung gegen die Entscheidung auf die Widerklage, bei blos erfolgter Anmeldung der Appellation gegen die Entscheidung auf die Klage.

Rechtsgr. 1367. — IV. Senat. 30. März 1852. (V. 144.)

Wenn die Anmeldung eines Rechtsmittels nur die Entscheidung auf die Klage betrifft, so ist der Ausdehnung dieses Rechtsmittels in der Einführungs- und Rechtfertigungsschrift auf die Entscheidung über die Widerklage unzulässig.

Siehe auch Rechtsgrundsatz 970. (A. G. O. I. 16. § 12. No. 1.)

— § 18. Bestimmte Beschwerdepunkte der Appellations-Rechtfertigungsschrift.

Rechtsgr. 1368. — III. Senat. 10. Dezember 1852. (VIII. 109.)

Zur Rechtfertigung der Appellation gegen ein Erkenntniß, durch welches Verklagter zu einem Erfüllungseide über die behauptete theilweise Zahlung verstattet, im Uebrigen aber unbedingt verurtheilt ist, genügt der Antrag auf Abänderung des Erkenntnisses und Abweisung des Klägers nicht, vielmehr sind die einzelnen Festsetzungen des ersten Richters, gegen welche die Beschwerde gerichtet wird, speziell zu bezeichnen.

Rechtsgr. 1369. — III. Senat. 10. Januar 1853. (VIII. 174.)

Zur Einführung und Rechtfertigung der Appellation bedarf es der speziellen Aufzählung der angegriffenen einzelnen Punkte des ersten Urtheils nicht, es genügt vielmehr, wenn nur aus den Anträgen hervorgeht, wodurch der Appellant sich beschwert erachtet, und was er deshalb abgeändert verlangt. — Insbesondere genügt es daher auch, wenn bei Angabe der Beschwerden auf die Schriftsätze erster Instanz Bezug genommen, und der Antrag gestellt wird, den Anträgen in der Klage beziehungsweise in der Klagebeantwortung gemäß zu erkennen, und dahin das erste Urtheil abzuändern.

Siehe auch Rechtsgrundsatz 1366. (§ 17. dieser Verordnung.)

— § 20. Siehe Rechtsgrundsatz 1210. (Prozeß-Verordnung No. 1426. vom 1. Juni 1833 § 44.)

— § 21. Unterzeichnung der Appellations-Einführungs- und Rechtfertigungsschriften durch einen Rechtsanwalt:

A. Unterzeichnung mit einer Namens-Chiffer statt der Namens-Unterschrift. — Vergl. A. G. O. I. 12. § 12.; Verordn. v. 21. Juli 1843 § 2.

Rechtsgr. 1370. — III. Senat. 12. Mai 1851. (II. 124.)

Die Appellations-Einführungsschrift ist für nicht eingegangen zu erachten, wenn dieselbe statt mit der Namensunterschrift eines Rechtsanwaltes nur mit einem Federzuge, als Namens-Chiffer desselben, unterzeichnet ist, und kann, wenn hierdurch das Rechtsmittel desert geworden ist, die Partei nicht durch Nachholung der Form nachträglich zur Appellation verstattet werden.

B. Legalisirung einer blos von dem Geschäftsführer der Partei unterzeichneten Schrift. — Vergl. A. L. R. I. 13. § 122.; A. G. O. I. 3. §§ 25. 26.

Rechtsgr. 1371. — III. Senat. 21. November 1851. (IV. 97.)

Eine blos von dem Geschäftsführer des Appellanten ohne dessen Vollmacht unterzeichnete und von einem Rechtsanwalt legalisirte Appellations-Einführungsschrift ist keine ordnungsmäßige.

Siehe auch Rechtsgrundsatz 1366. (§ 17. dieser Verordnung.)

— § 27b. Einführung und Rechtfertigung der Appellation und Nichtigkeitsbeschwerde in schleunigen Arrestsachen. — Vergl. A. G. O. I. 29. §§ 30. ff. 63-73.

Rechtsgr. 1372. — IV. Senat. 11. März 1851. (III. 202.)

Die Vorschrift des § 27b. der Verordnung vom 21. Juli 1846, daß in Arrestsachen, die nicht mit der Hauptsache zugleich verhandelt werden, Appellation und Nichtigkeitsbeschwerde binnen drei Tagen bei dem ersten Richter angemeldet und gerechtfertigt werden müssen, findet auch auf schleunige Arrestsachen Anwendung.

— § 30. Siehe Rechtsgrundsatz 1359. (§ 15. dieser Verordnung.)

1847, 31. Januar. Statut der Magdeburg-Wittenbergeschen Eisenbahn-Gesellschaft. (Ges.-Samml. S. 83.)

— §§ 13. 14. Siehe Rechtsgrundsatz 277. (A. L. R. I. 11. § 402.)

1847, 30. März. Patent No. 2822., die Bildung neuer Religions-Gesellschaften betreffend. (Ges.-Samml. S. 121.)

— Siehe Rechtsgrundsätze 1358. 1373. (General-Konzession v. 23. Juli 1845 § 1.; Zusammenstellung zu dem Patente vom 30. März 1847 No. 2.)

1847, 30. März. Zusammenstellung der in dem Allgem. Landrechte enthaltenen Bestimmungen über Glaubens- und Religionsfreiheit. (Ges.-Samml. S. 123.)

— No. 2. und No. 4. Rechtsverhältnisse der Dissidenten und sogenannten freien Gemeinden. — Vergl. A. L. R. Einleitung §§ 61. ff., II. 6. §§ 103. 182.; Patent No. 2822. vom 30. März 1847; Verordnung No. 2823. vom 30. März 1847 § 17.; Verfassungs-Urkunde vom 31. Januar 1850 Art. 12.

Rechtsgr. 1373. — I. Senat. 8. Februar 1854. (XII. 111.)

Der § 2. der Zusammenstellung zu dem Patente vom 30. März 1847 bezieht sich nicht blos auf solche Dissidenten, die erst noch „bezwecken", sich von der im Staate aufgenommenen Kirchengemeinde auszusondern, sondern auch auf solche, die sich bereits von derselben ausgesondert und einer andern, jedoch vom Staate nicht anerkannten Gemeinde angeschlossen haben. Hieran hat weder der § 17. der Verordnung vom 30. März 1847, noch auch der Art. 12. der Verfassungs-Urkunde vom 31. Januar 1850, Etwas geändert.

1847, 30. März. Verordnung No. 2823., betreffend die bürgerliche Beglaubigung der rc. Geburts-, Heiraths- und Sterbefälle bei den aus ihrer Kirche Ausgetretenen. (Ges.-Samml. S. 125.)

— § 17. Siehe Rechtsgrundsatz 1373. (Zusammenstellung vom 30. März 1847 § 2.)

1847, 23. Juli. Gesetz No. 2871. über die Verhältnisse der Juden. (Gesetz-Sammlung S. 263.)

— §§ 3. 23. Siehe Rechtsgrundsatz 777. (A. L. R. II. 11. § 17.)

— §§ 24. ff. Siehe Rechtsgrundsatz 1211. (Verordnung No. 1436. wegen des Judenwesens vom 1. Juni 1833 § 1.)

— § 34. Siehe Rechtsgrundsatz 1212. (Verordnung No. 1436. wegen des Judenwesens vom 1. Juni 1833 § 20. litt. d.)

1847, 30. Oktober. Plan der 97. Klassen-Lotterie.

— § 9. Verjährung der Gewinnloose der Preußischen Klassen-Lotterie.

Rechtsgr. 1374. — IV. Senat. 4. September 1851. (III. 243.)

Zur Unterbrechung der Verjährung des Rechts auf Erhebung eines Gewinnes in der Klassen-Lotterie genügt die bloße Präsentation der Gewinnlose in dem Lokale der General-Lotterie-Direktion an die Kassenbeamten nicht; vielmehr ist dazu auch die Aushändigung der Loose an die zu deren Empfangnahme berechtigten Beamten dergestalt, daß die Loose auf diesem Wege wirklich in die Gewahrsam der General-Lotterie-Direktion gelangen, erforderlich.

1847, **1**. November. Feldpolizei-Ordnung. (Ges.-Samml. S. **376**.)
— § **36**. Siehe Rechtsgrundsatz **589**. (A. L. R. **I**. **22**. § **112**)

1848, **14**. Januar. Reglement über die Land-Armenpflege und die Behandlung der Landstreicher, Bettler und Arbeitsscheuen in der Kurmark Brandenburg. (Ges.-Samml. S. **37**.)
— Siehe Rechtsgrundsatz **1331**. (Gesetz vom **6**. Januar **1843** § **7**.)

1848, 28. Januar. Gesetz No. **2933**. über das Deichwesen. (Gesetz-Samml. S. **54**.)
— §§ **1**. ff. Begründung der Deichlast durch Observanz. Vergl. A. L. R. Einleitung §§ **3**. **4**. **60**.

Rechtsgr. **1375**. — **III**. Senat. 2. November 1853. (X. 334.)

In Betreff der Pflicht zur Unterhaltung eines gemeinschaftlichen Deiches hat sich bis zum Erscheinen des Gesetzes vom 28. Januar 1848 auch nach Einführung des Allgem. Landrechts eine Observanz fortbilden und feststellen können.

— § **28**. Siehe Rechtsgrundsatz **815**. (A. L. R. **II**. **15**. § **63**.)

1848, **4**. April. Provisorische Verordnung, die Aufhebung der Mahlsteuer und deren Ersatz durch eine direkte Steuer betreffend. (Gesetz-Samml. S. **77**.)
— § **6**. Siehe Rechtsgrundsatz **1202**. (Kabinetsorder v. **20**. Juni **1830**.)

1848, **8**. April. Kabinetsorder No. **2954**., die Ermäßigung der Portotaxe für Geld- und Packetsendungen betreffend. (Gesetz-Sammlung Seite **99**.)
— Haftbarkeit des Post-Fiskus für deklarirte Geldbriefe.

Rechtsgr. **1376**. — **I**. Senat. 30. April 1852. (V. 220.)

Der Postfiskus ist für den deklarirten Betrag eines zur Post gegebenen aber am Bestimmungsorte nicht angekommenen Geldbriefes haftbar, ohne daß der Absender die Richtigkeit der Deklaration nachzuweisen gehalten ist.*

Siehe auch Rechtsgrundsatz 1192. (Regulativ vom 18. Dezember 1824 § 29.)

1848, 9. Oktober. Gesetz No. 3043. betreffend die Sistirung der Verhandlungen über die gutsherrlich-bäuerlichen Verhältnisse. (Gesetz-Sammlung S. 276.)

— § 2. No. 1. Siehe Rechtsgrundsatz 183. (A. L. R. I. 9. § 1.)

— § 2. No. 2. litt. o. Siehe Rechtsgrundsatz 1223. (Verordnung vom 14. Dezember 1833 § 5. No. 8.)

1848, 31. Oktober. Gesetz, betreffend die Aufhebung des Jagdrechtes auf fremdem Grund und Boden und die Ausübung der Jagd. (Ges.-Samml. S. 343.)

— Art. 1. ff. Siehe Rechtsgrundsätze 27. und 244. (A. L. R. Einleitung § 108. und I. 11. § 124.)

1848, 5. Dezember. Verfassungs-Urkunde für den Preußischen Staat. (Ges.-Samml. S. 375.)

— Art. 3. 9. 10. 32. Siehe Rechtsgrundsatz 1330. (Gesetz No. 2319. vom 31. Dezember 1842 § 16.)

— Art. 40. Siehe Rechtsgrundsätze 1382. 1384. (Gesetz vom 2. März 1840 § 2. No. 10. und § 3. No. 4.)

1848, 18. Dezember. Verordnung, betreffend die bäuerliche Erbfolge in Westphalen. (Ges.-Samml. S. 425.)

— § 5. Siehe Rechtsgrundsatz 1280. (Gesetz vom 13. Juli 1836 § 9.)

1849, 2. Januar. Verordnung über die Aufhebung der Privatgerichtsbarkeit und des eximirten Gerichtsstandes, sowie über die anderweitige Organisation der Gerichte. (Ges.-Samml. S. 1.)

— § 1. Siehe Rechtsgrundsatz 652. (A. L. R. II. 1. § 942.)

— §§ 2. 3. 8. Privilegium des Fiskus rücksichtlich der Haftkosten für Gefangene aus Bezirken aufgehobener Privatgerichte. — Vergl. Regulativ vom 10. Oktober 1815; Gesetz No. 616. vom 30. Mai 1820 § 100.; Zusammenstellung der auf die Städte-Ordnung vom 19. November 1808 sich beziehenden Verordnungen vom 14. Juli 1832, zu §§ 167. 184.; Gesetz vom 26. April 1851 Art. 1.

Rechtsgr. 1377. — II. Senat. 1. April 1852. (V. 147.)

Fiskus ist nicht verpflichtet, den betreffenden Stadtgemeinden die Haftkosten für die Gefangenen aus den Bezirken der

* Vergl. das seitdem ergangene Gesetz über das Postwesen vom 5. Juni 1852 § 12.

aufgehobenen Privatgerichte nach den gutsherrlichen Sätzen des Regulativs vom 10. Oktober 1815 zu vergüten, es sind vielmehr auch rücksichtlich dieser Haftkosten lediglich die fiskalischen Sätze maaßgebend.

— § **20**. Siehe Rechtsgrundsatz **1022**. (A. G. O. I. **46**. § 9.)

— § **22**. No. **2**. und No. **6**. Siehe Rechtsgrundsatz **1359**. (Verordnung vom **21**. Juli **1846** § 15.)

— § **31**. Siehe Rechtsgrundsatz **1345**. (Gesetz v. 3. Januar **1845** § **2**.)

1849, 3. Januar. Verordnung über die Einführung des mündlichen und öffentlichen Verfahrens mit Geschworenen in Untersuchungssachen. (Ges.-Samml. S. **14**.)

— §§ **128**. **149**. Siehe Rechtsgrundsatz **1359**. (Verordnung v. **21**. Juli 1846 § **15**.)

1849, **4**. Januar. Verordnung über die in Stelle der Vermögens-Konfiskation gegen Deserteure und ausgetretene Militairpflichtige zu verhängende Geldbuße. (Ges.-Samml. S. **47**.)

— Siehe Rechtsgrundsatz 1330. (Gesetz No. **2319**. vom 31. Dezember **1842** § **16**.)

1849, **11**. Juli. Verordnung No. **3148**., betreffend die Dienstvergehen der nicht richterlichen Beamten und die Versetzung derselben auf eine andere Stelle oder in den Ruhestand. (Ges.-Samml. S. **271**.)

— § **8**. Beurtheilung der Dienstvergehen mit Rücksicht auf spätere Gesetze. — Vergl. A. L. R. Einleitung §§ **14**. **18**. **20**.; Kabinets-Order vom **11**. Oktober **1839**; Gesetz vom **29**. März **1844** §§ **11**. und **12**.

Rechtsgr. **1378**. — Ober-Tribunal als Disziplinargerichtshof. 2. J[illegible]i **1851**.
(**1**. **399**.)

Die Bestimmung des § 8. der Verordnung vom 11. Juli 1849 kommt nicht zur Anwendung, wenn die Handlung, welche den Gegenstand der Anschuldigung bildet, vor der Gesetzeskraft dieser Verordnung sich ereignet hat.

1849, **21**. Juli. Verordnung No. **3153**. über das Verfahren in Civilprozessen in den Bezirken des Appellationsgerichts zu Greifswald und des Justiz-Senats zu Ehrenbreitstein. (Ges.-Samml. S. **307**.)

— §§ **47**. **69**. Rechtsmittel gegen ein Kontumazial-Erkenntniß. — Vergl. A. G. O. I. **10**. § **27** a. **82**.

Rechtsgr. 1379. — I. Senat. 12. November 1852. (VIII. 32)

Die Thatsache des Ungehorsams, auf welche ein Kontumazial-Erkenntniß gestützt ist, kann nach der Verordnung vom 21. Juli 1849 im Bereiche ihrer Gesetzeskraft nur im Restitutions-Verfahren widerlegt, im Wege der Appellation aber nicht weiter angefochten werden.

— §§ **57. 58.** No. **3.** Siehe Rechtsgrundsatz **1090.** (Dig. **8.** 2. Lex **14.**)

— § **60.** No. **2.** Siehe Rechtsgrundsatz **1103.** (Cod. **7. 14.** Lex 5.)

— § **69.** Siehe Rechtsgrundsatz **1379.** (§ **47.** dieser Verordnung.)

1849, 19. September. Verordnung, die zeitgemäße Umgestaltung der Verwaltung des Postwesens betreffend. (Gesetz-Samml. für 1850 S. 299.)

— Siehe Rechtsgrundsatz **1020.** (A. G. O. I. **35.** § 12.)

1850, 31. Januar. Verfassungs-Urkunde des Preußischen Staats. (Ges.-Samml. S. 17.)

— Art. **4.** Siehe Rechtsgrundsatz **1344.** (Kabinets-Order vom 3. Januar 1845.)

— Art. **11.** Siehe Rechtsgrundsatz 1330. (Gesetz No. 2319. vom 31. Dezember 1842 § 16.)

— Art. **12.** Siehe Rechtsgrundsätze 1211. 1212. 1373. (Verordnung No. **1436.** wegen des Judenwesens vom 1. Juni 1833 § 1. und § **20.** litt. d.; Zusammenstellung vom 30. März 1847 No. 2.)

— Art. **34.** Siehe Rechtsgrundsatz **1330.** (Gesetz No. **2319.** vom 31. Dezember 1842 § 16.)

— Art. **40. 41.** Siehe Rechtsgrundsatz **1344.** (Kabinets-Order vom 3. Januar 1845.)

— Art. **42.** Siehe Rechtsgrundsätze 1052. 1382. 1384. 1385. (A. G. O. I. **52.** § 48.; Gesetz vom 2. März 1850 § 2. No. 10., § 3. No. 4.)

— Art. **109.** Siehe Rechtsgrundsatz **1344.** (Kabinets-Order vom 3. Januar 1845.)

1850, 15. Februar. Gesetz wegen Einführung der Allgem. Deutschen Wechsel-Ordnung in Preußen. (Ges.-Samml. S. 53.)

— § **5.** Siehe Rechtsgrundsätze **299. 747.** (A. L. R. I. **11.** § 704., II. **8.** § 769.)

— § **7.** Siehe Rechtsgrundsatz **992.** (A. G. O. I. **27.** § 26.)

1850, **24.** Februar. Gesetz No. **3228.** wegen Abänderung einiger Bestimmungen des Gesetzes vom 3. Januar 1845, betreffend die Zertheilung von Grundstücken. (Ges.-Samml. S. 68.)

— § **1.** Siehe Rechtsgrundsatz **1345.** (Gesetz v. 3. Januar **1845** § 2.)

1850, 2. März. Gesetz, betreffend die Ablösung der Reallasten und die Regulirung der gutsherrlichen und bäuerlichen Verhältnisse. (Gesetz-Sammlung S. 77.)

— §§ 1. ff. Umfang der Anwendbarkeit dieses Gesetzes.

Rechtsgr. 1380. — II. Senat. 8. Oktober 1850. (I. 81.)

Die Anwendbarkeit des Gesetzes vom 2. März 1850 ist nicht lediglich auf gutsherrlich-bäuerliche Verhältnisse beschränkt.

Siehe auch Rechtsgrundsatz 1392. (§ 40. dieses Gesetzes.)

— § 2. Siehe Rechtsgrundsatz 547. (A. L. R. I. 21. § 214.)

— § 2. No. 2. Siehe Rechtsgrundsatz 183. (A. L. R. I. 9. § 1.)

— § 2. No. 6., §§ 4. 99. Lehnsvorkaufsrecht.

Rechtsgr. 1381. — I. Senat. 10. November 1851. (III. 315.)

Das Lehns-Vorkaufsrecht der Agnaten ist durch das Gesetz vom 2. März 1850 nicht aufgehoben.

— § 2. No. 10. Rechtliche Natur der Bede-Abgaben. — Vergl. Verfassungs-Urkunden vom 5. Dezember 1848 Art. 40. und v. 31. Januar 1850 Art. 42.

Rechtsgr. 1382. — II. Senat. 7. November 1850. (I. 106.)

Die Bede-Abgaben (Ohrbür, Orbete, Urbete, Bedegeld) sind steuerartiger Natur und daher ohne Entschädigung aufgehoben.

— § 3. Fortdauer der Abgaben und Leistungen an die Scharfrichtereien in Pommern. — Vergl. Publikandum vom 29. April 1772; Pommersche Forst-Ordnung vom 24. Dezember 1777 Tit. 13. §§ 2. 3.; Allgem. Gewerbe-Ordnung vom 17. Januar 1845 Art. 8.

Rechtsgr. 1383. — II. Senat. 26. April 1853. (IX. 140.)

Die Abgaben und Leistungen an die Besitzer der Scharfrichtereien in Pommern sind durch das Ablöse-Gesetz vom 2. März 1850 nicht aufgehoben.

— § 3. No. 4. und No. 5. Aufgehobene Beiträge und Leistungen zur Uebertragung der Lasten der Privatgerichtsbarkeit für einzelne gerichtliche Akte:

A. Rechtliche Natur der großen Kanzleitaxe. — Vergl. § 39. dieses Gesetzes; Wartenbergische Landes-Ordnung vom 22. Oktober 1613; Fürstlich Oels-Bernstadtsche Resolution vom 1. August 1692; Sanctio pragmatica vom 10. April 1693; Landes-Einrichtung vom

9. August 1725; Edikt vom 13. Juni 1744; Sportel-Reglement vom 9. März 1747; Tax- und Sportel-Ordnung vom 4. August 1750; Verfassungs-Urkunde vom 5. Dezember 1848 § 40. und Verfassungs-Urkunde vom 31. Januar 1850 § 42.

Rechtsgr. 1384. — II. Senat. 8. Oktober 1850. (I. 81.)

Die große Kanzleitaxe ist eine aufgehobene Gerichtssportel.

B. Fortdauer der Laudemien in Schlesien. — Vergl. A. L. R. II. 17. § 116.; Sanctio pragmatica vom 10. April 1693; Gutachten der Gesetz-Kommission vom 6. Januar 1804; Publikandum vom 8. April 1809 § 2.; Verfassungs-Urkunde vom 31. Januar 1850 Art. 42.; §§ 35-41. dieses Gesetzes.

Rechtsgr. 1385. — II. Senat. 21. Oktober 1852. (VII. 285.)

Die schlesischen Laudemien gehören nicht zu den aufgehobenen Früchten der Gerichtsbarkeit.

— § 3. No. 6. Aufgehobene Dienste und Leistungen in Beziehung auf die Jagd:

A. Rücksichtlich der an die Stelle der Dienste getretenen Natural- oder Geld-Abgaben (z. B. Jagdhafer, Hundegeld.)

Rechtsgr. 1386. — II. Senat. 15. Juni 1852. (VII. 214.)

In Betreff der Anwendbarkeit der Bestimmung des § 3. No. 6. des Gesetzes vom 2. März 1850, — nach welchem alle in Beziehung auf die Jagd obliegenden Dienste und Leistungen ohne Entschädigung aufgehoben sind, ist es nicht erheblich, daß die Dienste früher vertragsmäßig in eine Natural- oder Geldabgabe, z. B. Jagdhafer, Hundegeld, verwandelt sind.

B. Natur der von dem Käufer übernommenen, an die Stelle einer früheren Naturalleistung getretenen Geld-Abgabe, z. B. von Jagd- oder Hundegeld. — Vergl. A. L. R. I. 16. § 467.

Rechtsgr. 1387. — II. Senat. 13. Oktober 1853. (X. 220.)

Jede von dem Käufer eines Grundstückes übernommene, an die Stelle einer früheren Naturalleistung getretene Geldabgabe an den Verkäufer, z. B. die Abgabe des Jagd- oder Hundegeldes, hat die Natur des Kaufgeldes und ist daher durch das Gesetz vom 2. März 1850 nicht für aufgehoben zu erachten, wenngleich jene Naturalleistung zu den aufgehobenen Leistungen gehört.

— § 3. No. 8. Siehe Rechtsgrundsatz 1208. (Prozeß-Verordnung No. 1426. vom 1. Juni 1833 § 3.)

— § 4. Siehe Rechtsgrundsatz 1381. (§ 2. dieses Gesetzes.)

— § 5. Siehe Rechtsgrundsätze 27. 183. 547. (A. L. R. Einleitung § 108., I. 9. § 1., 21. § 214.)

— § 35. Siehe Rechtsgrundsatz 1385. (§ 3. No. 4. dieses Gesetzes.)

— §§ 36. ff. Siehe Rechtsgrundsätze 1385. 1393. (§ 3. No. 4. und § 40. dieses Gesetzes.)

— §§ 37. 43. Ablösung und Aufhebung unfixirter Laudemien. — Vergl. Kultur-Edikt vom 14. September 1811 §§ 2. 7.

Rechtsgr. 1388. — II. Senat. 30. September 1851. (III. 122.)

a) Laudemien, welche nach einem bestimmten Prozentsatze der jedesmaligen Kaufgelder entrichtet werden sollen, sind für unfixirte Besitzveränderungs-Abgaben im Sinne des Gesetzes vom 2. März 1850 zu erachten.

b) Unfixirte Laudemien, die schon vor dem Kultur-Edikte vom 14. September 1811 bestanden haben, unterliegen der Ablösung nach § 43. des Gesetzes vom 2. März 1850; seit Errichtung jenes Edikts aber haben unfixirte Laudemien weder durch Vertrag, noch durch Verjährung erworben werden können, und erleidet der § 37. des Gesetzes vom 2. März 1850, seinem wörtlichen Inhalte und seiner deklaratorischen Natur gemäß, auf die vor diesem Gesetze und seit jenem Edikte eingetretenen Veränderungsfälle Rückanwendung.

Siehe auch Rechtsgrundsatz 1393. (§ 40. dieses Gesetzes.)

— § 38. Siehe Rechtsgrundsätze 1393. 1394. (§ 40. dieses Gesetzes.)

— § 39. Siehe Rechtsgrundsätze 1384. 1394. (§ 3. No. 4. und § 40. dieses Gesetzes.)

— § 40. Anerkenntniß der Laudemialpflicht in einer öffentlichen Urkunde:

A. Wirksamkeit dieses Anerkenntnisses bei mangelnder Absicht, dem Berechtigten gegenüber das Vorhandensein eines Rechts oder einer Verbindlichkeit anzuerkennen. — Vergl. A. L. R. I. 5. §§ 185. ff.

Rechtsgr. 1389. — II. Senat. 9. März 1852. (V. 67.)

Zum Beweise der Laudemialpflichtigkeit eines Grundstücks durch Anerkenntniß in einer öffentlichen Urkunde ist nicht erforderlich, daß das Anerkenntniß in der Absicht, dem Berechtigten gegenüber das Vorhandensein eines Rechts oder einer Verbindlichkeit zu bekennen, ausgesprochen wird.

B. Wirksamkeit eines stillschweigenden Anerkenntnisses der Laudemialpflichtigkeit.

Rechtsgr. 1390. — II. Senat. 9. September 1852. (VII. 76.)

In der Einwilligung in die hypothekarische Eintragung eines Laudemiums ist ein rechtsgültiges Anerkenntniß der Laudemialpflichtigkeit nach § 40. dieses Gesetzes enthalten.

C. Beweislast hinsichtlich der Zeit der Entstehung der Laudemialpflicht. — Vergl. A. G. O. Einleitung § 16.; Kultur-Edikt vom 14. September 1811.

Rechtsgr. 1391. — II. Senat. 9. September 1852. (VII. 76.)

Zur Gültigkeit des Anerkenntnisses der Laudemialpflichtigkeit ist die Angabe der Zeit deren Entstehung nicht erforderlich. — Daher muß die Thatsache, daß ein unfixirtes Laudemium erst nach dem Kultur-Edikt vom 14. September 1811 entstanden sei, von dem Anerkennenden bewiesen werden.

D. Wirksamkeit des stillschweigenden Anerkenntnisses der Laudemialpflichtigkeit in Deszendenten-Fällen. — Vergl. A. L. R. I. 18. §§ 716. 717.; Sanctio pragmatica vom 10. April 1693; Verordnung vom 19. Juli 1832 §§ 716. 717.; § 1. dieses Gesetzes.

Rechtsgr. 1392. — II. Senat. 12. Oktober 1852. (VII. 117.)

a) Nicht nur die Laudemialpflichtigkeit eines Grundstücks überhaupt, sondern auch, daß Deszendenten dieser Abgabe unterliegen, ist nachgewiesen, wenn ein Besitzer dieses Grundstücks die Verpflichtung, auch ohne Angabe des Rechtsgrundes, in einer öffentlichen Urkunde anerkannt hat.

b) Es genügt auch, daß das Anerkenntniß des Vorbesitzers nicht ausdrücklich das Gut als laudemialpflichtig in Deszendentenfällen bezeichnet, vielmehr der Käufer als solcher nur die Entrichtung der obrigkeitlichen Markgroschen von der Kaufsumme im Allgemeinen übernimmt.

E. Beschränkung der Wirksamkeit des Anerkenntnisses der Laudemialpflichtigkeit auf rechtsgültig fortbestehende Laudemien. — Vergl. §§ 36-38. dieses Gesetzes.

Rechtsgr. 1393. — II. Senat. 13. Januar 1853. (VIII. 105.)

Die Vorschrift des § 40. des Gesetzes vom 2. März 1850 hat keine rückwirkende Kraft, sie bezieht sich nur auf Besitzveränderungs-Abgaben, deren Fortbestehen das Gesetz gestattet. — Daher genügt ein Anerkenntniß von der in dem § 40. angegebenen Beschaffenheit nicht für den Nachweis der früheren Rechtsbeständigkeit von Besitzveränderungs-Abgaben, welche nach den §§ 36–38. dieses Gesetzes unbedingt aufgehoben sind.

F. Wirksamkeit dieses Anerkenntnisses gegen Besitznachfolger. — Vergl. §§ 38. und 39. dieses Gesetzes.

Rechtsgr. 1394. — II. Senat. 9. Dezember 1852. (VIII. 85.)

a) Wenn bei einem Rechtsgeschäfte, durch welches das Eigenthum des Grundstücks übertragen wird, der Veräußerer oder der Erwerber desselben unbedingt die Entrichtung des Laudemiums übernimmt, so liegt darin ein Anerkenntniß der Laudemialpflichtigkeit des Grundstücks.

b) Das von einem Besitzer des Grundstücks in einer öffentlichen Urkunde erklärte Anerkenntniß der Laudemialpflichtigkeit genügt zum Beweise und zur Erhaltung derselben auch gegen einen dritten Besitzer, ohne daß es der hypothekarischen Eintragung bedarf.

Siehe auch Rechtsgrundsätze 720. 1112. 1385. (A. L. R. II. 7. § 137.; Jülich-Bergische Rechtsordnung von 1564 Kap. 106.; § 3. No. 4. dieses Gesetzes.)

— § 41. Siehe Rechtsgrundsatz 1385. (§ 3. No. 4. dieses Gesetzes.)

— § 43. Siehe Rechtsgrundsatz 1388. (§ 37. dieses Gesetzes.)

— § 74. Regulirungsfähigkeit der Fischernahrungen; Herkommen. — Vergl. A. L. R. II. 7. § 1.; Regulirungs-Edikt No. 52. v. 14. September 1811 §§ 1. ff.; Deklaration vom 29. Mai 1816 Art. 4. 5.

Rechtsgr. 1395. — II. Senat. 29. September 1853. (XI. 11.)

a) Auch Fischer-Nahrungen gelten unter Umständen als ländliche, einem gutsherrlich-bäuerlichen Verhältnisse unterworfen gewesene regulirungsfähige Stellen.

b) Unter der herkömmlichen Wiederbesetzung einer Stelle, welche deren Regulirungsfähigkeit begründet, ist nur zu verstehen, daß die Wiederbesetzung längere Zeit hindurch thatsächlich erfolgt ist.

— § 95. S. Rechtsgrundsatz 1179. (Verordnung v. 20. Juni 1817 § 170.)

— § 99. Siehe Rechtsgrundsätze 183. 1179. (A. L. R. I. 9. § 1., Verordnung vom 20. Juni 1817 § 170, § 2. No. 6. dieses Gesetzes.)

1850, 11. März. Gemeinde-Ordnung. (Ges.-Samml. S. 213.)

— §§ 1. 146. 147. Siehe Rechtsgrundsatz 1180. (Regierungs-Instruktion vom 23. Oktober 1817 § 2.)

— §§ 156. 157. Pensions-Berechtigung eines Gemeinde-Beamten. — Vergl. Westphälische Landgemeinde-Ordnung vom 31. Oktober 1841; Gesetz vom 3. April 1846.

Rechtsgr. 1396. — I. Senat. 26. September 1853. (X. 149.)

Ein Gemeinde-Beamter, welcher von der Königl. Regierung, wenngleich nur kommissarisch oder provisorisch, ernannt war, und in Folge der Gemeinde-Ordnung v. 11. März 1850 durch anderweitige Wahl entfernt werden konnte, auch vor erfolgter Ausführung jedoch nach eingetretener Gesetzeskraft dieser Gemeinde-Ordnung entlassen worden ist, hat bei stattgehabter sechsjähriger Dienstzeit einen Anspruch auf Pension.

1850. Revidirtes Westpreußisches Landschafts-Reglement. (Ges.-Sammlung für 1851 S. 524.)

— § 143. Siehe Rechtsgrundsatz 1064. (Preußisches Landrecht von 1721 Buch 4. Tit. 15. Art. 4. § 16.)

1851, 14. April. Gesetz über die Einführung des Strafgesetzbuches für die Preußischen Staaten. (Ges.-Samml. S. 93.)

— Art. 18. Vermittelung des Schiedsmannes vor Anstellung der Injurienklage:

A. Vereitelung des Vermittelungs-Termins durch Nichterscheinen des Beleidigten.

Rechtsgr. 1397. — IV. Senat. 11. November 1853. (XI. 47.)

Die Injurienklage ist nicht zulässig, wenn der Beleidigte

selbst die von ihm nachgesuchte Vermittelung des Schiedsmannes durch Ausbleiben in dem desfallsigen Termine vereitelt hat.

B. Fruchtlosigkeit des Vermittelungsversuches, wegen vorher erklärter entgegenstrebender Absicht des Beleidigten.

Rechtsgr. **1398.** — Senat für Strafsachen 4. November 1853. (X. 279.)

Die Erklärung des Beleidigten, daß er die Hülfe des Schiedsmannes nur, um der Form zu genügen, nachsuche, rechtfertigt nach stattgehabtem fruchtlosen Sühneversuch nicht die Abweisung der Klage.

Siehe auch Rechtsgrundsatz 894. (Strafgesetzbuch vom 14. April 1851 § 50.)

1851, 26. April. Gesetz, betreffend die Zusätze zu der Verordnung vom 2 Januar 1849 über die Aufhebung der Privatgerichtsbarkeit und des eximirten Gerichtsstandes, sowie über die anderweitige Organisation der Gerichte. (Ges.-Samml. S. 181.)

— Art. **1.** Siehe Rechtsgrundsatz 1377. (Verordnung vom 2. Januar 1849 § 2.)

— Art. **7.** Siehe Rechtsgrundsatz **1359.** (Verordnung vom **1.** Juli 1846 § 15.)

1851, 1. Mai. Gesetz, betreffend die Einführung einer Klassen- und klassifizirten Einkommensteuer. (Ges.-Samml. S. 193.)

— § **1.** Siehe Rechtsgrundsatz 1202. (Kabinetsorder v. 20. Juni 1850.)

1851, 10. Mai. Gesetz über den Ansatz und die Erhebung der Gerichtskosten. (Ges.-Samml. S. 622.)

— § **11.** No. **4**a., § **12.** No. **3.** Absatz **1.** a. C. und No. **6.** Werth des Streitgegenstandes bei der Klage des Hypothekengläubigers eines Miteigenthümers auf Theilung und Versteigerung des gemeinschaftlichen Grundstücks. — Vergl. Verordnung No. 2370. vom **21.** Juli 1843 § **1.**

Rechtsgr. **1399.** — V. Senat. 14. März 1854. (XII. 246.)

Bei der Klage des Hypothekengläubigers auf Theilung und Versteigerung des auf den Antheil eines Miteigenthümers ihm verpfändeten Grundstücks ist der Werth des Streitgegenstandes nicht nach der Taxe des ganzen Grundstücks, sondern nach der des verpfändeten Antheils zu berechnen.

Siehe auch Rechtsgrundsatz 1339. (Verordnung No. 2370. vom 21. Juli 1843 § 8.)

1851, 12. Mai. Gesetz No. 3391. über die Verhältnisse der Miteigenthümer eines Bergwerks. (Ges.=Samml. S. 265.)

— § 7. Siehe Rechtsgrundsatz 35. (A. L. R. I. 2. § 126.)

1851, 25. Juni. Revidirtes Reglement der Westpreußischen Landschaft von 1787. (Ges.=Samml. S. 523.)

— §§ 116. ff. Pertinenz=Eigenschaft eines Guts=Antheils an dem Landschafts=Tilgungsfonds in Westpreußen. — Vergl. A. L. R. I. 2. §§ 42-46.; Kabinets=Orders vom 24. Februar 1838 und vom 13. Dezember 1844.

Rechtsgr. 1400. — III. Senat. 14. Mai 1852. (VI. 147.)

Der Antheil eines bepfandbrieften Gutes an dem Tilgungsfonds der Westpreußischen Landschaft ist ein Zubehör dieses Guts.

— § 143. Siehe Rechtsgrundsatz 1064. (Preußisches Landrecht von 1721 Buch 4. Tit. 20. Art. 2.)

1851, 10. September. Instruktion des Justizministers zum dem Gesetze vom 10. Mai 1851, betreffend den Ansatz und die Erhebung der Gerichtskosten. (Justiz=Ministerialblatt S. 114.)

— Zu § 11. Siehe Rechtsgrundsatz 1339. (Verordnung No. 2370. vom 21. Juli 1843 § 8.)

1852, 5. Juni. Gesetz No. 3577. über das Postwesen. (Gesetz=Sammlung S. 345.)

— § 12. Siehe Rechtsgrundsatz 1376. (Verordnung v. 8. April 1848.)

— § 13. Siehe Rechtsgrundsatz 1192. (Regulativ vom 18. Dezember 1824 § 29.)

1853, 24. Mai. Gesetz No. 3804., betreffend einige Abänderungen der Hypotheken=Ordnung vom 20. Dezember 1783. (Ges.=Samml. S. 521.)

— § 1. Siehe Rechtsgrundsatz 1185. (Gemeinheits=Theilungs=Ordnung No. 650. vom 7. Juni 1821 § 147.)

— § 2. Siehe Rechtsgrundsatz 247. (A. L. R. I. 11. § 183.)

— §§ 3. 5. 6. Siehe Rechtsgrundsatz 1232. (Exekutions=Verordnung vom 4. März 1834 § 22.)

Register.

A.

B.

C.

D.

E.

F.

G.

H.

J.

K.

L.

N.

O.

P.

Q.

R.

S.

T.

U.

V.

W.

Z.

FSC
www.fsc.org
MIX
Papier | Fördert
gute Waldnutzung
FSC® C083411

Kolibri 360 GmbH
Ferdinand-Jühlke-Straße 7
99095 Erfurt, Deutschland
produktsicherheit@kolibri360.de